Markus Häfner

Stadtoberhaupt aus Leidenschaft

Hanauer Geschichtsblätter • Band 52

Markus Häfner

STADTOBERHAUPT AUS LEIDENSCHAFT

Leben und Wirken von Eugen Gebeschus –
Hanauer Oberbürgermeister 1893–1916

Titelumschlag:
Eugen Gebeschus um 1920
(Medienzentrum Hanau / Bildarchiv)

Der Druck des Buches wurde ermöglicht durch:

Magistrat der Brüder-Grimm-Stadt Hanau
Hanauer Geschichtsverein 1844 e.V.
Hanna-Maria Rybka
Udo Rybka
Dr. Harald Brüning

Herausgegeben vom
Magistrat der Brüder-Grimm-Stadt Hanau
und dem Hanauer Geschichtsverein 1844 e.V.
durch Martin Hoppe und Michael H. Sprenger

ISBN: 978-3-935395-31-1

Layout:
Markus Häfner

Druck:
VDS VERLAGSDRUCKEREI SCHMIDT
91413 Neustadt an der Aisch

Inhaltsverzeichnis

Grußwort

Dr. Eugen Gebeschus war im wahrsten Sinne des Wortes ein Stadtoberhaupt aus Leidenschaft. 1855 im mecklenburgischen Demmin geboren, leitete er, nach Stationen in St. Goarshausen und Höchst, seit 1893 als Oberbürgermeister die Geschicke der Stadt Hanau und setzte hier wegweisende Projekte und Initiativen um. Nach einer sagenhaften Zeit von 23 ½ Jahren schied er gesundheitsbedingt mitten im Ersten Weltkrieg 1916 aus dem Amt aus, blieb jedoch bis zu seinem Tod 1936 der Stadt Hanau verbunden. Es war somit längst überfällig, sich in einer tiefer gehenden Studie mit seiner Person und seinem Wirken zu beschäftigen.

Diese Möglichkeit ergab sich im Rahmen des Forschungsstipendiums „Hanauer Stadthistoriker/in". Seit 2010 wird dieses in der Brüder-Grimm-Stadt auf Initiative des Hanauer Geschichtsvereins 1844 e.V. vergeben. Die Ernennung erfolgt auf Vorschlag einer Jury aus Mitgliedern des Magistrats der Stadt, der Geschichtsvereine in Hanau, der Historischen Kommission für Hessen, des Hessischen Staatsarchivs Marburg, des Landesamts für geschichtliche Landeskunde Hessen und des Hanauer Stadtarchivs. Die Geehrten sollen in ihrer zweijährigen Amtszeit ausgesuchte Aspekte der hanauischen Historie von der Vor- und Früh- bis zur Zeitgeschichte behandeln.

Nachdem 2010/11 sich die beiden renommierten Wissenschaftler Prof. Dr. Gerhard und seine Ehefrau Dr. Katharina Bott verschiedenen kunsthistorischen Themen, wie der Hanauer Stilllebenmalerei, dem Leben und Werk des Grafen Friedrich Casimir von Hanau-Lichtenberg (1623–1685) und der Hanauer Zeichenakademie, dabei Friedrich Bury (1763–1823) im Besonderen, zugewandt hatten, erforschte Dr. Christian Ottersbach (Stadthistoriker für die Jahre 2012/13) in einer großangelegten Studie die Burgen der Herren und Grafen von Hanau in dem Zeitraum von 1166 bis 1642. Dieser umfangreiche Band konnte schließlich Anfang dieses Jahres, mithilfe von zahlreichen Unterstützern, in der Reihe der „Hanauer Geschichtsblätter" als 51. Band realisiert werden.

Dr. Markus Häfner, gebürtiger Hanauer und mit der Hanauer Geschichte gerade des 20. Jahrhunderts bestens vertraut, bewarb sich mit einem Forschungsvorhaben zu Eugen Gebeschus erfolgreich als 3. Stadthistoriker für die Jahre 2014/15. Grundlage seiner biographisch angelegten Studie waren neben bislang noch nicht erschlossenen Quellen besonders die autobiographischen Selbstzeugnisse von Eugen Gebeschus, aber auch seines jüngeren Sohnes Kurt, welche sich einerseits im Hanauer Stadtarchiv, andererseits im Besitz der Nachfahren befinden. Gerade auch viele, bisher unveröffentlichte Fotos aus Familienbesitz konnten so im Zuge seiner Forschungstätigkeit entdeckt werden.

Wir sind sehr froh darüber, dass das Buch noch in diesem Jahr erscheinen kann, konnten wir doch 2018 den 125. Jahrestag des Amtsantritts von Eugen Gebeschus feiern und ihm mit dem vorliegenden Buch nun die verdiente wissenschaftliche Ehrung zuteil werden lassen.

Die Herausgabe des Bandes in der renommierten Reihe der Hanauer Geschichtsblätter konnte in erster Linie durch Eigenmittel der Stadt Hanau und des Hanauer Geschichtsvereins verwirklicht werden. Darüber hinaus ist aber besonders den Nachfahren von Dr. Eugen Gebeschus, insbesondere seiner Enkeltochter Hanna-Maria Rybka, ihrem Sohn Udo Rybka sowie Dr. Harald Brüning neben der finanziellen Unterstützung besonders für ihre stets wohlwollende Begleitung des Forschungsprojekts, gedankt. Dem Autor Dr. Markus Häfner ist zudem sehr herzlich für die selbstlose und arbeitsintensive Übernahme des Layouts zu danken, wodurch sich die Gesamtkosten erheblich senken ließen.

Ein herzliches Dankeschön sei der Verlagsdruckerei Schmidt / Neustadt an der Aisch und ihren Mitarbeiter/innen für den wiederum professionellen Druck ausgesprochen. Ebenso herzlich danken wir Martin Hoppe für das Lektorat.

Hanau, im November 2018

Claus Kaminsky
Oberbürgermeister
der Brüder-Grimm-Stadt Hanau

Michael H. Sprenger
1. Vorsitzender
des Hanauer Geschichtsvereins 1844 e.V.

1. Selbstzeugnisse und (Auto-)Biographien

„So scheidet denn nun ein Mann aus seinem Amte, von dem man sagen kann, daß Hanau bis heute keinen erfolgreicheren Oberbürgermeister gehabt hat.“[1] Mit diesen lobenden Worten resümierte der Hanauer Anzeiger 1916 das Ende der 23-jährigen Schaffenszeit von Dr. Eugen Gebeschus als Hanauer Stadtoberhaupt.

Auch an seiner vorherigen Station in Höchst am Main erarbeitete er sich größte Hochachtung. So schrieb das Kreisblatt für den Kreis Höchst am Main am 31. Mai 1893, am Tag der Verabschiedung, über Gebeschus: „Wie sehr er es verstanden hat, sich nicht nur die höchste Achtung und Verehrung, sondern auch wahre Freundschaft und innige Zuneigung während seines fünfjährigen Aufenthaltes in unserer Stadt zu erwerben, das werden dem Herrn Bürgermeister die letztverflossenen Tage genugsam dargetan haben.“[2]

Wer war dieser Mann, der Höchst und Hanau entscheidend formte und dessen Leistungen die dortigen Tageszeitungen so umfassend lobten? Geboren 1855 in Demmin in Pommern, arbeitete Gebeschus nach dem Studium der Staats- und Rechtswissenschaften in Tübingen und Greifswald, der anschließenden Promotion und dem erfolgreich abgelegten Assessorexamen seit 1884 als Rechtsanwalt in St. Goarshausen. Als erster hauptamtlicher Bürgermeister von Höchst am Main ordnete er seit 1888 dort die Verwaltungsabläufe neu, führte eine Registratur ein, ließ einen Stadtentwicklungsplan entwerfen sowie ein neues Schulgebäude für das Realgymnasium und einen Erweiterungsbau des städtischen Krankenhauses erbauen. Zudem stieß er eine kommunale Wasserversorgung samt Wasserwerk an, dessen Einweihung sein Nachfolger feiern durfte.

Seit 1893 wirkte Gebeschus bis zu seinem krankheitsbedingten Ausscheiden 1916 als Oberbürgermeister in Hanau. Aufgrund seiner Verdienste folgte noch im selben Jahr die Ernennung zum Ehrenbürger. Gewählt für drei Amtszeiten hätte er die Geschicke der Stadt an Main und Kinzig für insgesamt 32 Jahre lenken können. Durch seinen freiwilligen Rückzug 1916 füllte er das Amt für 23 Jahre aus – nur Carl Cassian übertrifft diese Amtsdauer um ein Jahr. Gebeschus verstarb zwei Jahrzehnte später 1936 in Hanau.

Der unter ihm durchgeführte infrastrukturelle Ausbau, die Ansiedlung neuer Industrien und Garnisonen, die Schaffung eines ÖPNV sowie die Gewinnung neuer Bauflächen im Hanauer Westen durch die Eingemeindung Kesselstadts prägten nicht nur Gebeschus' Amtszeiten, sondern stellten auch Hanaus Entwicklung und Wachstum in den darauffolgenden Jahren sicher.

Im Verlauf des 19. Jahrhunderts hatte die Schleifung der Stadtmauern, die Industrialisierung und die Anbindung an die Eisenbahn zu einem stürmischen Bevölkerungszuwachs Hanaus geführt. Zählte es 1825 noch 10.400 Einwohner, wuchs die Bevölkerung stetig von 22.700 im Jahr 1875 und 30.000 Bürger um 1900 bis auf 38.000 Bewohner 1910. Diese Vervierfachung war mit großen Umbrüchen im Stadtbild verbunden. Der wirtschaftliche Aufschwung lockte neue Arbeitskräfte aus dem Umland an. Diese benötigten nicht nur Woh-

1 StAHU C3 289, HA v. 30. Dezember 1916: Zum Rücktritt Oberbürgermeisters Dr. Gebeschus.
2 Zit. nach K. Gebeschus, Lebensbilder I, S. 158.

nungen, sondern das gesamte Stadtgebilde durch den Zuzug neuer Bürger auch ein bis dato nicht vorhandenes Maß an Infrastruktur. Dieser Ausbau fiel größtenteils in Gebeschus' Amtszeiten. Hierzu zählen

- insbesondere Maßnahmen für eine Verbesserung der hygienischen Bedingungen durch den Ausbau der Wasserversorgung mit der Errichtung der beiden Wasserwerke II und III, die Vollendung des Kanalisationsnetzes, den Bau der Kläranlage, zweier Kanalpumpstationen am Kanaltor und auf der Bleiche in Kesselstadt, einer Badeanstalt am Steinheimer Tor sowie den Ausbau des Schlachthofes mit Kühlhaus,
- die Sicherstellung der Strom- und Gasbelieferung durch den Aufbau eines elektrischen Leitungsnetzes und die Errichtung eines Elektrizitätswerkes sowie eine Erweiterung des Gaswerkes mit einem Neubau eines Verwaltungsgebäudes,
- die Einweihung neuer Schulbauten mit der Eberhardschule und der seit 1925 nach Gebeschus benannten Bezirksschule V,
- der Beginn der Sanierung der Altstadt,
- die Ausweitung der Kinderbetreuung durch die Kleinkinderschule und -krippe in der Nussallee,
- der Bau des Verwaltungsgebäudes des Friedhofs,
- der Umbau des Stadttheaters sowie
- die erfolgreichen Vermittlungen beim Bau des Landgerichts und des Landratsamtes.

Zudem stieß Gebeschus die Planungen für Neubauten der Zeichenakademie und der Gewerblichen Berufsschulen sowie des Mainhafens an. Sein Nachfolger Dr. Kurt Blaum durfte 1924 das von Gebeschus fertig geplante Hafenprojekt übergeben.[3] Neben dieser Vielzahl an Einzelprojekten prägten vier wegweisende Entwicklungen seine Amtszeiten:

- Auf den im Osten der Stadt ausgewiesenen Industrieflächen errichteten die Großunternehmen Dunlop, Heraeus und Brüning (später Degussa) ihre Produktionsstätten. Den Hanauer Verantwortlichen gelang es dabei, das britische Unternehmen Dunlop zu bewegen, in Hanau die erste Betriebsstätte auf dem Kontinent zu bauen.
- Neben dem Ausbau zur Industriestadt gelang es Gebeschus mit Verhandlungsgeschick die Stationierung zweier Eisenbahnregimenter im Lamboy zu erreichen und damit die Stellung Hanaus als Garnisonsstandort zu festigen und auszubauen. Industrieansiedlungen und Kasernenbauten stießen die Errichtung neuer Wohngebäude an, woraus sich die heutigen Stadtviertel Freigericht und Lamboy entwickelten.
- Steigende Bevölkerungszahlen und größere Distanzen zwischen den Stadtvierteln führten zur Schaffung eines ÖPNV. So fuhr 1908 die erste Straßenbahn durch Hanau.
- Doch die freien Bauflächen im stürmisch wachsenden Hanau waren begrenzt. So verhandelte Gebeschus in weiser Voraussicht mit dem Kesselstädter Bürgermeister Wilhelm Geibel über die Eingemeindung der westlich von Hanau liegenden Gemeinde. Die 1907 getroffene Vereinbarung zum Zusammenschluss war für beide Kommunen eine „Win-Win-Situation“: Kesselstadt erhielt einen Anschluss an die städtische Kanalisation und Energieversorgung, Hanau große Bauflächen im Westen.

---

3 Aufzählung nach StAHU L1 301/6, HA v. 11. Dezember 1935: Oberbürgermeister i.R. Dr. Gebeschus 80 Jahre alt.

Doch über den Mann, der in Höchst und Hanau die damalige und zukünftige Entwicklung maßgeblich mitgestaltete und prägte, wissen wir bis dato kaum mehr als seinen Lebenslauf. Dieses Forschungsdesiderat verwundert, geben doch die angestoßenen Entwicklungen am Ende des 19. Jahrhunderts die städtebaulichen Entwicklungen bis in die Gegenwart vor. Liegt es also nicht an den Leistungen des Individuums, so lässt sich das Desiderat möglicherweise durch fehlende Quellen erklären. Doch weit gefehlt! Gebeschus verfasste eine 630-seitige handschriftliche Lebensgeschichte, in der er viele Stationen seines Lebens streift: Elternhaus, Kindheit, Studium, Tätigkeit als Anwalt und Wirken als (Ober-)Bürgermeister.

Gebeschus beschreibt zunächst auf 50 Seiten sein familiäres Umfeld, danach auf 100 Seiten seine Kindheit in Demmin. Seinem Studium, dem Kennenlernen seiner Frau Julie und ihrer Familie sowie den Referendarsjahren widmet er weitere 120 Seiten. Die Stationen in St. Goarshausen und Höchst skizziert er auf jeweils rund 60 Seiten. Sein Wirken und seinen Lebensabend in Hanau betrachtet Gebeschus auf rund 180 Seiten. Dabei nehmen private Ereignisse wie Heiraten, Urlaubsreisen oder Freimaurermitgliedschaft den Großteil der über 600 Seiten umfassenden Niederschrift ein. Die Entscheidung den Posten des Hanauer Stadtoberhauptes anzustreben, sein politisches Wirken oder die Motive seines Rücktritts 1916 umfassen kaum zehn Prozent des Textes. Zugleich gibt Gebeschus Einblicke in die städtische Verwaltung und in soziale Beziehungen. Die Lebenserinnerungen enden mit einem 40-seitigen Nachtrag zu verschiedenen Aspekten. Die Möglichkeiten, durch solche Selbstzeugnisse einen tieferen Einblick in die Gedankenspiele und Gefühlswelt eines Stadtoberhauptes zu werfen und damit die Entscheidungsprozesse und -kriterien direkt nachvollziehen zu können, sind eine quellenhistorische Seltenheit.

Von Gebeschus' Lebenserinnerungen bestanden ursprünglich zwei Versionen, die er am 5. Januar 1920 bzw. 21. Januar 1930 begann, wovon heute noch die spätere Fassung existiert und sich in den Beständen des Hanauer Stadtarchivs befindet. Er schrieb seine Lebenserinnerungen auf Drängen seines Sohnes Kurt nieder, der neben den Enkeln als avisierter Leser gedacht war (EG: 245[4]).[5]

Über seine Schreibsituation, die in der Regel im Vor- oder Nachgang einer solchen Lebensgeschichte erläutert wird, verliert Gebeschus nur wenige Worte.[6] Er schrieb nicht kontinuierlich, sondern nur phasenweise, weil ihm bisweilen die Motivation fehlte: „Fast 2 Jahre habe ich nicht mehr an meinen Erinnerungen geschrieben. Eine Unlust und Unrast war über mich gekommen, die auch heute noch keineswegs gewichen ist. Ich wollte eigentlich nicht weiter schreiben, aber mein ‚Kleiner' [...] gibt keine Ruhe – also muss ich weiter schreiben. Woher die Unrast vor 8 Jahren – wir haben heute den 4. März 1930 – gekommen war, weiß ich heute nicht mehr, vielleicht waren die damals schon recht stark auftretende Inflation, das Schwanken unseres Wirtschaftsgebäudes und die Sorge um Deutschlands Zukunft die tieferen Ursachen meiner Unrast." (EG: 439)

4 Um die Passagen aus Eugen Gebeschus' Lebenserinnerungen beim Lesen deutlich zu machen, wurde bei Verweisen auf eine Anmerkung in Fußnotenform verzichtet und stattdessen der Nachweis direkt im Text mit »EG:« und der jeweiligen Seitenzahl vermerkt.

5 Vgl. zur Bedeutung des avisierten Lesers weiterführend Heinze, Identität, S. 91f.

6 Vgl. zur Bedeutung der Schreibsituation weiterführend ebd., Identität, S. 87.

Porträtbild von Eugen Gebeschus in Öl, gemalt von Ludwig Helbig 1927. Helbig (1889–1962) war Schüler der Zeichenakademie und des Städelschen Instituts in Frankfurt am Main. Er wirkte als Landschafts- und Porträtmaler u.a. in Hanau und Bad Soden-Salmünster.

Bei der zweiten Niederschrift sollte es sich ursprünglich um eine ergänzte und um die Jahre nach 1920 erweiterte Fassung der ersten Schrift handeln. Doch obwohl Gebeschus 1930 weite Teile seiner ersten Fassung der Lebenserinnerungen übertrug, ließ er dabei auch frühere Passagen aus: „Ich hatte bei dieser zweiten Niederschrift meiner Erinnerungen die Absicht, eine reine Abschrift der ersten Niederschrift mit einigen Ergänzungen besonders aus den letzten Jahren zu bringen. Nun habe ich mich aber bei der Abschrift einzelner Abschnitte so in die Materie vertieft, daß ich mich nicht an die erste Niederschrift gehalten, sondern den auf mich einströmenden Gedanken und Empfindungen nachgebend altes und neues gebracht habe. Jetzt stellt sich die unangenehme Tatsache heraus, daß das vermeintlich Neue ganz oder teilweise auf den letzten Seiten der ersten Niederschrift meiner Erinnerungen steht. Ich weiß nun nicht, habe ich dies oder jenes schon in dieser zweiten Niederschrift gebracht, so daß die Gefahr der Wiederholung ebenso wie die des Fortlassens vorliegt." (EG: 513f.)

Darüber hinaus verzichtete Gebeschus in seiner zweiten Fassung 1930 auf die erneute Darstellung mancher Ereignisse, weil er glaubte, es würde seine Nachkommen nicht interessieren (EG: 484). So führt er in der zweiten Schrift aus, er habe den Disput mit dem katholischen Pfarrer in Höchst bereits in der ersten Niederschrift ausführlich dargelegt und streife daher dieses Thema in der zweiten Fassung nur am Rande (EG: 489). Durch den Verlust der ersten Version von 1920 können Gebeschus' Einschätzungen zu diesen Aspekten nicht mehr nachvollzogen werden.

Seine Lebenserinnerungen wirken zum Abschluss sprunghaft. So enden sie nach 625 handschriftlichen Seiten fast abrupt mit den Zeilen „Ich schließe die 2. Niederschrift meiner Erinnerungen am 30. März 1930. Gebeschus" (EG: 625). Zuvor beschrieb er in wenigen Zeilen seinen Austritt aus der Deutschen Volkspartei, nur um eine Seite zuvor die Politik seines Nachfolgers Kurt Blaum in wenigen Sätzen zu bewerten. Ein Abschluss oder ein Resümee seiner Hanauer Zeit oder gar seines Lebens fehlt dagegen.

Aus quellenkritischer Sicht stellte insbesondere die sozialwissenschaftliche Biographieforschung die Frage nach Wahrheit und Authentizität von Autobiographien. Goethe vermerkte sie in „Dichtung und Wahrheit" sogar im Titel. Folglich stellt sich die Frage, als wie authentisch Gebeschus' Aufzeichnungen zu bewerten sind. Hierzu muss zunächst die Art des Geschriebenen analysiert werden. Handelt sich um Memoiren oder eine Autobiographie? Grenzen wir die beiden Gattungen zunächst voneinander ab. Dabei ist die Trennlinie zwischen beiden Formen schwer zu ziehen.[7]

Memoiren lassen sich als „die literarische Form der Lebenserinnerungen des in die Gesellschaft integrierten, seine soziale Rolle ohne Vorbehalt spielenden Menschen definieren."[8] Dabei vernachlässigt der Verfasser von Memoiren seine eigene Lebensgeschichte zugunsten der Epoche, in der er lebt und wirkt, und stellt stattdessen sein Wirken hinter dem Hintergrund seiner sozialen Rolle dar.[9] Während der Werdegang also weitgehend ausgeblendet wird, schildert das Individuum die Ereignisse und Verhältnisse seiner Zeit und gibt Einblicke in sein politisches, soziales oder wirtschaftliches Handeln.[10] Gemäß dieser Definition können

7 Becker, Bürgerliche Lebenswelt, S. 15.
8 Definition nach Neumann, Augustinus, S. 21.
9 Henning, Selbstzeugnisse, S. 138; Neumann, Augustinus, S. 22.
10 Becker, Bürgerliche Lebenswelt, S. 15; Henning, Selbstzeugnisse, S. 137f.

Gebeschus' Lebenserinnerungen keine Memoiren sein, denn er fokussiert sich besonders auf seine Kindheit und seine Familie. Seine Tätigkeit als Anwalt und die Jahre als Bürgermeister nehmen kaum ein Drittel der über 600 Seiten ein.

Handelt es sich also bei den Lebenserinnerungen um eine Autobiographie?[11] Im Sinne der griechischen Wortdefinition (autos: selbst, bios: Leben, graphien: schreiben)[12] definitiv ja, verfasste Gebeschus seine schriftlich niedergeschriebene Lebensgeschichte unzweifelhaft selbst, wie sich anhand der Handschrift erkennen lässt. Während „[...] Memoiren das Ergehen eines Individuums als Träger einer sozialen Rolle schildern, so beschreibt die Autobiographie das Leben des noch nicht sozialisierten Menschen, die Geschichte seines Werdens und seiner Bildung, seines Hineinwachsens in die Gesellschaft."[13]

Memoiren enden vor dem privaten Bereich, Autobiographien beginnen eben dort.[14] Letztere schließen streng genommen mit dem Einstieg ins Berufsleben ab.[15] Sonstiges Beiwerk einer Autobiographie fehlt, seien es Überschriften, Widmungen, Vorwort, Abbildungen, Illustrationen, Dokumente, gestalteter Einband oder ein Porträtbild.[16] Zudem sollen Autobiographien nach Ansicht des Autors auch veröffentlicht werden, was im Falle Gebeschus' nicht der Fall war. Er schrieb seine Erinnerungen nur für den Familienkreis nieder.

Daneben existieren Mischformen, in denen sich Autobiographien über Kindheit und Jugend zu Memoiren über die Darstellung der sozialen Rolle wandeln[17] oder in seltenen Fällen eine „fortwährende Autobiographie" über die vollständige Lebensgeschichte.[18] Eine solche Mischform stellen Gebeschus' Lebenserinnerungen dar, behandeln sie die beiden maßgeblichen Teile seines Lebens: beruflich wie privat.

Es bleibt die wichtige Frage der Authentizität. Hierbei muss beachtet werden, ob es sich um einen Überrest oder Tradition handelt.[19] Henning definiert es wie folgt: „Bei den meisten Selbstzeugnissen kann der Verzicht auf Publikation als Kriterium der Aufrichtigkeit angesehen werden."[20] Selbstzeugnisse stehen immer in Beziehung zu ihrem Autor und sind daher subjektive Quellen, also keine historische Quelle, die für eine objektive Darstellung geschaffen wurde. Sie unterscheiden sich aber dennoch von literarischen Quellen in der Absicht des Autors, die Ereignisse wahrheitsgetreu darzustellen.[21] So dienen Autobiographien „der Gesamtdarstellung des eigenen Lebens", in deren Mittelpunkt „das Ich, seine innere Entwicklung und seine persönlichen Beziehungen" stehen.[22]

11 Zu den besonderen Faktoren einer Autobiographie vgl. grundlegend Heinze, Identität und Klein, Handbuch.
12 Becker, Bürgerliche Lebenswelt, S. 14; Heinze, Identität, S. 61.
13 Neumann, Augustinus, S. 39.
14 Ebd., S. 28.
15 Becker, Bürgerliche Lebenswelt, S. 15.
16 Vgl. zur Inszenierung der Autobiographie ausführlicher Heinze, Identität, S. 144ff., zur Bedeutung von Photographien, Dokumenten und Porträts ebd., S. 150–165.
17 Neumann, Augustinus, S. 47.
18 Ebd., S. 58.
19 Vgl. hierzu ausführlich Fetz, Biographisches Erzählen, S. 58.
20 Henning, Selbstzeugnisse, S. 140. Zur Quellenkritik von Selbstzeugnissen insbes. ebd., S. 138–141.
21 Ebd., S. 135.
22 Ebd., S. 136.

Da Gebeschus' Lebenserinnerungen keine Autobiographie für eine Veröffentlichung darstellen, sondern für den internen Familienkreis geschrieben wurden, lässt sich ein immenser Wahrheitsgehalt annehmen. Ungeachtet der Tatsache, dass sich der Verfasser stellenweise nicht mehr an Ereignisse und genaue Daten erinnert oder bisweilen auch irrt, beleuchten die Lebenserinnerungen dennoch authentisch die wichtigsten Stationen seines Lebens wie keine andere Quellenart.[23]

Dennoch muss Gebeschus' Werk als historische Quelle kritisch reflektiert werden. Seine Lebenserinnerungen können nicht das Gewesene abbilden, sondern zeigen vielmehr den Blick des Verfassers auf sein Leben vom Standpunkt der Jahre 1920 und insbesondere 1930. Sie sind, wie Werner Mahrholz die Selbstbiographie deutete, als „Zeugnis der Lebensstimmung einer Zeit, als Kundgabe der ungeschminkten Gefühle, Ansichten und Aussichten an einem bestimmten geschichtlichen Zeitpunkt"[24] zu sehen.

Zudem lassen sich die Lebenserinnerungen nicht unabhängig vom Zeitraum ihrer Entstehung untersuchen[25] und können nicht frei von den historischen Rahmenbedingungen gesehen werden. So begann Gebeschus mit den Aufzeichnungen 1920, als Hanau stark von den Folgewirkungen des Ersten Weltkrieges, dem davon ausgelösten politischen Umbruch und den wirtschaftlichen Problemen gezeichnet war. Im Laufe der 1920er Jahre verlor er die Motivation am Schreiben und fand sie erst zum Ende des Jahrzehnts wieder. Bezeichnend ist, welche Ereignisse er im Laufe eines Jahrzehnts wegließ: die Einschätzung zu seinem Nachfolger Karl Hild oder das Verhältnis zu langjährigen Freunden der Familie. Es kann nur vermutet werden, was Gebeschus dazu bewegte. Binnen drei Monaten vollendete Gebeschus 1930 seine Aufzeichnungen, wenige Monate nachdem infolge des Schwarzen Freitags in New York der Niedergang der Weimarer Republik begonnen hatte. Es folgten wirtschaftliche Depression, Massenarbeitslosigkeit, politische Instabilität, Übergang zum Präsidialsystem, Wahlgewinne der NSDAP und das Ende der Republik. Es ist fraglich, was Gebeschus zur Vollendung motivierte. Waren es familiäre oder politische Umstände? Er lässt immer wieder anklingen, wie sehr er einem gefestigten politischen System wie dem des Kaiserreiches nachtrauerte.

Gebeschus wies auf die Schwierigkeiten der Authentizität in einem Brief an den Demminer Historiker Finger 1934 selbst hin. Er sah die Lebenserinnerungen mehr als Entwurf: „Die Lebenserinnerung schätze ich selbst sehr gering ein, mein Sohn hatte mich seiner Zeit dazu veranlaßt, sie niederzuschreiben. Ich tat es halb wider Willen, da das Schreiben mir keine Freude machte. Ich habe in meinem Leben viel zu viel schreiben müssen, aber ich schrieb und verfluchte mein Schicksal [...]. Ich hatte geglaubt, auf 100 Seiten könne ich meine Lebenserinnerungen darstellen – es sollte ja nur für meine Kinder sein. Ich versäumte es daher, mir eine Art Disposition zu machen, ich hielt es für unnötig, weil ich dienstliche Verhältnisse überhaupt nicht bringen wollte, denn dazu hätte ich Akten gebraucht, die mir fehlten. Wenn bei Ereignissen, die mich persönlich betrafen, ich wie Goethe in ‚Wahrheit und Dichtung' etwas freier schilderte, schadete das nicht, ich schilderte die Dinge ja ausschließlich so, wie ich mich ihrer erinnerte. Bei Schilderungen dienstlicher Ereignisse, mußte unbedingte Wahrheit

23 Zur Authentizität allgemein vgl. auch Mahrholz, Wert, S. 72f.
24 Ebd., S. 72.
25 Vgl. hierzu grundlegend Heinze, Identität, S. 71.

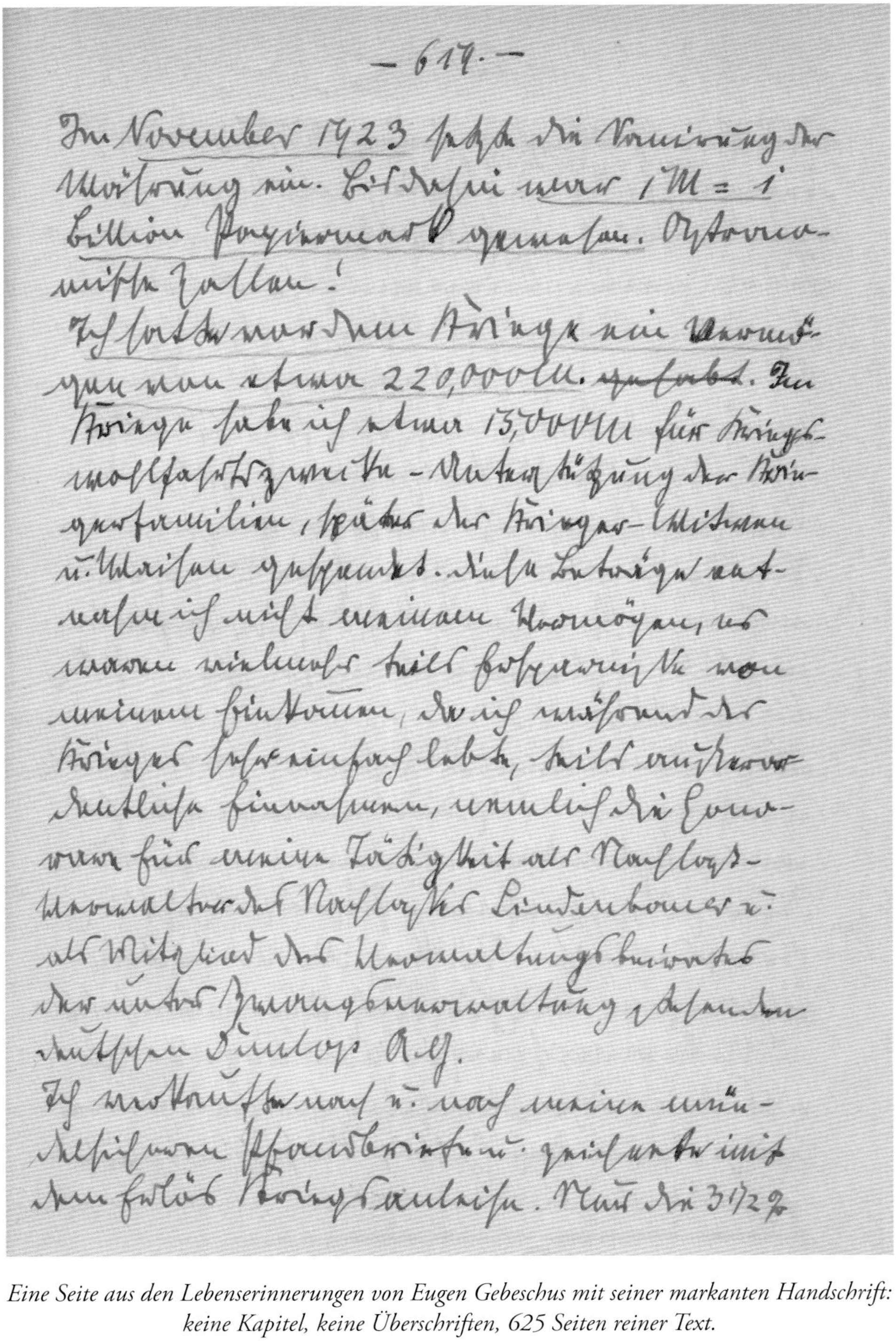

– 617. –

Im November 1923 setzte die Sanierung der Währung ein. Bis dahin war 1 M = 1 Billion Papiermark geworden. [illegible] nichts zahlen!

Ich hatte vor dem Kriege ein Vermögen von etwa 220,000 M. gehabt. Im Kriege habe ich etwa 15,000 M für Kriegswohlfahrtszwecke – Unterstützung der Kriegerfamilien, später der Krieger-Witwen u. Waisen gespendet. Diese Beträge entnahm ich nicht meinem Vermögen, es waren vielmehr teils Ersparnisse von meinem Einkommen, da ich während der Kriegszeit sehr einfach lebte, teils außerordentliche Einnahmen, nämlich die Honorare für meine Tätigkeit als Nachlassverwalter des Nachlasses Lindenbauer u. als Mitglied des Verwaltungsbeirats der unter Zwangsverwaltung stehenden deutschen Dunlop A.G.

Ich verkaufte nach u. nach meine mündelsicheren Staatsbriefe u. zeichnete mit dem Erlös Kriegsanleihe. Nur die 3 1/2 %

Eine Seite aus den Lebenserinnerungen von Eugen Gebeschus mit seiner markanten Handschrift: keine Kapitel, keine Überschriften, 625 Seiten reiner Text.

die Losung sein (auch subjektive), damit man mir nicht einmal zum Vorwurf machen konnte, ich hätte die Dinge so ‚frisiert', wie sie sich für mich am vorteilhaftesten darstellten. Aber auch bei rein persönlichen, von Aktendarstellungen losgelösten Erinnerungen, wäre eine Disposition, eine Einteilung des ganzen Stoffes in Kapitel und Abschnitte nötig gewesen ... (da das nicht geschehen ist) gefallen meine Lebenserinnerungen mir nicht ... die Arbeit ist mir nicht gründlich genug, nicht gefeilt, wäre nur als Entwurf zu verwenden und müßte vollständig umgearbeitet werden."[26]

In seinem Text verwendet Gebeschus keine romanhaften Elemente, sodass in seinem Fall „die Ausscheidung der romanhaften Bestandteile aus der selbstbiographischen Quelle"[27] als Aufgabe des Historikers entfällt. Daher lassen sich seine Erinnerungen als historische Quelle für seine Lebensgeschichte verwenden und werden nicht aus literaturwissenschaftlicher Sicht untersucht.[28]

Doch nicht nur Eugen Gebeschus, sondern auch andere Familienmitglieder verfassten ihre Lebensgeschichte und die ihrer Familie. Seine Frau Julie schrieb im Januar und Februar 1925 ihre Lebenserinnerungen für ihre „Kinder, Enkel und späteren Urenkel" nieder,[29] damit diese ihre Vorfahrin und deren Lebensführung besser kennenlernen konnten. Ihr Sohn Kurt hätte wie im Falle des Vaters beständig „gebohrt", bis sie begann, ihre Lebensgeschichte zu Papier zu bringen. Dabei nahm sie sich vor, nur Erinnerungen aus Jugend und Kindheit zu hinterlassen, da ihr Ehemann die späteren Ereignisse schon in seinen Erinnerungen dargestellt hätte.[30] Da diese vorliegende Monographie sich dem Leben und Wirken von Eugen Gebeschus annimmt und keine Geschichte der Familie Gebeschus erzählen will, ist diese Überlieferung als Quelle größtenteils ebenso unberücksichtigt geblieben wie die biographischen Werke von Kurt Gebeschus. So ist vieles aus der persönlichen Familiengeschichte wie Spitznamen, Krankheiten oder die zahlreichen Urlaubserinnerungen ausgeklammert worden.

Kurt Gebeschus begann in den Jahren 1930 und 1931 mit seinen Lebenserinnerungen und hielt auf über 400 maschinengeschriebenen Seiten seine Erlebnisse bis zum Ausbruch des Ersten Weltkrieges fest. Die Schwerpunkte bilden die Jugendjahre in Höchst und Hanau, hier besonders Erinnerungen an Freunde, Spiele, Schule sowie der Eintritt in die Marine 1910 und die dortige Ausbildung bis 1914.[31] Nachdem er den ersten Band zu Weihnachten 1931 fertiggestellt hatte, regte ihn Eugen Gebeschus im September 1932 an, seine Erinnerungen an die Kriegszeit auf Basis seines Kriegstagebuches ebenfalls niederzuschreiben. So lag zu Weihnachten 1932 ein weiterer Erinnerungsband Gebeschus'scher Tradition unter dem Christbaum.[32] Die ersten 130 Seiten umfassen die Abschrift des Kriegstagesbuches von Kurt Gebeschus vom Kriegsausbruch bis zum Jahresende 1914. Danach skizziert er auf gut 100 Seiten den Untergang der Blücher und auf über 100 Seiten den deutschen Seekrieg in

26 K. Gebeschus, Lebensbilder I, S. III: Brief v. E. Gebeschus an W. Finger v. 29. Juni 1934.
27 Glagau, Element, S. 71.
28 Zur literaturwissenschaftlichen Forschung zu Autobiographien vgl. Jaeger, Autobiographie; Lehmann, Bekennen; Niggl, Autobiographie; Wagner-Egelhaaf, Autobiographie.
29 J. Gebeschus, Lebenserinnerungen, S. 0.
30 Ebd., S. 1.
31 K. Gebeschus, Lebenserinnerungen II.
32 K. Gebeschus, Lebenserinnerungen III, S. I, IV.

seinen Schlachten im Ersten Weltkrieg sowie in 50 Seiten seine Kriegsgefangenschaft im Lazarett in Edinburgh Castle.[33]

Im März 1932 begann Kurt Gebeschus zudem chronologisch die Ereignisse seines Lebens aufzuschreiben: am Anfang noch wöchentlich, im Laufe der Chronik mit einigen Monaten Abstand bis in den Oktober 1936. Band I seiner Chronik umfasst 360 handschriftliche Seiten mit vielen Zeitungsartikeln und Bildern.[34] Band II beginnt mit dem Jahr 1937, handschriftlich bis zum Jahr 1939, danach folgen kurze chronologische Einträge bis ins Jahr 1943 und viele Bilder und Berichte von Reisen. Dabei sind einige Einträge von seiner Tochter Hanna-Maria Gebeschus verfasst.[35]

Die von Kurt Gebeschus geschriebenen Chroniken und Erinnerungen bieten eine Fülle von Material für familiengeschichtliche Forschungen und Militärhistoriker. Für die Lebensgeschichte von Eugen Gebeschus wurden sie nur am Rande ausgewertet, wenn der Text in Bezug zum Vater stand. Die Kriegserlebnisse, die keinen Bezug zu Hanau aufwiesen, blieben aus der Betrachtung gänzlich ausgeklammert.

Daneben verfasste Kurt Gebeschus auf Bitten seiner Mutter eine Geschichte der Familien Gebeschus, Schweickhardt (der Familie von Julie Gebeschus), Brüning und Ehringhaus (der Familien der Eltern seiner Frau) in zwei Bänden – er nannte sie »Lebensbilder«.[36] Die beiden Bände entstanden hauptsächlich im Zeitraum 1930 bis 1948. Die „Abschrift früherer Aufzeichnungen" beendete Kurt Gebeschus am 19. November 1964.[37] Es ist dieser besondere Quellenfundus der Familie Gebeschus in Verbindung mit fehlenden wissenschaftlichen Vorarbeiten, die den Autor im Laufe der Forschungen den Ansatz einer biographischen Betrachtung wählen ließen.

Die wichtige Phase der Hanauer Stadtentwicklung um die Jahrhundertwende vom späten 19. ins angehende 20. Jahrhundert bis zum Ausbruch des Ersten Weltkrieges ist nicht erforscht, sieht man von Kommentaren zu den Lebenserinnerungen Fritz Canthals,[38] den Arbeiten von Jens Arndt über die Kasernenbauten im Lamboy und Hanau im Ersten Weltkrieg,[39] den Forschungen von Hartfried Krause über die Revolutionsjahre 1918/19,[40] der Untersuchung von Ulrike Heilmann zur Entwicklung der Stadtwerke[41] und den knappen biographischen Hinweisen zu Eugen Gebeschus in diversen Beiträgen einmal ab. Eine wissenschaftliche Betrachtung der städtischen Entwicklung um die Jahrhundertwende sowie des Hanauer Bürgertums, seiner Entwicklung und seines Einflusses sowie die politischen, wirtschaftlichen und sozialen Verflechtungen in Hanau und zu den umliegenden Gemeinden fehlen bis dato. Die Forschungen erfolgten also mangels Vorarbeiten aus den Quellen.

Neben den Selbstzeugnissen der Familie Gebeschus stellen die Verwaltungsberichte der Stadt Hanau, die vermutlich zu großen Teilen ebenfalls von Gebeschus verfasst oder zumin-

33 K. Gebeschus, Lebenserinnerungen III.
34 K. Gebeschus, Chronik I.
35 K. Gebeschus, Chronik II.
36 K. Gebeschus, Lebensbilder I, S. I.
37 So vermerkt er es selbst in K. Gebeschus, Lebensbilder II, S. 315.
38 Dröse, Bürgertum.
39 Arndt, Feldbahnen; Arndt, Zeit.
40 Krause, Revolution.
41 Heilmann, Energie.

Familie Gebeschus 1893/94: Um die Eltern Eugen und Julie Gebeschus gruppieren sich die drei Kinder Rolf (rechts stehend), Kurt (links) und Leni (im Hintergrund).

dest redigiert wurden, die Grundlage dieser Biographie dar. Die Hanauer Berichte dokumentieren die Gemeindeangelegenheiten in den jeweiligen Rechnungsjahren und stellen heute für die Nachwelt eine umfassende Quelle für die Stadtgeschichte dar. Die Stadtverwaltung Hanau legte 1880 erstmals einen solchen Bericht vor. Umfasste der erste seiner Art nur 100 Seiten, wuchsen die kommenden Leistungsschauen nach 1900 auf eine drei Mal so große Summe an. Dazu kommen Aktenbestände zu den Bauvorhaben, Nachlässe sowie Selbstzeugnisse und Schriftstücke von Personen, mit denen Gebeschus zusammen die Kommunalpolitik gestaltete. Zeitungsberichte wurden exemplarisch herangezogen.

Die Protokolle des Gemeinderates der Stadt Höchst sowie der Körperschaften der Stadt Hanau zeigten sich für die biographische Leistung von Gebeschus als eine nur bedingt ergiebige Quelle – verzeichnen sie nur die Beschlüsse, nicht aber die vorherigen Diskussionen und v.a. nicht, in welchen Punkten Gebeschus intervenierte, gegensteuerte oder zu überzeugen suchte. Allein 1899 fasste der Magistrat in 39 Sitzungen 1.166 Beschlüsse, während die Stadtverordneten in 23 Sitzungen auf weitere 463 Verhandlungsgegenstände kamen.[42] Dahingegen geben die Verwaltungsberichte intensive Einblicke in die Verwaltungsabläufe, die Gebeschus' Einwirken auf die Entscheidungsprozesse während seiner Amtszeit weitaus deutlicher machen.

Gleichzeitig bieten die Verwaltungsberichte eine Fülle von Quellenmaterial für künftige Forschungen und Sonderstudien zur Entwicklung Hanaus am Ende des 19. Jahrhunderts und zu Anfang des 20. Säkulums: so für das Gaswerk über die Aufstellung von Gaslaternen, die Methoden der Verkoksung zur Gasproduktion, die wirtschaftlichen Ergebnisse, Geschäftsabschlüsse oder Gutachten zur Verbesserung der Gasproduktion sowie im Verwaltungsbereich die Entlassung, Pensionierung und Neuanstellung von Angestellten für den öffentlichen Dienst oder Statistiken zu Bränden. Solche Aspekte finden im vorliegenden Werk keine Berücksichtigung.

Diese Monographie will Gebeschus' drei Amtszeiten aufarbeiten, seine Ideen und Erfolge skizzieren und deren Bedeutung für die künftige Stadtentwicklung darstellen. In der Person des Stadtoberhaupts des 19. Jahrhunderts vereinten sich meist rechtswissenschaftliche Ausbildung, bedingungsloser Einsatz für das Wohl der Stadtgesellschaft und visionäres Denken als Selbstverständnis des städtischen Bürgertums. Dabei sind die städtischen Funktionsträger nicht beliebig austauschbar gewesen, sondern das Individuum spielte für die Gestaltung der Stadt die entscheidende Rolle. So stellen Sozialisation, Adoleszenz, familiäres Umfeld, Studium und berufliches Vorankommen entscheidende Faktoren für das spätere Wirken als Stadtoberhaupt dar. Daher lassen sich nur über den biographischen Zugang die Identitätsbildung und das spätere Charakterbild erläutern sowie politisches Handeln und Arbeitsweise nachvollziehen.

Dabei ist eine Biographie immer mit den Gefahren verbunden, sich zu eng am Geschriebenen des Individuums zu orientieren, sich von seinen in bunten Farben gemalten Lebenserinnerungen beeinflussen zu lassen. Wie schon Margit Szöllösi-Janze bilanzierte,[43] sind Historiker davon weniger betroffen. So ist es Ziel jeder historischen Darstellung das Individuum im politischen, kulturellen, wirtschaftlichen und sozialen Kontext seiner Zeit darzustellen. Hier-

42 Hanau, Verwaltungsbericht 1895–1899, S. 27.
43 Vgl. Szöllösi-Janze, Haber, S. 9–15.

mit wird jenseits der Lebensgeschichte des Individuums auch jeweils eine Geschichte seiner Zeit verfasst. Dieses grundlegende Ziel verfolgt die vorliegende Biographie. Sie besteht aus den beiden Polen, Gebeschus zum einen als Individuum zu betrachten und zum anderen sein Wirken und die Veränderungen für das Hanau des 19. und 20. Jahrhunderts zu analysieren.

Hierbei fühlen sich Autoren von Biographien immer dem Vorwurf ausgesetzt, die Lebensgeschichte großer Männer[44] aufarbeiten zu wollen. Zudem verachteten viele Historiker die Biographie als Genre, obwohl sie beim Publikum bis heute sehr beliebt ist.[45] Während sich die Geschichtswissenschaft in den 1970er Jahren von der Biographie zurückzog, ist diese Abstinenz heute beendet und die Biographie stellt in Journalismus, Geschichtswissenschaft und Soziologie eine weitverbreitete Sparte dar. Gleichwohl unterliegt jeder Autor einem gewissen Rechtfertigungsdruck, warum das betrachtete Individuum von geschichtlichem Interesse ist.[46]

Warum ist Eugen Gebeschus also einer Biographie „würdig"? Die soziologische Biographieforschung fokussiert sich auf Personen, die exemplarisch für eine bestimmte soziale Gruppe stehen, ohne als Individuum besonders bedeutend gewesen zu sein, während die Geistes- und Kulturgeschichte Biographien insbesondere Personen widmet, „die als bedeutend angesehene Werke hinterlassen haben oder deren Handeln als wirkungsmächtig betrachtet wird".[47]

Treitschke sprach in seiner individualistischen Geschichtsauffassung von „Personen, Männer sind es, welche die Geschichte machen"[48], Marx in kollektivistischer oder soziologischer Geschichtssicht von der Persönlichkeit als „Ensemble der gesellschaftlichen Verhältnisse".[49] Nach Treitschke wirkt das Individuum auf die Geschichte ein, nach Marx die geschichtlichen Ereignisse auf das Individuum als Spiegel seiner Zeit.[50] Für Gebeschus gilt Zweites, wirkten Zeittypisches und Repräsentatives auf ihn ein, wohingegen Cäsar oder Alexander der Große Beispiele für Ersteres sind.[51] Gebeschus zählt sicher nicht zu den Großen der Weltgeschichte, aber auch nicht zu den gewöhnlichen Hanauer Bürgern. Er steht in der Mitte: ein kleiner Kopf für die Weltgeschichte, aber ein entscheidender für die Hanauer Stadtgeschichte.

Die besondere Würze der Biographie liegt in der Chance des Autors „die Handlungsspielräume des Individuums in der Geschichte"[52] zu erforschen. So untersucht diese Biographie, welche Rolle Gebeschus' eigenes charakterliches Profil und seine Sozialisation für seine Position als Verwaltungschef und Koordinator zahlreicher Planungsaufgaben spielte. Hierfür ist ebenso zu untersuchen, welche Bedeutung dem Amt des Oberbürgermeisters für die städtische Entwicklung um die Jahrhundertwerde zukam, um darauf aufbauend erklären zu können, mit welchen Lösungsstrategien Gebeschus die neuartigen Anforderungen der Stadtverwaltung an der Wende vom 19. zum 20. Jahrhundert bewältigte. Agierte er vorausschauend

44 Zwar gibt es vermehrt auch Biographien großer Frauen, ihr Anteil stellt jedoch nur einen Bruchteil an der Gesamtmenge dar, vgl. hierzu Rauh-Kühne, Individuum, S. 226.
45 Raulff, Leben, S. 55.
46 Szöllösi-Janze, Haber, S. 10.
47 Schweiger, Biographiewürdigkeit, S. 32.
48 Treitschke, Politik, S. 6.
49 Marx, Thesen, S. 6.
50 Hähner, Biographik, S. 31.
51 Ebd.
52 Szöllösi-Janze, Haber, S. 14.

oder reagierte er nur auf die vorherrschenden Probleme des Städtewachstums? Ergriff Gebeschus eigenständig die Initiative oder agierte er auf Druck der Bürgerschaft oder übergeordneter Stellen? Welche Gestaltungsfreiheit hatten die Stadtoberhäupter und wie ordnete sich Gebeschus in dieses Gefüge ein? Ebenso wird das politische, gesellschaftliche, soziale und wirtschaftliche Umfeld in Hanau in den Blick genommen: Wie interagierte Gebeschus mit den städtischen Körperschaften? Wie gelang es ihm, seine Vorstellungen zu verwirklichen?

Die Kommunalpolitik gliedert sich in drei Ebenen: zum einen der Entscheidungsprozess, der Initiativen und Motive der Kommunalpolitiker beinhaltet, zum zweiten die Verhandlungsprozesse zwischen den unterschiedlichen Parteien und zum dritten die Realisierung der Projekte. Diese Arbeit wird Gebeschus' Ideen anreißen und sich auf die Realisierung konzentrieren. Motive anderer Akteure und der Verlauf der Verhandlungen fanden nur Zugang in die Darstellung, wenn es zum Verständnis des Ergebnisses notwendig war.

Hanau war mit seinem Umland eng verwoben. So fällt der Blick auch auf die Bestrebungen der Stadt und des Landkreises bei der Wirtschaftsförderung und dem Ausbau der Infrastruktur zusammenzuarbeiten, wobei der Fokus auf der Frage liegt, welche Interessen Gebeschus bei den Verhandlungen mit den Nachbargemeinden in den Vordergrund rückte.

Die Aspekte bündeln sich in der Frage, welchen Werdegang, welche charakterliche Eigenschaften und welches Arbeitsethos ein Stadtoberhaupt um 1900 mitbringen musste, um eine Kommune erfolgreich in die Moderne zu führen. Hierfür werden in zwei vorangestellten Kapiteln die familiäre Herkunft, die universitäre Ausbildung und Gebeschus' Berufsethos dargestellt. Daran schließt sich die Darstellung des Wirkens an den Stationen als Stadtoberhaupt in Höchst und Hanau an. Hier werden Amtsführung, Verwaltungsreformen, bauliche Maßnahmen, die Zusammenarbeit mit Fachkräften für den Ausbau der kommunalen Versorgungseinrichtungen sowie das Verhandlungsgeschick und Krisenmanagement untersucht. Es können nicht alle Beteiligungen von Gebeschus in der Stadtpolitik dargestellt werden, daher fokussieren sich mehrerer Abschnitte auf ausgewählte Spezialthemen, die seine Vorgehensweise exemplarisch in den Sektoren Infrastruktur (Hafen), Militär (Kasernen), Stadtentwicklung (Eingemeindung) und Krisenmanagement in Notlagen (Dunlop im Ersten Weltkrieg) verdeutlichen. Das familiäre Zusammenleben, sein Wirken im Ruhestand und eine Einschätzung seiner Leistungen schließen das Werk ab.

Die vorliegende Arbeit entstand in den Jahren 2014 bis 2018, gefördert durch die Berufung als 3. Hanauer Stadthistoriker für die Periode 2014/15. Ein solches Werk lässt sich nicht ohne die Unterstützung vieler Beteiligter vollenden. Der Dank gilt folgenden Personen und Institutionen: den städtischen Gremien für die Bereitstellung des Stipendiums, Oberbürgermeister Claus Kaminsky, dem Fachbereich Kultur, Stadtidentität und Internationale Beziehungen, dem Stadtarchiv Hanau und dem Hanauer Geschichtsverein 1844 e.V. für die wohlwollende Begleitung der Forschungen, dem Magistrat der Stadt Hanau, dem Hanauer Geschichtsverein 1844 e.V., Hanna-Maria Rybka, Udo Rybka und Dr. Harald Brüning für die Übernahme der Druckkosten und insbesondere der Familie Rybka für die Bereitstellung der Familienchroniken und Fotos aus privaten Beständen. Marion Häfner, Martin Hoppe und Michael H. Sprenger übernahmen die Redaktion des Manuskripts. Ihnen gilt ein ganz besonderer Dank.

2. Die Jugendjahre (1855–1874): Kindheit und Familie

In Demmin – einer Kleinstadt in der damaligen Provinz Pommern, heute zu Mecklenburg-Vorpommern gehörig, am Nordostrand der Mecklenburgischen Seenplatte gelegen – lebten 1852 7.738 Menschen, fast ausnahmslos der evangelischen Konfession zugehörig. Die Zahl der Bewohner blieb im Laufe des folgenden Jahrzehnts nahezu konstant und war 1861 mit 8.016 Einwohnern kaum nennenswert gewachsen.[53] Als einer der neuen Erdenbürger freuten sich die Eheleute Georg und Wilhelmine Gebeschus im Haus Ecke Baustraße/Pferdestraße am 12. Dezember 1855 über ihren neugeborenen Sohn: Die Rede ist von Karl August Georg *Eugen* Gebeschus (EG: 61).

2.1. Der Vater: Georg Gebeschus

Eugen Gebeschus' Vater Albert *Georg* Erdmann Gebeschus wurde am 5. Februar 1817 in Stettin geboren und verstarb am 27. März 1884 in St. Goarshausen. Er hatte am 6. November 1846 in Stöven Dorothea Karoline *Wilhelmine* Wobig geheiratet, die am 15. Februar 1817 vermutlich in Köstin geboren wurde und am 4. Juli 1867 in Demmin verstarb (EG: 1).[54]

Der Lebensweg von Georg Gebeschus lässt sich nicht in jedem Detail nachzeichnen. Eugen Gebeschus vermutet, der Vater habe mit 14 Jahren die Schule verlassen und den Beruf des Schreibers erlernt. Eine körperliche Beeinträchtigung hinderte Georg Gebeschus in die Fußstapfen seines Vaters zu treten (EG: 8).[55]

Der am 21. August 1788 in Grabow in Mecklenburg geborene Tischlermeister *Johann* Karl Dietrich Gebeschus verstarb am 26. September 1854 in Stettin und war mit *Maria* Luise Staußke verheiratet.[56] Ihre Lebensdaten sind ebenso unbekannt wie die von Johanns Vater und Eugen Gebeschus' Urgroßvater *Christian* Gebeschus, einem Arbeitsmann und Bierschänker. Er verstarb um 1792/93 und war mit Katharina Ilsabe[!] Kellermann verheiratet.[57] Zudem hatte Georg Gebeschus eine jüngere Schwester namens *Augustine* Wilhelmine Albertine, die am 24. Juni 1818 in Stettin geboren wurde und mit dem Oberbuchhalter August Helle aus Stettin verheiratet war. Ihr Todesdatum ist unbekannt.[58]

Georg Gebeschus litt an einem leichten Wachstumsfehler, wodurch die rechte Schulter ihr linkes Gegenstück überragte (EG: 2). Rechter Arm und rechte Hand waren derart kraftlos, dass er damit nicht einmal eine Zigarette aufheben oder eine Briefmarke aufkleben konnte:

---

53 Kratz, Städte, S. 122.

54 Ebenso K. Gebeschus, Lebensbilder I, S. 5; Ahnen-Buch Gebeschus, o.S.; Burkardt/Pult, Nassauische Parlamentarier, S. 94.

55 Ebenso K. Gebeschus, Lebensbilder I, S. 6.

56 K. Gebeschus, Lebensbilder I, S. 4. Ebenso bei Burkardt/Pult, Nassauische Parlamentarier, S. 94.

57 K. Gebeschus, Lebensbilder I, S. 4.

58 Ebd., S. 5.

Der Vater von Eugen Gebeschus: Georg Gebeschus (1817–1884), um 1880.

„Die rechte Hand diente fast nur als eine Art lebendiger Briefbeschwerer", wie Eugen Gebeschus schreibt (EG: 4). Folglich schrieb der Vater mit der linken Hand und führte auch sonstige Tätigkeiten damit aus (EG: 3). Die Haut des Arms überzogen Narben und am Zeigefinger fehlten zwei Glieder (EG: 2).

Georg Gebeschus begründete die Verkrüppelung des Arms mit einem Bruch im Alter von vier Jahren, der vom Arzt falsch behandelt worden und dadurch abgestorben sei – der Verband sei zu fest angelegt gewesen (EG: 4f.). Eugen Gebeschus hingegen verweist die Geschichte ins Reich der Fabel, die Eugens Großmutter Maria Gebeschus erfunden hätte, um dem jungen Georg seine Missbildung zu erklären (EG: 6). Vielmehr war Georg Gebeschus wohl „ein sehr elendes Kind bei seiner Geburt" (EG: 5) gewesen. Eugen Gebeschus vermutete das hohe Alter der Großmutter mit 38 Jahren als Grund für die Missbildung. Georg war ihr erstes Kind. Auch hohe Schulter, eingefallene Hüfte, herausstehendes Schulterblatt und die Hühnerbrust sprachen für Eugen Gebeschus für ein „missgebildetes Kind [...], dessen Mißgestalt allmählich sich verwuchs" (EG: 6). Das äußere Erscheinungsbild seines Vaters im Alter von etwa 50 beschrieb Eugen Gebeschus als „etwa 170 bis 171 cm groß, sehr aufrechte Haltung, blaue Augen, große Nase, dgl. Ohren, Hand und Füße, Kinn spitz, allerdings infolge starken kurz gehaltenen Vollbartes nicht zu sehen, der dunkelblond, ein bis zu seinem Tod sehr dichtes Kopfhaar." (EG: 1)

In den Jugendjahren konnte Georg Gebeschus die Schule nur unregelmäßig besuchen, weshalb er seine Schulbildung vorwiegend durch Hausunterricht erhielt. Trotz dieses Faktums beschreibt Eugen Gebeschus den Vater im Deutschen in Wort und Schrift als ausgezeichnet gebildet (EG: 6). Obwohl seine Kenntnisse in den weiteren Fächern dem Volksschulniveau der 1870er Jahre entsprachen, vermutet Eugen Gebeschus, der Vater habe in 1820er Jahren Privatstunden erhalten (EG: 7) und sich durch „emsiges Selbststudium" weitergebildet. Weitere Sprachen beherrschte Georg Gebeschus nicht, abgesehen von einigen „bürokratischen lateinischen Floskeln" (EG: 8).

Vermutlich arbeitete Georg Gebeschus zunächst für vier Jahre in einem Anwaltsbüro in Stettin als Lehrling, bis er im Alter von etwa 20 Jahren Gutsschreiber auf dem Gut des Landrats von Waldow in Steinhöfel wurde (EG: 8). Die weiteren beruflichen Stationen des Vaters liegen im Nebel. Es lässt sich vermuten, dass er als Supernumerar, d.h. als Anwärter auf den subalternen (mittleren) Bürodienst, in die Justizverwaltung eintrat und in den folgenden Jahren die notwendigen Prüfungen in Stepenitz und Demmin ablegte (EG: 9).[59]

Seit spätestens 1846 wirkte Georg Gebeschus als Bürgermeister in der Kleinstadt Pölitz im Regierungsbezirk Stettin im Kreis Randow (EG: 9). Pölitz wuchs kaum und dort wohnten 1843 2.465, 1852 2.936, 1861 3.508[60] und 1905 etwa 4.300 Personen. Seine Tätigkeit lässt sich aus der Heiratsurkunde vom 6. November 1846 ableiten, die Georg Gebeschus als Bürgermeister bezeichnete. Hiermit muss er mit noch nicht einmal 30 Jahren über gute Kenntnisse verfügt haben, ob der Wahl zum Stadtoberhaupt in jungen Jahren (EG: 9).

Georg Gebeschus wirkte jedoch nur bis 1848 als Bürgermeister. Die Entwicklungen im Revolutionsjahr gaben für ihn den Ausschlag, sein Amt niederzulegen: Obwohl Pölitz ein kleines Landstädtchen war, drohten Unzufriedene mit Brandstiftungen an Scheunen. Die Stadt richtete eine nächtliche Patrouille ein (EG: 10). Als Wachlokal diente das Rathaus und es oblag dem Bürgermeister für die Verpflegung der Patrouille zu sorgen, was Georg Gebeschus zunächst aus seinem Vermögen bezahlte (EG: 13). Als er sich die Kosten der Verpflegung von Seiten der Gemeinde rückerstatten lassen wollte, feilschten die städtischen Körperschaften. Diese Verhandlungen verdarben Georg Gebeschus die Freude am Bürgermeisteramt. Da zudem die angedrohten Brandstiftungen nicht durchgeführt wurden, nahm die Bereitschaft stark ab, an den Patrouillen teilzunehmen. Eines Abends gingen Georg und Wilhelmine Gebeschus mit einem Bürger lediglich zu dritt auf Streife (EG: 14). In dieser Nacht brannten angeblich 68 Scheunen ab. Die Patrouille war zu klein, um die Straßenenden zu kontrollieren (EG: 17).[61]

59 Ebenso K. Gebeschus, Lebensbilder I, S. 6.

60 Kratz, Städte, S. 302.

61 Diese Darstellung übernimmt auch Kurt Gebeschus, wobei er von 80 niedergebrannten Scheunen spricht, vgl. K. Gebeschus, Lebensbilder I, S. 6.

Nach diesem Brand zog sich Georg Gebeschus vom Amt des Bürgermeisters zurück. Per Datum 23. Juli 1849 verkündete das Königliche Regierungspräsidium mit folgenden Worten den Rücktritt: „An Stelle des frühern[!] Bürgermeisters Gebeschus zu Pölitz, welcher nach Aufgabe des Bürgermeister-Amtes seinen Wohnsitz von Pölitz verlegt hat, ist der jetzige Bürgermeister Kroening daselbstkommissarisch und widerruflich zum Polizei-Anwalt für die Kreisgerichts-Commission daselbst ernannt worden.“[62] Daraufhin kehrte Georg Gebeschus als Gerichts-Aktuar in Stepenitz in den Justizdienst zurück, wohin die Familie auch zog (EG: 18).

Um 1850 zog die Familie nach Demmin, wo Georg Gebeschus als Gerichtssekretär arbeitete. Wohl noch in Stepenitz hatte er die Zwischenstufe vom Aktuar zum Sekretär – die Assistentenstufe – durchlaufen (EG: 19). In den 1860er Jahren arbeitete er als Kreisgerichtssekretär in Demmin und später als Kanzleirat, bis er seinen Ruhestand antrat.[63]

Georg Gebeschus’ Arbeitszeit dauerte von 8.30 bis 16 Uhr mit halbstündiger Pause um 13 Uhr (EG: 37). Als Präsidialsekretär kam er nach den Sitzungen zu den Mahlzeiten pünktlich nach Hause (EG: 38). Nachdem Vater Gebeschus um 16 Uhr seinen Dienst beendet hatte, trank er Kaffee und ging bei jedem Wetter spazieren (EG: 24). Er verbrachte seine freien Tage mit Ausschlafen und langen Spaziergängen oder sonstigen Aufenthalten im Freien und machte keine Erholungsurlaube im Gebirge oder an der See (EG: 26).

Georg Gebeschus lässt sich als typisch altpreußischer Beamter charakterisieren. Eugen Gebeschus beschreibt ihn als „Durch und durch ehrenhaft in seiner Gesinnung, ehrlich, unbestechlich, nüchtern, sparsam für sich und für den Staat, selbst natürlich königstreu bis in die Knochen“ (EG: 25). Ein sehr bescheidenes Individuum mit wenigen Bedürfnissen (EG: 57), ein einfacher, lieber, ehrlicher, etwas schwacher Mann, der zu Lebzeiten nicht vom Glück beschenkt war und der mehr Liebe von seinen Kindern verdient hätte (EG: 58). Trotz seines geringen Einkommens versuchte er seinen Kindern die bestmögliche Ausbildung zu ermöglichen (EG: 25). Auch Eugen Gebeschus’ spätere Frau Julie erinnerte sich an Georg Gebeschus als guten Menschen: „Ein herzensguter, über die Maßen bescheidener Mann, der immer nur an seine Kinder dachte.“[64]

Die Familie Gebeschus lebte in einfachen Verhältnissen. „Wir aßen einfach, aber völlig ausreichend“, beschreibt Eugen Gebeschus die Gegebenheiten (EG: 55). Besonders sparsam war dabei Vater Gebeschus, der höchstens ein bis zwei Zigaretten am Tag rauchte und auf seinen Spaziergängen ein Glas Bier trank, selten zwei. Er stellte einen Haushaltsplan auf, gemäß dem sein vierteljährlich ausgezahltes Gehalt in eine selbstgebaute Kassette mit Fächern nach „Wirtschaftsgeld, Schulgeld, Kleider-Wäsche- und Stiefelgeld und [...] ein winziger Betrag für Unvorhergesehenes und Taschengeld“ für die Ausgaben der künftigen Monate verteilt wurde (EG: 56).

Georg Gebeschus verfügte in den 1860er Jahren über etwa 1.200 Mark Gehalt und 300 Mark aus Zinseinkünften aus dem elterlichem Vermögen. Seine Eltern besaßen ein Haus in der Kleinen Papenstraße in Stettin (EG: 20). Auf das Haus war ein Erbteil auf Georg Gebeschus in Höhe von 6.000 Mark eingetragen. Diese 300 Mark erhielt er schon während seiner Zeit in Stepenitz, wo das Gehalt schätzungsweise nur 900 Mark betragen hatte. Das Finanzverständnis seines Vaters beeindruckte Eugen Gebeschus enorm (EG: 20f.). Trotz der hohen

62 Amtsblatt der Regierung in Stettin, No. 31 v. 3. August 1849, S. 201.
63 K. Gebeschus, Lebensbilder I, S. 6.
64 Zit. nach ebd., S. 10, 142.

Blick auf Demmin um 1935: In der Mitte ist das Luisentor zu erkennen, in dessen Nähe im Eckhaus auf der rechten Straßenseite die Familie seit 1868 wohnte. Die Wohnung in der Baustraße (1858–1868) lag im östlichen Stadtbereich.

Belastungen durch die Arzneimittelrechnungen für die Behandlung von Wilhelmine Gebeschus und den Kosten der Umzüge von Pölitz nach Stepenitz und von dort nach Demmin hatte Georg Gebeschus 1868 alle Schulden abbezahlt und konnte sich einen Gehpelz und seiner Tochter ein Pianino kaufen (EG: 22).

Selbst beim Kartenspiel verzichtete Georg Gebeschus auf den Einsatz von Geld und spielte nur um Spielmarken. Dazu mögen ihn auch die schlechten Erfahrungen mit Wertpapierspekulationen verleitet haben. Während der Gründerzeit kaufte Georg Gebeschus für einige 100 Mark aus Ersparnissen Aktien, die gewinnbringend stiegen. Durch den Gewinn ließ sich er von einem Bankier verleiten, mittels eines Kredits weitere Wertpapiere zu kaufen. Doch infolge des Börsenkrachs verloren die Kredite an Wert und Georg Gebeschus musste zur Kreditdeckung die Papiere verkaufen. Dennoch war der Kredit noch viele Jahre abzubezahlen (EG: 57).

Die Sparsamkeit und Lohnerhöhungen für Beamte im Laufe der 1870er Jahre – Ende des Jahrzehnts erhielt Georg Gebeschus 3.600 Mark – ermöglichten der Familie kleinere Reisen: nach Rügen, für die Schwester nach Thüringen und für Eugen nach Hamburg (EG: 159). Das sorgsame Wirtschaften mit den familiären Finanzen war von Georg Gebeschus nicht nur vorgelebt, sondern im Bürgertum zugleich „praktischer Zwang und pädagogisches Ziel“[65] und färbte daher auch auf Eugen Gebeschus ab.

65 Budde, Weg, S. 63.

2.2. Die Mutter: Wilhelmine Gebeschus

Das Gebeschus'sche Familienleben verlief nicht immer harmonisch. Während Eugen Gebeschus seinen Vater als friedliebend bezeichnet, charakterisiert er seine Mutter Wilhelmine als „überaus reizbar und zanksüchtig" (EG: 37). Als „sehr üble Eigenschaft" bezeichnet Eugen Gebeschus die ständigen Klagen der Mutter (EG: 37) und ihre Streitlust. So zankte sie mit Nachbarn, Lieferanten oder dem Dienstmädchen, aber besonders mit Eugen Gebeschus' Schwester Ida. Die Folgen der Auseinandersetzungen tischte sie Vater Georg bei seiner Heimkehr von der Arbeit auf (EG: 38). Wilhelmine Gebeschus klagte ihm ihr Tagesleid und beschwerte sich so lange bei ihm, bis er „wild" wurde. Die Folge waren Zerwürfnisse mit Freunden und vier Züchtigungen für den jungen Sohnemann (EG: 39).

Über die Seite der Familie mütterlicherseits ist nur wenig bekannt. Vater Karl Christian Wobig wurde in Stettin geboren (Datum unbekannt) und starb vor 1843 dort. Seine Ehefrau Dorothea Karoline Wilhelmine, geb. Steinhöfel, wurde am 2. August 1791 in Stettin geboren und verstarb dort am 5. Mai 1876. Sie heiratete nach Wobigs Tod Karl Heinecke – Eugen Gebeschus' Stiefgroßvater.[66]

In unerfreulicher Erinnerung blieb Eugen Gebeschus besonders die „Putzwut" seiner Mutter (EG: 32). Seit 1858 wohnte die Familie für die kommenden zehn Jahre in einer Erdgeschosswohnung im Pfarrerwitwenhaus in der Baustraße – 1937 trug das Haus die Nummer 34 neben der alten Post (EG: 60f.).[67] Die Böden der Wohnung bestanden aus nicht gestrichenen Tannenbrettern, zwischen denen sich 5 bis 10 mm breite Fugen befanden (EG: 32). Wilhelmine Gebeschus' putzte jeden Freitag und Samstag, indem sie freitags eine Ton-Essig-Mischung auf die Böden auftrug, die sie samstags mit Wasser, Schmierseife, Schrubber und Handbürste bearbeitete. Unabhängig von der Jahreszeit riss sie dabei während des Scheuerns alle Türen und Fenster der Wohnung auf, um den Trocknungsprozess zu beschleunigen. Obwohl die Familie ein Dienstmädchen hatte, schrubbte Wilhelmine Gebeschus jedes Wochenende mit, da die Putzleistung des Dienstmädchens ihr nicht ausreichte. Die Zugluft verursachte bei schlechtem Wetter bei Mutter Gebeschus schnell eine Erkältung. Eugen Gebeschus hielt die Erkrankung für eine zwangsläufige Folge des falschen Lüftens (EG: 33). Zudem war die nasse Scheuerluft, die samstags und häufig auch noch sonntags die Gebeschus'sche Wohnung dominierte, der Gesundheit kaum zuträglich (EG: 35).

In den schweren Erkältungen vermutet Gebeschus auch die Ursache der tödlichen Lungenschwindsucht bei seiner Mutter, die aus einer nicht erkannten Lungenentzündung entstand. Sie begann mit heftigem Nasenbluten: „Das Blut kam so heftig und plötzlich aus der Nase geschossen, daß es wiederholt bei einer Mahlzeit auf den Teller lief." (EG: 34)

Die tödliche Krankheit fesselte Wilhelmine Gebeschus monatelang ans Bett. Eugen Gebeschus schreibt hierzu: „Ich erinnere mich, wie ich mit meiner Mutter einmal im Garten auf und abging, sie hatte sich auf meine Schulter gestützt, immer nach einigen Schritten musste sie stehen bleiben und husten – husten – entsetzlich! Und diese gelben Schleimmassen, die

66 K. Gebeschus, Lebensbilder I, S. 38.
67 Ebd.

Die Mutter von Eugen Gebeschus: Wilhelmine Gebeschus (1817–1867).

Geburtshaus von Eugen Gebeschus: Baustraße / Ecke Pferdestraße in Demmin, Zustand 1937.

sie dann aushustete. Dann kam sie zum Liegen. Einen großen Blastrichter hatte sie an ihrem Bett stehen, in den sie den scheußlichen Schleim spuckte." (EG: 36)

Niemand durfte die Reste des Essens, von dem die Mutter gegessen hatte, verzehren; auch der Gute-Nacht-Kuss für die Mutter entfiel für den Sohn (EG: 37). Eugen Gebeschus beschreibt seine Mutter als „eine kleine zierliche Frau, in ihren letzten Lebensjahren infolge ihrer Krankheit sehr hinfällig." (EG: 35).

Nach einem 22-monatigen Krankenlager verstarb Wilhelmine Gebeschus schließlich am 4. Juli 1867 infolge einer Lungenentzündung. Die Krankheit löste „schwarzer Husten" aus, mit dem sich Vater Georg bei einer Amtshandlung im Winter 1864/65 infiziert hatte. Er musste den Nachlass einer Person inventarisieren und versiegeln, die wenig zuvor an der Infektion verstorben war. Kurz darauf brach die Krankheit bei seiner Gattin aus (EG: 19). Obwohl sie eine „kerngesunde Frau" war, schwächten die „knappe Lebenshaltung" und elf Geburten in kurzer Zeit ihre Konstitution und ihr Immunsystem (EG: 22).

Es ist nicht eindeutig zu klären, wie viele Geschwister Eugen Gebeschus hatte. Während im Ahnenbuch der Familie Gebeschus insgesamt acht Kinder nachgewiesen sind, von denen sechs in jungen Jahren verstorben sind,[68] spricht Eugen Gebeschus in seinen Lebenserinnerungen von elf Kindern und auch in den von Kurt Gebeschus verfassten Lebensbildern ist handschriftlich vermerkt, dass zwei uneheliche Kinder unerwähnt sind.[69] Nach Eugen Gebe-

68 K. Gebeschus, Lebensbilder I, S. 5; Ahnen-Buch Gebeschus, o.S.
69 K. Gebeschus, Lebensbilder I, S. 5.

schus verstarben neun seiner Geschwister kurz nach der Geburt, sodass er an sie selbst keine Erinnerung mehr hatte (EG: 21).

In der Familienchronik namentlich genannt und in frühen Kindheitsjahren verstorben sind *Erdmann* Karl August Oskar (* 10. Juli 1847 in Pölitz, † 26. Oktober 1847 ebd.), *Hugo* Georg August (* 18. Februar 1850 in Stepenitz, † 20. August 1850 in Demmin), *Martha* Luise Rosalie Emilie (* 17. März 1851 in Demmin, † 8. Juni 1853 ebd.), *Klara* Helene Hedwig (* 21. Oktober 1853 in Demmin, † 30. Januar 1855 ebd.), *Max* Emil Louis (* 7. Juli 1857 in Demmin, † 28. Februar 1858 ebd.) und *Helene* Emilie Anna Gebeschus (* 2. August 1859 in Demmin, † 18. August 1859 ebd.).[70]

Neben *Eugen* Karl August Georg (* 12. Dezember 1855 in Demmin, † 12. November 1936 in Hanau, verheiratet seit 18. Februar 1884 mit Julie Friederike Schweickhardt) überlebte lediglich seine Schwester *Ida* Wilhelmine Maria (* 9. Oktober 1848 in Pölitz, † 9. Mai 1903 in Weimar) die ersten Kindheitsjahre.

Die Familie war also durch die zahlreichen Todesfälle nach den Geburten schon an Schicksalsschläge gewöhnt. Dazu kamen viele Krankheitsfälle in der Familie: Eugen Gebeschus erkrankte 1863/64 schwer an Scharlach, Vater Georg 1864/65 lange an Lungenentzündung und danach folgte die lange Krankheit der Mutter und deren Tod (EG: 21).

2.3. Eugen Gebeschus: Jugendjahre in Demmin

Trotz des frühen Todes der Mutter und vieler Probleme mit der Familie bezeichnete Gebeschus seine Kindheit als „schön“ (EG: 60). Hinter der Wohnung der Familie im Pfarrerwitwenhaus in der Baustraße schlossen sich ein Wirtschaftsgebäude mit Speisekammer, Kuhstall und Abort sowie der Garten an. In letzterem spielte Eugen Gebeschus in Kindheitstagen und erledigte seine Schularbeiten (EG: 66). Zudem pflanzte er im Garten in seinem Beet Blumen, Bohnen und Erbsen an. Erträge konnte der junge Gebeschus nie verzeichnen, da er die Früchte frühzeitig freilegte, aberntete und inspizierte (EG: 67). Zwischen einem Birnen- und einem Apfelbaum war eine Sitzgelegenheit angebracht, wobei Gebeschus einen Ast innerhalb des Baumes in zwei Meter Höhe bevorzugte (EG: 67f.). Daneben wuchsen im Garten Stachel-, Him- und Johannisbeeren, Flieder- und Holunderbüsche sowie verschiedene Blumen von Schneeglöckchen bis zur Herbstaster (EG: 68).

Seine Freizeit verbrachte Gebeschus mit für die Zeit typischen Beschäftigungen: Schnecken auflesen, Maulwürfe in Blumentöpfen fangen, Erbsen mit selbstgebauten Blasrohren verschießen, Spatzen fangen sowie Armbrust- oder Bogenschießen (EG: 68–71). Keine Begeisterung entwickelte er für den Angelsport. Mit seinem Stiefgroßvater Karl Heinecke fuhr er einige Male per Boot auf dem Fluss Praum entlang. Es ist wenig verwunderlich, dass es dem jungen Gebeschus geringe Freude bereitete, lange Zeit still und ruhig im Boot zu verweilen, um die Fische nicht zu verscheuchen (EG: 80f.). Auch schmerzhafte Erlebnisse durchzogen die Kindheit: So stach sich Gebeschus beim Schnitzen zum einen mit dem Messer ins Bein und zum anderen stürzte er so schwer, dass sein Rücken von blauen Flecken übersät war (EG: 85–89).

70 K. Gebeschus, Lebensbilder I, S. 5; Ahnen-Buch Gebeschus, o.S.

Viel Zeit verbrachte er auch in der Werkstatt des Schreiners Jonas. Ebenso dienten die Planwagen des Frachtfuhrmanns Plöns als Spielplatz (EG: 61). Weitere Beschäftigungen waren Schlittenfahren im Winter, Schneeballschlachten, Schlag- und Stoppball (EG: 76f.) sowie Soldaten spielen und vor den Ulanen salutieren (EG: 80). Während sich auf der gegenüberliegenden Straßenseite ausschließlich Häuser „kleiner Leute" befanden, standen auf der Seite des Gebeschus'schen Heimes „lauter bessere Häuser", das Postgebäude und das Ulanen-Casino (EG: 61).

Durch das nahegelegene Offizierskasino der Ulanen in der Baustraße 36 kam der junge Gebeschus früh mit dem Militär in Berührung und war schwer begeistert, gleichzeitig aber auch voller Respekt.[71] Eine Erinnerung aus der frühen Kindheit verdeutlicht diesen Eindruck: Gebeschus' Stiefgroßvater Heinecke suchte auf der Straße nach Regenwürmen als ihn angetrunkene Offiziere hänselten. Heinecke entgegnete ihnen, sie sollen nicht so unfreundlich zu einem Teilnehmer an den Freiheitskriegen 1813–1815 sein. Alsbald bekam der Stiefgroßvater einen Sektkorb mit auf den Nachhauseweg und am nächsten Tag weitere Flaschen (EG: 80ff.).

Auch dass der Kommandeur der Ulanen aufgrund des Eisernen Kreuzes den Stiefgroßvater auf offener Straße grüßte, beeindruckte Gebeschus sehr (EG: 83). Fortan spielte er häufig mit dem Nachbarssohn Rudolf von Langermann mit Blei- und Zinnsoldaten (EG: 84, 94). Die Figuren erstand er im Tausch gegen präparierte Schmetterlinge, den Großteil jedoch über seinen Schulkollegen August Tetzlaff, dessen Vater ein Spielwarengeschäft besaß und ihm 200 etwas „ramponierte" Soldaten zum Kauf anbot (EG: 91f.).

Im Garten des Kreisgerichtsrats Bohm zündete der Hausherr mit den Kindern in Sandhaufen vergrabenes Pulver an (EG: 95). Die erworbenen Kenntnisse wandten die Jungs im Langermann'schen Garten an und verwandelten die Erbsenkanonen in mit Pulver und Schrot geladene Geschosse, die ihnen mehrfach – ohne weiteren Schaden – um die Ohren flogen (EG: 96).

So fand Gebeschus trotz der geringen Länge der Baustraße von 150 Metern gut ein Dutzend Freunde – „Spielkameraden" – in seinem Alter (EG: 63f.). Weitere Jugendfreunde neben dem Majorssohn Rudolf von Langermann waren die Kinder des späteren Bürgermeisters Hauptner, von Finanzrat Sorge, von Pfarrer Neumann, von Kreisgerichtsrat Bohm, von Pastor Appelmann, von Ulanenmajor von Winningerode, von Sanitätsrat Dr. Pfeiffer und von Getreidehändler Peters sowie Franziska von Niesewandt, die Tochter eines Ulanenoffiziers.[72]

Zu Ostern 1862 kam Eugen Gebeschus in die Vorschule des Gymnasiums in Demmin (EG: 116). Der Stolz auf seinen Schulranzen, den Federkasten, die Tafel, die Schulfibel und die rote mit Goldlinien versehene Butterbrotbüchse legte sich rasch, als er feststellte, dass von seinen Spielkameraden – alle jünger oder älter als er – niemand mit ihm in die unterste Klasse der Vorschule ging (EG: 116f.). Da ihm sein Lehrer nicht zusagte, wollte Gebeschus den Unterricht nicht mehr besuchen. Doch sein Vater Georg Gebeschus blieb streng und so musste der Junior weiter zur Schule gehen (EG: 117).

Ein Jahr später kam Eugen Gebeschus zu Ostern 1863 in die oberste Vorschulklasse. Dort zeichnete er sich als guter Schüler aus, nur sein Freund Hermann Pfeiffer schlug ihn im Wett-

71 K. Gebeschus, Lebensbilder I, S. 41.
72 Ebd., S. 39.

Zwischen 1858 und 1868 bewohnte Familie Gebeschus eine Wohnung im Pfarrerwitwenhaus in der Baustraße, Zustand 1937.

streit um den Klassenbesten. Mit vollendetem neunten Lebensjahr durfte Gebeschus zu Ostern 1865 schließlich die Vorschule verlassen und das Gymnasium besuchen (EG: 118). Hier zeigte er sich als durchaus fleißiger Schüler mit tadellosem Verhalten, sodass er 1866 die Quinta und im Jahr darauf die Quarta besuchte. Doch seine Leistungen und sein Verhalten schwankten durchaus: „Mein Fleiß war bis zum ersten Jahr in Sekunda einschließlich durchaus nicht gleichmäßig, meine Führung war keine einwandfreie; ich war vorlaut und schwatzhaft, in den Flegeljahren ein rechter Rüpel, ein Flegel im Quadrat, dabei zwar äußerst gutmütig, doch ebenso rauflustig; manchmal raufte ich an Stelle oder zu Gunsten meiner ruhig zuschauenden Freunde [...].“(EG: 119)

In der Unterquarta ließen seine Leistungen in Latein und Griechisch zu wünschen übrig. Haperte es im Lateinischen an der Übersetzungskunst, gefiel im Griechischen seinen Lehrern seine Schrift nicht (EG: 119f.) Die Leistungen ließen insgesamt nach, auch weil Eugen Gebeschus – wie er selbst schreibt – zu Hause ein Ratgeber bei den Schularbeiten fehlte. Im Herbst 1867 blieb er bei der Versetzung in die Oberquarta sitzen. Vater Gebeschus war äußerst enttäuscht und redete wenig mit seinem Sohn, der Besserung und Fleiß gelobte (EG: 121). Die Versetzung in die Tertia gelang zu Ostern 1868. Die Motivation hielt an und so kam er Ostern 1870 in die Untersekunda als Drittbester der Klasse (EG: 122).

Im Laufe der Jahre verliefen sich die Kinderfreundschaften im Sande (EG: 134). Im Herbst 1868 zog die Familie von der Wohnung in der Baustraße in eine Wohnung im ersten Obergeschoss in der Kuhstraße (später Luisenstraße, an der Ecke Luisen- / Unterwallstraße vor dem Kuh- oder Luisentor, zweites Haus links östlich des Tores) neben der Post (EG: 127).

Hof und Garten in der Baustraße dienten dem jungen Eugen Gebeschus als Spielplatz.

Dort wohnten Ida und Georg Gebeschus bis 1880, als sie in eine Wohnung auf der Südseite der Frauenstraße zwischen Reuter- und Schulstraße umzogen.[73]

Auf der anderen Straßenseite der 1868 bezogenen Wohnung lebte Familie Lampe, die einen Kolonialwarenladen betrieb. Obwohl die Ehe kinderlos blieb, wohnten mit ihnen auch zwei jüngere Geschwister, beide in Eugen Gebeschus' Alter, und ein Neffe der Familie (EG: 128). Eugen Gebeschus freundete sich rasch mit den neuen Nachbarn an: Albert und Maria Lampe nannte er sogar Onkel und Tante. Maria Lampe versuchte dem mutterlosen Eugen Gebeschus ein wenig Erziehung zu vermitteln: „Ich verehrte sie mit aller jugendlichen Begeisterung, dem die engstehende und verzeihende Liebe eines weiblichen Wesens jahrelang gefehlt hatte." (EG: 129) Die Freundschaft zu Lampes ging so weit, dass Gebeschus häufig bei der Familie zu Mittag speiste, weil sie eine Stunde vor seiner die Mahlzeit einnahmen. Er aß dann zwei Mahlzeiten, was für ihn in seinen Wachstumsjahren kein Problem darstellte. Zudem aßen Lampes „etwas derbe Kost – mein Geschmack", wie er schreibt (EG: 133).

Mit dem Ehepaar Lampe und Helena Panse war Eugen Gebeschus sein ganzes Leben befreundet, ebenso wie später mit Karl Weichelt, Karl Wähner, die beide sehr früh verstarben, und Karl Schneider, während sich andere Freundschaften, insbesondere aus der Zeit des Assessor-Examens, mit der Zeit auflösten (EG: 138f., 248, 275). Der Kontakt blieb besonders zu Helena Panse eng, denn Leni Gebeschus sollte später ihre Patentochter werden.[74] Seinen Freund aus Jugendzeiten Karl Weichelt traf Eugen Gebeschus später in Berlin wieder, wo er

73 K. Gebeschus, Lebensbilder I, S. 47.
74 K. Gebeschus, Lebensbilder I, S. 48f.

als Oberingenieur bei Siemens und Halske wirkte. Gebeschus fungierte bei seiner Hochzeit als Trauzeuge (EG: 137f.).

Der deutsch-französische Krieg wirkte sich auch auf den Schulbetrieb in Demmin aus, denn viele Lehrer waren zum Heeresdienst eingezogen. So unterrichtete der Direktor statt zwölf 30 Stunden und auch aushilfsweise in Fächern, in denen ihm die Fachkompetenz fehlte. Ob es am schlechten Unterricht oder seinen nachlassenden Leistungen lag, schreibt Eugen Gebeschus nicht. Doch im Ergebnis blieb er Ostern 1871 in der Untersekunda sitzen, kam so erst im Herbst 1871 in die Obersekunda, 1872 als sechstbester der Klasse in die Unterprima und zu Ostern 1873 in die Oberprima (EG: 124).

Danach stockte krankheitsbedingt sein Vorankommen in der Schule. Nach einem leichten Bluthusten zu Ostern 1873, erwies sich der Husten im Mai des Jahres als chronisch, sodass er bis zum Herbst nicht am Unterricht teilnehmen konnte. Durch die versäumte Unterrichtszeit scheiterte der Plan, das Abitur im Frühjahr 1874 abzulegen – auf ärztlichen Rat wegen der Anstrengung und weil er viel Stoff versäumt hatte (EG: 125). Zudem ereilte Eugen Gebeschus 1873 und 1879 wie die Mutter ein schweres Lungenbluten, sodass Vater Georg eine erbliche Krankheit befürchtete (EG: 23).

Sein Abiturexamen bestand Eugen Gebeschus in der ersten Augusthälfte 1874 und am 2. September des Jahres wurde er aus der Schule entlassen (EG: 163). Ihm bedeutete sein Abitur wie seine späteren drei Examen jedoch nichts. Dem Vater berichtete er gleichgültig von seinem Schulabschluss. Auf dem Mittagsspaziergang traf der Vater einen der Lehrer, der ihm berichtete, welch gutes Ergebnis der Sohn erreicht hatte: „Deutsch, Französisch, Geschichte, Geographie gut, die anderen Fächer befriedigend." Georg Gebeschus war sehr stolz auf den Junior (EG: 126).

Eugen Gebeschus' Lieblingsfächer waren Geographie und Geschichte. Letzteres derart, dass er gerne eine Geschichtsprofessur angestrebt hätte. Doch für eine solche Laufbahn fehlten der Familie die finanziellen Mittel (EG: 127). In der Schule und später an der Universität ließen die Bemühungen des jungen Gebeschus nach Höherem zu streben bisweilen zu wünschen übrig, eine Charakterisierung, die auf die Adoleszenzjahre nur allzu häufig zutrifft. Dies änderte sich erst nach dem bestandenen Referendarexamen als Eugen Gebeschus seinem Vater zustimmte, er sei fleißig und tüchtig gewesen (EG: 59).

Der Vater verfolgte eine sehr strenge Erziehung, die sich meist über Verbote ausdrückte. Ein inniges Verhältnis zwischen Vater und Sohn entwickelte sich in der Jugend kaum. Zwar waren die beiden bei den Spaziergängen ständig zusammen unterwegs, doch begleitete immer ein Bekannter des Vaters die beiden und Eugen Gebeschus lief mal voraus, mal hinterher, ohne mit den Erwachsenen zu sprechen (EG: 48). Stattdessen „jagte [er] Mäuse auf den Feldern, warf mit Steinen nach den Krähen und Telegrafenstangen [... und ...] schnitt bei den vielfachen Spaziergängen dünne Holzstöcke von den Sträuchern und dergleichen." (EG: 49) Wie vermutlich bei allen Jugendlichen empfand er solche sonntäglichen Wanderausflüge als lästig: „Imponiert haben mir diese Spaziergänge gerade so wenig, wie meinen Jungen die Touren auf den Hahnenkamm!" (EG: 49) Der sonntägliche Spaziergang oder Ausflüge gehörten zum typischen Rhythmus der bürgerlichen Familie.[75]

75 Budde, Weg, S. 89.

Eugen Gebeschus in jungen Jahren nach seiner Ankunft in Tübingen 1874

Eugen Gebeschus' erste Liebe, seine Tanzstundenpartnerin Luise Lehmann, belastete das Verhältnis der beiden Männer im Hause Gebeschus schwer. Eugen Gebeschus schrieb Liebesgeschichten in sein Notizbuch, wartete vor dem Fenster seiner Angebeteten und presste mit einem Stück Blei ihren Namen in die Tischplatte des Wohnzimmertisches (EG: 50). Als Georg Gebeschus den neuen Tischschmuck entdeckte, hielt er dem Sohn eine Standpredigt, die mit den Worten endete: „Dann kann ich dich ja aus dem Gymnasium und in die Volksschule schicken, dann kannst du mal deine Bürstenmachers Tochter heiraten!" (EG: 51) Der Junior war zerknirscht, dass der Vater die Liebe des Sohnes nicht verstand und vernichtete die selbst verfassten Liebeslieder. Seine Liebe zu Luise bestand fort (EG: 51). Den weiteren Verlauf seiner ersten Jugendliebe führt Eugen Gebeschus in seinen Erinnerungen nicht weiter aus.

In seinen Jugendjahren verbrachte Eugen Gebeschus die Zeit lieber mit seinen Freunden als mit dem Vater und nahm sich an seiner Schwester, die Vater Gebeschus häufig widersprach, ein schlechtes Beispiel: Er ließ sich von seiner Schwester Ida gar nichts, von seinem Vater kaum etwas sagen. Durch den frühen Verlust der Mutter fehlte ihm „die liebende, führende Hand der Mutter" (EG: 49), wie er rückblickend schrieb, was ihn zu einem schwer erziehbaren Geist machte. Da er sich von seiner Schwester nicht erziehen lassen wollte, verpetzte sie Eugen beim Vater und die beiden Herren des Hauses stritten sich, bis der Junior das Haus verließ und meist zu den Nachbarn ging. Folglich war das familiäre Verhältnis nicht das Beste: „So war unser Familienleben kein glückliches, niemandem war es warm beim anderen und ich war herzlich froh, als ich im Herbst 1874 das Vaterhaus verlassen konnte." (EG: 52) Das Familienverhältnis besserte sich im Laufe des Studiums und der Referendarzeit. Zu seinem Vater entwickelte Eugen Gebeschus ein gutes Verhältnis, zu seiner Schwester blieb es weiter angespannt (EG: 53).

2.4. Die Schwester: Ida Maria Gebeschus

Nach dem Tod der Mutter führte Eugen Gebeschus' einzige nicht als Kind verstorbene und am 9. Oktober 1848 geborene Schwester Ida den Gebeschus'schen Haushalt (EG: 23). Seine Schwester Ida charakterisiert Eugen Gebeschus als „äußerst streitsüchtig, sehr zungengewandt, maßlos stolz" – alles Eigenschaften, die er auch der Mutter zuschreibt – sowie strebsam, ehrgeizig und belesen (EG: 40). Ihre Neigung zum Lesen befriedigte auch die heimische Bibliothek. Vater Georg Gebeschus kaufte aus einer Konkursmasse Klassiker von Goethe, Schiller, Lessing und anderen Autoren und ergänzte die Sammlung immer wieder durch Zukäufe aus antiquarischen Beständen (EG: 40). Die großen Klassiker zierten später die Bibliothek von Eugen Gebeschus in Hanau (EG: 41).

Ida Gebeschus besuchte zunächst eine private Mädchenschule von Fräulein Behrens und später die Dorotheenschule (Höhere Töchterschule) in Demmin.[76] Daher verfügte sie nach Einschätzung von Eugen Gebeschus zunächst über eine dürftige Schulbildung auf dem Niveau eines Lyzeums der 1850er Jahre (EG: 40). Doch beseelt von ihrer Leselust überstieg ihr Bildungsgrad den ihrer Freunde und Bekannten bei weitem (EG: 41). Eugen Gebeschus be-

76 K. Gebeschus, Lebensbilder I, S. 17.

schreibt seine Schwester als „außerordentlich ehrgeizig. Sie lernte, da ihr der Schulunterricht nicht genügte, zu Hause weiter, lernte, als ich in Quinta kam, mit mir Französisch, Geschichte, Geographie usw. Vater hatte ziemlich alle Klassiker, las selbst darin und Ida las ebenfalls ständig die Klassiker."[77]

Doch in den Augen von Eugen Gebeschus versperrte ihr Temperament ihr viele Wege. So litt ihr heller Verstand an Logik und Verständnis und in Gesellschaften neigte sie zu Wortgefechten und Sturheit und unterband so eine „gemütliche" Unterhaltung (EG: 41). Er geht sogar so weit zu sagen, die Streitsucht und die Wortgewandtheit seiner Schwester in Verbindung mit ihrer breiten Belesenheit habe Männer von ihr Abstand nehmen lassen: „Ihre Dialektik nahm oft eine beißende Schärfe an, immer nicht mehr Satire, sondern Spott, fast Hohn, wodurch sie vielfach verletzte und diese Untugenden ließ sie nicht bloß an Freunden und mir aus, sondern je älter sie wurde, je mehr auch meinem Vater gegenüber freien Lauf." (EG: 42)

In Gebeschus' Augen verband die Schwester in ihrem Charakter den subalternen Hochmut, der Vater Georg Gebeschus vollkommen fehlte, und ihre gute Bildung zu einem Hochmut und Drang, sich fast nur mit gebildeten Männern zu unterhalten: „Ida sah dank ihrer besseren Bildung auf ihre Umgebung herab. Daß die ‚Herren' sie als Tanzdame wenig schätzten, war sehr begreiflich. Ein Glück, daß Ida nicht heiratete. Was sie nach ihrer Herkunft beanspruchen konnte, stand tief unter ihr. Akademiker? Sie hätte gern den Richter Ferdinand Grassmann geheiratet, der hätte sie geistig weiter gehoben und ihren unstillbaren Lerntrieb befriedigt."[78]

Das Verhältnis zwischen Ida Gebeschus und ihrem Vater war stark belastet: Vermehrt drohte sie ihm an, als Haushälterin oder Gesellschafterin bei einer Familie zu arbeiten. Als Ungelernte standen ihr beim geringen Gebeschus'schen Familienvermögen auch kaum andere Wege offen. Sie setzte das Vorhaben allerdings nie in die Tat um. Eugen Gebeschus vermutet, dass sie „viel zu stolz, hochmütig, selbstherrlich und ungebunden war", um diesen Schritt zu vollziehen (EG: 43). Die Tätigkeit als Hausfrau füllte sie nicht aus und war auch nicht tagesfüllend (EG: 42), sodass sie ausreichend Zeit hatte, sich ihrer Weiterbildung und der Musik zu widmen. Dabei vermisste sie aber im heimischen Kreis die intellektuelle Unterhaltung. Da Georg Gebeschus schnell „stumpf" wurde, tauschte sie sich auf intellektueller Ebene daher mit ihrem Bruder Eugen aus (EG: 43).

Nachdem dieser sein Studium begonnen hatte, „klagte sie über geistige Öde", wobei Eugen Gebeschus in ihr selbst die Schuldige sah. Sie hätte sich 1874 im Alter von 26 Jahren auch selbst geistig beschäftigen können, da „sie sehr musikalisch war und ein gutes Pianino hatte". Unterhaltungen mit ihr fand der Bruder wegen ihrer Überheblichkeit und Streitlust schwierig. Andere Personen verspottete und verhöhnte sie häufig. Eugen Gebeschus charakterisiert sie als „kaltes Wesen", aber begeisterungsfähig und eine glühende Patriotin (EG: 44).

Diese Meinung über seine Schwester wirkt hart, doch Briefe von Ida Gebeschus, die sie während eines Besuches im August 1876 in Tübingen an Georg Gebeschus schrieb, verstärken das von Eugen Gebeschus beschriebene Naturell aus Hochmut und Überheblichkeit.

77 K. Gebeschus, Lebensbilder I, S. 17. Den skizzierten Werdegang samt Belesenheit referiert auch Pataky, Lexikon, S. 246.

78 K. Gebeschus, Lebensbilder I, S. 17. K. Gebeschus zitiert E. Gebeschus hier aus einem Brief v. 1. Juni 1932, in der er über die Charaktereigenschaften der Schwester schrieb.

Die Schwester von Eugen Gebeschus: Ida Gebeschus (1848–1903).

Nachdem sich die Geschwister zwei Jahre nicht gesehen hatten, beschrieb Ida die Zusammenkunft in ihrem Brief vom 5. August 1876 wenig charmant: „Eugen sieht so aus wie immer, er hat eine gesunde Farbe und er ist breiter geworden, sonst aber ein kleiner Knirps, dessen Mundwerk ebenso unermüdlich ist wie drüben das Mühlrad, aber ganz bedeutend schneller geht [...]. Auf dem Wege vom Bahnhof hierher hat er meinen armen, beinahe unzurechnungsfähigen Schädel voll gepropft voll Studentenausdrücken, voll von Erzählungen seiner Heldenthaten und seiner Herculeskraft."[79]

Während das bürgerliche Familienideal die innige Liebe zu seinen Geschwistern postulierte, die nicht nur die ersten Spielkameraden im Leben waren, sondern einen auch das ganze Leben begleiteten und denen man in Briefen seine Zuneigung schrieb,[80] traf dieses Ideal auf Eugen und Ida Gebeschus nicht zu. Zwar liebte Ida Gebeschus ihren jüngeren Bruder Eugen nach dessen Einschätzung sehr, er vermutet aber, dass dies auch an seiner Ausbildung als Jurist lag und dies Idas Hochmut kitzelte. Bei einer anderen Profession wäre ihre Liebe geringer gewesen, vermutet er. Trafen sich die Geschwister persönlich, stritten sie sich oft, über die Entfernung verstanden sie sich bestens und versicherten sich in Briefen ihrer Zuneigung (EG: 45). Eugen Gebeschus sieht die schriftlichen Zärtlichkeitsbekundungen auch darin begründet, dass er fühlte, die Liebe seiner Schwester nicht gebührend zu erwidern und dass sie durch die Kosten seines Studiums finanziell benachteiligt war (EG: 46).

Während Eugen Gebeschus seine Schwester stets kritisch beschrieb, zeichnete der Demminer Historiker Willi Finger ein weitaus positiveres Bild: „Demmins größte Frau [...] überragte schon in jungen Jahren durch hohe geistige Begabung und ernstes geistiges Ringen ihre kleinstädtische Umgebung. Sie wurde eine ungemein fruchtbare Schriftstellerin und ward mitten aus der Arbeit abberufen, die ihre größte Freude war, um anderen das Weiterbauen zu überlassen. Was sie erreichte, das verdankt sie nur sich selbst und ihrer eisernen Willenskraft und Charakterstärke."[81]

Eine ähnliche positive Charakteristik zeichnete ihr enger Freund Hans Haupt: „Ida Gebeschus hatte einen energischen, starkmütigen Zug in ihrem ganzen Wesen, der zunächst in die

79 K. Gebeschus, Lebensbilder I, S. 18.
80 Wörner, Bankiers, S. 227.
81 Zit. nach den Ausführungen v. K. Gebeschus, Lebensbilder I, S. 34.

Blick auf Demmin um 1935:
eingekreist das Geburtshaus von Eugen Gebeschus in der Baustraße.

Augen fiel; daneben besass sie aber einen Schatz echt weiblicher Gemütstiefe, anmutigen Empfindens und neckischen Frohsinns, den sie zu verbergen strebte. Aber wenn sie den Kummer, der sie oft bitter machte, vergass, wenn sie im Sonnenlicht wandelte, dann offenbarte sich auch diese Seite ihres Wesens, und dieser Schatz, der in jeder Zeile ihrer Schriften verborgen liegt, macht sie ihren Freunden, denen sie stets eine treue, wahre Freundin war, lieb und unvergesslich."[82]

Angesichts der Spannungen zwischen den Geschwistern ist es wenig verwunderlich, dass der Kontakt mit Eugen Gebeschus' Studiumsbeginn abebbte. Zwischen 1874 und 1884 weilte Eugen Gebeschus insgesamt nur 1 ½ Jahre in Demmin, sodass der persönliche Kontakt zu den engsten Familienangehörigen Vater und Schwester sehr spärlich ausfiel. Die wenige Zeit mit seiner Schwester bereute er nicht, denn „sah ich immer wieder ein, daß ich ihre Art nicht vertragen konnte" (EG: 46), wie er schrieb. Dabei empfand er Mitleid mit seinem Vater, der die Launen und Streitsucht seiner Schwester ertragen musste (EG: 46) und machte sich rückblickend den Vorwurf, dass er sich nicht um den Vater gekümmert hatte, wie es sich gebührt hätte (EG: 47). Doch der Fokus lag nun auf dem Studium und der Liebe seines Lebens.

82 Zit. nach der Abschrift v. K. Gebeschus, Lebensbilder I, S. 35 a/b (Zwischenblatt) auf Basis von: Nachruf ihres Freundes Hans Haupt, abgedruckt in der Illustrierten Zeitung Nr. 3127 v. 4. Juni 1903.

3. Werdegang (1874–1888): Studium, Assessor und Anwalt

3.1. Studium der Rechtswissenschaft

3.1.1. Studienjahre in Tübingen

In jungen Jahren wollte Eugen Gebeschus nicht studieren, sondern Seemann bei der Handelsmarine werden. Demmin lag nur 30 Kilometer von der Ostseeküste entfernt. Da viele seiner Schulkameraden und einige Bekannte zur See fuhren, entstand auch bei ihm der Wunsch, dieser Tätigkeit nachzugehen. Er gab den Plan allerdings wegen seiner Kurzsichtigkeit auf (EG: 154, 385). Dies minderte jedoch nicht seine Zuneigung zum Wasser: Er las mit Freude alle „Seegeschichten" und schenkte auch seinen Söhnen Bücher über See und Seefahrt (EG: 385).

Gebeschus' nächster Wunsch war Mediziner zu werden und die Militärarztschule in Berlin zu besuchen, die bei gleichzeitiger Verpflichtung als Militärarzt große finanzielle Erleichterungen bot. Da auch die Militärärzte zeitweise Dienst an der Waffe zu leisten hatten, musste er sich einer Untersuchung unterziehen, die negativ ausfiel (EG: 155). Eine Venenerweiterung, ein sogenannter Kreuzfaden oder Krampfader, auf dem linken Handrücken und dem Handgelenk sowie am kleinen Finger machten ihn auch bei späteren militärischen Musterungen dienstunfähig (EG: 156)[83] und für eine Karriere als Militärarzt ungeeignet. So zerplatzte auch die Idee eines Medizinstudiums. Den Arztwunsch nährte wohl die Entscheidung seines Jugendfreundes Karl Wähner, der eine solche Karriere einschlug.[84]

Die Wahl fiel schließlich auf die Rechtswissenschaft. Gebeschus lockten besonders die Aussichten auf dem Arbeitsmarkt und das Gehalt, denn nach dem deutsch-französischen Krieg 1870/71 begannen Gesellschaften und Institutionen des öffentlichen Rechts, Justitiare einzustellen und boten ihnen für die damalige Zeit „märchenhafte Gehälter", wovon er träumte (EG: 157). Zugleich waren zu Beginn des Jahrzehntes Justitiare noch gesucht, sodass Assessoren unmittelbar nach dem Examen eine Stelle erhielten und bisweilen sogar Richter vertraten (EG: 158).

Die Idee vom rechtswissenschaftlichen Studium kollidierte allerdings mit der Wirklichkeit. Gute Chancen auf Einstellung boten sich für Juristen nur zu drei Zeitpunkten: 1815 bis 1830 in der Phase der Reformen nach den Befreiungskriegen, 1849 bis 1852 durch Einrichtung neuer Schwurgerichte und Staatsanwaltschaften sowie nach der Reichsgründung und dem damit verbundenen Wirtschaftsaufschwung,[85] ergo exakt die Phase, in der bei Gebeschus der Wunsch entstand, Jurist werden zu wollen. In den übrigen Jahren drohte Juristen statt guter Chancen auf dem Arbeitsmarkt eher die Erwerbslosigkeit. Bereits 1839 hatte sich der preu-

83 1897 ließ sich Eugen Gebeschus die Varize (Venenerweiterung) an der linken Hand entfernen, dennoch konnte er mit der linken nicht derart gut greifen wie mit der rechten, vgl. K. Gebeschus, Lebensbilder II, S. 173.

84 K. Gebeschus, Lebensbilder I, S. 51.

85 Hattenhauer, Geschichte, S. 249.

ßische Justizminister an die Öffentlichkeit gewandt und Eltern und künftigen Studenten von einem Jurastudium abgeraten. Die Zahl der Assessoren überstieg damals um das Vierfache den tatsächlichen Bedarf und das preußische Ministerium prophezeite den Studenten, sie müssten sich trotz Abschluss darauf einstellen, sich zehn Jahre aus eigenen Mitteln zu finanzieren.[86]

Doch neben dem Fach musste auch der Studiumsort gefunden werden. Das Deutsche Reich verfügte 1870 über 19 Universitäten in Berlin, Bonn, Breslau, Halle, Königsberg, Greifswald, Kiel, Marburg und Göttingen (in Preußen), München, Würzburg und Erlangen (in Bayern), Heidelberg und Freiburg (in Baden), Tübingen (in Württemberg), Gießen (in Hessen-Darmstadt), Rostock (in Mecklenburg-Schwerin), Leipzig (in Sachsen) sowie Jena (in Thüringen). Dazu kam 1872 die Gründung der Reichsuniversität Straßburg.[87]

Statt wie viele seiner Schulbekanntschaften im nahegelegenen Greifswald zu studieren und an den Wochenenden im vertrauten Demmin zu verweilen, wollte Gebeschus sein Studium in einer fremden Stadt aufnehmen. Sein Freund Ferdinand Grassmann studierte zunächst in Tübingen Theologie, später Rechtswissenschaft, und schwärmte Gebeschus von dem württembergischen Städtchen vor (EG: 160f.). Die Erzählungen über das Tübinger Studentenleben, die Landschaft und die billigen Lebensbedingungen begeisterten Gebeschus derart, dass er beschloss, ebenfalls nach Tübingen zu gehen (EG: 162).

Georg Gebeschus billigte Eugens Studienwahl und finanzierte das Studium. Sorgen, der Filius könne scheitern, machte sich der Vater nicht und zeigte vollstes Vertrauen in die Fähigkeiten seines Sohnes – derart großes Vertrauen, dass er schon vor dem Abiturexamen nach einer Wohnung in Tübingen anfragte (EG: 55, 162). Der Vater gab dem Sohn 100 Mark monatlich für Miete und Leben (EG: 163). Solche finanziellen Unterstützungen durch das Elternhaus waren im Bürgertum des 19. Jahrhunderts üblich, denn wer studierte, arbeitete nicht für seinen Lebensunterhalt. Die Kosten des Studiums trug das Elternhaus, das bei der Immatrikulation auch erklären musste, für Schulden der Söhne aufzukommen. Die Aufwendungen für ein akademisches Studium lagen um 1900 bei rund 8.000 Mark bei einer Studiendauer von neun Semestern bzw. rund 200 Mark monatlich, während ein Tagelöhner im Raum Tübingen im Jahr rund 850 Mark verdiente.[88]

Tübingen hatte auf Studenten aus dem Norden des Deutschen Reiches durch seinen Ruf als Kleinstadtuniversität mit regem studentischen Leben und schönem Stadtbild eine besondere Anziehung.[89] In den 1870er und 1880er Jahren prägte weitgehend das mittelalterliche Stadtbild das württembergische Städtchen: Viele Straßen waren ungepflastert und die Wasserversorgung erfolgte über Brunnen. In der oberen Stadt, wo auch die gehobenen Schichten wohnten, befanden sich die Altbauten der Universität mit der Alten Aula. Mitte des 19. Jahrhunderts errichtete die Universität mit der Neuen Aula ein neues Gebäude mit Hörsälen, Fakultäten und Büros außerhalb der Stadt an der Straße nach Lustnau.[90]

Mitte Oktober 1874 begann Gebeschus seine Reise nach Tübingen, da das Semester offiziell am 15. Oktober startete (EG: 163). Die Semesterdauer unterschied sich im Kaiserreich

86 Hattenhauer, Geschichte, S. 250.
87 Paletschek, Erfindung, S. 27.
88 Biastoch, Studenten, S. 40f.
89 Paletschek, Erfindung, S. 98.
90 Biastoch, Studenten, S. 19.

Ort des Studiums: Tübingen mit seinem malerischen Neckarblick. Handkolorierter Holzstich von Taylor, 1875.

leicht von heute: Das Sommersemester begann am 15. April und endete am 15. August, das Wintersemester dauerte vom 15. Oktober bis zum 15. März, wobei die Vorlesungen jeweils eine Woche nach Semesterbeginn anfingen. Die Zeit in den Semesterferien verbrachten die Studenten bei ihren Familien.[91] Gebeschus' erste Vorlesungen fanden ab Ende Oktober 1874 statt, sodass er noch einige Tage für die Wohnungssuche zur Verfügung hatte (EG: 163).

Gebeschus reiste von Demmin über Starenhagen und Berlin nach Eisenach, wo er übernachtete, die Wartburg besuchte und sich von den Ausmaßen des Bauwerks und seiner geschichtlichen Bedeutung beeindruckt zeigte. Sein nächstes Ziel war Frankfurt am Main, auf den Besuch der Sehenswürdigkeiten er nach einem Kassensturz nach einer weiteren Übernachtung verzichtete (EG: 166). Auf der Weiterreise nach Tübingen lernte er im Zug einen Burschenschafter kennen, der ihn zwar nicht vom Verbindungsleben überzeugen konnte, Gebeschus aber anbot, ihn bei der Wohnungssuche durch den Studentendiener der Verbindung beraten und unterstützen zu lassen (EG: 167). Solche Verbindungsangehörige oder Korporationsdiener halfen Studienanfängern häufig nach der Ankunft am Tübinger Bahnhof bei der Wohnungssuche.[92]

Fast alle Studenten wohnten zu Gebeschus' Studienzeiten in der Oberstadt zwischen Mühlstraße im Osten und dem Schloss im Westen. Tübingen erließ 1861 eine Verordnung, die im Gegensatz zu anderen Universitätsstädten vorschrieb, die Zimmer für ein Semester zu mieten.[93]

91 Biastoch, Studenten, S. 40, S. 72.
92 Ebd., S. 52.
93 Ebd.

Gebeschus suchte in Tübingen zunächst nach einer eigenen Wohnung für sich mit zwei Zimmern und Neckarblick. Schnell stellte der Jungstudent jedoch fest, dass er sich einen solchen Luxus nicht werde leisten können (EG: 168f.). So bekam er ein Zimmer bei der Familie Georgii vermittelt (EG: 169). Der Sohn der Waschfrau der Familie, namens Beck, sprach am Bahnhof ankommende Studenten an, ob sie auf Zimmersuche seien. Georgii hatte Beck den Auftrag gegeben, ihrem Sohn mitzuteilen, er „möchte ihr doch einen soliden Studenten vermitteln".[94]

Die Wohnung befand sich im 2. Stockwerk des Hauses des Weinlokals »Zum Rappen« an der Ecke Kirchgasse/Hirschgasse (EG: 170).[95] Von seinem Studentenzimmer war Gebeschus begeistert. Ein „vorzügliches Bett", ein „ziemlich gutes Sofa", ein Stehpult und ein Schreibtisch waren für den die biederen Verhältnisse in Demmin gewohnten Neustudenten eine Luxusausstattung (EG: 175f.). Zudem handelte es sich um ein äußerst preiswertes Zimmer, welches für das ganze Semester inklusive des Morgenkaffees 60 Mark kostete. Dazu kam ein Kronentaler (= 4,60 Mark) für Bedienung (EG: 176).

Tübingen war in Gebeschus' ersten Semestern 1875 eine Kleinstadt mit 10.471 Bewohnern, davon 888 Studenten. Mit 8,5 Prozent stellten sie die größte Berufsgruppe in der Beamten- und Rentnerstadt dar.[96] Die Eberhard-Karls-Universität Tübingen war wie viele Hochschulen ihrer Zeit eine Landesuniversität, die unter staatlicher Aufsicht stand und deren Ziel es war, „vornehmlich die künftigen Staatsdiener und Akademiker des jeweiligen deutschen Einzelstaats"[97] auszubilden. Die Einstellungsvoraussetzungen unterschieden sich von Staat zu Staat und daher ist es wenig verwunderlich, dass Eugen Gebeschus schließlich auf einer preußischen Universität seinen Abschluss machen wollte. Die Universität setzte sich aus sieben Fakultäten zusammen, neben der juristischen, an der Gebeschus studierte, auch zwei theologische, eine medizinische, eine philosophische, eine staatswissenschaftliche und eine naturwissenschaftliche Fakultät.[98] Obwohl Tübingen in den Jahrzehnten bis zum Ersten Weltkrieg seine Struktur veränderte, blieb es die führende Theologieuniversität im Kaiserreich. Die Zahl der Studierenden in Jura, Medizin und Wirtschaftswissenschaften wuchs überdurchschnittlich, während Theologie an Bedeutung verlor, obwohl immer noch ein Viertel der Studierenden in den 1920er Jahren an der katholischen oder evangelischen Fakultät studierte. 1895 waren es noch ein Drittel und 1870 sogar noch die Hälfte der Studierenden gewesen.[99]

Im Deutschen Reich studierten im Sommersemester 1870 22,45 Prozent aller Studierenden Rechtswissenschaft, im Sommersemester 1880 24,77 Prozent. Davon studierten 11,51 Prozent aller Jurastudierenden im Sommersemester 1870 in Tübingen, im Sommersemester 1880 schon 26,82 Prozent. Insgesamt studierten 3,02 Prozent der an deutschen Universitäten Immatrikulierten im Sommersemester 1870 in Tübingen, ein Jahrzehnt später be-

94 Zit. nach K. Gebeschus, Lebensbilder I, S. 72.
95 Ebenso ebd., S. 58, 72.
96 Biastoch, Studenten, S. 20.
97 Paletschek, Erfindung, S. 29f.
98 Biastoch, Studenten, S. 22.
99 Paletschek, Erfindung, S. 93f.

Das Tübinger Universitätsviertel 1877 mit Augenklinik, Botanischem Institut, Neuer Aula (Rechtswissenschaft), Chirurgischer Klinik, Physiologischem Institut, Medizinischer Klinik, Pathologischem Institut, Turnhalle und Reithaus (Kolorierter Holzstich).

reits 6,31 Prozent.[100] Tübingen genoss als eine der wichtigsten Adressen für die Ausbildung künftiger Juristen lange Zeit neben Leipzig den besten Ruf für die juristische Fakultät.[101]

Gebeschus immatrikulierte sich im Wintersemester 1874/75, bekam die Nummer 433 und war als wohnhaft bei Familie Georgii als Studierender der Rechtswissenschaft verzeichnet.[102] Die Riten der Immatrikulation an einer Universität ähnelten den heutigen sehr. Gebeschus schrieb sich vermutlich wie seine anderen Kommilitonen „im Pedellenzimmer der Neuen Aula" in eine Liste ein und gab sein Reifezeugnis, eine Bescheinigung über das sittliche Betragen und eine schriftliche Erklärung eines Vormunds eine Universität besuchen zu dürfen ab. Für die erstmalige Einschreibung entrichtete er eine Gebühr von 17,50 Mark, für die wiederholte Einschreibung 3,75 Mark.[103]

In den folgenden Semestern änderte sich lediglich seine Matrikelnummer: 397 (Sommersemester 1875), 366 (Wintersemester 1875/76), 396 (Sommersemester 1876) und 407

100 Paletschek, Erfindung, S. 78.

101 Biastoch, Studenten, S. 37. Diese These ist in der Literatur umstritten. So gilt Tübingen für Paletschek, Erfindung, S. 83, im Gegensatz zu Leipzig, Heidelberg oder Berlin nicht zu den primären Ausbildungsstätten für Juristen.

102 Verzeichnis der Beamten, Tübingen 1874/75, S. 18.

103 Vgl. hierzu die allgemeinen Ausführungen zu den Gepflogenheiten bei der Immatrikulation in Tübingen, dargestellt bei Biastoch, Studenten, S. 68.

Als Student in Tübingen: Eugen Gebeschus 1876.

(Sommersemester 1876/77).[104] Im Sommersemester 1877 war er durch seinen Weggang nach Greifswald nicht mehr als Student in Tübingen immatrikuliert.[105]

Über seine Studienjahre berichtet Gebeschus wenig, weil er seinen Sohn Kurt nicht mit Einzelheiten und mit weniger wichtigen Freundschaften langweilen wollte: „Verhältnismäßig schnell bin ich über einem recht langen Abschnitt meines Lebens hinweggegangen; es ließe sich da noch mehr erzählen von den akademischen Lehrern, von den frohen, ungebundenen Studentenjahren, von schnell geschlossenen und schnell vergangenen Freundschaften [...]. Auch meine lange Referendarzeit übergehe ich, obwohl auch sie mancherlei Anlass böte, die Menschen, die damals neben und mit mir lebten, etwas näher zu betrachten. Sie alle sind mir nicht so nahe getreten, daß ich dauernd mit ihnen in Kontakt geblieben bin [...]". (EG: 271)

So findet sich in seinen Memoiren nichts über den Besuch kultureller Veranstaltungen oder Angebote, die es für Tübinger Studenten reichlich gab. Dies beinhaltete Museen, Bibliotheken, Vorträge, Theater, Musikkonzerte. Auch von bei Studenten beliebten Sportbetätigungen wie Reiten, Fechten, Turnen oder Tanzen ist nichts zu lesen.[106]

Ebenso beinhalten Gebeschus' Lebenserinnerungen keinerlei Ausführungen über die belegten Veranstaltungen und seine akademischen Lehrer. Letztere änderten sich während der fünf Semester Studium in Tübingen nicht, wie die Vorlesungsverzeichnisse belegen: Gebeschus studierte also bei den Ordentlichen Professoren Dr. Gustav von Mandry, Dr. Karl Hermann Friedrich von Seeger, Dr. Friedrich von Thudichum, Dr. Oskar von Bülow, Dr. Heinrich Degenkolb, Dr. Otto Christian von Franklin und Dr. Hugo von Meyer sowie Privatdozent Dr. Pfeiffer.[107]

Über die Vorlesungsverzeichnisse[108] lässt sich zwar die Gesamtzahl der Veranstaltungen der fünf Semester und die damaligen Dozenten recherchieren, aber nicht welche Kurse er besuchte. Im Kaiserreich standen die Studenten und damit auch Gebeschus vor der akademischen Freiheit sich seinen Stundenplan selbst zusammenzustellen, eigenständig zu lernen und sich auf das Examen vorzubereiten.[109] Zeitgenössische Schätzungen gehen davon aus, dass Studierende in den 1870er Jahren vier bis fünf Vorlesungen zu je vier bis fünf Stunden pro Semester besuchten, also insgesamt 20 Stunden. Dabei trat Wegbleiben oder Schwänzen allerdings häufig auf.[110]

Die Kosten für einen Kurs beliefen sich gemäß der seit 1874 gültigen Gebührenordnung an der juristischen Fakultät auf 5 Mark für eine einstündige Lehrveranstaltung, 10 Mark für zwei Stunden, 15 Mark für drei Stunden, 20 Mark für vier Stunden, 24 Mark für fünf und

104 Verzeichnis der Beamten, Tübingen 1875, S. 17; Verzeichnis der Beamten, Tübingen 1875/76, S. 16; Verzeichnis der Beamten, Tübingen 1876, S. 17; Verzeichnis der Beamten, Tübingen 1876/77, S. 17.

105 Vgl. hierzu Verzeichnis der Beamten, Tübingen 1877.

106 Vgl. zu den Angeboten in Tübingen Biastoch, Studenten, S. 155–160 (Kultur) u. S. 160–166 (Sport).

107 Verzeichnis der Beamten, Tübingen 1874/75, S. 3; Verzeichnis der Beamten, Tübingen 1875, S. 3; Verzeichnis der Beamten, Tübingen 1875/76, S. 3; Verzeichnis der Beamten, Tübingen 1876, S. 3; Verzeichnis der Beamten, Tübingen 1876/77, S. 3.

108 Vgl. Verzeichnis der Vorlesungen, Tübingen 1874/75, S. 11f.; Verzeichnis der Vorlesungen, Tübingen 1875, S. 11f.; Verzeichnis der Vorlesungen, Tübingen 1875/76, S. 11f.; Verzeichnis der Vorlesungen, Tübingen 1876, S. 11f.; Verzeichnis der Vorlesungen, Tübingen 1876/77, S. 11f.

109 Biastoch, Studenten, S. 72.

110 Paletschek, Erfindung, S. 402.

sechs Stunden, 30 Mark für sieben und acht Stunden, 36 Mark für neun und zehn Stunden sowie 42 Mark für elf und mehr Stunden.[111] Bei einer Regelstudienzeit von ca. acht Semestern zahlten Jurastudenten etwa 60 Mark pro Semester für Lehrveranstaltungen und damit rund 480 Mark für ihr gesamtes Studium.[112] Über 90 Prozent der Veranstaltungen an der juristischen Fakultät waren Vorlesungen und die restlichen Übungsseminare.[113]

Eine Anwesenheitskontrolle für die Vorlesungen gab es für Gebeschus nicht. Den Nachweis für ein ordentliches Universitätsstudium erbrachte er über die Beleglisten auf Basis der bezahlten Kurse. Ob er sein Wissen für das Examen also im Hörsaal oder durch privates Bücherstudium gesammelt hat, lässt sich nicht mehr nachvollziehen.[114] Seine Prüfung legte er in Greifswald ab.

Die Zahl der Studierenden ist mit heutigen Zahlen nicht zu vergleichen und war weitaus geringer: Als Gebeschus 1874 das Elternhaus Richtung Tübingen verließ, lag die Zahl der Jurastudenten pro Semester bei über 100, in Stoßzeiten auch bei 250; erst 1879 überstieg deren Zahl die 300er-Marke.[115] Zu Beginn seines Studiums im Wintersemester 1874/75 betrug die Zahl der Studierenden 835, davon 137 im Bereich Rechtswissenschaft. Davon stammten ca. zwei Drittel aus Württemberg und ein Drittel von außerhalb. Diese Verteilung änderte sich während der fünf Semester nicht, in denen Gebeschus in Tübingen studierte.[116] In den folgenden Semestern stieg die Zahl der immatrikulierten Studenten bis zum Sommersemester 1877 auf 1.103 an, deren Anteil im Bereich Rechtswissenschaft zwischen 155 und 267 schwankte.[117] Hiermit verschob sich auch die Betreuungsrelation. Kamen in den 1870er Jahren noch 19 Studenten auf einen Professor, betrug das Verhältnis ein Jahrzehnt später schon 24 Studenten pro akademischen Lehrer.[118]

Eine Mensa gab es zu Gebeschus' Zeiten noch nicht. Auch die Lebenshaltungskosten wissen wir erst für zehn Jahre später. Danach ließen sich die Studenten das Frühstück oft von der Vermieterin servieren – für 20 Pfennig täglich oder gut sechs Mark im Monat. Das Mittagessen nahmen sie in den Lokalen der Stadt oder Verbindungsstudenten auch im Stammlokal ein: „Um 1888 kostete ein Mittagessen 60–80 Pfennige, ein »feineres« bis 1 Mark. Ein Viertel Landwein wurde für 20–25 Pfennige ausgeschenkt, Tübinger Bier konnte für 12 Pfennige pro halber Liter, Münchner Bier für 20 Pfennige getrunken werden."[119] So war es auch in Gebeschus' Studienleben: „Mittagstisch wurde im Museum belegt und war – für 60 Pfennige – einfach, aber ausreichend", beschrieb Kurt Gebeschus die Mahlzeiten des Vaters.[120] Tübingen verfügte 1866 bereits über 80 Lokale, die vornehmlich von Studenten für das Mittagessen

111 Biastoch, Studenten, S. 70.
112 Ebd., S. 71.
113 Vergleichszahlen hierzu bei Paletschek, Erfindung, S. 396: WiSe 1870/71: Vorlesungen 92,0 Prozent, Übungsseminare 8,0 Prozent; WiSe 1880/81: Vorlesungen 93,9 Prozent, Übungsseminare 6,1 Prozent.
114 Biastoch, Studenten, S. 76.
115 Ebd., S. 26.
116 Verzeichnis der Beamten, Tübingen 1874/75, S. 30.
117 Verzeichnis der Beamten, Tübingen 1875, S. 31; Verzeichnis der Beamten, Tübingen 1875/76, S. 30; Verzeichnis der Beamten, Tübingen 1876, S. 31; Verzeichnis der Beamten, Tübingen 1876/77, S. 32; Verzeichnis der Beamten, Tübingen 1877, S. 37.
118 Paletschek, Erfindung, S. 418.
119 Biastoch, Studenten, S. 55.
120 Zit. nach K. Gebeschus, Lebensbilder I, S. 73.

Die Universitätsstadt Tübingen verfügte um 1900 über gut zwei Dutzend Korporationshäuser, so auch die Saxonia, die Studentenvereinigung, der Eugen Gebeschus beigetreten war.

und zum Biertrinken besucht wurden.[121] Es spricht für Gebeschus' Sparsamkeit, dass er nicht wie viele andere Studierende bei Wirten, Vermietern und Händlern anschreiben ließ und diese Kredite nach seinem Studium zurückzahlen musste.[122]

Im Januar 1875 lernte Gebeschus in seinem Kolleg einen Juristen kennen, der ihn in die Kneipe der Studentenvereinigung Saxonia einlud (EG: 230). Korporationen bildeten die typische studentische Organisationsform im 19. Jahrhundert und in Tübingen bestanden derer über drei Dutzend. Jede Korporation verfügte über Statuten, die Mitglieder „zu einem ehrenhaften und sittlichen Leben zu verpflichten, das wissenschaftliche Streben zu fördern, Freundschaft und Geselligkeit zu ermöglichen."[123] Die Neumitglieder waren für die ersten beiden Semester zunächst sogenannte Füchse, bis sie zum dritten Semester Vollmitglieder wurden.[124] Solche Studentenverbindungen boten Studienanfängern in einer fremden Stadt viele Vorteile: Sie erhielten Anschluss, fanden neue Freunde, konnten sich über Studium und Stadt informieren.[125]

Die Saxonia gründete sich in Tübingen 1874. Es handelte sich um eine schwarze, also nichtfarbentragende, und schlagende Verbindung ohne Satisfaktionszwang, hauptsächlich für norddeutsche Studenten (EG: 243). Unterschiede zwischen den Korporationen bestan-

121 Biastoch, Studenten, S. 167f.
122 Ebd., S. 40.
123 Ebd., S. 137.
124 Ebd.
125 Ebd., S. 142.

Eugen Gebeschus (rechts) mit den beiden Medizinstudenten Carl Schneider (links) und Carl Enke im Wintersemester 1875/76 in Tübingen.

den insbesondere in der Satisfaktion, dem Zwang zur persönlichen Wiederherstellung der Ehre, falls man beleidigt oder angegriffen wurde, meist im Duell, und dem Tragen von Verbindungsabzeichen wie Mütze oder Brustband in den Farben der Verbindung. Bis 1890 entschied der Convent der Saxonia entsprechend der Vorgaben der bedingten Satisfaktion über die Berechtigung der Duellforderung.[126]

Gebeschus trat der Verbindung bei und nahm im Wintersemester 1875/76 das Amt des Schriftwarts (III. Chargierter) und im Sommersemester 1876 des Fechtwarts (II. Chargierter) ein. Im Wintersemester 1876/77 war er schließlich Präses (I. Chargierter) (EG: 231). Sein Leibbursch (Verbindungsbruder und Mentor) war Karl Schneider aus Magdeburg, der später Sanitätsarzt wurde und mit dem Gebeschus – wie so oft zwischen Leibfuchs und Leibbursch – „innigste Freundschaft" bis ans Lebensende verband. Für dessen Sohn Hans Henning übernahm Gebeschus auch die Patenschaft (EG: 231).

In den 1870er bis 1890er Jahren bildeten die Korporationen Borussia, Franconia, Rhenania und Suevia die bedeutendsten Studentenverbindungen in Tübingen. Daneben bestanden die Burschenschaft Germania als älteste Verbindung und kleinere Gemeinschaften wie Westphalen, Hohenstauffen oder Wingolf.[127] Der Saxonia traten v.a. nicht aus Württemberg stammende Studenten bei, die in der Regel aus mittelgroßen oder großen Städten stammten.[128] Deren Mitgliederzahlen liegen erst seit dem Wintersemester 1879/80 vor. In den folgenden Semestern umfasste sie rund 15 Aktive,[129] sodass sie auch zu Gebeschus' Zeiten in Tübingen eine der kleineren ihrer Art gewesen sein wird. Danach zählte sie bis 1914 nie mehr als 29 Mitglieder, mehrfach semesterweise auch unter zehn. Die Mitgliederzahlen sind nicht verwunderlich, auch andere Corps, Landsmannschaften, Turnerschaften oder konfessionelle Verbindungen verfügten nur über mehrere Dutzend Mitglieder. Erst im Sommersemester 1914 erreichte mit der evangelischen Verbindung Wingolf mit 104 Personen erstmals eine Korporation eine dreistellige Mitgliederzahl.[130]

Die Verbindungen trafen sich in angemieteten Nebenräumen im Stammlokal, die mit Fahnen, Fotos der Mitglieder, Gläsern und eigenem Mobiliar geschmückt und ausgestattet waren, oder später in ihren Verbindungshäusern – über deren Tübingen 1914 an 30 ihrer Zahl verfügte – zu wöchentlichen Conventen und zum Biertrinken, wobei Reden gehalten und Lieder gesungen wurden.[131] Zunächst fungierte das Lokal »Kemmlerei«, Ecke Hirsch- und Kollegiumgasse, als Vereinslokal der Saxonia, im Sommersemester 1875 verlegten sie ihre Sitzungen in den »Schwarzen Walfisch« in der Ammergasse.[132] Als offizieller Kneipenabend fungierte der Sonntag und manchmal fanden die Treffen auch mittwochs statt. Wer sich nicht betrank, wurde dennoch zu zehn bis 13 Halblitern an Bier genötigt (EG: 243). Viel Zeit wurde auch mit dem Fechttraining verbracht (EG: 242).

126 Biastoch, Studenten, S. 139.
127 K. Gebeschus, Lebensbilder I, S. 69.
128 Biastoch, Studenten, S. 141.
129 Zahlen nach Biastoch, Studenten, S. 268f.: 15 (WiSe 1879/80), 25 (SoSe 1880), 15 (WiSe 1880/81), 16 (SoSe 1881).
130 Zahlen nach Biastoch, Studenten, S. 270–276.
131 Ebd., S. 138, S. 168.
132 K. Gebeschus, Lebensbilder I, S. 76.

Aus der Verbindung trat Gebeschus etwa 1890 aus, da er sich als Kassenwart mit der Verwendung der Gelder nicht einverstanden zeigte. Der Kassenführer legte für zwei Jahre keinen Kassenbericht vor und die Verbindungsvorsitzenden machten viele Schulden und wollten den Verbindungsschatz als Sicherheit hinterlegen, was Gebeschus im Gegensatz zu den beiden anderen Verwaltungsvätern ablehnte. Da die Entscheidungen des Schatzverwaltungsrates einstimmig getroffen werden mussten, wählten sie Gebeschus entgegen der Satzung ab, denn das Amt war auf Lebenszeit vergeben, und er reagierte mit dem Austritt aus der Verbindung (EG: 239ff.).

3.1.2. Die Familien Georgii, Schüle und Schweickhardt

Gebeschus war im Studium anfänglich ein Einzelgänger und hatte abseits der Saxonia-Mitglieder nur wenig Kontakt mit seinen Kommilitonen. Zu seinen Bekannten zählten ein Rumäne, ein Schweizer und ein Hannoveraner, ohne deren Namen zu nennen. Den Hauptanteil seiner Freizeit verbrachte er mit der Familie seiner Vermieterin Georgii und seiner späteren Schwiegerfamilie Schweickhardt oder lernte fleißig auf seinem Zimmer (EG: 229).

Gebeschus' Vermieterin, die er in seinen Erinnerungen stets „Dekanin Georgii" nennt, hieß mit bürgerlichem Namen *Caroline* Auguste Rüdiger, geboren am 22. August 1822. Rüdiger heiratete Dekan Georgii aus Balingen, der bereits vor Gebeschus' Ankunft in Tübingen verstorben war.[133] Ihre Schwester Julie (Friederike) Rüdiger (* 19. September 1837 in Oberjettingen/Württemberg) heiratete am 26. Juli 1860 den Tübinger Kaufmann und Mühlenbesitzer Heinrich Schweickhardt (* 12. Februar 1834 in Tübingen, † 10. Dezember 1898 ebd.).[134] Carolines und Julies dritte Schwester Henriette (Luise) Rüdiger (* 1827, † 6. August 1878) – in Gebeschus' Erinnerungen stets Tante „Jettle", die „Mühlentante" oder „Tante Schüle" genannt – heiratete 1860 den Rechtsanwalt Gottlieb Schüle (EG: 189f.).[135]

Die Familien trafen schwere Schicksalsschläge. Nachdem Julie Schweickhardt am 14. Dezember 1871 an den Folgen einer Typhuserkrankung und einer Lungenentzündung[136] und Henriette Schüles Mann Gottlieb 1872 in Herrenberg gestorben war, zog Henriette Schüle mit ihren beiden Kindern Mariele (* 1863) und Hugo (* 1868, † 1948) in die Schweickhardt'sche Mühle ein (EG: 189f.).[137]

In der Mühle wohnten nun zwei „Patchworkfamilien" zusammen: Die zwei Kinder von Henriette Schüle und die sechs Kinder von Gebeschus' späterem Schwiegervater Heinrich Schweickhardt: Julie Friederike (* 8. Mai 1861 in Tübingen, † 6. April 1931 in Hanau), Heinrich – genannt Heinz – (* 18. August 1862 in Tübingen, † 13. Dezember 1919 ebd., Reichstagsabgeordneter), Albert (* 10. Juli 1864, † 13. Oktober 1899), Adolf (* 23. Juli

133 K. Gebeschus, Lebensbilder I, S. 73.

134 Ebd., S. 102a, 104, 112, 122a. Lebensdaten ebenfalls bei K. Gebeschus, Chronik II, S. 109: Ahnentafel von Hanna-Maria Gebeschus (verfasst von ders.); Burkardt/Pult, Nassauische Parlamentarier, S. 94f.

135 Ebenso K. Gebeschus, Lebensbilder I, S. 113. Todesdatum nach ebd., S. 116. Sie starb an den Folgen einer Lungenentzündung.

136 Ebd., S. 102a, 104, 112, 122a. Lebensdaten ebenfalls bei K. Gebeschus, Chronik II, S. 109: Ahnentafel von Hanna-Maria Gebeschus (verfasst von ders.); Burkardt/Pult, Nassauische Parlamentarier, S. 94f.

137 Ebenso K. Gebeschus, Lebensbilder I, S. 113.

Im Zuge der Tübinger Brotkrawalle stürmten aufgebrachte Bewohner die Schweickhardt'sche Kunstmühle am 4. Mai 1847 (Lithographie von Carl Baumann, 1847).

1866, † 1933), Frieda (* 21. Dezember 1868, † 1906) und Gustav (* 5. September 1870, † 14. Oktober 1943) (EG: 189).[138]

Über die Stadtgrenze Tübingens hinaus ist die Familie Schweickhardt besonders im Umfeld der Hungerunruhen ein Begriff. Infolge von Missernten im Vorjahr verteuerten sich Grundnahrungsmittel wie Kartoffeln und Brot 1847 um fast die Hälfte, sodass die unteren Schichten die Preise nicht mehr bezahlen konnten. Der Protest richtete sich besonders gegen das vor dem abgebrochenen Haagtor gelegene Mühlen- und Getreidehandelsgeschäft der Brüder Heinrich (1798–1855) und Eduard Schweickhardt (1805–1868). Infolge der Proteste kam es am Abend des 4. Mai 1847 zum »Tübinger Brotkrawall«, einem Sturm auf die Schweickhardt'sche Mühle. Den Brüdern wurde vorgeworfen, Mehl aus Spekulationsgründen zurückzuhalten. Der Mühlensturm konnte nur mit der Unterstützung von Studierenden der Tübinger Universität unter Vermittlung von Universitätsrektor Gehring und Stadtdirektor Ströhlin abgewendet werden, da die Zahl der lokalen Polizeikräfte zu gering war, um den

138 Ebenso J. Gebeschus, Lebenserinnerungen, S. 0, 2; K. Gebeschus, Lebensbilder I, S. 78a, 109. Arndt, Feldbahnen, S. 26 datiert das Geburtsjahr irrtümlicherweise auf 1860 und nennt als Familiennamen fälschlicherweise „Schweighardt".

Heinrich Schweickhardt (1834–1898): Vater von Julie Schweickhardt und Schwiegervater von Eugen Gebeschus, um 1860.

Hungernden Einhalt zu gebieten.[139] Der in die Mühle eingedrungene Mob entwendete zahlreiche Mehlsäcke.[140]

Während Heinrich Schweickhardt, Julies Großvater, als Konditor, Müller und Getreidehändler das Geschäft führte, machte sein Bruder Eduard in anderen Berufssparten als Abgeordneter für die Stadt Tübingen im Landtag 1845 bis 1849, Mitglied der Verfassungsgebenden Nationalversammlung 1848/49 und im Hauptberuf Privatdozent an der staatswissenschaftlichen Fakultät Karriere.[141]

Caroline Rüdiger hatte ihrerseits zwölf Kinder, wovon sechs früh verstorben waren. Als Gebeschus bei der „Dekanin" zur Miete wohnte, lebte er mit den beiden Töchtern Fanny und Bert(h)a unter einem Dach. Ihre vier noch lebenden Brüder Heinrich, Karl, Otto und Albert hatten seinerzeit das Elternhaus bereits verlassen.[142] Die damals 20- oder 21-jährige Berta Georgii charakterisiert Gebeschus als ein leicht zu habendes Mädchen, „deren Augen ständig auf der Jagd nach einem Mann waren" (EG: 173). Auch ihr Onkel, Gebeschus' späterer Schwiegervater Heinrich Schweickhardt, und ihr Bruder Albert rügten ihr dauerhaftes „Balzverhalten". Beide Schwestern, Berta und Fanny, hielt Gebeschus für hübsche Mädchen (EG: 173). Während Gebeschus Berta Georgii trotz ihrer Schönheit wegen ihres ständigen Kokettierens mit fremden Männern abweisend gegenüberstand (EG: 181–184), fühlte er sich zur jüngeren Schwester Fanny durchaus hingezogen und gab ihr Englischnachhilfe (EG: 184). So kamen sich die 17-jährige Fanny und der 19-jährige Eugen näher: „Es wurde geschäkert, geliebt und geküsst." (EG: 185) Zu einer dauerhaften Liaison führte dies nicht, da Fanny Georgii sich in einen „schönen Franken" verliebte (EG: 185). Ihre späteren Werbungsversuche blockte Gebeschus ab und damit war auch das freundschaftliche Verhältnis der beiden gestört (EG: 186ff.).

Als Berta Georgii den zwei älteren Kindern der Familie Schüle Klavierunterricht gab und Gebeschus bat, sie in der Schweickhardt'schen Mühle abzuholen, weil sie in der Dunkelheit Angst vor Landstreichern hatte (EG: 189f.), lernte er bei dieser Gelegenheit Henriette Schüle und Henrich Schweickhardt kennen (EG: 191).

Henriette Schüle war mit den vielen Kindern und dem Haushalt wohl überfordert, sodass sie Gebeschus bat, die schulpflichtigen Jungen bei den Schulaufgaben zu beaufsichtigen und für Ruhe im Haus zu sorgen – immerhin für ein Honorar von 30 Mark monatlich (EG: 191). Gebeschus muss seine Aufgabe äußerst gewissenhaft erledigt und einen guten, sympathischen Eindruck bei den Abendessen und den sonntäglichen Spaziergängen mit seinem späteren Schwiegervater Heinrich Schweickhardt hinterlassen haben, denn Henriette Schüle bat ihn, auch auf die 13 ½ Jahre alte Julie Schweickhardt zu achten und sie bei den Hausaufgaben zu beaufsichtigen (EG: 192).

Gebeschus nahm sich also den pädagogischen Auftrag zu Herzen und ließ sich von Julie alle Hausaufgaben in schriftlicher Form zur Durchsicht vorlegen: „Sie tat das mit einer französischen Arbeit. Schauderhaft! Ich sagte ihr vor ihren Geschwistern ‚an ihrer Stelle würde ich mich schämen, mir solche mangelhafte Arbeit vorzulegen.'" (EG: 194)

139 Decker-Hauff / Setzler, Tübingen, S. 232; Sieber, Stadt, S. 35f.
140 K. Gebeschus, Lebensbilder I, S. 93.
141 Sieber, Stadt, S. 8.
142 K. Gebeschus, Lebensbilder I, S. 73.

Der Tadel zeigte Wirkung und die Qualität der abgelieferten Arbeiten nahm rasch zu: „Aus der verbummelten, flatterhaften Julie – ich habe hier nur ihre Tätigkeit in der Schule und für die Schule im Auge – wurde ein strebsames, fleißiges Mädel. Sie war ein liebenswürdiges Geschöpf, dem gegenüber ich bald meine schulmeisterliche Würde an den Nagel hängte. Ich half ihr bei schwierigen Aufgaben, lobte, wo ich loben konnte [...] und gewann offensichtlich ihr Vertrauen." (EG: 194f.)

Mit den anderen Geschwistern verstand sich Gebeschus ebenfalls bestens, besonders mit Heinz, Albert und Mariele. Er fühlte sich wie ein Kind unter Kindern, mit denen er verstecken spielen, in Mehlsäcken herumkriechen konnte oder im Winter Schlitten fuhr und Schneeballschlachten veranstaltete (EG: 195). So wurde Gebeschus wie ein vollwertiges Familienmitglied behandelt. Als nach Neujahr 1875 Albert Schweickhardt lebensgefährlich an Nervenfieber oder Typhus erkrankte, pflegte Gebeschus zusammen mit Henriette Schüle den Sterbenskranken und kümmerte sich um die Kältebäder und Eisumschläge (EG: 196f.).

Besonders Julie Schweickhardt bewunderte Gebeschus für seine aufopferungsvolle Pflege: „Auch in Julies Augen war meine eifrige Pflege ihres Bruders, besonders die vielen Nachtstunden eine Heldentat. Du lieber Gott, ich war jung, sorglos, gesund, voll überschäumender Jugendkraft, was bedeuteten da ein paar um die Ohren geschlagene Nächte. Und ich konnte den Menschen, die mich so herzlich aufgenommen, mir so viel Liebe erwiesen hatten, doch ein wenig meiner Dankesschuld abtragen. Das alles aber sah meine kleine Julie nicht, es erwachte so nach und nach ein tieferes Interesse in ihr für mich, so daß sie [...] wenn sie mittags aus der der Schule kommend, in das Vorzimmer zum Krankenzimmer kam, um sich nach Alberts Befinden zu erkundigen, sich erst die Backen kräftig mit Schnee rieb, um recht blühend und hübsch auszusehen. Ich war um diese Zeit gegenwärtig im Zimmer. Warum wohl? Ich hatte von 10 bis 12 Uhr Kolleg und konnte eigentlich erst nach Julie in der Mühle sein, da ich einen doppelt so weiten Weg hatte, wie sie. So wuchs allmählig die gegenseitige Zuneigung in uns." (EG: 198f.)

Wollte Julie Schweickhardt wohl anfangs nur Gebeschus' Tadel für schlechte Hausaufgaben vermeiden, gab sie sich zunehmend Mühe, um ihm durch Leistung und Fleiß zu gefallen (EG: 199). Ihre Zensuren besserten sich derart, daß sie zu einer der besten Schülerinnen ihrer Klasse aufstieg und Gebeschus wegen seiner Leistungen als Nachhilfelehrer von der Frau von Julies Lehrer ausdrücklich gelobt wurde: „Ach, der muß aber ein ganz ausgezeichneter junger Mann sein, daß er einen so gründlichen und dauernden Wandel zu Wege gebracht hat." (EG: 200)

Henriette Schüle machte ihrem Schwager Heinrich Schweickhardt von diesem Kaffeeplausch der Damen Mitteilung, sodass dieser seiner Tochter nahelegte, sich bei Gebeschus entsprechend zu bedanken (EG: 201). Doch Julie Schweickhardt bedankte sich auf ihre Weise für die Nachhilfe: mit Küssen (EG: 202). Das war sicher nicht das, was ihr Vater mit Dankbarkeit ursprünglich gemeint hatte. Während dieser über die Liebesgeschichte im Sommer 1875 in Unkenntnis blieb, war Henriette Schüle über die erblühende Liebe im Bilde und begünstigte sie, indem sie Gebeschus stets in bestem Licht darstellte (EG: 202f.).

Nachdem Julie Schweickhardt bis zu ihrem 14. Lebensjahr die Mädchenschule in der Münzgasse in Tübingen besucht hatte,[143] verließ sie zu Ostern 1875 Tübingen und besuchte

143 K. Gebeschus, Lebensbilder I, S. 140.

für die kommenden zwei Jahre das Katharinenstift in Stuttgart (EG: 205). Einen Tag vor ihrer Konfirmation am 18. April 1875 gaben Gebeschus und sie sich das Versprechen der „Freundschaft fürs Leben“ (EG: 206f.).[144]

Nach der Konfirmation sprachen sich die beiden aus. Gebeschus war sich der Sache sicher: „Es ist unmöglich, daß zwei Menschen verschiedenen Geschlechts, wenn sie jung sind, nur ‚Freundschaft fürs Leben‘ für einander empfinden und nur solche bewahren können. Wenn sie sich so nahe stehen, sich so lieb haben, daß sie sich gegenseitig lebenslängliche Freundschaft geloben, dann ist das keine Freundschaft mehr, dann ist das Liebe und dann – dann – dann müssen sie sich heiraten! Daher, Julie, willst du dereinst wenn ich mein Examina gemacht habe, meine liebe kleine Frau werden? Sie saß stumm, schaute in den Schoß und atmete schwer. [...] Sie schaute mich mit ihren wunderhübschen goldbraunen Augen so lieb, so zärtlich an, daß ich mich zu ihr hinunterbeugte und nochmals fragte, ‚willst du?‘ Ein leises ‚ja‘ und ein langer Kuss auf ein Paar wundervolle weiche Lippen, die halb einem Kinde, halb einer Jungfrau angehörten, bildeten den Schluß.“ (EG: 210f.).

Tags darauf offenbarte Gebeschus die Verlobung Henriette Schüle, die ihrerseits versprach gegenüber ihrem Schwager zu schweigen (EG: 211ff.). Seinem späteren Schwiegervater Heinrich Schweickhardt erzählte Gebeschus im Sommer 1875 von seinen Visionen einer Liebe. Schweickhardt wollte Getreide für seine Mühle einkaufen und Gebeschus begleitete ihn auf der Fahrt (EG: 216, 224f.). Schweickhardt hatte seine Frau wie Gebeschus schon im jugendlichen Alter kennengelernt, als sie noch mit Puppen spielte, und sich in sie verliebt, ohne ihr die Liebe zu gestehen (EG: 218). Da sie einem anderen versprochen war, wanderte Schweickhardt nach Amerika aus und kehrte erst 1855 nach dem Tode des Vaters zurück, um das elterliche Geschäft fortzuführen. Während der Abwesenheit hatte seine Liebe zu Julie Rüdiger keine Risse bekommen. Beim Wiedersehen verlobten und heirateten sich die beiden (EG: 223).

Eugen Gebeschus charakterisiert Heinrich Schweickhardt als vielschichtigen Mann: auf der einen Seite und auf den ersten Blick ernst, düster, schwerblütig, spöttelnd, kalt und hart (EG: 203), auf der anderen Seite, wenn man ihn besser kannte, sensibel unter der harten Schale. Besonders der frühe Verlust seiner Frau ließ ihn für Außenstehende rau, abweisend und reserviert wirken. Die harte Schale verbarg jedoch nur „einen köstlichen Kern voll Begeisterung für alles Schöne, voll goldenem Humor und voll tiefen weichen Gefühls“ (EG: 204).

Nach der Übernahme der Firmenleitung klagte Heinrich Schweickhardts Mutter Julie gegen ihren Schwager Eduard um den Besitz des Unternehmens und gewann den Prozess. Eduard Schweickhardt fungierte bis 1861 als Geschäftsführer und schied dann aus dem Unternehmen aus. Fünf Jahre später hatte Heinrich Schweickhardt den Mühlenbetrieb um den Vertrieb von Branntwein, Kolonialwaren und Salz erweitert.[145] In den 1880er Jahren strukturierte er das Unternehmen von Grund auf neu. Statt des Verkaufs von Branntwein wurde dieser nun auch hergestellt und im Rückgebäude des Hauses Neue Straße 13 eine Obstbrennerei eingerichtet. Dazu nahm er die Essigfabrikation auf und erwarb 1885/86 das Gebäude Metzgergasse 13 und 13a aus der Erbmasse seines verstorbenen Schwagers Wilhelm Pregizer,

144 Kurt Gebeschus hingegen terminiert den Tag der Verlobung auf den Tag der Konfirmation am 18. April 1875, vgl. K. Gebeschus, Lebensbilder I, S. 130.

145 Ebd., S. 100.

der dort eine Essigstube betrieben hatte. Die Essigfabrikation verlegte Schweickhardt in das 1886 ebenfalls erworbene Anwesen Reutlingerstraße 62.[146]

Heinrich Schweickhardts gleichnamiger Sohn Heinrich war 1887 als Teilhaber in das elterliche Geschäft eingetreten. Politisch engagierte er sich für die Freisinnige bzw. Fortschrittliche Volkspartei und nach 1918 für die Demokratische Volkspartei. Im Laufe seiner politischen Karriere wurde er 1895 in den Württembergischen Landtag, 1901–04 zum Obmann des Bürgerausschusses in Tübingen, 1906–11 in den Gemeinderat der Stadt Tübingen und 1903–1918 als Reichstagsabgeordneter der Kreise Calw-Nagold-Herrenberg-Neuenburg gewählt. Der zweitälteste Sohn Albert trat 1893 als Teilhaber dem elterlichen Unternehmen bei und übernahm die Leitung der 1891 erworbenen Göppinger Mühle.[147] Sieben Jahre später trat 1898 Gustav Schweickhardt, genannt „Steffe", als vierter Teilhaber in den elterlichen Betrieb ein. Nach dem Tod seines Bruders Heinz 1919 wurde er alleiniger Teilhaber.[148]

Mit Heinz Schweickhardt blieb Gebeschus bis zu dessen Lebensende freundschaftlich verbunden (EG: 248, 275). Mit den Brüdern Albert, Adolf und Gustav stand Gebeschus kaum in Kontakt, da sie alle jünger waren als er. Adolf Schweickhardt war ihm ebenso wenig sympathisch wie dessen Frau, sodass der Kontakt verständlicherweise gering ausfiel (EG: 276). Julies einzige Schwester Frieda blieb infolge einer Gehirnkrankheit in jungen Jahren geistig zurück und verstarb 1906 (EG: 278). Für den jüngsten Spross der Familie – Gustav Schweickhardt – hatte Gebeschus größten Respekt. Er hatte sich 1916 freiwillig zum Kompanieführer ausbilden lassen und stand zwei Jahre an vorderster Front. Zu ihm hätte Gebeschus gerne näheren Kontakt aufgebaut, doch der Schwager war äußerst schreibfaul (EG: 277).

Nach diesem Exkurs zurück zur Liebesgeschichte von Eugen Gebeschus und Julie Schweickhardt. Zu Jahresbeginn 1876 berichtete Henriette Schüle ihrem Schwager von der Zuneigung der beiden zueinander und Schweickhardt schob dem jungen Glück einen Riegel vor. Er hielt Julie für eine Verlobung zu jung und forderte Gebeschus auf, nach seinem bestandenen Examen um Julie zu werben (EG: 226): „Auch sie sind mir noch zu jung, um ernsthaft an eine Verlobung denken zu können. [...] Wenn sie ihre Examina gemacht haben und dann wiederkommen und mein Mädel wollen, und mein Mädel will sie, dann wüsste ich Niemanden, dem ich sie lieber gäbe, als ihnen." (EG: 227)

Gebeschus, der das Versteckspiel Leid war, schmiedete einen Plan: Julie Schweickhardt schrieb einen Brief an Henriette Schüle, in dem sie die Tante bat, nach Stuttgart zu kommen, weil sie sich ihr in einer wichtigen Sache anvertrauen müsse. In Tübingen tagte der Familienrat bestehend aus Schwiegervater Schweickhardt, Tante Schüle und Gebeschus und sprach über das Schreiben (EG: 227). Gebeschus überzeugte die beiden, dass sich Julie in ihn verliebt habe, dies ihr nach ihrer Abwesenheit klar geworden wäre und sie sich nun der Tante anvertrauen wolle (EG: 228). Nach der Rückkehr aus Stuttgart berichtete Henriette Schüle von der erwarteten Liebe und Schwiegervater Schweickhardt gab ihr seinen Segen: „Da sie beide von einander wissen, daß sie sich lieben, so steht ihrer Aussprache und stillen

146 K. Gebeschus, Lebensbilder I, S. 101.

147 Ebd., S. 124.

148 Ebd., S. 126; K. Gebeschus, Lebenserinnerungen II, S. 34. Onkel Heinz war Reichstagsabgeordneter, ergo hieß er vielleicht auch Heinrich mit Vornamen, vgl. ebd., S. 37

Julie Schweickhardt (1861–1931) im Alter von 22 Jahren.
Das Bild hing später in Eugen Gebeschus' Arbeitszimmer.

Verlobung nichts im Wege." (EG: 229) Die öffentliche Verlobung der beiden erfolgte am 5. Oktober 1879 (EG: 261).

Julie Schweickhardt hatte in Tübingen wohl durchaus auch bei anderen Männern für Begehrlichkeiten gesorgt. Die Bewohner der Evangelischen Stiftsstube Quadrat führten Buch über die Frauen, die sie kennengelernt hatten und verfassten Kurzbeschreibungen über sie und den weiteren Lebensverlauf. Hier findet sich auch eine Beschreibung über Julie Schweickhardt von einem anonymen Verfasser:[149] „Schweickhardt, Julie, Tochter des hiesigen Kunstmüllers daher die ›schöne Müllerin‹. Eine liebliche Blume, die eben im Aufgehen begriffen ist, etwa 17–18 Jahre alt. Auf dem mittelgroßen Rumpfe erhebt sich ein Haupt, bei dessen Beschreibung der Verfasser [dieser Zeilen] mit der Sprache zu ringen hat. Eine rosige Blüte lagert auf den runden Wangen und taufrische Lippen laden zu feurigem Kusse. Das Haar ist schwarz, schlicht und echt, die Augen sind braun, ja ans Schwarze streifend. Die Grundfarbe dieses herrlichen Antlitzes ist weiß, auf dem das Roth malerisch aufgetragen ist. (...) Sie ist eine leidenschaftliche und ausgezeichnete Tänzerin und wird deshalb von allen Seiten poussiert. Mehr noch zu schreiben verbietet dem Referenten seine aufgeregte Gemütsverfassung (Juli [18]78). Ist jetzt mit einem Amtmann verlobt zum großen Schmerz des Obigen (Herbst [18]80). Verheiratet 1882."[150]

Während Julie Schweickhardts Stuttgarter Schulzeit sahen sich die Verliebten in den Ferien und bei wenigen Besuchen (EG: 214f.). Im Frühjahr 1877 kehrte sie aus Stuttgart zurück und besuchte für zwei Jahre die Tübinger Frauenschule.[151] Gebeschus gab seinen ursprünglichen Plan je zwei Semester in Tübingen, Heidelberg und Breslau zu studieren der Liebe wegen auf und blieb für fünf Semester in Tübingen (EG: 216).

Bereits im Sommer 1875 hatte Gebeschus sein Zimmer bei der Familie Georgii geräumt und war in ein der Mühle gegenüberliegendes Haus der Brauerei Lenz gezogen, wodurch er noch mehr Zeit in der Mühle und mit Julie Schweickhardt verbrachte. In Gebeschus' früheres Zimmer zog der älteste Sohn der „Dekanin", der als Rekonvaleszent nach Tübingen zurückgekehrt war (EG: 249f.). Im Sommersemester 1876 und im Wintersemester 1876/77 wohnte Gebeschus offiziell gemeldet in der Mühle von Heinrich Schweickhardt.[152]

Obwohl Gebeschus in regem Briefkontakt mit der Familie in Pommern stand und von seinem Studium berichtete, schrieb er von der Liebe zu Julie Schweickhardt erst nach der Zustimmung durch Heinrich Schweickhardt (EG: 248). Daraufhin besuchte ihn seine Schwester Ida im Sommer 1876 in Tübingen, um die Schwägerin kennenzulernen (EG: 249). Zusammen besuchten Georg und Ida Gebeschus Tübingen erstmals 1881.[153]

Das Verhältnis zwischen Ida und seiner späteren Frau Julie beschreibt Eugen Gebeschus als schwierig. Seine Schwester war auf alle weiblichen Wesen im Umfeld des Bruders maßlos eifersüchtig (EG: 45). In den ersten Jahren verstanden sich Schwester und Schwägerin wohl bestens. So schreibt Ida Gebeschus nach dem Kennenlernen: „Julie ist ein kleines süßes Geschöpf-

149 Biastoch, Studenten, S. 185.
150 Ebd., S. 186.
151 K. Gebeschus, Lebensbilder I, S. 141.
152 Verzeichnis der Beamten, Tübingen 1876, S. 17; Verzeichnis der Beamten, Tübingen 1876/77, S. 17.
153 K. Gebeschus, Lebensbilder I, S. 26.

Familienbild 1898: in der Dachluke Rolf Gebeschus, auf die Balustrade gelehnt Heinrich Schweickhardt, neben ihm Kurt Gebeschus, auf der obersten Stufe Julie Gebeschus' Schwester Frieda, auf der Treppe ihr Bruder Steffe Schweickhardt und seine Frau. Auf dem Liegestuhl sitzen Eugen Gebeschus und seine Tochter Leni Gebeschus, auf der untersten Stufe Jule Schweickhardt, vor der Treppe Julie Gebeschus. Daneben sitzen ihr ältester Bruder Heinz und seine Frau Maria.

chen, wenn Eugen sich nicht schon in sie verliebt hätte, dann thäte[!] ich es."[154] Zugleich bewunderte sie die Herzlichkeit der Schwaben, wie sie in einem Brief vom 8. August 1876 dem Vater mitteilte: „Oh, wie lieb sind die Menschen hier und wie kalt dagegen bei uns."[155]

Mit Julies Vater und Eugens Schwiegervater Heinrich Schweickhardt geriet Ida Gebeschus aber wohl schon nach wenigen Tagen aneinander, wie sie schrieb: „Ich stehe nämlich auf Kriegsfuß mit Herrn Schweickhardt, seit ich ihm erklärt, daß ich mit einer viel besseren Meinung über ihn hergekommen wäre, als ich mit mir fortnehmen würde."[156]

Nach den anfänglichen Schwierigkeiten besserte sich das Verhältnis zu Schwiegervater Schweickhardt und Ida Gebeschus verstand sich insbesondere mit Jettle Schüle bestens, wie ein Brief vom 10. August 1876 an ihren Vater Georg deutlich macht: „Die Tante ist eine ausgezeichnete Frau und Herr Schweickhardt ein prächtiger Charakter und trotz seines Widerspruchsgeistes doch sehr feinfühlend und taktvoll, mit einem Wort, eine höchst gemütliche, aber auch sehr gebildete Familie. Ich fühle mich hier sehr wohl [. . .]."[157]

Doch das gute Verhältnis zwischen Gebeschus' Schwester Ida und seiner Frau Julie währte nicht lange. Vermutlich war Ida eifersüchtig auf Julie, wie sich aus den Briefen vermuten lässt. Nach der Verlobung offenbarte Julie in einem Brief vom 31. Oktober 1879 ihrem Bruder Heinz das schwierige Verhältnis zur Schwägerin: „Wie hat dir Ida in Lippspringe gefallen? Hat sie sich lieb über mich geäußert oder hat sie spitzige Redensarten gemacht? Wäre Eugen nicht fester gewesen, mit Leichtigkeit hätte sie ihn von mir abbringen können, für treulos hat sie mich sogar gehalten und dies Eugen gegenüber sogar behauptet."[158]

Aus Ida sprach offenbar die reine Eifersucht, wie auch Eugen Gebeschus vermutet, was sich aus einem Brief an seinen Sohn Kurt vom 1. Juni 1932 erahnen lässt, in dem er der Sicht seiner Schwester darstellte: „Ida hing mit geradezu fanatischer Liebe an mir [...] denn ich war Akademiker, Jurist – damals der ‚feinste' Beruf. Ich dufte nach Kronen greifen – und meine Schwester stand dann dicht daneben und vom Glanz der Krone fiel ein Schein auch auf ihr stolzes, ehrgeiziges Herz. Und nun verplemperte sich dieser Mensch mit seinen Riesenaussichten an ein ‚hübsches Lärvchen'. Mir gehört der Bruder. Ich habe ihn 1873 und 1879, als er Lungenbluten hatte, dem Tode entrissen. Ich habe ein Recht darauf, in seinem Hause zu leben und die erste Rolle zu spielen. Mich kann er ja nicht heiraten, aber sie ist nur die Frau des Hauses, ich bin die Repräsentantin, die unsichtbare Herrin des Hauses. Und nun hat dieser dumme Bengel andere Absichten, nun will er seine Frau an die erste Stelle rücken [...]."[159]

Julie äußerte sich sehr kritisch über Ida: „Zu meiner Schwägerin Ida habe ich mich nie hingezogen gefühlt. Die ganze norddeutsche Art dort war mir so fremd, daß ich, trotzdem mein Schatz dort war, nicht warm wurde."[160] Doch diese Dissonanzen bildeten erst den Anfang. Die Spannungen zwischen Ida sowie ihrem Bruder und der Familie Schweickhardt sollten sich in St. Goarshausen fortsetzen.

154 K. Gebeschus, Lebensbilder I, S. 19.
155 Ebd., S. 20.
156 Ebd.
157 Ebd., S. 22.
158 Ebd., S. 28.
159 Ebd.
160 Ebd., S. 142.

3.1.3. Abschluss in Greifswald

Im Frühjahr 1877 verließ Eugen Gebeschus Tübingen, um auf der preußischen Universität Greifswald sein Referendarexamen abzulegen (EG: 249). Neben rein universitären Gründen versuchte er dadurch den Schwätzereien aus dem Wege zu gehen, da er die Mahlzeiten bei Schweickhardts in der Mühle einnahm. Zudem gestand er sich ein, dass ein dauerhaftes Zusammensein mit Julie Schweickhardt und das Verbindungsleben ihn vom Lernen abhielt sowie die anstehende 400-Jahr-Feier der Universität Tübingen im Sommer 1877 sich zusätzlich negativ auf sein Arbeitspensum ausgewirkt hätte (EG: 250).

In Greifswald immatrikulierte sich Gebeschus um Ostern 1877 für das Sommersemester 1877 und das Wintersemester 1877/78 und wohnte in der Rothgerberstraße 22.[161] In beiden Studienhalbjahren lehrten an der juristischen Fakultät die Professoren Dr. Carl Franz Wolf Jérôme Häberlin, Dr. Hugo Burckhard, Dr. Ernst Rudolf Bierling, Dr. Jacob Friedrich Behrend und Dr. Eduard Hölder.[162] In seinem ersten Semester studierten in Greifswald 503 Studierende, davon 105 an der juristischen Fakultät.[163] Im Laufe des Halbjahres zog er in die Bahnhofstraße 5 und wohnte dort auch im Wintersemester 1877/78.[164]

Gebeschus besuchte die ihm noch fehlenden Kollegien, insbesondere zum Preußischen Landrecht, und meldete sich dort nach Neujahr 1878 zum Referendarexamen an (EG: 251). Für die Abschlussarbeit hatten die angehenden Referendare sechs Monate Zeit, die Gebeschus effizient nutzte, da er nicht nur bestand, sondern die Arbeit unter dem Titel »Die 500 solidi [= 1 solidus = Goldgulden] übersteigende Schenkung unter Lebenden mit besonderer Berücksichtigung der negotium mixtum [gemischtes Rechtsgeschäft]« auch 1882 als Doktorarbeit einreichte (EG: 252) und damit den Doktorgrad beider Rechte am 20. März 1882 in Göttingen erwarb.[165] Die Doktorarbeit wurde mit »gut« bewertet (EG: 252) und das mündliche Doktorexamen bestand er mit »laudabiliter« (EG: 253). Die Entscheidung für die Promotion beeinflusste v.a. die Entscheidung, Rechtsanwalt werden zu wollen und die Rechtsanwälte im Süden und Westen des Deutschen Reiches fast ausnahmslos einen juristischen Doktortitel innehatten. Auch im familiären Umfeld – vom Vater über den Schwiegervater bis hin zu seiner künftigen Frau Julie – war der akademische Grad gern gesehen (EG: 253).

3.2. Ausbildungsjahre als Gerichtsreferendar

Nachdem Gebeschus im Mai 1878 die mündliche Prüfung und damit das Referendarsexamen bestanden hatte (EG: 255), trat er im Mai 1878[166] seinen Ausbildungsdienst bei der

161 Verzeichnis Greifswald SoSe 1877, S. 21.

162 Ebd., S. 4; Verzeichnis Greifswald WiSe 1877/78, S. 4; Molitor, Juristenfakultät, S. 17. Ferner wird ein Dr. Eccius in beiden Semesterverzeichnissen aufgeführt.

163 Verzeichnis Greifswald SoSe 1877, S. 35.

164 Verzeichnis Greifswald WiSe 1877/78, S. 20.

165 K. Gebeschus, Lebensbilder I, S. 36; S. 147.

166 Datum ebenso nachgewiesen bei StAHU C3 289, Nachweisung der persönlichen und dienstlichen Verhältnisse des Oberbürgermeisters Dr. Gebeschus für das Jahr 1893 sowie für das Jahr 1907.

Kreisgerichtskommission in Treptow an der Tollense (seit 1939 Altentreptow) an, wo er bis November 1878 „praktisch sehr viel, theoretisch gar nicht" arbeitete (EG: 255). Es folgte ein dreimonatiger Ausbildungsabschnitt am Kreisgericht in Demmin (EG: 256). Ihm oblagen dort die Aufgaben Protokoll zu führen und vor Gericht Bericht zu erstatten (EG: 54). Die weiteren Stationen der Ausbildung führten ihn an das Landgericht Hechingen, zur Staatsanwaltschaft des Landgerichts Wiesbaden und an das Oberlandesgericht Frankfurt am Main.[167] Über eine Tätigkeit bei einem Tübinger Anwalt – wie in der Literatur thematisiert – ist allerdings in seinen Lebenserinnerungen nichts zu finden.[168]

Die Entscheidung, seine pommersche Heimat zu verlassen, traf Gebeschus krankheitsbedingt, denn im Frühjahr 1879 erkrankte er erneut an Bluthusten (EG: 256), der ihn „an den Rand des Grabes brachte" (EG: 257). Vater Georg und Schwester Ida Gebeschus waren in großer Sorge um den jüngsten Sprössling. Letztere pflegte ihren Bruder „mit großer Aufopferung, wodurch aber wieder mich plagende Gewissensbisse ausgelöst wurden, da ich mich zu ‚Gegenliebe' verpflichtet fühlte, die ich beim besten Willen nicht aufbringen konnte", wie er schrieb (EG: 257). Gebeschus musste vier Wochen das Bett hüten und weilte danach weitere Wochen zur Erholung zu Hause, bis er Mitte August nach Lippspringe ging. Sein Arzt riet ihm jedoch wegen des rauen Klimas im Norden sich in milderen Gefilden aufzuhalten. Gebeschus' Wahl fiel auf Wiesbaden, doch dies war mit der Problematik verbunden, dass er die Voraussetzung nicht erfüllte, zuerst an einem kleineren Gericht im Bezirk des Oberlandesgerichtes Wiesbaden tätig gewesen zu sein (EG: 258).

Da ihm das Studium in Tübingen so gut gefallen hatte, entschied sich Gebeschus nach Hechingen zu gehen, das seit 1. Oktober 1879 zum Bezirk des Oberlandesgerichtes Frankfurt am Main gehörte. Dort erlebte er einen der kältesten Winter seines Lebens, doch die Nähe zu Julie Schweickhardt und das häufige Zusammensein mit der künftigen Braut förderten den Heilungsprozess (EG: 259).

Seit Mitte September weilte er in Hechingen, wo er sich zwei „hübsche Zimmer" gemietet hatte, reiste aber so oft wie möglich nach Tübingen (EG: 261), wo er die Wochenenden verbrachte. Er verließ Hechingen am Samstagnachmittag und kehrte montags morgens zurück (EG: 265).

Seine Tätigkeit in Hechingen trat er wegen bürokratischer Hürden erst am 6. Januar 1880 an (EG: 260f.). An Arbeitsüberlastung litt er nicht, was aufgrund der Größe des Landgerichtsbezirks wenig verwunderlich ist. Hohenzollern-Hechingen und Sigmaringen hatten seinerzeit 8.000 Einwohner (EG: 264). Dennoch arbeitete Gebeschus fleißig und stand in regem privaten Kontakt mit den anderen Richtern, der höheren Beamtenschaft und dem Pfarrerehepaar (EG: 262f.).

Hechingen sollte nur eine kurze Episode bleiben, da sich Gebeschus zum 1. Oktober 1880 an das Wiesbadener Landesgericht überweisen ließ, wo er unter Justizrat Dr. Bernhard Herz bei der Staatsanwaltschaft, der Staatskammer, der Zivilkammer und der Rechtsanwaltschaft arbeitete (EG: 265). Herz übertrug Gebeschus interessante Fälle und stärkte damit dessen

167 StAHU C3 289, Nachweisung der persönlichen und dienstlichen Verhältnisse des Oberbürgermeisters Dr. Gebeschus [o.D.].

168 Arndt, Feldbahnen, S. 26, thematisiert ohne Beleg eine solche Tätigkeit.

Entschluss, später Rechtsanwalt werden zu wollen (EG: 265f.). Doch auch die guten Verdienstmöglichkeiten lockten den jungen Juristen (EG: 267).

Zeitgleich nährte sich die Idee bei Gebeschus, in den Verwaltungsdienst einer Gemeinde einzutreten. Als in Demmin Anfang der 1880er Jahre die Bürgermeisterstelle frei wurde, sprach er mit seinem früheren Vorgesetzten, dem Hechinger Landgerichtspräsidenten August Evelt, über seine Absichten. Evelt riet Gebeschus wegen seines Alters davon ab, in den Gemeindedienst zu treten. Stattdessen solle er erst sein Assessor-Examen ablegen, da er dann sowohl in den Verwaltungsdienst eintreten als auch eine juristische Profession ausüben könne (EG: 266, 331).

Die während der Referendarzeit aufgebauten freundschaftlichen Beziehungen zu Arbeitskollegen gingen in den folgenden Jahren zu Bruch und Besuche innerhalb der Familien blieben aus (EG: 275). Dies betraf sowohl die Arbeitskollegen wie den Geheimen Justizrat Dr. Alexander Alberti, Rechtsanwalt in Wiesbaden, oder den Amtsgerichtsrat und Geheimen Justizrat Dr. Göring, mit denen er zusammen in Wiesbaden gearbeitet hatte und bei denen Gebeschus im Laufe der Jahre die Herzlichkeit vermisste (EG: 274),[169] als auch persönliche Freunde wie Karl Schneider aus Magdeburg (EG: 272).

Auch die Episode in Wiesbaden war nur von kurzer Dauer, da Gebeschus vom 1. Mai bis 15. Juli 1882 an das Landgericht Hechingen zurückkehrte, um die letzten zehn fehlenden Wochen seiner insgesamt vier Jahre dauernden Ausbildung zu absolvieren. Während der Gerichtsferien vom 15. Juli bis 15. September 1882 nahm er Urlaub, verbrachte die Zeit in Tübingen und lernte für sein Examen. Nach dem Ende des Urlaubs ließ sich Gebeschus zum 15. September 1882 an das Oberlandesgericht Frankfurt am Main überweisen, wo er sechs Monate tätig war (EG: 267).[170]

Schließlich meldete er sich am 15. März 1883 zur Großen Staatsprüfung an (EG: 268).[171] Für die wissenschaftliche Arbeit hatte Gebeschus sechs Wochen Bearbeitungszeit zur Verfügung. Er schrieb die Arbeit zu Hause in Demmin, Julie half ihm, indem sie ihm Literaturstellen für die Arbeit diktierte und er bestand mit dem Resultat »gut«. Bei der Abgabe in Berlin erhielt Gebeschus die Akten für die zweite, praktische Prüfungsarbeit. Diese Arbeit bestand er wegen fehlender Literatur nur mit »genügend«, was ihm die Zensur »gut« verdarb (EG: 269f.).[172] Für die Vorbereitung auf das mündliche Examen wohnte Gebeschus seit Anfang September 1883 in Berlin. Dort bestand er das mündliche Examen am 3. Dezember 1883 mit »gut« und erhielt damit das zweite Staatsexamen (EG: 270).[173]

Als Gebeschus nach dem bestandenen Assessor-Examen am 31. Dezember 1883 in Demmin ankam, zeigte sich der ganze Stolz des Vaters: „Vater empfing mich mit dem Gruß: ‚Gu-

169 Rechtsanwalt Alberti (* 22. April 1855 in Wörsdorf; † 14. April 1929 in Wiesbaden) lebte nach seinem Studium der Rechts- und Staatswissenschaften an den Universitäten Heidelberg, Bonn und Berlin seit etwa 1882 in Wiesbaden und übernahm 1883 „die Kanzlei des Wiesbadener Rechtsanwalts und früheren nassauischen Landtagsabgeordneten Friedrich Schenck" (Burkardt/Pult, Nassauische Parlamentarier, S. 6f.). Gebeschus und er müssen sich also im Jahresverlauf 1882 kennengelernt haben.

170 Ebenso bei K. Gebeschus, Lebensbilder I, S. 147.

171 Ebenso bei ebd., S. 147.

172 Ebd., S. 149.

173 Datum ebenso nachgewiesen bei K. Gebeschus, Lebensbilder I, S. 10; ebd., S. 36; StAHU C3 289, Nachweisung der persönlichen und dienstlichen Verhältnisse des Oberbürgermeisters Dr. Gebeschus [o.D.].

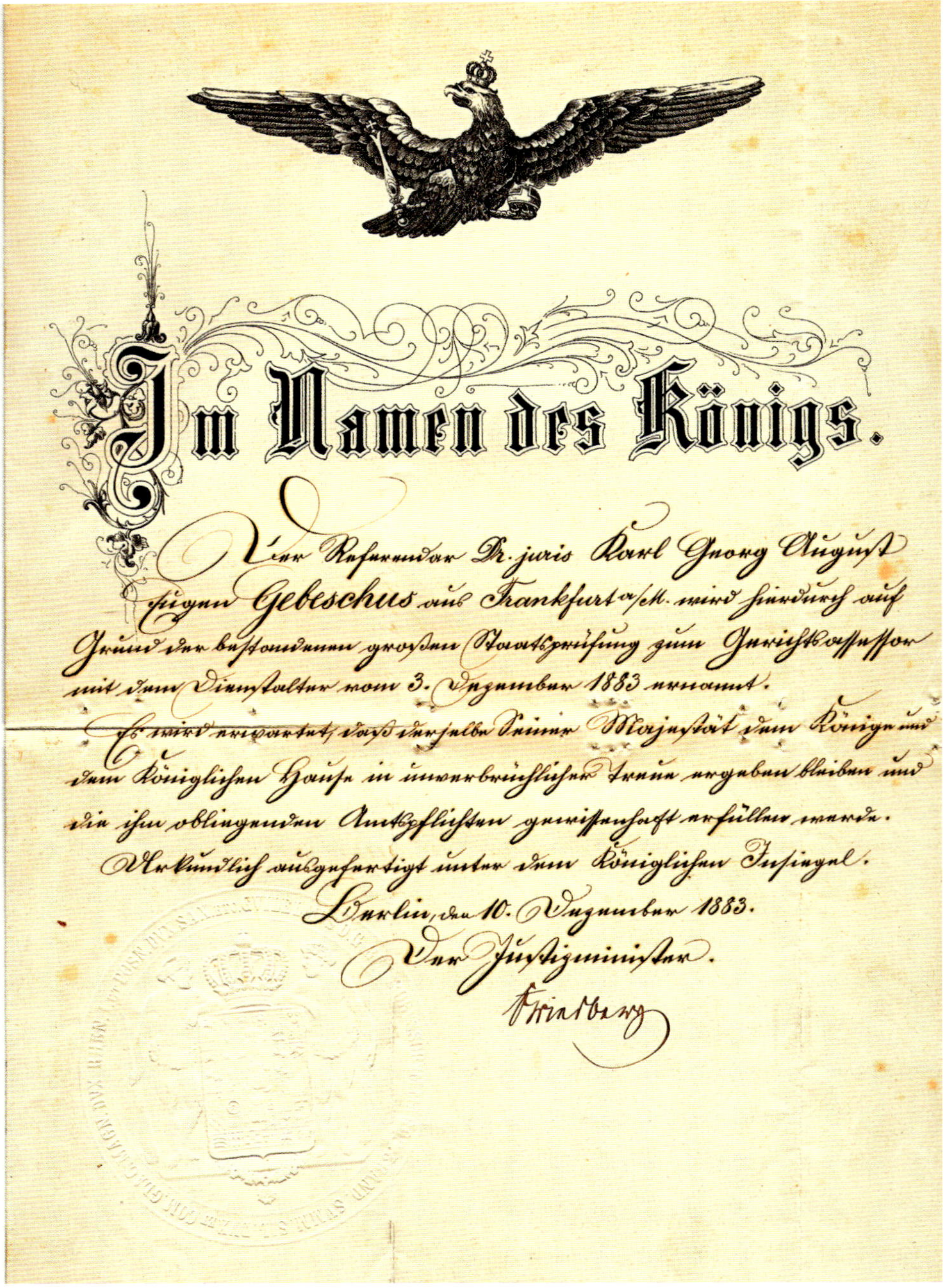

Im Namen des Königs.

Der Referendar Dr. juris Karl Georg August Eugen Gebeschus aus Frankfurt a/M. wird hierdurch auf Grund der bestandenen grossen Staatsprüfung zum Gerichtsassessor mit dem Dienstalter vom 3. Dezember 1883 ernannt.

Es wird erwartet, daß derselbe Seiner Majestät dem Könige und dem Königlichen Hause in unverbrüchlicher Treue ergeben bleiben und die ihm obliegenden Amtspflichten gewissenhaft erfüllen werde.

Urkundlich ausgefertigt unter dem Königlichen Insiegel.

Berlin, den 10. Dezember 1883.

Der Justizminister.

Friedberg

Eugen Gebeschus bestand das Assessorexamen 1883 mit der Gesamtnote »gut« und konnte seinem stolzen Vater das Zeugnis präsentieren.

ten Abend Herr Assessor!‘ In diesem Gruß spiegelte sich sein höchster irdischer Wunsch, sein Lebenszweck, sein Erdenglück! Mir wurden immer wieder die Augen feucht, wenn ich daran denke, mit wie viel ängstlichen Sporen – Entbehren kann ich nicht sagen, Vater war so unglaublich bescheiden, bedürfnislos und anspruchslos, daß er nicht entbehrte – mit wieviel finanziellem Sorgen er das Ziel seines Leben erreicht hat.“ (EG: 54)

3.3. Rechtsanwalt und Notar in St. Goarshausen

3.3.1. Heirat und das schwierige Verhältnis zu seiner Schwester

Nach seinem Examen stand für Gebeschus fest, dass er sich im Bezirk des Oberlandesgerichts Frankfurt am Main als Anwalt niederlassen wollte. Die Entscheidung fiel auf St. Goarshausen, wo er nach der Zustimmung von Julie beim dortigen Amtsgericht seine Zulassung beantragte. Eine passende Wohnung fand er im Gasthof »Zum Hohenzollern« gegenüber dem Bahnhof. Die Wohnung umfasste sechs Zimmer im 1. Obergeschoss sowie ein großes Gästezimmer und ein Mädchenzimmer im 2. Obergeschoss im Querhaus (EG: 280).[174] Nach einem Jahr kaufte das junge Paar ein Haus drei Häuser rheinabwärts und zog dort ein (EG: 281).

Zuvor hatten Eugen Gebeschus und Julie Schweickhardt am 18. Februar 1884 in Tübingen geheiratet (EG: 281).[175] Als Trauzeuge fungierte der Saxone Georg Holfelder. Dagegen fehlten Vater und Schwester Gebeschus bei der Feier (EG: 281) im Hotel Kaiser. Im Anschluss an die Trauung verzichtete das Paar auf die Hochzeitsreise, sondern brach sofort nach St. Goarshausen auf.[176] Es fehlte an dem notwendigen Geld, nach neunjähriger Verlobung freute sich das junge Paar auf das gemeinsame Heim und Gebeschus musste seine Tätigkeit als Rechtsanwalt antreten (EG: 282).

Wie häufig im Bürgertum war der Ehemann älter als die Gattin, weil er erst nach Abschluss des Studiums und der Ausbildung wie Eugen Gebeschus um eine Frau warb, während Frauen nach einer erfolgreichen Ausbildung heirateten. Dieser Altersunterschied führte zu einem „Autoritätsgefälle“ zwischen den Ehepartnern.[177] Auch die lange Dauer zwischen Verlobung und Heirat ist typisch für das Bürgertum. In der Regel betrug sie zwei Jahre, häufig auch mehr.[178]

Die bürgerliche Vorstellung der Familie basierte auf dem Verständnis, die Ehe nicht aus materiellen, sondern aus rein emotionalen Gesichtspunkten geschlossen zu haben.[179] Während im Bürgertum des 19. Jahrhunderts die Heirat aus Liebe und die Zustimmung der eigenen Familie beim Heiratswunsch die entscheidenden Faktoren darstellten, blieben bei Adel und Bauern weiter Zweckehen vorherrschend. Aber auch materielle Gründe wie die Heirat zwischen Unternehmerfamilien, mit der Tochter des Chefs, die gesicherte berufliche Existenz

174 Ebenso bei K. Gebeschus, Lebensbilder I, S. 151.
175 Ebenso bei ebd., S. 26, S. 149; Burkardt/Pult, Nassauische Parlamentarier, S. 94.
176 K. Gebeschus, Lebensbilder I, S. 149.
177 Budde, Weg, S. 41. Ergänzend hierzu Budde, Blütezeit, S. 30.
178 Budde, Weg, S. 37.
179 Ebd., S. 26; Habermas, Kleinfamilie, S. 292.

oder Verbindungen zwischen Industrie und Bürokratie spielten eine Rolle.[180] Durchaus verbreitet war die Methode bei den künftigen Schwiegereltern um die Hand anzuhalten, während die Ehefrau an der Tür lauschte. Hierbei prüften die Schwiegereltern v.a. die monetäre Ausstattung des künftigen Schwiegersohns.[181]

Nachdem Gebeschus am 3. Dezember 1883 die Große Staatsprüfung bestanden und beschlossen hatte, sich als Anwalt in St. Goarshausen niederzulassen, entschlossen sich sein Vater Georg und seine Schwester Ida ebenfalls von Demmin nach St. Goarshausen zu ziehen. Schwiegervater Schweickhardt und Eugen Gebeschus waren von dieser Absicht wenig begeistert. Beide fürchteten, die streitsüchtige Schwester würde den Ehefrieden des jungen Paares stören (EG: 283f.). Ida Gebeschus sah sich mit der alleinigen Pflege des Vaters überlastet und klagte über geistige Einöde. Da sich Eugen und Julie Gebeschus an der Pflege des kranken Vaters beteiligen wollten, stimmten sie dem Umzug der beiden nach St. Goarshausen zu (EG: 284f.). Was folgte, war eine schwere Zeit für die junge Familie, wie Gebeschus selbst schreibt: „Ich will dies Kapitel gleich beruhigen – es ist das trübsten eines meines Lebens, es hat uns das erste Jahr unserer Ehe verbittert, um nicht zu sagen vergiftet." (EG: 285)

Für Ida und Georg Gebeschus war im Hasenbachtal eine Wohnung gemietet worden, die nie bezogen wurde, da der Vater zuvor starb.[182] Kurz vor dem anstehenden Umzug reiste Georg Gebeschus im März 1884 nach St. Goarshausen und übernachtete unterwegs. Die kurze Strecke vom Bahnhof zur Nachtunterkunft verursachte ihm große Strapazen und der schwere Pelz brachte ihn ins Schwitzen. In seinem ungeheizten Hotelzimmer holte sich er eine Lungenentzündung, kam am 21. März in St. Goarshausen an (EG: 24, 285) und starb an den Folgen der Entzündung am 27. März 1884 (EG: 25).

Nach dem Tod des Vaters zog Ida Gebeschus trotz aller Bedenken zu ihrem Bruder, da sie vom Erlös der verkauften Möbel und ihrem Ersparten nicht leben konnte (EG: 286). Zudem fühlte sich Eugen Gebeschus verpflichtet, seine Schwester zu unterstützen, da sie den Haushalt geführt hatte, während er die Schule und die Universität besucht sowie vom Vater jährlich 1.200 Mark für sein Studium erhalten hatte (EG: 287).

Daher kaufte die Familie Gebeschus 1885 für 27.000 Mark ein Haus (EG: 308), das Schwiegervater Heinrich Schweickhardt finanzierte.[183] Hier bezog Ida Gebeschus ein kleines Schlafzimmer, hielt sich aber vorwiegend im Wohnzimmer in der Nähe von Julie Gebeschus auf (EG: 288). Die beiden verstanden sich kaum. Ida, „13 Jahre älter als meine Frau, stand ihr als eine Art Schwiegermutter gegenüber, aber als eine solche, wie junge Frauen sie nicht schätzen" (EG: 289), schreibt Gebeschus in seinen Erinnerungen.

180 Budde, Blütezeit, S. 26; Budde, Weg, S. 27f.; Schäfer, Geschichte, S. 112. Umfassend aufgearbeitet hat das bürgerliche Liebesideal Peter Gay (vgl. Gay, Leidenschaft). Er weist bei seinen Forschungen jedoch hin, dass es zwar ein bürgerliches Eheideal, ebenso aber auch Verkehr mit anderen Statusschichten oder Prostituierten gab, da bürgerliche Vertreter auch bewusst gegen das Ideal der ehelichen Liebe verstießen.

181 Budde, Blütezeit, S. 27.

182 K. Gebeschus, Lebensbilder I, S. 151.

183 Ebd., S. 122. Anfang 1888 verkaufte Gebeschus das Haus für 26.000 Mark wieder. Insgesamt ein Verlust von 4.000 Mark, da noch 3.000 Mark für Reparaturen und den Außenputz in das Gebäude geflossen waren (EG: 309).

Ida Gebeschus störte den Familienfrieden erheblich. Eugen Gebeschus beschreibt ihr Verhalten als selbstgerecht, selbstherrlich, überheblich, rechthaberisch, dominant, unfehlbar und arrogant (EG: 290f.). Auch Julie Gebeschus war mit der Lebenssituation unzufrieden und „klagte [...] bitterlich" (EG: 291). Doch Gebeschus fand keine Lösung, die Schwester aus dem Haus zu bekommen. Eine Möglichkeit sahen Eugen und Julie Gebeschus im Vorgriff auf Julies späteres Erbe, um Ida zum Auszug zu bewegen und sie finanziell unterstützen zu können (EG: 292).

Das Pulverfass explodierte während eines Abendessens. Ida hatte beim gemeinsamen Einkauf mit Julie um ein Kalbskotelett gebeten, das diese beim Essen nicht verzehren wollte. Julie zürnte und „zornig rief sie, dann in Teufelsnamen iss das Kalbskotelett als Schweinekotelett." (EG: 293) Nach dem emotionalen Ausbruch beschlossen die Damen, dass ein weiteres Zusammenwohnen unter einem Dach unmöglich sei. Eugen Gebeschus verpflichtete sich daraufhin, seine Schwester finanziell zu unterstützen, die daraufhin im Februar 1885 zur Tante des Vaters, Pauline Griese, nach Greifenberg in Pommern zog. Kurze Zeit später zog sie nach Greifswald, bewohnte dort zwei Räume bei den Töchtern des Justizrates Kreich in der der Wollweberstraße 5 und seit 1888 eine Wohnung in der Knopfstraße 28. Dort erteilte sie Klavierunterricht, veröffentlichte Musikstudien und agierte später als Schriftstellerin für Musik- und Kunstgeschichte (EG: 294).[184]

Doch der Frieden war nur von kurzer Zeit. In der Überzeugung, Julie hätte sie vertrieben, griff Ida Gebeschus sie in Briefen an Eugen vermehrt an. Eugen Gebeschus billigte die Vorwürfe der Schwester nicht und machte ihr dies auch deutlich, da seine Frau die Briefe und die Angriffe gegen sie ebenfalls las (EG: 295). Doch Ida Gebeschus besaß die Angewohnheit, Briefe sofort zu beantworten, auch solche, über die man sich geärgert hatte, sodass die Schärfe der Worte nicht ab-, sondern zunahm (EG: 296). So warf sie ihrem Bruder vor, er sei zu jung und unerfahren, um ihr Vorschriften über ihren Schreibstil zu machen. Auf die ruhige Antwort seines nächsten Briefes entgegnete Ida Gebeschus, er sei verweichlicht, stehe unter dem Pantoffel seiner Frau und griff Julie weiter verbal an (EG: 298). Der Wortlaut in den Briefen wurde immer schärfer, sodass Eugen Gebeschus drohte, künftige Schreiben unbeantwortet zu lassen (EG: 299).

Unterdessen hatte Schwiegervater Schweickhardt die erforderliche Summe zugesagt, die Gebeschus seiner Schwester als Unterstützung versprochen hatte (EG: 299). Schweickhardt schickte das Geld statt an Eugen Gebeschus mit einem Brief an dessen Schwester, in dem er ihr vorwarf, sie hätte Zwietracht in die Ehe der beiden gebracht und er wolle seinen Schwiegersohn von ihr loskaufen (EG: 300). Ida Gebeschus antwortete mit einem giftigen Schreiben an ihren Bruder, in dem sie drohte, ihn beim Ehrenrat der Anwaltskammer anzuzeigen und seine Briefe an sie, mit ihrem Kommentar versehen, zu veröffentlichen. Zugleich ließ sie sich über die Familie der Schwägerin aus und titulierte Heinrich Schweickhardt als „Tübinger Henkersknecht". Damit war das Verhältnis der beiden nachhaltig gestört und sämtliche Briefe der Schwester blieben fortan unbeantwortet (EG: 300).[185]

184 K. Gebeschus, Lebensbilder I, S. 28, 31; Pataky, Lexikon, S. 246. Adresse und Datum in Greifswald (1888) nach Pataky, Lexikon, S. 246 und Wohnungs-Anzeiger der Einwohner der Stadt Greifswald für das Jahr 1887 bzw. 1893 via Onlinezugriff über http://pommerndatenbank.de.

185 K. Gebeschus, Lebensbilder I, S. 30.

Heinrich Schweickhardt (1834–1898): Schwiegervater von Eugen Gebeschus.

In der Forschung wird Ida Gebeschus weitaus positiver als in Eugen Gebeschus' Lebenserinnerungen dargestellt. Hier werden besonders ihre Leistungen im musik- und kunsthistorischen Bereich referiert. Insgesamt verfasste sie 200 Kunst-, Literatur- und literarische Aufsätze. Als erstes Buch veröffentlichte Ida Gebeschus 1889 die Anthologie »Über Musik und Musiker. Citate von Dichtern, Schriftstellern und Musikern«. 1895 folgte ihr Hauptwerk »Geschichte der Musik. Von den ältesten vorchristlichen Zeiten bis auf die Gegenwart«, ferner »Nordische Märchen und Sagen für kleine und grosse Kinder« (2 Bde. 1897/98), »Kunstgeschichtliche Essays« (1898), »Ausgrabungen der germanischen Frühgeschichte« (1900) und »Kultur- und Musikgeschichtstabellen« (1902).[186] Im Laufe ihres Lebens war sie Mitglied im Deutschen Schriftstellerverband, der Pensionskasse deutscher Schriftsteller und Journalisten in München, dem Allgemeinen Deutschen Musikverein und Ehrenmitglied des Männerchor-Gesangvereins in Demmin.[187]

Nach dem Tod Heinrich Schweickhardts 1898 ermutigte Julie ihren Mann, sich mit seiner Schwester Ida zu versöhnen (EG: 300). Gebeschus besuchte sie mit seiner Tochter Leni in Greifswald und mit seinem Sohn Rolf in Norderney. Daraus folgte eine Wiederaufnahme der Korrespondenz, die jedoch nach wenigen Briefen wieder zu verbalen Angriffen gegen Julie ausuferte (EG: 301). Als Gebeschus deutlich machte, er werde Julie immer gegen seine Schwester unterstützen, war das Tischtuch endgültig zerrissen. Ida schickte die jährliche Unterstützungsrate von 1.000 Mark zurück und schrieb nicht mehr. Sie starb am 9. Mai 1903 in Weimar. Gebeschus vermutete, dass sie tags zuvor – dem Geburtstag von Julie – Arsenik eingenommen hatte, um der verhassten Schwägerin „eine besondere Liebenswürdigkeit" zukommen zu lassen. Vermutlich starb sie an dieser Überdosis (EG: 302).[188]

3.3.2. Tätigkeit als Rechtsanwalt und Notar

St. Goarshausen war in den 1880er Jahren ein Städtchen von 1.500 Einwohnern. Hier war Gebeschus seit dem 19. Februar 1884 als Rechtsanwalt und seit Anfang 1885 zugleich als Notar tätig.[189] Die Familie Gebeschus versuchte mit den Einwohnern in Kontakt zu kommen, indem sie Besuche abstattete.[190] In St. Goar trat Eugen Gebeschus in die Kreuznacher Loge »Vereinigte Freunde an der Nahe« ein. Fortan verbrachte die Familie Gebeschus häufig ihre Freizeit mit den Logenbrüdern und deren Frauen. Während sich die Männer zur wöchentlichen Skatrunde trafen, deren Gewinne in eine Kasse für die Armenunterstützung zu Weihnachten gingen, veranstalteten die Frauen Teeabende und fertigten Handarbeiten für den wohltätigen Zweck (EG: 303).

Ein inniges Verhältnis entwickelte sich zur Familie des Mühlenbesitzer Richard Leysieffer, seine Frau Marta war Julie Gebeschus' beste Freundin. Die Freundschaft hielt auch nach dem

186 K. Gebeschus, Lebensbilder I, S. 31.
187 Pataky, Lexikon, S. 246.
188 Ebenso K. Gebeschus, Lebensbilder I, S. 31.
189 StAHU C3 289, Nachweisung der persönlichen und dienstlichen Verhältnisse des Oberbürgermeisters Dr. Gebeschus [o.D.].
190 Ebenso K. Gebeschus, Lebensbilder I, S. 151.

Fortzug bis in die 1920er Jahre mit gegenseitigen Besuchen an (EG: 305) und war derart innig, dass die Kinder Richard und Marta Leysieffer Onkel und Tante nannten (EG: 306).

Ein weiteres sehr inniges Verhältnis bestand in den ersten Jahren auch zur Familie Peter Müller, dem Besitzer des Instituts Hofmann. Julie Gebeschus war besonders mit der ältesten Tochter Leni eng befreundet (EG: 306). Die Freundschaft ging wegen eines Disputs mit Lenis Mutter in die Brüche (EG: 307). Zudem herrschte reger Austausch mit den Richtern des Ortes und deren Frauen. Einsam war die Familie Gebeschus in ihrer Zeit in St. Goarshausen also selten, denn auch Freunde und Bekannte kamen gern auf Tagestouren vorbei, um den Rhein zu sehen (EG: 310).

Als Rechtsanwalt hatte Gebeschus gut zu tun. Pro Jahr betreute er durchschnittlich rund 700 Fälle, was ihm einen Reingewinn von mehr als 7.000 Mark einbrachte. Dennoch war die Tätigkeit mühsam. Er verteidigte an den beiden Abteilungen des Amtsgerichts in St. Goarshausen und am Amtsgericht in St. Goar. Zusätzlich hielt er Sprechtage in Braubach und Nastätten ab und kam auch in die umliegenden Orte Rüdesheim, Niederlahnstein, Ems und Boppard (EG: 314). Für seine Anwaltstätigkeit beschäftigte er im Hause einen Bürovorsteher und zwei Schreiber.[191] Obwohl er bereits nach einem Dreivierteljahr Notar wurde, brachte ihm die Tätigkeit wenig ein, da in Nassau ein Teil der freiwilligen Gerichtsbarkeit in den Händen der Bürgermeister und Ortsfeldgerichte lag und Verträge nicht wie andernorts notarieller Beurkundung bedurften (EG: 315).

Die Überzeugung, die Position als Rechtsanwalt anzustreben, hatte besonders der Justizrat Dr. Herz genährt, der Gebeschus während seiner Tätigkeit in Wiesbaden ausschließlich interessante und schwierige Fälle zur Bearbeitung übergeben hatte. Doch in St. Goarshausen, am dortigen Amtsgericht und auf dem Land war die Praxis eine andere. Gebeschus interessierten nur die Klagen gegen Besitzstörungen und die Angelegenheiten der Rheinschifffahrt. Das Tagesgeschäft jedoch bestand meist aus Kaufklagen und Viehhandelsprozessen (EG: 318), was ihn wenig erfreute.

Gebeschus war ein sehr rechtschaffener Anwalt. Er nahm nur Anträge von Klienten an, von deren Rechtmäßigkeit im juristischen Sinne er überzeugt war. Dadurch gewann er auch die meisten Prozesse (EG: 318). Auf der anderen Seite musste er erkennen, dass das Landvolk vom Anwalt nur verlangte, er solle aus Unrecht Recht machen und das Recht entsprechend beugen, was im Widerspruch zu seiner Vorstellung von Rechtsprechung und seiner Tätigkeit als Anwalt stand (EG: 319).

Zudem erschwerten die Verhältnisse in St. Goarshausen Gebeschus' Tätigkeit als Anwalt. Am dortigen Amtsgericht waren zwei Richter tätig, die ein Koblenzer Kollege als verrückt bzw. „nicht richtig" betitelte (EG: 321). Während Gebeschus den einen Amtsrichter, Georg Kirsch, als fleißig, aufnahmefähig und gerecht charakterisiert, der jedoch mit Vorliebe Fliegen während Gesprächen fing (EG: 330), ließ er an der zweiten Amtsperson kein gutes Haar: „Tadelinetti[192] war absolut unfähig einem mündlichen Vortrag zu folgen. Hatten die Partei-Vertreter den Sachverhalt vorgetragen, so nahm er mit kindischen Lachen und Lallen die Ak-

191 K. Gebeschus, Lebensbilder I, S. 152.

192 Die von Gebeschus beschriebene Person ließ sich aufgrund der in diesen Passagen kaum lesbaren Schrift nicht verifizieren.

St. Goarshausen:
Im idyllischen Rheintal wirkte Eugen Gebeschus 1884–1888 als Anwalt und Notar.

te und las die in ihnen enthaltenen Schriftsätze mit der Begründung vor, nun wollen wir mal die Akten lesen, damit ein anderer Mensch auch etwas davon versteht!“ (EG: 322f.)

Tadelinetti war nach Gebeschus’ Darstellung nicht mehr in der Lage, eine Urteilsbegründung zu verfassen, was der Gerichtsschreiber oder siegreiche Anwalt übernahm, sodass er das Urteil nur noch abschrieb (EG: 323). Doch da sich der Richter weigerte, ein Pensionsgesuch einzureichen, wurde er nur ein halbes Jahr zur Gesundung beurlaubt und kehrte danach in sein Richteramt zurück, bis er kurze Zeit darauf verstarb (EG: 328f.).

Als sich Gebeschus’ alter Vorgesetzter, der Wiesbadener Landgerichtspräsident Emil Hopmann, zur Revision in St. Goarshausen angesagt hatte, verlegte Tadelinetti alle Streitverfahren, verhandelte nur Anerkenntnis- und Versäumnissachen und beendete die Sitzung nach einer halben Stunde (EG: 323). Hopmann nahm seinen ehemaligen Lehrling ins Gebet und Gebeschus gestand, er habe auf Bitten des Richters der Verlegung aller Streitfälle zugestimmt. Zudem entrüstete sich Hopmann, dass in einem Besitzstreit nach einem Jahr Verhandlung noch kein Urteil ergangen war (EG: 324). Gebeschus verdeutlichte ihm, der Richter habe die Ortsbesichtigung aus nichtigen Gründen wie schlechter Witterung abgesagt und dann ständig wieder verlegt. Hopmann fragte, warum Gebeschus angesichts der Handlungsweise keine Beschwerde eingereicht habe. Hierauf gestand Gebeschus, er beschwere sich nicht mehr über den Richter (EG: 325). In einem anderen Verfahren war Tadelinetti einen Zeugen derart angegangen, dass Gebeschus gegen die Behandlung des Zeugen protestierte. Als Retourkutsche sprach Tadelinetti ein Urteil gegen Gebeschus’ Mandanten aus (EG: 326). Auf einen Einspruch beim Landgerichtspräsidenten verzichtete Gebeschus u.a. auch, weil an einem kleinen Gericht wie in St. Goarshausen die Landbevölkerung keine Revision gegen das Urteil des Richters, der nahezu königliche Stellung inne hatte, einlegte (EG: 327): „Nicht das Recht entscheidet nach Ansicht des Landvolkes, sondern das persönliche Wohlwollen der Richter für die Partei bzw. den Parteivertreter." (EG: 328)

Ein weiterer Punkt verdarb Gebeschus die Liebe zum Anwaltsberuf. Die meisten Richter waren nicht im Stande, die nach den neuen Rechtsgesetzen vom 1. Oktober 1879 vorgeschriebenen mündlichen Verfahren durchzuführen. Sie blieben in den alten Verfahrensregeln gefangen, ließen bei der Urteilsfindung nur schriftliche Beweise gelten und berücksichtigten mündliche Aussagen im Urteil nicht (EG: 331). Darüber hinaus erkannte Gebeschus, dass er als Anwalt kaum mehr als 7.000 Mark jährlich verdienen konnte. Trotz der Tatsache, dass er sich auf Anraten Evelts nicht um den Bürgermeisterposten in Demmin beworben hatte, spielte er immer öfter mit dem Gedanken in den Verwaltungsdienst zu wechseln (EG: 331), da ihm „die Verhältnisse der Anwaltspraxis auf dem Land missfielen" (EG: 332).

In der Literatur findet sich eine Anekdote, nach der Gebeschus seiner Frau Julie Ende 1887 die Entscheidung, den Anwaltsberuf aufzugeben, mit folgenden Worten begründet habe: „Ich bin es leid mein Wissen und Können für Leute bereitzuhalten, von denen ich weiß, daß sie eigentlich schuldig sind! Ich möchte mich viel lieber für das Allgemeinwohl einsetzen."[193] So treffend dieses Zitat in die Charakteristik und den Lebenslauf Gebeschus' passen würde, hat es doch einen entscheidenden Haken: Es fehlt der schriftliche Beleg, auch in den verschiedenen Chroniken der Familie.

Eine erste Bewerbung für ein Bürgermeisteramt verfasste Gebeschus für Prenzlau in der Mark. Die Stadtverordnetenversammlung lud ihn ein, er stellte sich dort vor und besuchte jeden einzelnen der Stadtverordneten. Er muss durchaus Eindruck hinterlassen haben, sagten ihm 19 der 36 Stadtverordneten seine Unterstützung zu (EG: 332). Doch Gebeschus war mit den Gegebenheiten der Lokalpolitik noch nicht ausreichend vertraut und hatte dem Landrat keine Aufwartung gemacht, was ihm dieser übel nahm. Zudem wollte der Landrat kein liberal eingestelltes Stadtoberhaupt wie Gebeschus und trug seinem Kreisausschuss-Sekretär auf, dessen Wahl zu verhindern. Das Vorhaben gelang: Der Amtsinhaber erhielt 19, Gebeschus nur 16 Stimmen bei einer Enthaltung. Doch Gebeschus hatte „Blut geleckt" (EG: 333). Er bewarb sich auf weitere Bürgermeisterstellen, u.a. schließlich erfolgreich in Höchst am Main (EG: 334). Das Haus wurde verkauft, die Anwaltspraxis einem Kollegen übergeben und Ende März 1888 St. Goarshausen in Richtung Höchst verlassen (EG: 337).

193 Zit. nach Arndt, Feldbahnen, S. 27.

4. Der erste Bürgermeisterposten (1888–1893): Höchst am Main

Höchst am Main war um die Mitte des 19. Jahrhundert noch agrarisch geprägt. Mit der Gründung der Farbwerke „Meister, Lucius & Co." (später Hoechst AG) 1863 wandelte sich das Städtchen zum Industriestandort. Drei Standortfaktoren sprachen für die Industrieansiedlung: Zum einen wirtschaftsgeographische Faktoren mit dem Main sowohl als Verkehrsweg als auch als Reservoir für Kühl- und Prozesswasser sowie die 1839 eröffnete Eisenbahnlinie Frankfurt-Wiesbaden und der Anschluss an die Fernstraßen. Zum zweiten die Verfügbarkeit ausreichenden und billigen Baugrundes, eines großen und qualifizierten, aber billigen Arbeitskräftepotentials aus dem Handwerkssektor und der Sitz von Zulieferbetrieben für den chemischen Apparatebau. Zuletzt die Nähe zum wichtigen Handels- und Finanzplatz Frankfurt – zugleich den Wohnsitzen der Firmengründer Lucius und Meister. Frankfurt hingegen prägten seinerzeit noch Zunftzwang, industriefeindliche Tendenzen, höhere Investitionskosten für einen Baugrund und ein höheres Lohnniveau.[194]

Die Geschichte der Hoechst AG ist umfassend aufgearbeitet. Die Rolle der Stadt und ihrer städtischen Verwaltung in der Phase der Gründung und Konsolidierung des Weltkonzerns spielen in den Veröffentlichungen allerdings keine Rolle.[195] Zu Gebeschus' Zeiten arbeiteten 1888 1.860 Arbeiter, 50 Aufseher, neun technische Beamte, 57 Chemiker und 86 Kaufleute bei Hoechst.[196] Durch die Farbwerke und deren Angestellten entwickelte sich Höchst zu einer wohlhabenden Gemeinde. Unternehmen wie Mitarbeiter sorgten für einen 60- bis 80-prozentigen Anteil an den Steuereinnahmen im Gemeindehaushalt (EG: 388f.).

In Höchst wohnten 1888 rund 7.200 Einwohner, deren neuer Bürgermeister Gebeschus wurde.[197] Die Einwohnerzahl wuchs jedoch stürmisch. Schon 1890 lebten 8.455 Menschen in Höchst, davon 5.030 katholischen, 3.264 evangelischen, 99 jüdischen und 62 sonstigen Glaubens.[198]

4.1. Wahl zum Bürgermeister

Gebeschus bewarb sich per Datum vom 23. November 1887 als Bürgermeister von Höchst.[199] Die Stelle war mit 4.000 Mark keineswegs hoch dotiert. Aber Gebeschus erhoffte sich mit dem Posten ein gutes Sprungbrett für Bewerbungen in größeren Städten (EG: 334).

Höchst rief am 21. Dezember 1887 eine Bewerbungskommission ins Leben, der Jakob Weinreiter, Fritz Ewald, Gustav Adolf Diehl, Heinrich Gregory und Karl Kayßer ange-

194 Metternich, Ideenfabrik, S. 21; Wetzel, Industriearbeit, S. 46.
195 Vgl. hierzu aus firmengeschichtlicher Sicht Bäumler, Jahrhundert und ders., Farben.
196 Müller, 600 Jahre, S. 26; Reinhardt, Forschung, S. 247; Schäfer, Chronik, S. 173.
197 Schäfer, Chronik, S. 172.
198 Ebd., S. 174.
199 ISG Höchst 808, Bl. 48/49: Schreiben v. Gebeschus v. 23. November 1887.

hörten.[200] Die Kommission prüfte, welcher der 42 Bewerber die Einstellungskriterien erfüllte. 28 qualifizierte Bewerber brachten die Befähigung zum höheren Verwaltungsdienst mit, darunter auch Bürgermeister anderer Städte, die meisten waren aber Rechtsanwälte, Gerichtsassessoren oder Referendare.[201] Entscheidend waren neben einem juristischen Studium drei Kriterien: „eine möglichst nicht zu junge und nicht zu alte Persönlichkeit, eine Persönlichkeit, welche möglichst bereits im öffentlichen Leben selbständig gearbeitet [...] hat, eine Persönlichkeit, welche möglichst mit den nassauischen Verhältnissen bereits vertraut sei."[202] Der letzte Aspekt traf besonders auf Gebeschus zu. Eine Sondergesandtschaft, bestehend aus den Stadtratsmitgliedern Diehl, Gregory, Grossmann und Wach kam nach St. Goarshausen, besuchte Gebeschus und holte Erkundigungen über ihn ein (EG: 334).

Zugleich machten die Farbwerke Hoechst Gebeschus das Angebot, bei ihrem Unternehmen für 5.000 Mark Gehalt für fünf bis sechs Jahre als Justitiar zu arbeiten (EG: 335). Gebeschus lehnte das Angebot und damit ein fürstliches Gehalt ab. Die Farbwerke boten neben dem Salär nämlich auch Tantiemen und eine Pensionsberücksichtigung. Der anstelle von Gebeschus eingestellte Adolf Haeuser stieg später in den Vorstand und Aufsichtsrat der IG Farben auf (EG: 336).

Die Lebensläufe von Haeuser und Gebeschus liefen zunächst über Jahre erstaunlich parallel, veränderten mit dieser Entscheidung jedoch entscheidend die Richtung für das spätere Leben. Haeuser (* 26. November 1857 in Weilburg, † 13. März 1938 in Frankfurt am Main) studierte wie Gebeschus seit 1877 Rechts- und Staatswissenschaften in Marburg, Berlin und Freiburg. Nach dem 1. Staatsexamen in Marburg arbeitete er als Gerichtsreferendar in Paderborn, Wiesbaden und Frankfurt, legte 1885 sein Assessorexamen ab und wurde danach bei der Staatsanwaltschaft Wiesbaden angestellt. Bei den Farbwerken machte Haeuser schnell Karriere. Im April 1889 als Justitiar eingestellt, erhielt er im Oktober 1889 die Prokura für Patentrechte erteilt. 1905 stieg er als stellvertretendes Mitglied in den Vorstand auf und wurde 1907 ordentliches Vorstandsmitglied. Nach dem Tod Gustav von Brünings stand Haeuser zwischen 1916 und 1926 dem Direktorium vor. Aus dem Vorstand schied Haeuser erst im Zuge der Bildung der IG Farben aus und wurde Mitglied des Aufsichts- und Verwaltungsrates. Den Verwaltungsrat verließ er im Alter von 75 Jahren, blieb jedoch Aufsichtsratsmitglied.[203] Haeusers Karriereweg verdeutlicht, dass Gebeschus' Leben bei einer anderen Entscheidung 1888 gänzlich anders hätte verlaufen können.

Bei der Bürgermeisterwahl stellten die „ganz schwarzen Katholiken der III. Wahlabteilung" gegen Gebeschus einen ehemaligen Schreiber auf (EG: 353). Doch die Wähler wollten mit großer Mehrheit einen Berufsbeamten wie Gebeschus (EG: 354). Auch die Farbwerke traten für Gebeschus ein und ließen etwa 40 ihrer Anstellten als Bürger und somit als Wähler eintragen. Das Wahlergebnis war deutlich: Von den 48 Wahlmännern (zwölf Gemeinderatsmitglieder und 36 gewählte Wahlmänner) stimmten 45 für Gebeschus. Zwei Mitglieder

200 StAHU L1 301/6, Frankfurter Neue Presse v. 12. Januar 1962: Wer war Georg[!] Gebeschus?

201 ISG Höchst 808, Bl. 140–142: Verzeichnis der qualifizierten Kandidaten; StAHU L1 301/6, Frankfurter Neue Presse v. 12. Januar 1962: Wer war Georg[!] Gebeschus?

202 ISG Höchst 808, Bl. 144: Bericht der Kommission für die Bürgermeisterwahl.

203 Burkardt/Pult, Nassauische Parlamentarier, S. 126.

Höchster Schlossplatz mit altem Rathaus, um 1900

der Zentrumspartei, der Schumacher Weingärtner und der Schreiber Erlanson, enthielten sich der Stimme und ein Wahlmann hatte den Wahltermin schlicht vergessen (EG: 354).

Gebeschus erhielt per Schreiben vom 22. Februar 1888 Kenntnis über seine erfolgreiche Wahl auf die Dauer von zwölf Jahren, verbunden mit der Frage, ob er diese annehme, was Gebeschus tat.[204] Regierungspräsident Lothar von Wurmb bestätigte die Wahl am 19. März 1888.[205] Auf seine neue Stelle als Bürgermeister wurde Gebeschus am 30. März 1888 in Höchst vereidigt. Zugleich war er Mitglied des Kreisausschusses und Kommunallandtages sowie Vertreter des Landrates.[206]

Da Gebeschus jedoch in Höchst weitaus weniger als Anwalt verdiente, sah die Kommission die Gefahr, dass er Höchst nur als Durchgangsstation sehen würde und rang ihm das schriftliche Versprechen ab, für sechs Jahre in Höchst zu bleiben.[207]

Als Nassau 1891 eine neue Städteordnung erhielt, musste sich Gebeschus einer Neuwahl unterziehen, in der er einstimmig, auch mit den Stimmen der Zentrumsmitglieder, wiedergewählt wurde, was das Vertrauen der Bürgerschaft in ihn ausdrückt (EG: 355).[208]

---

204 ISG Höchst 1.845, Bl. 18: Schreiben v. 22. Februar 1888; Schäfer, Höchst, S. 133.

205 ISG Höchst 807, Bl. 9: Schreiben der Königlichen Regierung zu Wiesbaden v. 19. März 1888.

206 Datum ebenso nachgewiesen bei StAHU C3 289, Nachweisung der persönlichen und dienstlichen Verhältnisse des Oberbürgermeisters Dr. Gebeschus [o.D.].

207 StAHU L1 301/6, Frankfurter Neue Presse v. 12. Januar 1962: Wer war Georg[!] Gebeschus?

208 Wiederwahl ebenso erwähnt bei K. Gebeschus, Lebensbilder I, S. 156.

4.2. Leben in Höchst

Die Familie Gebeschus bezog 1888 in Höchst eine Wohnung am Stadtgarten / Ecke Brüningstraße mit vier Zimmern im 1. Obergeschoss sowie zwei Zimmern und einem Mädchenzimmer im 2. Obergeschoss (EG: 337).[209] Die Räume der Wohnung waren derart klein, dass die Möbel des Salons nach den häufigen Besuchen der Kaufleute, Chemiker und Ingenieure der Farbwerke Höchst eingepackt und auf den Speicher gelagert wurden (EG: 337).

Daher zog die Familie ein Jahr später in das alte, dem damaligen Rathaus gegenüberliegende Antoniterkloster in der Bolongarostraße 137–143, das aus mehreren Gebäuden bestand (EG: 339).[210] Dort bewohnte sie im 1. Obergeschoss acht Zimmer samt Mädchenzimmer, großer Speisekammer, sehr großem Bad, aber nur kleiner Küche. Die Wohnung verfügte über ein großes Wohnzimmer, den ehemaligen Schlafsaal, und ein großes Kinderzimmer; die restlichen Räume waren wegen ihrer früheren Funktion als Mönchszellen sehr klein. Der große, 20 Meter lange Flur diente als Spielparadies für die Kinder (EG: 339).[211]

Leni Gebeschus erinnerte sich an die Wohnung in Höchst: „Ein langer, dunkler Gang mit Treppenhäusern an beiden Enden verband die kleinen Zellen der frommen Brüder. Diese kleinen Räume waren unsere Schlafzimmer, die grösseren waren Wohnzimmer und Kinderzimmer mit Fenstern auf die Strasse. Das grösste und schönste Zimmer war das frühere Refektorium. Es hatte eine herrliche Stuckdecke und kunstvoll eingelegtes Parkett, einen grossen Erker, der auf einen alten Hof und altmodischen Garten ging, der auf der früheren Stadtmauer angelegt war und eine schöne Aussicht auf den breiten Fluss und weites Wiesenland bot."[212]

Höchst war ein teureres Pflaster als St. Goarshausen. Nach einem Jahr erhöhte der Stadtrat Gebeschus' anfängliches Gehalt von 4.000 Mark auf 5.000 Mark, der Gemeindeausschuss selbiges sogar auf 6.000 Mark. Gebeschus nahm die Lohnerhöhung, „verkehrter Weise" wie er im Rückblick schreibt, nur um 1.000 Mark an. Die zweite Lohnerhöhung akzeptierte er erst im Jahr darauf. Sie erfolgte zum 1. April 1891 (EG: 338).[213]

Als neuer Bürgermeister erhielt Gebeschus eine Vielzahl von Einladungen, die die Familie annahm und einmalig erwiderte. Letzteres lag nicht an mangelnder sozialer Interaktion der Familie, sondern weil das Gehalt als Bürgermeister einen intensiveren gesellschaftlichen Kontakt nicht zuließ (EG: 337). Zudem verkehrte Julie mit den Frauen der Stadträte, während die Männer wöchentlich ab 20 Uhr die Stadtratssitzung abhielten. Nach dem Ende trafen sich dann beide Gruppen zum geselligen Beisammensein (EG: 338f.).

Insgesamt fühlte sich die Familie Gebeschus in Höchst, bedingt durch sehr viele neue Freunde sowohl aus Mitarbeitern der Farbwerke als auch der Höchster Bevölkerung, sehr wohl (EG: 338). Eng befreundet war die Familie mit ihrem Hauswirt und Stadtratsmitglied Fritz Ewald (EG: 339). Ein weiterer „lieber Freund" war der direkte Nachbar, der Apotheker Karl Kayßer, zugleich im Ehrenamt 1. Beigeordneter. Weitere gute Freunde waren der 2. Beigeord-

209 Ebenso bei K. Gebeschus, Lebensbilder I, S. 154.

210 Ebenso bei K. Gebeschus, Lebenserinnerungen II, o.S.

211 Ebenso bei K. Gebeschus, Lebensbilder I, S. 154.

212 Zit. nach K. Gebeschus, Lebenserinnerungen II, S. 28a: Brief v. Leni Gebeschus: Eine alte, deutsche Weihnacht, verfasst 1937 und 1958.

213 Vgl. hierzu auch ISG Höchst 807.

Erste Wohnung der Familie Gebeschus in Höchst im ersten und zweiten Stock des ehemaligen Ludwigschen Hauses in der Brüningstraße, Aufnahme 1937.

nete Ludwig Scriba, Besitzer einer Eisengießerei, der Großmühlenbesitzer Heinrich Gregory, der Kaufmann Gustav Adolf Diehl und der Baumeister Heinrich Kutt. Aber auch mit den Angestellten der Farbwerke bestanden freundschaftliche Bindungen: mit Oberingenieur Josef Wach bis zu seinem Tode und seiner Witwe bis in die 1930er Jahre sowie mit den Direktoren Dr. Philipp Victor Pauli und Dr. August Laubenheimer (EG: 340). Der Freundeskreis setzte sich also aus dem Bildungs- und Wirtschaftsbürgertum zusammen, auch verbunden durch Kinder im gleichen Alter wie die Nachkommen der Familie Gebeschus. Bis zu deren Tod blieb die Familie Gebeschus mit den Familien Ewald, Kayßer, Gregory und Wach befreundet.[214]

4.3. Wirken als Bürgermeister

Die Verwaltungsaufgaben in Höchst bedeuteten für Gebeschus Neuland, obwohl er schon in St. Goarshausen öffentliche Ämter als Mitglied des Gemeindeausschusses und des Gemeinderates übernommen hatte (EG: 341).[215] Am Ostersamstag des Jahres 1888, am 31. März,

214 K. Gebeschus, Lebensbilder I, S. 155.

215 Der Gemeindeausschuss und der Gemeinde- oder Stadtrat erhielten 1891 mit Inkrafttreten der Nassauischen Städteordnung die neuen Bezeichnungen Stadtverordnetenversammlung bzw. Magistrat (EG: 341).

Spätere Wohnung der Familie Gebeschus im ersten Stock des ehemaligen Antoniterklosters in der Bolongarostraße 137–143, um 1937.

wurde Gebeschus in Höchst in sein Amt eingeführt. Den Arbeitsaufwand unterschätzte der unerfahrene Bürgermeister dabei völlig: „Am ersten Abend meiner amtlichen Tätigkeit war ich völlig erledigt. Ich glaubte wahrhaftig, ich sei zu dumm für die Gemeindeverwaltung. Der Zudrang meiner Mitbürger zu meinem Dienstzimmer war ungeheuer. Zum Teil war es sicherlich Neugierde meiner Mitbürger. Wer irgend einen Vorwand finden konnte, um den Bürgermeister zu sprechen, der erschien und erbat meinen Rat. Woher nehmen und nicht stehlen. Mir fehlte ja noch jede Erfahrung." (EG: 341). Zum Teil lag der Andrang der Höchster Bürger auch in seiner Funktion als erster hauptamtlicher Bürgermeister begründet. Sein Vorgänger, der Fabrikant und Zementhändler Peter Anton Bied (* 23. Januar 1828 in Höchst, † 22. Mai 1889 ebd.)[216] war am 22. Oktober 1879 auf zwölf Jahre gewählt worden, hatte das Amt aus Gesundheitsgründen jedoch am 1. Dezember 1887 niedergelegt.[217]

Von der Verwaltung im preußischen Stil war bis zum Amtsantritt Gebeschus' in Höchst nichts zu spüren. Vielmehr zeigte sich die Stadt kleinbürgerlich-katholisch geprägt. Gebeschus' Vorgänger waren Honorationenpolitiker gewesen, die ihren Dienst im Ausgleich für eine kleine Aufwandsentschädigung leisteten. Die Verwaltung sollte tunlichst sparsam ar-

216 Burkardt/Pult, Nassauische Parlamentarier, S. 35.
217 Ebd., S. 36; Schäfer, Höchst, S. 132.

Rückseite der Wohnung im ehemaligen Antoniterkloster,
Aufnahme der Hofseite in der Bolongarostraße 139 im Jahr 1937.

beiten und die städtischen Einrichtungen möglichst wenig ausgeben. Diese Sparsamkeit führte zu vollkommenem Stillstand in der Verwaltung.[218]

Bied handelte im Nebenberuf mit Antiquitäten und investierte in das ehrenamtliche Amt nur wenig Zeit, beschränkte sich auf das Unterschreiben der Dokumente und den Vorsitz im Gemeinderat (EG: 342). Das Rathaus diente ihm nicht als Arbeitsplatz, sondern als „Aufbewahrungsort seiner umfangreichen Porzellan- und Altertumssammlung".[219] Den Bürodienst überließ Bied seinem angestellten Bürgermeister-Adjunkten Philipp Ziegler. Diesen sah Gebeschus als tüchtigen, aber durchaus nicht unbestechlichen Mann (EG: 342).

Vor Gebeschus' Wahl entsandte die Regierung in Wiesbaden einen Regierungsreferendar nach Höchst, der die Verhältnisse ordnen und eine Geschäftsführung etablieren sollte (EG: 350). Der Regierungsvertreter berichtete nach Wiesbaden, dass Akten fast vollständig fehlten, also als erste Maßnahme deren 700 angelegt und für deren Unterbringung Regale angeschafft werden mussten. Nochmals dieselbe Anzahl an Akten legte Gebeschus an (EG: 353). Für die Aufstellung der Regale musste zunächst die private Bildersammlung von Bürgermeister Bied, die alle Wände in den Diensträumen bedeckte, entfernt werden: „Das Rathaus war eben die Privatbildergalerie des Bürgermeisters!", schrieb Gebeschus (EG: 351). Die wissenschaftliche Literatur hingegen sieht Bied weitaus unkritischer und konstatiert ihm „große Verdienste um die Moder-

218 Metternich, Höchst, S. 95; Müller, 600 Jahre, S. 29.
219 Metternich, Höchst, S. 97.

nisierung der Stadt (Straßen-, Krankenhaus- und Schulbauten, Kanalisation, Hafenbauten)" und den „Ruf als Altertumssammler sowie als Kenner des Höchster Porzellans".[220]

Nachdem Bied das Bürgermeisteramt niederzulegt hatte, wurde der Adjunkt Ziegler in Untersuchungshaft genommen und Vizebürgermeister Lorenz, beruflich Konditor, übernahm das Bürgermeisteramt. Er führte fortan den Vorsitz im Gemeinderat und unterschrieb die notwendigen Dokumente, während der Regierungsreferendar die Tagesordnungen für den Gemeinderat erstellte. Zugleich wurde die Stelle des Bürgermeisters mit einem festen Gehalt ausgeschrieben (EG: 352). Der Regierungsreferendar hatte sich durchaus auch Hoffnungen auf den Posten des Bürgermeisters gemacht, doch da ihm das letzte Examen fehlte, wurde er nicht berücksichtigt (EG: 353).

Ziegler wurde 1889 vor dem königlich-preußischen Landgericht wegen „Vergehen im Amte, Betrug und Urkundenfälschung" angeklagt, im Zuge dessen die Verfehlungen der Höchster Stadtverwaltung zutage kamen: „Gearbeitet wurde im Höchster Rathaus eigentlich gar nicht, dafür bekamen die städtischen Bediensteten an Weihnachten ansehnliche Geldgeschenke aus der Stadtkasse, wenn gerade einmal ein paar Mark darin waren. Wenn Geld fehlte, bediente man sich bei den Feldgerichtsgebühren, wenn auch hier nichts zu holen war bekam Polizeidiener Schwerzel den Auftrag zu sehen, wo er welches auftreiben könne."[221] Ziegler errang jedoch vor Gericht einen Freispruch, weil er die gängigen Höchster Vorgehensweisen beweisen konnte. Schon vor der Urteilsverkündigung hatte Gebeschus seine Tätigkeit aufgenommen.[222]

So war die Höchster Verwaltung bei Gebeschus' Amtsantritt äußerst rückständig: Für fünf Jahre war kein Gemeindehaushalt erstellt worden (EG: 344). Als er nach wenigen Wochen eine Kassenrevision vornahm, fiel der sich über eine Dekade im Amt befindliche Gemeinderechner „fast in Ohnmacht", wie Gebeschus schreibt. Die Gemeindekasse zeigte ein erhebliches Plus, aber auch zahlreiche nicht verbuchte Einnahmen (EG: 345). Die Kasse führte der Gemeinderechner in seinem eigenen Heim, sodass jederzeit Zahlungen vorgenommen werden konnten. In seiner Abwesenheit nahm seine Frau die Einnahmen entgegen, ohne sie zu verzeichnen oder zu quittieren (EG: 346). Darüber hinaus führte der Gemeinderechner Einnahmen seiner Privatkasse zu oder deckte Defizite in der städtischen Kasse aus seinem privaten Vermögen. Diese Zustände duldete Gebeschus nicht und ließ einen neuen Gemeinderechner und Vollzugsbeamten einstellen (EG: 347).

Die Bearbeitung von Schreiben und Verwaltungsakten war ähnlich konfus. Unter Bied legte die Verwaltung, abgesehen von den „Generalaktenstücken", keine geordneten Akten an. Eingänge wurden in einer großen Kiste abgelegt und nur einfache Vorgänge sofort erledigt. Erstmalige oder wiederholte Erinnerungsschreiben für Vorgänge sortierten die Bediensteten nach dem Absender: Erinnerungsschreiben von Behörden wanderten zum Aktenfundus in die Kiste und blieben dort unbearbeitet, von Privatpersonen in den Papierkorb (EG: 348f.).

Weder Privatpersonen noch vorgesetzte Behörden ließen sich jedoch unbeantwortete Erinnerungen lange gefallen und beschwerten sich über die Zustände in Höchst bei der Regierung in Wiesbaden. Diese oder eine sonstige vorgesetzte Behörde rief dann die Stadt Höchst

220 Burkardt/Pult, Nassauische Parlamentarier, S. 36.
221 Metternich, Höchst, S. 97.
222 Ebd., S. 98.

Peter Anton Bied (1828–1889): Fabrikant und letzter ehrenamtlicher Bürgermeister von Höchst am Main (1880–1887).

Adolf Haeuser (1857–1938): seit 1889 Justiziar der Hoechster Farbwerke, 1904 Aufstieg in den Vorstand (bis 1916).

unter Androhung einer Ordnungsstrafe zur Erledigung des Sachverhaltes auf und dann begann die Suche (EG: 349). Der Bürodiener und zwei Polizeidiener leerten die Sammelkiste aus und suchten das entsprechende Schriftstück, welches anschließend erledigt wurde; der Rest kam in die Kiste zurück. Fand man das Schriftstück nicht – was durchaus häufig vorkam –, „berichtete man seinen Verlust und bat um eine Abschrift" (EG: 350).

Eine fehlende Registratur war jedoch unabhängig von Höchst keine Besonderheit. Auch für die Großstadt Düsseldorf führte Oberbürgermeister Friedrich Wilhelm Becker erst 1876 eine Aktenverwaltung mit zehn Registraturen ein, darunter Bauverwaltung und Steuerwesen. Zuvor bestanden nur einzelne Registraturen wie Polizei und Armenwesen und eine Allgemeinregistratur. Auch die einzelnen Fachabteilungen, wie das Bauamt, mussten erst von den folgenden Oberbürgermeistern geschaffen werden.[223]

Trotz fehlender Ablage, Akten oder Registratur hatte Höchst unter Gebeschus' Vorgänger Bied Kanalisation, Hafenanlagen, das Krankenhaus und die Kasinoschule gebaut. Das Rathaus befand sich seit 1875 im Kronberger Haus.[224] Für die Verwaltungsneuordnung war das

223 Hofmann, Oberbürgermeister und Stadterweiterungen, S. 66.
224 Metternich, Höchst, S. 96.

Haus nicht geeignet und „platzte nach der erzwungenen Verwaltungsreform unter Bürgermeister Gebeschus aus allen Fugen.“[225]

Bei seinem Amtsantritt hatte Regierungspräsident von Wurmb (1824–1890) Gebeschus prophezeit, er werde zwei Jahren brauchen, um in Höchst eine funktionierende Verwaltung aufzubauen. Gebeschus war durchaus stolz, dass es ihm in einem Jahr und fünf Monaten gelungen war (EG: 366). Schon im ersten Monat hatte Gebeschus mit der Neuordnung begonnen. Er verfügte über drei Sekretäre, die Grundbuchangelegenheiten, freiwillige Gerichtsbarkeit, Standesamtsangelegenheiten, Berichte an die Oberbehörden und Stadtratsbelange bearbeiteten. Zwischen den drei Sekretären teilte er die Aufgaben auf und nahm sich selbst der Bauangelegenheiten an (EG: 356f.). Dabei war er natürlich kein Fachmann. Er konzentrierte sich zunächst auf kleine Bauprojekte und ließ sich von einem Bauunternehmer beraten, der für die Farbwerke baute. Als erstes Projekt ging Gebeschus die auf die Straßen ragenden Haustreppen an, die er durch die Höherlegung der Gehsteige zu beseitigen suchte. „Stundenlang“ maß er mit dem Pflastermeister die Treppen aus (EG: 357). Als Bürgermeister kümmerte er sich auch um die kleinsten Belange. So mahnte er 1888 Öffnungszeiten einzuhalten und „erinnert[e] daran, daß die Geschäfte während des Sonntagsgottesdienstes vollständig zu schließen seien, und zwar von 9–12 und von 2–3 Uhr, auch die Schaufenster müßten vollständig geschlossen sein [...].“[226]

Auch die erste Sitzung des Gemeindeausschusses verlief chaotisch. Da weder im Rathaus noch in einer der Schulen ein ausreichend großer Saal für die 72 Gemeindeausschussmitglieder zur Verfügung stand, traf sich das Gremium im Saal des »Schwarzen Bären« (EG: 390f.). Ungefähr drei Wochen nach seiner Amtseinführung erinnerte ein Schreiben des Regierungspräsidenten Gebeschus an die Aufstellung eines Etats für das Rechnungsjahr 1888/89. Eine Tatsache, die er als erledigt ansah (EG: 391). Gebeschus sprach sich mit Gregory aus, dem Vorsitzenden der zuständigen Kommission für den Gemeindeetat (EG: 392). Dieser lachte ihn ob seiner Sorgen aus: „Laden sie mal die Finanzkommission in die Krone ein, bringen sie den alten Etat mit und vergessen sie auch Blau- und Rotstift nicht.“ (EG: 393) Das Gremium traf sich und Gregory ging Posten für Posten durch und ließ die Anwesenden über Änderungen der Posten im Vergleich zum Vorjahr abstimmen. Nach zwei Stunden stand der Etat, wurde tags darauf ins Reine geschrieben (EG: 393) und Gemeinderat und Gemeindeausschuss nahmen den Entwurf ohne Widersprüche an (EG: 394). In den kommenden Jahren stellte Gebeschus den Etat rechtzeitig auf und ließ das Dokument vervielfältigen (EG: 395).

Sein nächstes Vorhaben war die Neuordnung der „verlotterten Polizei“. Die Polizeibeamten erhielten zuvor 60 Mark Kleidergeld jährlich und entsprechend gebraucht sahen die Uniformen aus. Gebeschus ordnete den Wegfall des Kleidergeldes an und die Stadt stellte Uniformen, Helme, Mützen und Stiefel zur Verfügung (EG: 358). Zusätzlich verlangte Gebeschus für jeweils 1.000 Einwohner einen Polizeisergeanten und stellte einen Assistenten als Polizeiwachtmeister und einen Polizeikommissar an. Den inneren Polizeidienst übernahm er selbst (EG: 359).

Höchst war damals ein durchaus raues Pflaster, da die Farbwerke auch vorbestrafte Personen einstellten (EG: 359). Daher kam es vermehrt zu Übergriffen auf Polizeibeamte. Ge-

225 Ebd., S. 105.

226 Zit. nach Schäfer, Chronik, S. 172, aus Höchster Kreisblatt v. 17. Oktober 1938.

Königsteiner Straße in Höchst um 1900:
Blick von Süden zur Kreuzung mit der Emmerich-Josef-Straße.

beschus rüstete daraufhin die Beamten mit Revolvern aus, was die Zahl der Reibereien minderte. Diese Maßnahme brachte ihm zwar das Missfallen des Regierungspräsidenten ein, doch der Innenminister genehmigte letztlich die Bewaffnung (EG: 360).

Gebeschus kontrollierte auch das Pflichtbewusstsein seiner acht Nachtwächter, ob sie ihren Dienst gewissenhaft ausübten (EG: 360) und schlenderte häufig zwei Mal pro Nacht zu verschiedenen Uhrzeiten zwischen 23 Uhr und 3 Uhr durch die Straßen. Häufig fand er sie nicht auf ihrer Runde, sondern im Wirtshaus oder im Bett vor. Folglich entließ er alle bis auf einen Nachtwächter (EG: 361).

Den Nachtdienst übernahmen nun die Polizeisergeanten, die über die Ereignisse nach Einbruch der Dämmerung Protokoll zu führen hatten. Die Beamten im Außendienst leisteten zweimal vier Stunden Dienst, unterbrochen durch acht Stunden Pause (EG: 362). Wie die Nachtwächter verbrachten auch die Polizeisergeanten ihren Dienst bisweilen lieber im Wirtshaus oder im heimischen Bett. Gebeschus verzichtete dann auf die gewöhnlich verhängten Geldstrafen, da sie die Familie mittrafen, sondern verteilte Sonderschichten von vier Stunden im Zeitraum von 1 bis 5 Uhr nachts (EG: 363).

Sein besonderes Interesse galt der freiwilligen Feuerwehr mit ihren 120 Mann und der Pflichtfeuerwehr, der alle gesunden Männer eines gewissen Alters angehörten (EG: 366). Sein Vorgänger Bied war in den Jahren 1860 bis 1869 Kommandant der örtlichen Feuerwehr, seit 1869 Chef aller Feuerwehren vor Ort und der erste Feuerwehrdezernent von Höchst gewesen.[227]

Während die freiwillige Feuerwehr in Gebeschus' Amtszeit fleißig Brandbekämpfung übte, erschien bei den Übungen der Pflichtfeuerwehr immer nur eine geringe Anzahl an Personen (EG: 366). Der Großteil fehlte und zahlte lieber die geringe Geldstrafe (EG: 368). Gebeschus versuchte besonders bei den Übungen die Alarmierungen zu optimieren, sodass die Bürger nicht bereits im Voraus wussten, dass es sich nur um einen Test handelte (EG: 369–375).

Wie im Falle der Polizei erreichte Gebeschus 1889 auch hier eine Neuuniformierung. Bestanden zuvor unterschiedliche Farben bei den Unterröcken, trug die Feuerwehr fortan einheitlich gefärbte Uniformen. Im Jahr darauf stimmten Verwaltungsrat und Generalversammlung für die Neuausrüstung, obwohl die Feuerwehrmitglieder eine finanzielle Eigenbeteiligung zur neuen Ausrüstung leisten mussten.[228] Seit 1893 lieferte die Stadt die Uniformen, während zuvor das Korps die Uniformen selbst anschaffen und unterhalten musste.[229] Zugleich erwarb die Stadt Höchst für ihre Feuerwehr 1890 modernere Steigerausrüstungen, baute einen Steigerturm, führte für schnellere Alarmierung Alarmhupen ein und rüstete damit vier Feuerwehrleute aus.[230] Gebeschus' Wirken hatte zu neuem Schwung geführt. Der Gerätebestand umfasste 1892 zwei Spritzen, 86 Helme und einen Rettungswagen mit Schlauch.[231]

Trotz seiner Strenge war Gebeschus in Höchst ein angesehener Mann. Als er während seiner Hanauer Zeit Freunde in Höchst besuchte, sah er an einer Straßenecke drei Polizeisergeanten einen Plausch halten. Als sie Gebeschus erblickten, löste sich die Gruppe unverzüglich auf: „Sie hatten doch noch Dampf vor dem ‚Alten'", schrieb Gebeschus; vor seinem Nachfolger hingegen nicht (EG: 364).

Gebeschus' hohe Wertschätzung bei den Höchstern zeigen nicht nur die Episode der Nachtwächter und Polizeisergeanten und die Würdigung nach seinem Weggang, sondern auch sein Disput mit dem katholischen Ortspfarrer Emil Siering. Dieser warf Gebeschus vor, er stelle nur evangelische Polizeisergeanten und Hebammen ein. Doch Gebeschus versicherte, er frage bei Einstellungen nie nach der Konfession. Dies kam dem Pfarrer noch ungeheuerlicher vor (EG: 487). Die Stadtverordnetenversammlung in Höchst war jedoch politisch und konfessionell seinerzeit äußerst heterogen zusammengesetzt und entschied Sachverhalte rein auf Basis des Gemeindewohls, sodass auch strenge Katholiken Gebeschus die Stimme gaben (EG: 488f.).

Siering arbeitete bei beiden Wahlen gegen Gebeschus, weil dieser evangelisch und zudem Freimaurer war. Dennoch erhielt Gebeschus bei der Wiederwahl 45 von 48 Stimmen. Daraufhin nutzte Siering Kanzel und Predigt, um gegen Gebeschus, ebenso wie gegen Anarchisten, Sozialisten und Freimaurer zu wettern (EG: 490). Der Groll gegen Gebeschus war in dessen Absicht begründet, Siering den Vorsitz in der Schuldeputation zu entziehen und, wie es in Preußen üblich war, den Rektor der Volksschule als Ortsschulinspektor mit diesem Posten zu betrauen (EG: 489). Denn Gebeschus vertrat die Ansicht, der Religionsunterricht

227 Blecker/Herth, Wehrführer, S. 121f.
228 Blumschein, Geschichte, S. 16f.
229 Blecker/Herth, Wehrführer, S. 122; Blumschein, Geschichte, S. 22.
230 Blumschein, Geschichte, S. 17; Marschang, Hundert Jahre, S. 55; Festschrift 75 Jahre, S. 51.
231 Blecker/Herth, Wehrführer, S. 122.

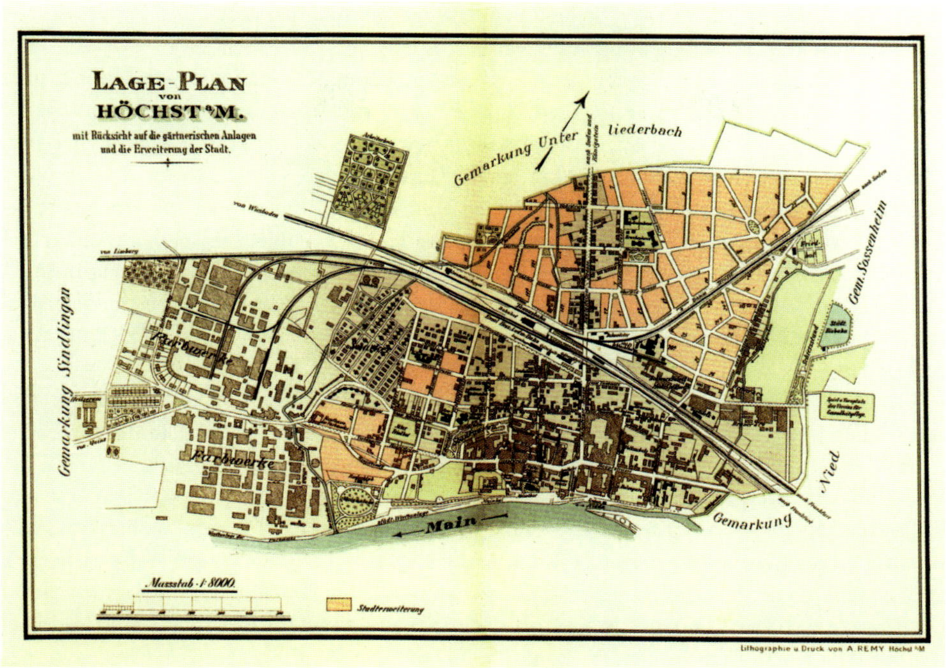

Stadtplan von Höchst aus dem Jahr 1897/98:
Die Erweiterungsflächen gehen auf Ideen von Gebeschus zurück.

solle außerhalb der Schule stattfinden und daher ein Nicht-Pfarrer die Stellung als Oberschulinspektor einnehmen (EG: 493). Siering reagierte mit „giftigsten Artikeln" im Nassauischen Boten, auf die Gebeschus sachlich im Höchster Kreisblatt antwortete und die Sachverhalte richtig stellte (EG: 491).

Vor Gebeschus' Amtsantritt verlief die bauliche Entwicklung Höchsts weitestgehend plan- und konzeptlos.[232] Daraufhin ließ er 1888 einen Stadtentwicklungsplan durch Kreislandvermesser August Groll und den Königlichen Baurat Wagner entwerfen. Die beiden legten im Sommer 1889 den »Übersichts-Plan für die Erweiterung der Stadt Höchst« vor, in dem die Freiflächen, Straßenverläufe und die künftige Bebauung vermerkt waren. Groll und Wagner führten in ihrem Plan das rechteckige Straßenraster fort, wollten im Stadtgebiet weitere Flächen für Siedlungs- und Gewerbezwecke verwenden und die damals noch landwirtschaftlich genutzten Flächen bebauen.[233] Damit unterband Gebeschus das planlose Wachstum der Stadt und sah als Erweiterungsgebiete den Bereich zwischen Altstadt und Bahnlinie, Randzonen entlang der Königsteiner Straße und im Oberfeld vor. Der von Gebeschus in Auftrag gegebene Stadtentwicklungsplan stand Pate für den späteren Plan in der Fassung von 1897/98.

232 Metternich, Entwicklung, S. 46f.
233 ISG Höchst 1.887; Metternich, Entwicklung, S. 55.

Höchsts Stadtplan verdeutlicht, wie bestehende Wege, Feldwege, Straßen und Parzellengrenzen die künftige Stadtentwicklung vorgaben.[234]

Gebeschus blieb in Höchst nicht nur als guter Verwaltungsfachmann in Erinnerung, sondern besonders durch den von ihm veranlassten Neubau von Gymnasium und Wasserwerk.[235] Am 2. Dezember 1890 bezog das Realgymnasium sein neues Schulgebäude zwischen Luciusstraße und Emmerich-Josef-Straße.[236] Ein Jahr später erfolgte die Genehmigung für den Neubau des Pfarrhauses an der Justinuskirche und eine Erweiterung des städtischen Krankenhauses.[237] Kurz vor seinem Weggang wurde 1892 der 18 Meter lange, zweistöckige Anbau mit Operationsräumen fertiggestellt und am 24. Oktober 1892 das neue Kreishaus bezogen.[238] Zwei weitere Bauprojekte erfuhren ihre Fertigstellung erst unter Gebeschus' Nachfolger Wilhelm Karraß: das Wasserwerk 1894 und die Werftanlagen am Mainufer 1897.[239] Karraß vollendete damit die von Gebeschus angestoßenen Infrastrukturbaumaßnahmen.

Gebeschus' Arbeit war höchst angesehen gewesen: „Meine Körperschaften bewilligten mir alles. Scherzweise wurde ich gefragt, ob sie mir nicht ein Schlafzimmer auf dem Rathause einrichten sollten, weil sie sahen, daß ich in die sinkende Nacht auf dem Büro saß." (EG: 364f.) Diese Ein- und Wertschätzung kam nicht von ungefähr: In seinen ersten 18 Monaten arbeitete Gebeschus täglich bis zu 14 und am Sonntag nochmals sechs Stunden zum Wohle der Stadt. Zu seinen Dienstzeiten zählte er auch die täglichen Spaziergänge zur Kontrolle der Sicherheit der Straßen und der Überprüfung der Pflichtbewusstheit seiner Nachtwächter. Bei seinen Stadtrundgängen inspizierte er den Zustand von Gebäuden und Straßen, aber auch Fehler im Pflaster und Schäden an Regenrinnen. So konnten die Höchster ihren Bürgermeister besonders bei Regenwetter seinen Dienst tun sehen, wenn er im Straßenpflaster nach Schadensstellen suchte, die er glaubte, bei Regen besonders gut ausmachen zu können (EG: 365).

4.4. Fortgang aus Höchst

Die Familie Gebeschus fühlte sich in Höchst sehr wohl: „Ich hatte nie an einen Weggang gedacht, da wir darüber einig waren, daß wir es niemals wieder so gut bekommen würden, wie wir es in Höchst hatten." (EG: 388) Dennoch bewarb sich Gebeschus um die Stelle des Oberbürgermeisters in Hanau. So gut es ihm in Höchst gefiel, wurde ihm doch bewusst, dass er dort sein Gehalt nicht über 7.500 Mark steigern könne (EG: 395). Neben den finanziellen Aspekten schmeckten ihm zudem die Einschränkungen seiner Entscheidungsfreiheit nicht. Weil Höchst keinen eigenen Stadtkreis bildete, unterstand die Polizeiverwaltung dem Landrat des Landkreises, der sich auch für die Bauprojekte verantwortlich fühlte (EG: 396).

So musste er sich mit zwei Landräten arrangieren: August Trott zu Solz und Dr. Karl Wilhelm von Meister. Trott zu Solz (* 29. Dezember 1855 in Imshausen, † 27. Oktober 1938

234 Grossbach, Höchst, S. 108; Metternich, Entwicklung, S. 56.
235 Schäfer, Höchst, S. 133.
236 Müller, 600 Jahre, S. 30; Schäfer, Chronik, S. 174.
237 Schäfer, Chronik, S. 174.
238 Ebd., S. 175; Steinel, Entwicklung, S. 24–29.
239 Müller, 600 Jahre, S. 30; Schäfer, Chronik, S. 176.

August von Trott zu Solz (rechts, 1855–1936): Höchster Landrat 1887–1892.

Karl Wilhelm von Meister (1863–1935): Höchster Landrat 1892–1894.

ebd.) stammte aus einer althessischen Adelsfamilie, studierte Rechts- und Staatswissenschaften in Marburg, Bonn, Würzburg, Heidelberg und Berlin und legte 1879 das Erste Staatsexamen ab. Danach folgten die typischen Stationen der juristischen Ausbildung: Gerichtsreferendar in Wiesbaden, Ernennung zum Regierungsreferendar 1881, Tätigkeiten bei den Regierungen in Wiesbaden und Potsdam, Große Staatsprüfung 1884 und danach Regierungsassessor in Oppeln.[240]

Mit der Ernennung zum Landrat in Höchst im Dezember 1886 sollten sich die Wege mit Gebeschus zum ersten, aber nicht zum letzten Mal kreuzen. Trott zu Solz verließ Höchst im November 1892, um Landrat in Marburg (bis 1894) zu werden. Danach begann sein politischer Aufstieg: Geheimer Regierungsrat und Vortragender Rat im Ministerium des Inneren (Februar 1894–1898), Regierungspräsident in Koblenz (März 1898–1899), Regierungspräsident in Kassel (Januar 1899–1905), Oberpräsident in Brandenburg (Mai 1905–1909) und schließlich Preußischer Kultusminister (von Juli 1909 bis August 1917). Als letzten Posten vor seinem Ruhestand im Juli 1919 nahm er seit September 1917 den Posten des Oberpräsidenten in Hessen-Nassau ein.[241]

Nach dem Weggang von Trott zu Solz übernahm im Juni 1892 Dr. Karl Wilhelm von Meister (* 3. Februar 1863 in Frankfurt am Main, † 14. Februar 1935 in Genf)[242] die kom-

240 Burkardt/Pult, Nassauische Parlamentarier, S. 346.
241 Burkardt/Pult, Nassauische Parlamentarier, S. 347. Knappere Lebensdaten bei Klein, Grundriß, S. 342.
242 Burkardt/Pult, Nassauische Parlamentarier, S. 230.

missarische Leitung der Kreisverwaltung und wurde im Februar 1893 offiziell zum Landrat ernannt.[243] Von Meister, 1896 in den Adelsstand erhoben, war der Sohn des Kaufmanns und Chemikers Carl Friedrich Wilhelm Meister, seines Zeichens Mitbegründer der Chemischen Fabrik Meister, Lucius & Co. Auch er durchlief wie Gebeschus und Trott zu Solz eine klassische juristische Ausbildung. Nach dem Studium der Rechts- und Kameralwissenschaften in Bonn und Berlin 1882–1885 folgten nach dem Ersten Staatsexamen 1885 Tätigkeiten als Gerichtsreferendar in Frankfurt und Höchst und die Promotion 1886 in Heidelberg. Nach der Ernennung zum Regierungsreferendar 1887 legte er 1891 die Große Staatsprüfung ab und wurde Regierungsassessor beim Landratsamt Hanau, bevor sich sein Weg mit Gebeschus in Höchst kreuzte.[244]

Mit Meister eskalierte die Frage der Zuständigkeit zwischen Bürgermeister und Landrat schließlich an der Frage des Neubaus des Gymnasiums (EG: 396). Gebeschus musste kleinbei geben. Daraufhin suchte er nach einem Posten in einer Stadt, die ihren „eigenen Stadtkreis bildete", und wo der Landrat nicht die Schreiben des Regierungspräsidenten vor dem Bürgermeister zu lesen bekam (EG: 398f.). So verfolgte Gebeschus das Ziel, einen selbstständigen Kreis zu leiten, der weisungsfrei von einer Aufsicht der Landrates war (EG: 433). Dies traf auf Hanau zu.

In Höchst nahm Paul Wilhelm Karraß Gebeschus' Posten ein. Heinz Knoths Einleitung zu einem Zeitungsartikel zeigt die große Wertschätzung für Gebeschus' Wirken in Höchst wie auch die Schwierigkeiten seines Nachfolgers, der sich stets an den Taten des Vorgängers messen lassen musste: „Im Schatten eines Großen zu stehen, ist nicht einfach. Paul Wilhelm Karraß als Nachfolger von Gebeschus hatte es allein aus diesem Grunde schwer. Ihm fehlte die starke Initiative seines Vorgängers, obwohl er sich seiner Vorbildung entsprechend gut zum Bürgermeister eignete."[245]

Der 1858 in Trebnitz in Schlesien geborene Karraß war seit 1890 Bürgermeister in Alzey gewesen. Nach dem Abschluss des Gymnasiums in Torgau, studierte er Rechtwissenschaft in Halle, Berlin und Breslau. Dem Studium folgte ein klassischer Weg durch die Verwaltung und ein damit verbundener Aufstieg: Zunächst wirkte er als Aktuar in der Frankfurter Stadtkämmerei vom Frühjahr 1884 bis zum Herbst 1887 und danach als besoldeter Stadtrat in Cottbus. Der Diensteinführung am 6. September 1893 in Höchst folgten die Gründung des Vereins für Geschichte und Altertumskunde Höchst am 8. März 1894, der Umbau der am 28. September 1895 eröffneten höheren Töchterschule und die Vorarbeiten für die 1901 eröffnete Kleinbahn Höchst-Königstein als Höhepunkte seiner Amtszeit. Durchaus überraschend trat er am 15. Juni 1898 zurück und verschwand aus der Höchster Geschichte.[246] Im Vergleich zu Gebeschus entwickelte Karraß weitaus weniger Initiativen, zugleich wirkten die Maßnahmen und Beschlüsse seines Vorgängers noch deutlich nach.[247]

243 Ebd., S. 231.
244 Burkardt/Pult, Nassauische Parlamentarier, S. 231.
245 StAHU L1 301/6, Frankfurter Neue Presse v. 13. Januar 1962: Im Schatten eines Großen.
246 Ebd.; Schäfer, Höchst, S. 134.
247 Grossbach, Höchst, S. 109.

5. Gebeschus privat: Familienbande und persönliche Schicksale

5.1. Kindererziehung und Familie

Eugen Gebeschus lässt sich als typischer Vertreter der bürgerlichen Gesellschaft charakterisieren, in die er hineingeboren und deren Werte und Ideale er vertrat. Der Begriff des städtischen Bürgers entstammte der Frühen Neuzeit und implizierte einen Rechtsstatus, der dem Bürger die freie Erwerbstätigkeit, die Mitwirkung an der städtischen Selbstverwaltung und eine Armenversorgung durch die Gemeinde zusicherte. Zugleich unterstanden Bürger der städtischen Gerichtsbarkeit und der Steuerpflicht. Erwerben ließ sich das Bürgerrecht per Geburt oder durch Verleihung.[248]

Mit der Auflösung der Ständegesellschaft entwickelten sich zum Ende des 19. Jahrhunderts zwei Ausprägungen des Bürgertums: Zum Wirtschaftsbürgertum zählten Besitzer und Direktoren von Wirtschaftsunternehmen, Fabriken, Manufakturen, Handelshäusern, Transport- und Bankunternehmen, während dem Bildungsbürgertum Beamte, Ärzte, Richter, Professoren, Künstler, Intellektuelle, Architekten, Ingenieure oder Wissenschaftler angehörten.[249] Zudem definierte sich das Bürgertum auch durch Abgrenzung der Gruppen, die nicht dazugehören, wie Adel, Klerus, Bauern und Arbeiter.[250] Die frühneuzeitlichen Stadtbürger wie Handwerksmeister, kleine Kaufleute oder Wirte fasste man als Kleinbürgertum oder alter Mittelstand zusammen. Angestellte wie Verkaufspersonal, Techniker oder Bürobedienstete, Postbeamte und kleinere Beamte zählten ebenso nicht zum Bürgertum, sondern zum neuen Mittelstand.[251]

Die überaus heterogene Gruppe des Bürgertums einten gemeinsame Kultur, Werte, Mentalität und Deutungsmuster. Es herrschte ein gemeinsames Selbstverständnis, mittels persönlichen Fleißes wirtschaftliche Belohnung, soziales Ansehen und politischen Einfluss erreichen zu suchen. Das Bürgertum organisierte sich in Vereinen, unabhängig von einer staatlichen Lenkung durch die Obrigkeit. Eine zentrale Position nahm der Bildungskanon von Literatur, Kunst, Musik und Wissenschaft ein. Innerhalb der bürgerlichen Wertevorstellung nahm dabei die Familie eine besondere Stellung ein.[252]

Die von der Öffentlichkeit abgeschottete Familie bildete den Fixpunkt des bürgerlichen Ideals. Es lag dabei eine klare Trennung zwischen dem privaten Feld aus Familie und Wohnung sowie dem öffentlichen Leben mit der Erwerbstätigkeit vor.[253] Die bürgerliche Kernfamilie bestand aus den Eltern und den Kindern. Weitere Familienangehörige wie Großeltern oder unver-

---

248 Kocka, Bürgertum, S. 21, 29; Lepsius, Soziologie, S. 89.
249 Kocka, Bürgertum, S. 23f., 34.
250 Lepsius, Soziologie, S. 79.
251 Kocka, Bürgertum, S. 31f.
252 Ebd., S. 43.
253 Budde, Weg, S. 25; Habermas, Kleinfamilie, S. 291; Schäfer, Geschichte, S. 117f.

Kinder der Familie Gebeschus im Sommer 1912: Die Brüder Rolf (links) und Kurt (rechts) rahmen ihre Schwester Leni ein.

heiratete Verwandte gehörten nicht mehr zum inneren Kern.[254] Gleichsam fungierten Onkel, Tanten, Vettern und Cousinen „als Ersatzeltern" in den Ferien oder an Sonntagen. Es galt das Ideal, dass Verwandte die Kinder nach bürgerlichen Vorstellungen erziehen würden.[255]

Zwischen den Ehepartnern herrschte nach der Heirat eine klare Rollenverteilung vor. Der Mann entschied als Ernährer der Familie über alle Belange, auch über das Vermögen der Frau. Während er im Beruf erfolgreich sein sollte, lag ihr Fokus auf der Familie.[256] Für Frauen galt es als höchstes Glück, Ehe und Haushalt zu führen sowie den Gatten und die Kinder zu umsorgen. Männer standen dagegen im öffentlichen Leben und sorgten mittels Gelderwerb für den Unterhalt der Familie.[257] Die Ehefrau arbeitete nicht, was gleichzeitig ein Statussymbol darstellte, damit sie sich um die Familie kümmern konnte.[258] Weit verbreitet in bürgerlichen Haushalten waren Dienstmädchen. Sie halfen bei der Kindererziehung und im Haushalt beim Kochen und Putzen.[259] Für die Familie Gebeschus arbeiteten die beiden Schwestern Emma und Frida Keller als Dienstmädchen – Emma für 13, Frida für 30 Jahre(EG: 540).

254 Schäfer, Geschichte, S. 118.
255 Budde, Weg, S. 262.
256 Budde, Blütezeit, S. 25; Budde, Weg, S. 150; Schäfer, Geschichte, S. 119.
257 Habermas, Kleinfamilie, S. 295.
258 Budde, Blütezeit, S. 25; Schäfer, Geschichte, S. 120.
259 Budde, Blütezeit, S. 38.

Während die Männer der Erwerbstätigkeit nachgingen, beschäftigten sich Frauen mit Häkeln und Stricken oder engagierten sich in Frauenvereinen für medizinische oder sittlich-erzieherische Hilfe der unteren Schichten. Hier vermischte sich die Grenze zwischen öffentlichem und sozialem Leben und die Frauen brachten sich in der sozialen Frage ein.[260] Frauen konnten zwar ebenso das Bürgerrecht erhalten, wählen durften sie aber nicht. Dieses Privileg blieb bis 1918 ausschließlich den Männern vorbehalten.[261]

Trotz des rechtlichen Ausschlusses von der Kommunalpolitik fanden Frauen dennoch Möglichkeiten sich aktiv zu beteiligen und einzubringen, z.B. in der Partizipation im bürgerlichen Frauen- oder Wohlfahrtsverein oder indem sie soziale Einrichtungen gründeten, die dann als städtische Institutionen in kommunale Trägerschaft übergingen.[262] Auch im Falle der Umwandlung der Krankenhäuser aus ihrer Stiftungstradition in kommunale Versorgungsanstalten beteiligten sich Frauen finanziell wie ideell.[263]

In der Regel umfasste die bürgerliche Familie im Kaiserreich zwei bis vier Kinder. Diese Zahl wurde als ausreichend angesehen, um die eigene Sippe zu erhalten. Die besseren hygienischen Bedingungen seit der Mitte des 19. Jahrhunderts sorgten für ein Sinken der Kindersterblichkeit und für einen Geburtenrückgang.[264]

Das Verhältnis zu Söhnen und Töchtern war unterschiedlich. An die Söhne stellten die Väter hohe Ansprüche an schulischen wie beruflichen Erfolg. Sie sollten einen ähnlichen Beruf wie die Väter ergreifen und selbige nahmen sie auch eher mit auf Ausflüge, sei es zu Wanderungen oder auf Reisen. Letzteres drängte Gebeschus seinen Söhnen auf, bei der Berufswahl ließ er ihnen aber freie Hand. Ihren Töchtern erlaubten die Väter im Gegensatz zur Mutter meist alles, so auch Gebeschus. Sie spielten mit Puppen, Puppenhäusern und Küchenutensilien und wurden so schon früh auf die Zukunft als Hausfrau und Mutter erzogen.[265] Somit zeigte sich auch Eugen Gebeschus als ein typischer Vater seiner Zeit.

Als erstes Kind von Eugen und Julie Gebeschus erblickte am 9. Dezember 1884 ihre Tochter Helena – genannt Leni – in St. Goarshausen das Licht der Welt (EG: 311).[266] Gebeschus liebte seine Tochter über alles, vergötterte sie fast: „Wenn wir jetzt – 1920 wie 1930 – Briefe von ihr aus Amerika bekommen [...], ist's immer wieder ein tiefinnerlicher Jubel, ein Glück, das nur Glücks- und Dankestränen in die Augen treibt über so viel Liebe und Zärtlichkeit. [...] Aber so geht's mir mit dem goldigen Frauenzimmer – rede ich von ihr, so geht's mit mir durch, ich finde kein Ende." (EG: 312)

Auch bei ihrem Großvater Heinrich Schweickhardt durfte Leni Gebeschus alles und besserte stets dessen Laune auf. Sie war ein sehr pflegeleichtes Kind: „[S]ie schrie wenig, lag vergnügt in ihrem Kinderwagen, lernte früh laufen und sprechen", erinnerte sich der stolze Vater (EG: 313).

Drei Jahre nach Leni wurde am 10. April 1887 der älteste Sohn Rudolf – Rufname Rolf – in St. Goarshausen geboren (EG: 315).[267] Beide Namen sind geläufig. Gebeschus und Rolfs jün-

260 Habermas, Kleinfamilie, S. 296f.
261 Vgl. hierzu Wolff, Stadtmütter S. 59–66.
262 Ebd., S. 134f., 198.
263 Ebd., S. 196.
264 Budde, Blütezeit, S. 34.
265 Ebd., S. 34f.; Budde, Weg, S. 163.
266 Ebenso Ahnen-Buch Gebeschus, o.S.
267 Ebenso ebd.

gerer Bruder Kurt verwenden in ihren Familienerinnerungen durchgängig den Namen Rolf, während im Reifezeugnis und seiner Todeserklärung der Taufname Rudolf vermerkt ist.[268]

Gebeschus beschreibt seinen ältesten Sohn als „ein garstiges Kerlchen, krebsrot mit einem Gesicht wie ein alter Mann" (EG: 315). Im Gegensatz zu seiner Schwester Leni war Rolf kein stilles und einfaches Kind. Tagsüber schlief der Sohnemann, um nachts zu brüllen und seinen Eltern den Schlaf zu rauben: „Er hatte eine Mordslunge, die er von abends 9 ½ bis morgens 6 ½ ausgiebig gebrauchte. Er brüllte, als ob er am Spieß steckte." (EG: 316). Dies ging über 18 Monate so. Gebeschus war eines Nachts so verzweifelt, dass er im Fremdenzimmer im Erdgeschoss übernachtete, da er keinen Schlaf fand und so tagsüber nicht arbeitsfähig war. Tags darauf schämte er sich für seine Bettflucht und die Eltern standen die Schreiphase des Sohnes gemeinsam durch (EG: 317).

Der zweite Sohn Kurt[269] wurde am 1. März 1889 in Höchst geboren. Bei seiner Geburt war er zwar ein kleines, zartes Kind, aber danach nie krank (EG: 378). Ganz im Gegensatz dazu litt Rolf oft an Katarrhen der Luftwege und heftigem Fieber. Aufgrund der Vorgeschichte an Lungenerkrankungen in der Familie – Gebeschus selbst Lungenbluter, seine Mutter an Lungenschwindsucht verstorben – befürchteten die Eltern bei Rolf eine erbliche Lungenerkrankung (EG: 380).

Bisweilen mussten daher die Wanderungen mit Zimmermanns wegen des schweren Hustens des Sohnes abgebrochen werden. Aufgrund der häufigen Erkrankungen der Atemwege verordnete der Höchster Hausarzt Dr. Rodt 1892 einen Kururlaub im Ostseebad Zinnowitz auf Usedom und 1893 einen auf der Nordseeinsel Borkum (EG: 416). Da Julie Gebeschus aber nicht über das offene Meer reisen wollte, fiel die Wahl des Kurortes erneut auf Zinnowitz. Diesmal fuhren nicht nur Julie und Rolf Gebeschus, sondern auch Kurt und Verwandte der Familie Schweickhardt mit (EG: 417).[270] Eugen Gebeschus trat derweil seinen Dienst in Hanau an.

Auch in den folgenden Jahren raubte das Amt Gebeschus einen Großteil seiner Freizeit. So fand ein Familienleben kaum statt, da der Vater lange arbeitete und auch abends noch vom Amt vereinnahmt wurde.[271] Ein typischer Tagesablauf des Vaters sah nach Beschreibung von Kurt Gebeschus wie folgt aus: „Wochentags sahen wir Vater zunächst morgens beim Anziehen; er duschte kalt, dann rief er vom Badezimmer in unser Zimmer Rolf raus, und wenn der geduscht hatte, kam ich. Lange gefackelt wurde beim Wecken nie. Wenn man nicht beim ersten Anruf raus war, konnte der alte Herr ungemütlich werden, wie überhaupt morgens beim Anziehen nicht gut Kirschen essen mit ihm war. [...] Gegessen wurde zwischen eins und halb zwei Uhr; spätestens dreiviertelzwei Uhr, ausser Mittwochs und Sonnabends, mussten wir ja wieder in die Schule bis 4 oder 5 Uhr. Oft assen wir mit Mutter allein Abendbrot, wenn Vater bis 9 Uhr oder später Sitzung hatte, und kam er rechtzeitig vom Büro, hat er meistens noch bis tief in die Nacht gearbeitet: oder die Zeitung gelesen, damals die Frankfurter Zeitung."[272]

Die Kernelemente der bürgerlichen Erziehung summierten sich in Werten wie Ordnung, Fleiß, Sparsamkeit, Selbstdisziplin und Leistungsbereitschaft.[273] Dies sind auch Charaktereigenschaften von Gebeschus, die er versuchte, an seine Kinder weiterzugeben. Zudem führten

268 K. Gebeschus, Lebensbilder II, S. 242a.
269 Zum Lebenslauf von Kurt Gebeschus tiefergehend Arndt, Zeit, S. 191–196.
270 K. Gebeschus, Lebensbilder II, S. 230.
271 K. Gebeschus, Lebenserinnerungen II, S. 31.
272 Ebd., S. 76.
273 Bausinger, Bürgerlichkeit, S. 122; Schäfer, Geschichte, S. 129; Wörner, Bankiers, S. 232.

Rolf Gebeschus als Seekadett auf der SMS Stosch, 1906.

Kurt Gebeschus als Fähnrich, 1908.

die Eltern ihre Kinder an Musik, Literatur, Kunst und Theater heran, sei es über Theater- und Museumsbesuche, eine eigene Bibliothek oder Gesang und Klavierspiel bei Besuch.[274] Hierzu zählt auch die Beteiligung der Gebeschus-Kinder beim Grimm-Jubiläum.

Die Einweihung des Nationaldenkmals der Brüder Grimm erfolgte am 18. Oktober 1896. Karl Kehl übergab im Namen des Denkmalausschusses das von Syrius Eberle, Professor und Bildhauer aus München, geschaffene Monument an Gebeschus, der es im Namen der Stadt annahm. Anschließend fand ein von Emma Zimmermann ausgedachter und eingeübter Festzug unter Beteiligung der Kinder der Familien Gebeschus und Zimmermann, die Figuren aus Grimms Märchen darstellten, durch die Stadt statt (EG: 523).[275] Ein umfassender Bildband hielt das Ereignis für die Nachwelt fest.

274 Bausinger, Bürgerlichkeit, S. 121; Budde, Blütezeit, S. 61; Schäfer, Geschichte, S. 121; Wörner, Bankiers, S. 247.
275 Hanau, Verwaltungsbericht 1895–1899, S. 4.

Anlässlich der Einweihung des Nationaldenkmals der Brüder Grimm konzipierte Emma Zimmermann 1896 einen Festzug, an dem sich auch der Nachwuchs der Familien Gebeschus und Zimmermann beteiligte. Leni Gebeschus (Mitte) spielte im Märchen „Dornröschen" mit.

Ebenso spielte die Hausmusik eine große Rolle für Kultur und Zusammensein. Das Klavier nahm dabei eine Doppelfunktion ein: zum einen als Musikinstrument für die Hausmusik und zum zweiten als physischer Beweis der Kultiviertheit der Bewohner für Besucher. Klavier spielen mussten meist die Töchter.[276] Gebeschus war ein großer Liebhaber der Künste, insbesondere von Tanz und Literatur. Von einem ausgeprägten Drang zum Theater ist hingegen nichts zu lesen. Ebenso stilisierte er sich nicht als Sammler, Mäzen oder Förderer eines Museumsvereins. Dies lag wohl daran, dass er nicht wie die Kunstmäzene sein Vermögen hatte enorm vermehren können.[277]

Im Familienleben und bei der Erziehung brachten sich die Väter – so auch Gebeschus – meist als Vorleser, als Planer von Familienausflügen und als Lehrmeister ein.[278] Gebeschus wollte seinen Söhnen eine literarische Erziehung bieten und las ihnen abends aus »Die Leute von Seldwyla« kapitelweise vor. Da Kurt und Rolf jedoch bei einem für sie komischen Wort das Lachen anfingen und damit nicht mehr aufhörten, brach der Patriarch das Erziehungsvorhaben ab und probierte es nie wieder.[279] Dennoch spielte Gebeschus mit seinen Jungen mit Bleisoldaten – wie er selbst als Heranwachsender.[280] Solche Soldaten aus verschiedenen

276 Budde, Blütezeit, S. 62.
277 Vgl. zu den Motiven der bürgerlichen Sammelleidenschaft und Mäzenatentum Hein, Kunst, S. 157–161.
278 Budde, Weg, S. 164.
279 K. Gebeschus, Lebenserinnerungen II, S. 76f.
280 Ebd., S. 73.

Kurt Gebeschus (ganz rechts) spielte im Rahmen der Grimm-Feierlichkeiten 1896 einen Gänsejungen, Otto und Leni Zimmermann (4. und 5. von rechts) füllten Rollen im Märchen „Rotkäppchen" aus. Rolf Gebeschuswirkte im Märchen „Die sieben Schwaben" mit.

Materialien fanden sich neben Baukästen zur Förderung der architektonischen Kreativität sowie Chemiebaukästen, elektrischen Eisenbahnen oder Dampfmaschinen häufig in den Jungenzimmern des Bürgertums.[281] Vater Gebeschus spielte ansonsten sehr selten mit den Kindern. Kurt Gebeschus erinnert sich nur an zwei weitere Situationen, eine im Urlaub in Tübingen, eine im Hof der Kanalmühle beim Schlagballspiel: „Ich sehe ihn noch, wie er rannte: ganz aufrecht, die Schultern weiter zurückgeworfen, und den damals sehr dicken ‚Berjermeisterschbauch' vorgestreckt, und entwickelte, wenn er mal in Fahrt war, eine verblüffende Geschwindigkeit."[282]

Die militärische Erziehung wurde auch im Hause Gebeschus deutlich. In tiefverwurzelter Erinnerung blieben Kurt Gebeschus die Manöver um Hanau im Jahr 1897. Auch in der eigenen Wohnung in der Kanalmühle waren bayerische Truppen einquartiert. Nicht nur bei dieser Gelegenheit, sondern ebenso bei anderen Anlässen trugen die Söhne Uniformen: „Als halbe Soldaten, – seine ‚Adjutanten', wie Vater uns nannte, – fühlten wir uns auch, wenn er uns als kleine Kerls in unseren hübschen Ulanenuniformen an Kaisers Geburtstag mit zur Parade auf dem Paradeplatz nahm, oder später, wenn wir ihn bei nächtlichem Feueralarm zur Brandstätte begleiten durften."[283]

Die Söhne hatten größten Respekt vor ihrem Vater, wie sich Kurt Gebeschus erinnert: „Wenn wir mal eine sehr grosse Dummheit gemacht hatten, dann haben wir Mutter auf den

281 Budde, Weg, S. 199–202.
282 K. Gebeschus, Lebenserinnerungen II, S. 76.
283 Ebd., S. 75.

Knien angebettelt, Dir nichts davon zu sagen; es war nutzlos. ‚Ich habe keine Geheimnisse vor Vater!' war dann die Antwort. Wenn man dann vor Dein hohes Tribunal kam, war der solenne ‚Anpfiff' peinlicher, als der harte Ring Deiner Hand oder der ‚Spaner' [spanisches Rohr] droben auf dem Bücherschrank im ‚Kinderzimmer'."[284]

Gebeschus erzog seine Söhne nach der Methode deren bester Freund, „der gute Kamerad", sein zu wollen. Er brachte Verständnis für die Streiche der Sprösslinge bis zu einem gewissen Grad auf – Revolverkugeln in Zimmertüren zu schießen, zählte nicht dazu (EG: 47). Auch verbot er ihnen keine Dinge, die Jugendliche sowieso taten, wie Rauchen, jugendliche Schwärmereien oder mit 16 die erste große Liebe heiraten zu wollen (EG: 48). Hiermit bezog er bewusst Stellung gegen die Erziehung seines Vaters, der ihm die Jugendliebe verweigert hatte.

Wie generell im Bürgertum, zeigten sich die Väter wie Gebeschus meist begeistert von der Geburt ihrer Nachkommen, hatten aber mit der Erziehung wenig zu tun, erst das Gespräch für die Berufswahl führte der Vater.[285] Gebeschus unterstützte in dieser Frage die Wünsche seiner Söhne, in die Marine einzutreten. Doch zunächst stufte der Amtsarzt Rolf wegen eines Lungenkatarrhs als untauglich ein, selbst für das Landheer. Daraufhin suchte Gebeschus den damaligen Kapitän Reinhard von Scheer, den späteren Sieger der Skagerrakschlacht, der seinerzeit im Marineministerium in Berlin arbeitete, auf und klagte ihm das Leid über die Untauglichkeit des Sohnes für das Militär. Die beiden kannten sich von der Beerdigung von Scheers Vater. Scheer empfahl Gebeschus einen Marinearzt in Kiel und schrieb diesem einen Brief: „Als wir damals, Herbst 1905 in Kiel waren, sprangen uns alle Türen auf. Scheer hatte damals offenbar schon einen starken Arm" (EG: 382), schrieb Gebeschus über die Begegnung. Die Unterstützung half: Rolf wurde im zweiten Versuch als geeignet befunden (EG: 383) und er trat am 31. März 1906 in die Marine ein.[286] Sein Bruder Kurt folgte dem älteren Bruder nach und trat exakt zwei Jahre später den Dienst bei der Marine an.[287]

5.2. Die eigene Wohnung als Repräsentationsraum

Den Wohnort Hanau nahm die Familie Gebeschus zunächst mit gemischten Gefühlen wahr. Zwar freute sie sich über die Wahl des Vaters zum Oberbürgermeister, dennoch befürchteten sie, man werde es nie mehr so gut wie in Höchst haben. Zudem gestaltete sich die Wohnungssuche schwierig, da ihr das Angebot nicht zusagte. Zur Auswahl standen zwei Wohnungen an der Wilhelmsbrücke, eine Wohnung im ersten Obergeschoss des evangelischen Waisenhauses und eine im französischen Waisenhaus. Bei der Suche unterstützte sie Stadtbaurat Johann Peter Thyriot. Jener war Mitglied des Konsistoriums der wallonischen Gemeinde und verhandelte daher mit dessen Mitgliedern über eine Renovierung der Wohnung, die bereit waren, hierfür 3.000 Mark zur Verfügung zu stellen (EG: 408f.). Dafür hätte Gebeschus aber einen Mietvertrag über fünf Jahre abschließen müssen, wozu er nicht bereit war,

284 K. Gebeschus, Lebenserinnerungen II, S. 79f.

285 Budde, Weg, S. 152.

286 K. Gebeschus, Lebenserinnerungen II, S. 182. Zum Lebenslauf und besonders Werdegang bei der Marine von Rudolf Gebeschus auch Arndt, Unbestätigt, S. 138–159, 168–179.

287 K. Gebeschus, Lebensbilder II, S. 184.

Vor dem Kanaltor 1, um 1900: Wohnung der Familie Gebeschus seit Juni 1897.

da er befürchtete, es könnten sich Mäuse oder Ungeziefer in dem älteren Haus einnisten. Daher wollte er lieber ein eigenes Haus bauen und bis zur Fertigstellung zunächst provisorisch wohnen. Gebeschus' Absicht rief den Fabrikaten Ernst Zimmermann auf den Plan, der ihm eine Wohnung im ersten Stock seines Hauses in der Lothringer Straße 19–23 anbot (EG: 410).

Gebeschus mietete die Wohnung. die fünf Schlafzimmer nach Süden in Richtung Hof und Garten sowie einen Salon, ein Gästezimmer, eine Küche, eine Speisekammer, eine Toilette und ein Badezimmer in Richtung Norden umfasste. Das Haus war erst zehn Jahre alt und Gebeschus fand Gefallen an der Bauweise mit großen und hohen Räumen, neuen Fenstern und Türen, die tadellos schlossen und Jalousienläden, die im Sommer die Hitze aus den Räumen fernhielten. Ihm missfiel lediglich der dunkle und schmale Flur, den die Gas- und Wasserrohre zusätzlich verkleinerten (EG: 411).

Die Familien Zimmermann und Gebeschus verband schnell eine enge Freundschaft. Ernst Zimmermann ließ nicht nur die Wohnung neu herrichten, sodass sich die Familie Gebeschus in den Räumlichkeiten sehr wohlfühlte, er wies ihnen auch einen Sitzplatz im Garten zu. Dieser wurde aber kaum genutzt, da die beiden Familien häufig zusammen in der Nähe der Waschküche an einem mit Tannen und Fichten umpflanzten und mit einer Plane überdachten Platz zusammensaßen (EG: 413, 515). Im Sommer verbrachten die Familien fast jeden Abend gemeinsam im Garten und die Kinder spielten tagtäglich zusammen (EG: 414).

Großer Haken der Zimmermannschen Wohnung war allerdings ihre Lage. In der Lothringer Straße – die Kurt Gebeschus als eine „aus kleinen, alten, ziemlich verkommenen Häusern

Das Wohnhaus der Familie Gebeschus um 1922/23, am Fenster im 1. OG Julie Gebeschus.

bestehende Gasse" beschrieb[288] – standen nur kleine Handwerkerhäuser, daher drängte der Magistrat Gebeschus zu einem Umzug in eine repräsentativere Nachbarschaft (EG: 412).

Eine Wohnung drückte im Selbstverständnis des Bürgertums vieles aus. Stockwerk und Lage gaben Auskunft über die gesellschaftliche Stellung seiner Bewohner. So befanden sich die größten Wohnungen in den ersten beiden Stockwerken und die Wohngrößen nahmen zum Dach hin ab. Doch der Wunschtraum – ein eigenes Haus mit Garten – blieb großen Teilen des gehobenen Bürgertums verwehrt. Hiermit verbunden war die Tendenz, dass die Stadtzentren seit der Mitte des 19. Jahrhundert an Attraktivität als Wohnort verloren. Das Bürgertum arbeitete in der Stadtmitte, während Frau, Kinder und Familie in den Vororten oder Villenkolonien wohnten. Besonders die technische Entwicklung innerhalb der Städte mit Wasser- und Gasversorgung sowie ÖPNV machte das Wohnen in den Vororten attraktiv, während das Leben in den Innenstädten wegen der Überbauung als ungesund galt.[289]

Mehrere Objekte kamen als neue Dienstwohnung für Gebeschus in Frage: Die Herrichtung des Frankfurter Tors zu Wohnzwecken widerstrebte ihm, das Tor war ihm zu laut und zu kalt. Der nächste Vorschlag sah die Unterbringung im Stadtschloss vor. Die Wohnung umfasste zehn Zimmer mit vier Metern Deckenhöhe, Parkettfußböden, einen Riesenflur so-

288 K. Gebeschus, Lebensbilder II, S. 160.
289 Wörner, Bankiers, S. 49.

wie viele neue Möbel und zahlreiches Inventar. Doch diese Dienstwohnung war Gebeschus schlicht zu teuer. Schließlich schlug er die Neugestaltung des ersten Obergeschosses der Kanalmühle vor (EG: 412), da ihm „die Anordnung der Zimmer gefiel". Stadtbaurat Thyriot entwickelte einen Plan für den Umbau und die Familie Gebeschus zog im Juni 1897 ein. Hier wohnte Gebeschus schließlich bis zu seinem Lebensabend (EG: 413). Die Stadt hatte die Kanalmühle am 14. August 1874 für 70.000 Gulden gekauft.[290]

Die neuen Räumlichkeiten entsprachen den Anforderungen an ein Bürgermeisterehepaar: „Erst diese sehr repräsentative Wohnung gab den Eltern die Möglichkeit, den außerordentlich vielseitigen gesellschaftlichen Verpflichtungen, die das Amt des Stadtoberhauptes mit sich brachten, nachzukommen"[291], schrieb Kurt Gebeschus über das neue Heim.

Die gesellschaftlichen Verpflichtungen als Oberbürgermeister waren enorm: „Die zu machenden Besuche waren zahllos und die darauf folgenden Einladungen ebenso groß", monierte Gebeschus. Besonders die Offiziere der in Hanau stationierten Regimenter musste der Oberbürgermeister einladen und die verheirateten Offiziere revanchierten sich ihrerseits (EG: 516).

Das Bürgertum traf sich zum einen an öffentlichen Orten wie in kulturellen Einrichtungen, in Kaffeehäusern, in Vereinslokalen und an Kurorten oder in den eigenen vier Wänden mit Industriellen, Bankiers, Wissenschaftlern, Ärzten, Juristen, Militärs oder den städtischen Entscheidungsträgern zum Essen in Kombination mit Tanz, Kartenspiel oder musikalischen Darbietungen.[292] Gäste einzuladen und die größeren Gesellschaften zu verköstigen, galt als selbstverständlich. Dabei spielten Tischmanieren, gepflegte Konversation und die Einrichtung der Wohnung eine große Rolle. Lesen und Musizieren zeigten die Bildung der Familie.[293]

Gebeschus behagten die vielen sozialen Verpflichtungen keineswegs: „Die vielen Gesellschaften, die wir gaben und mitmachten mussten, waren eine wenig angesehene Zugabe zu meinem Amt; sie kostete nicht bloß Geld, sondern auch Nerven. Oft musste ich nach 8 und mehrstündiger Arbeit, wovon häufig die letzten 3 Stunden durch anstrengende Sitzung ausgefüllt waren, noch 4 Stunden in Gesellschaft. Dabei wurde man mit den Herrschaften ja nicht warm. Entwickelte sich eben ein Verkehr, der in einen freundschaftlichen hätte übergehen können, so wurde der Offizier versetzt." (EG: 517)

In bürgerlichen Biographien finden sich immer wieder wie bei Gebeschus Klagen über die hohen Kosten der gesellschaftlichen Einladungen zum Essen.[294] Über die Konsumausgaben der Familie Gebeschus wissen wir wenig. Vermutlich lebte sie sparsam, entsprechend dem bürgerlichen Ideal, wie sich an den Reisen in den Spessart und den Klagen über die Bewirtungskosten für Gäste zeigt.

Die Familie Gebeschus lebte nicht im Überfluss, war aber nicht arm. So schenkte Gebeschus seiner Frau ein pompöses Rokokoschränkchen und einen venezianischen Glasspiegel. Obwohl Julie Gebeschus sehr sparsam war und die Familie neben Eugen Gebeschus' Hobby des Gewehrsammelns keine unnötigen Ausgaben machte, lebte sie auf gehobenem Niveau: „[D]ie Lebensweise war einfach, aber Kleidung und Schuhwerk wurden nicht bis zur Schäbig-

290 StAHU XY 476, Heft I, S. 39.
291 K. Gebeschus, Lebensbilder II, S. 160.
292 Wörner, Bankiers, S. 109, 113.
293 Schäfer, Bürgertum, S. 114f.; Wörner, Bankiers, S. 109.
294 Wörner, Bankiers, S. 96.

keit aufgetragen; die Kost war gut bürgerlich und doch, wie oft hatten wir Sonntags ‚Rahmeier' oder Cremeschnitten als Nachtisch. Bei all ihrer Sparsamkeit hat Mutter in Kleidern, Schuhen, Wäsche u.a. nur immer das Beste gekauft, und beide Eltern waren in jeder Weise in allen ihren Geschenken äusserst nobel, hatten Herz und offene Hand für die Not anderer."[295]

Obwohl sich Eugen Gebeschus stets als sparsam beschreibt, kam diese Eigenschaft wohl von der mütterlichen Seite der Familie, wie Kurt Gebeschus vermutet: „Im Grund genommen war Rolf ein sparsamer Hausvater, hatte die schwerblütige, den Kram zusammenhaltende Art der Mutter, während ich die grosszügigere Ader des alten Herrn geerbt habe. Jawohl, lieber alter Herr, ich irre mich keineswegs, nehmen wir mal an, Du hättest damals in Höchst den Dir angebotenen Posten als Syndikus der Höchster Farbwerke angenommen und wärest, wie Dein mittelmässiger Ersatzmann, zum Generaldirektor aufgerückt – woran ich nicht zweifle, bitte, Hand aufs Herz: Du hättest es an der Seite einer anderen Frau, als es unsere Mutter war, verstanden, das Geld unter die Leute zu bringen, Du alter Kavalier! Ist es nicht so?"[296]

Die Miete für die Kanalmühle war mit 1.500 Mark erheblich höher als die 900 Mark bzw. später 1.100 Mark für die Wohnung bei Ernst Zimmermann. Dazu kamen 200 Mark an zusätzlichen Heizkosten (EG: 431). Daher gewährte die Stadt Hanau Gebeschus seit 1901 einen Mietzuschuss von 1.000 Mark.[297] Die Wohnung verfügte über einen großen Hauptflur von 11 x 6 Metern, der den Kindern bei schlechtem Wetter als Spielplatz und in späterem Alter als Tanzsaal diente (EG: 429f.). Hierzu wurden die sonst dort stehenden drei Kleiderschränke, eine Truhe und eine Kommode weg- und das Klavier hineingeräumt (EG: 430).

Tanzbälle in den heimischen Räumen, die meist von 8 Uhr abends bis 2 Uhr morgens dauerten, waren eine spezielle Gesellschaftsform des Bürgertums mit ritualisierten Abläufen. Bei Bällen lernten die Töchter die Umgangsformen der bürgerlichen Gesellschaft und häufig ihre späteren Männer kennen. Die bürgerlichen Familien mit Söhnen oder Töchtern im heiratsfähigen Alter gaben im Winter mehrmals wöchentlich Tanzveranstaltungen, zu denen persönlich eingeladen wurde. Es durfte kein Gedränge geben und zudem musste ein passendes Mischungsverhältnis aus Damen und Herren vorhanden sein.[298]

Trotz ihrer Vorzüge als Tanzsaal war die Kanalmühle keine hübsche Wohnung, wie Kurt Gebeschus festhielt: „Schön war sie äußerlich gewiß nicht, [...] aber sie lag frei vor dem Tore hinter einer Reihe mittelgroßer Platanen mit einem hübschen Blick auf die Nussallee. Über einem Hochparterre im ersten Stock gelegen, hatte die Wohnung 8 Zimmer und einen riesigen Flur und im zweiten Stock ein schönes Fremdenzimmer, drei große Mansarden und riesige Speicherräume. Die größte Zahl von Gästen, die die Eltern einmal gleichzeitig zu Besuch hatten, war 52! In zwei Zimmern wurde abgelegt, in zwei anderen empfangen, in drei weiteren war für die 52 Gäste gedeckt und in dem 84 Quadratmeter großen Flur hätten die 26 Paare bequem tanzen können."[299]

Die Größe solcher bürgerlicher Wohnungen machte Separierung und Funktionstrennung möglich. Ein Salon zum Speisen und Empfang von Gästen, das Damenzimmer, in dem sich

295 K. Gebeschus, Lebenserinnerungen II, S. 86f.
296 Ebd., S. 380.
297 StAHU C3 289, Beschluss d. Magistrats, 42. Sitzung v. 23. Februar 1905.
298 Wörner, Bankiers, S. 120.
299 K. Gebeschus, Lebensbilder II, S. 160.

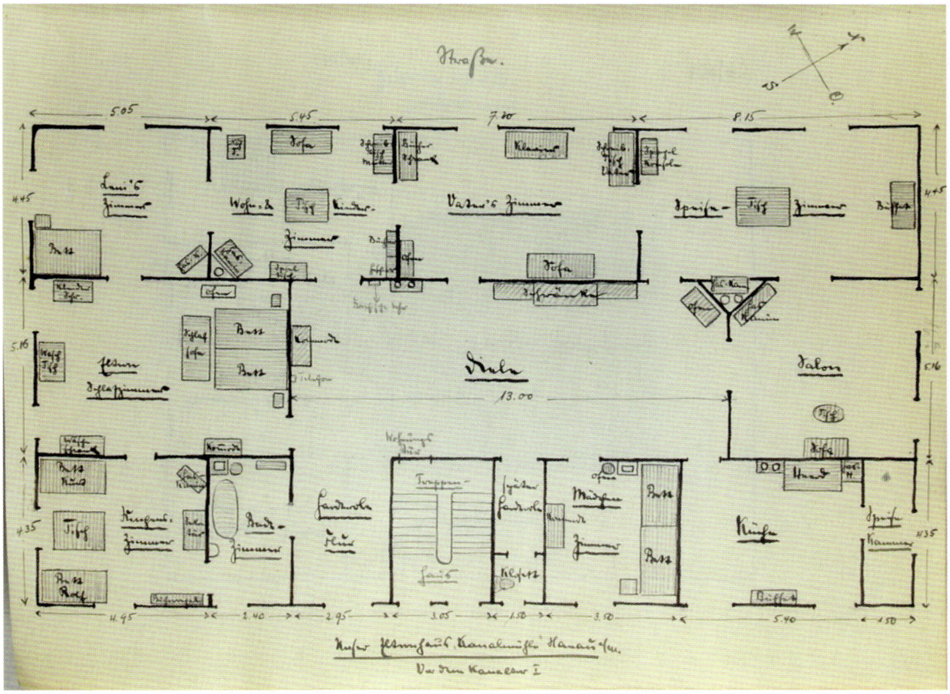

Die Zimmeraufteilung der Gebeschus'schen Wohnung: An der Straßenseite lag das Zimmer von Leni Gebeschus, daran schlossen sich Wohn- und Kinderzimmer sowie das Arbeitszimmer von Eugen Gebeschus mit Klavier sowie das Speisezimmer an. Im mittleren Bereich der Wohnung waren das Elternschlafzimmer und der Salon untergebracht. Dominierend war die 13 Meter breite Diele im Zentrum der Wohnung. Auf der Rückseite befanden sich die Zimmer der Söhne Rolf und Kurt, Badezimmer, Garderobe und Flur, Treppenhaus, Toilette, Hausmädchenzimmer sowie Küche mit anschließender Speisekammer. Das darüber liegende Geschoss umfasste Speicher und Lagerräume sowie ein Gästezimmer.
Auf den folgenden Seiten sind Aufnahmen der Oberbürgermeisterwohnung mit Julie und Kurt Gebeschus zu sehen. Die Aufnahmen sind undatiert und stammen vermutlich aus den 1920er Jahren.

die Kinder nicht aufhalten durften, das Rauchzimmer für die Herren, in dem aber andere Unterhaltungen als im Musikzimmer geführt wurden und den zentralen und größten Raum der Wohnung mit gehobener Ausstattung, der dem Hausherrn als Patriarch der Familie zustand. Der Salon und das Esszimmer, in denen die Gäste empfangen wurden, lagen meist zur Straßenseite und waren mit großen Fenstern oder Erkern versehen, während Schlaf-, Kinderzimmer oder Küche meist im rückseitigen Teil der Wohnung lagen und zugleich eine Rückzugsmöglichkeit für die Familienmitglieder boten.[300]

300 Budde, Weg, S. 73f.; Wörner, Bankiers, S. 50.

Einblicke in die Oberbürgermeisterwohnung: das Wohnzimmer

Einblicke in die Oberbürgermeisterwohnung: Speisezimmer mit Spiegelkommode und Buffet

Einblicke in die Oberbürgermeisterwohnung: Salon (oben) und Jungenzimmer (unten)

Einblicke in die Oberbürgermeisterwohnung: Eugen Gebeschus' (Arbeits-)Zimmer

Einblicke in die Oberbürgermeisterwohnung: Arbeitszimmer

Elternschlafzimmer (oben) und Bedienstetenzimmer (unten)

5.3. Vereinsleben

Vereine bildeten einen wichtigen Bestandteil des bürgerlichen Lebens und des gesellschaftlichen Austausches. In den Vereinsgremien wurden demokratische Verfahren wie Abstimmen, Wählen, Diskutieren und Protokollieren ausgeübt und kulturelle Interessen bei Treffen im Salon, Lesezirkeln, Musik und Gesang ausgelebt. Solche Beziehungen innerhalb des Bürgertums und der Stadtbürgerschaft waren äußerst wichtig, wie Handelskammerpräsident Fritz Canthal bestätigte: „Die persönlichen Beziehungen, auch wenn sie außerhalb des eigentlichen Geschäftsbetriebes liegen, wirken auf diesen zurück. Sie bildeten ein wertvolles Kapital, das auch für die gewerbliche Entfaltung nutzbringend ist. Sie wirken nicht nur gesellschaftlich und geistig anregend, sondern führen auch zur Kenntnis von Vorgängen und Beziehungen, die sich oftmals befruchtend auf eine kaufmännische Behandlung erweisen."[301]

Gebeschus' Vereinstätigkeit konzentrierte sich vornehmlich auf seine Logenmitgliedschaften. Er war überzeugtes Freimaurermitglied: in St. Goarshausen in der Kreuznacher Loge »Vereinigte Freunde an der Nahe«, in Höchst in der Loge »Einigkeit« und in Hanau in der Loge »Braunfels zur Beharrlichkeit« (EG: 565).

Die Hanauer Loge riefen am 29. März 1872 u.a. Heinrich Nickel, Heinrich Fues, Wilhelm Una und Jacob Zimmermann ins Leben.[302] Ein Logenhaus bestand zunächst nicht, sondern nur angemietete Räumlichkeiten in einem Hinterhaus des Grundstückes Am Marktplatz 4.[303] Per Vertrag vom 9. Dezember 1891 mietete die Loge auf zehn Jahre Räume im Friedrichsbau des Stadtschlosses und zog 1892 dort ein.[304] Ein Jahr nach ihrer Gründung verfügte die Loge über 44 aktive Mitglieder, hauptsächlich Fabrikanten und Kaufleute, die sich freitags zum regelmäßigen Logenabend zusammenfanden.[305] Zu den Aktivitäten zählten Zeichnungen und Vorträge der Mitglieder, Lesezirkel, Sachgaben und Spenden an die Armen Hanaus zu Weihnachten, Ferienkolonien für schwächliche Kinder sowie ein jährliches Johannis- und Stiftungsfest. 1880 schuf die Loge einen Unterstützungsfonds für Witwen, Waisen und Halbweisen der Mitglieder.[306]

Gebeschus war unterdessen am 29. Oktober 1890 als affiliiertes Mitglied der Loge zur Einigkeit zu Frankfurt beigetreten. Er erlangte damit den Status, solange Mitglied in der Loge zu bleiben, solange er in der Stadt wohnte, in der die Loge agiert und residiert.[307] In Hanau wurde er am Johannisfeuer am 30. Juni 1895 in die dortige Loge affiliiert und war eines der sieben von insgesamt 137 bis 1897 affiliierten Mitglieder. Zu seinen Logenbrüdern zählten weite Teile des Hanauer Wirtschaftsbürgertums wie Jean Nicolay, Gustav Deines, Wilhelm Fues, Wilhelm Kittsteiner, Carl Fues, Jean Wörner und Heinrich Deines.[308] Als Stadtschulin-

301 Dröse, Canthal, S. 89.
302 Geschichte der Freimaurerei, S. 33. Gründungsdatum nach Blaschek, Geschichte, S. 76.
303 Geschichte der Freimaurerei, S. 34. Ferner Blaschek, Geschichte, S. 76.
304 Geschichte der Freimaurerei, S. 64f.
305 Geschichte der Freimaurerei, S. 40. Ferner Blaschek, Geschichte, S. 76.
306 Geschichte der Freimaurerei, S. 48.
307 Reges, Geschichte, S. 145.
308 Geschichte der Freimaurerei, S. 72, 82.

Tempel der Loge »Braunfels zur Beharrlichkeit« im Fürstenbau des Stadtschlosses, um 1900

spektor Paul Lorenz[309] der Loge und dadurch zahlreiche Lehrer beitraten, verließ Gebeschus diese aus innerer Abneigung gegen den Schulmeister (EG: 566).

Die Bedeutung von Gebeschus' Wirken in den Hanauer Vereinen kann in dieser Arbeit nur angerissen werden. So lässt sich die These, „daß die Elite in deutschen Städten eine sich in Netzwerken organisierende Elite war"[310] nur als Vermutung bestätigen. Im Netzwerk von Vereinen, Stiftungen und besonders der Handelskammer lenkte Gebeschus wie Franz Adickes bei der Universitätsgründung in Frankfurt die Geschicke der Stadt. Von den Kirchengremien, die Roth als vierte Säule anführt,[311] hielt Gebeschus wegen seiner Abneigung zur Religion jedoch mit Sicherheit Abstand. Dafür engagierte er sich im sozialen Bereich, wie der Vorsitz im Zweigverein des Roten Kreuzes verdeutlicht.[312] Ein Engagement von Gebeschus als Mäzen oder in einem Kunstverein lässt sich nicht feststellen. Damit widerstand er einem klassischen Typus des Bürgertums, sich in einem solchen Umfeld zu engagieren. Vielleicht bereiteten ihm seine Freizeitaktivitäten zu viel Freude.

309 Lorenz wirkte zwischen 1902 und 1906 als Stadtschulinspektor in Hanau und war innerhalb dieses Zeitraums Mitglied der Loge. 1906 verließ er Hanau in Richtung Flensburg, wo er den Posten eines Stadtschulrats und Magistratsmitglieds ausfüllte.

310 Roth, Verein, S. 135.

311 Ebd.

312 Hanau, Verwaltungsbericht 1900–1902, S. 248.

5.4. Freizeitaktivitäten

An den Sonntagen unternahmen die Familien Gebeschus und Zimmermann stets Wanderausflüge. Bewegung, Sport und Aktivitäten an der frischen Luft wie solche Spaziergänge bestimmten die Freizeitgestaltung nach dem bürgerlichen Ideal. Von den gängigen Sportaktivitäten um die Jahrhundertwende wie Turnen, Schwimmen, Kegeln, Reiten, Tennis, Golf, Bergsteigen oder später Skilaufen, Radfahren, Hockey oder Polo[313] ist bei Gebeschus nichts zu lesen. Lediglich Tanzen und Spazierengehen zählt er auf.

In Höchst war bei der Familie Gebeschus noch keine Wanderleidenschaft vorhanden gewesen, weil der Nachwuchs zu klein gewesen war und die nähere Umgebung wenig zum Wandern eingeladen hatte, während mit dem Umzug nach Hanau Bulau, Spessart und Odenwald beliebte Reiseziele der Familien Gebeschus und Zimmermann wurden (EG: 518f.). Die Freundschaft der beiden Familien hatte durch den Auszug nicht gelitten (EG: 414).

Bei den Familienausflügen fehlten häufig Fritz Zimmermann und Julie Gebeschus. Ersterem fehlte die Liebe am Laufen und Julie strengten die Wanderungen im Spessart zu sehr an. Die restlichen acht Familienmitglieder nahmen regelmäßig an den Märschen teil, auch wenn Gebeschus' Söhne mit zunehmenden Alter – verständlicherweise in der Adoleszenz – immer weniger Freude an den sonntäglichen Wanderungen auf den Hahnenkamm hegten (EG: 415, 519).

Kurt Gebeschus hasste die Unternehmungen: „Für uns Kinder waren die Sonntagsausflüge eine Qual. [...] Wie brennend gern wären wir Kinder hin und wieder zu Hause geblieben, um mit Freunden und Kameraden bei frohem Spiel den schulfreien Sonntag zu genießen. Mutter hatte volles Verständnis für uns, auch sie liebte diese Wanderungen nicht und blieb zu Hause. Aber ihre Versuche, uns hin und wieder loszueisen, fruchteten nichts: in diesem Punkt war Vater unerbittlich, wir mußten mit."[314] „[I]n unserem Ausflugmenu [war] kaum irgendwelche Abwechslung [. . .]. Der alte Herr war da eigentlich unerbitterlich und wir Kinder, auch die Zimmermann'schen pilgerten stöhnend die langweilige Aepfelallee von Dettingen nach Wasserlos [. . .] und dann ging's hinauf zu den lichten Höhen!"[315]

Ab 1902 musste Gebeschus seine geliebten Spaziergänge wegen seines Ischias einstellen. Auch mehrere Behandlungen in den folgenden Jahren besiegten die Krankheit nicht, sodass er bei längerem Gehen und Stehen Schmerzen verspürte (EG: 521). Nachdem Gebeschus die Wanderungen auf den Hahnenkamm nicht mehr bewerkstelligen konnte, ließ er sich einen Werktisch herrichten, wo er sonntags seine Gewehrsammlung zerlegte, säuberte, die Schlösser putzte (EG: 591f.)[316] und die Gewehre bestimmte.[317]

Die Passion des Waffensammelns ging wohl auf Jugenderlebnisse mit seinem Schulfreund Albert Espenschild zurück, dessen Vater Regimentsbüchsenmacher der in Demmin stationierten Ulanen war. In der väterlichen Werkstatt probierten die Teenager Pistolen aus und als

313 Wörner, Bankiers, S. 236.
314 K. Gebeschus, Lebensbilder II, S. 170.
315 K. Gebeschus, Lebenserinnerungen II, S. 31.
316 Ebenso bei K. Gebeschus, Lebensbilder II, S. 175.
317 Ebd.

Eugen Gebeschus' Hobby zwischen 1900 und 1914: Waffen sammeln und polieren.

14-jähriger kaufte sich Gebeschus 1869/70 von seinem Ersparten für 15 Mark eine Waffe. Seit 1901/02 ging er seinem Faible intensiv nach (EG: 589).[318]

Zunächst stand er lange Zeit nur vor den Schaufenstern der Antiquitätenhandlungen und traute sich nicht nach den Preisen zu fragen. Schließlich überwand Gebeschus seine Scheu und erkundigte sich nach einer Steinschussflinte. Da die Anschaffungskosten niedrig waren, erwarb er gleich vier an der Zahl. Als er um die Jahrhundertwende häufig wegen dienstlicher Angelegenheiten nach Berlin und Kassel reiste, kaufte er sich von der Hälfte der Überschüsse aus den Reisegeldern solche Kleinigkeiten, die ihm eine Freude bereiteten (EG: 590). In der Folge erweiterte Gebeschus seine Sammlung um zahlreiche Militärhandfeuerwaffen. Insgesamt erwarb er etwa 100 Gewehre sowie ein halbes Dutzend Revolver und Kanonen (EG: 591f.). Die Faszination an den Waffen endete mit dem Beginn des Ersten Weltkrieges und er stellte sein Hobby ein.[319]

Seine Sammlung vermachte Gebeschus seinem Sohn Kurt, der jedoch nur die 20 wertvollsten Gewehre behielt und die restlichen 80 Exemplare dem Hanauer Geschichtsverein vermachte. Als 1943 Berlin-Zehlendorf durch Luftangriffe zerstört zu werden drohte, überg-

318 Ebenso bei K. Gebeschus, Lebensbilder II, S. 174. Kurt Gebeschus schreibt hingegen, der Vater hätte sich 1869/70 keine Waffe leisten können.

319 Ebd., S. 175.

ab Kurt die Gewehrsammlung des Vaters dem Armeemuseum in Straßburg.[320] Der Hanauer Geschichtsverein musste 1946 die Waffensammlung der US-Militärregierung aushändigen. In der Folge verliert sich die Spur der ehemaligen Gebeschus'schen Sammlung.[321]

Entsprechend dem gängigen bürgerlichen Ideal unternahm Gebeschus viele Reisen. Verwehrt blieb ihm eine große Bildungsreise innerhalb des Reiches, in eine der europäischen Metropolen wie London oder Paris oder auf einen anderen Kontinent, wie es Söhnen oder Töchtern wohlhabender Familien möglich war.[322] Als einzige Bildungsreise lässt sich sein Weg nach Tübingen 1874 einstufen oder mit Abstrichen auch die Wanderungen um das württembergische Städtchen. Seine übrigen Reisen während der Bürgermeisterphase dienten rein der Erholung. Auch von einer intensiven Urlaubsreisetätigkeit – wie bei vielen Vertretern des Wirtschaftsbürgertums –, lässt sich bei Gebeschus nicht sprechen. So unterließ er Mittelmeerreisen wie sie sein Freund Fritz Canthal unternahm. Trotz der Auswanderung seiner Tochter in die Vereinigten Staaten 1906 besuchte Gebeschus sie nie, lediglich seine Frau Julie reiste über den Atlantik.[323] Stattdessen zog es ihn für den Erholungsurlaub immer an die deutschen Küsten.

Hier machte Gebeschus desöfteren auch ohne seine Familie Urlaub. So in Borkum zur Erholung und Kur, während Julie mit den Kindern in Tübingen oder ebenfalls an der Ostsee weilte.[324] Mit seinem Sohn Kurt fuhr Gebeschus 1895 und 1899 nach Borkum (EG: 523), was auch 1900, 1902 bis 1906, 1908 und 1909 sein bevorzugtes Urlaubsreiseziel blieb (EG: 524). In der Regel verbrachte der Nachwuchs die Sommerferien – mit Ausnahme der wenigen Sommerurlaube mit dem Vater in Borkum – bei Großvater Schweickhardt, Onkel Heinz und Tante Marie in Tübingen.[325]

Im Sommer 1907 weilte Gebeschus wegen seines Ischias zur Kur in Pyrmont. Da die Erholung nicht von Dauer war, folgte eine Nachkur mit seiner Frau Julie in Kassel-Wilhelmshöhe, wo die beiden das Ehepaar Range aus Kassel kennenlernten, zu denen eine jahrelange Freundschaft entstand. Die Familie Range besuchte Gebeschus fortan stets bei seinen Aufenthalten in Kassel.[326]

5.5. Eheschließungen und Familiengründungen

Heiratsmärkte, Familienfeiern, Bälle, Diners und Hauskonzerte, Sport, Bildungsreisen oder Kuraufenthalte stellen für das Bürgertum die gängigen Methoden zur Brautfindung dar. Während dies bei Eugen und Julie Gebeschus nicht der Fall gewesen war, trat es für die Söhne durch die Tanzveranstaltungen in der Kanalmühle ein.[327] Leni vermählte sich mit einem

320 K. Gebeschus, Lebensbilder II, S. 175.
321 Schreiben d. Magistrats an die Landesmilitärregierung Wiesbaden v. 23. Juni 1949, Download-Dokument von https://www.fold3.com/.
322 Vgl. Wörner, Reisen, S. 118f.
323 Dröse, Canthal, S. 157. Vgl. allgemein zur Reisetätigkeit Canthals ebd., S. 127–163.
324 K. Gebeschus, Lebensbilder II, S. 172.
325 K. Gebeschus, Lebenserinnerungen II, S. 33.
326 Ebd., S. 183.
327 Budde, Blütezeit, S. 28; Budde, Weg, S. 31ff.

Die Frischverlobten: Leni Gebeschus und Fritz Zimmermann, 1905.

guten Freund der Familie, Fritz Zimmermann (* 1881), dem ältesten Sohn der ehemaligen Vermieter Ernst und Emma Zimmermann (* 1854 bzw. 1857) (EG: 414, 427).[328]

Leni Gebeschus heiratete Fritz Zimmermann am 14. Dezember 1906 in der Kanalmühle. Wenig später siedelte das junge Paar in die Vereinigten Staaten über (EG: 543),[329] nachdem Zimmermann 1905 das Angebot erhalten hatte, als Platinchemiker in Newark, NJ zu arbeiten (EG: 542f.). Während Eugen Gebeschus den Wegzug der Tochter nach Übersee wohl mit stoischer Ruhe hinnahm, war Julie, ob Zimmermanns Entschluss Leni mitzunehmen, völlig aufgelöst. So schrieb sie am 2. Dezember 1905 ihren Verwandten in Tübingen: „Ich bin

328 Ebenso K. Gebeschus, Lebensbilder II, S. 170.
329 Ebenso K. Gebeschus, Lebenserinnerungen II, S. 183; Ahnen-Buch Gebeschus, o.S.

noch ganz fassungslos, ganz kopflos und verzweifelt [...]. Eugen hat gar kein Verständnis für meinen Jammer mit seiner stoischen Ruhe, sagt, daß das nun mal das Los der Eltern ist. Damit kann ich mich nicht abfinden."[330] In den Vereinigten Staaten kam am 12. November 1907 mit Rolf Zimmermann der erste Enkel von Eugen Gebeschus zur Welt (EG: 543).[331]

Für die Söhne Rolf und Kurt veranstalteten die Eltern am 26. Dezember 1910 einen Hausball – ob dahinter eine tiefere Absicht zur Brautschau stand, wissen wir nicht.[332] Eingeladen war auch Hanna Brüning, die im Sommer 1906 mit Eugen und Kurt Gebeschus in Borkum im Urlaub gewesen war, ohne dass zwischen den Familien in den folgenden Jahren enger Kontakt bestehen sollte.[333] Rolf offenbarte Kurt vor dem Ball seine Absicht, sich Hanna nähern zu wollen. Kurt, der selbst ein Auge auf Hanna geworfen hatte, wollte dem Bruder nicht im Wege stehen, doch beim Ball kam es anders: „Die Gäste kamen und mit dem Anblick der noch nicht 18jährigen schwarzen Hanna waren all meine guten brüderlichen Vorsätze über den Haufen geworfen. Hanning [Hanna] flog aus dem Arm des Leutnants [Rolf] in den des Fähnrichs [Kurt] und umgekehrt, bis dem alten Herrn die Sache zu bunt wurde, und er uns beide in verdammt deutlichen Worten coram publico an unsere Pflichten als Gastgeber erinnern musste!! Peinlich!!"[334]

Rolf Gebeschus schien sein Herz verloren zu haben, warb er doch in der Folgezeit intensiv um Hanna Brüning und Eugen Gebeschus machte den „Brautwerber bei Brünings".[335] Er wandte sich im Januar 1911 postalisch mit der Bitte um eine Aussprache an Marie Brüning. Das Verhältnis zwischen Gebeschus und Marie Brüning muss sehr freundlichschaftlich gewesen sein, wenn man sich die Anreden und Grußformeln „Meine liebe hochverehrte Freundin", „Mit herzlichem Handkuß Ihr allzeit getreuer Gebeschus" oder „Liebe Marie" vor Augen führt.[336]

Bei so viel Herzlichkeit ist es wenig verwunderlich, was folgen sollte: die Verlobung zwischen Hanna Maria Brüning und Rolf Gebeschus am 23. Januar 1910[337] und die Hochzeit am 25. Januar 1912 im Hotel Adler in Hanau.[338] Aus der Ehe gingen die beiden Kinder Doris (* 4. April 1914, † 27. Mai 1996) und Rolf-Kurt (* 19. Januar 1918, † 10. Januar 1981) hervor.[339]

Die am 12. Februar 1893 in Langendiebach geborene Hanna Maria Brüning († 2. Mai 1940 in Berlin)[340] stammte aus einer der reichsten Hanauer Familien. Ihr Vater, der Fabrikant August Konrad Brüning,[341] übernahm zusammen mit seinem älteren Bruder Heinrich 1880 das elterliche Gewerbe Brüning & Sohn, wie die Zigarrenkistenfabrikation seit dem Eintritt

330 K. Gebeschus, Lebenserinnerungen II, S. 181.
331 Ebenso Ahnen-Buch Gebeschus, o.S.
332 K. Gebeschus, Lebenserinnerungen II, S. 265.
333 Ebd., S. 182, 266.
334 Ebd., S. 269.
335 K. Gebeschus, Lebensbilder II, S. 185.
336 Ebd., S. 278: Brief v. E. Gebeschus an M. Brüning v. 5. Januar 1911.
337 K. Gebeschus, Lebenserinnerungen II, S. 270.
338 Ebd., S. 271; K. Gebeschus, Lebensbilder II, S. 185; Ahnen-Buch Gebeschus, o.S.
339 Ahnen-Buch Gebeschus, o.S.
340 Ebd.
341 K. Gebeschus, Chronik II, S. 109: Ahnentafel von Hanna-Maria Gebeschus (verfasst von ders.); Ahnen-Buch Gebeschus, o.S. August Konrad Brüning (* 7. Juni 1860 in Langendiebach, † 24. Juli 1941 in Hanau) heiratete in erster Ehe am 27. Juli 1886 in Barmen Marie Ehringhaus (* 25. Januar 1865 in Barmen, † im Juni 1949 in Holland).

Hanna Maria Brüning, Ehefrau von Rolf Gebeschus, 1910:
Nach Rolfs Tod heiratete sie 1919 dessen Bruder Kurt Gebeschus.

Heinrich Brünings 1876 als kaufmännischer Teilhaber firmierte. Es handelte sich um ein florierendes Gewerbe, denn in den Jahren 1883 bis 1886 betrug der Gewinn des Unternehmens jeweils über 20.000 Mark.[342]

Um von den lithographischen Anstalten unabhängig zu sein, die die farbenprächtigen Bilder für die Verzierung der Zigarrenkisten produzierten, entschieden sich Heinrich und August Brüning zum 1. Januar 1892 in Hanau eine eigene Lithographische Anstalt zu gründen. Hierzu hatten sie im Auheimer Weg ein Grundstück für die Kunstanstalt erworben. Heinrich Brüning bereiste zahlreiche europäische Länder und erreichte so den Verkauf der Zigarrenverpackungen in Europa und auf dem amerikanischen Kontinent. Die Kunstanstalt erlangte

342 K. Gebeschus, Lebensbilder II, S. 250. Zum Lebenslauf von Heinrich Brüning siehe Siebert, Biographien, S. 19ff.

August und Marie Brüning: Hanna Maria Brünings Eltern.

Weltruf und so gestalteten Künstler wie Franz Stassen, Wilhelm Schulz, Willy Stöwer oder Heinrich Ehmke Entwürfe für Zigarrenverpackungen, Postkarten und Plakate. Nach dem Tod des Vaters Johannes Brüning am 23. Juni 1897 wandelten die Brüder das Langendiebacher Werk 1898 in eine Aktiengesellschaft um, in der Heinrich als Aufsichtsratsvorsitzender und August als Direktor fungierten, und errichteten sechs weitere Fabriken in Deutschland.[343]

August Brüning schied 1901 als Direktor der Langendiebacher Firma aus, blieb Teilhaber der Hanauer Firma der Brüder, zog sich 1908 auch aus dem Hanauer Unternehmen Heinrich und August Brüning zurück und „widmete sich von nun an der Verwaltung seines Millionenvermögens", wie Kurt Gebeschus bilanziert.[344] Schon 1900 war August Brüning nach Hanau in eine stattliche Villa in der Philippsruher Allee gezogen.[345]

Sein Bruder Heinrich, der am 18. Dezember 1918 an den Spätfolgen eines Schlaganfalls verstarb, hatte sich 21 Jahre als Mitglied der Handelskammer und Unternehmer für die Belange der Arbeiter eingesetzt sowie Stiftungen für Hinterbliebene von Gefallenen im Ersten Weltkrieg und ehemalige Soldaten gegründet.[346] Sein Schwiegersohn Eugen von Maltitz übernahm nach dem Rückzug von August Brüning die Führung der Geschäfte der Brüningwerke in Langendiebach. Von Maltitz verspekulierte sich aber in den Inflationsjahren, sodass

343 K. Gebeschus, Lebensbilder II, S. 251f.; Siebert, Biographien, S. 20.
344 K. Gebeschus, Lebensbilder II, S. 252.
345 Ebd., S. 245.
346 Siebert, Biographien, S. 21.

das Unternehmen zusammenbrach und verkauft wurde. Die Leitung der Lithographischen Anstalt in Hanau ging 1918 in die Hände von Heinrichs Söhnen Hugo und Julius über.[347]

Doch zurück zu Gebeschus' Söhnen. Auch zwischen dem verschmähten Kurt und der Frau seines Bruders entwickelte sich in den folgenden Jahren ein freundschaftliches, geschwisterliches Verhältnis, sodass sich von einer Dreierfreundschaft sprechen lässt.[348] Die Brüder und Hanna lebten vom Februar 1914 bis zum Ausbruch des Krieges ein Familienleben zu dritt. Kurt Gebeschus schreibt: „Ich mochte kommen, wann ich wollte: mein Stuhl, mein Bett, nötigenfalls ein Bad und alle dankbaren sonstigen leiblichen Genüsse des Daseins standen stets zu meiner Verfügung."[349] Sie wohnten in einer 7-Zimmer-Wohnung in der Esmarchstraße 64 in Kiel. Es handelte sich um ein ausgesprochenes Offizierswohnviertel, eine Wohnung mit „pompöse[r] Einrichtung" und zwei Dienstboten.[350]

Es war eine kurze, glückliche Zeit. Wenig später brach der Erste Weltkrieg aus. Während des Krieges sorgten sich die Eltern besonders um die Söhne.[351] Die Blücher, auf der Kurt Gebeschus stationiert war, sank in der Seeschlacht auf der Doggerbank am 24. Januar 1915. Dennoch behielt Eugen Gebeschus seinen großen Optimismus, dass Beiboote die Marinesoldaten gerettet hatten. Am 28. Januar 1915 erreichte die Familie in Hanau die Nachricht, dass Kurt „verwundet in englische Gefangenschaft geraten sei."[352] Erst 1918 wurde Kurt Gebeschus zur Internierung nach Rotterdam überstellt, wo sich Vater, Mutter und Sohn nach fast drei Jahren zum ersten Mal wiedersahen.[353] Mitte August 1918 kehrte er nach Hanau zurück.[354]

Rolf Gebeschus hingegen blieb die glückliche Wendung des Schicksals verwehrt. Während Kurt in Edinburgh in englischer Gefangenschaft saß, leistete Rolf weiterhin seinen Dienst.[355] Er verstarb vermutlich am 28. Januar 1918 als Kommandant des U-Bootes SM UB-63 in der britischen Nordsee. Gegen 21.15 Uhr griffen die Trawler W.S. Bailey und Fort George vor der Mündung des Firth of Forth das getauchte U-Boot mit vier Wasserbomben an und versenkten es. Es gab nach offizieller Darstellung keine Überlebenden. Der Verlust der SM UB-63 blieb bis heute unaufgeklärt, die wahrscheinlichste Darstellung beruht auf britischen Darstellung aus Marinekreisen und Presse, nachdem die SM UB-63 von britischen Verbänden versenkt wurde, Lage und Bestimmung des U-Bootes wurden jedoch nie vorgenommen.[356]

Nach außen hin nahm Eugen Gebeschus den Tod seines Sohnes ruhig hin, erinnerte sich an die freudigen Stunden mit ihm und dass er im Dienste für das Vaterland gestorben war. Während Julie emotional weitaus tiefer getroffen war, spielte er den Fels in der Brandung. Als ihn sein Landtagskollege Forstmeister aus Schlüchtern nach dem Befinden des Sohnes fragte, konnte er jedoch die Emotionen nicht mehr halten: „[D]a schüttelte er mir wortlos die Hand, lange, lange. Und da merkte ich das wehe Zucken seines Vaterherzens, und er das mei-

347 K. Gebeschus, Lebensbilder II, S. 253.
348 K. Gebeschus, Lebenserinnerungen II, S. 276.
349 Ebd., S. 377.
350 Ebd.
351 K. Gebeschus, Lebensbilder II, S. 190.
352 Ebd., S. 187.
353 Ebd., S. 191.
354 Ebd., S. 196.
355 Ebd., S. 190.
356 Ebd., S. 293f.

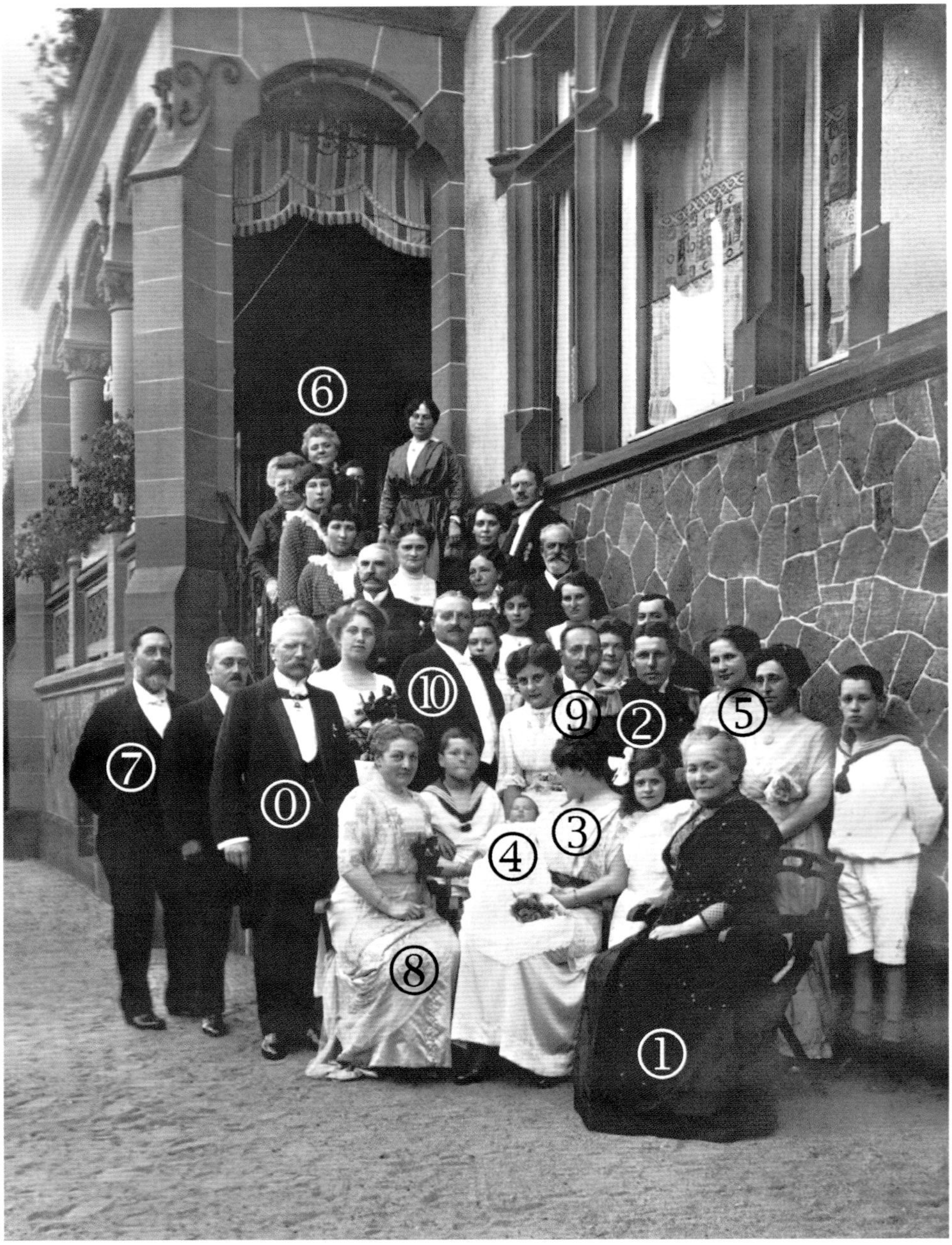

Familienbild anlässlich der Taufe von Doris Gebeschus am 27. Juni 1914 vor dem Haus der Schwiegereltern Brüning (0 = Eugen Gebeschus, 1 Julie Gebeschus, 2 = Rolf Gebeschus, 3 = Hanna Maria Gebeschus, 4 = Doris Gebeschus, Täufling, 5 = Leni Zimmermann, 6 = Emma Zimmermann, 7 = Ernst Zimmermann, 8 = Marie Brüning, 9 = August Brüning, 10 = Kommerzienrat Heinrich Brüning)

nige. Ich weine ja selten, eben geht's nicht anders"[357], beschrieb er seine Gefühle. Dennoch war Gebeschus stolz auf seine Söhne, dass sie das Vaterland an der Front verteidigt hatten und sich nicht wie viele in einen kriegswichtigen Betrieb hatten versetzen lassen.[358]

Rolf Gebeschus' Witwe heiratete am 18. Oktober 1919 dessen jüngeren Bruder Kurt.[359] Dieser musste sich nach dem Krieg und seinem Ausscheiden aus der Marine zunächst einen neuen Beruf suchen. Er entschied sich für die Lebensmittelbranche (EG: 566), was auch der Vater befürwortete.[360] Seit März 1919 arbeitete Kurt Gebeschus als Volontär in der Mühle Thylmann in Kilianstädten.[361]

Gebeschus hoffte seinen Sohn in die Lehre bei seinem Freund Leysieffer schicken zu können, der eine große Mühle in St. Goarshausen besaß (EG: 567). Denn August Brüning hatte die Zustimmung zur Heirat mit seiner Tochter Hanna von einer sicheren Arbeitstätigkeit von Kurt Gebeschus abhängig gemacht (EG: 568). Im August 1919 besprachen Leysieffer und Gebeschus, ob ersterer Kurt ausbilden werde (EG: 568f.). Leysieffer wollte Kurt nach der Lehre sogar als Teilhaber in seine Firma aufnehmen und gab dieses Versprechen auch August Brüning (EG: 570,572). Damit war der Weg frei. Nach der Zusicherung heirateten Kurt und Hanna im Oktober 1919 und Kurt Gebeschus begann am 1. November seine Tätigkeit im Leysiefferschen Geschäft (EG: 573).

Der Inhaber befand sich jedoch häufig im Zweitwerk in Deutz, sodass Kurt Gebeschus' Ausbildung dem Prokuristen Wenges oblag, der nicht daran interessiert war, den jungen Teilhaber in spe vernünftig auszubilden (EG: 573). Kurt Gebeschus beklagte sich zwar über die mangelnde Ausbildung, doch Leysieffer versicherte Eugen Gebeschus Mitte 1920, er sei mit dem Einsatz dessen Sohnes sehr zufrieden (EG: 574), um nur 14 Tage später zu verkünden, Kurt Gebeschus tauge nicht zum Kaufmann. Die Ausbildung war vorüber und daran zerbrach die Freundschaft (EG: 575).

Kurt Gebeschus fand 1921 eine neue Stelle als Betriebsleiter der Papierfabrik Fr. Elsas jr. A.G. in Barmen, wo er später zum Prokuristen aufstieg, bis das Unternehmen wegen der Ruhrbesetzung stillgelegt wurde.[362] Zwischenzeitlich wurde am 22. August 1922 Tochter Hanna-Maria in Barmen geboren, die am 2. August 1941 den Oberleutnant der Luftwaffe Hans Rybka heiratete.[363]

Kurt Gebeschus fand eine neue Tätigkeit als Prokurist bei der Konfektionsfabrik Schlösser & von der Nahmer in Elberfeld. Es folgte die Rückkehr nach Hanau, wo er ab Februar 1930 bei Dunlop arbeitete.[364] Seine am 1. Januar 1933 angetretene Stelle im Außenbezirk Nürnberg bereitete Kurt Gebeschus wenig Freude,[365] daher bewarb er sich im Sommer 1933 um eine Stelle beim Militär. Die Marineleitung wollte ihn für die „Sammlung und Auswertung

357 K. Gebeschus, Lebensbilder II, S. 193f.: Zitat aus einem Brief v. E. Gebeschus an K. Gebeschus v. 20. März 1918.

358 Ebd., S. 197: Brief v. E. Gebeschus an K. Gebeschus v. 16. Oktober 1918.

359 Ahnen-Buch Gebeschus, o.S.

360 K. Gebeschus, Chronik I, S. 170a: Schreiben von K. Gebeschus v. 1. Mai 1933.

361 K. Gebeschus, Lebensbilder II, S. 213.

362 K. Gebeschus, Chronik I, S. 170a: Schreiben v. K. Gebeschus v. 1. Mai 1933.

363 Ahnen-Buch Gebeschus, o.S.

364 K. Gebeschus, Chronik I, S. 170a: Schreiben v. K. Gebeschus v. 1. Mai 1933; K. Gebeschus, Lebensbilder II, S. 225.

365 K. Gebeschus, Chronik I, S. 170a: Schreiben v. K. Gebeschus v. 1. Mai 1933.

von Nachrichten aus fremden Marinen“ in Berlin anstellen.[366] Daraufhin kündigte Kurt Gebeschus bei der Dunlop.[367] Nach Kriegsende zog er 1948 nach Hanau zurück und lebte dort bis zu seinem Ableben am 19. Februar 1968 bei seiner Tochter Hanna-Maria und deren Mann Hans Rybka in dessen Elternhaus in der Bachstraße.[368]

366 K. Gebeschus, Chronik I, S. 170a: Schreiben der Marineleitung v. 2. Juni 1933.

367 Ebd., S. 172a: Schreiben v. K. Gebeschus v. 27. Juni 1933.

368 Arndt, Zeit, S. 196. Laut Arndt verstarb Kurt Gebeschus 1978, das Todesdatum ist aber nachgewiesen bei Standesamt Höchst: Geburtenbuch. Mit Namensverzeichnissen 1888–1889 (ISG Frankfurt am Main, Best. STA 4 / 7), URL: http://dfg-viewer.de/show/?set[mets]=http%3A%2F%2Fdigitalisate.hadis.hessen.de%2Fhstam%2F903%2F8083.xml, S. 35.

6. 23 ½ Jahre Oberbürgermeister (1893–1916): Gebeschus lenkt Hanau

6.1. Das Amt

6.1.1. Die Rolle der Stadtoberhäupter

Die Industrialisierung stellte die Städte vor die Herausforderung, das Wachstum und die immer umfangreicheren Verwaltungsaufgaben zu meistern, die der Staat ihnen übertrug. Dies machte eine ehrenamtliche Verwaltung nur noch in Kleinstädten möglich. Andernorts übernahmen Berufsbeamte die Verwaltungsaufgaben.[369] Mit der Professionalisierung der kommunalen Verwaltung entstammten Bürgermeister und Beigeordnete nicht mehr dem städtischen Bürgertum, sondern waren ausgebildete Fachkräfte, meist Juristen.[370] Zum neuen Betätigungsfeld ehrenamtlicher Honorationentätigkeit wurden im Zuge der nun professionell aufgebauten Verwaltung die zahlreichen Ausschüsse, Kommissionen und Deputationen, denen das Stadtoberhaupt, ein Mitglied des Magistrats oder der Stadtverordnetenversammlung vorstand.[371]

Der Titel des Bürgermeisters ist seit Mitte des 19. Jahrhunderts geläufig, zuvor wurde das Amt als Stadtpräsident, Stadtdirektor oder Schultheiß betitelt.[372] In Bayern trug das Stadtoberhaupt den Titel Erster Bürgermeister, in Baden und Preußen Bürgermeister. Die Bezeichnung Oberbürgermeister durften nach der preußischen Städteordnung von 1808 nur Stadtoberhäupter von Städten mit mehr als 100.000 Einwohnern führen oder sie erhielten sie als Ehrentitel durch den preußischen König verliehen.[373] Zudem führten in Kassel, Marburg, Hanau und Fulda die Stadtoberhäupter gemäß der Städteordnung von Hessen-Nassau die Amtsbezeichnung Oberbürgermeister.[374]

Ein Bürgermeister war ein auf Zeit angestellter Fachpolitiker, der die städtischen Interessen in diesem Zeitraum zu vertreten hatte und über dessen Leistung in der Kommunalverwaltung in der Stadtverordnetenversammlung abgestimmt wurde.[375] Die Stadtoberhäupter wählte in Bayern, Baden und Preußen das jeweilige Stadtparlament. Der Wahlsieger bedurfte der Bestätigung und Zustimmung des preußischen Königs im zweiten Schritt.[376]

Die Stadtoberhäupter des Kaiserreichs waren lokaler Verwaltungschef, Repräsentant der bürgerlichen Gesellschaft und Vertreter des monarchistischen Staates in einer Person – so

369 Croon, Vordringen, S. 15f.
370 Lenger, Bürgertum, S. 131.
371 Ebd., S. 132.
372 Tigges, Stadtoberhaupt, S. 14.
373 Hofmann, Oberbürgermeister als politische Elite, S. 20; Tigges, Stadtoberhaupt, S. 15.
374 Hofmann, Oberbürgermeister als politische Elite, S. 20; Matzerath, Urbanisierung, S. 351.
375 Hofmann, Oberbürgermeister als politische Elite, S. 32.
376 Ebd., S. 21; Hofmann, Rathaus und Reichskanzlei, S. 35; Tigges, Stadtoberhaupt, S. 344.

auch Gebeschus.[377] Damit nahmen sie eine Mittlerfunktion zwischen Stadt und übergeordneten Institutionen ein. Zudem übertrugen Innenminister und Regierungspräsident ihnen die Polizeigeschäfte.[378]

Viele der Stadtoberhäupter hielten ihre politischen Neigungen geheim, mussten sie doch stets mit „national-liberalen Wirtschaftsvertretern, konservativen Oberpräsidenten, katholischen Zentrumsführern und sozialdemokratischen Gewerkschaftlern" zusammenarbeiten.[379] Die Bandbreite zeigt das Frankfurter Beispiel: So folgte einem politisch aktiven Nationalliberalen wie Johannes von Miquel ein parteipolitisch zurückhaltend agierender Fachpolitiker wie Franz Adickes. Die somit weitgehend unpolitische Stellung und der Verweis ihres Wirkens als Fachpolitiker gewährte den Bürgermeistern eine vermittelnde Stellung zwischen den in den Stadtverordnetenversammlungen unterrepräsentierten Gruppen, insbesondere der Arbeiter, und staatlichen Institutionen. So stellte im 19. Jahrhundert die fachliche Qualifikation, nicht die politische Herkunft das entscheidende Kriterium dar.[380]

Obwohl die Städteordnungen keine Vorgaben für eine Laufbahn als Bürgermeister machten,[381] setzte sich der allgemeine Konsens durch, es solle sich um einen erfahrenen, häufig von auswärts stammenden Juristen mit Erfahrung in der Kommunalverwaltung an mehreren Stationen handeln.[382] Da nur die größeren Städte rechtskundige Syndici in ihrer Verwaltung anstellten, votierten die Stadtverordneten folglich vornehmlich für Bewerber, die die Befähigung zum höheren Verwaltungsdienst mitbrachten, also neben einem abgeschlossenen Jurastudium während der Referendarszeit mindestens neun Monate bei einem Amtsgericht tätig gewesen waren. Hiermit hatten die Bewerber den Beweis erbracht, sich im Namen der Städte juristisch gegenüber den Staatsbeamten behaupten zu können.[383] Zugleich standen die Chancen für die Kommunen höher, einen königstreuen Juristen aus dem Staatsdienst von der zuständigen Staatsregierung als Kandidat für das Bürgermeisteramt bestätigt zu bekommen, der durch seine vorherige Tätigkeit bereits seine Treue zum Obrigkeitsstaat bewiesen hatte, als einen links-liberalen Kandidaten.[384] In Bayern mussten die Oberbürgermeister diese juristische Qualifikation nachweisen. So waren in Regensburg 1868 bis 1933 alle Bürgermeister dem Bürgertum entstammende, ausgebildete und ortsfremde Volljuristen.[385]

377 Matzerath, Urbanisierung, S. 350f; Tigges, Stadtoberhaupt, S. 347.

378 Hofmann, Oberbürgermeister als politische Elite, S. 31.

379 Ebd., S. 32.

380 Hofmann, Rathaus und Reichskanzlei, S. 44ff.

381 Hofmann, Oberbürgermeister und Stadterweiterungen, S. 80; Hofmann, Rathaus und Reichskanzlei, S. 38; Matzerath, Urbanisierung, S. 350.

382 Hofmann, Oberbürgermeister als politische Elite, S. 22; Hofmann, Oberbürgermeister und Stadterweiterungen, S. 80; Hofmann, Rathaus und Reichskanzlei, S. 40; Matzerath, Urbanisierung, S. 350; Tigges, Stadtoberhaupt, S. 345.

383 Hofmann, Rathaus und Reichskanzlei, S. 42; Tigges, Stadtoberhaupt, S. 345.

384 Tigges, Stadtoberhaupt, S. 344f.; ähnlich auch Hofmann, Oberbürgermeister und Stadterweiterungen, S. 79.

385 Albert, Regensburg, S. 155. Welchen Einfluss die regionale Herkunft der Kandidaten hatte, ist in der Forschung umstritten. Zwar sehen manche Autoren einheimische Kandidaten bei Wahlen im Vorteil, andererseits bestehen Beispiele von Wahlen ortsfremder oder regionalfremder Kandidaten. Das Kriterium der Herkunft ist der Argumentation von Hofmann, Oberbürgermeister als politische Elite, S. 26f., zu Folge uneinheitlich.

Zwar bot der Kommunaldienst auch Aufstiegsmöglichkeiten für das untere und mittlere Bürgertum, doch durch das „Bildungsprivileg" des Bürgertums bildete dies die Ausnahme. Denn die Kosten für Studium und Referendariat musste die Familie aufbringen – wie Gebeschus' Vater. Dieser leistete auch den Nachweis einer standesgemäßen Lebensführung für seinen Sohn Eugen.[386] Obwohl der höhere Regierungsdienst dem Bürgertum verwehrt und Privileg des Adels blieb, glichen ein höheres Gehalt im Kommunaldienst und mehr Gestaltungs- und Entscheidungsfreiheit diesen verbauten Karriereweg aus. Die Bürgermeister zeichneten sich – auch durch die verbreitete Ordenssucht – durch ihre Kaisertreue aus. Zugleich waren sie als kommunale Elite in das staatliche System eingebunden.[387]

Die typische Karriere eines künftigen Stadtoberhauptes begann als Stadtassessor, Beigeordneter oder hauptamtlicher Stadtrat, bevor er die Leitung einer kleineren und bei entsprechender Leistung einer Großstadt übernahm.[388] Viele Bürgermeister arbeiteten sich in der „Pyramide des kommunalen Dienstes" von einer kleinen Stadt zur Großstadt hoch.[389]

Die notwendigen Kenntnisse für die Führung einer Stadt erwarben die Stadtoberhäupter nicht während des Studiums, sondern durch Dienstreisen, auf Fachtagungen oder bei regionalen Städte- und Gemeindetagen.[390] Zudem lernten sie häufig von ihren Vorgesetzten als zweiter Bürgermeister bei ihrer ersten Anstellung. Dieses Momentum fehlte Gebeschus weitgehend. Er musste sich seine Verwaltungstätigkeit selbst beibringen, da er nur in St. Goarshausen kommunalpolitische Erfahrungen als Mitglied des Bürgerausschusses seit Januar 1885 und des Gemeinderates seit Januar 1887 gesammelt hatte.[391] Nicht vorhandene Fachkenntnisse kompensierten die Stadtoberhäupter, indem sie die Bauämter mit Fachkräften, insbesondere Architekten, besetzten und sich auf Tagungen und Kongressen mit Kollegen austauschten.[392]

Charakterliche Anforderungen an ein Stadtoberhaupt waren „Tatkraft, Weitblick, Zeitnähe und praktische Veranlagung"[393] sowie Entschluss- und Vollzugskraft, Überzeugungs- und Durchsetzungskraft und Kommunikationsfähigkeit.[394] Das Gemeinwesen erwartete von ihnen nicht weniger als die Lösung aller städtischen Probleme, im Wohnungsbau, dem Verkehrswesen, im sozialen oder kulturellen Bereich. Hierfür bestanden keine ausgearbeiteten Lösungspfade: „Gerade deshalb wählte man an die Spitze nicht Spezialisten sondern Juristen, deren Ausbildungsziel es ist, nicht nur das positive Recht zu lernen, sondern das Denkvermögen so zu schulen, daß sie sich überall zurechtzufinden und in neue Probleme einzuarbeiten vermögen, die in der sich immer schneller ändernden Welt wirtschaftlich und gesellschaftlich entstanden. Die juristische Ausbildung erschien als der optimale Rahmen, in dem sich die Begabungen entfalteten, komplexe Tatbestände zu analysieren, die Wertigkeit der ermittelten Fakten zutreffend zu beurteilen und vorausdenkend Lösungsmöglichkeiten zu entwickeln.

386 Hofmann, Oberbürgermeister als politische Elite, S. 25; Hofmann, Rathaus und Reichskanzlei, S. 42.
387 Hofmann, Rathaus und Reichskanzlei, S. 43.
388 Tigges, Stadtoberhaupt, S. 345.
389 Hofmann, Oberbürgermeister und Stadterweiterungen, S. 81.
390 Hofmann, Oberbürgermeister als politische Elite, S. 23; Hofmann, Oberbürgermeister und Stadterweiterungen, S. 82.
391 ISG Höchst 808, Bl. 48/49.
392 Hofmann, Rathaus und Reichskanzlei, S. 44.
393 Tigges, Stadtoberhaupt, S. 348.
394 Ebd., S. 349.

Zusätzlich waren in bisher unbekanntem Umfang schöpferische, ja künstlerische Eigenschaften wie Kreativität, Phantasie, Einfallsreichtum, Intuition, Originalität und Produktivität gefragt, die sich mit Vorausschau und Weitblick verbinden."[395]

Die Bürgermeister bemühten sich um ihre Integration in die städtische Oberschicht – meist durch Heirat oder Vereinsmitgliedschaften, wo die Geschäfte der Kommunalpolitik und die Entscheidungen der Stadtverordneten auf informeller Ebene vorbesprochen wurden. Hier bestanden die „Honoratiorenstrukturen" des Wirtschafts- und Bildungsbürgertums fort. Die häufige Verbindung zwischen bildungsbürgerlichen Beamten und Wirtschaftsbürgertum durch Heirat und Heirat der Kinder[396] ist für Gebeschus hingegen nicht zu konstatieren.

Bedeutung und Gestaltungsmöglichkeiten der Bürgermeister im Kaiserreich waren enorm und überstiegen sogar die Bediensteter in Leitungsfunktion in der Staatsverwaltung, da die Stadtoberhäupter kreativ wie gestalterisch in ihrem begrenzten Stadtraum agieren und die konkreten Erfolge der Modernisierungsbestrebungen der Stadt bei Straßenbahnen, Kanalisation, E-Werken, Hafenanlagen oder Wasserleitungen bewundern konnten.[397] Zudem machten das Amt „die Höhe der Dienstbezüge, bestehend aus dem Gehalt sowie Sondervergünstigungen und Nebeneinkünften wie Dienstwohnung, Aufwandsentschädigungen oder Vergütungen für Aufsichtsratstätigkeit, nicht selten in Höhe von Ministerbezügen" attraktiv.[398] Der Bürgermeister spielte dabei die entscheidende Rolle bei der Modernisierung der Kommune, in Fragen der Verbesserung der Infrastruktur sowie technischer und sozialer Einrichtungen.[399] Ihm kam eine Schlüsselrolle zu, denn „[d]as Blühen und die Wohlfahrt einer Stadt hingen in nicht geringem Maße von den Fähigkeiten ihres Oberbürgermeisters ab."[400]

In der älteren Forschung werden die Bürgermeister und deren Leistungen, die entgegen politischer Größen wie Miquel oder Adenauer, nicht überregional Beachtung fanden, als zu wenig beachtet angesehen.[401] Dahingegen weisen neuere Studien daraufhin, die Bürgermeister keineswegs als „lokale Bürgerkönige" zu stilisieren, wurde doch keine Entscheidung ohne die Stadtverordneten gefällt, sodass das Bürgertum enormen Einfluss auf die Kommunalpolitik ausübte:[402] „Um die Ämter der städtischen Selbstverwaltung lagerte sich demnach ein engmaschiges Honorationen-Netzwerk, dessen Exponenten die Kommune als lokale Machtbasis und Experimentierfeld bürgerlicher Politik nutzten und dies auch noch, als in wachsendem Maße eine Berufsbeamtenschaft in die Kommunen einzog. Kein Gaswerk wurde errichtet, keine Straßenbahn geplant, keine Stadtbeleuchtung installiert, kein Abwassersystem angelegt, keine Schule gebaut und keine Kunsthalle eröffnet ohne die maßgebliche Teilnahme des städtischen Bürgertums. Kommunale Beamte und städtische Bürgerschaft gemeinsam waren es, die in den kommunalen Selbstverwaltungen, in den Magistraten und Stadtparlamenten tonangebend wirkten."[403]

395 Tigges, Stadtoberhaupt, S. 348f.
396 Hofmann, Oberbürgermeister als politische Elite, S. 28, 30; Hofmann, Rathaus und Reichskanzlei, S. 45.
397 Albert, Regensburg, S. 39; Hofmann, Rathaus und Reichskanzlei, S. 52; Krabbe, Stadt, S. 141.
398 Matzerath, Urbanisierung, S. 351.
399 Albert, Regensburg, S. 151.
400 Krabbe, Stadt, S. 141.
401 Unruh, Bürgermeister, S. 46.
402 Roth, Stadt, S. 498.
403 Budde, Blütezeit, S. 43.

6.1.2. Bewerbung um die Oberbürgermeisterstelle

Bereits 1887 – unmittelbar nachdem Gebeschus die Entscheidung getroffen hatte, sich in der Kommunalverwaltung verwirklichen zu wollen – bewarb er sich zum ersten Mal auf die Oberbürgermeisterstelle in Hanau. Die Hanauer verhandelten seinerzeit mit dem Frankfurter Stadtrat Albert Westerburg, der den Posten auch bekam. Gebeschus war mit zwei anderen Bewerbern aber zumindest in die engere Auswahl gekommen (EG: 399). Nachdem Westerburg 1893 in Kassel gewählt worden war, bewarb sich Gebeschus erneut um die Position in Hanau (EG: 400).

Die Stellenbesetzung in Hanau umgaben politische Ränkespiele. Um seine Chancen in Kassel zu erhöhen, animierte Westerburg den Landrat Dr. Ludwig Knorz, der sich bei den Mitgliedern des Kommunallandtages großer Beliebtheit erfreute und der im Falle einer Bewerbung über gute Aussichten bei der Wahl zum Kasseler Stadtoberhaupt verfügt hätte, sich auf die Oberbürgermeisterstelle in Hanau zu bewerben (EG: 401). Die Freisinnigen Vertreter überzeugte Westerburg, Knorz ohne Ausschreibung der Stelle zu wählen. Die Wahlvorschlagskommission hingegen schrieb die Stelle regulär aus (EG: 402).

Den Oberbürgermeister wählten die zwölf Mitglieder des Stadtrates, 24 Mitglieder des engsten Bürgerausschusses und 24 Mitglieder des weiteren Bürgerausschusses. In den ersten beiden Wahlgängen musste die absolute Mehrheit der Stimmen – also 31 –, im dritten Wahlgang die einfache Mehrheit der Stimmen erreicht werden (EG: 406).

Neben Knorz galten Gebeschus und August Klotz, der zweite Bürgermeister von Mannheim, auf den Gebeschus große Stücke hielt, als aussichtsreichste Kandidaten. Doch Klotz zog seine Bewerbung zurück, als er auf dem Rathaus von einem Fremden hörte, Knorz werde sowieso gewählt (EG: 403).

Im Vorfeld stellte Vizebürgermeister Wilhelm Carl Heraeus Nachforschungen über Gebeschus bei den Farbwerken an. Daraufhin bot der Höchster Stadtverordnetenvorsteher Gustav Adolf Diehl Gebeschus sofort 1.500 Mark Gehaltsaufstockung und eine Sonderzulage durch die Farbwerke an. Gebeschus lehnte dennoch ab: Mehr als 7.500 Mark durfte sich Höchst nicht leisten und von den Farbwerken wollte er sich nicht bezahlen lassen, da er seine Unabhängigkeit als Bürgermeister gefährdet sah. Gebeschus suchte aber wegen der Teuerungen in Höchst und der Größe seiner Familie eine besser bezahlte Stelle (EG: 400).

Bei der Wahl in Hanau am 23. Februar 1893 erhielten Gebeschus und Knorz im ersten und zweiten Wahlgang 29 bzw. 28 Stimmen. Drei Personen fehlten bei der Wahl (EG: 407).[404] Für Knorz votierten die freisinnigen und einige nationalliberale Vertreter. Entgegen den Logengesetzen wählten auch die freisinnigen Freimaurer nicht ihren Logenbruder Gebeschus. Nur ein einziger freisinniger Freimaurer, der Meister vom Stuhl der Hanauer Loge »Braunfels zur Beharrlichkeit«, Stadtrat Ferdinand Koch, trat für Gebeschus ein (EG: 404).

Vor dem dritten Wahlgang forderte der Nationalliberale Carl Pannot Knorz' Unterstützer auf, für Gebeschus zu stimmen, da seine Wähler auch im dritten Wahlgang an ihm festhalten würden und „man solle durch meine möglichst einstimmige Wahl beweisen, daß man gegen

404 Datum ebenso nachgewiesen bei StAHU C3 289, Nachweisung der persönlichen und dienstlichen Verhältnisse des Oberbürgermeisters Dr. Gebeschus [o.D.]; Hanau, Verwaltungsbericht 1890/91–1894/95, S. 36.

Der neue Hanauer Oberbürgermeister: Eugen Gebeschus, etwa 1898/99.

mich als Mensch und Verwaltungsbeamten nichts habe". Dem Vorschlag folgten zwar nur drei Wähler, hiermit erhielt Gebeschus jedoch im entscheidenden Wahlgang die erforderliche Mehrheit mit 32 Stimmen, während auf Knorz 25 entfielen (EG: 407).

Gebeschus selbst nahm in seinem Schreiben per 26. Februar 1893 als Antwort auf die Nachricht des Hanauer Gemeindeausschusses zwei Tage zuvor, in dem ihm die Wahl auf acht Jahre zum Hanauer Oberbürgermeister mitgeteilt wurde, das Votum in formlosen Worten an.[405] Sein Gehalt betrug zunächst 9.000 Mark (EG: 438).

405 StAHU C3 289, Schreiben v. Gebeschus v. 26. Februar 1893.

Vor Ablauf der ersten Amtszeit am 5. Juni 1901 beschlossen Magistrat und Stadtverordnete 1900, bedingt durch die großen Leistungen als Stadtoberhaupt und für das Gemeinwohl, auf eine Ausschreibung der Oberbürgermeisterstelle zu verzichten und Gebeschus direkt wiederzuwählen. Mit der Neuwahl verbunden war eine Anpassung der Besoldung auf 10.000 Mark ruhegehaltsberechtigtes Salär, sowie ab dem 1. April 1901 eine nicht ruhegehaltsberechtige Mietentschädigung und eine nicht ruhegehaltsberechtige persönliche Zulage von jeweils 1.000 Mark.[406] In einer gemeinsamen Sitzung am 17. Januar 1901 wählten schließlich die 32 Stadtverordneten und die elf unbesoldeten Magistratsmitglieder Gebeschus einstimmig für eine zweite, diesmal zwölfjährige Amtszeit ab dem 5. Juni 1901.[407]

Nach dem Beschluss, die Oberbürgermeisterstelle auch 1912 nicht auszuschreiben, erstellte der Magistrat die Vorlage Gebeschus für die nächste Amtsperiode ab 5. Juni 1913 bei einem erhöhten Gehalt von 16.000 Mark erneut wiederzuwählen. Dem Votum stimmte die Stadtverordnetenversammlung in ihrer Sitzung am 4. Juli 1912 einstimmig zu.[408] Bei der Wahl gaben die Sozialisten weiße Zettel ab, nicht aus Widerspruch gegen Gebeschus, sondern aus Prinzip (EG: 438). Damit hätte Gebeschus die Geschicke der Stadt bis 1925 lenken können – für insgesamt 32 Jahre.

6.1.3. Gebeschus' Vorgänger

Erster Hanauer Oberbürgermeister gemäß der Bezeichnung der kurhessischen Kommunalordnung war Johann Bernhard Eberhard (1827–1848). Ihm folgten August Rühl (1848–1850), Karl Cassian (1855–1879), Eduard Rauch (1879–1887) und Albert Westerburg (1887–1893).

Cassian ließ am 1. April 1879 im 25. Jahr sein Amt aus gesundheitlichen Gründen ruhen. Die Geschäfte übernahm bis zur Wahl von Cassians Nachfolger der stellvertretende Bürgermeister Johann Heinrich Nickel.[409] Nach der offiziellen Ausschreibung der Stelle wählten Ausschussversammlung und Stadtrat aus den 33 Bewerbern am 10. März 1879 den Düsseldorfer Beigeordneten Eduard Rauch auf acht Jahre zum neuen Oberbürgermeister. Nach der königlichen Bestätigung am 4. Juli 1879 fand am 8. August 1879 Rauchs offizielle Amtseinführung statt.[410] Vizebürgermeister blieb Nickel, während der Apotheker Wilhelm Carl Heraeus Beigeordneter[411] und am 29. Januar 1884 Nickels Nachfolger wurde.[412]

Nach seinem Ausscheiden als Vizebürgermeister 1882 vertrat der am 5. November 1829 in Hanau geborene Kaufmann Nickel 1882–85 als Mitglied des Landtages die Deutschfrei-

406 StAHU C3 289, Schreiben v. 23. November 1900 | Beschluss d. Magistrats v. 25. November 1900 | Beschluss d. Stadtverordneten v. 29. November 1900 | Schreiben v. Bode v. 4. Dezember 1900.

407 StAHU C3 289, Gemeinsame Sitzung d. Magistrats u. d. Stadtverordneten am 17. Januar 1901; StAHU L1 303/6, Schreiben d. Magistrats v. 23. Mai 1901.

408 StAHU C3 289, Magistratsbeschluss v. 2. Juli 1912; StAHU L1 303/6, Auszug aus d. Sitzungsprotokoll d. Magistrats, 10. Sitzung v. 2. Juli 1912.

409 Hanau, Verwaltungsbericht 1879/80, S. 9.

410 Ebd.; StAHU XY 476, Heft I, S. 45.

411 StAHU XY 476, Heft I, S. 45.

412 Ebd., S. 47.

sinnige Partei/Freisinnige Volkspartei, 1887–90 als Reichstagsabgeordneter und seit 1895 als Mitglied des Kommunallandtages die Hanauer Interessen auf überregionaler Ebene.[413] Zehn Jahre vor seinem Tod am 15. November 1908 verlieh ihm Hanau die Ehrenbürgerschaft für „Verdienste während seiner 40-jährigen Amtszeit in städtischen Körperschaften und damit um das Wohl der Stadt Hanau".[414]

Auch Gebeschus' Vorgänger Rauch war ein auswärtiger Fachjurist gewesen. Am 20. August 1844 in Cappeln in Schleswig geboren, besuchte er 1856–1863 die Domschule in Schleswig, schloss dort mit dem Abitur ab, studierte Jura und Nationalökonomie in Kopenhagen, Leipzig, Kiel und vollendete seine juristische Ausbildung beim Appellations-Kreisgericht und der Staatsanwaltschaft in Altona und Kiel. Danach führte ihn sein Weg in die Kommunalpolitik und er erwarb in Düsseldorf seit 1876 erste Erfahrungen als 1. Beigeordneter. Dass Rauch in Hanau nur für acht und nicht für zwölf Jahre gewählt wurde, stellte für ihn einen Affront dar, weshalb er das Amt 1887 niederlegte.[415] Doch eine längere Amtszeit hatte sich Rauch durch seinen Charakter selbst verbaut, wie Handelskammerpräsident Fritz Canthal in seinen Erinnerungen bilanzierte: „Rauch war aber ein ungemein eitler Mann, der sich dadurch viel Gegnerschaft machte, was dazu führte, daß er bei Ablauf seiner Wahlperiode ausschied."[416]

Nach seiner Hanauer Zeit wurde Rauch Bürgermeister in Wandsbek und verstarb im November 1931 in Siems. Die Leistungen seiner Amtszeit umfassten besonders Verkehrsbauten, so die Eröffnung der Bahnlinien Hanau-Windecken, Hanau-Friedberg und Hanau-Babenhausen, den Bau des Nordbahnhofs und die Fertigstellung der Auheimer Mainbrücke. Dazu fielen in seine Amtsperiode der Beginn der Kettenschifffahrt auf dem Main und die Inbetriebnahme des Telefonnetzes.[417]

Rauchs seit 1884 agierendem Vizebürgermeister Wilhelm Carl Heraeus gelang 1856 als Erstem, Platin in großen Mengen zu schmelzen. Künftige Kunden der Schmelztechnik sah er eigentlich in den Hanauer Goldschmieden, doch in Zahnfabriken, der Chemiebranche und Zuckerraffinerien fand das Metall weitaus größeren Absatz.[418] Am 6. März 1827 geboren, übernahm Heraeus nach einer Lehre als Apotheker und dem Studium der Pharmazie und Chemie 1851 die väterliche Einhorn-Apotheke in der Nürnberger Straße / Ecke Kölnische Straße.[419] Die Forschung charakterisiert ihn als typischen Industriellen des Kaiserreichs in einem patriarchalisch geführten Unternehmen. So stellte Heraeus höchste Anforderungen an sich und arbeitete von 6 bis 18 Uhr mit vielen Überstunden.[420]

Zudem war Heraeus seit 1874 Mitglied des Stadtrats, engagierte sich 1876 bis 1882 in der Handelskammer und übte 1884 bis 1898 das Amt des Vizebürgermeisters aus. Er war in Bürgerschaft und bei seinen Arbeitern sehr geachtet und so wurde ihm 1898 als erstem Hanauer

---

413 Dröse, Lebenserinnerungen, S. 196ff. Ergänzende Informationen auf der Webseite der Stadt Hanau: Ehrenbürger, URL: http://www.hanau.de/lih/portrait/preise/ehrenbuerger/ [11.12.2016].

414 Zit. nach Stadt Hanau: Ehrenbürger, URL: http://www.hanau.de/lih/portrait/preise/ehrenbuerger/ [11.12.2016].

415 Dröse, Lebenserinnerungen, S. 199.

416 Ebd., S. 111. Geburtsdatum ebenso bei Lengemann, MdL, S. 302.

417 Dröse, Lebenserinnerungen, S. 199. Sterbedatum ebenso bei Lengemann, MdL, S. 302.

418 Schrank, Heraeus, S. 28.

419 Siebert, Biographien, S. 81.

420 Gniss, Heraeus, S. 66.

Bernhard Eberhard (1795–1860): Hanauer Oberbürgermeister 1827 bis 1848.

Karl Cassian (1817–1882): Hanauer Oberbürgermeister 1855 bis 1879.

die Ehrenbürgerwürde verliehen.[421] Nachdem er am 1. Januar 1889 Apotheke und Platinschmelze an seine beiden Söhne Dr. Dr. E. H. Wilhelm Heraeus (1860–1948) und Heinrich Heraeus (1861–1910) übergeben hatte,[422] betätigte sich Wilhelm Carl Heraeus vornehmlich in der Kommunalpolitik und auf dem Feld der Sozialfürsorge. So initiierten er, seine Frau Wilhelmine und seine beiden Söhne mehrere Stiftungen.[423] Wilhelm Carl Heraeus verstarb am 14. September 1904.[424]

Als Nachfolger Rauchs lenkte bis 1893 Daniel Ludwig Heinrich Lothar *Albert* Westerburg (* 27. März 1846 in Kettenbach im Untertaunuskreis; † 3. Juli 1903 in Bad Godesberg) als Oberbürgermeister die Geschicke Hanaus. Sein Werdegang gleicht dem von Gebeschus. Nach dem Studium der Rechts- und Staatswissenschaften in Heidelberg, Leipzig und Berlin 1864–1867 wirkte Westerburg bis 1872 als Referendar und legte sein Assessorexamen am 13. April 1872 ab. Statt den Weg des Anwalts wie Gebeschus einzuschlagen, wandte sich Westerburg dem Beruf des Richters in Brilon (bis 1879) und in Duisburg und Elberfeld (bis 1885) zu. Nach der Aufgabe des Richteramtes nahm er vom 1. April 1885 bis zum 1. Dezember 1887 die Stelle eines besoldeten Stadtrats in Frankfurt am Main ein. Im Gegensatz zu Gebeschus

421 Gniss, Heraeus, S. 67.

422 Schrank, Heraeus, S. 40f.; Siebert, Biographien, S. 82.

423 Gniss, Heraeus, S. 67; Klein, Zeitungsberichte, S. 769: Bericht v. 2. April 1903, S. 827: Bericht v. 28. März 1906, S. 899: Bericht v. 22. Dezember 1910; Schrank, Heraeus, S. 84.

424 Siebert, Biographien, S. 83.

Eduard Rauch (1844–1931): Hanauer Oberbürgermeister 1879 bis 1887, in selber Funktion in Wandsbek bei Hamburg 1888 bis 1912.

Albert Westerburg (1846–1903): Hanauer Oberbürgermeister 1887 bis 1893, in selber Funktion in Kassel 1893 bis 1899.

wandte sich Westerburg auch der Reichspolitik zu und war in den Jahren 1882 bis 1885 als Vertreter des Wahlkreises Elberfeld-Barmen für die Fortschrittspartei Mitglied des preußischen Abgeordnetenhauses und 1895 bis 1900 Mitglied des preußischen Herrenhauses.[425]

Hanau blieb für Westerburg nach seiner Amtseinführung am 1. Dezember 1887 nur Durchgangsstation.[426] Er strebte nach Höherem. So trat er am 17. Februar 1893 als Nachfolger von Emil Weise die Stelle des Oberbürgermeisters in Kassel an, nachdem er dort am 28. Oktober 1892 mit 35 von 59 Stimmen auf acht Jahre gewählt worden war.[427] Seine Amtszeit endete nicht wie vorgesehen am 15. Februar 1900 durch den Eintritt in den Ruhestand, sondern schon am 1. Januar 1900 wegen Krankheit. Ein Bericht vom 14. Juli 1900 spricht sogar von „Geisteskrankheit".[428]

Seit dem 6. Oktober 1898 war der in Hanau Gebeschus unterlegene Dr. Ludwig Knorz Westerburgs zweiter Stellvertreter in Kassel.[429] Bereits am 18. Juli 1894 war er als Mitglied der

425 Lengemann, MdL, S. 408.
426 Hanau, Verwaltungsbericht 1885/86–1889/90, S. 24.
427 Klein, Zeitungsberichte, S. 518: Bericht v. 16. Dezember 1892, S. 527: Bericht v. 22. März 1893; Lengemann, Bürgerrepräsentation I, S. 142.
428 Lengemann, Bürgerrepräsentation I, S. 170.
429 Ebd., S. 164.

Zentrumspartei mit 26 von 35 Stimmen in den Kasseler Stadtrat gewählt[430] und durch Zustimmung des Regierungspräsidenten am 7. Mai 1895 auch Beigeordneter im Stadtrat geworden.[431] Kurz nach Westerburgs Rückzug legte auch Knorz sein Amt am 4. März 1902 nieder.[432]

Westerburg wird vom ehemaligen Hanauer Stadtbaurat Thyriot als sehr weitblickender Oberbürgermeister beschrieben: Westerburg „hatte die weiteren guten Eigenschaften, daß er jedem Chef der Städtischen Verwaltungsabteilungen sein Recht ließ, in seiner Abteilung nach richtigem Erkennen, freie Hand ließ. Er selbst tat nichts ohne erst mit dem Ressortchef sich besprochen zu haben. Seine krankhaft nervöse Erregung trat aber sehr oft unangenehm hervor."[433] In Hanau reorganisierte Westerburg die Produktionsabläufe im Gaswerk und bereitete den Weg für den Mainhafen und die Kanalisation.

6.1.4. Kommunale Gemeindeordnungen

Im ausgehenden 19. Jahrhundert bestimmten zwei Typen von Kommunalverfassungen die Stellung des Bürgermeisters: zum einen die Magistrats- oder Ratsverfassung, in der der Bürgermeister einem Kollegium vorstand, das gemeinsam Beschlüsse fasste, und zum zweiten die Bürgermeistereiverfassung, in der das Stadtoberhaupt die Entscheidung alleine traf und nur der Gemeindevertretung verantwortlich war. Die Magistratsverfassung dominierte in Preußen und den süddeutschen Staaten, während die Bürgermeistereiverfassung im Großherzogtum Hessen, der preußischen Rheinprovinz und der bayerischen Pfalz Anwendung fand.[434]

Die kommunalrechtlichen Vorgaben für Hanau schrieb die am 23. Oktober 1834 veröffentlichte und am 1. Januar 1835 in Kraft getretene Kurhessische Gemeindeordnung vor,[435] die trotz des Übergangs an Preußen bis zum 31. März 1898 galt.[436]

Mit der Niederlage Österreich-Ungarns und dem Votum des preußischen Abgeordnetenhauses am 17. September 1866 für die Annektierung des Kurfürstentums Hessen wurde Hanau preußisch. Die am 22. Februar 1867 geschaffenen Regierungsbezirke Nassau mit der Hauptstadt Wiesbaden und Kurhessen mit der Hauptstadt Kassel, zu dem Hanau gehörte, wurden am 7. Dezember 1868 zur Provinz Hessen-Nassau zusammengeschlossen.[437] Die Beschlüsse traf ein Kommunallandtag, darüber standen ein Landesausschuss und an der Spitze ein Landeshauptmann. Während die Kommunallandtage nach Bedarf tagten, trafen sich beide Landtage zusammen spätestens alle drei Jahre als Provinziallandtag. Ihnen oblag die Invaliden- und Altersversicherung als eines der wenigen Geschäfte. Die staatliche Aufsicht über beide Bezirke hatte der Oberpräsident in Kassel (EG: 431f.).

430 Lengemann, Bürgerrepräsentation I, S. 143.
431 Ebd., S. 152.
432 Ebd., S. 175.
433 StAHU XY 476, Heft II, S. 32.
434 Hofmann, Rathaus und Reichskanzlei, S. 32.
435 Lengemann, Bürgerrepräsentation I, S. 25.
436 Ebd., S. 28.
437 Demandt, Geschichte, S. 576f.

In Gemeinden mit mehr als 50 Stimmbürgern entschied der Gemeinde- oder Bürgerausschuss als Repräsentativorgan über das Wohl der Stadt. Das gewählte Gremium bestand aus dem ständigen Ausschuss und dem außerordentlichen Bürgerausschuss. Zusammen tagten die beiden Vertretungen für die Wahl des Vorstehers und Stellvertreters sowie für Haushaltsbelange. Die Wahldauer betrug fünf Jahre.[438] Der Hanauer Gemeindeausschuss zählte Ende des 19. Jahrhunderts 46 Mitglieder, wovon 24 in den engeren Ausschuss gewählt wurden. Dieser engere Gemeindeausschuss führte mit den zwölf Mitgliedern des Stadtrates die Amtsgeschäfte der Stadt.[439]

Die preußische Städteordnung vom 30. Mai 1853 schrieb die Magistratsverfassung vor. Der Magistrat setzte sich aus dem (Ober-)Bürgermeister, einem Beigeordneten (als Stellvertreter) und einer variablen Zahl von besoldeten und unbesoldeten Stadträten zusammen, die im Gremium die Entscheidungen trafen. Die Beschlüsse des Magistrats legitimierte die Stadtverordnetenversammlung durch ihre Zustimmung, womit sie Rechtskraft erhielten. Die Stadtverordnetenversammlung wählten die männlichen Einwohner der Stadt. Die hiermit Elektierten wählten einen Magistrat und kontrollierten dessen Amtsgeschäfte.[440]

Die beiden Städte Hanau gehörten infolge der Neugliederung Kurhessens 1821 zum Landkreis Hanau.[441] Durch die Bestimmungen der Provinzial- und Kreisordnung vom 7. Juni 1885 schied die Stadt Hanau aus dem Landkreis aus und wurde zum 1. April 1886 ein eigener Stadtkreis.[442] Hanau hatte sich bei den Verhandlungen 1884 auf eine Sonderklausel berufen, womit Städte mit geringerer Einwohnerzahl als 25.000 unter besonderen Bedingungen einen eigenen Stadtkreis bilden konnten. So argumentierte Oberbürgermeister Rauch, Hanau habe als Industriestadt und Handelszentrum nichts mit dem landwirtschaftlich geprägten Landkreis gemein und schlug daher sein Ausscheiden aus dem Kreisverband vor.[443] Ein weiteres Argument war die höhere Steuerkraft als bei Städten wie Bochum oder Osnabrück mit über 30.000 Einwohnern sowie die historische Bedeutung Hanaus.[444] Die Petition führte zum Erfolg.

Durch die Verwaltungsreform trug seit 1895 der Hanauer Oberbürgermeister die Verantwortung für die Markt-, Gesinde-, Schul-, Bau- und Feldpolizei sowie das Meldewesen, wohingegen dem Landrat die Leitung der Königlichen Polizeiverwaltung oblag.[445] Der staatliche Polizeidirektor, also der Landrat, übernahm die Aufgaben, sich um Sicherheitsbelange zu kümmern und die heute als Ordnungs- und Verwaltungspolizei bekannten Aufgaben wie Gewerbe-, Pass- und Fremdenpolizei sowie wohlfahrtspolizeiliche Aufgaben zu koordinieren.[446]

438 Lengemann, Bürgerrepräsentation I, S. 25.
439 Dröse, Lebenserinnerungen, S. 109.
440 Krabbe, Stadt, S. 45.
441 Eyring, Kreis, S. 174.
442 Hanau, Verwaltungsbericht 1885/86–1889/90, S. 5, 7; Demandt, Geschichte, S. 579; Eyring, Kreis, S. 176; Wagner, Gerichte, S. 15.
443 Hanau, Verwaltungsbericht 1880/81–1884/85, S. 5.
444 Ebd., S. 6.
445 Hanau, Verwaltungsbericht 1911–1919, S. 19; Halbleib, Finanzwirtschaft, S. 8.
446 Hanau, Verwaltungsbericht 1879/80, S. 14; Krabbe, Stadt, S. 41.

So arbeitete Gebeschus mit den Landräten Karl Friedrich von Oertzen (1889–1895)[447], Bernhard von Schenck (1895–1902)[448], Rudolf von Beckerath (1902–1909)[449] und Freiherr Maximilian Laur von Münchhofen (1909–1918)[450] zusammen. Die Organe der preußischen Kreise – seit 1883 durch das Landesverwaltungsgesetz Landkreise genannt – bildeten der gewählte Kreistag, der die Beschlüsse traf, und der Kreisausschuss als Exekutive. Der Kreistag delegierte sechs seiner Mitglieder für den Kreisausschuss, dem ein Landrat vorstand, der vom König ernannt wurde.[451]

Während Gebeschus' Zeit in Hanau trat am 1. April 1898 eine neue Städteordnung für die Provinz Hessen-Nassau in Kraft. Hierdurch ersetzte die Stadtverordnetenversammlung den Bürgerausschuss und der Magistrat den Gemeinderat.[452] Der Magistrat konstituierte sich fortan aus dem (Ober-)Bürgermeister, Beigeordneten als dessen Stellvertreter, Schöffen (Stadträte, Ratsherren, Ratsmänner) und ggf. aus besoldeten Mitgliedern (Syndikus, Kämmerer, Schulrat, Baurat o.ä.). Die Stadtverordneten wählten Bürgermeister und besoldete Beigeordnete für zwölf Jahre, unbesoldete Magistratsmitglieder und Schöffen für sechs Jahre. Dabei bedurften der (Ober-)Bürgermeister, die Beigeordneten und die besoldeten Magistratsmitglieder weiterhin der Genehmigung durch den preußischen König. Die Zahl der Schöffen betrug in Hanau gemäß der Einwohnerzahl zwischen 10.000 und 50.000 sechs Personen.[453] Ihre Zahl erhöhte sich 1910 per Ortsstatut auf zehn Personen. Daneben gehörten weiterhin der Oberbürgermeister und die Beigeordneten dem Magistrat an.[454]

Gebeschus hatte als Stadtoberhaupt nach § 61 der Städteordnung folgende Aufgaben: „1. die Gesetze und Verordnungen, sowie die Verfügungen der ihm vorgesetzten Behörden auszuführen, 2. die Beschlüsse der Stadtverordnetenversammlung vorzubereiten und, sofern er sich mit ihnen einverstanden erklärt, zur Ausführung zu bringen.[...], 3. die städtischen Gemeindeanstalten zu verwalten und diejenigen, für welche besondere Verwaltungen eingesetzt sind, zu beaufsichtigen",[455] 4. die Einkünfte der Stadtgemeinde zu verwalten und das Rechnungs- und Kassenwesen zu überwachen, 5. das Eigentum der Stadtgemeinde zu verwalten, 6. Gemeindebeamte einzustellen, 7. Urkunden und Akten aufzubewahren und 8. die Stadtgemeinde nach innen und außen zu vertreten sowie Schriftwechsel, Verhandlungen und Verträge abzuschließen.[456] § 63 übertrug Gebeschus als Oberbürgermeister die Leitung und Beaufsichtigung der städtischen Amtsgeschäfte.[457]

---

447 Weitere berufliche Stationen: 1880–1889 Landrat Grevenbroich, 1895–1898 Kab. Min. Lippe, 1898–1899 Regierungspräs. Sigmaringen, 1899–1909 Regierungspräs. Lüneburg. Daten nach Klein, Grundriß, S. 374.

448 Weitere berufliche Stationen: 1884 Landrat Witzenhausen und 1902 Polizeidirektor Wiesbaden. Daten nach Klein, Grundriß, S. 374.

449 Weitere berufliche Stationen: 1899–1903 Landrat Dillenburg und 1909 Polizeipräsident Hannover. Daten nach Klein, Grundriß, S. 374.

450 Weitere berufliche Stationen: 1896–1901 Landrat Ottweiler und 1918 Regierungsrat Hildesheim. Daten nach Klein, Grundriß, S. 374.

451 Krabbe, Stadt, S. 32f.

452 Lengemann, Bürgerrepräsentation I, S. 29.

453 Hanau, Bürgerbuch, S. 14f.; Lengemann, Bürgerrepräsentation I, S. 30.

454 Hanau, Bürgerbuch, S. 51.

455 Ebd., S. 25f.

456 Ebd., S. 26.

457 Ebd., S. 27.

Daneben übertrug § 67 dem Bürgermeister die Handhabung der Ortspolizei, was in Hanau in Händen der Königlichen Behörden lag. So war Gebeschus für „alle örtlichen Geschäfte der Kreis-, Bezirks-, Provinzial- und allgemeinen Staatsverwaltung, namentlich auch die Standesamtsgeschäfte [...], sofern nicht ein besonderer Beamter hierfür bestellt ist", verantwortlich.[458] Durch diese neue preußische Städteordnung wandelte sich die Rolle des Oberbürgermeisters enorm. Fortan agierten die Oberbürgermeister nun in der Regel über zwölf Jahre, manchmal über mehrere Epochen, wobei man sie kaum abwählen konnte.[459]

In seiner Amtsausübung beschränkten und kontrollierten Gebeschus sieben staatliche Instanzen. Hierzu zählten als wichtigste Instanzen die Bezirksregierung, der Bezirksausschuss und der Oberpräsident. Der Ausschuss setzte sich durch den Regierungspräsidenten und vier Abgeordnete des Provinziallandtages zusammen. Dem Regierungspräsident oblag das Recht Amtshandlungen der Städte über Verfügungen anzuordnen. Der Wahl eines Bürgermeisters musste der preußische König bzw. später der Innenminister zustimmen. Dies wurde damit begründet, dass der Bürgermeister auch staatliche Pflichten wahrnehmen müsse. Die Folge war, dass die Stadtverordneten meist keine Sozialdemokraten, sondern nur nationalliberale Kandidaten dem Monarchen vorschlugen, weil hier die Chance der Bestätigung durch den König weitaus höher lag. Der Innenminister konnte als finale Lenkungsoption auch einen Staatskommissar bestellen, der die Stelle der städtischen Behörden einnahm oder die Stadtverordnetenversammlung auflöste,[460] wie in Höchst geschehen.

Die Bürgermeister hatten zunächst in ihrem Gremium keine herausragende Stellung, sondern agierten auf gleicher Ebene wie ihre Magistratsmitglieder, übernahmen jedoch eine koordinierende und repräsentative Stellung. Neue Befugnisse erhielten die Bürgermeister mit der Städteordnung für die sechs östlichen Provinzen in Preußen (1853) in Form der Disziplinarbefugnisse über alle Angestellten und Beamten der Stadt und auch über die Magistratsmitglieder. Die Stadtverordneten bestätigten seit 1853 alle Beschlüsse des Magistrats. Den Bürgermeistern oblag das Recht, den Regierungspräsidenten im Falle von Entscheidungen der Stadtverordnetenversammlung, die deren Befugnisse überschritten, als übergeordnete Instanz anzurufen.[461]

Abhängig von Kommunal- und Reichsebene galt für Hanau jeweils ein unterschiedliches Wahlrecht: Für die lokale Ebene gab bis 1897 die Gemeindeordnung für die Städte und Gemeinden Kurhessens vom 23. Oktober 1834 die Regelungen vor. So durften nur männliche Ortsbürger zwischen 25 und 70 wählen, die über ein Wohnhaus in Hanau, eine eigene Landwirtschaft oder ein Einkommen von über 300 Talern verfügten bzw. als Handwerksmeister tätig waren. Die Berechtigten votierten in mündlicher Abstimmung für die Mitglieder des Gemeindeausschusses, wovon die Hälfte aus der Gruppe der Hochbesteuerten entstammen musste. Der Gemeindeausschuss seinerseits wählte den Oberbürgermeister und die Gemeinderäte. Auf Reichsebene hingegen durfte jeder Mann ab 25 Jahren wählen. Das Mandat im Reichstag erhielt der Kandidat mit den meisten Stimmen.[462]

458 Hanau, Bürgerbuch, S. 29.
459 Dopierala, Rolle, S. 119.
460 Krabbe, Stadt, S. 43; Matzerath, Urbanisierung, S. 349f.
461 Hofmann, Rathaus und Reichskanzlei, S. 36.
462 Schulmerich, Wahlrecht, S. 110.

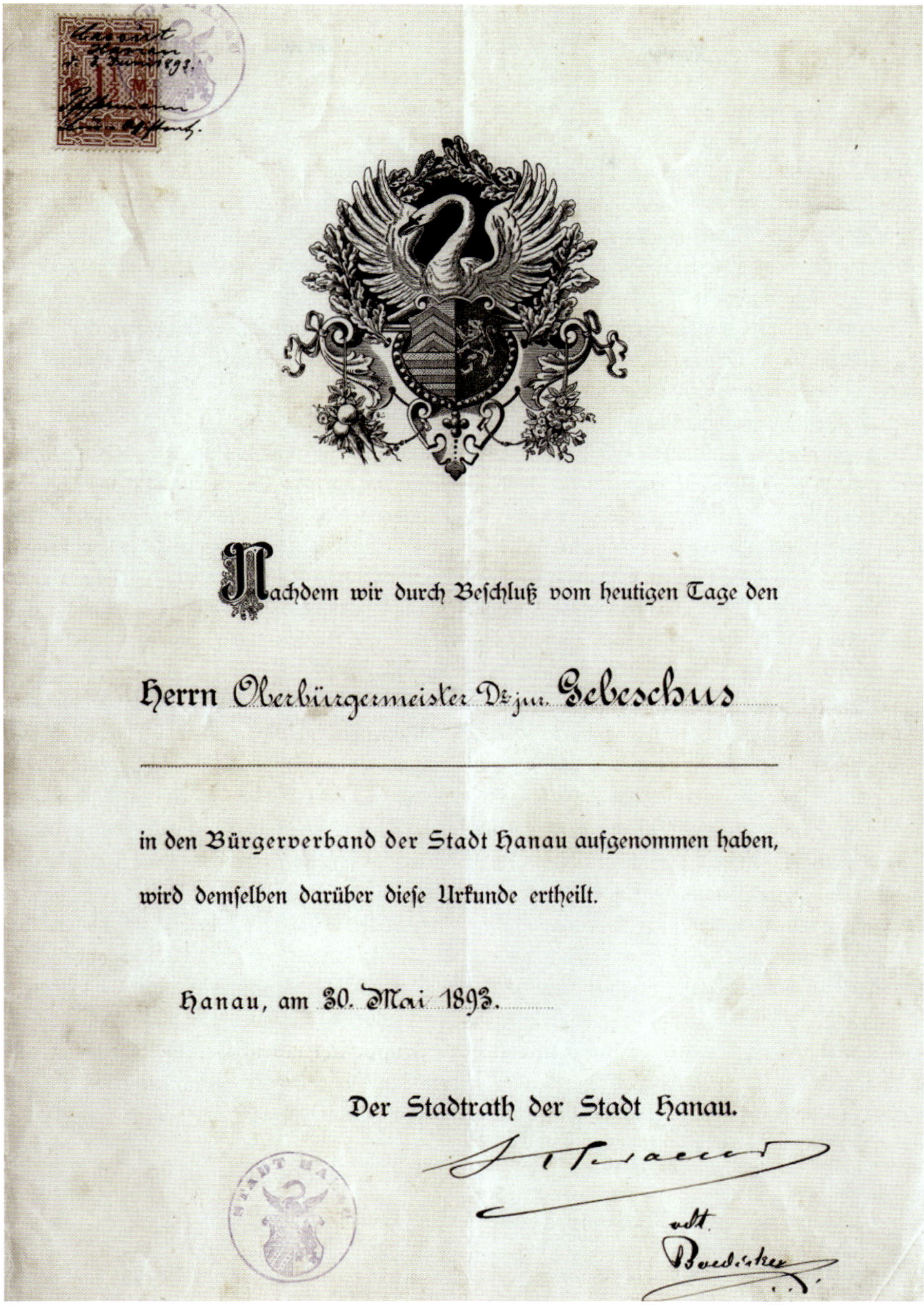

Nachdem wir durch Beschluß vom heutigen Tage den

Herrn Oberbürgermeister Dr. jur. Gebeschus

in den Bürgerverband der Stadt Hanau aufgenommen haben,

wird demselben darüber diese Urkunde ertheilt.

Hanau, am 30. Mai 1893.

Der Stadtrath der Stadt Hanau.

Auch ein Stadtoberhaupt musste Hanauer Bürger werden:
Urkunde vom 30. Mai 1893 mit der Unterschrift von Wilhelm C. Heraeus.

Das Wahlrecht stand nur Männern mit Bürgerrecht zu, welches bei wirtschaftlicher Selbstständigkeit, Besitz eines eigenen Hauses oder als Steuerzahler verliehen wurde. Frauen durften nicht wählen.[463] Verbunden war die Zulassung zum Wahlrecht mit einem von der Gemeinde festgelegten Zensus, der kleine Handwerker und Angestellte, Werkmeister und Krämer sowie Arbeiter ausschloss. Somit durften bei der Gemeindewahl weitaus weniger Bürger wählen als bei der Landtagswahl.[464]

Seit 1898 erfolgte die Wahl der Stadtverordneten auf sechs Jahre nach den Vorgaben des Preußischen Dreiklassenwahlrechtes. Nach jeweils zwei Jahren stand eine Neuwahl eines Drittels der Delegierten an.[465] Das Ehrenamt eines Stadtverordneten konnten nur Bürger mit Zeit, Vermögen oder hohem Einkommen wie Unternehmer wahrnehmen. So waren es meist ortsansässige Industrielle, deren Interessen am Wohl der Stadt und ihr Selbstverständnis des bürgerlichen Engagements sich mit ihren eigenen wirtschaftlichen Interessen verbanden. Arbeiter verfügten wegen der Last der Erwerbstätigkeit über keine Zeit, um sich in der Kommunalpolitik zu engagieren.[466]

Das preußische Dreiklassenwahlrecht hingegen – 1850 für den gesamten Staat eingeführt – stand jedem Bürger zu, der vier Anforderungen erfüllte: „preußische Staatsangehörigkeit, Selbstständigkeit, Mindeststeuerleistung und Mindestaufenthaltsdauer".[467] Obwohl damit vermehrt auch Arbeiter mitbestimmen durften, weil sie die jährliche Steuerleistung infolge von Lohnerhöhungen erbrachten, war ihr Einfluss in den meisten Kommunen gering, da oft 90 Prozent nur in der 3. Klasse wählen durften.[468] Jede der Klassen wählten ein Drittel der Stadtverordneten. Zu Gebeschus' Zeiten verteilte sich die Bevölkerung auf die drei Klassen: 1: 0,2–2,0 Prozent, 2: 4–14 Prozent und 3: 84–94 Prozent.[469]

So bestimmten 1913 der Kommerzienrat Heinrich Brüning für den Bezirk 17 und der Unternehmer Dr. Wilhelm Heraeus im Wahlbezirk 20 jeweils als einzige Vertreter der 1. Klasse zwei Wahlmänner, genauso wie 248 bzw. 284 Vertreter der 3. Klasse in den beiden Wahlkreisen. Insgesamt umfasste die 1. Klasse 149 Personen, die 2. Klasse 784 und die 3. Klasse 5.277 Wahlberechtigte.[470] In der ersten Abteilung wählten in Hanau wie andernorts meist Unternehmer, während die zweite Klasse Hausbesitzer, Handwerksmeister und Einzelhändler und die dritte Abteilung die Masse der Handwerker und Ladenbesitzer bildeten.[471] Selbst Gebeschus stimmte nur über die Vertreter der 2. Klasse ab.[472] Parteienzugehörigkeit herrschte nicht. Vielmehr war die politische Tendenz eines Individuums offen. Die reine Zugehörigkeit zu einer Parteienliste sagte noch nichts über deren politischen Standpunkt aus.[473]

463 Croon, Vordringen, S. 18; Hofmann, Stadtverordnetenversammlungen, S. 35.
464 Hofmann, Stadtverordnetenversammlungen, S. 37.
465 Lengemann, Bürgerrepräsentation I, S. 29.
466 Croon, Vordringen, S. 17; Krabbe, Stadt, S. 62.
467 Croon, Vordringen, S. 21; Hofmann, Stadtverordnetenversammlungen, S. 34.
468 Croon, Vordringen, S. 40.
469 Hofmann, Stadtverordnetenversammlungen, S. 41.
470 Pákh, Hanau, S. 343, Dok. 82.
471 Schäfer, Geschichte, S. 134.
472 Pákh, Hanau, S. 344, Dok. 82.
473 Weichel, Bürger, S. 328f.

6.1.5. Urbanität und Stadt im 19. Jahrhundert

Gebeschus oblag seit 1893 die Verwaltung und Organisation Hanaus, einer aufstrebenden Stadt im Kaiserreich. Die Städte sahen sich im 19. Jahrhundert infolge von Bevölkerungswachstum und industrieller Revolution enormen Wandlungsprozessen ausgesetzt.[474] Der zunehmende Zuzug in die Städte führte zur Bebauung zuvor ungenutzter Flächen und die intensivere Ausnutzung der Grundflächen durch Aufstockung oder Neubau größerer Gebäude. Doch die traditionelle Stadt konnte die Bevölkerungsmassen nicht aufnehmen, sodass sich diese über die ursprünglichen Grenzen und die vielerorts geschleiften Stadtbefestigungen ins Umland und die Feldmarken vergrößerten.[475]

Daraus resultierten die Schaffung neuer Verwaltungsstrukturen sowie eine strukturelle und funktionale Neugliederung der Stadträume durch Quartiere, Vorortsiedlungen und eingemeindete Umlandgemeinden. Sekundärere Effekte der Verstädterung waren die gesellschaftliche Ausbreitung städtischer Lebensweisen, größere Mobilität, eine Angleichung der kulturellen Gegebenheiten und Normen, des Konsums und der Ansprüche an die Arbeitswelt.[476]

Im Gegensatz zu anderen Städten entwickelte sich Hanau im Kaiserreich zwar über seine ursprünglichen Stadtgrenzen hinaus, wuchs aber trotz Industrialisierung und steigender Geburtenraten im Vergleich zu diesen weitaus weniger schnell:[477]

Jahr	Hanau	Wiesbaden	Kassel	Bielefeld	Bochum	Bonn
1867	19.225	30.085	41.590	k.A.	k.A.	k.A.
1871	20.294	35.450	46.378	21.834	21.192	26.030
1875	22.409	43.674	53.043	26.567	28.368	28.075
1880	23.086	50.238	58.290	30.679	33.440	31.514
1885	24.377	55.454	64.083	34.931	40.767	35.989
1890	25.029	64.670	72.477	39.950	47.601	39.805
1895	27.655	74.133	81.752	47.455	53.842	44.558
1900	29.847	86.111	106.034	63.046	65.551	50.736
1905	31.637	100.953	120.467	71.796	118.464	81.996

Entwicklung der Einwohnerzahlen in Hanau und Vergleichsstädten

474 Krabbe, Stadt, S. 68.
475 Ebd., S. 78.
476 Ebd., S. 68f.
477 Zahlen nach Silbergleit, Städte, Tabellenanhang C, S. 2–7. Ergänzende Angaben bei Bödicker, Weiterführung, S. 27f.; Hanau, Verwaltungsbericht 1885/86–1889/90, S. 17; Hanau, Verwaltungsbericht 1890/91–1894/95, S. 22; Hanau, Verwaltungsbericht 1895–1899, S. 21; Hanau, Verwaltungsbericht 1900–1902, S. 30; Hanau, Verwaltungsbericht 1903, S. 8; Hanau, Verwaltungsbericht 1904, S. 8; Hanau, Verwaltungsbericht 1905–1907, S. 8; Hanau, Verwaltungsbericht 1908–1910, S. 37; Hanau, Verwaltungsbericht 1911–1919, S. 10.

Zwischen 1885 und 1890 stieg Hanaus Einwohnerzahl um 2,67 Prozent, während in Gesamtpreußen die Zunahme im Durchschnitt 5,79 Prozent betrug. Dabei nahmen Städte mit mehr als 10.000 Einwohnern um 18,74 Prozent und Städte zwischen 20.000 und 30.000 Einwohnern um 9,62 Prozent an Bevölkerung zu.[478]

Mit Beginn des neuen Jahrhunderts wuchs Hanau in den folgenden zwei Jahrzehnten deutlich. Das städtische Einwohnermeldeamt veröffentlichte jeweils zum 1. April des Berichtsjahres die offizielle Einwohnerzahl. Diese betrug zum 1. April 1907 34.808 Personen, darunter 2.802 frühere Einwohner Kesselstadts.[479] Auch die Militärpersonen durch den Ausbau der Kasernen trugen zum Wachstum bei. So belief sich deren Zahl gemäß der Volkszählung vom 1. Dezember 1910 auf 2.249 Personen bei 37.472 Einwohnern insgesamt.[480] Den vorläufigen Höchststand erreichte die Kommune im April 1918 mit 39.736 Personen.[481]

Der Landkreis Hanau umfasste nach der Volkszählung 1911 ohne die Stadt Hanau 57.084 Einwohner.[482] Die Entwicklung der heutigen und damals zum Landkreis Hanau gehörigen Stadtteile verdeutlicht nachfolgende Tabelle:[483]

Stadt	**Häuser 1821**	**Häuser 1866**	**Häuser 1911**	**Einwohner 1821**	**Einwohner 1866**	**Einwohner 1907**
Hanau	1.471	1.516	2.649	9.634	17.164	37.473
Bruchköbel	94	122	203	478	891	1.346
Großauheim	223	342	787	1.114	2.075	6.365
Kesselstadt	83	104	440	436	805	2.802
Mittelbuchen	100	107	174	464	725	1.109

Entwicklung der Häuser- und Einwohnerzahlen in Hanau und Umgebung

Die Städte waren auf die Herausforderungen der Urbanisierung und Industrialisierung Mitte des 19. Jahrhunderts nicht vorbereit. Die Honorationenverwaltung agierte nicht vorausschauend, sondern „sparsam wirtschaftend", wie sie es aus ihrem eigenen Betrieb gewohnt waren.[484] Noch zu Beginn des 19. Jahrhunderts und für die folgenden Jahrzehnte umfasste das städtische Aufgabenportfolio ordnungs- und sicherheitspolizeiliche Aufgaben (Baupolizei, Feuerschutz, Nachtwachen, Unterhaltung und Beleuchtung von Straßen), ferner das Schulwesen, die Verwaltung des städtischen Immobilienbesitzes und die Fürsorge im städtischen Armenwesen, welches durch Stiftungsvermögen unter Verwaltung der Stadt finanziert war.[485]

Infolge der Urbanisierung vermehrten sich das städtische Vermögen – in baulicher und monetärer Form – und die zu leistenden Aufgaben. Mit der Abkehr von der Hoheits- und

478 Hanau, Verwaltungsbericht 1890/91–1894/95, S. 22.
479 Hanau, Verwaltungsbericht 1905–1907, S. 8.
480 Fraeb/Bott, Mittelalter, S. 122; Hanau, Verwaltungsbericht 1908–1910, S. 37.
481 Hanau, Verwaltungsbericht 1911–1919, S. 10
482 Wagner, Gerichte, S. 22.
483 Zahlen nach ebd., S. 20.
484 Krabbe, Kommunalpolitik, S. 16.
485 Hofmann, Entwicklung, S. 83; Krabbe, Stadt, S. 99.

Vermögensverwaltung übernahmen die Städte auch die Daseinsvorsorge für ihre Bürger und mussten ihren städtischen Betrieb wie ein Wirtschaftsunternehmen führen.[486] Diese sogenannte Leistungsverwaltung umfasste ein weitaus größeres, gesamtgesellschaftliches Aufgabenspektrum, das insbesondere den Lebensstandard der unteren Schichten verbessern sollte und sich in drei Kategorien unterteilen lässt. Die polizeilichen Gemeindeanstalten beinhalteten Einrichtungen für eine hygienischere Stadt, also Wasserversorgung und Kanalisation, Straßenreinigung und Schlachthof, aber auch Sicherheitsaspekte durch verbesserte Straßenbeleuchtung und Feuerschutz. Technische Aspekte bündelten sich in den kommunalen Gewerbebetrieben wie Gasanstalt, Elektrizitätswerk und Straßenbahn. Sozialhygienische sowie sozial- und bildungspolitische Bestrebungen bündelten sich im Krankenwesen, in der Armenfürsorge, in weiterführenden Schulen, Museen, Stadtsparkassen oder Leihanstalten.[487] Wann und wie welche Maßnahmen in Angriff genommen wurden, hing häufig von der Initiative der Bürgermeister im Zusammenspiel mit der Stadtbürgerschaft ab.[488]

Mit der Übernahme immer weiterer Aufgaben vervielfachte sich auch die Zahl der städtischen Bediensteten durch die Kommunalisierung zuvor privater Betriebe wie im Falle der Gasanstalten oder der Einstellung neuer Fachkräfte für die Wasser- und Stromversorgung, die Übernahme zuvor kirchlicher Aufgaben in der Kranken- und Armenpflege oder die Professionalisierung ehrenamtlicher Aufgaben wie im Falle der Feuerwehr.[489] Zuvor hatte sich bis ins zweite Drittel des 19. Jahrhunderts die Verwaltungstätigkeit mit wenigen juristisch qualifizierten Magistratsmitgliedern sowie einigen Stadtsekretären, Boten und Schreibern sowie die polizeilichen Aufgaben mit Polizeibeamten, Nachtwächtern, Feldhütern und Lehrern bewerkstelligen lassen.[490]

6.2. Verwaltungsfachmann und -reformen

6.2.1. Amtseinführung und erste Amtshandlungen

Eugen Gebeschus traf am 31. Mai 1893 in Hanau ein[491] und wurde am 5. Juni 1893 um 10 Uhr in sein Amt eingeführt (EG: 416, 515).[492] In seiner Abendausgabe berichtete der Hanauer Anzeiger über die am Vormittag stattgefundene feierliche Amtseinführung, die Oberregierungsrat von Pawel übernahm. Dieser sah es als besondere Aufgabe des künftigen Oberbürgermeisters an, neue Verkehrswege zu schaffen und mahnte, die großen Leistungen der Vorgänger im Schul- und Sanitätswesen fortzusetzen. Danach sprach Heinrich Nickel im Namen des Wahlkomitees. Nickel stellte Gebeschus die Unterstützung der Bürgerschaft in

486 Krabbe, Stadt, S. 100, 110, 129.
487 Blotevogel, Einführung, S. XIV; Hofmann, Daseinsvorsorge, S. 214; Krabbe, Kommunalpolitik, S. 22; Unruh, Bürgermeister, S. 45f.
488 Unruh, Bürgermeister, S. 46.
489 Krabbe, Stadt, S. 131.
490 Ebd., S. 129.
491 HA v. 1. Juni 1893: Amtseinführung.
492 Ebenso ebd. und K. Gebeschus, Lebensbilder II, S. 160.

Aussicht, auch wenn er mit den hiesigen Verhältnissen nicht vertraut war. Nickel sprach von „opferwilligen Bürgern“ und „einer tüchtigen städtischen Beamtenschaft“.

Gebeschus lobte in seiner Antrittsrede die Leistungen seiner Vorgänger. Er wollte besonders ein gutes Verhältnis zwischen staatlichen und städtischen Behörden pflegen und hatte für die Zukunft Hanaus kein „fertiges Programm“ dabei. Er plante eine liberale Verwaltung, „die sich in den Bahnen seines Vorgängers bewegen würde“, und wollte in politischen und religiösen Fragen über den Parteien stehen. Abschließend begrüßte Vizebürgermeister Wilhelm Carl Heraeus Gebeschus als Bürger und Oberbürgermeister und wünschte sich von ihm eine längere Verweildauer in Hanau als bei seinen Vorgängern.[493] Vermutlich ahnte Heraeus nicht, wie sehr sein Wunsch in Erfüllung gehen sollte.

Schon in seinem ersten Amtshalbjahr war Gebeschus mit all seinen späteren Berufsfeldern konfrontiert: Verkünden der Entscheidungen der Stadtverwaltung, Dienstreisen und Verhandlungen mit übergeordneten Stellen, Begrüßungen und repräsentative Aufgaben sowie Umsetzung von gesetzlichen Vorgaben und juristische Prüfung städtischer Verordnungen.

Am 10. Juni erschien im Hanauer Anzeiger die erste offizielle von Gebeschus unterzeichnete Bekanntmachung vom 7. Juni. Es war eine Meldung, die die Hanauer Einwohner nur am Rande betraf. Gebeschus prangerte die niederländische Firma Dryshout aus Amsterdam an, die Goldarbeiter aus Hanau engagiert hatte und nach kurzer Zeit wieder entließ. Mit der Meldung wollte er andere Städte auf diese Machenschaften aufmerksam machen.[494]

Gebeschus' erste Amtshandlung befasste sich mit dem avisierten Bahnprojekt Hanau-Büdingen, das sein Vorgänger Westerburg angestoßen hatte. In der Sitzung des Komitees für den Betrieb und den Bau einer Eisenbahn Hanau-Büdingen votierte das Gremium am 9. Juni 1893 dafür, dass Gebeschus anstelle Westerburgs die Stelle des Vorsitzenden einnahm. Auch inhaltlich wurde gearbeitet: Die Vorarbeiten für das Bahnprojekt waren geleistet worden, doch hemmte die Finanzierung die Umsetzung. Während Berlin Gelder bereitstellte, verweigerte Darmstadt eine finanzielle Unterstützung des Bahnprojektes.[495]

Doch Gebeschus musste sich als Oberbürgermeister in den ersten Tagen auch mit ganz trivialen Dingen wie Schäden an Blumen und Bepflanzungen in der Haingasse befassen und eine Belohnung zur Überführung der Täter aussetzen.[496]

Am 26. Juni 1893 tagte unter Anwesenheit von Gebeschus der Gemeindeausschuss. Wegweisende Entscheidungen brachten die Mitglieder Heinrich Nickel, Jakob Bier, Georg Bode, Jakob Fritz, Jean Gerhardt, Georg Halin, Theodor Hammerschmidt, Leonhard Huber, Heinrich Jung, Wilhelm Kämmerer, Heinrich Ott, Georg Treusch, Fritz Volz und Conrad Friedrich Weber in Gebeschus' erster Teilnahme in diesem Gremium nicht zustande. Vielmehr befassten sie sich vornehmlich mit Anträgen einzelner Bürger zu Wasseranschlüssen an ihre Privathäuser.[497] Doch von den Sitzungen des Gemeindeausschusses, an denen er als einziges Mitglied des Stadtrates teilnahm, hielt Gebeschus insgesamt wenig: „Der Ausschuss, ich mit-

493 HA v. 5. Juni 1893: Amtseinführung.

494 HA v. 10. Juni: Stadtkreis Hanau. Bekanntmachungen des Oberbürgermeisteramtes: Gez.: Hanau am 7. Juni 1893: Der Oberbürgermeister Dr. Gebeschus.

495 HA v. 12. Juni 1893: Eisenbahnprojekt Hanau-Büdingen.

496 HA v. 17. Juni 1893: Stadtkreis Hanau. Bekanntmachungen des Oberbürgermeisteramtes.

497 HA v. 27. Juni 1893: Ordentliche Sitzung des Gemeinde-Ausschusses am 26. Juni 1893.

Seinerzeit fünf Jahre im Amt: Eugen Gebeschus, etwa 1898/99.

ten drin, saß um einen großen langen Tisch, die Debatten waren so wenig anregend und standen auf so geringer Höhe, daß ich während der Sitzungen arbeiten konnte. Es bedurfte nicht einmal eines halben Ohrs, ein Viertel genügte, um den Verhandlungen zu folgen." (EG: 498f.)

Die erste Dienstreise führte Gebeschus im Sommer 1893 zusammen mit Handelskammerpräsident Canthal nach Hamm in Westfalen. Dort debattierte ein Konsistorium über den geplanten Bau einer Eisenbahnlinie von Münster nach Frankfurt am Main, die insbesondere Kohlenlieferungen aus dem Ruhrgebiet ins Rhein-Main-Gebiet bewerkstelligen sollte. Der Streckenbau wurde bis 1895 nicht umgesetzt, was Gebeschus bedauerte, da die Bahn in Höhe Friedberg auf die

Bahnlinie Kassel-Frankfurt eingemündet hätte, Hanau so leichter an Kohlenlieferungen gekommen und vermutlich zum neuen Umschlagsort für diese nach Bayern geworden wäre.[498]

Seine juristische Fachkenntnis brachte Gebeschus ebenfalls innerhalb der ersten Wochen ein. Das »Statut betr. die Benutzung der städtischen Gasleitung zum Privatverbrauch vom 21. Oktober 1890« bedurfte einer Anpassung gemäß den neuen Bestimmungen des Kommunalabgabengesetzes vom 14. Juli 1893.[499] Das Gesetz ermöglichte es den preußischen Gemeinden nach § 1 Gebühren, Beiträge und Steuern zu erheben sowie Naturaldienste zu fordern, um die Ausgaben zu decken. Durch die neuen Bestimmungen in § 3 mussten städtische Unternehmen nun wirtschaftlich und ausgabendeckend arbeiten.[500]

Auch repräsentative Aufgaben nahm Gebeschus schnell wahr. So begrüßte er im Oktober 1893 das nach Hanau verlegte 3. Bataillon des Infanterieregiments Nr. 87 am Ostbahnhof und nahm mit den Truppen ein Frühstück in den Räumen des Bürgervereins ein. Ende September 1894 ähnelte sich der Ablauf, als er das von Frankfurt nach Hanau verlegte Thüringische Ulanenregiment Nr. 6 an der Kinzigbrücke empfing und zu einem Gastmahl einlud.[501]

6.2.2. Neuordnung der Verwaltung

Reorganisation der allgemeinen Verwaltung

Gebeschus schätzte seine Verwaltungstätigkeit in Hanau einfacher als in Höchst ein. Dies hatte zwei Gründe: Zum einen verfügte Hanau über keine derartige Großindustrie wie die Farbwerke mit stark fluktuierender Arbeiterschaft. Hanau wuchs hingegen eher langsam und die zu seinem Amtsantritt dominierende Schmuckwarenindustrie beschäftigte in vielen Kleinbetrieben nur eine geringe Zahl an Arbeitern. Die Mitarbeiter in den Zigarrenmanufakturen arbeiteten weniger in großen Fabriken als vielmehr in Heimarbeit (EG: 443). So waren keine großen Neueinstellungen oder Entlassungen bei den Arbeitern zu verzeichnen, sodass „eine gewisse Stetigkeit und Gleichmäßigkeit in der zu leistenden Verwaltungsarbeit“ zu konstatieren war. Diese Tätigkeit leisteten zum zweiten „in geradezu mustergültiger Weise“ die Vorsteher der einzelnen Abteilungen, womit „sich der Chef der Verwaltung auf die Erteilung allgemeiner Direktiven und die Unterschriftsleistung beschränken konnte. Höchstens blieb ihm noch die Anfertigung des einen oder anderen schwierigen Berichts übrig“, erinnerte sich Gebeschus an seine ersten Wochen (EG: 444).

So fühlte sich Gebeschus zu Anfang seiner Amtszeit unterbeschäftigt, da er keinen Publikumsverkehr mehr hatte. Vielmehr sprachen die Bürger nur noch bei den Abteilungsvorstehern wegen ihrer Belange vor. Dieses Vorgehen behagte Gebeschus nicht. Er erfuhr nicht, „wo der Schuh [die Bürger] drückt“, lernte nicht deren persönliche Anliegen kennen und konnte sie nicht direkt beraten. Dies beschäftigte ihn die ersten Monate (EG: 445).

498 Hanau, Verwaltungsbericht 1890/91–1894/95, S. 2.

499 Hanau, Verwaltungsbericht 1890/91–1894/95, S. 57. Download mit Kommentar unter https://archive.org/details/daskommunalabga00gergoog.

500 URL: http://www.verfassungen.de/preussen/gesetze/kommunalabgabengesetz93.htm.

501 Hanau, Verwaltungsbericht 1890/91–1894/95, S. 3.

Hanauer Magistrat im großen Sitzungssaal des Rathauses 1914/16. Von links nach rechts sitzend: Kaufmann Wilhelm Lossow, Fabrikant Karl Kehl, Fabrikbesitzer Dr. Wilhelm Heraeus, Sanitätsrat Dr. Karl Lucanus, Stadtbaurat Paul Ehrich, Bürgermeister Karl Hild, Oberbürgermeister Dr. Eugen Gebeschus, Erster Beigeordneter Rentner Karl Glaser, Möbelfabrikant Ernst Holzinger, Rentner Jean Nicolay, Rentner Karl König, Apothekenbesitzer Albert Sendler, Kettenfabrikant Christian Reitzel. Von links nach rechts stehend: Stadtsekretär Theodor Boden, Assessor Dr. Otto Hufnagel, Stadtschulrat Dr. Wilhelm Berensmann, Buchhändler Max Alberti, Assessor Dr. Robert Freisem.

Dieses Gefühl währte aber nicht lange. In seinen Sprechstunden zwischen 10 und 13 Uhr ließ sich Gebeschus fortan Beschwerden vortragen, wovon die Bürger „intensivsten Gebrauch" machten, sodass er meist die vollen drei Stunden dafür aufbrauchte. Weitere arbeitsintensive Felder stellten die Baupolizei und die Steuerveranlagung dar, da er als Oberbürgermeister zugleich in der Steuerkommission den Vorsitz innehatte. Die heutigen Aufgaben der Finanzämter leisteten seinerzeit ebenfalls die Städte, erst ab 1910 war ein eigener Beamter für Hanau-Stadt, Hanau-Kreis und Gelnhausen zuständig (EG: 449).

Städtische Statuten und Polizeiverordnungen lagen vor Gebeschus' Amtsantritt nur in einem gehefteten Exemplar vor und diese vervielfältigten die Stadtsekretäre ausschließlich im Bedarfsfall (EG: 469). Aus Höchst brachte der neue Oberbürgermeister die Idee mit, die Statuten in einem Bürgerbuch zusammenzufassen und die Exemplare in den städtischen Büros und an die städtischen Körperschaften zu verteilen. Auch interessierte Bürger konnten es zum Selbstkostenpreis erwerben. Das Hanauer Bürgerbuch erlebte mehrere Auflagen. Die späteren Ausgaben erreichten mit 700 bis 800 Druckseiten einen noch größeren Umfang als die 500 bis 600 Seiten für 1900 und 1905. Ob der Seitenzahl musste für Gebeschus dieses Werk eine Herzensangelegenheit gewesen sein, da er sämtliche Satzungen oder Verwaltungsordnungen nach der neuen Städteordnung von 1898 neu und in Eigenregie aufstellte (EG: 470).

Hiermit wuchs auch der Verwaltungsaufwand, da sich die Stadtverordneten weitaus intensiver beteiligten als zu Zeiten der kurhessischen Gemeindeordnung. Zuvor begründete der

Oberbürgermeister die Vorlagen an den Gemeindeausschuss mündlich, nun erfolgte der Sachverhalt schriftlich (EG: 456): eine enorme Vervielfachung der Arbeitstätigkeit.

Dies lässt sich am Beispiel des Etats exemplifizieren. Vor Gebeschus' Zeiten in Hanau wurde der Gemeindeetat als Einzelexemplar aufgestellt und im Stadtrat und Gemeindeausschuss beraten. Gebeschus ordnete 1894 die Vervielfältigung des Hauptetats und der wichtigeren Nebenetats zunächst für die Mitglieder des Stadtrats, später auch für die des Gemeinderats an (EG: 456). Bis 1898 entwickelte sich daraus ein System der Vervielfältigung aller Haupt- und Nebenetats vor der Beratung im Stadtrat. Das Prozedere lief sodann wie folgt: „Der Satz blieb stehen, und die Abänderungen, die der Stadtrat beschloss, wurden in den gedruckten Etat vorgenommen. Dieser Etatentwurf wurde dann an die Mitglieder des Gemeindeausschusses verteilt. Der Satz blieb weiter stehen, so dass die vom Gemeindeausschuss beschlossenen Abänderungen sofort in den druckfertigen Satz vorgenommen werden konnten. Der Etat konnte dann innerhalb weniger Tage nach dem endgültigen Beschluss des Gemeindeausschusses gedruckt und verschickt werden. Früher dauerte der Druck Wochen." (EG: 457)

Gebeschus setzte auch durch, dass die Vorlagen des Magistrats an die Presse verteilt wurden, um die Berichterstattung zu erleichtern. Doch erst mit Einführung der neuen Städteordnung nahm die Presse von den Sitzungen der Stadtverordneten Notiz, obwohl die Zusammenkünfte schon zuvor ebenfalls öffentlich gewesen waren (EG: 468). Interessierte Bürger zeigten sich in den Sitzungen äußerst selten. Gebeschus erinnerte sich für den Zeitraum Juni 1893 bis April 1898 an nur drei interessierte Personen. Mit Einführung der neuen Städteordnung änderte sich dies grundlegend. Nun erschien in jeder Sitzung Publikum, das sich besonders aus Wählern der Arbeiterparteien zusammensetzte (EG: 469).

Alle Begründungen zu den Vorlagen des Magistrats an die Stadtverordneten entwarf Gebeschus selbst. Obwohl er die Vorlagen vor den Sitzungen vervielfältigen ließ, beschleunigten die Duplikate die Abläufe und Beratungen in der Stadtverordnetenversammlung nicht. Vielmehr lasen viele Stadtverordnete Vorlagen und Begründungen erst in den Sitzungen und stellten dann Fragen, die sie nicht gestellt hätten, wenn sie die Begründungen zuvor zu Hause studiert hätten (EG: 458), wie Gebeschus kritisch bemerkt.

Die Hanauer Verwaltung setzte sich um 1900 aus der Allgemeinen Verwaltung mit Schulverwaltung, Stadtausschuss, Gewerbegericht sowie Schul-, Markt- und Feldpolizei unter Leitung von Büroverstand und Stadtsekretär Peter Fischer, dem Stadtbauamt unter Leitung von Stadtbaurat Otto Schmidt sowie der Stadtkasse und der Stadtbuchhalterei unter Stadtkämmerer Adolf Scherzberg zusammen. Dieser Abteilung I stand Gebeschus direkt vor.[502] Dazu kamen die Abteilung II: Armen- und Waisenamt, Abteilung III: Steuerverwaltung, Abteilung IV: Standesamt und Abteilung V: Meldeamt einschließlich Melde- und Gesindepolizei. Außerdem unterstanden der städtischen Verwaltung Polizeibeamte, Städtische Sparkasse, Städtische Begräbnisanstalt, Städtischer Schlachthof, Gas-, Wasser- und E-Werk sowie Badeanstalt und zuletzt das Büro der Stadtverordneten.[503]

Gebeschus war nicht nur Mitglied im Magistrat, sondern auch in zahlreichen Kommissionen für Bauwesen, Gas-, Wasser- und Elektrizitätswerk, Badeanstalt, Wassergeldveranlagung, Bewilligung von Entwässerungsdarlehen, Einquartierungen, Unterstützungen an zu

502 Hanau, Verwaltungsbericht 1895–1899, S. 34.
503 Hanau, Verwaltungsbericht 1895–1899, S. 35f.

Friedensübungen einberufene Mannschaften, den Schlachthof, die Zeichenakademie-Schulgeld-Beihilfen, Armenwesen und Schulwesen sowie in den Kuratorien der Stiftung für Kunst und Wissenschaft, der Lucan-Stiftung, der Stiftung Lungenheilstätte, der Jung'schen Stiftung, der Stiftung Kinderkrippe, der Oberrealschule, der Handelsschule, der Gewerblichen Fortbildungsschule und der Pensions-Ergänzungskasse für die Hinterbliebenen seminarisch gebildeter Lehrer. Dazu kamen noch die Posten als Magistratskommissar für die Ortskrankenkasse sowie Mitglied im Althanauer Hospitalrat und Althanauer Deputation.[504]

Karl Hild (1873–1938): Erster besoldeter Beigeordneter der Stadt Hanau 1907–1908, Bürgermeister von Hanau 1909–1916, Hanauer Oberbürgermeister 1917–1921.

Seit 1901 versuchte Gebeschus seine Arbeitslast durch Magistratsassessoren zu verringern. Diese arbeiteten während der Ausbildung unentgeltlich, danach gegen Entgelt. Doch die Assessoren blieben nach ihrer Ausbildung nur kurze Zeit, bis ihre Bewerbungen auf Stadtrats- oder Bürgermeisterstellen erfolgreich waren (EG: 478). Für Entlastung sorgten auch der Stadtschulrat, der die Position des nebenamtlichen Schulinspektors übernahm, und die Anstellung eines Magistratsinspektors (EG: 479). Stadtschulrat und Magistratsinspektor waren zunächst keine Mitglieder des Magistrats. Erst kurz vor dem Ende seiner Amtszeit stellte Gebeschus den Antrag, den Stadtschulrat zum Magistratsmitglied und den Stadtbaurat zum Beigeordneten und Stellvertreter des Oberbürgermeisters zu wählen. Die Stadtschulräte verließen Hanau wegen besserer Verdienstmöglichkeiten und der Zugehörigkeit zum Magistratskollegium andernorts häufig, wie Paul Lorenz nach Flensburg oder August Hahne nach Stettin (EG: 479). Erst ihr Nachfolger Dr. Wilhelm Berensmann stieg wie von Gebeschus vorgeschlagen in den Magistrat auf (EG: 480).

Eine spürbare Arbeitsentlastung schuf für Gebeschus die Einrichtung der Stelle eines zweiten Bürgermeisters, die Karl Hild (* 15. Januar 1873 in Benneckenstein am Harz, † 16. Mai 1938 in Düsseldorf) seit 1908 einnahm, der 1901 bis 1907 als Stadtrat in Nordhausen kommunalpolitische Erfahrungen gesammelt hatte. Hild wurde 1907 zunächst zum besoldeten Beigeordneten und 1908 zum Bürgermeister gewählt.[505] Bei der Besetzung der Stelle räumte Gebeschus zwei Fehler ein: erstens das zu geringe Anfangsgehalt und die zu niedrigen Lohnsteigerungen, wodurch sich viele geeignete Fachkräfte nicht in Hanau bewarben, und zweitens eine von politischen Interessen geprägte Wahl (EG: 480). Das Anfangsgehalt wurde nach

504 Hanau, Verwaltungsbericht 1895–1899, S. 30–33.
505 Arndt, Zeit, S. 141; Wagner, Gerichte, S. 16. Lebensdaten nach Lengemann, MdL, S. 185.

Hilds Wahl schnell angepasst, was Gebeschus rückblickend schon gerne in der Ausschreibung getan hätte (EG: 481).

Mit wachsendem Personal stiegen auch die Ausgaben für die Verwaltungskosten stark an. Beliefen sie sich 1871 noch auf 38.890 Mark, betrugen sie zu Gebeschus' Amtsantritt 1893 schon 92.917 Mark, um zweieinhalb Jahrzehnte später sich 1909/10 auf 293.156 Mark verdreifacht zu haben.[506]

Neustrukturierung der Bauverwaltung

Die Verwaltungsstrukturen zwischen Höchst und Hanau unterschieden sich grundlegend. In Höchst verfügte Gebeschus zwar über tüchtige Mitarbeiter, aber keine Fachkräfte – dies war in Hanau gänzlich anders. Während er in Höchst von einem Maurerpolier als Bautechniker im Bauwesen unterstützt wurde, leitete in Hanau mit Stadtbaurat Johann Peter Thyriot ein Zimmermannsmeister das Baureferat. Das Bauwesen machte Gebeschus besonders große Freude (EG: 440f.).

Doch die Baupolizei zählte zunächst zu den Bereichen, auf die Gebeschus als Oberbürgermeister keinen Einfluss hatte (EG: 434). Über das Bauwesen konnten die staatlichen Behörden, meist der Regierungspräsident, Kontrolle über die vorwiegend liberalen Städte ausüben (EG: 435). Gebeschus erbat für Hanau die Übertragung der Baupolizei an die Stadt, was das Regierungspräsidium in Kassel ablehnte (EG: 437), doch im Innenministerium in Berlin war man von Gebeschus' Leistung zu Höchster Zeiten wohl derart beindruckt gewesen, dass ihm die Baupolizei auch für Hanau übertragen wurde, „allerdings bekam ich sie persönlich mit der Begründung, daß ich in Höchst die Polizei ohne Ansehen der Person durchaus im Sinne der Staatsaufsicht ausgeübt hätte und man mir daher auch zutraue, daß ich die Baupolizei in gleicher Weise ausüben werde." (EG: 438)

Die Errichtung eines professionellen Bauamtes ging im Übrigen nicht auf Gebeschus, sondern auf seinen Vorvorgänger Karl Cassian zurück. Dieser ließ 1865 Thyriot in sein Büro bestellen und offerierte ihm die Stelle für Bauangelegenheiten.[507] Cassian hatte eine ausgebildete Fachkraft gesucht, die die städtischen Bautätigkeiten beaufsichtigte, was Thyriot in Nebentätigkeit übernahm und hauptberuflich freischaffender Architekt blieb.[508] Cassian vertrat die Ansicht, die Stadtverwaltung solle „eine technisch gebildete Stütze in Bausachen, namentlich in Straßen- und Wegeangelegenheiten"[509] erhalten. Für die Leitung und Beaufsichtigung der baulichen Arbeiten der Stadt, die seinerzeit Schlachthaus, Brücken, Wasserbau,

506 Zahlen nach Halbleib, Finanzwirtschaft, S. 6.
507 StAHU XY 476, Heft I, S. 20.
508 Siebert, Biographien, S. 196.
509 Zit. nach StAHU XY 476, Heft I, S. 20.

Wege, Plätze, Straßenpflaster und Kanäle umfassten, erhielt Thyriot eine Besoldung von 200 Gulden.[510] Daraufhin trat er am 1. Januar 1866 in städtische Dienste.[511]

Thyriot war am 9. August 1833 in Hanau geboren worden[512] und verstarb am 16. April 1917 ebendort.[513] Nach dreijähriger Zimmermannsreise durch Deutschland lehnte er das Angebot des Hanauer Architekten und Zimmermannmeisters Conrad Deines ab, in sein Unternehmen einzutreten und beim Neubau der Kinzigbrücke zu assistieren. Er schloss sich stattdessen dem Büro Kaiser in Frankfurt an.[514] Erst nach dem Tod seines Vaters 1864 kehrte Thyriot im Februar 1865 nach Hause zurück und arbeitete als freischaffender Architekt. Als ersten größeren Auftrag baute er 1865 zwei abgebrannte Häuser in der Schirngasse wieder auf.[515]

Eduard Rauchs Nachfolger Westerburg forcierte seit 1888 den Plan, der städtische Stadtbaumeister solle sich allein den kommunalen Angelegenheiten widmen und seine private Bautätigkeit niederlegen. Die städtischen Körperschaften stellten Thyriot vor die Entscheidung, seine private Tätigkeit oder die kommunalen Aufträge aufzugeben. Er entschied sich für die städtischen Belange, da er mit 55 das Risiko scheute, ein eigenes Bauunternehmen aufzubauen und sein Sohn Franz den elterlichen Betrieb nicht fortführen wollte.[516] So erfolgte am 25. März 1889 die Ernennung zum Stadtbaumeister auf Lebenszeit.[517]

Das Stadtbauamt erhielt noch unter Gebeschus' Vorgänger Westerburg durch die erweiterten Aufgaben im Bereich Straßenerhaltung, Sielbau sowie bei der Erhaltung von Schulen und anderen Gebäuden personellen Zuwachs. So wurden die Tätigkeiten zum 1. April 1892 in Hoch- und Tiefbauamt getrennt. Das Tiefbauamt erhielt insgesamt zwölf Aufgaben: „1. Chausseen und Wege, gepflasterte Straßen und Wege, 2. Stadtreinigung, 3. Kanäle, 4. Wasserbau, Stadtgräben, Ufer, Brücken, 5. Baumpflanzungen und Anlagen, 6. Messen und Märkte, 7. Bebauungspläne, 8. Baugesuche, soweit solche dem Stadtrath zur Begutachtung unterbreitet werden, 9. Sielbausachen, 10. Entleerung der Abtrittsgruben, 11. Straßenbegießung und 12. Gesundheitspolizeiliche Einrichtungen."[518]

Die angestoßene Trennung erfolgte unter Gebeschus' Ägide im Geschäftsjahr 1893/94 in Stadtbauamt I (Hochbauamt) und Stadtbauamt II (Tiefbauamt). Im Hochbauamt wirkten Stadtbaumeister Johann Peter Thyriot, der Techniker Wilhelm Krögel (seit 1919 städtischer Baumeister) und Bauschreiber Jakob Böhmann und im Tiefbauamt Stadtbaumeister Otto

510 StAHU XY 476, Heft I, S. 20. Dieses Salär stieg 1868 auf 400 Gulden (Heft I, S. 33) und 1870 auf 600 Gulden = 1.026 Mark (Heft I, S. 35), 1876 auf 2.700 Mark (Heft I, S. 42), 1881 auf 3.200 Mark (Heft I, S. 46), 1883 auf 3.500 Mark (Heft I, S. 47), 1886 auf 3.800 Mark (Heft I, S. 48). 1892 von den anfangs 5.000 Mark auf 5.500 Mark (Heft II, S. 4), 1896 auf 6.000 Mark (Heft II, S. 11).

511 StAHU C 292, Übersicht über die persönlichen und dienstlichen Verhältnisse.

512 StAHU XY 476, Heft I, S. 9; Siebert, Biographien, S. 195.

513 StAHU C 292, Todesanzeige. In seinen Memoiren ist allerdings als Datum der 11. April 1917 vermerkt; ebenso bei Siebert, Biographien, S. 197.

514 StAHU XY 476, Heft I, S. 15; Siebert, Biographien, S. 195.

515 StAHU XY 476, Heft I, S. 19.

516 StAHU XY 476, Heft I, S. 50.

517 StAHU XY 476, Heft I, S. 51. Nach dem Verwaltungsbericht erfolgte die Ernennung am 1. April 1889, vgl. Hanau, Verwaltungsbericht 1885/86–1889/90, S. 27.

518 Hanau, Verwaltungsbericht 1890/91–1894/95, S. 182.

Johann Peter Thyriot (1833–1917): Hanauer Stadtbaumeister und Stadtbaurat 1889 bis 1900, Gemälde von Georg Cornelius (1825–1898).

Leers, der Techniker Konrad Caspari, der Bauschreiber Paul Bauer, der Stadtgärtner Georg Seelmann und drei Aufseher.[519]

Thyriot erhielt 1898 für seine Leistungen in städtischen Diensten auf Beschluss des Stadtrats den Titel Stadtbaurat.[520] Doch ein Jahr später entschloss sich Thyriot – aufgrund der dauernden Konflikte mit Gebeschus, offiziell aus gesundheitlichen Gründen – in den Ruhestand zu treten.[521] Die wahren Gründe für den Rückzug offenbaren sich in Thyriots Lebenserinnerungen. So verwehrte ihm Gebeschus nach der Ernennung zum Stadtbaurat die Bekanntmachung in der Öffentlichkeit und korrigierte dessen Vorlagen, bevor sie ihren Weg durch die Verwaltungszweige nahmen, wie sich Thyriot erinnerte:[522]

„Namentlich aber empörte mich, als ich eine in seiner Abwesenheit getroffene Verfügung erließ in derselben er das Wort ‚Familienwohnung' statt Wohnräume gebrauchte. Dies hatte mir die rücksichtslos, schriftliche, durch die Verwaltung laufende Rüge eingetragen, daß ‚wenn mich mein Gedächtnis im Stich ließe, dann möchte ich doch die von ihm – dem Herrn Oberb. – gemachten Belehrungen als Notiz in meine Akten legen.' Das Bauamt, das vor dem Inkrafttreten der Städteordnung seine Vorlagen bei den städtischen Körperschaften direkt vortragen konnte, wurde nun nicht mehr hierzu erlangt, das Geschäft besorgten an seiner Stelle die Mitglieder der Baukommission oder Herr Oberb., der gelegentlich sagte: ‚Techniker und Künstler können niemals Verwaltungsbeamte werden, sie sind nie scharfsinnig genug hierzu.' So entstand eine Verstimmung, eine Aufregung, die mich an Leib und Seele gefährdete und im Anfang des Monats Dezember, wo mir an einem Vormittag der Herr Oberb. ein Aktenstück das eilig zu erledigen war, wie einem Tagelöhner auf den Schreibtisch nicht hinlegte, sondern ohne Ursache auf meinen Arbeitstisch hinwarf, da nahm ich ohne Zagen oder längeres Besinnen einen gebrochenen Bogen Papier und schrieb darauf, daß ich amtsmüde werde und bäte rücksichtlich meines Alters darum, meine Pensionierung einzuleiten. Dies Schreiben habe ich alsbald persönlich übergeben, der Herr Oberb. sprach kein

519 Hanau, Verwaltungsbericht 1890/91–1894/95, S. 182.
520 StAHU XY 476, Heft II, S. 14.
521 StAHU C 292, Schreiben des Magistrats v. 17. Oktober 1899; StAHU XY 476, Heft II, S. 16.
522 StAHU XY 476, Heft II, S. 16f.

Wort, faltete den Bogen zusammen und steckte ihn in seine Brusttasche. So war denn geschehen, was nicht mehr zu ändern und meiner Familie ein Herzenswunsch gewesen."[523]

Der Magistrat gewährte den Pensionierungswunsch am 20. Dezember 1898. Thyriot wurde zum 1. April 1901 mit einem Ruhegehalt von 4.000 Mark in den Ruhestand versetzt und hatte seit dem 1. Juli 1900 mit dem Dienstantritt seines Nachfolgers Otto Schmidt dienstfrei.[524]

Doch auch mit Thyriots Nachfolger wurde Gebeschus nicht glücklich. Die wachsende Arbeit infolge der Verwaltungsreform 1898 ließ auf städtischer Seite den Entschluss reifen, ein weiteres besoldetes Magistratsmitglied einzustellen. Gebeschus gab dabei dem Wunsch der Stadtverordneten nach, einen ausgebildeten Stadtrat – einen Bautechniker – einzustellen. Die Alternative wäre ein weiterer Verwaltungsfachmann gewesen, doch bei dieser Tätigkeit sah sich Gebeschus durch den Beigeordneten Georg Bode bereits entsprechend entlastet. Die Einstellung eines Bautechnikers befürwortete besonders der Stadtverordnete Heinrich Ott, dessen Bruder als Stadtbaurat in Straßburg wirkte (EG: 471).

Da Hanau jedoch seinerzeit keine Großstadt war, musste der Bautechniker zwei Aufgaben in einer Person vereinen: Baufachmann und Verwaltungskraft (EG: 471f.). Ungeachtet dieser Schwierigkeiten schrieb die Stadtverwaltung die Stelle des Stadtbaurates aus und Gebeschus besuchte mit Stadtverordnetenvorsteher Canthal die drei vielversprechendsten Bewerber (EG: 472). Doch die drei Favoriten zeigten sich nach den ersten Gesprächen als nicht geeignet: der erste fachlich brauchbar, aber nicht zu Leitung befähigt, der zweite wollte Hanau nur als Sprungbrett für höhere Ziele nutzen und der dritte sagte das Gespräch im Vorfeld ab (EG: 473). Folglich sichteten die beiden die Bewerbungen erneut und besuchten den Coburger Stadtbaurat Otto Schmidt, den sie nach den Empfehlungen des dortigen Stadtverordnetenvorstehers und einem Gespräch (EG: 474) den Hanauer Stadtverordneten zur Wahl vorschlugen (EG: 476).

Nachdem Baurat Schmidt am 1. Juli 1900 das Bauamt übernommen hatte, vollzog Gebeschus eine Umstrukturierung. Der alte Zuschnitt – drei unmittelbar dem Oberbürgermeister unterstellte Abteilungen (Stadtbauamt I, Stadtbauamt II, Sielbau) – wurden in ein Stadtbauamt mit dem Stadtbaurat als Chef und zwei Unterabteilungen (Hochbau und Tiefbau) umgewandelt. Schmidt entwarf ein Jahr später einen Neuordnungsplan, der im August 1901 die Zustimmung der Körperschaften erhielt: Fortan umfasste das Stadtbauamt fünf Abteilungen. Zum einen ein Zentralbüro für Verwaltung und Bauregistratur, des Weiteren drei Abteilungen für Bau und Unterhaltung städtischer Hochbauten (Abt. I), für Unterhaltung von Straßen, Anlagen und Plätzen sowie Straßenneubau (Abt. II), Tiefbausachen wie Kanalisation, Pumpstation, Deiche oder Schleusen (Abt. III) sowie als fünfte Abteilung die Baupolizei.[525]

Doch nach dem Disput mit Thyriot bereute Gebeschus auch Schmidts Wahl bitter. Ihm fehlte nach Gebeschus das fachliche Gespür als Baurat: „Ein Künstler mit viel Geschmack, er malte wunderhübsche Bilder, soll heißen Bauzeichnungen, ein tüchtiger Architekt für Neubauten, für Umbauten und bauliche Verbesserungen kein Interesse. Veranschlagen konnte er auch nicht, weshalb er wohl Gegner von Umbauten war – abreißen und neu bauen war sein Grundsatz. An Fleiß fehlte es ihm gänzlich, mit Publikum und Bauhandwerkern umzugehen, war ihm auch nicht gegeben. Ich war gründlich hineingefallen, hatte mehr Arbeit, als vorher

523 StAHU XY 476, Heft II, S. 17.
524 Ebd., S. 18.
525 Hanau, Verwaltungsbericht 1900–1902, S. 92f.

und ärgerte mich nach allen Regeln der Kunst. Seine Faulheit war meine Erlösung. Als ihn infolge einer recht leichtfertig aufgestellten Statistik über leerstehende Kleinwohnungen und die vermutlichen Gründe des Leerstehens und die polizeilichen Mängel dieser Wohnungen – die der Mann nie gesehen hatte! – die Stadtverordneten ein Misstrauensvotum erhielten, zog er die Konsequenz dieses Stadtverordnetenbeschlusses.“ (EG: 475f.)

Schmidt bewarb sich nach Bremen fort (EG: 477). Dem dortigen Oberbaurat gefiel die von ihm geplante Eberhardschule – Gebeschus im Übrigen auch – und er fragte nicht nach den Motiven für das Misstrauensvotum. So schied Schmidt 1905 wieder aus städtischen Diensten aus und Gebeschus ließ die Stelle vorerst unbesetzt (EG: 478).

6.2.3. Politisches Denken und Handeln

Die Hanauer Stadtverordnetenversammlung blieb durch das Dreiklassenwahlrecht während des Kaiserreichs nationalliberal geprägt, diesem Spektrum sind auch die Oberbürgermeister von Rauch bis Hild einzuordnen.[526] Gebeschus hielt in der Kommunalpolitik nichts von Parteidisziplin. So hielt er sich während seiner Oberbürgermeistertätigkeit von allen Parteien fern. Wen er wählte, blieb sein Geheimnis, er nahm auf lokaler Ebene immer eine neutrale Stellung in Höchst und Hanau ein (EG: 485). Nach dem Einzug der Sozialdemokraten ins Hanauer Stadtparlament versuchten ihn die Stadtverordnetenvertreter Fritz Canthal und Rudolf Küstner zu seiner politischen Ausrichtung zu befragen. Für Gebeschus aber sollte das Stadtoberhaupt absolut politisch neutral sein: „Er darf bekämpft werden in seinem fachlichen Vorlagen, nie wegen seiner politischen Gesinnung.“ (EG: 486) Von parteipolitischen Spielchen hielt Gebeschus nichts. Generell lehnte er die Parteipolitik ab: „Doch genug von der Politik, die bekanntlich den Charakter verdirbt.“ (EG: 503)

Grundsätzlich gehörte es zum bürgerlichen Selbstverständnis, sich in der Kommunalpolitik zu engagieren und damit zur Verbesserung des Lebens der Allgemeinheit durch Bildung, Kultur, kommunale Verbesserungen, Armenpflege usw. beizutragen.[527] Nach kurzer Eingewöhnungsphase ging die Arbeit reibungslos vor sich: „Das Verhältnis zwischen dem Stadtrat und mir, wie zwischen dem Bürgerausschuss und mir wurde ein durchaus vertrauensvolles, ersteres sogar ein fast freundschaftliches.“ (EG: 498)

Gleichwohl war Gebeschus aber kein unpolitischer Mensch. Er bezeichnete sich selbst als Freisinnigen (EG: 459). Hierin summierten sich die liberalen Vertreter in verschiedenen Parteien und Konstellationen, wie in der Deutschen Fortschrittspartei, der Deutschen Volkspartei, der Liberalen Vereinigung, der Deutschen Fortschrittspartei, der Deutsch-Freisinnigen Partei, der Freisinnigen Volkspartei, der Freisinnigen Vereinigung und der Fortschrittlichen Volkspartei.[528] Folglich lässt sich seine politische Haltung als liberal einstufen: „Übrigens war ich in meinen jüngeren Jahren nationalliberal. Als Referendar in Wiesbaden ging ich mehr nach links. Aus den Nationalliberalen hatte sich der linke Flügel zu einer besonderen Partei abgespalten, der ich beitrat. Diese Sezessionisten vereinigten sich später mit

526 Klein, Provinz, S. 336.
527 Budde, Blütezeit, S. 43.
528 Ritter, Arbeitsbuch, S. 54; Ritter, Wahlen, S. 64ff.

dem rechten Flügel der Freisinnigen zur freisinnigen Vereinigung. Das wäre meine Partei gewesen; sie ging aber bald ein und so kehrte ich dann zu den Nationalliberalen zurück, obwohl mir diese Partei nicht recht gefiel, weil sie kein Rückgrat hatte, zu oft in Kommissionen umfiel und auch zu sehr mit den Konfrontationen liebäugelte. Nach der Revolution wurde aus den Nationalliberalen die Deutsche Volkspartei, der ich mich anschloss. Ich bin aus ihr ausgetreten, nachdem sie wieder anfing mit den deutschnationalen zu liebäugeln. Ich wähle aber volksparteilich. Bin großer Verehrer von Stresemann und stehe, wie er, auch dem linken Flügel der Volkspartei nahe.“ (EG: 487)

Obwohl sich Gebeschus dem linken Flügel der Deutschen Volkspartei zurechnete, vertrat er gleichzeitig die Einstellung, die Arbeiter sollten mitbestimmen (EG: 503). Daher arbeitete er mit den Sozialdemokraten gern zusammen, deren Parteiführer, wie Gustav Hoch, Gebeschus als „tüchtige, fleißige Leute“ charakterisierte. Die Bürgerlichen zeichneten sich hingegen für ihn „durch schauderhafte Interessenlosigkeit und Pflichtvergessenheit“ aus (EG: 459).

In die Stadtverordnetenversammlung zogen 1901 erstmals vier, später acht Abgeordnete der SPD ein, darunter Gustav Hoch und Dr. Georg Wagner (EG: 459, 461). Die SPD erreichte bei den Reichstagswahlen im Wahlkreis 200 „Hanau-Gelnhausen-Frankfurter Land“ durch die Industriearbeiter in Hanau und Großauheim seit 1890 meist über 50 Prozent.[529] Gebeschus schätzte die Vorschläge der Sozialdemokraten – er selbst schreibt durchweg „Sozialisten“ –, denn ohne diese hätten sich die Arbeitsbedingungen der Arbeiter nicht verbessert (EG: 500). Die Debattenkultur änderte sich mit dem Einzug der Sozialdemokraten. Besonders Hoch stellte nach Gebeschus' Erinnerungen stets maßlos utopische Anträge, die außer durch Enteignung der Hanauer Millionäre kaum zu finanzieren gewesen wären (EG: 499).

Soziale Ideenvorschläge trafen in der Stadtverordnetenversammlung auf wenig Gegenliebe (EG: 461). Die Unternehmer waren stets darauf bedacht, keine Lohnerhöhungen für die Arbeiter in den eigenen Branchen zuzulassen (EG: 462). Zugleich lehnten die Fabrikanten auch häufig Vorlagen für Bauvorhaben mit der Begründung ab, damit würden nur Notbehelfe geschaffen (EG: 463), die Stadt solle aber „großzügig Neues schaffen“ (EG: 464). Gebeschus wandte einen Trick an: Er wies den Stadtrechner an, eine erste Rate für einen Neubau einzustellen. Nun mussten die Blockierer ihre Meinung revidieren.

6.2.4. Kommunale und politische Weggefährten

Intensive berufliche Bindungen knüpfte Gebeschus mit Handelskammerpräsident Fritz Canthal. Die Hanauer Handelskammer wählte Canthal im September 1876 zu ihrem Mitglied, deren Vorsitzender er 1901–1918 war.[530] Der 1870 gegründeten Handelskammer Hanau für Stadt und Kreis Hanau schlossen sich 1890 der Kreis Gelnhausen und drei Jahre später die Kreise Hünfeld, Fulda, Gersfeld und Schlüchtern an. Dieser Organisationsraum hatte bis 1919 Bestand.[531]

529 Pákh, Hanau, S. 273; Ritter, Arbeitsbuch, S. 50.

530 Dröse, Lebenserinnerungen, S. 99; „Canthal, Friedrich“, in: Hessische Biografie <https://www.lagis-hessen.de/pnd/119132362> (Stand: 22.2.2017).

531 Brandt, Wirtschaft, S. 141, 143.

Canthals politische Laufbahn begann wenige Jahre später: Ende 1883 erfolgte die Wahl in den engeren Gemeindeausschuss für die Freisinnige Partei und den Stadtrat. Nach seiner Vereidigung am 22. Januar 1884 gehörte er dem Gemeindeausschuss 14 Jahre an und wurde danach Mitglied der Stadtverordnetenversammlung, zu deren Vorsitzenden er direkt am 1. April 1898 gewählt wurde. Dieses Amt übte er elf Jahre aus und legte es Ende 1908 wegen des hohen Arbeitsaufwandes nieder.[532]

Canthal war ein echter Hanauer, der am 9. April 1848 im Haus der Eltern in der Schloßstraße 4 geboren wurde.[533] Nach dem Abschluss der Realschule trat er zu Ostern 1863 als Lehrling in die elterliche Weinbrandbrennerei ein. Wenige Monate später verstarb am 8. Januar 1864 sein Vater.[534] Mit 23 wurde Canthal nach dem Tod der Mutter 1873 zum Besitzer des elterlichen Unternehmens, dessen Teilhaber er bereits zwei Jahre zuvor geworden war. In den folgenden Jahrzehnten erweiterte er den Betrieb durch Übernahmen von Konkurrenten kontinuierlich.[535] Dabei nahm er zahlreiche Ämter in Wirtschaft und Verwaltung ein: Vorsitzender des Aufsichtsrates der Hofbrauhaus Hanau A.G. vorm. G. Ph. Nicolay, stellvertretender und später auch Vorsitzender des Aufsichtsrates der Holzfirma J. Brüning & Sohn in Langendiebach (später Berlin), stellvertretender Vorsitzender der Hanauer Kleinbahn A.G., Berlin, Vorsitzender der Vereinigung deutscher Spiritusinteressen, Leiter des Verbandes Südwestdeutscher Edelbranntweinbrennereien, im Vorstand des Verbandes deutscher Cognacbrennereien, Vorsitzender der Hanauer Handelskammer und Vorsteher der Stadtverordnetenversammlung.[536] 1875 heiratete Canthal Maria Nickel, die Tochter des Hanauer Kaufmanns und Vizebürgermeisters Johann Heinrich Nickel.[537] Es handelte sich um eine klassische Heirat im Wirtschaftsbürgertum.

Canthal verkehrte ebenso wie die Unternehmerfamilie August Brüning privat mit Gebeschus. Wie eng der private Kontakt zwischen Gebeschus und Canthal war, lässt sich nur schwer definieren. In Canthals Lebenserinnerungen wird Gebeschus nur einmal im Zusammenhang mit der Taufe der Kinder in der niederländischen Gemeinde der Großeltern Nickel erwähnt: „Einsichtige Freunde, so insbesondere Oberbürgermeister Gebeschus, mit dem ich neben städtischen Angelegenheiten auch manche uns nahe berührende persönliche Dinge zu besprechen pflegte [...].“[538]

Auch ein enger Kontakt zu Oberst Hans Walter vom Eisenbahnregiment lässt sich aufgrund der häufigen Einladungen der Militärs ins Haus Gebeschus vermuten. Ein enges privates Verhältnis zu Wilhelm Carl Heraeus – wie in der Literatur vermutet – ist angesichts der Abneigungen Gebeschus' gegenüber dem früheren Vizebürgermeister wohl auszuschließen.[539]

Nach dem Rückzug aus seinem Unternehmen vertrat Heraeus den Oberbürgermeister gerne, wenn dieser sich auf Dienstreisen oder im Urlaub befand. Heraeus sah sich in Gebeschus'

532 Dröse, Lebenserinnerungen, S. 109.
533 Dröse, Lebenserinnerungen, S. 14.
534 Dröse, Lebenserinnerungen, S. 43.
535 Dröse, Lebenserinnerungen, S. 48.
536 Dröse, Lebenserinnerungen, S. 88.
537 Dröse, Lebenserinnerungen, S. 64.
538 Dröse, Lebenserinnerungen, S. 165.
539 Für intensive Beziehungen zu Admiral Reinhard Scheer und zum „Seeteufel“ Graf Luckner wie bei Arndt, Feldbahnen, S. 27 angemerkt, finden sich in Gebeschus' Lebenserinnerungen keine Hinweise.

Friedrich „Fritz“ Canthal (1848–1922): Stadtverordnetenvorsteher in Hanau 1883–1908, Präsident der Handelskammer Hanau 1891–1918 und seit 1916 Ehrenbürger.

Abwesenheit selbst als Oberbürgermeister (EG: 451). Dies führte bei einem Kauf zu Komplikationen: Die Stadt wollte für den Schulbetrieb das Pfarrhaus am Johanneskirchplatz kaufen. Doch der vom Konsistorium in Kassel aufgerufene Preis war Gebeschus zu hoch. Nach seinem Urlaub fuhr er in der Kaufangelegenheit nach Kassel, um über den Preis zu verhandeln (EG: 452). Der Konsistorialpräsident verlangte in den Verhandlungen einen hohen Preis und als Gebeschus die Verhandlungen beenden wollte, erfuhr er, Heraeus habe in seiner Abwesenheit der Preisforderung zugestimmt. Gebeschus war düpiert, da ihm sein Vertreter nichts von den Verhandlungen und der Zusage erzählte hatte, und die Stadt musste den erhöhten Preis für das Pfarrhaus zahlen (EG: 453).

Wenn Heraeus die Vorgehensweise nicht passte, drohte er mit Rücktritt. Dies brachte Gebeschus in eine Zwickmühle, denn nur wenige hatten die Zeit für die Ehrentätigkeit, den Oberbürgermeister in Abwesenheit viele Stunden im Büro zu vertreten (EG: 453). Zudem gönnten sich die Magistratsmitglieder gegenseitig den Posten nicht. Als eines Tages Heraeus seine Drohung wahrmachte und den Rücktritt an den Stadtrat übermittelte, konnte sich dieser nicht auf einen Nachfolger einigen und bat Heraeus schlussendlich um die Rücknahme der Rücktrittserklärung (EG: 454).

Gebeschus schätze Heraeus wegen seiner „Launenhaftigkeit verbunden mit Selbstherrlichkeit“ und seinen Alleingängen wenig (EG: 450). Die Anforderungen an einen Vertreter waren für Gebeschus andere: „Der Vertreter muss sich stets bemühen, im Sinne und Geiste der Vertretenen zu arbeiten; tut er das nicht, taugt er nicht als Vertreter. Es ist nichts schlimmer, als wenn der Vertreter unbekümmert um die Verwaltungsmaxime der Vertretenen Neuerungen einführt, Anordnungen der Vertretenen in seiner kurzen Herrschaftsperiode umwirft. Dann geht's eben im Zickzackkurs […].“ (EG: 450f.)

Mit der am 1. April 1898 in Kraft getretenen neuen Städteordnung schieden infolgedessen Heraeus als Vizebürgermeister und Nickel als Gemeindeausschussvorsteher aus ihren Ämtern aus und wurden in der letzten Stadtverordnetensitzung am 31. März 1898 zu Ehrenbürgern ernannt (EG: 455).[540] Die Stelle von Heraeus nahm Georg Bode als erster Beigeordneter ein. Über ihn war Gebeschus voll des Lobes: „[E]inen fleißigen, pflichttreuen, zuverlässigen Mann, mit dem ich vorzüglich harmonierte und mit dem zusammen zu arbeiten ein

540 Ebenso bei StAHU XY 476, Heft II, S. 14.

Vergnügen war. Ich konnte mir keinen besseren Mitarbeiter und Vertreter wünschen und bekam nach Bodes Tode einen noch besseren, Karl Glaser." (EG: 455f.)

Die Zitate verdeutlichen, wie ungeschminkt Gebeschus in seinen Lebenserinnerungen über seine städtischen Bediensteten und Kollegen berichtet. Zwei von Gebeschus wenig geschätzte Beamte, der Stadtsekretär Rudolf Bödicker und der Gaswerksdirektor Emil Merz, folgten seinem Vorgänger Westerburg am 1. April 1894 nach Kassel (EG: 445, 497). *Rudolf* Friedrich Otto Ludwig Bödicker (* 12. Januar 1855 in Kassel, † 29. Mai 1910 in Kassel) war nach einer vierjährigen Tätigkeit als Kreissekretär in Schlüchtern bzw. Ziegenhain (1876–1879) zum 1. März 1879 zur Reorganisation des städtischen Kassen- und Rechnungswesens nach Hanau berufen worden. Dort arbeitete er zwischen 1879 und 1894 zunächst als Stadtbuchhalter, seit 1889 als Steuerkommissar und Stadtsekretär, dazu 1889–1894 als nebenamtlicher Syndikus der Handelskammer.[541] Obwohl Bödickers fachliche Kompetenz außer Frage stand, war er weder bei Gebeschus noch den Hanauern sonderlich beliebt (EG: 446).

Gebeschus wollte die Stelle des Stadtsekretärs nur mit einer Vertrauensperson besetzen, da er mit seinem Stadtsekretär sämtliche städtischen Belange und Abläufe besprach (EG: 446f.): „Vor allem aber muss der Chef stets das Gefühl haben, daß er es mit einem diskreten, aufrichtigen Menschen zu tun hat." (EG: 448) Zudem beriet im Falle der Abwesenheit des Oberbürgermeisters der Stadtsekretär den unbesoldeten Vizebürgermeister (EG: 446) und übernahm die Aufgabe, das Protokoll in der Magistratssitzung zu führen (EG: 447).

In Kassel war Bödicker ab dem 1. April 1894 zunächst als Stadtkassenrat Vorstand des Kassen- und Finanzwesens, dazu 1898–1910 besoldetes Mitglied des Magistrats sowie bis zu seinem Tod 1910 Vorsitzender des Sparkassenverbandes für Hessen-Nassau und Waldeck.[542] Nach seinem Weggang aus Hanau musste Gebeschus in seiner Funktion als Vorsitzender des Hessisch-Nassau-Waldeck'schen Sparkassenverbandes jahrelang weiter mit Bödicker als Geschäftsführer des Verbandes zusammenarbeiten (EG: 498). Bödickers Nachfolger wurde in Hanau 1894 Peter Fischer, bis er 1904 den Bürgermeisterposten in Fechenheim übernahm und Theodor Boden neuer Stadtsekretär wurde.[543]

Keinerlei Sympathien hegte Gebeschus auch für Gaswerksdirektor Emil Merz. Er hielt ihn für „hochgestochen" und einen „Maulheld" ohne fachliche Kompetenz (EG: 448). Eine ganz andere Einschätzung hegte Gebeschus hingegen über seinen Nachfolger Michael von Gäßler und beschrieb ihn als „in jeder, restlos in jeder Beziehung hervorragender Fachmann und Beamter und ein prächtiger, zuverlässiger, treuer Mensch." (EG: 449)

Auf Landesebene verstand sich Gebeschus ausgezeichnet mit den Regierungspräsidenten und den verschiedenen Dezernenten auf kommunaler und ministerialer Ebene (EG: 504). Während seiner Tätigkeit in Höchst korrespondierte Gebeschus mit den Wiesbadener Regierungspräsidenten Lothar von Wurmb (1872–1890) und Viktor von Tepper-Laski (1890–1897). Letzterem ging Gebeschus wegen seiner hochnäsigen Junkernart weitgehend aus dem Weg (EG: 505).

541 Hanau, Verwaltungsbericht 1885/86–1889/90, S. 29; Lengemann, Bürgerrepräsentation II, S. 147; Wagner, Gerichte, S. 16.

542 Lengemann, Bürgerrepräsentation II, S. 147; Wagner, Gerichte, S. 16.

543 Wagner, Gerichte, S. 16.

Wilhelm Carl Heraeus (1827–1904): Chemiker, Unternehmer und Vizebürgermeister der Stadt Hanau 1884–1898 und seit 1898 Ehrenbürger.

Rudolf Bödicker (1855–1910): Stadtbuchhalter, Steuerkommissar und Stadtsekretär 1879–1894.

Hanau gehörte zum Regierungsbezirk Kassel. Hier nahm 1887–1893 Konrad *Anton* Robert Rothe das Amt des Regierungspräsidenten ein, das er vor seiner Kasseler Zeit in gleicher Funktion 1883–1887 in Danzig ausgeübt hatte. In den Jahren 1893–1896 war er Direktor im Reichsamt des Inneren und danach 1896–1902 Unterstaatssekretär im Reichsamt des Inneren. Sein Nachfolger wurde 1893–1899 Graf Karl Friedrich Bernhard Maximilian Clairon d'Haussonville, der zuvor 1867–1881 als Landrat in Rosenberg und 1882–1893 als Regierungspräsident in Köslin in Staatsdiensten stand.[544] Clairon d'Haussonville war zwar ein „liebenswürdiger Mann", der aber nichts hielt, was er versprach (EG: 506).

Ein alter Bekannter Gebeschus' übernahm 1899 den Posten – August von Trott zu Solz. Seine und Gebeschus' Lebenswege hatten sich während der Referendarszeit in Wiesbaden erstmals, wo sie beide am Gericht tätig waren, und in Höchst in seiner Funktion als Landrat erneut gekreuzt. Es folgten Ämter als Regierungspräsident in Kassel, Kultusminister und Oberpräsident in Kassel (EG: 506). Ihn lobte Gebeschus in höchsten Tönen: „Er war ein hervorragend tüchtiger Verwaltungsfachmann, dem ich viel Förderung verdanke. Er war aalglatt, schon mehr ein geölter Aal, Hofmann durch und durch, aber aufrichtig und zuverlässig. Was er versprach, hielt er und konnte er selbst gegen Berliner Widerstände halten [...]". (EG: 507)

544 Klein, Grundriß, S. 341f.

Nach Trott zu Solz übernahm Graf Percy von Bernstorff 1905–1919 das Amt. Seine früheren Stationen waren Landrat in Ostprignitz 1887–1901 und Polizeipräsident in Potsdam 1901–1905 gewesen.[545] Auch mit Bernstorff stand Gebeschus bestens: „[E]in Mann vom besten Willen beseelt, der half, wo er helfen konnte, bei weitem nicht von dem Ausmaß eines Trott, aber viel umgänglicher, zugänglicher. Mir trat er fast freundschaftlich näher, ich habe gern unter und mit ihm gearbeitet." (EG: 507)

Durch seine guten Beziehungen beseitigte er Unklarheiten meist im persönlichen Gespräch (EG: 504). Die Regierungspräsidenten und deren Referenten dankten Gebeschus seine Arbeitsweise, ersparten doch Vorgespräche mehrere Zwischenberichte und ermöglichten, direkt den Kern der Sache anzugehen (EG: 505).

6.2.5. Weitere Ämter und Ehrungen

Neben seiner kommunalen Tätigkeit übte Gebeschus auch Nebenämter auf Landesebene aus. Während seiner Höchster Zeit war er Mitglied im Kreistag des Landkreises Höchst, im Kreisausschuss und Mitglied des Kommunallandtages in Wiesbaden (EG: 432f.). Nachdem er in Hanau nach einem Jahr das passive Wahlrecht erhalten hatte, folgte 1894 die Wahl in den Kommunallandtag des Bezirks Kassel, einige Jahre später in den Landesausschuss und schließlich zum Vorsitzenden des Landesausschusses und in den letzten Jahren zum stellvertretenden Vorsitzenden des Kommunallandtages (EG: 433, 508).[546] Die größte Freude bereitete Gebeschus die Mitarbeit und der spätere Vorsitz im Landesausschuss (EG: 509). Diesen Vorsitz hatte er 15 Jahre inne, bis die Revolution und die darauffolgende Wahl die Zusammensetzung des Landestages und des Landesausschusses neu ordnete (EG: 510). Zudem füllte Gebeschus auch jahrzehntelang die Ämter als Vorsitzender des Hessisch-Nassauisch-Waldeck'schen Sparkassenverbandes sowie als Mitglied und Vorsitzender des Hessisch-Waldeck'schen Städtetages aus.[547]

Eine weitere Position nahm Gebeschus als Vorstand der Landesleihbank von 1893 bis 1933 ein.[548] Das Bankinstitut firmierte mit der Einverleibung in den preußischen Staat seit 1872 als Ständische Leihbank, seit 1886 als Leihbank Hanau und seit 1927 als Landesleihbank Hanau. Die Aufsicht führten die Landräte und seit 1899 Eugen Gebeschus. Bis 1912 befanden sich die Geschäftsräume in der Römerstraße 7, seitdem im Neubau Steinheimer Straße 16/18.[549]

Neben diesen politischen Ehrenämtern bekam Gebeschus zahlreiche Ehrungen verliehen. Zum Ehrenmitglied ernannte ihn der Hessisch-Nassauisch-Waldeck'sche Sparkassenverband, der hessische Städtetag, der Hanauer Geschichtsverein und die Wetterauische Gesellschaft für die gesamte Naturkunde (EG: 510). An Orden erhielt er den Roten Adler Orden IV. Klasse (1897), das Ritterkreuz I. Klasse des bayrischen Militärwehrdienst-Ordens (1897), den Kro-

545 Klein, Grundriß, S. 342.
546 Ebenso bei K. Gebeschus, Lebensbilder II, S. 164.
547 StAHU L1 301/6, HA v. 11. Dezember 1935: Oberbürgermeister i.R. Dr. Gebeschus 80 Jahre alt | HA v. 12. November 1936: Oberbürgermeister i.R. Dr. Gebeschus †.
548 Ebd.
549 Bus, Lehn-Banco, S. 118.

nen-Orden III. Klasse (1908), den Roten Adler-Orden III. Klasse mit Schleife (1913), das Waldeck'sche Verdienstkreuz II. Klasse (1914), den Kronenorden II. Klasse (1915, 1916 oder 1917), das Verdienstkreuz für Kriegshilfe (1917) und das Erinnerungszeichen (Madrille) für den Wehrdienst um das Feuerlöschwesen (1910) (EG: 510–513).[550]

6.3. Fachkräfte und Ingenieure bauen ein neues Hanau

6.3.1. Städtebau im Kaiserreich

Bauwesen, Bodenrecht und Polizeiwesen oblagen als Hoheitsrechte im Deutschen Reich den Bundesstaaten,[551] wobei Preußen während der Kaiserzeit über keine landesweit gültige Bauordnung verfügte.[552] Es definierte lediglich für den Parzellenzuschnitt, für das Aussehen von Gebäuden oder für die Planung öffentlicher Plätze und Grünflächen gesetzliche Vorgaben.[553]

Die weitreichendste Grundlage für die Stadtplanung gewährte den Städten das Preußische Fluchtliniengesetz vom 2. Juli 1875. Hiermit durften die Gemeinden in Abstimmung mit der Ortspolizei über Straßen- und Fluchtlinienverläufe entscheiden und Bauordnungen nach den Maßstäben der öffentlichen Gesundheits-, Feuer- und Verkehrssicherheit selbst festlegen.[554] Die Baupolizeiordnungen verhinderten eine ungeordnete Ausdehnung und Bebauung der Stadt. Zugleich beinhalteten sie Maßnahmen gegen mögliche Verunstaltungen im Stadtbild und Bauvorschriften für Gebäudehöhen, Geschosszahlen oder Grundstücksausnutzung.[555] Auch im Wohnungswesen schuf Preußen keine einheitlichen Regelungen, sondern behalf sich zur Behebung der Wohnungsnot mit Verordnungen für einzelne Städte.[556]

Organisatorisch fungierte seit 1878 das Ministerium des Inneren als oberste staatliche Behörde für die Baupolizei. Diesem folgten als mittlere staatliche Ebene die Provinzen und Regierungsbezirke sowie als untere staatliche Ebene der zuständige Landrat im Falle eines Landkreises oder der Bürgermeister mit dem Magistrat im Falle eines Stadtkreises.[557]

Somit lag die Stadt- und Fluchtlinienplanung im Zuge der Übertragung der Baupolizei in den Händen der Oberbürgermeister. Das jeweilige Stadtoberhaupt übernahm die Aufgabe entweder selbst oder übertrug sie der entsprechenden Fachabteilung. Die Vorstellungen bündelten sich im Bebauungsplan, der häufig nur für neue Stadterweiterungsgebiete bestand.[558] Solche Erweiterungen orientierten sich am bestehenden Wegenetz, Ausfallstraßen oder Eisenbahnlinien. Dabei spielten ästhetische Gesichtspunkte keine Rolle, sondern die Stadtpla-

550 Ebenso bei K. Gebeschus, Lebensbilder II, S. 164.
551 Feldmann, Bauordnungen, S. 115.
552 Ebd., S. 56, 122 f.
553 Ebd., S. 111f.
554 Ebd., S. 108ff., 122f.; Krabbe, Stadt, S. 79f., 84; Matzerath, Urbanisierung, S. 291, 293.
555 Krabbe, Stadt, S. 84.
556 Feldmann, Bauordnungen, S. 243.
557 Ebd., S. 58.
558 Matzerath, Urbanisierung, S. 294.

ner verbanden die Verbindungswege nachträglich, sodass ein neues städtisches, vorwiegend rechtwinkliges Wegesystem entstand.[559]

Dabei richteten sich die Oberbürgermeister nicht allein nach den baupolizeilichen Vorschriften, sondern sie betrieben – beeinflusst durch die hygienischen Richtlinien bei Wasserversorgung oder Müllabfuhr und allgemeinen Vorstellungen im Städtebau wie Licht und Luft – zugleich Sozial- und Gesundheitspolitik. Um die Wohnraumnot zu lindern, unterbanden sie Bodenspekulationen, sorgten für den Bau von Kleinwohnungen für Arbeiter, Wohnungen für Beamte und Angestellte in den Erweiterungsgebieten sowie den Ausbau des ÖPNV durch elektrisierte Straßenbahnen. Die Leitlinien einer solchen städtischen Wohnungs- und Siedlungspolitik konnte nur das Stadtoberhaupt vorgeben, wie es insbesondere Franz Adickes für Frankfurt versinnbildlichte.[560]

Steuern ließ sich die Bebauung zwar über den Ankauf von Grundstücken, doch diese Ordnungsmaßnahmen unterließen die Städte meist, da sie den kommunalen Haushalt belasteten. Auch Bauordnungen fanden nur selten Anwendung, weil sie für die komplette Stadt – sowohl für die überbauten Altstädte als auch die Erweiterungsgebiete – galten. Eine Neuerung schuf erst Adickes mit seiner Zonenordnung für Frankfurt.[561]

Die einzelnen Stadtbereiche vollzogen im Kaiserreich einen Funktionswandel. Im Citybereich zwischen Hauptbahnhof und Stadtzentrum lagen fortan Verwaltungs- und Geschäftsgebäude, Gaststätten, Kaufhäuser und spezialisierter Einzelhandel. Neue Wohngebiete entstanden vornehmlich außerhalb der niedergelegten mittelalterlichen Festungswälle in Form von Villenorten – wie in Hanau auch meist im Süden und Westen –, während die Arbeiterwohnviertel eher im Norden und Westen entstanden. Typische Bauformen waren Mietskasernen und Mehrfamilienmietshäuser.[562]

Mit den notwendigen infrastrukturellen Verbesserungen für die wachsenden Städte in Form von Gas-, Wasser- und E-Werken, Schlachthöfen, Friedhöfen, Krankenhäusern oder Sportplätzen wuchs der Raumbedarf enorm. Notgedrungen entstanden diese an der Peripherie und gaben den umliegenden Stadtvierteln eine spezifische Prägung.[563]

Im eigenen Selbstverständnis umfasste das städtische Leistungsangebot im kulturellen Sektor ein Stadttheater, eine Stadthalle für Konzerte und ein Museum.[564] So übernahm auch in Hanau die Stadt 1871 das Theater[565] und erwarb per Vertrag vom 19. Dezember 1890 für 323.000 Mark das Stadtschloss.[566] Der spätere Stadtbaurat Thyriot schrieb über den Schlosskauf: „Die Stadt Hanau hat ein gutes Geschäft mit dem Erwerb des alten Schlosses gemacht [...].“[567] Das Stadttheater erfuhr 1904 für 30.000 Mark eine Erweiterung in Form

559 Krabbe, Stadt, S. 80f.
560 Hofmann, Oberbürgermeister und Stadterweiterungen, S. 76, 79; Rodenstein, Gesundheitskonzepte, S. 68f.
561 Hofmann, Oberbürgermeister und Stadterweiterungen, S. 71.
562 Matzerath, Urbanisierung, S. 284f.
563 Ebd., S. 286.
564 Croon, Aufgaben, S. 51.
565 Hanau, Verwaltungsbericht 1879/80, S. 61; Fraeb/Bott, Mittelalter, S. 120.
566 HStAM 302 718, Schreiben v. Rechtsanwalt J. Martin v. 10. Juni 1912; Hanau, Verwaltungsbericht 1885/86–1889/90, S. 11.
567 StAHU XY 476, Heft II, S. 2.

eines westlichen Anbaus mit Vorhalle mit Toiletten und einem Treppenhaus mit Zugang zu den einzelnen Rängen und Garderobe und Foyer.[568]

In der ersten Hälfte des 19. Jahrhunderts konzentrierten sich die Ausgaben im Bauwesen in Hanau auf den Erhalt der bestehenden Straßen und Kanäle, den Tiefbau und die Renovierung der städtischen Gebäude. Die Einnahmen deckten dabei die Kosten für die geringe Bautätigkeit. Mit der Übernahme zuvor privater Betriebe wie des Gaswerks und der Notwendigkeit des Schulbaus wurde ein außerordentlicher Haushalt für diese Investitionen geschaffen, die zuvor aus dem ordentlichen Haushalt gedeckt wurden.[569] Dies zeigt sich auch in der geringen Bautätigkeit zwischen 1880 und 1885. Der Eisenbahnfiskus errichtete 1881/82 den 1882 eröffneten Nordbahnhof, die Stadtgemeinde hingegen baute 1881 lediglich eine Halle am Ende der Judengasse (seit 1898 Nordstraße), um die drei in Dienst befindlichen Leichenwagen unterzubringen, und ließ die Räume des Schlachthofs umbauen.[570]

Seit den 1890er Jahren herrschte eine rege Bautätigkeit vor. So errichteten Privatleute in der Bruchköbeler Landstraße, in der Ramsaystraße, Friedrichstraße und Lamboystraße stilvolle und elegante Wohnbauten. Die Geschäftsinhaber der Innenstadt erweiterten ihre Läden mit Schaufenstern. In der Judengasse wurden schmale Häuser mit einer Breite unter 3,50 Meter abgerissen und durch Zusammenlegung der Bauplätze durch massive Klinkerneubauten ersetzt. Weiterhin stellte das Staatsbauamt 1894 die Kavalleriekaserne in der Lamboystraße mit Stallungen und Proviantamt fertig.[571] Der Großteil der Arbeiten im Bauwesen waren Instandsetzungstätigkeiten und Reparaturen. Im Folgenden werden die realisierten Großbauten gesondert betrachtet.

6.3.2. Hanau baut

Wohnungsbau

Eines der größten Probleme des Kaiserreichs stellte die Unterversorgung mit Wohnraum dar, ausgelöst und verstärkt durch Urbanisierung und Städtewachstum. Hiermit stieg die Nachfrage nach kleinen und billigen Wohnungen enorm, die aber in den Städten kaum vorhanden waren. Nachdem zunächst alle zuvor unbewohnten Räumlichkeiten wie Keller oder Dachböden vermietet worden waren – eine andere Option bildete die Überbelegung von Räumen und Wohnungen –, wurden der Mietskasernenbau oder Kleinwohnungen für Arbeiter zum Lösungsansatz. Diese Wohnformen begünstigten jedoch Epidemien, wohingegen die wohlhabende Bevölkerung an den Stadtrand zog und sich damit eine soziale Segregation abzeichnete.[572] Alternative Lösungsansätze der Zeit bildeten der Werkswohnungsbau, der Ankauf von Grund-

568 Hanau, Verwaltungsbericht 1904, S. 89.
569 Halbleib, Finanzwirtschaft, S. 8f.
570 Hanau, Verwaltungsbericht 1880/81–1884/85, S. 60.
571 Ebd., S. 183.
572 Hofmann, Daseinsvorsorge, S. 208; Krabbe, Stadt, S. 92f.; Rodenstein, Gesundheitskonzepte, S. 105.

Blick auf Hanau mit Stadtschloss, Schlosspark und Lamboyviertel, um 1920: Die bauliche Expansion ging maßgeblich auf Gebeschus zurück.

stücken durch Städte und eine Übertragung des Baulandes an Baugesellschaften sowie in seltenen Fällen eine kommunale Wohnungsbaupolitik in Form eigener Bautätigkeit der Kommune.[573]

Zum Sinnbild der Kritik am Mietskasernenbau entwickelte sich Berlin. Die Mieten konnten sich einkommensschwache Familien nicht leisten, was zur Überbelegung und Untervermietung führte und damit zur Verschlechterung der hygienischen Verhältnisse. Darüber hinaus erfolgte auch die Vermietung von feuchten Kellern, schlecht isolierten Dachböden sowie eine Überbauung und eine zu dichte Bebauung der Grundstücke, wodurch Licht und Luft die Wohnungen kaum erreichte.[574] Daraufhin setzten sich im Städtebau die Forderungen durch, gesundheitsschädigende Industrien von Wohngebieten zu trennen und Familienwohnungen statt Stockwerkswohnungen zu errichten.[575]

Doch nicht nur Stadtplaner, Sozialhygieniker und Politiker brachten sich in die Debatte um den Massenwohnungsbau ein, sondern auch das städtische Bürgertum, da in seinem Selbstverständnis gesunde Wohnverhältnisse Leistungsfähigkeit und Moral der unteren Klassen verbesserten und somit an bürgerliche Normen und Ideale heranführten.[576]

Eine staatliche oder kommunale Wohnungsbaupolitik bestand im Kaiserreich nicht. Kommunale Bautätigkeit fand nur für die eigenen Bediensteten statt. Durch den Verkauf

573 Krabbe, Stadt, S. 92f.
574 Rodenstein, Gesundheitskonzepte, S. 112.
575 Ebd., S. 116.
576 Ebd., S. 118.

großer Teile des städtischen Grundbesitzes zur Schuldentilgung zu Beginn des 19. Jahrhunderts befanden sich zum Ende des Säkulums die meisten Flächen in privatem Besitz. Somit fungierten vornehmlich Unternehmen oder Privatleute als Bauherren.[577] Zudem übernahmen Baugenossenschaften oder gemeinnützige Baugesellschaften den Großteil des Siedlungswesens. Sowohl Städte als auch philanthropische Bürger investierten in die Gemeinschaften, um eine Lösung für die Wohnungsnot zu finden und Wohnraum für breite Bevölkerungsteile zu schaffen. Zudem erhielten neue Bauformen wie die Idee der Gartenstadt, Wohnsiedlungen am Stadtrand sowie Garten- und Laubenkolonien Einzug in die Stadtplanung und brachten neue Lösungsansätze.[578]

Auch für Hanau ergab eine 1900 durchgeführte Studie über die Wohnverhältnisse von Arbeitern, dass bezahlbarer, günstiger Wohnraum für diese Gruppe Mangelware darstellte. Die Hanauer Körperschaften verneinten hingegen eine derartige Wohnungsnot.[579] Zu Mieterhöhungen von 15 Prozent führten insbesondere die Mehrkosten durch die angestoßene Kanalisierung, die die Hausbesitzer an ihre Mieter weitergaben. Dabei zeigten sich die Wohnungen dringend renovierungsbedürftig, wie die Studie festhielt: „Klagen der Miether über kaum passierbare Treppen, Mangel an Licht und Luft, sowie feuchte Wohnungen sind bei unseren Umfragen uns täglich zu Ohren gekommen, desgleichen über die Knauserigkeit gewisser Hauseigenthümer, welche zu wenig Mittel für Instandhaltung der Wohnungen aufwenden."[580]

Dabei zahlten gut drei Viertel der befragten Verheirateten eine Hausmiete zwischen 100 und 250 Mark pro Jahr und bewohnten hierfür zwei Zimmer.[581] Im Durchschnitt gaben die verheirateten Hanauer Arbeiter 21,6 Prozent ihres Einkommens für die Wohnungsmiete aus. Den Spitzenplatz nahmen Tabakarbeiter entsprechend ihres niedrigen Lohns mit 30 Prozent ein, während Fuhrleute, Decker und Steindrucker nur 16 Prozent aufwendeten. Auf dem Lande mussten die Arbeiter nur gut 13 Prozent für Wohnzwecke aufbringen. Ledige gaben weniger für ihre Unterkunft aus, durchschnittlich 8,8 Prozent für die Zimmermiete, bei einem Durchschnittslohn von 19 Mark.[582] Ledige Arbeiterinnen hingegen mussten wegen des geringeren Lohns etwa 16,8 Prozent für die Miete aufwenden.[583]

Nach einer Erhebung des Stadtbauamtes standen 1904 zwar 186 Wohnungen bis zu einem Mietwert von 300 Mark leer, jedoch waren davon nur 71 bewohnbar. Damit entsprach der leerstehende Wohnungsbestand nicht den erstrebenswerten drei Prozent am Gesamtwohnbestand, weshalb Besserungsbedarf bestand, welchen das Stadtbauamt insbesondere durch Kleinstwohnungen, wie 1904 in der Brückenstraße (heute Teil von Am Frankfurter Tor) errichtet, zu beheben suchte.[584]

Seit der Jahrhundertwende hatte der Magistrat Bestrebungen unternommen, die Wohnungsnot und die schlechten Wohnverhältnisse – in der Altstadt wie der Neustadt – durch städtische Projekte im Wohnungsbau in der Langstraße, der Bangertstraße und der Lamboy-

577 Matzerath, Urbanisierung, S. 296.
578 Ebd., S. 298f.
579 Fuhrmann, Lage, S. 70, 72, 82.
580 Ebd., S. 82.
581 Ebd., S. 71.
582 Ebd., S. 73f.
583 Ebd., S. 80.
584 Hanau, Verwaltungsbericht 1904, S. 91.

straße zu lindern und durch Volksbäder präventiv tätig zu werden. Zudem eröffnete die Stadt Anfang der 1890er Jahre eine Speisehalle für Arbeiter, wo diese ihr mitgebrachtes Essen verzehren konnten. Dazu gründeten sich mit der Gemeinnützigen Baugesellschaft zu Hanau AG und dem St. Joseph Spar- und Bauverein zwei genossenschaftliche Initiativen. Die 1906/07 errichtete Arbeitersiedlung am Hasenpfad steht für den Werkswohnungsbau durch das Unternehmen Heraeus.[585]

Der Vereinszweck des am 19. März 1897 ins Leben gerufenen katholischen St. Joseph-Spar- und Bauvereins lag im Bau von Arbeiterwohnhäusern und der Annahme von Spareinlagen. Die Bautätigkeit begann im Gründungsjahr mit zwölf Wohnungen in sechs Häusern im damaligen Fasanerieweg (heute Elsa-Brändström-Straße). Zahlreiche Genossenschaftsmitglieder forderten die Bautätigkeit im Osten Hanaus auszuweiten, sodass der Bauverein 1898 neuen Baugrund am Kinzigheimer Weg und an der Straße nach Auheim erwarb und dort sechs im Juni 1899 bezugsfertige Wohnhäuser mit je zwei Wohnungen errichtete. Der Bauverein verkaufte die Häuser mit der Auflage, dass die zweite Wohnung im Haus nur an Genossenschaftsmitglieder vermietet werden durfte. Die Bemühungen des Bauvereins setzten sich in den Jahren 1899 bis 1901 in der Josefstraße und der Annastraße fort.[586] Damit schuf der Verein nicht nur ein kleines katholisches Viertel, sondern sorgte auch partiell für eine Linderung des Wohnungsengpasses bei katholischen Arbeitern und niederen Beamten.[587]

Auch die Baugesellschaft versuchte für weniger begüterte Familien billige Wohnungen zu schaffen und errichtete in der zweiten Hälfte der 1880er Jahre in der Fallbachstraße zunächst acht Wohnhäuser.[588] Darauf folgten 1899–1901 sechs Wohnhäuser mit insgesamt 24 Wohnungen am Grünen Weg[589] und 1901/02 zwei Wohnhäuser mit je sechs Zweizimmerwohnungen am Fallbachweg. Insgesamt verfügte die Baugesellschaft 1902 über 24 Wohnungen am Grünen Weg und 27 Wohnungen in der Fallbachstraße, die mit Wasser- und Gasversorgung, Küche, Kellerraum, Trockenboden, Waschküche, Gartenanteil und Kanalisationsabfluss ausgestattet waren.[590]

Obwohl die Bombenabwürfe auf Hanau im Zweiten Weltkrieg verheerende Schäden im Stadtbild hinterließen, lassen sich auch heute weiterhin die immensen Baumaßnahmen zum Ende des 19. Jahrhunderts erkennen. Die massiven Steinbauten entstanden vornehmlich um den historischen Stadtkern und überstanden die Feuerstürme als ausgebrannte Ruinen oder mit wenigen Schäden. Als solche Neubaugebiete lassen sich die Friedrichstraße, die Ramsaystraße, die Julius-Leber-Straße und die Wilhelmstraße klassifizieren, wo um 1900 zahlreiche Mietshäuser für Offiziersfamilien und Lehrer der Zeichenakademie entstanden.[591] Ein weiteres Neubauviertel entwickelte sich um 1900 im Bereich Jahnstraße und Sandeldamm, wo der Magistrat versuchte, mit Einfamilienhäusern für Offiziere und mit Mehretagenmietshäusern die Wohnungsnot zu bekämpfen.[592]

585 Pákh, Hanau, S. 268.
586 Hanau, Verwaltungsbericht 1895–1899, S. 248f.; Hanau, Verwaltungsbericht 1900–1902, S. 250.
587 Kurz, St. Joseph, S. 81.
588 Hanau, Verwaltungsbericht 1885/86–1889/90, S. 263f.
589 Hanau, Verwaltungsbericht 1895–1899, S. 247.
590 Hanau, Verwaltungsbericht 1900–1902, S. 248.
591 Krumm, Hanau, S. 105.
592 Ebd., S. 110.

Eine der neuen noblen Wohnadressen: die Friedrichstraße um 1900.

Zahlreiche Villen, Bürgerhäuser und Mietshäuser, die heute zum denkmalgeschützten Baubestand Hanaus zählen, entstanden um 1900 rings um den historischen Stadtkern, so in der Alfred-Delp-Straße 1897–1910, Birkenhainer Straße 1906, Bruchköbeler Landstraße 1892–1909, Corniceliusstraße 1899–1905, Eberhardstraße 1895, Engelhardstraße 1912, Friedberger Straße 1898/99, Friedrichstraße 1888–1911, Gustav-Adolf-Straße 1911, Am Hasenpfad 1906–1908, In den Türkischen Gärten 1896, Jahnstraße 1891–1905, Julius-Leber-Straße 1902–1910, Körnerstraße 1880/1890, Leipziger Straße 1894/99, Nordstraße 1895, Nussallee 1893, Otto-Wels-Staße 1898–1901, Philippsruher Allee 1895/99, Ramsaystraße 1899, Rückertstraße 1897/1905, Sandeldamm 1891/99, Stresemannstraße 1894, Vor der Kinzigbrücke 1890/1909–1910 und Wilhelmstraße 1882–1900.[593]

In Kesselstadt wurde weit weniger aktiv gebaut, lediglich zwischen 1880 und 1912 entlang der Burgallee, in der Castellstraße, an der Frankfurter Landstraße, in der Gustav-Hoch-Straße, der Hausmannstraße, der Hopfenstraße, der Kastanienallee, der Kattenstraße, im Remisenweg und im Salisweg.[594] Damit lässt sich keine signifikante Zunahme der Bautätigkeit durch die Eingemeindung konstatieren.

Durch die Kriegsauswirkungen seit 1914 kam die private Bautätigkeit nahezu vollständig zum Erliegen. Es fehlte sowohl an Baumaterialien und an Fachkräften. Zudem mussten private Bauvorhaben gegenüber kriegswichtigen öffentlichen Bauten zurückstehen.[595]

593 Aufzählung nach Krumm, Hanau.
594 Ebd., S. 442.
595 Hanau, Verwaltungsbericht 1911–1919, S. 20.

Altstadtsanierung

Um die schlechten Wohnverhältnisse in der Altstadt – insbesondere in der Wolfsgasse und der Kleinen Sandgasse (heute Areal um den Wohnblock Louise-Schröder-Straße) – zu beseitigen, folgten die städtischen Körperschaften am 18. Februar und 12. Mai 1910 dem Vorschlag des Bauamtes, die zwischen Badergasse, Kleiner Sandgasse und der Stadtmauer liegenden Grundstücke zu erwerben und die Gebäude zur Verbreiterung der Kleinen Sandgasse und Badergasse niederzureißen. Die Kosten für den Ankauf der Grundstücke und Gebäude Kleine Sandgasse 2, 4, 6, 8 und 10, Wolfsgasse 1–13 und 15, Im Schlosshof 5 und Badergasse 4 beliefen sich auf 217.000 Mark. Zudem waren im Haushalt 1913 1.000 Mark zur Beseitigung von Kanälen, 26.000 Mark zur Verbreiterung der Badergasse und der Kleinen Sandgasse sowie 7.000 Mark für unvorhergesehene Kosten eingestellt. Finanziert wurde die Gesamtsumme durch Rücklagen aus der Fleischsteuer (161.000 Mark) und aus der Althanauer Berichtigungskasse (90.000 Mark). Die nicht zur Straßenverbreiterung notwendigen Grundstücksflächen von 2.070 m^2 sollten in neue Bauplätze eingeteilt und veräußert werden, um damit die Entnahme aus den Rücklagen der Fleischsteuer wieder auszugleichen.[596]

Mit der Sanierung sollten in der Altstadt neue Straßenfluchtlinien und -breiten von zwölf Metern, in kleinen Gassen von mindestens 8,50 Metern geschaffen werden. Zwischen der Engen Gasse und der Neuen Gasse (heute Parkplatz Predigergasse) sollte ein Häuserblock abgerissen werden und damit ein zwölf Meter breiter Durchgang zwischen Kleiner Fahrgasse und Großer Dechaneistraße entstehen.[597]

Die Häuser, in denen noch 52 Familien mit 190 Personen und zwölf Einzelpersonen wohnten, ließen sich stellenweise nur durch Enteignung erwerben.[598] Der Bezirksausschuss beauftragte jeweils einen Gutachter, der den Wert einer Liegenschaft bezifferte, auf Basis dessen der Bezirksausschuss den Kaufpreis festlegte.[599] Solche seltenen Enteignungsverfahren konnte nur der Bezirksausschuss einleiten, wenn sich Stadt und Grundstückseigentümer nicht auf einen Preis einigten wie bspw. mit der Brauerei Kaiser. Weitere Fälle ereigneten sich bei der Erweiterung des Grünen Weges oder bei der Bebauung des Mainhafens.[600] Der Brauerei Kaiser sprach der Bezirksausschuss nach langen Rechtsstreitigkeiten 178.000 Mark Entschädigung zu. Die Schreiben mit Kaiser und dem Bezirksausschuss führte Bürgermeister Hild mit verschiedenen Sachverständigen.[601]

Die Grundstückskäufe nahmen mehrere Jahre in Anspruch. Bis 1913 wechselten die Grundstücke Wolfgasse 1, 6–10 und 13 sowie Kleine Sandgasse Nr. 2, 4, 6, 10 für Kaufpreise zwischen 5.000 und 10.000 Mark, im Höchstfall für 14.000 Mark in städtischen Besitz.[602] Ein Jahr später kaufte die öffentliche Hand weitere Parzellen in beiden Straßen sowie Im Schlosshof 5. Für die noch fehlenden Liegenschaften Wolfgasse 2, 4, 12 und 15 sowie Bader-

596 Hanau, Verwaltungsbericht 1908–1910, S. 174; StAHU B1 55, Belegband 1913, Haushaltsplan 1913, S. 174f.
597 Vgl. Bestand HStAM 171 936.
598 Hanau, Verwaltungsbericht 1908–1910, S. 174.
599 Vgl. Bestand HStAM 171 964/2.
600 HStAM 171 964/1.
601 HStAM 171 936.
602 StAHU B1 55, Belegband 1913, Haushaltsplan 1913, S. 174f.

Altstadt mit Johanneskirche: Für den überbauten und übervölkerten Stadtteil stieß Gebeschus erste Maßnahmen zur Altstadtsanierung an.

gasse 4 ordnete der Bezirksausschuss 1914 die Enteignung an. Mit den Abbrucharbeiten der gekauften Häuser sollte schon 1914 begonnen werden.[603]

Doch die Kriegseinwirkungen verzögerten 1915 die Absichten, da keine Beträge für die Sanierung im Haushalt eingestellt waren.[604] Erst 1916 war es schließlich gelungen, alle 1910 festgelegten Grundstücke anzukaufen und abzubrechen. Die Ausnahme stellte das Areal Badergasse 4 dar, das für 2.000 Mark jährlich vermietet war.[605] Danach stand die Altstadtsanierung still, was die Akten dokumentieren.

Die Maßnahmen zur Verschönerung der Altstadt hatten 1898 mit Wiederherstellungsarbeiten am Altstädter Rathaus unter der Leitung von Stadtbaurat Johann Peter Thyriot begonnen. Dies umfasste an der Außenfassade eine historisch getreue Wiederherstellung des architektonischen Zustandes anhand von Zeichnungen des Zustandes von 1735 und im Inneren neue Fußböden, eine feuerfeste Treppe sowie die Wiederherstellung im 1. und 2. Obergeschoss mit zwei Erkern.[606]

603 HStAM, 171 964/2; StAHU B1 55, Belegband 1914, Haushaltsplan 1914, S. 174f.
604 StAHU B1 55, Belegband 1915, Haushaltsplan 1915, S. 174f.
605 StAHU B1 55, Belegband 1916, Haushaltsplan 1916, S. 175f.
606 Hanau, Verwaltungsbericht 1895–1899, S. 115; StAHU XY 476, Heft II, S. 37.

Die Verschönerungsarbeiten in der Altstadt begannen 1898 mit Umbaumaßnahmen am Goldschmiedehaus.

Schulen

Hanau verfügte bis 1813 über zwei Gymnasien. Per Verordnung durfte im Großherzogtum Frankfurt pro Department nur ein Gymnasium bestehen. Daher wurde aus der Hohen Landesschule ein großherzogliches Gymnasium und aus dem vormaligen lutherischen Gymnasium die Bürger- und Realschule. Daneben existierten verschiedene Privatschulen und Volksschulen. Letztere gingen 1836 in finanzielle Trägerschaft der Stadt über, die damit fortan für den Erhalt und den Bau von Gebäuden zu sorgen und über die Lehreranstellung und -besoldung sowie die Lehrmittel, die Festsetzung und Erhebung des Schulgeldes zu entscheiden hatte.[607] Das wachsende Hanau benötigte neue Klassenzimmer und so wurden 1875 das neue Realschulgebäude, 1878 die Bezirksschule I und 1887 die Bezirksschule II am Johanneskirchplatz eingeweiht.[608]

Das Reich regelte in mehreren Gesetzen 1872, 1888 und 1889 die Zuschüsse an die Städte zum Erhalt der Volksschulen. Ab Einführung dieser Gesetze mussten seit Ostern 1888 nur noch Kinder von außerhalb Schulgeld entrichten.[609] Gleichzeitig konnten die Städte in Eigeninitiative Mittel-, Fortbildungs- und höhere Schulen betreiben.[610]

607 Schulmerich, Realschule, S. 42.
608 Fraeb/Bott, Mittelalter, S. 121.
609 Halbleib, Finanzwirtschaft, S. 18.
610 Ebd., S. 16.

Durch die Gesetzesnovellen stiegen die Hanauer Ausgaben für das Schulwesen enorm an und verfünfzehnfachten sich binnen vier Jahrzehnten von 56.403 Mark im Jahr 1871 auf 847.959 Mark im Rechnungsjahr 1909/10. Den Großteil der Gesamtausgaben hiervon brachte Hanau für Besoldungen und Pensionen auf, so 239.623 Mark von 265.978 Mark im Jahr 1890, 421.868 Mark von 478.427 Mark ein Jahrzehnt später und 718.494 Mark von 847.959 Mark 1909/10. Parallel zu den Ausgaben stiegen auch die Zuschüsse aus der Stadtkasse von 156.696 Mark im Jahr 1890 und 292.372 Mark ein Jahrzehnt später auf 541.534 Mark 1909/10.[611] Die größten Zuschüsse erhielten 1890 wie 1910 die Volksschulen mit 39 bzw. 44 Prozent, gefolgt von den Mittelschulen mit gut 29 bzw. 26 Prozent.[612]

Eine solche Mittelschule bestand in Hanau seit 1. Februar 1813. Als der Staat die steigenden Kosten nicht weiter bezuschussen wollte, ging sie 1872 in städtische Hoheit über. Zwei Jahrzehnte später beschlossen die städtischen Körperschaften 1894 die Umwandlung in eine Oberrealschule. Die Mittelschulen erhielten keinen staatlichen Zuschuss, sondern wurden über Schulgeld, Stiftungen und städtische Mittel finanziert.[613]

Für die zuvor an zwei Standorten beheimatete Eberhardschule beschlossen die städtischen Körperschaften im Dezember 1900 einen Neubau in der heutigen Röderstraße und gaben im August 1901 Baumittel von 475.000 Mark frei. Mit dem Entwurf zeigte sich die Königliche Regierung in Kassel zunächst unzufrieden. Sie monierte die Nordlage der meisten Klassenräume und die räumliche Nähe zwischen Klassen- und WC-Räumen. Doch der Hanauer Baurat Otto Schmidt überzeugte die staatlichen Stellen in Kassel schließlich von den Hanauer Plänen.[614]

Die Bautätigkeit leisteten nach Beginn der Ausschachtungsarbeiten am 7. August 1901 weitestgehend Hanauer Firmen.[615] Nach deren Abschluss bezog die Mittelschule am 1. Oktober 1903 das moderne Schulgebäude mit 34 Klassenzimmern auf vier Etagen. Die mittige Turnhalle grenzte den Pausenhof der Knaben und Mädchen voneinander ab.[616]

Mit dem Umzug verließ die Mittelschule ihre beiden früheren Schulgebäude am Johanneskirchplatz 1a und in der Bebraer Bahnhofsstraße 9. Hiermit wurden neue Schulbezirke für die Bezirksschulen geschaffen. Zuvor hatten zwei Volksschulen bestanden, eine für Knaben am Johanneskirchplatz und eine für Mädchen im alten Schulgebäude der Zeichenakademie und im Schulhaus in der Bebraer Bahnhofsstraße. Organisatorisch ließen sich zwei Standorte kaum bewerkstelligen und die Schüler mussten durch das Wachstum Hanaus lange Wege zurückzulegen. Die Bezirksschule III besuchten fortan Kinder aus der Neustadt und den Südgebieten Hanaus, während die Schulpflichtigen, wohnhaft in der Altstadt und im Norden der Stadt, die Bezirksschulen I und II besuchten. Nach der Neueinteilung der Schulbezirke residierte die Mädchenvolksschule, als Bezirksschule II betitelt, am Johanneskirchplatz 1a und eine gemischte Knaben- und Mädchenvolksschule als Bezirksschule III in der Bebraer Bahnhofsstraße. Die Knabenschule am Johanneskirchplatz 1 erhielt die neue Bezeichnung Bezirksschule I.[617]

611 Halbleib, Finanzwirtschaft, S. 21f.
612 Ebd., S. 23.
613 Ebd., S. 19ff.
614 Hanau, Verwaltungsbericht 1900–1902, S. 104ff.
615 Ebd., S. 107.
616 Hanau, Verwaltungsbericht 1903, S. 79ff., 116.
617 Ebd., S. 75, 117.

Moderner Schulbau aus Gebeschus' Amtszeit: die Eberhardschule, erbaut 1901–1903, um 1920.

Die Städte förderten ihrerseits die Gründung von Berufsbildenden Schulen und stärkten damit diesen Ausbildungszweig.[618] Den Anlass für die Gründung einer städtischen Gewerblichen Fortbildungsschule bildete 1888 die Entscheidung der Zeichenakademie, Handwerkslehrlinge vom Besuch des Unterrichts auszuschließen.[619] Doch insbesondere die Lehrlinge des Baugewerbes sollten weiter Zeichenunterricht erhalten. Dieser Missstand ließ sich nur durch die Gründung einer städtischen Fortbildungsschule beheben, was 1889 erfolgte. Neben Berufsinhalten umfasste die Ausbildung auch kaufmännische, wirtschaftliche und staatsbürgerschaftliche Aspekte.[620]

Die Schülerzahl der Gewerblichen Berufsschule stieg im Schuljahr 1906/07 durch Einschulung sämtlicher gewerblicher Arbeiter enorm. Diese Masse ließ sich in den Räumlichkeiten in der Erbsengasse 1 nicht unterrichten. So suchten Stadt und Schulanstalt nach Lösungen. Diese reichten von einem vollständigen Neubau über die Unterbringung im Marstallgebäude des Stadtschlosses bis zu einer Erweiterung am alten Standort, welche am billigsten und schnellsten zu realisieren war. So stimmten die Körperschaften am 16. Juli und 16. September 1907 dem ersten der drei Bauabschnitte umfassenden Ausbau der Gewerblichen Berufsschule zu. Dieser Bauabschnitt sah für eine Bausumme von 63.000 Mark einen

618 Krabbe, Stadt, S. 109.

619 Halbleib, Finanzwirtschaft, S. 19.

620 Hanau, Verwaltungsbericht 1885/86–1889/90, S. 2; Halbleib, Finanzwirtschaft, S. 20.

Anbau mit fünf Klassenzimmern, Direktorenzimmer, Archiv, Toiletten, Heizungsraum und Keller an den neun Klassenzimmer umfassenden Altbau vor, was den Raumbedarf für die nächsten Jahre deckte.[621] Dieser Anbau war zum 1. Januar 1909 fertig gestellt und nutzbar.[622] Die beiden weiteren Bauabschnitte sollten Platz für insgesamt 2.000 Schüler schaffen. Bauabschnitt 2 umfasste vier Klassenzimmer, Lehrerzimmer, Bibliothek, Schreinerwerkstatt und zwei Keller, während Bauabschnitt 3 den Abriss des alten Schulhauses und dafür zehn Klassenzimmer, Schuldienerwohnung, Waschküche, Fahrradraum und Schlosserwerkstätte vorsah.[623]

Zudem hatten die städtischen Gremien der Errichtung einer Handelsschule zum Schuljahr 1892/93 zugestimmt. Die Handelskammer hatte angeregt, verpflichtenden Unterricht für alle unter 18-jährigen Lehrlinge und Gehilfen in Handelsgeschäften einzuführen.[624] Im ersten Schuljahr besuchten 86 Schüler in einer Ober- und zwei Unterklassen die Handelsschule, wobei durch Abgänge sich die Zahl der Schüler zum Schuljahresende auf 59 verringert hatte.[625] Die Schulleitung erweiterte 1896 das Angebot um einen Fortbildungskurs für Mädchen.[626]

Die Hanauer Schulen boten nicht nur Unterricht für die Kinder: Einmal jährlich untersuchte der Schularzt die Kinder, dazu gab es Sprachheilkurse, Schwimmunterricht, Schulbäder, Jugendspiele, Ferienkolonien, Kinderhorte sowie Haushaltungs- und Kochschulen für Mädchen.[627]

Landgericht

Im Zuge der Annexion durch Preußen und der Gründung des Deutschen Reiches erfolgte in den 1870er Jahren nicht nur die Vereinheitlichung der Verwaltung innerhalb der preußischen Provinzen, sondern auch des Gerichtswesens.[628] Im Vorfeld der am 1. Oktober 1879 in Kraft getretenen Gerichtsverfassung stritten Hanau und Fulda heftig um den Sitz des neuen preußischen Landgerichtes. Die Staatsregierung legte 1879 einen Gesetzesentwurf vor, nach dem in der Provinz Hessen-Nassau in Hanau neben Kassel und Marburg nur ein weiteres Landgericht errichtet werden sollte. Doch das Abgeordnetenhaus beschloss dessen Bau in Fulda und wollte Hanau dem Landgericht Frankfurt zuordnen. Schließlich votierte das Herrenhaus für die Errichtung des Landgerichts in Hanau mit 22 untergeordneten Amtsgerichten und das Abgeordnetenhaus revidierte seine Entscheidung. Doch Fulda kämpfte über Jahre um seinen Standort als Landgericht. So musste Hanau weitere Zugeständnisse machen, bis am 12. April 1906 ein Vertrag mit dem Justizfiskus zustande kam.[629]

Zuvor war das Amtsgericht 1880 aufgrund räumlicher Engpässe an den Markt gezogen, während das Landgericht im seit 1842 existierenden Gerichtsgebäude Am Bangert verblieb.

621 Hanau, Verwaltungsbericht 1905–1907, S. 108.
622 Hanau, Verwaltungsbericht 1908–1910, S. 182, 248.
623 Hanau, Verwaltungsbericht 1905–1907, S. 109.
624 Hanau, Verwaltungsbericht 1890/91–1894/95, S. 318.
625 Ebd., S. 321.
626 Halbleib, Finanzwirtschaft, S. 20.
627 Ebd., S. 19.
628 Demandt, Geschichte, S. 578f.; Lesser, Gerichtsverfassung, S. 182.
629 Hanau, Verwaltungsbericht 1879/80, S. 2; Hanau, Verwaltungsbericht 1911–1919, S. 8; Demandt, Geschichte, S. 579; Lesser, Gerichtsverfassung, S. 182; Wagner, Gerichte, S. 14.

Landgericht an der Nussallee:
Gebeschus verhandelte den Kaufvertrag für das alte Gerichtsgebäude Am Bangert.

Doch Anfang des 20. Jahrhunderts machte die Raumsituation für das Landgericht einen Neubau notwendig, denn die anwachsende Bevölkerung sorgte für eine höhere Zahl an Verfahren und damit für mehr Beamte und Amtsgeschäfte. In dieser Situation plädierte Fulda, gestützt auf das Argument der Randlage Hanaus innerhalb der Provinz, erneut erfolglos für einen Neubau in der Domstadt.[630]

Zunächst bestimmte die Suche nach einem geeigneten Bauplatz seit 1901 die Diskussionen. Am 10. April 1905 empfing Gebeschus persönlich eine Delegation um den Geheimen Oberbaurat Paul Thoemer zur Besichtigung von Bauplätzen, wobei der ursprünglich angedachte Standort im Fronhof am Stadtschloss lag.[631] Gut ein Jahr später unterzeichneten Gebeschus, Landgerichtspräsident Karl Louis August Koppen und der Erste Staatsanwalt Max Lehmann als Vertreter des Preußischen Justizfiskus' den Vertrag für den Neubau des Landgerichts an der Nussallee.[632]

Im Vorfeld der Zustimmung am 4. April 1906 hatten die Stadtverordneten dem Justizfiskus große Zugeständnisse gemacht: Diesem überließ die Stadt unentgeltlich 7.000 m² des ehemaligen Deutschen Friedhofs. Gleichzeitig kaufte die Kommune dem Preußischen Staat

630 Lesser, Gerichtsverfassung, S. 182f.
631 HStAM 190a Hanau 50, Bl. 159: Schreiben v. 6. April 1905.
632 Kästner, Architektur, S. 147; Scheuermann, Geschichte, S. 120.

das alte Gerichtsgebäude Am Bangert für 300.000 Mark ab. Ein gutes Geschäft für den Justizfiskus, denn selbst die Stadtverordneten gestanden, dass die Summe dem doppelten Verkehrswert entsprach.[633] Der Friedhof war seit der Eröffnung des Hauptfriedhofs 1846 geschlossen und das rund 9.800 m^2 große Areal seitdem immer mehr verwildert. Ein repräsentatives Gebäude bildete in der Stadtplanung ein wichtiges Anliegen.[634] Trotz aller Zugeständnisse ließ sich die Stadt vertraglich zusichern, dass der Justizfiskus eine Entschädigung von 200.000 Mark zu leisten hatte, sollte das Gericht nach Fulda verlegt werden.[635] Vermutlich hatte der gewiefte Verhandlungspartner Gebeschus erneut zugeschlagen.

Den Vorentwurf des neuen Landgerichts gestaltete Paul Thoemer, während die Detailplanung und die Bauleitung Friedrich Bode übernahm, der zugleich zum Landesbauinspektor berufen wurde.[636] Nach einer Bauzeit von drei Jahren für das neue Gerichtsgebäude samt Gefängnis und Beamtenwohnhaus, konnte das Gebäude im Rahmen eines Festaktes am 13. Oktober 1911 seiner Bestimmung übergeben werden. Die Baukosten beliefen sich ohne das Gerichtsgefängnis auf 832.000 Mark.[637]

Gescheiterte Bauprojekte

Die wachsenden Städte führten auch zu einem Ausbau der Verwaltung und einer Aufstockung der Stadtverordneten. Die dadurch gewachsene Hanauer Bürokratie benötigte neue Räumlichkeiten, sodass der Zeitraum von 1890 bis 1914 zu einer Phase der Rathausvergrößerung wurde.[638] Im Verlauf der Jahre kaufte die Stadtgemeinde die anliegenden Grundstücke Langstraße 41 und 45 sowie Am Markt 14 und 18 – letzteres für einen „exorbitanten Preis", da der Justizfiskus einen größeren Neubau benötigte und drohte, das Landgericht nach Fulda zu verlegen, falls die Stadt nicht das Altgebäude kaufe (EG: 466).

Zu Gebeschus' Amtsantritt befand sich die Stadtverwaltung im vorderen Rathaus (heute Neustädter Rathaus), Marktplatz 16, und hinteren Rathaus, Langstraße 43. Als einzige Abteilung residierte das Standesamt bis in die 1930er Jahre im Stadtschloss (EG: 466). Gebeschus' stärkerer Publikumsverkehr führte 1895 zu Umbauten. So erhielt das Dienstzimmer einen direkten Zugang zum Flur und das Vorzimmer war Geschichte. Eine Glaswand schloss den Flur, der fortan als Warteraum diente, vom Treppenhaus ab.[639]

Zugleich erhielt der Magistratssaal eine neue Ausschmückung, die Stadtbaurat Thyriot wie folgt beschreibt: „Der untere Saal im Rathaus wird gründlich erneuert, er erhält einen Riemenboden und die Decke wird ihrem Zweck als Magistratssitzungssaaldecke in historischer

633 Hanau, Verwaltungsbericht 1911–1919, S. 9; Lesser, Gerichtsverfassung, S. 183; Kästner, Architektur, S. 147; Scheuermann, Geschichte, S. 120.
634 Kästner, Architektur, S. 146f.
635 Scheuermann, Geschichte, S. 120.
636 Kästner, Architektur, S. 147, 149; Scheuermann, Geschichte, S. 120, 122. Zur architektonischen Gestaltung des Gerichts vgl. Scheuermann, Geschichte, S. 122–126; Kästner, Architektur, S. 149–153 und besonders dessen Dissertation.
637 Lesser, Gerichtsverfassung, S. 183f.; Kästner, Architektur, S. 149; Scheuermann, Geschichte, S. 122.
638 Ein Beispiel für diese Entwicklung beschreibt Hofmann, Rathaus und Selbstverwaltung.
639 Hanau, Verwaltungsbericht 1895–1899, S. 111.

Weise mit Wappen, Sprüche usw. gemalt, wir haben auch die Zeit der Erteilung des Stadtrechts, der Erbauung der Neustadt etc einschreiben und in Ton der Wandbekleidung eine Einheitlichkeit erstrebt."[640] Als die neue Städteordnung einen Sitzungssaal für die Stadtverordneten notwendig machte, wurde hierzu 1897 der obere Saal im Rathaus bestimmt und mit neuen Möbeln ausgestattet.[641]

Gebeschus versuchte nun seit der Jahrhundertwende die städtischen Körperschaften zum Abbruch der neun einzelnen Rathausbauten zugunsten eines Neubaus zu bewegen, was diese ablehnten (EG: 467). Daraus folgte über Jahrzehnte eine Unterbringung der Verwaltung in verschiedenen Gebäuden (EG: 468).

Ein weiteres gescheitertes Bauprojekt stellten Gebeschus' Bemühungen zum Umbau des Marstalls des Stadtschlosses zu einem großen Saalbau dar. Dieses Vorhaben verhinderte die Stadtverordnetenversammlung. Sie argumentierten, ein Umbau zerstöre eine Reihe von Kleinwohnungen im Mansardgeschoss, mache anderen Saalbesitzern Konkurrenz und nehme dem Mieter des Marstalls seine Erwerbsmöglichkeiten (EG: 464). Letztlich brachte das Gerücht, der Pferdeurin habe sich in die Fundamente eingenistet und mache so jeden Umbau unmöglich, das Vorhaben zum Scheitern (EG: 465). Erst 1927/28 erfolgte unter Oberbürgermeister Dr. Kurt Blaum der Umbau zur Stadthalle. Gebeschus beglückwünschte seinen Nachfolger zum Umbau und war auch ob der späten Umsetzung nicht traurig, „denn bei der Kleinlichkeit und Knickerigkeit der damaligen Stadtverordnetenversammlung wären mir so geringe Mittel bewilligt worden, daß nur ein Notwerk, aber nichts Vollkommenes hätte geschaffen werden können, und etwas wirklich vollkommenes ist mit der Stadthalle geschaffen." (EG: 465)

Kurz nach Gebeschus' Dienstbeginn in Hanau hatte sich 1894 der kaiserliche Oberpostdirektor Frank mit dem Gesuch an das neue Stadtoberhaupt gewandt, am Paradeplatz ein neues Postgebäude errichten zu wollen, wofür die Stadt einen Bauplatz zur Verfügung stellen sollte.[642] Der Magistrat war gewillt, das Grundstück für 20.000 Mark an den Postfiskus zu verkaufen.[643] Zwar erklärte sich Frank mit dem Preis einverstanden,[644] doch kurze Zeit später nahm die Oberpostdirektion wegen der Aufwendungen für das Grundstück an der Gelben Mauer vom Bauprojekt Abstand.[645] Daraufhin schlug Gebeschus in der Magistratssitzung am 15. Oktober 1895 vor, dem Postfiskus die Parzelle im Tausch gegen das Grundstück des Standortes der alten Post am Kanaltorplatz unentgeltlich zur Verfügung zu stellen.[646] Doch der zuständige Staatssekretär lehnte einen Geländetausch grundsätzlich ab und damit war das Neubauprojekt gestorben.[647]

Nach den gescheiterten Verhandlungen führte die Postdirektion auf dem Grundstück am Kanaltor 1896–1899 umfangreiche Erweiterungsmaßnahmen aus, die 1902 wieder zu klein für die Bedürfnisse der Kaiserlichen Post waren. So dachte die Post erneut an einen Neubau am Paradeplatz. Der Bauplatz wurde 1902 auch der Reichsbank, die auf der Suche nach einem Areal

640 StAHU XY 476, Heft II, S. 35.
641 Hanau, Verwaltungsbericht 1895–1899, S. 113; StAHU XY 476, Heft II, S. 36.
642 StAHU C1 983, Schreiben v. 15. Juni 1894.
643 StAHU C1 983, Schreiben v. Gebeschus v. 22. Februar 1895.
644 StAHU C1 983, Schreiben v. OPD Frank v. 25. März 1895.
645 StAHU C1 983, Schreiben v. OPD Schreiner v. 17. Juni 1895.
646 StAHU C1 983, Magistratsvorlage v. 15. Oktober 1895.
647 StAHU C1 983, Schreiben d. Staatssekretärs v. 11. November 1895.

Gebeschus' Arbeitsplatz: das Rathaus am Neustädter Marktplatz (rechts) um 1900, Aquarell von Paul Andorff.

für ihren Neubau war, von Gebeschus angeboten.[648] Doch erneut endeten die Verhandlungen ohne Ergebnis. Zugleich erfolgte die Einrichtung einer Posthilfsstelle im Stadtschloss.[649]

Drei Jahre später bat die Handelskammer Gebeschus um Hilfe, die Bestrebungen der Kammer für ein neues Postgebäude an zentralem Ort beim Reichspostfiskus zu unterstützen. Den Sachverhalt besprach Gebeschus mit dem Oberpostdirektor in Kassel, der Gebeschus daraufhin die Pläne für die Umbauten zeigte. Für 80.000 Mark sollten der Schalterraum vergrößert und umgebaut werden. Da die Umbauten aber nur für den alten Standort genehmigt waren, schloss Gebeschus nach der Vorstellung einen Neubau an einem anderen Ort als unrealistisch aus, der dazu noch weitaus teurer als ein Umbau am Kanaltorplatz gewesen wäre. Daher empfahl Gebeschus: „Es ist deshalb nach meiner Auffassung richtiger, daß verhältnismäßig minderwertige Erweiterungsbauten auf dem alten Postgrundstück ausgeführt werden, die für die nächsten 10 Jahre genügenden Raum für die Postanstalt bieten. Im Laufe dieser 10 Jahre wird sich dann ergeben, ob nicht ein Platz in zentralerer Lage der Stadt gefunden

648 StAHU C1 983, Schreiben v. Gebeschus v. 15. Dezember 1902; Hanau, Verwaltungsbericht 1895–1899, S. 110; Klein, Zeitungsberichte, S. 680: Bericht v. 26. Dezember 1898, S. 690: Bericht v. 28. Juni 1899.

649 Hanau, Verwaltungsbericht 1890/91–1894/95, S. 1.

Weil sich alle Neubauplanungen zerschlugen, um 1900 wie heute Standort der Post (links): der Kanaltorplatz.

werden kann [...]".[650] Eine mögliche Lösung sah Gebeschus durch den avisierten Neubau des Gerichtsgebäudes, sodass die Post die Räume des alten Landgerichts beziehen könne. Damit war ein Neubau der Post in der Innenstadt vom Tisch.

6.3.3. Armenpflege und Krankenhäuser

Die Sozialpolitik scheint für Gebeschus keinen sonderlichen hohen Stellenwert eingenommen zu haben. In seinen Erinnerungen verlor er keine Silbe darüber. Daher kann seine Sicht auf das Themenfeld nur aus den offiziellen Dokumenten näher beleuchtet werden. Gleichwohl war die städtische Sozialpolitik ein breites Feld. Es umfasst im Bereich der Armenpflege das Pfandhaus und die Städtische Sparkasse, im Bereich des Arbeiterschutzes die Arbeitsbedingungen und -zeiten, Sonntags-, Frauen- und Kinderarbeit, Löhne, Urlaub und Lebenshaltungskosten, das Arbeitsamt und die Arbeitslosenfürsorge, im Bereich der Wohnungsfürsorge die Wohnungsinspektion und den Kleinwohnungsbau, im Bereich Kinder- und Jugendfürsorge die Bekämpfung der Säuglingssterblichkeit, die Kinderkrippen, Kindergärten und Horte, die Sozialpolitik in der Volksschule und die Waisen- und Pflegekinderfürsorge, im Bereich der Allgemeinen Gesundheitsfürsorge die Ortskrankenkasse, das Städtische Krankenhaus, die Bekämpfung der Tuberkulose, Apotheken, Badeanstalten, Wasserversorgung, Kanalisation, Straßenreinigung, Müllabfuhr, Schlachthof und Friedhöfe sowie die im Bereich

650 StAHU C1 983, Aktennotiz Gebeschus v. 6. März 1905.

der städtischen Wirtschaftsbetriebe Gaswerke, E-Werke und Straßenbahn. Dazu kamen durch den Ausbruch des Ersten Weltkrieges tiefe Einschnitte durch zentrale, staatliche Lenkung.[651] Dies beinhaltete die Fürsorge der Familien der Soldaten, von Kriegsgeschädigten und Hinterbliebenen, die Versorgung der Bevölkerung mit Nahrungsmitteln, Brennstoffen und Bekleidung, den Arbeitsmarkt, die Kinder- und Jugendfürsorge sowie die Wohnungsfürsorge – und nicht zuletzt auch die Versorgung der Verwundeten.[652]

Die Armenfürsorge nach dem Elberfelder System von 1853 basierte auf einer dezentralen Armenverwaltung in den jeweiligen Stadtbezirken, in denen ehrenamtliche Armenpfleger aus der Bevölkerung sich um die Klienten kümmerten. Die Kommunen – so auch Hanau – erhielten 1870 die Armenpflege übertragen und mussten die Armen in ihrer Stadt finanziell oder in Form von Kleidung, Lebensmitteln, Heizmitteln und ärztlicher Versorgung unterstützen, falls dies die nächsten Angehörigen nicht leisten konnten. Basierend auf dem Prinzip der Hilfe zur Selbsthilfe wurde die Unterstützung nur für zwei Wochen gewährt und musste danach erneut beantragt werden. Die Bismarck'schen Versicherungen verbesserten die Situation für die Arbeiter im Fall von Krankheit, Unfall oder Arbeitsunfähigkeit.[653] In Hanau war die Armenpflege seit dem 1. April 1880 in 44 Bezirke mit jeweils einem zuständigen Armenpfleger unterteilt.[654] Als arm galten seinerzeit Alleinstehende mit einem wöchentlichen Einkommen von unter sieben Mark oder ein kinderloses Ehepaar mit weniger als zehn Mark.[655]

Darüber hinaus versuchten karitative Initiativen die Situation zu verbessern. Zwei Schwestern gründeten 1880 die Diakonissenstation für Krankenpflege.[656] Nachdem sie über Jahre die Pflege der Kranken vor Ort leisteten, stand seit 1888 das Diakonissenheim als Pflegestätte zur Verfügung.[657] Zudem ließen sich 1882 drei Schwestern auf Anordnung des Mutterordens St. Vinzenz in Hanau nieder und schufen die Station der »Barmherzigen Schwestern«. Wenige Jahre später widmeten sich 1885 vier Schwestern der Krankenpflege, eine Aufsicht der Kleinkinderschule und eine führte den Haushalt. Seit 1887 betreuten sie Kranke im neuerbauten St. Vinzenz-Krankenhaus.[658] Zudem regte die Loge »Braunfels zur Beharrlichkeit« 1882 die Gründung einer Ferienkolonie für Kinder an.[659]

Hanau regelte 1900 sein System der Armenpflege neu. Fortan entschied die neugeschaffene Armenkommission, der neben Gebeschus als Oberbürgermeister, je zwei Mitglieder des Magistrats und der Stadtverordneten, je ein Mitglied der kirchlichen Gemeinden, vier stimmunfähige Bürger, eine als Waisenpflegerin tätige Dame und der Stadtarzt angehörten, wer Unterstützung erhielt.[660]

651 Brüchert-Schunk, Sozialpolitik, S. 248.
652 Diese Aspekte stellt Hedwig Brüchert-Schunk in ihrer Studie am Mainzer Beispiel heraus, vgl Brüchert-Schunk, Sozialpolitik.
653 Hofmann, Entwicklung, S. 87; Krabbe, Stadt, S. 100f. – Für die Situation in Hanau vgl. Halbleib, Finanzwirtschaft, S. 27.
654 Hanau, Verwaltungsbericht 1880/81–1884/85, S. 118.
655 Halbleib, Finanzwirtschaft, S. 27.
656 Hanau, Verwaltungsbericht 1880/81–1884/85, S. 138.
657 Hanau, Verwaltungsbericht 1885/86–1889/90, S. 259.
658 Hanau, Verwaltungsbericht 1880/81–1884/85, S. 139; Hanau, Verwaltungsbericht 1885/86–1889/90, S. 260f.
659 Hanau, Verwaltungsbericht 1885/86–1889/90, S. 261.
660 Halbleib, Finanzwirtschaft, S. 26.

Für ein neues Maß der Armenfürsorge sorgte die schrittweise Einführung des Straßburger Systems nach 1905 durch hauptamtlich angestellte Armenpfleger. Die Summen hierfür brachten die Kommunen vornehmlich aus städtischen Stiftungen und Zuschüssen aus der Stadtkasse auf.[661] In Hanau kamen noch Beiträge von Kirchen sowie Erstattungen von verpflichteten Armenverbänden, Alimentationspflichtigen und Krankenkassen hinzu.[662]

Dennoch mussten die Städte große Summen zur Finanzierung des Armenwesens zuschießen. Nach 1900 betrug deren Anteil je nach Stadttypus und Stiftungstradition ein bis zwei Drittel der Gesamtsumme.[663] Die Gesamtausgaben für die Armenpflege stiegen in Hanau von 69.032 Mark im Jahr 1890 auf 89.109 Mark, ein Jahrzehnt später schließlich auf 140.837 Mark im Rechnungsjahr 1909/10.[664] Auch in den kommenden Jahren blieb die Armenpflege ein zuschussbedürftiger Etat des städtischen Haushalts. Zwischen 1911 und 1918 bedeutete dies Summen zwischen 70.000 und 80.000 Mark, während die Gesamtausgaben zwischen 150.000 und 215.000 Mark schwankten.[665]

Die Pflegeeinrichtungen in Hanau verbesserten sich mit der Einweihung des Neubaus des Diakonissenheims am 1. März 1905[666] und dem im Mai 1907 übergebenen neuen Volksbrausebad in der Bangertstraße 2.[667] Zudem beschlossen die Stadtverordneten 1902 für 170.000 Mark ein Siechenhaus und für 107.000 Mark eine Kleinkinderschule mit Krippe zu errichten,[668] die am 7. April 1904 der Benutzung übergeben wurde.[669] Im Sockelgeschoss befanden sich die Wirtschaftsräume (Küche, Speisekammer, Waschküche, Heizkeller), im Erdgeschoss die Kleinkinderschule selbst mit Platz für 80 Kinder, Speisesaal und Spielsaal, im Obergeschoss die Kinderkrippe für 40 Kinder mit Speisesaal, Spielsaal und Bad sowie Wohnräume im Mansardgeschoss.[670]

Nachdem für Jahrhunderte Alte und Kranke zu Hause gepflegt worden waren, ließen sich seit dem 19. Jahrhundert Arbeiter im Krankheitsfall in den seitdem verstärkt gegründeten Bezirksspitälern behandeln und pflegen. Die Gründe sind in der Auflösung des Familienverbundes zu suchen, der durch Urbanisierung und bei meist mittellosen Arbeitern immer seltener gegeben war. Zugleich bestanden in den überbelegten Wohnungen große Ansteckungsgefahren bei Erkrankungen. Dazu kam der medizinische Fortschritt, sodass sich auch das Bürgertum in aseptischen Operationsräumen und bedingt durch neue, kompliziertere Untersuchungsmethoden in Krankenhäusern behandeln ließ.[671] Gründe für die steigende Zahl an Krankenhausbehandlungen waren Industriearbeit, Verkehrsunfälle auf dem Weg zur Arbeit durch neue Mobilitätsformen, Unfälle in der Industriearbeit, höherer körperlicher Verschleiß durch Industriearbeit und die schlechten Wohnsituationen.[672]

661 Hofmann, Entwicklung, S. 87; Krabbe, Stadt, S. 100f.
662 Halbleib, Finanzwirtschaft, S. 30.
663 Krabbe, Stadt, S. 101.
664 Halbleib, Finanzwirtschaft, S. 28.
665 Hanau, Verwaltungsbericht 1911–1919, S. 95.
666 Klein, Zeitungsberichte, S. 808: Bericht v. 30. März 1905.
667 Hanau, Verwaltungsbericht 1905–1907, S. 89.
668 Hanau, Verwaltungsbericht 1900–1902, S. 108; Klein, Zeitungsberichte, S. 754: Bericht v. 5. Juli 1902.
669 Hanau, Verwaltungsbericht 1903, S. 84.
670 Ebd., S. 85.
671 Hofmann, Daseinsvorsorge, S. 195; Labisch/Spree, Kommunalisierung, S 32.
672 Labisch/Spree, Kommunalisierung, S 31.

Eine der neuen sozialen Einrichtungen: Diakonissenheim an der Nussallee, um 1900.

Zudem wirkten sich der medizinische Fortschritt und Entdeckungen im 19. Jahrhundert auf das Krankenhauswesen aus. Einzug erhielten die Anästhesie in den 1840er Jahren, die Antisepsis in den 1860er Jahren, die Asepsis als neue Stufe der Chirurgie zwei Jahrzehnte später und technische Entwicklungen wie der Röntgenapparat 1895. Dazu kamen eigene Abteilungen für gesonderte Erkrankungen und Operationen sowie die Professionalisierung der Krankenpflege weg vom kirchlich getragenen Hospital.[673]

So boten kommunale Krankenhäuser eine Ausstattung und medizinische Versorgung, die kein Privatarzt leisten konnte, und erfreuten sich daher auch beim Bürgertum einer großen Beliebtheit.[674] Wurden 1800 und 1849 in den preußischen Städten 35 Krankenhäuser gegründet, waren es zwischen 1850 und 1906 deren 110.[675] Die Summe der Allgemeinen Krankenhäuser im Deutschen Reich stieg gar „von 1.985 mit 75.702 Betten im Jahre 1876 auf 4.109 mit 289.050 Betten im Jahr 1913."[676] Als großer Einflussfaktor für den Bau von Allgemeinen Krankenhäusern sind die Krankenversicherung 1883 sowie für die chirurgischen Abteilungen bzw. chirurgischen Krankenhäuser die Unfallversicherung 1884 zu sehen. Dabei löste die Zielsetzung der präventiven Maßnahmen die Nachbehandlung in der Gesundheitspolitik ab. Ziel des Gesetzes war die Lohnfortzahlung im Krankheitsfall und nicht die bessere medizinische Behandlung breiter Bevölkerungsschichten im Krankenhaus. Denn versorgt wurden vornehmlich Arbeiter und nicht die Gesamtbevölkerung, was insbesondere nachteilig für Frauen, Familien und Kinder war.[677]

673 Labisch/Spree, Kommunalisierung, S. 35f.
674 Hofmann, Daseinsvorsorge, S. 215.
675 Ebd., S. 195.
676 Labisch/Spree, Kommunalisierung, S. 38f.
677 Ebd., S. 33f.

Die Trägerschaft hingegen ist nicht immer eindeutig. Es bestanden kommunale und staatliche Krankenhäuser, ebenso wie genossenschaftliche, religiöse, gemeinnützige, selbstverwaltete und private Einrichtungen. Zudem übernahmen kirchliche Krankenhäuser Patienten aus öffentlichen Einrichtungen, genossenschaftliche Einrichtungen führten Gewinne ab oder Kommunen unterstützten private oder genossenschaftliche Krankenhäuser.[678]

Durch die baulichen Investitionen und die kontinuierlichen Zuschüsse zu den Behandlungskosten blieben Krankenhäuser dauerhaft von Finanzspritzen des kommunalen Haushalts abhängig. Gleichzeitig gehörte eine solche Ambulanz im 19. Jahrhundert zum städtischen Selbstverständnis und die neu errichteten Großbauten drückten das städtische Repräsentationsdenken aus. Konsens war die Vorstellung, die Ausgaben für das Krankenhaus würden sich durch Einsparungen im Armenwesen wieder ausgleichen.[679]

Baulich betrachtet, zeigten sich im 19. Jahrhundert erste Bestrebungen das Allgemeine Krankenhaus mit verschiedenen Abteilungen auszustatten. Dazu zählte eine chirurgische und internistische Abteilung, daneben häufig eine Geburtsstation und ein Wundarzt. Die entstandenen Ideen zur Lage der Krankenhäuser sind auch heute weiterhin aktuell: weiträumiges Areal, Parkanlage, gesunde Luft.[680]

Die Krankenhausarchitektur unterschied sich in zwei Phasen: Während 1790 bis 1860 vornehmlich Massivbauten errichtet wurden, die alle Abteilungen unter einem Dach vereinten, änderten sich die Vorstellungen in den 1860er Jahren hin zu mehrere ein- bis zweistöckigen Pavillonbauten, wo die Patienten je nach Behandlungsart untergebracht waren. Damit verbunden war die Vorstellung einer besseren Versorgung der Patienten, Schutz vor Übertragung von Krankheiten und bessere Durchlüftung der Räumlichkeiten.[681]

Eine neuerliche Wende folgte um 1900: Die Pavillonbauweise war extrem kostspielig und da die Personalkosten ständig stiegen, suchten die Kommunen nach Einsparungspotential. Da führende Hygieniker darauf hinwiesen, antiseptische Maßnahmen seien unabhängig vom Gebäudetyp, setzte sich seit der Jahrhundertwende die mehrgeschossige Blockbauweise durch.[682]

Das Hanauer Landkrankenhaus verdankte seine Existenz der am 7. Juli 1824 erfolgten Umwandlung des ehemaligen Neustädter Hospitals in der Leimenstraße. 1872 begann der Ausbau des Krankenhauses. Auf dem heutigen Krankenhausareal östlich der Leimenstraße entstanden ein Isolierhaus und ein zweistöckiger Neubau, das sogenannte Männerhaus. Die größeren Gebäude in der Leimengasse wurden als Frauenbau umfunktioniert und die weiteren Gebäude als Magazin, Dienst- und Gesindewohnung genutzt.[683]

Seit 1890 forderten die Hanauer Sanitätsräte PD Dr. Karl Roser, PD Dr. Conrad Middeldorf und Prof. Dr. Otto von Büngner wegen Überbelegung und nicht mehr zeitgemäßen hygienischen Bedingungen den Ausbau des Landkrankenhauses. Nach dem Spatenstich am 1. Juli 1895 entstand in zwei Jahren Bauzeit ein moderner, den hygienischen Anforderungen der Zeit entsprechender Gebäudekomplex mit vier Einzelgebäuden für eine Chirurgische

678 Labisch/Spree, Kommunalisierung, S. 38f.
679 Ebd., S. 42f.
680 Murken, Krankenhaus, S. 82, 84.
681 Ebd., S. 90–99.
682 Ebd., S. 106.
683 Bury, Hospital, S. 265f.

Vorläufer des heutigen Klinikums Hanau: das Landkrankenhaus, Medizinische Abteilung, um 1910.

Klinik, eine Innere Abteilung für Frauen und Kinder, ein Isolationshaus und ein Wirtschaftsgebäude für eine Bausumme von 486.000 Mark. Die vier Gebäude zierte ein roter Sandsteinsockel, gekrönt von Obergeschossen aus gelben oder roten Verbundsteinen. Die Altbauten beseitigte der Abrisshammer, nur der Männerbau und das Kontagienhaus blieben bestehen. Der alte Frauenbau erfuhr kleinere Verbesserungen zur Unterbringung von Haut- und Geschlechtskranken sowie zu Wohnzwecken für das Personal.[684] Schließlich feierte die Krankenhausbelegschaft am 11. Oktober 1897 die Eröffnung der von Grünanlagen eingeschlossenen Neubauten.[685] Mit insgesamt 232 Betten und moderner Ausstattung erfüllte das Krankenhaus die Anforderung an eine zeitgemäße medizinische Behandlung. In den folgenden Jahren wurden auch die älteren Gebäude modernisiert und technische Hilfsmittel wie eine Röntgen-Abteilung und ein »medico-mechanisches Institut« eingerichtet.[686]

Trotz des Ausbaus ergab sich bereits nach der Jahrhundertwende die Notwendigkeit zu Erweiterungen. Der Landesausschuss stimmte 1909 dem Ausbau des Landkrankenhauses zu. So erfolgten 1911 die Vergrößerung der inneren Abteilung, eine Sanierung des Frauenbaus und die Einrichtung einer dritten Isolierstation.[687]

684 Vgl. den Bestand HStAM 150 1786; Hanau, Verwaltungsbericht 1880/81–1884/85, S. 183, 402; Klein, Zeitungsberichte, S. 617: Bericht v. 20. Juni 1896; Bury, Hospital, S. 267.

685 Hanau, Verwaltungsbericht 1895–1899, S. 2, 110, 250.

686 Hanau, Verwaltungsbericht 1900–1902, S. 251.

687 Bury, Hospital, S. 271.

6.3.4. Bestrebungen für eine hygienischere Stadt

Die herausragende Rolle im Städtebau nach 1850 spielten hygienische Aspekte.[688] Es entbrannte eine intensive fachliche und öffentliche Diskussion um die hygienischen Zustände in den Städten, die im Kaiserreich zu einem qualitativen wie quantitativen Ausbau der Gesundheitsversorgung führte. Dabei stand besonders die Prävention im Vordergrund. So verbesserte sich die gesundheitliche Vorsorge für Schwangere und Kleinkinder, Impfwesen und Desinfektionsanstalten wurden ausgebaut, die medizinische Versorgung durch zusätzliche Ärzte, Krankenanstalten und Apotheken ausgeweitet sowie Präventionsbestrebungen bei Wohnverhältnissen, Kanalisation, Wasserversorgung, Müllabfuhr, Straßenreinigung, Badeanstalt, Lebensmittelüberwachung, Schlacht- und Viehhof durchgesetzt.[689]

Dabei begann die Entwicklung langsam: In Preußen verfügten 1870 erst zwölf Städte über ein Wasserwerk, das wie bei den Gaswerken auf private Initiativen zurückging. Dominierten bei der Übernahme der Gaswerke vorwiegend finanzielle Aspekte, standen bei Wasserversorgung und Abwassersystem hygienische Gründe und die öffentliche Gefahrenabwehr im Vordergrund. Seit den 1870er Jahren entstanden kommunale Schlacht- und Viehhöfe, flächendeckend aber erst in den 1880er und 1890er Jahren. Die Motive bestanden darin, bessere hygienische Bedingungen zu schaffen und eine Kontrolle der Schlachtung einzuführen.[690]

Hanau war in Sachen infrastruktureller Entwicklung weitaus weiter als Höchst: Während Höchst nur mit Aktienbesitz am Gaswerk beteiligt war, befand sich selbiges in Hanau seit 1871 in städtischem Besitz (EG: 441). Für ein Wasserwerk stieß Gebeschus in Höchst erste Pumpversuche an, während Hanau bereits über mehrere Wasserwerke verfügte. Eine Kanalisation existierte in Höchst nicht und die Entwässerung erfolgte in Nidda und Main (EG: 442).

Wasserversorgung und städtische Wasserwerke

Die Kommunen regelten ihre Wasserversorgung über Jahrhunderte mit Brunnen oder privaten Zuläufen.[691] In Hanau speisten sich die Brunnen in der zweiten Hälfte des 19. Jahrhunderts vornehmlich über Kinzigwasser. Für 1881 sind nach Zimmermann 25 öffentliche Brunnen in der Neustadt bzw. 18 Brunnen in der Altstadt belegt. Doch über diese Brunnen nahmen die Hanauer verunreinigtes Kinzigwasser direkt auf; so verbreiteten sich Keime und Krankheiten.[692] Als erster kritisierte der Unternehmer, Apotheker und Chemiker Wilhelm Carl Heraeus 1873 in seiner Schrift »Die Wasser der Neustadt Hanau«, das Wasser aus der Kinzig verfüge nicht über Trinkqualität.[693] Solch ungefilterte Oberflächenwasser führten in vielen Städten zu Krankheitswellen. Daher setzte sich als gängige Methode die Bohrung nach

688 Rodenstein, Gesundheitskonzepte, S. 67.
689 Matzerath, Urbanisierung, S. 340f.
690 Blotevogel, Einführung, S. XVf.
691 Hofmann, Daseinsvorsorge, S. 191.
692 Heilmann, Energie, S. 472, 479.
693 Ebd., S. 481.

Grundwasser durch, bei der die meisten Keime durch die Filtration in verschiedenen Bodenschichten abgestorben sind.[694]

Preußische und Reichsgesetze verpflichteten die Städte seit Ende des 19. Jahrhunderts den Einwohnern einwandfreies Wasser zu liefern.[695] Dabei bedingten vier Faktoren den Bau einer städtischen Wasserversorgung. Zum einen versiegten vielerorts die bisherigen Brunnenquellen durch zu starke Wasserentnahme, bedingt durch die infolge der Industrialisierung steigende Stadtbevölkerung. Zugleich erhöhten der gestiegene Bedarf und die Motivation, die Attraktivität der Stadt für Industrieansiedlungen zu erhöhen, den Bau von Werken. Zum anderen bündelten sich im Deutschen Verein der Gas- und Wasserfachmänner die deutschen Fachkräfte und Ingenieure, sodass die Kommunen damit nicht mehr auf englisches knowhow angewiesen waren und sie mithilfe deutscher Fachkräfte die Infrastruktur ausbauen konnten. Zuguterletzt löste verunreinigtes Trinkwasser wiederholt Epidemien aus, die im Zuge der Prävention vermieden werden sollten.[696] Zudem diente eine Wasserversorgung nicht nur der Belieferung mit Trinkwasser, sondern auch als Löschwasser, zur Straßenreinigung und Abwasserbeseitigung. Somit verbanden sich Sicherheits- und Gesundheitsaspekte mit fiskalpolitischen Überlegungen.[697]

Wasserwerke bestanden in unterschiedlicher Trägerschaft, aber hauptsächlich in städtischem Besitz. Eine Investitionsangst wie bei den Gaswerken hegten die Kommunen nicht und die jeweiligen Stadtverordneten stimmten konsequent einer fortwährenden Erweiterung des Leitungsnetzes zu.[698] Daneben kam es zu Verbindungen zwischen kommunalen, staatlichen und privaten Akteuren, wie in Stuttgart, Berlin, Saarbrücken, Dresden und München, und dem Kauf von Privatgesellschaften, die das Wasserwerk betrieben hatten, wie in Frankfurt am Main.[699]

Als erste Stadt baute Hamburg als Folge des Brandes 1842 eine kommunale Wasserversorgung, um die Stadt großflächig mit Löschwasser zu versorgen. Anschließend folgte Berlin 1856. Vorreiter im Wasserwerkbau waren britische Ingenieure, die infolge des Gesundheitsgesetzes 1848 in England führend im Bau der Werke waren.[700]

Existierten Mitte der 1870er Jahre erst 126 Wasserwerke, besonders in Großstädten, belief sich deren Zahl 1883 auf 621, besonders in Klein- und Mittelstädten.[701] Um 1900 befanden sich 94 Prozent der Wasserwerke in kommunaler Hand.[702] 95 Prozent der preußischen Städte mit über 15.000 Einwohnern verfügten über eine zentrale Wasserversorgung.[703]

Obwohl immer wieder verunreinigtes Wasser in Brunnen Krankheiten in Hanau auslöste, dauerte es bis 1884, als der Frankfurter Oberingenieur Peter Schmick vom Stadtrat den Auftrag erhielt, ein Gutachten für eine Wasserversorgung zu erstellen. Schmick verfügte über das nöti-

694 Krabbe, Kommunalpolitik, S. 25.
695 Ebd., S. 24.
696 Ebd., S. 25f.; Stippak, Provisorien, S. 30.
697 Brunckhorst, Kommunalisierung, S. 5; Münch, Stadthygiene, S. 68.
698 Croon, Aufgaben, S. 45; Krabbe, Kommunalpolitik, S. 29f.; Wessel, Versorgung, S. 57, 64.
699 Wessel, Versorgung, S. 60f.
700 Ebd., S. 55f.
701 Ebd., S. 63.
702 Münch, Stadthygiene, S. 68.
703 Zahlen nach Matzerath, Urbanisierung, S. 338.

ge Fachwissen und führte 1885 und 1886 Probebohrungen nach Grundwasser im Gebiet zwischen Kesselstadt und Dörnigheim durch. Nach erfolgreichen Pumpversuchungen und Wasseruntersuchungen 1886 erhielt Schlick den Auftrag, einen Kostenvoranschlag zu erarbeiten.[704]

Noch zu Oberbürgermeister Westerburgs Zeiten entschied sich die Baukommission am 15. März 1889 für eine Ent- und Bewässerung anhand von Schmicks erarbeiteten Vorschlägen. Er lehnte eine Verwendung von Flusswasser sowie eine Zuführung von Wasser aus dem Vogelsberg oder dem Spessart ab. Daher beschränkte sich das Wasserreservoir auf die Quellwasservorkommen auf der Dörnigheimer Gemarkung, wo 4.000 m^3 Wasser in 20 Stunden gefördert werden sollten. Schmick, der die technische Leitung des Vorhabens übernahm, sah in der Innenstadt mehrere Hauptleitungen für eine Kreislaufversorgung vor.[705] Er kalkulierte Kosten von 470.500 Mark für das Leitungsnetz mit einer Länge von 21,5 km von Dörnigheim in die Stadt. Die Leitungen sollten in die Stadtgräben entleert werden. Der Gemeinderat stimmte am 4. April 1889 mit leichten Anpassungen Schmicks Vorschlag zu: Statt zwei wurden drei Brunnen gebaut und das Leitungsnetz um 3 km erweitert. Für die Finanzierung des Bauprojektes nahm die Stadt eine Anleihe über 500.000 Mark auf und erwarb zwei Grundstücke in der Dörnigheimer Gemarkung.[706]

Die Leitung des Wasserwerks übernahm Gaswerksdirektor Emil Merz, später sein Nachfolger Michael von Gäßler. Zugleich fungierte die Gas-Kommission auch als Wasserwerks-Kommission und unterstützte den Direktor und Gebeschus bei der Überwachung der Arbeitsprozesse.[707] Die Kommission hatte das Recht und die Aufgabe Beamte einzustellen, Jahresbudget und -abrechnung zu erstellen, Liegenschaften und Gebäude zu erwerben oder zu verkaufen, neue Betriebsmethoden einzuführen, die Zahl und Orte der Brunnen festzulegen sowie Tarife für die Wasserabnahme festzulegen.[708]

In den ersten Jahren wurde noch heftig geworben, um die Hanauer für den Anschluss an die Wasserleitung zu begeistern. Zudem war die Entnahme von Wasser aus den Brunnen kostenfrei, sodass sich die Begeisterung in Grenzen hielt. Auch häufige Preisanpassungen gehörten zum Standard. Wegen der massiven Wasservergeudung rief Westerburg seine Bürger zum Sparen auf.[709]

Die Baumaßnahmen am Wasserwerk gingen im Jahresverlauf 1890 rasch voran.[710] Ende August 1890 funktionierte die neue Wasserleitung und die Hausbesitzer konnten sich am Wasserzulauf erfreuen. Das am 1. Oktober 1890 eröffnete Wasserwerk belieferte zunächst 900 Häuser mit 1.430 Abnehmern und 21 Gewerbebetriebe.[711] Mit 680.342 Mark überstiegen die Fertigstellungskosten den veranschlagten Wert um 36 Prozent.[712]

704 Hanau, Verwaltungsbericht 1880/81–1884/85, S. 51; Hanau, Verwaltungsbericht 1885/86–1889/90, S. 182f.; Heilmann, Energie, S. 482.

705 Hanau, Verwaltungsbericht 1885/86–1889/90, S. 183; Heilmann, Energie, S. 483.

706 Hanau, Verwaltungsbericht 1885/86–1889/90, S. 183; Heilmann, Energie, S. 484.

707 Hanau, Verwaltungsbericht 1885/86–1889/90, S. 105f.; Heilmann, Energie, S. 485.

708 Hanau, Verwaltungsbericht 1890/91–1894/95, S. 125; Heilmann, Energie, S. 486.

709 Heilmann, Energie, S. 493.

710 Ebd., S. 487–491.

711 Hanau, Verwaltungsbericht 1885/86–1889/90, S. 102, 105, 184.

712 Halbleib, Finanzwirtschaft, S. 39.

Das Wasserwerk I nahe Dörnigheim, um 1920,
im Hintergrund die Staustufe Dörnigheim der Mainkraftwerke mit Turbinenhaus.

Die Versorgungsziffern nahmen rasch zu: Am 1. April 1893 betrug die Zahl der angeschlossenen Häuser 1.185 mit 2.103 Abnehmern sowie 39 Gewerbetreibende. Die Wasserproduktion arbeitete rasch nach ökonomischen Maßstäben und erwirtschaftete 1892/93 einen Gewinn von 10.000 Mark. Die geförderte Wassermenge von 446.804 m³ [713] stieg in den folgenden Rechnungsjahren 1893/94 und 1894/95 auf 557.735 m³ [714] bzw. 630.496 m³ an.[715]

Für die Nutzung der städtischen Wasserleitung erließen die städtischen Körperschaften 1889 ein erstes Ortsstatut, das 1890, 1895, 1900 und 1912 Anpassungen erhielt,[716] die Gebeschus als Stadtoberhaupt und Vorsitzender der Wasserwerkskommission zu verantworten hatte.[717] Die Kunden entrichteten das Wassergeld zunächst nach Schätzungen auf Basis des jährlichen Mietwertes. Wohnungen unter einem Mietwert von 144 Mark waren vom Wassergeld befreit.[718] Gemäß des Statuts für die Nutzung der Wasserleitung erhob das Wasserwerk zwei bis vier Prozent der Jahresmiete, unabhängig vom Verbrauch, für die Belieferung.[719] Mit Zählern sollte hingegen der Wasserverbrauch für Industrie, Gewerbe und Landwirtschaft gemessen werden. Der

713 Hanau, Verwaltungsbericht 1890/91–1894/95, S. 108f.
714 Ebd., S. 110.
715 Ebd., S. 113.
716 Halbleib, Finanzwirtschaft, S. 39.
717 Hanau, Verwaltungsbericht 1890/91–1894/95, S. 124.
718 Ebd., S. 119.
719 Heilmann, Energie, S. 484, 497.

Baulicher Ausdruck des steigenden Wasserverbrauchs:
das Wasserwerk II in der Leipziger Straße, um 1920.

Preis entsprach 20 Pfennig/m^3.[720] Gebeschus setzte sich 1902 mit seiner Vision der Freistellung der sozial Schwachen durch. Er schlug vor, Wohnungen mit Jahresmieten bis 200 Mark von der Zahlung von Wassergeld und Kanalgebühren zu befreien. Obwohl der Magistrat Gebeschus' Vorschlag nicht folgte und die Grenze auf 180 Mark herabsetzte, votierten die Stadtverordneten für seine Idee. Damit wurde das Ortsstatut 1902 abgeändert.[721]

Um den steigenden Wasserbedarf Hanaus zu decken, erfolgten Bohrungen für drei zusätzliche Brunnen, die im Juni 1893 in Betrieb genommen werden konnten. Im Zuge dieses Ausbaus der Wasserversorgung wurden 36 Brunnen der Alt- und Neustadt geschlossen und beseitigt. Lediglich acht blieben als Wasserabgabestelle erhalten und 14 neue Zapfstellen wurden eingerichtet.[722]

Obwohl die Akzeptanz einer zentralen Wasserversorgung bis 1893 zugenommen hatte, wollte sich ein Teil der Bürgerschaft, insbesondere der »Verein zur Wahrung städtischer Inte-

720 Hanau, Verwaltungsbericht 1890/91–1894/95, S. 121; Heilmann, Energie, S. 485.
721 Heilmann, Energie, S. 508.
722 Hanau, Verwaltungsbericht 1895–1899, S. 67; Heilmann, Energie, S. 495.

ressen«, nicht mit der Beseitigung der öffentlichen Brunnen und Pumpen abfinden. Ein Briefwechsel im Oktober 1893 mit Gebeschus dokumentiert den Sachverhalt. Der Verein appellierte an den Stadtrat, einen Teil der geschlossenen Brunnen wiederherzustellen, weil hiermit die Bevölkerung ohne privaten Wasseranschluss versorgt war, die Wasserversorgung bei einer zugefrorenen Leitung gesichert war und Brunnenwasser besser als das Wasser aus der Leitung schmeckte. Der Stadtrat lehnte die Forderung ab, denn dieser sah Brunnenwasser durch die Fäulnisstoffe im Boden als gesundheitsschädlich an, wollte aber die Zahl der öffentlichen Brunnen vergrößern.[723]

Da Wasserverbrauch und Gewinn in den Jahren bis 1895/96 weiter anstiegen, machten die hohen Abnahmemengen einen Ausbau unausweichlich.[724] Seit 1895 produzierte das Wasserwerk I mit 3.330 m^3 am Limit. Erweiterungen auf dem Kesselstädter Areal waren nicht möglich und auch Bohrungen im Stadtwald wegen des hohen Eisengehalt des Wassers erfolglos. Daher folgte der Gemeindeausschuss 1897 dem Vorschlag von Vizebürgermeister Heraeus, Probebohrungen an der Leipziger Straße zu erlauben. Diese lieferten positive Ergebnisse. Die Stadt erwarb 1898 das Gelände und die Gas- und Wasserwerksdirektion legte einen Projektplan über 215.000 Mark für die Errichtung eines zweiten Wasserwerks vor. Zur Prüfung beauftragten die Stadtverordneten im Mai 1898 mit dem Wasserbautechniker Heinrich Kullmann aus Nürnberg im gängigen Verfahren einen externen Fachmann.[725]

Obwohl Kullmann Zweifel an der Ergiebigkeit des Grundwasserstroms hegte und weitere Probebohrungen vorschlug, hielt die Stadtverwaltung am Standort fest und ließ dort zunächst einen Brunnen errichten. Eine andere Möglichkeit hatte sie aber auch kaum: Bis zur Jahresmitte 1898 verfügten mit Ausnahme von 350 Häusern alle Anwesen in Hanau über einen Anschluss an die zentrale Wasserversorgung. Gleichzeitig stieg der Wasserverbrauch 1897 um weitere 50.000 m^3 auf 809.684 m^3, sodass das Wasserwerk I nahe vor dem Kollaps stand und dringend weitere Brunnen benötigt wurden. Die Hanauer verbrauchten im Jahresverlauf 1897 durchschnittlich 76 Liter pro Kopf am Tag. Zudem ging der Ausbau des Netzes weiter voran: Bis März 1898 durchzogen Hanau 31,2 km Wasserrohre und 1.746 Anschlüsse an die Wasserversorgung mit 254 Wasserzählern waren gelegt.[726]

Auf Kullmanns Anraten führten Fachkräfte in der Leipziger Straße weitere Probebohrungen durch und errichteten dort nach der Wasserknappheit 1898 einen zweiten Brunnen. Zugleich plante Stadtbaurat Thyriot das zweistöckige im Villenstil gehaltene Wasserwerk II an der Leipziger Straße 79, dessen Pumpen und Rohrleitungen am 25. April 1899 ihren Betrieb aufnahmen,[727] während die offizielle Inbetriebnahme auf den 3. Mai datiert.[728] Die Baukosten betrugen 238.635 Mark. Zwar führte das Wasserwerk zwischen 1893 und 1910 jährlich Gewinne zwischen 5.000 und 20.000 Mark an die Stadtkasse ab, aber in weitaus geringerer Form als das Gaswerk.[729]

723 Heilmann, Energie, S. 497.
724 Ebd., S. 498f.
725 Hanau, Verwaltungsbericht 1895–1899, S. 68; Heilmann, Energie, S. 501.
726 Heilmann, Energie, S. 502f.
727 Ebd., S. 504.
728 Hanau, Verwaltungsbericht 1895–1899, S. 69; Hanau, Verwaltungsbericht 1900–1902, S. 61.
729 Halbleib, Finanzwirtschaft, S. 40f.

Notwendig durch den hohen Verbrauch:
das Wasserwerk III an der Burgallee, Aufnahme von 1943.

Das Wasserwerk II deckte nicht nur den Normalbedarf, sondern speicherte auch Wasser für den Bedarfsfall. Damit erfüllte das neue Wasserwerk die gestiegenen Anforderungen durch das beständige Wachstum Hanaus bei der gleichzeitig sinkenden Förderleistung des Wasserwerks I. Doch gleichzeitig stieg durch die Senkung des Preises für nicht zu Leuchtzwecken verwendeten Gases die Zahl der privaten Gasbadehöfen 1899 und damit auch der Wasserverbrauch wieder enorm an.[730]

Der Wasserverbrauch steigerte sich in Hanau bis hin zur Verschwendung: von 26,62 m^3 pro Kopf im Jahr 1895 auf 36,94 m^3 1900 bis auf 41,03 m^3 1904.[731] Im Juli 1905 war der Tagesverbrauch auf 6.900 m^3 geklettert oder 224 Liter pro Kopf.[732] Gerechnet wurde um die Jahrhundertwende mit einem Wasserverbrauch von 150 Litern pro Einwohner täglich.[733] Der Magistrat um Gebeschus rief die Hanauer Bevölkerung zur Sparsamkeit auf und drohte mit der Sperrung der Wasserzufuhr.[734]

730 Heilmann, Energie, S. 507.
731 Hanau, Verwaltungsbericht 1904, S. 49; Heilmann, Energie, S. 508.
732 Heilmann, Energie, S. 509.
733 Münch, Stadthygiene, S. 91.
734 Heilmann, Energie, S. 508f.

Nach der Eingemeindung Kesselstadts erfolgten Erweiterungen am Leistungsnetz und der Anschluss der dortigen Haushalte. Mit Ausbruch des Ersten Weltkrieges blieben weitere Baumaßnahmen aus:[735]

Jahr	**Länge der Wasserleitung**	**angeschlossene Grundstücke in Hanau**	**angeschlossene Grundstücke in Kesselstadt**
1901	36.095 m	1.977	0
1906	39.161 m	2.145	0
1911	54.380 m	2.294	331
1912	54.525 m	2.318	348
1913	55.977 m	2.321	362
1914	56.387 m	2.342	368
1915	56.965 m	2.343	369
1916	56.965 m	2.346	370
1917	56.965 m	2.352	370
1918	56.965 m	2.353	370

Länge und Zahl der an die Hanauer Wasserleitung angeschlossenen Grundstücke

Die Wasserabgabe stieg infolge des Zusammenschlusses von 1,3 Millionen m³ im Jahr 1905 auf 1,5 Millionen m³ zwei Jahre später.[736] So war binnen eines Jahrzehnts ein weiteres Wasserwerk unausweichlich geworden – zum einen durch Neuanschlüsse in Kesselstadt, aber auch durch die am 1. Oktober 1910 erlaubte Einleitung von Fäkalien in die Kanalisation. Durch die Verlegung der Eisenbahnregimenter stieg der Wasserverbrauch bis 1910 auf 1,87 Millionen m³ weiter an, alleine von 1909 auf 1910 um 17 Prozent. Um Wasser zu sparen, wurde im Juni 1910 die Wasserentnahme in den Nachtstunden untersagt und 1908 bis 1910 in den Sommermonaten die Entnahme von Wasser zur Straßenbewässerung verboten.[737]

Nachdem alle anderen Orte der Stadt als Suchareal für neue Wasservorkommen ausgeschlossen waren, konzentrierte sich die Suche nach neuen Brunnen auf den Wilhelmsbader Wald. Kullmann führte 1908 und 1909 erneut die Probebohrungen durch und erstellte auch die Gutachten über die Qualität des Wassers.[738] Nachdem alle Probebohrungen erfolgreich verliefen und das Wasser nach der chemischen Untersuchung als brauchbar eingestuft war, stimmten die städtischen Körperschaften am 14. Juni/14. Juli 1910 für den Bau eines dritten Wasserwerkes. Die geschätzte tägliche Fördermenge betrug 8.600 m³ und damit so viel wie die beiden anderen Wasserwerke zusammen. Die Direktion entwickelte erneut den Bauplan und einen Kostenvoranschlag über 550.000 Mark, die ebenfalls bewilligt wurden.[739]

735 Hanau, Verwaltungsbericht 1911–1919, S. 35.
736 Hanau, Verwaltungsbericht 1905–1907, S. 56; Heilmann, Energie, S. 509.
737 Hanau, Verwaltungsbericht 1908–1910, S. 101.
738 Ebd., S. 112; Heilmann, Energie, S. 510.
739 Hanau, Verwaltungsbericht 1908–1910, S. 112; Heilmann, Energie, S. 511.

Im Rechnungsjahr 1910/11 lag der Wasserverbrauch um 126 Prozent höher als zum Jahresende 1897, obwohl die Bevölkerungszahl nur um 27 Prozent zugenommen hatte. Hiermit wurde deutlich, dass die Lösung nicht der ständige Bau neuer Wasserwerke und Brunnen sein konnte, um den Bedarf zu decken, sondern vielmehr der Verschwendung Einhalt zu gebieten. So wurden 1910 Wasserzähler für alle Abnehmer erstmals ernsthaft in Erwägung gezogen. Der Hanauer Magistrat hatte sich 1909 in Frankfurt, Homburg v.d.H., Nauheim und Wiesbaden nach deren Erfahrungen durch die Einführung von Wasserzählern erkundigt.[740] In Köln und Magdeburg reduzierten Wasserzähler den Verbrauch um 50 Prozent.[741]

Daraufhin richtete die Mannheimer Firma Bopp & Reuther auf Vorschlag von Gäßlers zwangsweise alle 2.525 Grundstücke mit einem Wasserzähler aus. Der Vermieter musste sich um die Eintreibung der Wasserkosten kümmern und die Wasserwerks-Kommission legte mit 30 Pfennig/m^3 für den Hausgebrauch und 20 Pfennig/m^3 für gewerbliche Zwecke neue Preise fest. Gemäß Gebeschus' Vorschlag waren Wohnungen mit einer Jahresmiete unter 200 Mark weiterhin vom Wassergeld befreit, während für die höheren Jahresmieten zwei bis fünf Prozent des Mietwertes zu entrichten waren. Dazu kam ein maximaler Verbrauch pro Kopf von 60 Litern am Tag.[742] Dieses Statut galt nach der Zustimmung der Stadtverordneten 1910 ab dem 1. April 1911. Hiermit ging der Wasserverbrauch deutlich zurück, 1913 um zwölf Prozent.[743]

Zuvor war 1911 unter der Leitung von Gäßlers mit der Errichtung des dritten Wasserwerks begonnen worden. Durch einen Streik der Zementarbeiter und Zimmerleute ließ sich der Fertigstellungstermin im Oktober 1911 nicht realisieren. Daher arbeiteten Maschinen und Pumpen erst seit Februar 1912 probeweise und das Werk wurde nach der chemischen Untersuchung und Unbedenklichkeitserklärung am 19. April 1912 offiziell seiner Bestimmung übergeben.[744]

Nachdem die Förderung des Wassers gesichert war, bestimmte die Frage des Preises seit 1911–1915 die Debatte. Zunächst war es wegen Protesten gegen Preise und maximalem Verbrauch zu Anpassungen gekommen, dann erklärte das Königliche Oberverwaltungsgericht im Dezember 1914 das Wasser-Statut für ungültig, da nicht zugleich eine Höchstgrenze und eine Staffelung nach Miete bestehen dürfe.[745] Schließlich beschloss die Stadtverordnetenversammlung 1915 zur Berechnung auf Basis des Mietwertes zurückzukehren, da es im Krieg an Beamten für die Ausarbeitung eines neuen Wasserstatus mangelte. Hiermit kehrte das Wasserwerk zum status quo von 1910 zurück, womit Wasserverbrauch und -verschwendung wieder anstiegen.[746]

Als im Februar 1916 der Grundwasserspiegel in den Brunnen wie sonst nur in den Sommermonaten sank, drängte Gebeschus erneut das Wassergeld nach dem tatsächlichen Verbrauch zu erheben.[747] Diese Vorlage des Magistrats wurde im Mai 1916 abgelehnt, weil die

740 Heilmann, Energie, S. 511.
741 Münch, Stadthygiene, S. 92.
742 Heilmann, Energie, S. 512.
743 Ebd., S. 513.
744 Ebd., S. 513.
745 Ebd., S. 517.
746 Ebd., S. 518.
747 Ebd., S. 518.

Moderne Ingenieurstechnik: das Wasserwerk III an der Burgallee, Innenansicht von 1943.

sozial Schwächeren davon erheblich mehr betroffen gewesen wären. Es war der letzte vergebliche Versuch von Gebeschus in dieser Frage.

Wie im Falle des Gaswerks blieb trotz eines Fachkräftemangels die Wasserförderung und -abgabe von den Kriegsauswirkungen unbeeinflusst und stieg von 1914 zu 1918 von 1.854.491 m^3 auf 2.922.786 m^3.[748] Die Gründe des steigenden Verbrauchs sind in den Einquartierungen von Truppenverbänden, Wasserverlusten durch Schwierigkeiten von Ersatzmaterialien zur Abdichtung von Wasserklosetts und dem Mangel an Fachkräften zur Reparatur zu suchen.[749]

Als nach Kriegsende der Wasserverbrauch weiter anstieg, erfolgte 1919 eine Preiserhöhung um 100 Prozent. Dennoch erhöhte sich der Wasserverbrauch weiter, 1920 gar auf 203 Liter pro Kopf täglich, während er in anderen Städten zwischen 65 und 80 Litern, in Großstädten bei 90 bis 120 Litern lag. Zwei Jahrzehnte zuvor hatte der Verbrauch in Hanau noch 100 Liter pro Kopf am Tag betragen.[750] So wies das Wasserwerk 1920 einen Verlust von 800.000 Mark aus.[751] Doch auch andere Städte kämpften mit diesem Problem. Frankfurts Bevölkerung verbrauchte 1908 200 Liter täglich – der höchste Wasserverbrauch einer deutschen Stadt.[752] Auch Darm-

748 Hanau, Verwaltungsbericht 1911–1919, S. 32.
749 Ebd., S. 33.
750 Heilmann, Energie, S. 518.
751 Ebd., S. 519.
752 Roth, Aspekte, S. 101.

stadts Wasserverbrauch stieg wie in Hanau und Frankfurt sprunghaft an. Betrug er 1885/86 durchschnittlich pro Einwohner noch 48,2 l täglich, hatte sich der Wert 1910/11 auf 97,5 l verdoppelt und 1913/14 nochmals auf 124,4 l erhöht.[753] Nachdem Gebeschus in seinen letzten Monaten vergeblich versucht hatte, die Wasserabgabe auf Basis des tatsächlichen Verbrauchs zu messen, beschlossen die Stadtverordneten dies schließlich 1921. Damit sank der Wasserverbrauch in Hanau spürbar.[754] Somit wurde Gebeschus' Idee schlussendlich doch umgesetzt.

Müllentsorgung, Straßenreinigung und Luftverschmutzung

Die Errungenschaften der Wasserversorgung führten zu neuen Herausforderungen, wo Abwässer und Müll entsorgt werden sollten. Die meisten Stadtverwaltungen sorgten sich darum wenig, sondern schufen an den Rändern ihrer Stadtgrenzen Müllabladeplätze.[755] Die Entsorgung von Abwässern, Müll sowie menschlichen wie tierischen Exkrementen zählte neben der Trinkwasserversorgung zu den grundlegenden Aufgaben der kommunalen Gesundheitspflege.[756] Während die Wasserversorgung Gewinne für die Gemeinde erwirtschaftete, blieb Abwasser- und Abfallbeseitigung immer ein Zuschussgeschäft für die Kommunen.[757]

Fäkalien wurden zunächst in Gruben im Hof gesammelt, deren Entleerung der Hauseigentümer meist erst nach Wochen oder Monaten vornahm, wenn die Grube voll war. Die Abfuhr leisteten die Hauseigentümer selbst oder Abfuhrunternehmen, welche die Abfälle als Dünger weiterverkauften.[758] Der restliche Müll konnte als Dünger keine Verwendung finden. Eine Müllverbrennung kam selten vor, da die Anlagen zu teuer waren, sodass die reine Ablagerung die häufigste Lösung des Müllproblems darstellte.[759]

Seit den 1890er Jahren produzierte die Blechwarenindustrie aus eigenem Gewinnstreben Vorläufer der heutigen Mülltonnen. Diese wurden entweder wie in Berlin direkt in den Müllwagen entleert oder die Tonnen wie in Kiel eingesammelt und gegen neue ausgetauscht. Letztgenannte Lösung barg den Vorteil der Reinigung der Behälter, aber den Nachteil eines geringeren Abtransportvolumens.[760]

Die Müllbeseitigung organisierten die Kommunen meist in Eigenregie. 1910 verfügten von 170 Städten mit mehr als 25.000 Einwohnern weiterhin 48 über keinen städtisch geregelten Müllabtransport. In 77 regelte die Stadt den Abtransport, in 44 war eine Konzession an einen Betrieb vergeben worden. Die Abholung erfolgte in der Regel zwei oder drei Mal pro Woche.[761] So auch in Hanau. Seit 1900 übernahm die öffentliche Hand die Abfuhr des Mülls mit zwei Wagen jeweils an Montagen und Donnerstagen.[762]

753 Stippak, Provisorien, S. 131.
754 Heilmann, Energie, S. 519.
755 Münch, Stadthygiene, S. 33.
756 Stolberg, Luftverschmutzung, S. 275.
757 Münch, Stadthygiene, S. 69.
758 Ebd., S. 110f.
759 Krabbe, Kommunalpolitik, S. 36. Ferner Münch, Stadthygiene, S. 55.
760 Münch, Stadthygiene, S. 50f.
761 Ebd., S. 111.
762 Hanau, Verwaltungsbericht 1900–1902, S. 119.

Die Straßenreinigung in Hanau erfolgte durch die Hausbesitzer, nur an öffentlichen Plätzen oblag dies der Stadt und sie vergab die Aufgabe bis 1900 an den meistbietenden Privatbetrieb. Erst in den folgenden Jahren ließ die Kommune die Reinigung von öffentlichen Straßen und Plätzen durch städtische Arbeiter ausführen. Schon zehn Jahre zuvor hatte die Stadtgemeinde die zuvor ebenfalls von privater Seite geleistete Bewässerung der Straßen, Plätze und Promenaden übernommen.[763]

Positiv auf die hygienischen Bestimmungen wirkten sich im 19. Jahrhundert auch die Schaffung von Parks und die Verlagerung der Friedhöfe von den Kirchhöfen an den Stadtrand aus.[764] Bei der Verlagerung der innerstädtischen Friedhöfe spielten auch Raumengpässe und Ästhetik eine Rolle. Mit steigender Einwohnerzahl mussten immer mehr Menschen auf kleinen Raum bestattet und ggf. dafür umgebettet werden. Zugleich wurden die neuen Friedhöfe als Grünanlagen gestaltet, die zugleich Erholungszwecken dienten.[765] Auch die Entfestigung wurde von Hygienikern begrüßt, weil zusätzliche Grünflächen geschaffen wurden und die häufig mit den Festungen einhergehenden Wassergräben ausdünsteten, die für das Wechselfieber verantwortlich gemacht wurden.[766]

Zudem verfolgten die Kommunen das Ziel, die Luft vor missliebigen Gerüchen freizuhalten, während Emissionen infolge der industriellen Produktionsverfahren enorm zunahmen. Obwohl die rauchenden Schornsteine für Fortschritt standen, gefährdeten die industriellen Ausdünstungen die Gesundheit der Stadtbewohner. So schädigten Soda- und Schwefelsäurefabriken das Leben im Umkreis, Teer-, Dünger-, Asphalt- oder Leuchtgasfabriken setzten Nachbarn immenser Geruchsbelästigung aus und verseuchten Boden und Grundwasser.[767] Die Bürger hingegen wollten die gewerbliche Luftverschmutzung nicht als Begleiterscheinung des Fortschritts akzeptieren und protestierten bei Regierungen und Stadtverwaltungen, durch Bürgerinitiativen und Gerichtsverfahren.[768]

Zu den Verbesserungen der hygienischen Verhältnisse zählten neben Trinkwasserversorgung und Hausmüllabfuhren mit Schlachthof und Schwemmkanalisation weitere in Gebeschus' Amtszeit verwirklichte Errungenschaften.

Ringen um die Kanalisation

Die Städte brachten sich durch den Bau einer zentralen Wasserversorgung selbst in Nöte, sich auch um die Entsorgung der damit gestiegenen Abwässer zu kümmern und zwangsläufig zeitnah eine Kanalisation zu errichten.[769]

Den Hauptanstoß für eine städtische Kanalisation bildeten Krankheiten und Seuchen, insbesondere die Cholera. Diesen hygienischen infrastrukturellen Verbesserungen stimmten

763 Halbleib, Finanzwirtschaft, S. 11.
764 Koppitz, Organisation, S. 259f.
765 Ebd., S. 262.
766 Ebd., S. 265.
767 Stolberg, Luftverschmutzung, S. 276f.
768 Ebd., S. 277, 282ff.
769 Stippak, Provisorien, S. 56.

die Stadtverordneten zwecks Prävention zu.[770] Verhindern ließen sich solche Seuchen in der Vorstellung der Zeitgenossen nur durch die geordnete Entsorgung von Fäkalien und Abwässern und den Abtransport des Mülls. Wie im Mittelalter schütteten die Stadtbewohner der Neuzeit diese weiterhin auf die Straßen. Von dort versickerten sie in den Boden der meist noch ungepflasterten Straßen und verseuchten das Grundwasser. Dieser Prozess verschärfte sich durch das Städtewachstum und die Industrialisierung weiter.[771]

Wissenschaftliche Studien Max von Pettenkofers und Robert Kochs ergaben, dass eine hygienische Wasserversorgung nur in Verbindung mit einer Schwemmkanalisation möglich war.[772] Neben Bestrebungen zum Schutz vor Epidemien wie in München oder Danzig spielten in Hamburg und Frankfurt das bürgerliche Bestreben nach Reinheit sowie die angestrebte Abstinenz störender Gerüche und die Sauberkeit im Militär eine entscheidende Rolle. So drückte sich im Bau von Kanalisationen auch der kulturelle, wirtschaftliche und technische Fortschritt aus, indem Schmutz und Gestank aus dem Stadtbild verschwanden.[773]

Verstärkt bauten die Städte erst in den beiden letzten Jahrzehnten des 19. Jahrhunderts Kanalisationen – mit unterschiedlichen technischen Lösungen: Mal wurden Fäkalien und Abwasser getrennt, mal zusammen abgeleitet, mal in die Flüsse oder auf Rieselfelder geleitet oder auch mechanisch gereinigt.[774] Die häufigste Maßnahme, die Abwässer in nahe gelegenen Flüssen zu beseitigen, sorgte in Verbindung mit ungefilterten Industrieabflüssen für eine steigende Verschmutzung der Gewässer sowie Diskussionen und Konzepte der Hygieniker über die Reinigung der Abwässer.[775] Zudem lehnten private Abfuhrunternehmer, Hausbesitzer und Landwirte Kanalisationen ab, weil sie um die Zukunft ihres Geschäfts fürchteten, die Kosten scheuten oder die Fäkalien als Düngemittel für die Felder kauften.[776] Doch in Städten setzte sich die Methode, die Fäkalien in Kanalisationen abzuschwemmen, gegen die Lösung der Sammlung in Gruben oder Tonnen durch.[777]

Als erste Stadt in Deutschland entschied sich Hamburg zum Bau einer Schwemmkanalisation. Die Hansestadt wollte nach dem Großen Brand von 1842 Fortschrittlichkeit und Modernität symbolisieren.[778] Danach vergingen vier Jahrzehnte, bis andere Städte folgten.[779] In Frankfurt beschäftigte sich der Stadtrat erstmals 1854 und seit den 1860er Jahren intensiv mit einem Kanalisationsbau und schuf wie in anderen Städte eine Kommission aus Fachkräften. So planten der britische Eisenbahningenieur William H. Lindley, der sich auch für die Hamburger Kanalisation verantwortlich zeigte, der Berliner Oberbaurat Adolf Wiebe und der Frankfurter Arzt Georg Varrentrapp das Frankfurter Abwassersystem. Lindley erhielt den Auftrag zur Ausführung, die 1867 vollendet war.[780]

770 Croon, Aufgaben, S. 46; Krabbe, Kommunalpolitik, S. 31.
771 Krabbe, Kommunalpolitik, S. 31.
772 Ebd., S. 32.
773 Rodenstein, Gesundheitskonzepte, S. 91, 93ff.
774 Ebd., S. 93.
775 Münch, Stadthygiene, S. 46, 98; Stippak, Provisorien, S. 55.
776 Rodenstein, Gesundheitskonzepte, S. 97; Stippak, Provisorien, S. 55.
777 Münch, Stadthygiene, S. 102.
778 Rodenstein, Gesundheitskonzepte, S. 87.
779 Ebd., S. 84.
780 Ebd., S. 90.

Auch in Hanau waren die sanitären Zustände vor der Einführung einer zentralen Wasserversorgung desaströs, wie Handelskammerpräsident Canthal beschreibt: „Die Abwässer verliefen sich, oft häßliche Rinnen bildend, langsam in ein altes, unvollständiges System von Kanälen, die in die Stadtgräben mündeten und diese mit Schlamm und Schmutz anfüllten. Das Wasser wurde aus öffentlichen Brunnen eimerweise in die Haushaltungen getragen, wo nicht private Brunnenanlagen etwa vorhanden waren. Die Brunnen waren zum Teil infolge der Nähe von Abortanlagen und -gruben verseucht."[781] So zählte eine Kanalisation seit Mitte der 1870er Jahre zu den Projekten vom Status einer „dringenden Notwendigkeit".[782] Dennoch vergingen zwei Jahrzehnte mit Verhandlungen, bis das Vorhaben in Angriff genommen wurde.[783]

Im Frühjahr 1885 nahm Hanau von der Idee einer Teilkanalisation Abschied und begann 1886 Verhandlungen mit den preußischen Stellen, ob eine Entwässerung in die Stadtgräben möglich sei.[784] Der Beschluss fiel auf den Bau einer Tiefkanalisation ohne Klärung der Abwässer, die in den Main geleitet werden sollten. Fäkalien wurden jedoch ausgeschlossen.[785]

Doch Regierungspräsident Anton Rothe untersagte 1887 diesen Vorschlag. Für die gewerblichen Abwässer forderte er zudem die Reinigung vor dem Einleiten. Oberbürgermeister Westerburg zweifelte, ob das Vorhaben nicht nur eine temporäre Verbesserung der sanitären Zustände schaffe und beauftragte daher Oberbauingenieur William H. Lindley als Sachverständigen das Gesamtprojekt auf seine Zukunftssicherheit zu prüfen. Lindley riet in seinem Gutachten 1888 von dem Vorhaben der Entwässerung in die Stadtgräben ab und schlug stattdessen die ursprünglich avisierte Tiefkanalisation vor.[786] Auch das Innenministerium in Berlin präferierte im September diese von Lindley vorgeschlagene und von Westerburg unterstützte Lösung.[787]

Im Gegensatz zu anderen städtischen Betrieben kostete die Kanalisation große Investitionssummen, ohne Gewinne zu erwirtschaften. Zudem mussten die Kosten durch eine Beteiligung der Hauseigentümer für die Beseitigung der Abwässer und Fäkalien refinanziert werden, was die Eigentümer als Eingriff in ihre Eigentumsfreiheit ablehnten oder zumindest kritisch sahen.[788] Dennoch errichteten oder begannen 626 Städte zum Zwecke der Hygiene zwischen 1850 und 1907 mit dem Bau von Schwemmkanalisationen, vornehmlich zwischen 1890 und 1910. Gleichzeitig bedingten die Abwasserbeseitigung und das Einleiten von Fäkalien in die Kanalisation den Bau einer Kläranlage.[789]

Hierfür bestanden drei Lösungsansätze: Die chemische Reinigung, wie in Halle, Leipzig oder Spandau durchgeführt, war eine wenig befriedigende Lösung, weil die Chemikalien

781 Dröse, Lebenserinnerungen, S. 111.

782 Halbleib, Finanzwirtschaft, S. 11.

783 Es wäre Aufgabe einer Sonderstudie sowohl die Diskussionen im Vorfeld um die Errichtung von Kanalisationen als auch die bestehenden Polizeiverordnungen zur Sammlung von Abwässern und deren Abtransport zu untersuchen. So herrschten beispielsweise auch Regularien für den Umgang mit Abwässern der Brauereien, aus Färbereien oder dem Schlachthof vor.

784 Hanau, Verwaltungsbericht 1885/86–1889/90, S. 152.

785 Ebd., S. 2.

786 Ebd., S. 153f.

787 Ebd., S. 167f.

788 Stippak, Provisorien, S. 53.

789 Krabbe, Stadt, S. 116; Stippak, Provisorien, S. 53.

William Heerlein Lindley (1853–1917): Baumeister der Hanauer Kanalisation. Lindley schuf auch die Abwasserreinigungssysteme in Frankfurt am Main, Mannheim, Prag und Baku.

schädlich für den Fischbestand waren. Die Alternative bildete die mechanische Methode, bei der die Schmutzstoffe, wie in Bielefeld, Bremen, Köln oder Kassel, mit Sieben und Gittern gefiltert und in ein gesondertes Becken abgesondert wurden. Am häufigsten fand das Verrieselungsverfahren Anwendung, wofür große Flächen mit Sandboden und darunter Lehm benötigt wurden. Hier versickerten die Abwässer und wurden durch die Bodenschichten gereinigt.[790] Frankfurt richtete 1887 als erste Stadt eine Kläranlage ein, doch die chemische Reinigung von Abwässern blieb im Kaiserreich eine Randerscheinung.[791]

Nach der erfolgten Genehmigung votierte im Oktober 1890 die Kanalisationskommission aus Mitgliedern des Stadtrates und des Gemeindeausschusses für das Hanauer Kanalisationsprojekt und stellte eine Million Mark ein. Die Abwässer sollten durch den Hauptkanal, der die Abwässer aus Neustadt, Altstadt, Vorstadt und Freigericht sammelte, über den Mainkanal in den Main geleitet und ein zweiter Kanal durch die Philippsruher Allee geschaffen werden. Das System umfasste also nahezu das gesamte bebaute Stadtgebiet mit Ausnahme des Lamboys und der Außenbezirke. Lindley erhielt die Bauleitung für das Projekt und arbeitete die Pläne aus.[792] Der Architekt schätzte die Baukosten für die 21 km lange Sielkanalisation auf 1,2 Millionen Mark.[793] Regierungspräsident Rothe billigte Lindleys im September 1891 vorgelegte Entwürfe zwei Monate später, ergo vor Gebeschus' Amtsperiode.[794]

Zeitgleich mit dem Bau des Wasserwerks begann die Stadt 1891 mit den Arbeiten an der Kanalisation, die sich bis 1899 hinzogen.[795] Die Stadtgemeinde plante eine Tiefkanalisierung, in die alle Ab-, Regen- und Schmutzwässer von Privathaushalten und Industrie eingeführt werden sollten – mit Ausnahme der Fäkalabwässer, die weiter durch Abfuhr beseitigt werden sollten.[796] Hiergegen wehrten sich 816 von insgesamt über 1.200 Hausbesitzern. Bei einer Bürgerversammlung erklärte Lindley, eine Kanalisation ohne Fäkalienabfuhr sei nur eine halbe Sache,

790 Krabbe, Kommunalpolitik, S. 35.
791 Münch, Stadthygiene, S. 103.
792 Hanau, Verwaltungsbericht 1885/86–1889/90, S. 173f., 176; Hanau, Verwaltungsbericht 1890/91–1894/95, S. 192f.
793 Hanau, Verwaltungsbericht 1890/91–1894/95, S. 203.
794 Ebd., S. 204.
795 Heilmann, Energie, S. 493.
796 Hanau, Verwaltungsbericht 1890/91–1894/95, S. 193; HStAM 165 6858, Denkschrift zur Frage der Kanalisation der Stadt Hanau, S. 1.

dies sei aber für die Zukunft geplant.[797] Die Bürger gründeten daraufhin ein Komitee, welches eigene Vorschläge in einer Denkschrift festhielt und dem Bezirksausschuss vorlegte.[798]

Die Anwohner am Mainkanal ließen zwei Gutachten erstellen, die der Regierungspräsident Rothe 1892 untersuchte und in deren Folge die Bedenken der Anwohner berücksichtigte.[799] Nach weiteren Verhandlungen und Stellungnahmen gab der Magistrat im März 1893 das Vorhaben auf, Abwässer über den Mainkanal in den Main zu leiten, sondern beabsichtigte fortan die Abwässer über Siele einzuführen. Hiervon rückte der Rat im August 1893 jedoch ab und nahm das im Herbst 1892 begonnene Vorhaben der Weiterführung des Kanals über die Philippsruher Allee bis zur Hellerbrücke und die dortige Einleitung in den Main wieder auf.[800]

Bevor die Abwässer in den Strom gelangen sollten, sah der Plan einen Sandfang und eine Siebkammer vor, wodurch die schweren Sinkstoffe vor dem Eintritt herausgesiebt und später herausgerecht werden sollten.[801] Doch die königliche Regierung verweigerte im Juni 1894 erneut die Genehmigung. Zwar lobte sie die Verbesserungen am geplanten Einlass in den Main, stellte aber weitere Forderungen.[802] So sollten Prüfungen erfolgen, ob das Bodenberieselungsverfahren bessere Reinigungsergebnisse erziele. Zudem fehlten Angaben, wie die Entwässerung bei Hochwasser und die mechanische Reinigung des Schmutzwassers durch die Gitteranlagen erfolgen sollte.[803]

Die langwierigen Verhandlungen sind wenig verwunderlich, denn im Falle des Kanalisationsbaus gingen die Städte stets eigene Wege, statt bereits verwirklichte Lösungen zu adaptieren. Zu sehr unterschieden sich die Gegebenheiten vor Ort hinsichtlich Einwohnerzahl, sozialer und wirtschaftlicher Struktur, klimatischen Verhältnissen und Abwassermengen und -art. Wie die Hanauer diskutierten auch andere Kommunen, ob Fäkalien in die Schwemmkanalisation eingeführt werden durften.[804]

Lindley nahm zu den Fragen erst ein halbes Jahr später in seinem Gutachten vom 21. Januar 1895 Stellung.[805] Dieser Einschätzung folgten am 2. Mai 1895 auch die staatlichen Stellen.[806] Lindley sah das Berieselungsverfahren als nicht umsetzbar an, da die Böden in Hanauer Besitz Hochwasserüberschwemmungsgebiet waren oder im Einflussgebiet des Wasserwerks lagen. Die geeigneten Gebiete im Landkreis Hanau konnte die Stadt nicht verwenden, da sie als Bau- oder landwirtschaftliche Nutzflächen genutzt wurden. Zudem lagen die Areale 6–8 km entfernt in Richtung Rumpenheim, was eine Verlängerung der Hauptleitung nötig gemacht hätte. Der hierdurch entstehende Kostenpunkt von 300.000 bis 400.000 Mark stellte eine zu hohe Summe für eine Stadt wie Hanau dar.[807]

797 HStAM 165 6858, Denkschrift zur Frage der Kanalisation der Stadt Hanau, S. 1f.
798 Ebd., S. 3.
799 Hanau, Verwaltungsbericht 1890/91–1894/95, S. 205ff.
800 Ebd., S. 212f.
801 Ebd., S. 215
802 Ebd., S. 216.
803 Ebd., S. 217.
804 Krabbe, Kommunalpolitik, S. 33.
805 Hanau, Verwaltungsbericht 1890/91–1894/95, S. 217ff.
806 Ebd., S. 220.
807 Ebd., S. 218.

Angesichts der schwierigen Verhandlungen sah Gebeschus als größtes Vorhaben der Jahre 1890 bis 1895 den Bau der Kanalisation an, der insgesamt von städtischer und privater Seite Aufwendungen von rund 3,25 Millionen Mark erforderte.[808] Es muss jedoch festgehalten werden, dass der Einfluss Gebeschus' auf die Ausführung der Abwasserversorgung gering war: Lindley als Fachmann schrieb die Gutachten, Westerburg hatte das Projekt in seiner Amtszeit bereits angestoßen, die Stadtverordneten hatten dem Bau zugestimmt und Gebeschus bewerkstelligte nun 1893–1895 den Schriftverkehr zwischen der städtischen Verwaltung, Lindley und den staatlichen Entscheidungsträgern.

Die Stadt Hanau erließ 1894 das »Ortsstatut betr. Entleerung der Latrinengruben«. Hiernach war jede Latrinengrube einmal jährlich zu entleeren. Die Aufgabe übernahm die Stadt gegen eine Pumpgebühr von 25 Pfennig/m^3 Latrinenmasse und eine Abfuhrgebühr von 1 Mark/m^3 Latrinenmasse. Zahlen mussten dies die Hauseigentümer.[809] Solche Ortsstatute unterzeichnete Gebeschus und arbeitete sie vermutlich auch aus. Sie erlangten mit der Veröffentlichung im Hanauer Anzeiger Rechtskraft.[810]

Die Königliche Regierung bestätigte 1896 die Unbedenklichkeit der Einleitung der Abwässer in den Main nahe der Philippsruher Allee, mit Ausnahme von Fäkalien.[811] Daraufhin schrieben auswärtige Experten wie William H. Lindley (Frankfurt) und Prof. Carl Fraenkel (Halle) im Auftrag der Stadtverwaltung Erläuterungsberichte. Gebeschus erstellte diese Stellungnahmen also nicht selbst und leitete die Gutachten jeweils an die staatlichen Stellen weiter.[812] Hiermit versuchte Gebeschus beim Regierungspräsidenten und den staatlichen Stellen die Einleitung der Fäkalien in die Kanalisation zu erreichen. Doch die Regierung bestand darauf, die Abwässer zuvor mechanisch und chemisch zu reinigen.[813]

Die Errichtung einer solchen Kläranlage war aber den Hanauer Körperschaften zu teuer, daher beauftragte Gebeschus Fraenkel mit einem weiteren Gutachten, der 1898 konstatierte, Hanau könne Sielwässer und Fäkalien in den Main einleiten, „wenn die Stadt sich verpflichte, geeignete Vorkehrungen für eine mechanische Reinigung der Jauche der Sedimentirbecken, Klärthürme oder Klärbrunnen zu treffen und für den Fall des Ausbruchs gewisser ansteckender Krankheiten den Inhalt der Klärbecken chemisch zu klären."[814] Regierungspräsident Trott zu Solz forderte hingegen 1899 weiterhin von der Stadt den Bau einer Kläranlage. Folglich arbeitete Hanau 1900 an einem Entwurf.[815]

In den Ausbau der Kanalisation investierte die Stadt zwischen 1895 und 1899 über 100.000 Mark für ein Backstein- und Rohrsiel.[816] Der Anschluss an die Kanalisation erfolgte straßenweise.[817] So wurden 1895 Waldstraße, Spessartstraße, Leipzigerstraße und die Vor-

808 Hanau, Verwaltungsbericht 1890/91–1894/95, S. 487.
809 Ebd., S. 267.
810 Ebd., S. 268.
811 Hanau, Verwaltungsbericht 1895–1899, S. 123f.
812 Ebd., S. 125–131.
813 Ebd., S. 131.
814 Ebd.
815 Ebd., S. 131f.
816 Ebd., S. 133.
817 HStAM 171 326/1, Vorschriften betr. die Entwässerung der Grundstücke in der Stadt Hanau v. 1910, S. 2.

Die Inschrift des Kanalsteins am Westbahnhof erinnert an die ausführenden Protagonisten: „Sielbau der Stadt Hanau. Begonnen 1889 unter Oberbürgermeister Westerburg. Fertig gestellt 1897 unter Oberbürgermeister Gebeschus. Ausgeführt nach dem Entwurf und unter Leitung von Baurath W. H. Lindley"

stadtstraßen, 1896 die Philippsruher Allee mit Ausmündung in den Main, Vor der Kinzigbrücke, Körnerstraße, Bruchköbeler Landstraße, Fallbachstraße, Fasanerieweg und Frankfurter Landstraße, 1897 die Marktstraße, Am Großen Rohr, die Straße zum Nordbahnhof und die Ramsaystraße, 1898 die Augustastraße und der östliche Teil der Leipziger Straße sowie 1899 Sandeldamm, Maulbeerallee (heute Jahnstraße), Gartenstraße, Grüner Weg, Mühltorweg, Rhönstraße und Eberhardstraße ausgeführt.[818] Zugelassene Abwässer waren sowohl Regen-, Küchen- und Badewasser, aber keine Industrieabfälle und Fäkalien.[819]

Hiermit gelangte die Entwässerung der Grundstücke zu seinem Abschluss. 1899 waren lediglich 15 Grundstücke nicht an die Entwässerung angeschlossen. Dies gelang jedoch nur, weil zwischen 1895 bis 1898 bei einer größeren Zahl von Grundstücken aus hygienischen Gründen die Zwangsentwässerung angeordnet wurde. So erfreuten sich Ende 1899 1.787 Lie-

818 Hanau, Verwaltungsbericht 1895–1899, S. 133.
819 HStAM 171 326/1, Vorschriften betr. die Entwässerung der Grundstücke in der Stadt Hanau v. 1910, S. 3.

genschaften eines Anschlusses an die Kanalisation, während deren Zahl zu Jahresanfang 1895 erst 156 betragen hatte. Im Jahresverlauf 1895 folgten 280, 1896 345, 1897 426, 1898 235 und 1899 weitere 88 Grundstücke.[820] An das städtische Sielnetz wurden 1900 weitere 22, 1901 28 und 1902 23 Liegenschaften angeschlossen.[821]

Seit 1897 wurden die Sielwässer durch den Hauptkanal in der Philippsruher Allee in den Main geleitet. In den Mainkanal flossen nur das Stadtgrabenwasser und bei starken Regenfällen als Notaustritt Regenwasser, so war der Mainkanal verhältnismäßig sauber und bedurfte keiner gesonderten Reinigung.[822] Bevor die Königliche Regierung Hanau 1899 die Genehmigung für die Einführung der Fäkalien in den Main erteilte, forderte sie einen Entwurf für eine Kläranlage vorzulegen. Erneut schlug der Magistrat am 8. Dezember 1899 vor, Lindley mit der Aufgabe zu betrauen, dem die Stadtverordneten am 11. Juni 1900 zustimmten. Doch Lindley hegte Zweifel am vom Minister geforderten Verfahren, daher zog sich das Verfahren durch weitere Gespräche in die Länge und das Verfahren geriet in eine Sackgasse. Während Hanau möglichst geringe Anforderungen an die Klärverfahren ersuchte, wollten sich weder die Königliche Regierung in Kassel noch der Ressortminister zu milderen Vorgaben erweichen lassen.[823]

Doch Gebeschus gelang es im Dialog mit dem Dezernenten im Medizinalministerium Dr. Adolf Schmidtmann einen Kompromiss auszuhandeln. Schmidtmann empfahl die Ausbildung eines städtischen Chemikers „bei der Königl. Versuchs- und Prüfungs-Anstalt für Wasserversorgung und Abwasserbeseitigung nach der von dieser Anstalt gewünschten Methode, darauf längere Zeit fortgesetzte Untersuchung der Sielwässer und des Vorfluters und die Einziehung eines Gutachtens der genannten Anstalt auf Grund der Ergebnisse der Untersuchungen."[824] Die Stadt nahm den Vorschlag dankend an und schickte den städtischen Chemiker Dr. Alfred Rau zu einem zweimonatigen Kurs, der fortan die Untersuchungen vornahm und die Ergebnisse dem Ministerium mitteilte.[825]

Doch die Einleitung von Fäkalien blieb weiterhin untersagt. Auch ein neuer Versuch des Magistrats, den Regierungspräsidenten im Juni 1903 zu überzeugen, versuchsweise Fäkalien aus öffentlichen Gebäuden mit funktionierender Klosettspülung einzuleiten, lehnte dieser im Dezember 1904 ab. Stattdessen forderte er konsequent die Errichtung einer Kläranlage. Schließlich erhielt erneut Lindley den Auftrag für einen Entwurf, welcher diesen am 16. Juni 1905 vorlegte.[826]

Nach jahrelangen Verhandlungen bewilligten die städtischen Körperschaften am 19. Februar und 7. März 1907 für den Bau einer Kanalisation nach Lindleys Plänen 760.000 Mark. Nach der Einrichtung eines städtischen Sielbau-Büros im Gemeindehaus in Kesselstadt am 15. Juni 1907 folgten im November 1907 mit der Verlegung einer Druckrohrleitung vom Wasserwerk I zur Pumpstation an der Gipsmühle die Vorarbeiten für die Kanalisation. Doch da sich der Magistrat nicht mit der Gemeinde Dörnigheim auf einen Verkauf des Geländes

820 Hanau, Verwaltungsbericht 1895–1899, S. 134.
821 Hanau, Verwaltungsbericht 1900–1902, S. 132.
822 Ebd., S. 137.
823 Ebd., S. 146.
824 Ebd.
825 Ebd.
826 Hanau, Verwaltungsbericht 1904, S. 103.

für die geplante Kläranlage verständigen konnte, beschlossen die Körperschaften das Gelände über Enteignung in ihren Besitz zu bringen,[827] was 1908 für Preise zwischen 1 und 2 Mark/ m^2 erfolgte. Im Juni 1909 begannen die Arbeiten für das Pumpwerk an der Gipsmühle, die Ende 1909 abgeschlossen waren.[828] Pumpwerk und Klärbeckenanlage waren am 1. Oktober 1910 funktionsfähig.[829]

Die ca. 1909/10 von J.C. Jäger und Friedrich Rumpf errichtete Pumpstation in Kesselstadt war ebenfalls Teil der zwischen 1890 und 1912 geschaffenen Abwasserkanalisation und diente der Aufbereitung des städtischen Abwassers und der Verladung des Klärschlamms.[830]

Das Kanalisationsprojekt umfasste ebenso die Eindeichung der Stadt gegen Hochwasser und die Errichtung einer Pumpstation an der Philippsruher Allee.[831] Erst mit dem Bau der Pumpstation an der Philippsruher Allee in Kesselstadt und der Kläranlage neben dem Wasserwerk in Dörnigheim konnten 1910 neben Brauch- und Regenwässer auch Fäkalien nach der dortigen Filterung und Reinigung in die Kanalisation fließen.[832] Baurat Lindley entwarf 1895 die Bauplanung für die Pumpstation, die er Gebeschus und dem Stadtrat vorlegte.[833] Die städtischen Körperschaften stimmten Lindleys Entwurf zu und bewilligten für zwei Bauabschnitte 175.000 Mark. Nach der Zustimmung der Königlichen Regierung 1896 waren die Fundamente und der Hochbau im Mai 1897 abgeschlossen. Für Verzögerungen sorgte die Anschaffung der Maschinen, weil sie mit Elektrizität betrieben werden sollten und damit der Bau des E-Werks abgeschlossen sein musste. Daher wurde der maschinelle Teil der Pumpstation mit zwei Elektromotoren erst im Oktober 1899 installiert und die Anlage im Januar 1900 funktionsfähig.[834] Ein Jahr später war die Pumpstation fertiggestellt. Die Maschinen lieferte die Elektrizitäts-Aktiengesellschaft vorm. Schuckert & Co., deren Prüfung mit Prof. Teichmüller aus Karlsruhe und Lindley wieder externe Fachmänner und Gutachter übernahmen.[835]

Die Zahl der angeschlossenen Aborte an die Kanalisation nahm rasch zu. Binnen eines Jahres verdoppelte sich deren Zahl von 1911 zu 1912 von 1.250 auf 2.113, erreichte 1913 die Zahl von 2.343, um 1916 mit 2.408 für die kommenden beiden Jahre zu stagnieren. Im Zuge der Anschlüsse an die Kanalisation gingen die Latrinenentleerungen zwischen 1911 und 1918 stark zurück und sanken von 14.380 m^3 1911 auf 4.363 m^3 ein Jahr später und 798 m^3 1918.[836]

Die Aufwendungen für den Bau der Kanalisation waren enorm. Bis 1908 entstanden für Kanalisation und Kanäle Kosten in Höhe von 3,09 Millionen Mark. Hierzu kamen 1,8 Millionen Mark an Baukosten für die Kläranlage (943.000 Mark), die Pumpstation in Kesselstadt und die Entwässerung von Kesselstadt (568.000 Mark). Die Anlieger erstatteten

827 Hanau, Verwaltungsbericht 1905–1907, S. 8.
828 Hanau, Verwaltungsbericht 1908–1910, S. 1.
829 Ebd., S. 2.
830 Krumm, Hanau, S. 442; Schaffer-Hartmann, Kanalisation, S. 113.
831 Hanau, Verwaltungsbericht 1890/91–1894/95, S. 242.
832 Heilmann, Energie, S. 495.
833 Für die detaillierte Planung vgl. Hanau, Verwaltungsbericht 1895–1899, S. 142.
834 Hanau, Verwaltungsbericht 1895–1899, S. 150f.
835 Hanau, Verwaltungsbericht 1900–1902, S. 138–144.
836 Hanau, Verwaltungsbericht 1911–1919, S. 70f.

Bestandteil des modernen Abwasser- und Kanalisationssystems: Pumpstation an der Philippsruher Allee, Innenansicht um 1910.

25 Mark an Kanalbeträgen pro laufenden Meter, was sich bis 1910 aber lediglich auf 400.000 Mark summierte, sodass die Stadtkasse die Hauptlast der Investitionen trug.[837]

Daher plante der Stadtfiskus die Kosten durch vier Gebühren langfristig zu decken: eine Anschlussgebühr, jährliche Beiträge, eine Benutzungsgebühr und eine Ableitungsgebühr.[838] Die Anschlussgebühr betrug das Siebenfache der staatlich veranschlagten Gebäudesteuer von 28 Prozent.[839] Die Benutzungsgebühr staffelte sich nach dem jährlichen Miet- oder Nutzungswert. Für 200 Mark entsprach dieser ein Prozent des Miet- oder Nutzungswertes, für über 2.000 Mark zehn Prozent.[840]

Die Regelungen dieses Ortstatuts für die Deckung der Kosten der Entwässerung vom 9. September 1910 hob der Bezirksausschuss 1911 auf. Gebeschus verfasste die juristischen

837 Hanau, Verwaltungsbericht 1908–1910, S. 3, 25. Ergänzend auch HStAM 171 326/1, Ordnung betr. die Deckung der Kosten der Entwässerungsanlage der Stadt Hanau v. [9. September] 1910, S. 1f., und Halbleib, Finanzwirtschaft, S. 11.

838 Hanau, Verwaltungsbericht 1908–1910, S. 25; HStAM 171 326/1, Ordnung betr. die Deckung der Kosten der Entwässerungsanlage der Stadt Hanau v. [9. September] 1910, S. 3.

839 HStAM 171 326/1, Ordnung betr. die Deckung der Kosten der Entwässerungsanlage der Stadt Hanau v. [9. September] 1910, S. 11.

840 Ebd., S. 13.

Schreiben und arbeite an den Entwürfen für eine neue Gebührenordnung mit.[841] Doch auch die überarbeiteten und von den Hanauer Körperschaften 1913 beschlossenen Regelungen zur Deckung der Grundstücksentwässerung lehnte der Bezirksausschuss nach Einsprüchen des Ingenieurs Paul Oehsler, dem Landgerichtspräsidenten und dem Verein der Hanauer Haus- und Grundbesitzer ab. Besonders die Kostenverteilung, nur Gebäude, aber keine unbebauten Grundstücke zu besteuern, stand in der Kritik. Zudem forderte der Hausbesitzerverein, die Hanauer Bürger dürften nicht für die Kosten der Kesselstädter Kanalisation zahlen, da die Hanauer Kanalisation schon vor der Eingemeindung bestand und die Hanauer von der Kanalisation keine Vorteile hatten. Dieser Argumentation folgte auch der Bezirksausschuss.[842] Nach langwierigen Verhandlungen überzeugte Gebeschus schließlich 1915 diesen, den ursprünglichen Entwurf anzunehmen und die Einsprüche abzuweisen, wobei 75 Prozent der Gebäudesteuer, 0,5 Prozent des Mietwerts bis 500 Mark und 7 Prozent für über 2.000 Mark zu leisten waren.[843]

Obwohl Gebeschus das Fachwissen für den Bau von Kanalisationen und von Abwasserfilterung fehlten, ist sein Einfluss in diesem Feld dennoch nicht zu unterschätzen. Als Stadtoberhaupt führte er den Schriftverkehr mit den übergeordneten Stellen und nutzte die Gutachten der Fachkräfte wie Lindley für seine Argumentation, um die Hanauer Absichten genehmigt zu bekommen. Seine Handschrift zierten deutlich die Ortsstatute, über die die Hanauer indirekt ihren Beitrag zu den Baukosten der Kanalisation zu leisten hatten.

Ausbau des Schlachthofs

Auch bei Schlachthöfen führten hygienische Motive zu deren Einrichtung. Zwar bestanden Schlachthäuser bereits im Mittelalter, doch sie verfielen weitgehend im Absolutismus. Seit der Mitte des 19. Jahrhunderts wurde die Bedeutung von Schlachthäusern evident, als die Ursachen von Epidemien auch auf den Verzehr von verdorbenem Fleisch zurückgeführt werden konnten. So forderten Wissenschaft und der Deutsche Verein für öffentliche Gesundheitspflege durch die Kommunen betriebene veterinärmedizinisch überwachte Schlachthäuser zu errichten.[844] Weitere Motive bildeten „die Beendigung der Straßenverschmutzung durch Viehtransporte und Schlachtrestbestände, die Verringerung der Grundwasserverschmutzung, die Beseitigung zahlreichen Abfalls, der Ungeziefer anlockte und Nährboden für Krankheitserreger war, die Möglichkeit einer effektiven Fleischbeschau, Seuchenüberwachung des Schlachtviehs usw."[845]

Mit der Einführung des Preußischen Schlachthausgesetzes vom 18. März 1868 oblag den Städten das Recht, einen Schlachthof zu errichten, dort die Schlachtungen vornehmen und

841 HStAM 171 326/1, Schreiben v. Gebeschus an Bezirksausschuss in Kassel v. 25. April 1912 | Entwurf einer Ordnung betreffend die Deckung der Kosten der Grundstücks-Entwässerung der Stadt Hanau einschließlich Hanau-Kesselstadt [1913].

842 HStAM 171 326/1, Beschluss des Bezirksausschusses v. 18. Oktober 1913.

843 Vgl. Bestand HStAM 171 326/1.

844 Krabbe, Kommunalpolitik, S. 36.

845 Ebd., S. 37.

diese untersuchen zu lassen. Doch erst die Novelle vom 9. März 1881 gewährte den Gemeinden das Recht, auch Untersuchungen für importiertes Fleisch durchzuführen.[846] Damit setzte eine Bauwelle für Schlachthäuser ein. Bestanden im Deutschen Reich in den 1870er Jahren ca. 70 bis 80 Schlachthöfe, belief sich deren Zahl 1902 schon auf 836. Dabei befanden sich die Einrichtungen fast ausschließlich in städtischem Besitz.[847] In Hanau bestand seit 1830 ein Schlachthof, der in eine Ochsen- und eine Schweinehalle unterteilt war. Außerhalb der Halle war das Schlachten untersagt.[848]

Die Verwaltung des Schlachthofs oblag nicht Gebeschus, sondern Stadtrat Heinrich Jung. Doch Gebeschus erließ 1895 eine Dienstanweisung, nach der der Vorsteher des Schlachthofes ein geprüfter Tierarzt sein sollte.[849] Ein logischer Schritt, fehlte Gebeschus dieses Fachwissen. Zudem bildete der Magistrat für die Belange des städtischen Schlachthauses im Januar 1900 eine Schlachthofkommission, deren Mitglieder neben Gebeschus zwei Stadträte und zwei Stadtverordnete waren.[850]

In Gebeschus' Amtszeit und die seiner beiden Vorgänger stießen die Stadtoberhäupter zahlreiche Baumaßnahmen an, um die hygienischen Bedingungen und die technische Ausstattung den Erfordernissen der Schlachtung anzupassen. Schon der Verwaltungsbericht des Jahres 1879/80 bilanzierte, der Zustand des Schlachthofes entspreche nicht mehr den Erfordernissen der Zeit.[851] Die ersten baulichen Missstände wurden mit der Renovierung der Schlachträume 1881/82 und der Erweiterung um eine Maschinenhalle und eine Wasserleitung behoben.[852] Gleichzeitig wurden 1881 Schlachtgebühren eingeführt, nachdem dies zuvor kostenfrei war.[853] Damit arbeiteten die Schlachthäuser meist kostendeckend.[854]

In den folgenden Jahren folgten zahlreiche Neu-, Um- und Erweiterungsbauten – so 1894 ein Notstall für Kälber, Hammel und Großvieh. Zudem wurden Fachzeitschriften, Literatur und kleinere Einrichtungs- und Untersuchungsgegenstände angeschafft.[855]

Eine grundlegende Neugestaltung im Bereich der hygienischen wie technischen Ausstattung erfuhr der Schlachthof zwischen 1895 und 1899: Dies umfasste zum einen die Umgestaltung der Schlachträume sowie die Zahl der Hängeplätze von Schlachtvieh zu erneuern und deren Zahl zu erhöhen. Zudem wurde eine Kühlhalle errichtet und die Schweineschlachthalle mitsamt Kochraum und Dampfraum mit Dampfkessel und Kohlenraum modernisiert. Im Bereich der Ausstattung ersetzte ein großer Brühbottich für acht Schweine drei alte Brühkessel in der Schweineschlachthalle. An der Südseite entstand ein neuer Anbau als Erweiterung der Flächen, der zu zwei Dritteln als Erweiterung der Kleinviehschlachthalle mit Brühbottich, zwei Darmwaschbecken und einem Hakenraum zum Aufhängen von Kälbern und zu einem Drittel als Kuttelei (Darmwaschanlage) für die Großviehschlachthalle dienten.

846 Krabbe, Kommunalpolitik, S. 37.
847 Ebd., S. 38.
848 Hanau, Verwaltungsbericht 1879/80, S. 26; Halbleib, Finanzwirtschaft, S. 40.
849 Hanau, Verwaltungsbericht 1890/91–1894/95, S. 139f.
850 Hanau, Verwaltungsbericht 1895–1899, S. 96.
851 Hanau, Verwaltungsbericht 1879/80, S. 26.
852 Hanau, Verwaltungsbericht 1880/81–1884/85, S. 39f.
853 Halbleib, Finanzwirtschaft, S. 40.
854 Krabbe, Kommunalpolitik, S. 37.
855 Hanau, Verwaltungsbericht 1890/91–1894/95, S. 140.

Beständig erweitert und modernisiert: der Schlachthof, 1940.

Zum anderen wurde der Hof gepflastert und der Schlachthof an das städtische Straßensiel angeschlossen.[856]

Modernisierungen erfolgten besonders durch das am 3. Juli 1899 in Betrieb genommene Kühlhaus auf dem Grundstück zwischen Schlachthof und Kanalmühle. Hierfür erwarb die Stadtgemeinde 1897 ein als Deines'sches Grundstück bezeichnetes Areal und investierte für den 13 x 37 m großen und mit fünf Räumen ausgestatteten Bau nochmals 100.000 Mark.[857] Im Berichtsjahr 1900 wurden zwei Ausbaumaßnahmen durchgeführt: eine Dunghalle mit zwei Ställen für Großvieh, Hammel und Kälber sowie Fett- und Häuteabnahmestellen und zum zweiten Schlachträume für seuchenkrankes Vieh mit Brüh- und Kochkessel.[858]

Als zentrale Entscheidung nahm die Schlachthofkommission 1905 von der diskutierten Verlegung des Schlachthofes Abstand. Wie bei anderen Verfahren sollte dies ein auswärtiger Experte prüfen – diesmal der Spezialarchitekt für Schlachthofbauten Carl Kleinert aus Wiesbaden. Nach dessen positivem Gutachten legten verschiedene Architekten Entwürfe und Kostenvoranschläge für die Modernisierung und Erweiterung des Schlachthofes vor. Für den Neubau der Groß- und Kleinviehschlachthalle sowie eine Erweiterung der Kühlan-

856 Hanau, Verwaltungsbericht 1895–1899, S. 93.
857 Ebd., S. 94.
858 Hanau, Verwaltungsbericht 1900–1902, S. 76.

lage und der Schweineschlachtanlage stellten die Stadtverordneten 142.330 Mark an Mitteln zur Verfügung.[859]

Doch die 1905 beschlossenen Erweiterungen für den Schlachthof blieben unverwirklicht. Das Bauamt berechnete Kosten von 206.000 Mark für die geplanten Baumaßnahmen. Daraufhin empfahl die Baukommission in der Sitzung vom 28. Dezember 1908 das Projekt einzustellen und das Bauamt mit einem Entwurf für ein kleineres Vorhaben zu beauftragen. Dies umfasste lediglich die Kühlräume zu vergrößern, Großvieh-, Schweinekuttelei und Kälberschlachthalle zu erweitern und notwendige Reparaturen auszuführen. Diese Maßnahmen beliefen sich auf 44.000 Mark, die die städtischen Körperschaften 1909 bereitstellten. Nach der Genehmigung des Regierungspräsidenten wurden die Arbeiten 1910 begonnen und im August desselben Jahres abgeschlossen.[860]

6.3.5. Strom und Gas: Energie und Beleuchtung für die wachsende Stadt

Elektrizität als neue Form der Energieversorgung

Während Wasser als Versorgungsstoff alternativlos war, konkurrierten Gas und Strom um die Beleuchtung der Stadt und die Energieversorgung der Industrie. Dabei war Strom in den 1880er Jahren noch viermal so teuer wie Gas.[861] Zudem befürchteten viele Städte in der Fachdiskussion zwischen Gleich- oder Wechselstrom auf die falsche Technologie zu setzen und verschoben daher zunächst die Entscheidung.[862]

Die ersten E-Werke eröffneten 1885 bis 1888 in Berlin, Lübeck und Hamburg. Danach verbreitete sich die Technik schnell: Nach 1900 besaßen alle Städte über 50.000 und 77,6 Prozent zwischen 20.000 und 50.000 Einwohnern ein E-Werk.[863] In Hessen entstanden die ersten E-Werke 1888 in Darmstadt, 1890/91 in Kassel, 1893/94 in Frankfurt und 1900 in Gießen.[864] Damit findet sich bei E-Werken ein ähnlicher Verlauf wie im Falle der Gaswirtschaft, nur mit zeitlich späterem Beginn.[865]

Bei den wenigen Elektrogesellschaften bestand mehr Interesse an einem reinen Verkauf der Maschinen und der notwendigen Technologie als ein Werk selbst zu betreiben.[866] Im Gegensatz zu den Gaswerken gründeten die Kommunen E-Werke selbst oder übernahmen private Initiativen rasch in Eigenregie. Die Motive lagen in der Gewinnabschöpfung für den

859 Hanau, Verwaltungsbericht 1905–1907, S. 93.
860 Hanau, Verwaltungsbericht 1908–1910, S. 156.
861 Brunckhorst, Kommunalisierung¸ S. 6f.; Wessel, Versorgung, S. 77.
862 Krabbe, Kommunalpolitik, S. 51.
863 Ebd.; Krabbe, Wirtschaftsbetriebe, S. 126; Matzerath, Urbanisierung, S. 336.
864 Demandt, Geschichte, S. 584.
865 Brunckhorst, Kommunalisierung¸ S. 6f.
866 Krabbe, Kommunalpolitik, S. 54.

städtischen Haushalt, eine Versorgungssicherheit für die Bevölkerung gewährleisten und Einfluss auf die städtische Planung der Leitungen nehmen zu können.[867]

Eine Konzessionsvergabe wie im Falle der Gasproduktion lehnten hingegen die meisten Städte ab. Sie wollten keine Konkurrenz bei Produktion und Belieferung schaffen. Zudem sollten Leitungen in städtischem Besitz sein und E-Werk und Gasanstalt untereinander Gewinne und Verluste austauschen.[868] Falls Konzessionsverträge geschlossen wurden, hatten die Städte aus ihren Fehlern mit den Gasbetrieben gelernt und versahen die Abkommen mit kürzeren Laufzeiten, der Möglichkeit vor Ablauf des Kontrakts die E-Werke zu kaufen und sie ließen sich das exklusive Nutzungsrecht der Straßen für Leitungen mit Beteiligungen am Gewinn oder den Bruttoeinnahmen vergüten.[869]

Beispielhaft für viele Kommunen übertrug Stuttgart 1895 den Bau des E-Werks in Privathände und übernahm das Werk 1902 für 6 Millionen Mark.[870] Mannheim vergab den Bau seines E-Werks im Juli 1898 an das Schweizer Unternehmen Brown, Boveri und Cie (BBC), das nach dessen Fertigstellung den Betrieb und die Stromproduktion als Pächter führte.[871] Ab der Jahrhundertwende ließen infolge der technischen Weiterentwicklung auch Räume von 100 km versorgen, sodass Überlandwerke und Verbands-E-Werke wie RWE verstärkt an Bedeutung für rurale Räume zunahmen.[872]

Für den Betrieb eines E-Werks waren drei Bestandteile notwendig: Zum einen Dynamomaschinen mit Dampfturbinenmotoren und später Verbrennungsmotoren zur Stromerzeugung und zum zweiten Schalt- und Regulieranlagen mit Akkumulatoren zur Stromspeicherung sowie zuletzt ein Leitungsnetz. Ein Anschluss privater Haushalte war wegen der geringen Abnahmemenge zunächst unrentabel. Stattdessen lag der Fokus auf Industriebetrieben und Straßenbahnbetreibern als Hauptabnehmer.[873] Damit dienten Gas und Elektrizität unterschiedlichen Nutzungszwecken: Gas zur Straßenbeleuchtung, in Haushalten zum Kochen, Heizen und Beleuchten sowie Strom für Straßenbahn, Industrie, Beleuchtung von Prachtstraßen und Luxusetablissements.[874] In Berlin verteilten sich die Abnahmemengen 1900/01 auf 21 Prozent für Beleuchtung, 22 Prozent für Energie und 57 Prozent für die Straßenbahn.[875]

So hofften die Städte mit der neuen Technik die Probleme der Personenbeförderung zu beheben, während zugleich Industriebetriebe oder der Eisenbahnfiskus den Bau eines E-Werks forderten oder schon eigene Blockstationen errichtet hatten.[876] Es dominierten also finanzielle Erwägungen: „Die Verwendung von Elektrizitätswerken für kommunale Zwecke ließ sich nicht mit stadthygienischen Notständen, mit gesundheits- oder mit sicherheitspolizeilichen Erfordernissen begründen, wie die Einrichtung anderer städtischer Anstalten (Wasserwerke, Gaswerke, Kanalisationen), welche der Daseinsvorsorge dienten. Elektrizitätswerke

867 Matzerath, Urbanisierung, S. 336.
868 Krabbe, Kommunalpolitik, S. 53.
869 Krabbe, Wirtschaftsbetriebe, S. 129.
870 Wessel, Versorgung, S. 83.
871 Krabbe, Kommunalpolitik, S. 54; Schott, Stadtentwicklung, S. 159; Wessel, Versorgung, S. 84.
872 Wessel, Versorgung, S. 85f.
873 Krabbe, Kommunalpolitik, S. 50; Krabbe, Wirtschaftsbetriebe, S. 126.
874 Croon, Aufgaben, S. 47; Krabbe, Wirtschaftsbetriebe, S. 127.
875 Krabbe, Wirtschaftsbetriebe, S. 126.
876 Krabbe, Kommunalpolitik, S. 52.

waren also reine Erwerbsbetriebe, die sich einzurichten lohnten, nachdem zahlreiche Industrieunternehmen, Institute, Verwaltungen, Bahnhöfe usw. von sich aus stromerzeugende Einzelanlagen gebaut hatten.“[877]

Der erste Wunsch nach einem E-Werk in Hanau datiert auf das Jahr 1895. Besonders die Bijouteriebranche erhoffte sich durch den Einsatz von Elektrizität niedrigere Kosten und geringeren Arbeitsaufwand. So beschlossen die Körperschaften im März 1896, Gutachten auswärtiger Fachkräfte einzuholen. Zwei Monate später erläuterte der Sachverständige Oscar May der Gas- und Wasserwerks-Kommission die Vorteile eines städtischen E-Werks.[878]

Um das Vorhaben in Hanau präsenter zu machen, organisierte das Gaswerk 1896 eine Ausstellung von Maschinen für die Anwendung im Kleingewerbe und der Edelmetallindustrie und fragte das Interesse an der neuen Technologie ab. Nach dem positiven Ergebnis übertrugen die Körperschaften May und seinem Frankfurter Kollegen Baurat William H. Lindley die Aufgabe einen Kostenvoranschlag aufzustellen. May rechnete mit Aufwendungen in Höhe von 520.000 Mark und jährlichen Betriebskosten von 56.000 Mark.[879]

Nach der Bildung einer entsprechenden Kommission stimmte der Gemeindeausschuss am 24. November 1897 dem Bau des E-Werks zu. Hanau entschied sich für die Verwendung der Gleichstromtechnik mit 2 x 110 Volt an Spannung. Da diese nur eine Reichweite von 1 km hatte, musste das E-Werk in der Innenstadt auf einer Fläche hinter dem Gaswerk am Grünen Weg errichtet werden.[880] Hanau setzte damit auf die leistungsschwächere Technik.

Die Kommunen sorgten auf ihrer Suche nach einem leistungsstarken und ökonomisch rentablen Stromnetz für eine Entscheidung im Expertenstreit zwischen den Parteien und Produzenten von Gleich- und Wechselstrom. Für Gleichstromnetze stellten die großen Leitungsverluste von 75 Prozent, die Produktion von Elektrizität, die nur in einem Radius von 600 bis 800 Metern möglich war und die fehlende Möglichkeit zur Stromspeicherung die größten Herausforderungen in den 1880er Jahren dar.[881]

Die Verunsicherung ob der richtigen Stromart führte in Frankfurt dazu, dass die Stadtverordneten den geplanten Bau eines E-Werks verschoben und beide Stromparteien für ihre Lösung warben. Auf der Internationalen Elektrotechnischen Ausstellung 1891 in Frankfurt am Main gelang erstmals die Übertragung von Wechselstrom von Lauffen am Neckar nach Frankfurt über eine Entfernung von 175 km und verhalf damit dem Wechselstrom langfristig zum technischen Durchbruch und zur gesellschaftlichen Akzeptanz.[882]

Gebeschus schrieb May am 25. November 1897 und verkündete ihm die Entscheidung, ihm die Oberleitung über die Ausführung des Werkes zu übertragen und die Elektrizitäts AG vorm. Schuckert & Co. Nürnberg mit den baulichen Ausführungen zu betrauen. Mays Vorschläge begutachtete der Direktor des Darmstädter E-Werks Meyer.[883] Damit gingen die Konkurrenten Siemens & Halske aus Berlin und W. Laymeyer & Co. aus Frankfurt am Main leer aus. Die Aufgabe des Hochbaus übernahm das Stadtbauamt in Zusammenarbeit mit der

877 Krabbe, Wirtschaftsbetriebe, S. 127.
878 Heilmann, Energie, S. 293.
879 Ebd., S. 294f.
880 Hanau, Verwaltungsbericht 1895–1899, S. 76; Heilmann, Energie, S. 295.
881 Grabas, Kommunalisierungsprozesse, S. 106f.
882 Ebd.
883 Hanau, Verwaltungsbericht 1895–1899, S. 76; Heilmann, Energie, S. 295.

Sorgte für Beleuchtung und Maschinenantrieb: das städtische E-Werk, um 1920.

Hanauer Baufirma Elzenheimer & Müller hingegen selbst.[884] Doch ob der unbekannten Bauaufgabe unterliefen dem Amt mehrere Komplikationen, wie der damalige Stadtbaurat Thyriot in seinen Memoiren vermerkt: „Es war eine für das Stadtbauamt Abtlg. Hochbau außergewöhnliche Aufgabe, war doch kein Leiter der maschinellen Abteilung da, denn der Frankfurter Herr schwebte nur über dem Ganzen als Gutachter. Es wurden deshalb viele Fehler begangen und die inneren Einrichtungen statt einmal, zweimal gemacht. Das Gradierwerk mit seiner tief ins Grundwasser einschneidenden Ab- und Zu-Leitung und das Bassin, sie wurden erst für nötig erkannt als die Gebäude nahezu fertig waren. Die Akkulatorabteilung war schon montiert, sie wurde herausgenommen, die Decken wurden verändert und alles noch einmal gemacht.“[885]

Dennoch konnte das E-Werk wenige Monate nach dem Baubeginn am 15. Mai 1898 am 24. November 1898 seinen Betrieb aufnehmen.[886] Tags darauf wurden das Hotel Zum Riesen am Heumarkt und die Ketten- und Bijouteriefabrik F. Sachsenweger in der Philippsruher Allee als erste Kunden mit Strom beliefert. Ende März 1899 umfasste das Stromleitungsnetz schon 64,9 km, davon 19,3 km Speiseleitungen und 45,6 km Verteilungsleitungen, von denen 43,8 km unterirdische Kabel waren.[887]

884 Hanau, Verwaltungsbericht 1895–1899, S. 76.
885 StAHU XY 476, Heft II, S. 37.
886 Hanau, Verwaltungsbericht 1895–1899, S. 76.
887 Heilmann, Energie, S. 297.

Der Magistrat unter Gebeschus arbeitete eine am 22. Dezember 1898 angenommene Verwaltungsordnung für das E-Werk aus. Sie lehnte sich inhaltlich an die bereits bestehenden Ordnungen für Gas- und Wasserbezug an und regelte u.a. die Beschaffung von Glühlampen, die seinerzeit nur über das E-Werk oder eine Reihe von Hanauer Installationsgeschäften zu beziehen waren.[888] Strom blieb zunächst ein Luxusgut, das sich 1899 nur Geschäftsleute, Unternehmen wie Heraeus oder Zimmermann, Handwerksbetriebe und die Stadtgemeinde für das Rathaus, die Schulen oder das Stadtschloss leisteten. Dabei lag der Großteil des Stromnetzes in und um die Innenstadt, während Kesselstadt gänzlich außen vor blieb.[889] Bis zum 1. April 1899 betrug die Zahl der Anschlüsse gerade einmal 101.[890]

Schuckert übergab das E-Werk zum 1. April 1899 in städtische Eigenregie. Die Verwaltung organisierte seit 22. Februar 1889 Direktor Michael von Gäßler.[891] Zugleich reichte Schuckert die Rechnung für Dampfkessel- und Dampfmaschinenanlage, Rohrleitungen, Dynamos, Apparate und Kabelnetz über 444.891,67 Mark ein. Einschließlich der Kosten für Gebäude und Außenarbeiten beliefen sich die Aufwendungen für den ersten Bauabschnitt auf 670.571,78 Mark.[892]

Vor 1900 blieb die erhoffte Nutzung des Stroms aus, insbesondere von Seiten der Industrie wegen der hohen Kosten.[893] Daher produzierte das E-Werk zwischen November 1898 und März 1899 gerade einmal 28.279 kWh.[894] Dennoch erfuhr das E-Werk schon in der zweiten Jahreshälfte 1899 eine Erweiterung, denn die Königliche Eisenbahndirektion Frankfurt hatte 1898 mit der Stadtgemeinde einen Vertrag über den Strombezug zu Beleuchtungszwecken der drei Hanauer Bahnhöfe geschlossen.[895] Hierfür verpflichtete sich die Stadtgemeinde, das E-Werk zu erweitern, um über ausreichend Reserven zu verfügen. So wurde eine dritte Dampfmaschine, ein weiterer Gleichstrom-Dynamo, Zusatzmaschinen und Apparate und ein vierter Dampfkessel angeschafft, im Oktober 1899 von Schuckert angeliefert und in den Folgemonaten bis Ende März 1900 installiert. Damit umfassten die Investitionen für das Werk insgesamt fast eine Million Mark.[896]

In den folgenden Jahren folgten der etappenweise Ausbau des Leitungsnetzes und der Anschluss weiterer Stromabnehmer. Besonders der Verbrauch der Industrie nahm zu.[897] Durch die Stromabgabe zur Beleuchtung des Ostbahnhofs erwirtschaftete das E-Werk 1900 ein weitaus besseres Betriebserlebnis als die Jahre zuvor. Zum Jahresende 1901 trat jedoch ein enormer Rückgang in der Stromabnahme ein, der wie beim Gaswerk auf die schlechte Lage in der Industrieproduktion zurückzuführen war.[898]

---

888 Heilmann, Energie, S. 299.
889 Ebd., S. 302.
890 Ebd., S. 300.
891 Ebd., S. 299.
892 Ebd., Halbleib, Finanzwirtschaft, S. 36, hingegen nennt Baukosten in Höhe von 722.664 Mark.
893 Ebd., S. 304.
894 Ebd., S. 301.
895 Hanau, Verwaltungsbericht 1895–1899, S. 77, 84; Heilmann, Energie, S. 304.
896 Ebd., S. 305f.
897 Ebd., S. 307.
898 Hanau, Verwaltungsbericht 1900–1902, S. 67.

Bahnhofsbeleuchtung und Straßenbahnbetrieb bedingten die Modernisierung des städtischen E-Werks. Ausdruck davon: Umformer sowie Hoch- und Niederspannungsschalttafeln, um 1920.

Doch der Strombezug des Ostbahnhofs als „Key-Account-Kunde“ trug erheblich zum Durchbruch der Versorgung bei. Nord- und Westbahnhof folgten 1903. So stieg die Stromabgabe 1903/04 auf 513.057 kWh, davon 63.000 kWh für Beleuchtungszwecke insbesondere von Geschäften. Dies drückte sich auch im betriebswirtschaftlichen Ergebnis aus. Wies die Bilanz 1902/03 noch einen Verlust von 17.967,99 Mark aus, erwirtschaftete das E-Werk im folgenden Rechnungsjahr einen kleinen Gewinn von 5.407,88 Mark.[899]

Die Beleuchtung der Bahnhöfe verbrauchte 1906 31 Prozent der gesamten Stromproduktion. Als weiterer Großkunde nahm Heraeus von Juni 1906 bis März 1907 insgesamt rund 160.000 kWh ab. Über Strompreissenkungen und Rabatte versuchte das E-Werk die Zahl der Stromkunden konsequent zu erhöhen.[900] Doch Strom diente im privaten Bereich rein der Beleuchtung. Daran änderte auch die Senkung des Lichtstrompreises am 1. April 1902 von 60 auf 50 Pfennig/kWh nichts. Strom blieb ein Luxusgut.[901]

Mit dem zehnjährigen Bestehen ließ sich eine erste Bilanz ziehen. Während sich die Länge des Kabelnetzes von 1898 zu 1908 von 65 km auf 114,5 km ungefähr verdoppelt hatte, vervierfachte sich die Zahl der Anschlüsse nahezu von 101 im Jahr 1898 auf 375 zum Mo-

899 Hanau, Verwaltungsbericht 1903, S. 46; Heilmann, Energie, S. 311.
900 Heilmann, Energie, S. 313f.
901 Ebd., S. 322.

natsende März 1909.[902] Geradezu explodiert war die Gesamtstromerzeugung von seinerzeit 28.279 kWh 1898 auf 1.392.952 kWh zehn Jahre später. Strom blieb weiter hauptsächlich für die Industrie und die Straßenbahn relevant. Heraeus nahm 1908 390.889 kWh, die Bahnhöfe zu Beleuchtungszwecken 272.818 kWh und die Straßenbahn 141.055 kWh ab.[903]

Wie bedeutend der Einfluss der Straßenbahn war, zeigte sich in den folgenden Jahren: Die Abnahmemenge schnellte 1909 auf 226.933 kWh und blieb 1910 mit 231.040 kWh konstant und überstieg damit die Stromabnahme aller drei Bahnhöfe.[904] Die Versorgung der Straßenbahn hatte 1907 eine zusätzliche Erweiterung notwendig gemacht, da die benötigte Gleichstromspannung von 600 V nicht geliefert werden konnte. Fortan betrug die Maschinenleistung 1.410 PS.[905]

Trotz des neuen Absatzfeldes lag der Fokus weiter auf dem Ausbau des Leitungsnetzes und dem Gewinn neuer Kunden. Gebeschus wollte dabei als Stadtoberhaupt keinen Vorteil aus seiner Stellung ziehen, wenn es um die elektrische Beleuchtung seiner Dienstwohnung ging. So schrieb er: „Um ganz frei zu sein, werde ich keine Elektrizität verlangen, die man mir umsonst zu legen gewillt ist. Ich will keine Extrawurst gebraten erhalten."[906] Damit verzinste Gebeschus wie jeder andere Stadtbürger seit 1911 die Belieferung seiner Wohnung mit fünf Prozent. Zur Subvention der neuen Energietechnik wollte Gebeschus diese Verzinsung aufheben, konnte sich jedoch gegen die städtischen Gremien diesmal nicht durchsetzen.[907]

Kesselstadt blieb zunächst vom Stromnetz abgeschnitten. Die Druckerei Kittsteiner und die Schreinerei Holzinger aus Kesselstadt wollten einen Anschluss erhalten, was von Gäßler aber wegen der Kosten für die Leitungsverlängerung ablehnte. Die Entfernungen vom E-Werk waren zu groß. Den Vorschlag Kittsteiners, ein eigenes E-Werk in Kesselstadt im alten Wasserwerk in Dörnigheim zu errichten, lehnte Gebeschus ab.[908] Damit unterband Gebeschus aber auch die Möglichkeit durch Einbindung der Vororte eine größere Anzahl an Abnehmern zu erreichen.[909]

Im Gegensatz zum Gaswerk warf das E-Werk im ersten Jahrzehnt des 20. Jahrhunderts nur geringe Gewinne bis maximal 40.000 Mark ab, erwirtschaftete jedoch in mehreren Betriebsjahren auch Verluste.[910] So führte das E-Werk bis 1910 keine Gewinne an die Stadtkasse ab, da die Überschüsse für Abschreibungen verwendet wurden. Insgesamt entsprachen die Überschüsse nicht den Erwartungen.[911]

Während des Ersten Weltkrieges hatte die Stromerzeugung mit den gleichen Schwierigkeiten wie die Gas- und Wassererzeugung zu kämpfen. Insbesondere die stockenden Kohlelieferungen 1916 hemmten die Produktion. Dennoch erreichte das Hanauer E-Werk 1917

---

902 Heilmann, Energie, S. 314.
903 Hanau, Verwaltungsbericht 1908–1910, S. 121; Heilmann, Energie, S. 315.
904 Hanau, Verwaltungsbericht 1908–1910, S. 127.
905 Werner, Elektrizitätsversorgung, S. 40.
906 Zit. nach Heilmann, Energie, S. 321.
907 Ebd., S. 321.
908 Ebd., S. 324.
909 Vgl. hierzu allgemein Croon, Aufgaben, S. 47.
910 Vgl. Zahlen bei Halbleib, Finanzwirtschaft, S. 37.
911 Halbleib, Finanzwirtschaft, S. 38.

Sicherten die Stromversorgung für Hanau: Staustufe und Flusskraftwerk Kesselstadt, 1925.

ein Produktionshoch, da Strom zur Kriegsproduktion notwendig war.[912] Doch schon vor dem Ausbruch des Ersten Weltkrieges war das Hanauer E-Werk an seine Grenzen gestoßen. Während neben Kesselstadt auch Hanau-Nord noch ohne Stromanschluss war, hatte das E-Werk mit einer Abgabemenge von 1,783 Millionen kWh 1914 erneut das Maximum an Leistungsfähigkeit erreicht. Statt einer weiteren Erweiterung bot sich im Zuge der 1913 erfolgten Mainkanalisierung die kostensparende Stromproduktion über Staustufen und die Ausnutzung des Gefälles an.[913]

Eine kostendeckende Produktion ließ sich erst nach Gebeschus' Amtszeit erreichen. Der Bau eines neuen Dampf-E-Werks oder der Anschluss an ein Überlandwerk sollte das Problem lösen. Letzteres machte die Errichtung dreier Staustufen im Main zwischen 1916 und 1921 nahe Kesselstadt möglich.[914] Somit endete 1922 die Phase der städtischen Eigenproduktion. Der Strombezug aus der Staustufe Kesselstadt und Überlandstrom über den Elektrozweckverband Mitteldeutschland waren wirtschaftlich rentabler.[915] Großauheim baute 1906 ein eigenes E-Werk (heute Museum Großauheim), das noch im selben Jahr seinen Betrieb aufnahm,[916] und stellte ebenfalls 1922 die Eigenerzeugung ein.[917]

912 Hanau, Verwaltungsbericht 1911–1919, S. 38.
913 Heilmann, Energie, S. 326.
914 Krumm, Hanau, S. 59; Werner, Elektrizitätsversorgung, S. 41.
915 Heilmann, Energie, S. 341.
916 Ebd., S. 391.
917 Ebd., S. 396.

Ausbau und Erneuerung der Gasversorgung

Die vormodernen Städte verfielen nach Sonnenuntergang meist in Dunkelheit. Erst seit 1714 beleuchteten einfache Öllaternen Hanaus Straßen.[918] Eine verbesserte Straßenbeleuchtung erhofften sich die Bürger von der Gastechnologie, ebenso Wirte helleres Licht in ihren Gasthäusern und die Edelmetallindustrie bessere Produktionsbedingungen durch die neue Antriebsquelle für Motoren und Maschinen.[919] Doch wie die meisten Stadtverwaltungen stand auch die Hanauer der neuen Technik mit Skepsis gegenüber und scheute in der ersten Hälfte des 19. Jahrhunderts die hohen Investitionskosten in eine technisch noch nicht ausgereifte Methode für Gas- und Petroleumlaternen und Gasfabrikation. So überließ die öffentliche Hand wie andernorts die Gasproduktion und die Aufstellung von Laternen privaten Unternehmern und kaufte das Gas über langfristige Verträge ein.[920] Der Unternehmer Herrmann Pabst bewarb sich 1847 um eine Konzession für eine Gasanstalt, die der Stadtrat zunächst ablehnte, 1848 jedoch genehmigte.[921]

Pabst gab das Erzeugerwerk nach einem Jahr auf und der Hersfelder Chemiker Heinrich Friedrich Ziegler ließ nach den Entwürfen des Direktors der Frankfurter Gasanstalt Simon Schiele die Produktionsanlagen umbauen und ein Versorgungsnetz errichten.[922] Ziegler verlegte 1850 in der Neustadt Gasrohre und zu Weihnachten brannten dort die ersten Gaslaternen. Im Jahr darauf schlossen der Hanauer Stadtrat und Ziegler einen Vertrag über eine Laufzeit von 20 Jahren über die Beleuchtung der Straßen. Nach Ablauf des Vertrages erhielt die Stadt ein Vorkaufsrecht für Leitungen und Laternen.[923] Nach langwierigen Verhandlungen und der Überlegung, ein eigenes städtisches Gaswerk zu errichten, erwarb die Kommune das Gaswerk am 1. Juli 1870 für 317.142 Mark, dem Ziegler noch bis 1871 vorstand.[924]

Die Hanauer Vorgehensweise ist typisch für das 19. Jahrhundert: Nachdem die Städte zunächst mit einer Gesellschaft einen Vertrag zum Gaswerksbau und zur Belieferung geschlossen hatten, folgten nach einigen Jahrzehnten Auseinandersetzungen zwischen Gesellschaft und Kommune über Preise und Erweiterung des Gasnetzes bis schließlich die Städte das Gaswerk kauften oder eine eigene städtische Produktionsstätte errichteten.[925] Sowohl die Phasen des Baus von Gaswerken in Deutschland[926] als auch die Motive der Kommunen, private Investoren zuzulassen und die Inhalte der Konzessionsverträge[927] sowie die Kriterien für die Übernahme

918 Krumm, Hanau, S. 58.

919 Heilmann, Energie, S. 9.

920 Vgl. ebd., für Hanau sowie Brunckhorst, Kommunalisierung, S. 111f., und Croon, Aufgaben, S. 46, für allgemeine Gegebenheiten.

921 Heilmann, Energie, S. 9; Schaffer-Hartmann, Kanalisation, S. 113.

922 Hanau, Verwaltungsbericht 1879/80, S. 15; Heilmann, Energie, S. 11, 13; Schaffer-Hartmann, Kanalisation, S. 113.

923 Heilmann, Energie, S. 14f.

924 Hanau, Verwaltungsbericht 1879/80, S. 16; Halbleib, Finanzwirtschaft, S. 32; Heilmann, Energie, S. 69ff.

925 Krabbe, Kommunalpolitik, S. 43f.; Krabbe, Wirtschaftsbetriebe, S. 122.

926 Brunckhorst, Kommunalisierung, S. 16, 25, 31, 35; Demandt, Geschichte, S. 583; Krabbe, Kommunalpolitik, S. 41.

927 Brunckhorst, Kommunalisierung, S. 36f., 211; Krabbe, Kommunalpolitik, S. 41f., 44; Krabbe, Wirtschaftsbetriebe, S. 120ff.

Gesamtansicht des städtischen Gaswerks um 1920 mit Reinigerhaus, Apparate- und Kesselhaus, Koksaufbereitungsanlage und Gasbehälter.

der Gaswerke in städtische Verwaltung[928] sind umfassend erforscht und bedürfen keiner näheren Betrachtung, weil sie nicht Gebeschus' Amtszeit, sondern die seiner Vorgänger betreffen.

Günstigere Preise für Privatkunden, eine Modernisierung der Produktionsanlagen, der Ausbau des Leitungsnetzes und die Gewinnabschöpfung und deren Zuführung in den städtischen Haushalt bildeten die Hauptmotive für die Kommunalisierung der Gaswerke.[929] 1912 befanden sich von 1.700 Gasanstalten 67 Prozent in kommunalem Besitz, 33 in privatem.[930]

Gebeschus' Vorgänger Westerburg sah sich 1888 zu einer Reorganisation der Abläufe im städtischen Gaswerk veranlasst, da es im Vergleich zu anderen Städten zu wenig rentabel arbeitete.[931] Westerburgs Berechnungen ergaben, dass die Produktionskosten wegen hoher Kohleeinkaufspreise die Gewinne schmälerten.[932] So setzte er im Stadtrat den Einsatz einer Kommission unter Vorsitz der auswärtigen Fachkräfte Prof. Bunte (Karlsruhe) und Grahn durch, die die Verhältnisse untersuchten. Auf ihre Empfehlung hin, änderte sich der Produktionsstandard von schwerem auf leichtes Gas.[933]

Im nächsten Schritt prüfte Stadtsekretär Rudolf Bödicker die Abrechnungen des Gaswerks und empfahl eine kameralistische Neuordnung.[934] Ebenso folgte der Stadtrat der zweiten vorgeschlagenen Maßnahme der Kommission, Gasdirektor Heinrich Eberdt zu entlassen, der für die administrative und finanzielle Leitung des Gaswerks nicht qualifiziert schien.[935] Can-

928 Bathow, Berufsgruppe, S. 147; Brunckhorst, Kommunalisierung, S. 6, 125f., 158f.; Croon, Aufgaben, S. 46; Krabbe, Wirtschaftsbetriebe, S. 123.
929 Brunckhorst, Kommunalisierung, S. 176, 187, 212, 228; Krabbe, Kommunalpolitik, S. 47.
930 Krabbe, Kommunalpolitik, S. 46. Je nach Statistik differieren die Zahlen leicht: 1909 befanden sich von 1.500 Gasanstalten 73,3 Prozent in städtischem und 26,7 Prozent in privatem Besitz, 1895 57,4 Prozent in städtischem und 42,0 Prozent in privatem Besitz. Zahlen nach Wessel, Versorgung, S. 65, 74.
931 Hanau, Verwaltungsbericht 1885/86–1889/90, S. 49.
932 Ebd., S. 51f.
933 Ebd., S. 53; Heilmann, Energie, S. 103.
934 Hanau, Verwaltungsbericht 1885/86–1889/90, S. 75.
935 Heilmann, Energie, S. 102, 104.

thal, dem Westerburg die Prüfung der Bilanzen des Gaswerkes übertragen hatte, nannte „Unfähigkeit" als Kriterium für Eberdts Entlassung.[936]

Mit dieser Entmachtung verbunden war die Umstrukturierung, das Gaswerk als städtischen Zweig in die Verwaltung einzugliedern. Fortan unterstand der Gaswerksdirektor direkt dem Oberbürgermeister. Damit trugen Westerburg und sein Nachfolger Gebeschus die Verantwortung für den Geschäftsbereich. Die zuständige Gaswerkskommission setzte sich paritätisch aus Mitgliedern des Stadtrates bzw. des Magistrats und des Gemeindeausschusses bzw. der Stadtverordneten zusammen. Nachdem Eberdt in den Ruhestand geschickt worden war, schrieb die Stadtverwaltung die Stelle aus, die neben der Leitung des Gaswerkes nun auch die des Wasserwerkes umfasste. Eberdts Platz nahm der Ingenieur und Subdirektor der Städtischen Gas- und Wasserwerke Karlsruhe Emil Merz ein, der am 15. April 1889 seinen Dienst antrat.[937]

Die angestoßenen Reformen verbesserten nach 1889 die Verwaltungsabläufe und die Produktionsbedingungen durch bauliche wie maschinelle Verbesserungen auf dem neuesten Stand der Technik. Analog zum Ortsstatut für das 1889 in Betrieb genommene Wasserwerk verabschiedeten Stadt und Gemeindeausschuss am 21. bzw. 31. Oktober 1890 das am 1. April 1891 in Kraft getretene »Orts-Statut betreffend die Benutzung der städtischen Gasleitung zum Privatgebrauch in Hanau a.M.« mit entsprechenden Bestimmungen für Gasbezug und Gebühren.[938]

Die von Westerburg angestoßenen Reformen zeigten schnell Wirkung. Betrug der Gewinn in den Jahren zuvor in der Regel zwischen 50.000 und 60.000 Mark, stieg er in den folgenden zwei Jahren auf über 140.000 Mark an, wobei gleichzeitig die Preise für die Verbraucher sanken, obwohl die Produktionskosten durch Kohleteuerungen stiegen. Die Gewinne flossen in Verbesserungsarbeiten zur erhöhten Feuersicherheit des Stadttheaters und eines teilweisen Neubaus der höheren Töchterschule mit Turnhalle sowie dem Ausbau der Wasserversorgung.[939] In Gebeschus' Amtsjahren betrugen die vom Gaswerk an den städtischen Haushalt abgeführten Gewinne von 1896 bis 1918 jeweils zwischen 150.000 und 200.000 Mark.[940]

Bevor Westerburg Hanau in Richtung Kassel verließ, richtete er sich in seinen Abschiedsworten in der Hanauer Zeitung vom 2. November 1892 indirekt an seinen Nachfolger Gebeschus. Für die Organisation des Gaswerks riet er: „Ich bitte Sie, mit diesen Einrichtungen vorerst auf derselben Bahn fortfahren zu wollen, da sie sich bis jetzt sehr gut bewährt haben [...]."[941]

Gebeschus setzte die Leitlinien seines Vorgängers fort. So stellten Privatpersonen Anträge auf Anschluss an die Gasleitung und in einzelnen Straßen wurden in den folgenden Jahren neue Gaslaternen errichtet. Die größte Neuerung beschloss der Gemeindeausschuss am 1. November 1894 mit dem einen Monat später in Kraft getretenen Regulativ für die Benutzung der städtischen Gasleitung zum Privatgebrauch, das das Orts-Statut von 1890 auf-

936 Dröse, Lebenserinnerungen, S. 111.
937 Heilmann, Energie, S. 104.
938 Ebd., S. 108f.
939 Hanau, Verwaltungsbericht 1885/86–1889/90, S. 1.
940 Hanau, Verwaltungsbericht 1911–1919, S. 29; Halbleib, Finanzwirtschaft, S. 34.
941 Heilmann, Energie, S. 114.

Rückansicht des Apparate- und Kesselhauses nebst Behälterhochturm, um 1920.

hob. Die wichtigsten Änderungen betrafen die Preise: Leuchtgas kostete wie zuvor 19 Pfennig/m³, während sich Gas für andere Zwecke wie Kochen, Heizen oder Schmelzen mit 14 Pfennig/m³ niederschlug.[942]

Der Anschluss an die städtische Gasleitung musste dem Gaswerk schriftlich angezeigt werden,[943] die infolgedessen die Belieferung übernahmen und die Sicherheit der Zuleitung kontrollierten. Der Stand des Gasmessers wurde monatlich von einem Mitarbeiter des Gaswerkes aufgenommen und dem Abnehmer in Rechnung gestellt.[944]

Die Leitung und Oberaufsicht des städtischen Gaswerkes stand Gebeschus als Oberbürgermeister zu. Er nahm eine entscheidende Position ein und prüfte als Stadtoberhaupt sämtliche Rechnungen über 100 Mark und genehmigte deren Anweisungen.[945] Das Tagesgeschäft für technische und ökonomische Belange übernahm der Gaswerksdirektor. Zum 1. Oktober 1893 ging der von Gebeschus wenig geschätzte Emil Merz nach Kassel, wo er Direktor der Gas-, Wasser- und Elektrizitätswerke wurde. Seinen Platz nahm zunächst kommissarisch der Ingenieur von Gäßler ein, bis er 1894 offiziell gewählt wurde.[946]

942 Hanau, Verwaltungsbericht 1890/91–1894/95, S. 60; Heilmann, Energie, S. 117.
943 Hanau, Verwaltungsbericht 1890/91–1894/95, S. 58.
944 Ebd., S. 60f.
945 Ebd., S. 65.
946 Heilmann, Energie, S. 115.

Zur Überwachung der Geschäfte des Gaswerks stand Gebeschus die Gaswerks-Commission mit je drei Mitgliedern des Stadtrates und des Gemeindeausschusses zur Seite. Die Commission legte einen Entwurf für den jährlichen Haushalt des Gaswerkes vor, bestimmte das Gehalt des Direktors und die Gasbezugsbestimmungen mit Ausnahme des Gaspreises sowie Vertragsangelegenheiten und die Vergabe von Aufträgen über 500 Mark. Die städtischen Körperschaften entschieden schließlich über die Vorschläge der Commission: von Personenangelegenheiten über die Gaspreise und den Jahreshaushalts bis zum Erwerb und zur Veräußerung von Liegenschaften sowie Zahl, Ort der Aufstellung und Art der Laternen im Stadtraum.[947] Damit wurden eilige Prozesse durch die notwendige Zustimmungseinholung verzögert. Erst mit Beschluss der Stadtverordneten vom 13. Oktober 1898 durfte die Gas- und Wasserwerks-Kommission selbst die Entscheidungen treffen.[948]

Im Geschäftsjahr 1894/95 erreichte die Gasabnahme mit 1.926.660 m³ einen neuen Höchststand – pünktlich zum 25-jährigen Jubiläum des Gaswerks unter städtischer Leitung. Entscheidend für die Steigerungen waren bei unveränderten Rahmenbedingungen der Vorjahre die Abnahme durch die neue Kavalleriekaserne und das Proviantamt.[949]

Um Kesselstadt besser zu versorgen, begannen 1895 die Arbeiten für eine zweite Leitung von der Rosenau zum Salisweg. Eine erste Gasleitung bestand über die Philippsruher Allee seit 1868.[950] Zum Abschluss des Berichtsjahres 1896/97 umfasste das Gaswerk ein Rohrnetz von 34 km, die Straßenbeleuchtung 625 Laternen, davon 214 Richtlaternen und 411 Abendflammen. Zudem beleuchteten 34 Laternen die Kesselstädter Straßen.[951]

Nachdem in Hanau fünf Jahrzehnte lang nach Sonnenuntergang die Laternen mit Abendflammen entzündet und gelöscht worden waren, sorgte Gebeschus 1896/97 für Neuerungen bei der Nachtbeleuchtung. Fortan leuchteten die Laternen im Stadtgebiet an Wochentagen bis Mitternacht und an Sonn- und Feiertagen eine halbe Stunde länger. Damit verlängerten sich die Brennzeiten in den Straßen zu den beiden Bahnhöfen um eine Stunde, am Sonntag um 90 Minuten.[952]

Der Ausbau des Gasnetzes erfolgte langsam, aber stetig. Bis zur Jahrhundertwende gelang es den Absatz enorm zu steigern: von zunächst 582.370 m³ 1870 auf 2.406.140 m³ im Geschäftsjahr 1899/1900. Auch die Straßenbeleuchtung war enorm verbessert worden, nicht nur die reine Anzahl, sondern auch die Umrüstung auf Auerlicht, welches sich durch geringeren Verbrauch und höhere Leuchtkraft auszeichnete. Zudem fand Gas in neuen Bereichen wie zum Heizen und Kochen in Industrie und Haushalt Verwendung.[953] Mit steigenden Absatzzahlen vergrößerte sich auch das Rohrnetz. In neu angelegten Straßen wurden von Anfang an Gas- und Wasserleitungen verlegt. Die stetig steigenden Absätze hatten noch unter Gebeschus' Vorgänger Westerburg zur Vergrößerung der Ofen- und Apparateanlage 1889/90

947 Hanau, Verwaltungsbericht 1890/91–1894/95, S. 63f.

948 Heilmann, Energie, S. 127.

949 Hanau, Verwaltungsbericht 1890/91–1894/95, S. 93.

950 Heilmann, Energie, S. 119.

951 Ebd., S. 125. Die Autorin untersucht in ihrer Arbeit umfassend die Betriebsergebnisse des Gaswerks, die Produktionsverfahren und den jährlichen Ausbau der Straßenbeleuchtung durch Einzelerrichtung von Laternen in Straßen.

952 Ebd., S. 124.

953 Ebd., S. 137.

Erweiterte den Produktionsausstoß des Gaswerkes: die 1904 errichtete Wassergasanstalt.

Hinteransicht des Ofenhauses des Gaswerkes mit Kammerverschlüssen und dem Kokslöschturm, um 1920.

geführt.[954] Zum 31. März 1900 verfügte Hanau über 659 Laternen, 35,9 km Rohrnetz, 3.125 Zähler zur Gasverbrauchsmessung[955] und 1.551 Häuser mit einem Gasanschluss.[956]

Doch um die Jahrhundertwende stand hinter dem weiteren Wachstum des Gasabsatzes ein Fragezeichen. Zum einen konnte die eigene Konkurrenz durch den Bau des Elektrizitätswerks nicht eingeschätzt werden, zum zweiten waren drei Viertel der Häuser bereits an die Gasleitung angeschlossen. Steigerungspotential für den Gasabsatz bot nur ein erhöhter Bezug von Gas für Koch- und Heizzwecke, da nahezu alle Häuser schon mit Gas beleuchtet wurden. 125 Gebäude entfielen für einen Anschluss, weil es sich um Scheunen, Wirtschaftsgebäude oder Stallungen handelte, bei weiteren 200 Häusern schätzten Gutachter den Zustand als derart miserabel ein, dass sie als potentielle Kunden ausfielen. So blieben nur 200 Häuser für potentielle Neuanschlüsse.[957]

Für den weiteren Ausbau beschloss die Gaswerkskommission 1898 einen Neubau des Maschinen- und Kesselhauses und für Verwaltungszwecke die Aufstockung des alten Werkmeis-

954 Heilmann, Energie, S. 138.
955 Ebd., S. 136.
956 Hanau, Verwaltungsbericht 1895–1899, S. 55.
957 Heilmann, Energie, S. 139.

Koksaufbereitungsanlage und automatische Kokshochbahn des Gaswerkes, um 1920.

ter- und Verwaltungsgebäudes um eine Etage.[958] Letztgenanntes Vorhaben verwarfen die Stadtverordneten zwei Jahre später und beschlossen stattdessen einen Neubau für die drei Verwaltungsbereiche der Stadtwerke. Das alte Verwaltungsgebäude in der Leipziger Straße 17 wurde abgerissen und ein für die gestiegenen Verwaltungsbedürfnisse passender Neubau errichtet, der nach einjähriger Bauzeit am 27. September 1902 bezogen und abgenommen wurde. Der 99.000 Mark teure Bau umfasste Büroräume, eine Arbeiterbadeeinrichtung, einen Ausstellungsraum für Gaskoch- und Heizapparate, ein Laboratorium und zwei Wohnungen für die Maschinisten des E-Werks.[959]

Neben der Versorgung Hanaus streckten die Gaswerke ihre Fühler auch ins Umland aus. Nach mehrmonatigen Verhandlungen genehmigte der Hanauer Magistrat am 5. März 1901 einen Vertrag zur Gasversorgung Klein-Steinheims,[960] den vermutlich Gebeschus aufsetzte. Damit endeten die 1891 begonnen Verhandlungen mit Klein- und Großsteinheim nach einem Jahrzehnt erfolgreich.[961]

958 Heilmann, Energie, S. 127.
959 Hanau, Verwaltungsbericht 1900–1902, S. 57, 102; Heilmann, Energie, S. 141.
960 Heilmann, Energie, S. 149.
961 Ebd., S. 144–148.

Auf eine Gasversorgung wollte auch Großsteinheim nicht verzichten. Doch die Nachbargemeinde blieb zunächst unentschlossen zwischen den Wettbewerbern – den Städten Hanau und Offenbach sowie dem Privatunternehmer Francke. Besonders das ortsansässige Unternehmen Illert & Ewald drängte auf den Gasanschluss an Hanau. Nach der Zusage des Großsteinheimer Bürgermeisters Karl Friedrich Spielmann stimmten die Hanauer Stadtverordneten dem Belieferungsvertrag am 9. Juni 1902 zu. Inhaltlich entsprach er den Abmachungen mit Klein-Steinheim, sodass beide Gemeinden dieselben Preise wie die Hanauer Endkunden erhielten.[962]

Mit den neuen Kunden erreichte die Gasfabrik – trotz des im Februar 1903 beschlossenen und im Jahresverlauf verwirklichten Ausbaus des Reinigerhauses – ihre Leistungsgrenze, sodass die Stadtverordnetenversammlung am 17. Dezember 1903 über eine Vergrößerung des Werks diskutierte. Zeitgleich übermittelte das deutsche Wassergas-Syndikat seine Absicht, eine Versuchsanstalt nach Hanau zu verlegen und sieben Prozent der Baukosten als Miete zu entrichten. Für Hanau bot dies den Vorteil, dass die Gasproduktion durch die Beimischung von Wassergas zu Kohlengas erheblich verbilligt worden wäre.[963] Das Projekt erforderte Investitionen von 66.000 Mark, 36.000 Mark für einen Generator brachte das Syndikat auf, 30.000 Mark für den Bau des Gebäudes der Wassergasanstalt bewilligten die Stadtverordneten. Das Stadtbauamt entwarf die Pläne für das Betriebsgebäude der Wassergasanstalt an der Leipziger Straße, mit dessen Neubau 1904 begonnen wurde.[964]

Als weitere Folge des Ausbaus der Gasbelieferung ins Umland reichte der Gasbehälter nicht mehr aus, um genügend Gas zwischenzuspeichern und auf entsprechende Vorräte bei Störungen zurückgreifen zu können.[965] Daher fiel 1904 der Entschluss, für 164.500 Mark einen 10.000 m³ fassenden Gasbehälter zu errichten,[966] der am 31. Oktober 1905 seiner Bestimmung übergeben wurde.[967]

Das Gaswerk belieferte 1907 ein Gebiet von 40.603 Einwohnern mit Energie, die sich auf vier Kommunen verteilten:[968]

Gemeinde	Einwohnerzahl	Gasverbrauch	Gasverbrauch pro Kopf
Hanau	32.544	3.245.132 m³	99,71 m³
Kesselstadt	2.800	224.799 m³	80,27 m³
Großsteinheim	2.600	106.373 m³	40,91 m³
Klein-Steinheim	2.659	88.216 m³	33,17 m³

Verbrauchsziffern im Versorgungsgebiet des Gaswerks 1907

Die Eingemeindung Kesselstadts sorgte 1907 für einen weiteren Anstieg des Gasverbrauchs auf 3.664.520 m³. Dem Zusammenschluss folgten die Verlegung neuer Leitungen

962 Heilmann, Energie, S. 154f.
963 Hanau, Verwaltungsbericht 1900–1902, S. 50; Heilmann, Energie, S. 159.
964 Hanau, Verwaltungsbericht 1903, S. 88; Heilmann, Energie, S. 160.
965 Heilmann, Energie, S. 164.
966 Ebd., S. 165.
967 Ebd., S. 167.
968 Hanau, Verwaltungsbericht 1905–1907, S. 27.

und neuer Anschlüsse.[969] 1907 hatte sich das Rohrnetz mit 53 km zu 31 km zwölf Jahre zuvor nahezu verdoppelt. Dazu brannten in Hanau 816 Laternen. Nach der Eingemeindung konzentrierten sich die Bemühungen besonders darauf, die Beleuchtungsverhältnisse im neuen Stadtteil zu verbessern, daher wurden dort 1907 29 neue Lampen installiert, deren Zahl damit auf insgesamt 98 stieg.[970]

Die Inbetriebnahme der Wassergasanstalt hatte zwar den Ausstoß um eine Million m³ erhöht und den Ausbau des Gaswerks hinausgeschoben, doch durch die Eingemeindung Kesselstadts und der geplanten Kasernenbauten rechneten die Verantwortlichen mit einer Gasabgabe von 4,180 Millionen m³ für 1909 – eine Marke, die das vollausgelastete Gaswerk nicht erbringen konnte. War das Gaswerk durch steigende Bedürfnisse stets erweitert und verschachtelt worden, blieb nun nur die Lösung eines umfassenden Umbaus der Ofen- und Apparateanlage.[971]

Fortan sollte das Gaswerk neuesten technischen Ansprüchen genügen. Hierfür fuhren Gebeschus und zwei Stadtverordnete nach Hamburg, Berlin, Nürnberg, Fürth und München, um sich die neuen Ofenanlagen in den Gaswerken vor Ort anzusehen.[972] Nach der Rundreise legte Direktor von Gäßler in einer Denkschrift am 30. April 1908 Vorschläge für einen Neubau mit Kammeröfen vor. Diese übergaben die Stadtverordneten zur Überprüfung externen Fachkräften – in diesem Fall Dr. Bunte (Karlsruhe) und Betriebsdirektor Krause (Hamburg).[973]

Die Gutachter sprachen sich wegen der Mehrinvestitionen von 500.000 Mark gegen eine Verlagerung des Gaswerkes aus.[974] Von Gäßlers Vorschlag, das neue Gaswerk am alten Standort zu errichten, war daher kostengünstiger, da der Gasbehälter bereits vorhanden war. Die Gutachter empfahlen, wie von von Gäßler vorgeschlagen, die Verwendung von Kammeröfen nach Münchener Vorbild. Gemäß der Empfehlung aus dem Gutachten votierten Magistrat und Stadtverordnete am 26. Januar bzw. 18. Februar 1909 für von Gäßlers Bauplan und bewilligten 1,25 Millionen Mark für den Neubau an der Leipziger Straße.[975] Das Bauprogramm für den Ausbau des Gaswerkes entwickelte von Gäßler, nicht Gebeschus.

Den Auftrag erteilte die Gaswerks-Kommission per Datum 20. April 1909 der Berlin-Anhalt.-Maschinenbau A.G. Spätestens im Mai 1911 sollten sämtliche Bautätigkeiten abgeschlossen, im Herbst 1910 die neue Apparateanlage und im März 1910 das Ofenhaus und der Kohleschuppen betriebsfertig sein.[976] Die Arbeiten zum Neubau des Gaswerks begannen am 20. Juni 1909. In den folgenden Jahren arbeitete das Werk parallel mit den alten und den seit 25. April 1910 in Betrieb befindlichen neuen Öfen. Ein halbes Jahr später folgte die Inbetriebnahme der neuen Reiniger-, Uhr- und Regleranlage.[977] Der Ausbau endete plangemäß im April 1911 mit der Übergabe von Kühl-, Teerscheider- und Wascheranlage. Am Standort des im Mai 1910 abgebrochenen Ofenhauses entstand das Apparategebäude.[978]

969 Hanau, Verwaltungsbericht 1905–1907, S. 24; Heilmann, Energie, S. 168.
970 Heilmann, Energie, S. 169.
971 Ebd., S. 170.
972 Hanau, Verwaltungsbericht 1908–1910, S. 63; Heilmann, Energie, S. 172.
973 Hanau, Verwaltungsbericht 1908–1910, S. 63; Heilmann, Energie, S. 173f.
974 Heilmann, Energie, S. 174.
975 Hanau, Verwaltungsbericht 1908–1910, S. 63; Heilmann, Energie, S. 175.
976 Hanau, Verwaltungsbericht 1908–1910, S. 63; Heilmann, Energie, S. 176
977 Hanau, Verwaltungsbericht 1908–1910, S. 64.
978 Heilmann, Energie, S. 182.

Innenansicht der Apparateanlage des Gaswerkes, um 1920.

Das neue Hanauer Gaswerk war eines der modernsten seiner Zeit. Sein Betrieb erforderte nur wenig Personal, was in den folgenden Jahren viele Fachkräfte bestaunten.[979] In der ersten Tagesschicht arbeiteten zwei Beschäftigte, in den zwei folgenden je achtstündigen Schichten jeweils nur eine Person, die die Generatoren nachfüllte und die Öfen kontrollierte. Öfen und Apparate waren auf eine Produktion von 8 Millionen m^3 pro Jahr ausgelegt – eine Zahl, die zu Gebeschus' Zeiten nie annähernd erreicht werden sollte.[980] Dennoch stieg die Gasabgabe für Hanau, Kesselstadt, Klein- und Großsteinheim von 2.576.230 m^3 im Jahr 1901 auf 4.659.770 m^3 zehn Jahre später und erreichte 1917 mit 6.098.630 m^3 ihren Höchstwert. Die Zunahme im Ersten Weltkrieg lag vornehmlich an der Verwendung von Gas für Heizen und Kochen seit 1914.[981] Auch die Länge des Gasrohrnetzes verdoppelte sich nahezu von 35.986 Meter im Jahr 1900 auf 64.410 Meter zum Jahresende 1916. Dies lag nicht ausschließlich an den Ausbaumaßnahmen in Hanau und Kesselstadt, sondern begründete sich auch durch das 5.887 Meter in Klein-Steinheim und 5.413 Meter in Großsteinheim umfassende Netz.[982]

979 Heilmann, Energie, S. 185.
980 Ebd., S. 180.
981 Hanau, Verwaltungsbericht 1911–1919, S. 24.
982 Ebd., S. 28.

Auch an der Gasproduktion gingen die Kriegsauswirkungen nicht spurlos vorüber. So stellten Ersatzteile für die Instandhaltung der Apparate Mangelware und Ersatzarbeitskräfte für eingezogene Fachkräfte eine Seltenheit dar. Nach Kriegsende erschwerte der Bezug der Kohlen aus der unter französischer Verwaltung stehenden Saarregion die Produktion zusätzlich.[983]

Der Dampf der Gasanstalt fand auch für die städtische Badeanstalt Verwendung, die 1877 erstmals vorgeschlagen, 1880 an der Leipziger Straße baulich fertiggestellt und genutzt werden konnte.[984] Sie erfreute sich regen Besuchs: Insgesamt wurden 1883/84 und 1884/85 über 10.000 Bäder genommen. Um auch den sozial schwächeren Schichten die Bäder der 3. Klasse zu ermöglichen, begannen im August 1884 die Arbeiten für einen Anbau, der am 20. April 1885 seine Eröffnung feierte.[985]

Eine lange Lebensdauer war der Badeanstalt nicht vergönnt. Sie schloss am 26. September 1909 ihre Pforten und musste dem Neubau des Gaswerkes weichen.[986] Für Kesselstadt bildete die am 15. Dezember 1910 nach einem Baujahr betriebsfertig vollendete Badeanstalt einen passenden Ersatz. Im Eingemeindungsvertrag hatten die beiden Kommunen den Bau einer Badeanstalt als Volks- und Schulbad in Kesselstadt festgehalten. Hierfür bewilligten die Körperschaften am 16. März bzw. 1. April 1909 31.000 Mark für das Volksbad und 15.000 Mark für ein Schulbad.[987]

6.3.6. Ausgaben für Baumaßnahmen

Bis in die 1870er Jahre betrieben die Städte eine Vermögensverwaltung, in der die städtischen Betriebe wie Mühlen, Steinbrüche oder Lagerhäuser nur dem Zweck zusätzlicher Einnahmen dienten. Mit dem Übergang zur Leistungsverwaltung leisteten sich die Städte auch Betriebe, die eines ständigen Zuschusses aus dem Gemeindeetat bedurften wie Krankenhäuser, Armenanstalten oder Theater.[988] Zugleich schufen die Kommunen Versorgungsbetriebe, deren Zweck nicht in der Produktion für den Markt, also der Gewinnmaximierung oder einer kapitalistischen Bilanzrechnung lag, sondern in der „Befriedigung allgemeiner Bedürfnisse aus eigenem öffentlichem Interesse."[989]

Mit den wachsenden Aufgaben stiegen in allen preußischen Städten die Ausgaben enorm an. Sie wuchsen prozentual weitaus schneller als die Bevölkerung.[990] Die Kommunen finanzierten ihre Ausgaben aus Einnahmen von Steuern (Grund-, Gebäude-, Gewerbe- und Einkommenssteuer), Gebühren und Anleihen, dem städtischen Vermögen sowie insbesondere aus Gewinnen der Gemeindebetriebe und Kreditmitteln.[991] Daher war der betriebliche Haushaltsplan der Stadtwerke, von Schlachthöfen und Sparkassen zugleich Bestandteil des kom-

983 Hanau, Verwaltungsbericht 1911–1919, S. 23.
984 Hanau, Verwaltungsbericht 1879/80, S. 26.
985 Hanau, Verwaltungsbericht 1880/81–1884/85, S. 33.
986 Hanau, Verwaltungsbericht 1908–1910, S. 141.
987 Ebd., S. 151f.
988 Hofmann, Einführung, S. 15; Krabbe, Kommunalpolitik, S. 78.
989 Krabbe, Kommunalpolitik, S. 77.
990 Matzerath, Urbanisierung, S. 364, 370.
991 Krabbe, Stadt, S. 156; Matzerath, Urbanisierung, S. 362.

munalen Haushaltes, die seit 1891 durch das Preußische Gewerbesteuergesetz von der Gewerbesteuer befreit war.[992]

Hanaus wichtigste Steuereinnahmequellen waren der Zuschlag aus der Einkommenssteuer sowie die Grund- und Gewerbesteuer. Die Einnahmen aus den unterschiedlichen Steuern schwankten jedoch stark, wie eine Übersicht der Zahlen der ersten beiden Jahrzehnte des 20. Jahrhunderts verdeutlicht:[993]

Jahr	Einnahmen Einkommenssteuer	Einnahmen Grundsteuer	Einnahmen Gewerbesteuer	Gesamt
1901	367.781	136.415	79.968	588.827
1906	567.956	175.245	139.466	889.215
1911	797.392	276.173	194.876	1.276.022
1912	895.163	281.888	214.482	1.399.250
1913	1.013.870	363.783	203.660	1.589.131
1914	1.108.579	356.021	247.588	1.720.775
1915	932.074	356.143	194.993	1.491.698
1916	1.176.720	356.640	240.239	1.782.883
1917	1.485.539	358.538	347.384	2.200.805
1918	1.940.051	359.798	504.837	2.814.094

Verteilung der Hanauer Steuereinnahmen 1901–1918

Aus dem Reservefonds der 1841 gegründeten Hanauer Sparkasse flossen an Zinserträgen zwischen 1893 und 1898 jährlich nur minimale Beträge von rund 9.000 Mark in die Stadtkasse.[994] In den frühen 1900er Jahren sanken sie auf rund 4.000 Mark jährlich, blieben in den folgenden Jahren ganz aus und waren somit kein Mittel für Investitionen.[995]

Mit Ausbruch des Ersten Weltkrieges sanken die Einnahmen aus Gewerbe- und Einkommenssteuer durch die Einberufung zahlreicher Arbeiter. Dies ließ zudem die Löhne und den Anteil an weiblichen Beschäftigen steigen und damit auch wieder die städtischen Steuereinnahmen.[996]

Doch die Errungenschaften der kommunalen Daseinsvorsorge wurden vorwiegend über Schulden finanziert und belasteten damit langfristig die Haushalte der Kommunen.[997] Daher wuchsen die Verbindlichkeiten durch die Investitionen in die Infrastruktur enorm an. Die Kommunen hatten 1912 rund 4,6 Milliarden Mark an Schulden angehäuft – fast 20 Prozent der Gesamtverschuldung im Reich.[998] Doch die Stadtoberhäupter vertraten die Ansicht, die

992 Ambrosius, Kommunalwirtschaft, S. 143.
993 Hanau, Verwaltungsbericht 1911–1919, S. 115f.
994 Halbleib, Finanzwirtschaft, S. 44.
995 Zahlen nach Halbleib, Finanzwirtschaft, S. 45.
996 Hanau, Verwaltungsbericht 1911–1919, S. 117.
997 Hofmann, Daseinsvorsorge, S. 184; Matzerath, Urbanisierung, S. 370.
998 Tilly, Investitionen, S. 58.

Aufwendungen würden sich in der Zukunft durch die Investitionen in die städtischen Einrichtungen amortisieren.[999]

Für alle deutschen Städte über 20.000 Einwohner betrugen diese Aufwendungen 1897 150 Millionen Mark und 500–550 Millionen Mark für 1911/12. Damit entfielen für 1911/12 mehr als die Hälfte der öffentlichen Bauinvestitionen auf die größeren Städte und umfassten fünf Prozent der gesamten Investitionen des Deutschen Reiches.[1000] Die größten Bauausgaben entfielen auf den Verkehrsbereich (Straßen, Brücken, Kanäle, Häfen und Bahnen), gefolgt von Investitionen in die Stadtwerke, v.a. für die Wasserversorgung, und als Dauerinvestitionen in den Schulbau.[1001] In Hanau flossen die aufgenommenen Anleihen besonders in den Bau der Kasernen, der Kanalisation und der Wasserleitung.[1002]

Jahr	Verwendungszweck der Anleihe	Höhe in Mark
1888	Tilgung älterer Schuld, Schulbauten, Wasserleitung	500.000
1889	Wasserleitung	500.000
1889	Tilgung älterer Schulden, Wasserleitung, Kanalisation	500.000
1893	Kanalisation, Ankauf des Stadtschlosses	1.500.000
1896/97	Kanalisation, Straßenbau, Grunderwerb, Turnhalle	1.000.000
1898	E-Werk, Schlachthof, Wasserwerk, Kanalisation	1.500.000
1899	Kanalisation, E-Werk	350.000
1900	E-Werk, Kanalisation, Wasserwerk II	250.000
1901	Ankauf von Grundeigentum, E-Werk, Gaswerk, Wasserwerk, Schlachthof	600.000
1902	Kleinwohnungen	100.000
1902	Schulbauten	250.000
1903	Tilgung älterer Schulden, Grunderwerb, Theaterneubau, E-Werk, Rathausrenovierung, Straßenbahn	2.500.000
1907/08	Kleinwohnungen	85.000
1907	Kläranlage und Entwässerung von Kesselstadt	300.000
1908	Landgericht, E-Werk, Abfindung an Landkreis, Straßenbahn	750.000
1908	Kläranlage	1.000.000
1909	Kasernenbau	5.500.000
1909	Gaswerk, Kläranlage, Wasserwerk, Badeanstalt, Grunderwerb	2.500.000
	Gesamtschuld am 31. März 1911	17.486.910

Über Anleihen finanzierte Baumaßnahmen in Hanau 1888–1909

999 Matzerath, Urbanisierung, S. 370; Schott, Stadtentwicklung, S. 167.
1000 Tilly, Investitionen, S. 41.
1001 Ebd., S. 43.
1002 Halbleib, Finanzwirtschaft, S. 131.

Auf Basis der Kennzahlen im Statistischen Jahrbuch deutscher Städte stieg die durchschnittliche Schuldenlast von 1880 zu 1910 pro Einwohner von 100 Mark auf über 300 Mark.[1003] In Hanau betrug der Stand hingegen nahezu 500 Mark pro Kopf wie nachfolgende Tabelle verdeutlicht:[1004]

Jahr	Schuldenstand in Mark	Einwohnerzahl	Schulden pro Kopf
1871	604.143	20.434	29,56
1890	1.629.157	25.029	65,09
1896	3.676.620	27.538	133,51
1902	6.944.295	30.538	227,39
1905	8.426.406	31.700	265,81
1908	10.036.566	35.925	279,38
1909	16.550.714	35.300	468,86
1910/11	17.519.045	37.807	463,38

Schuldenstand und Pro-Kopf-Verschuldung in Hanau 1871–1910/11

Auch für Frankfurt sind die gängigen Mechanismen von steigenden Investitionssummen in die kommunale Infrastruktur (von 3,5 Millionen Mark 1872 auf 30 Millionen Mark 1914), des Wachsens des kommunalen Haushaltes (von 5 Millionen Mark 1872 auf 60 Millionen Mark 1914), von steigenden Einnahmen aus Kommunalbetrieben (von 180.000 Mark 1898 auf 4 Millionen Mark 1914) und einer stark steigenden Verschuldung (von 44 Millionen Mark 1886 auf 182 Millionen Mark 1905) zu konstatieren.[1005] Die Mainmetropole wandte zwischen 1840 und 1914 fast 160 Millionen Mark für Infrastrukturmaßnahmen auf, davon mit 72 Millionen Mark nahezu die Hälfte für den Osthafen. Weitere Großprojekte waren die Kanalisation mit 15 Millionen Mark, der Hauptbahnhof mit 6,8 Millionen Mark sowie der Westhafen samt Lagerhallen mit fünf Millionen Mark.[1006]

6.4. Gebeschus als Moderator

6.4.1. Der Zusammenschluss mit Kesselstadt

Eine der größten Leistungen Gebeschus' stellt sicherlich der Zusammenschluss Hanaus mit der Landgemeinde Kesselstadt dar. Seit den 1860er Jahren suchten Städte und Gemeinden, deren Siedlungsflächen zusammenwuchsen, den Zusammenschluss, um den Agglomerationsraum administrativ und rechtlich miteinander zu verbinden. Im Zentrum der Motive standen ge-

1003 Tilly, Investitionen, S. 41.
1004 Zahlen nach Halbleib, Finanzwirtschaft, S. 132.
1005 Roth, Aspekte, S. 108.
1006 Ebd., S. 111.

meinsame Projekte beim Bau von Friedhöfen, Schlachthöfen oder Siedlungen. Insgesamt blieben Eingemeindungen jedoch noch die Ausnahme.[1007] Dies änderte sich 1885 bis 1890 mit der ersten Welle der Gebietserweiterungen von Köln, Darmstadt, Leipzig, Magdeburg, Solingen, Altona und München durch Eingliederung umliegender Gemeinden. Zur Massenerscheinung wurden Eingemeindungen schließlich im ersten Jahrzehnt des 20. Jahrhunderts.[1008]

Ein großer Anteil am raschen Vorankommen der im Sommer 1906 begonnenen Verhandlungen[1009] zwischen Hanau und der Nachbargemeinde ging sicherlich auch auf den Kesselstädter Bürgermeister Wilhelm Geibel zurück. Ein derart zügiger Zusammenschluss binnen Jahresfrist war nur im Zusammenspiel der beiden Protagonisten möglich. Doch welche Motive verfolgten die beiden?

Generell suchten die Städte Gemeinden mit großer Steuerkraft oder mit umfangreichen Erweiterungsflächen ihrem Stadtverbund einzuverleiben.[1010] Neben bloßen Landgewinnen spielte auch der Stadt-Umland-Gegensatz eine zentrale Rolle. So entzog das Umland durch seine billigeren Steuersätze und Bauplätze den Städten die Mittel- und Oberschicht, die aber weiter dort arbeitete. Zudem brachten die Städte hohe Summen für Schulen, Kranken- und Armenversorgung auf, während die Umlandgemeinden mit ihren Nachbarn um Gewerbesteuern konkurrierten.[1011]

Auf der Gegenseite suchten Gemeinden mit mangelhafter Infrastruktur oder großen Sozialaufwendungen den Anschluss an die Städte.[1012] Denn für die Ansiedlung von Großindustrie fehlte es in den Gemeinden an Infrastruktur – an Straßen, einem Eisenbahnanschluss oder einem Hafen sowie an Versorgungsleitungen bis hin zu Schulen und Wohnungen.[1013] Doch steuerstarke Gemeinden entließen die Landkreise nur gegen Ausgleichszahlungen aus ihrem Verbund.[1014]

Zugleich wirkten die zunehmende Verstädterung mit ihren Entwicklungen im ÖPNV mit Straßenbahnen und Busverkehr sowie Industrieansiedlungen, der Bau von Arbeitersiedlungen, steigende Bodenpreise und das Pendlerproblem als Push-Faktoren für Eingemeindungen. Dazu stiegen die Bedürfnisse und Ansprüche Neuzugezogener: Sie forderten im Gegensatz zur alteingesessenen Bevölkerung den Anschluss an die städtischen Versorgungseinrichtungen mit Strom und Wasser. Zudem bauten die Städte ihre Infrastruktur aus und der Bedarf und Wunsch nach Grünflächen, Parks, Erholungsgebieten und Sportflächen wuchs.[1015] Übergeordnetes Motiv für Eingliederungen war die Schaffung eines zusammenhängenden Wirtschaftsgebietes in einem einheitlichen Rechtsbezirk.[1016]

Diskussionen kamen zwischen Hanau und Kesselstadt im Vorfeld nur wenige auf – zu überzeugend klangen die Argumente für die jeweilige Partei. Das ständig wachsende Hanau

1007 Matzerath, Städtewachstum, S. 76.
1008 Ebd., S. 79f.
1009 Datum nach Bus, Dorfleben, S. 147.
1010 Matzerath, Städtewachstum, S. 82.
1011 Krabbe, Stadt, S. 95.
1012 Matzerath, Städtewachstum, S. 82.
1013 Krabbe, Stadt, S. 95f.; Matzerath, Städtewachstum, S. 81.
1014 Matzerath, Städtewachstum, S. 82.
1015 Ebd., S. 80f.
1016 Krabbe, Stadt, S. 95f.

Malerisches Postkartenmotiv um 1910: Blick über den Main auf Kesselstadt.

benötigte neue Siedlungsflächen und Kesselstadt suchte einen Anschluss an die Hanauer Wasserver- und -entsorgung. Baulich waren Hanau und Kesselstadt bereits zusammengewachsen und die Kesselstädter Schüler besuchten Hanauer Schulen, während es das wohlhabende Hanauer Bürgertum an den Stadtrand oder in die Landgemeinde zog. Daraus erklärt sich auch die schnelle Abwicklung.[1017]

Die größten Bedenken gegen die Eingemeindung äußerte am 12. Februar 1907 das preußische Innenministerium. Es wollte begründet wissen, wie Kanalisation und Wasserversorgung finanziert werden konnten und sah die Gefahr einer Bodenspekulation, wenn erst ab 1921 bzw. 1923 die Hanauer Grundsteuer bzw. die Wertzuwachssteuer auch für Kesselstadt galten. Auch die Hanauer Sozialdemokraten monierten die mögliche Bodenspekulation. Doch auch diese Zweifel konnte Gebeschus zerstreuen.[1018]

Bereits zuvor war die Kesselstädter Zustimmung in der Sitzung am 31. Oktober 1906 unter der Einschränkung erfolgt, wenige Punkte abzuändern.[1019] Die diskutierten, überarbeiteten und von Gebeschus persönlich festgehaltenen Punkte umfassten die Schlachtverordnung für Kesselstadt, den Erhalt des Volksbrausebades, Sonderregelungen bei der Einführung

1017 Vgl. zu den Motiven auch Bus, Dorfleben, S. 148.
1018 Ebd., S. 149.
1019 StAHU C1 1030, Protokoll der Sitzung zu Kesselstadt am 31. Oktober 1906. Anwesend in der Sitzung waren Bürgermeister Geibel als Vorsitzender und für den Gemeinderat sowie für die Gemeindeverordneten die Herren Althaus, Brehm, Dassbach, Emmerich, Hoffmann, Kegelmann, Kellermann, Kluthe, Nagel, Nickes, Pistor, Roese, Rüttgers, Schäfer, Schleckser, Schleissner, Stephan und Wissel.

Handelte mit Gebeschus die Modalitäten der Eingemeindung aus: der Kesselstädter Bürgermeister Wilhelm Geibel mit seiner Ehefrau.

der Hanauer Regelungen bei der Umsatzsteuer und der Wertzuwachssteuer für Kesselstadt sowie den Anschluss der Landgemeinde an die Hanauer Kanalisation binnen maximal drei Jahren. Gebeschus erhöhte die Frist des ursprünglich auf ein Jahr terminierten Anschlusses, da der Genehmigungsprozess mit den staatlichen Stellen bei früheren Verfahren zwei Jahre in Anspruch genommen hatte. Daher baute der Hanauer Magistrat einen Puffer für mögliche Verzögerungen ein.[1020]

Nach dem Abschluss der Verhandlungen unterzeichneten Gebeschus und Georg Bode den Eingemeindungsvertrag am 22. November 1906 für die Hanauer Seite sowie Bürgermeister Geibel und der Schöffe Jean Emmerich auf Seiten Kesselstadts.[1021] Der Vertrag regelte die Eingemeindung Kesselstadts in den Stadtkreis Hanau zu einem festzulegenden Zeitpunkt (§ 1) – später auf den 1. April 1907 festgelegt.[1022]

Die wichtigsten Regelungen betrafen die von Hanauer Seite zu erbringenden Baumaßnahmen und das Kesselstädter Gemeindevermögen. Letzteres ging mit der Vereinigung an die Stadt Hanau über, die ihrerseits auch die Forderungen aus Miet- und Pachtverträgen als Rechtsnachfolgerin übernahm (§ 11).[1023] Der Zusammenschluss mit Kesselstadt brachte Hanau monetäre Vorteile in Höhe von 2,4 Millionen Mark, wie Gebeschus errechnete. Dies umfasste 1906 zum Großteil Grundbesitz: Gebäude im Wert von 168.000 Mark, 88 Hektar Ackerland und Wiesen im Wert von 1.373.455 Mark und Wald von 71 Hektar Größe mit einem Wert von 852.000 Mark.[1024] Hiermit vergrößerte sich das Hanauer Stadtgebiet von 1.179 auf 1.546 Hektar[1025] Die jährlichen Einnahmen beliefen sich auf ca. 53.000 Mark aus Steuern und Abgaben. Demgegenüber standen die Abfindung an den Kreis von 150.000 Mark und die Investitionen in die Kanalisation von 650.000 Mark.[1026]

Zugleich verpflichtete sich die Stadt Hanau, den Anschluss Kesselstadts und der „Kolonie" in der Nähe der Frankfurter Straße binnen drei Jahren nach Genehmigung der Pläne an die Hanauer Kanalisation und Wasserleitung durchzuführen. Die Kolonie ihrerseits sollte bereits 2½ Jahre nach der Eingemeindung an den Kanal an der Frankfurter Straße für Entwässerung und Wasserleitung angeschlossen sein (§ 14).[1027]

Im Schulwesen wurden die Kesselstädter Einrichtungen zu städtischen Schulen und im Falle des Schulgeldes galten Schüler aus Kesselstadt fortan als Hanauer, nicht mehr als Auswärtige. Gleichzeitig wurden auch die Lehrer in den Dienst der Stadt Hanau überführt und

1020 StAHU C1 1030, Aktennotiz v. Gebeschus: Erläuterungen des Vertragsentwurfs.
1021 Vertrag zu finden in StAHU A120.
1022 StAHU A119, Gesetz betr. d. Stadtkreises Hanau v. 27. März 1907, hier S. 40.
1023 Ebd., hier S. 42.
1024 StAHU C1 1030, Schreiben v. Gebeschus v. 11. Mai 1906. Die Einnahmen beliefen sich auf 495 Mark aus dem Grundvermögen für Gebäude, 7.517,90 Mark für das Grundvermögen aus Ländereien, 2.709,50 Mark für das Grundvermögen für Waldflächen, 914,37 Mark aus Kapitalzinsen, 1.525 Mark aus der Jagdpacht sowie an Steuern 9.188 Mark aus der Realsteuer und 17.428,80 Mark aus der Einkommenssteuer. Hinzu kamen Grundstücke von 88 ha, 65 ar, 45 m^2 zum Taxwert von 1.373.455 Mark, Wald von ca. 71 ha zum Taxwert von 852.000 Mark und Gebäude zum Taxwert von 168.000 Mark; insgesamt Vermögenswerte von 2.393.455 Mark. Bus, Dorfleben, S. 147, berechnet das Gesamtvermögen der Liegenschaften für 1907 sogar auf 2,6 Millionen Mark.
1025 Hanau, Verwaltungsbericht 1905–1907, S. 8.
1026 StAHU C1 1030, Aktennotiz: Erläuterungen d. Vertragsentwurfs [unterzeichnet v. Gebeschus].
1027 StAHU A119, Gesetz betr. d. Stadtkreises Hanau v. 27. März 1907, hier S. 43.

nach deren Besoldungsgrundsätzen entlohnt (§ 12).[1028] Auch einen Schulbau (§ 12) sahen die vertraglichen Regelungen vor: „Falls der Bau einer neuen Bezirks-(Volks-)Schule erforderlich wird, ist solche möglichst in dem Bezirke westlich der Kinzigbrücke zu errichten."[1029] Die Realisierung sollte allerdings bis in die 1960er Jahre dauern.

Darüber hinaus verpflichtete sich die Stadt Hanau zu diversen Leistungen und Bauten. Dazu zählten jährliche Aufwendungen von mindestens 5.000 Mark für den Erhalt von Straßen und Bürgersteigen in Kesselstadt (§ 15), der Bau eines Steges über die Kinzig nahe des Westbahnhofs (§ 16) und möglichst bald nach der Anbindung an Kanalisation und Wasserleitung eine Badeanstalt in Kesselstadt zu errichten. Bis dahin musste die Stadt Hanau das Volksbad am Main unterhalten (§ 17).[1030] Außerdem übernahm die Stadt Hanau die Armenunterstützung (§ 18), den Erhalt der bestehenden freiwilligen Feuerwehr in Kesselstadt (§ 19), die unter das Hanauer Oberkommando trat, sowie die Aufstellung von zwei elektrischen Feuermeldern im Ortskern Kesselstadt und in der Kolonie sowie die Aufstellung von 30 Straßenlaternen im Bezirk Kesselstadt (§ 20).[1031]

Mit dem Datum der Eingemeindung galten alle für den Stadtkreis Hanau geschlossenen „Ortsstatute, Regulative, Ordnungen, Gemeindebeschlüsse und sonstigen öffentlich-rechtlichen Satzungen einschließlich der Steuerordnungen und Polizeiverordnungen" auch für Kesselstadt (§ 2) – mit Ausnahme der »Ordnung über die Erhebung der Gemeindesteuer von Milch, Wild und Geflügel für den Bezirk der Stadt Hanau vom 22. August 1899«, den »Bestimmungen über die Benutzung der Begräbnisanstalt und des Friedhofs zu Hanau vom 17. März 1902«, der »Friedhofsordnung vom 22. Juni 1900« und der »Polizeiverordnung für den städtischen Friedhof zu Hanau vom 1. September 1900« (§ 3). Weiter blieben einige Kesselstädter Regelungen für eine Übergangszeit in Kraft. So galt die Hanauer Grundsteuerverordnung vom 24. Juni 1901 für Kesselstadt erst mit einer Verzögerung von 20 Jahren ab 1927. Außerdem erlangten erst ab dem 1. Oktober 1923 die Vorschriften der Hanauer Umsatz- und Wertzuwachssteuerordnung Gültigkeit, insofern sie die Wertzuwachssteuer betrafen (§ 4).[1032]

Gebeschus und Landrat Percy von Bernstorff hatten übereingestimmt, diesen Passus nicht nachzuverhandeln. Gebeschus hielt die Gefahr von Grundstücksspekulationen wegen der vielen kleinen Grundstückseigner für vernachlässigbar.[1033] Er zeigte sich vom Eingemeindungsprojekt überzeugt und überzeugte auch die staatlichen Stellen. Beides war beim Mainhafenprojekt nicht der Fall.

Ferner durften Kesselstädter Privatbürger vom Zeitpunkt der Vereinigung für zehn Jahre weiter in ihren Häusern schlachten und unterlagen damit nicht den Vorschriften des »Gemeindebeschlusses, betreffend die ausschließliche Nutzung des städtischen Schlachthofs zu Hanau und die Untersuchung eingeführten frischen Fleisches vom 30. April 1904«. Gewerbemäßige Schlachtungen hingegen hatten vom Zeitpunkt der Vereinigung an ausschließlich im Hanauer Schlachthof stattzufinden (§ 5).[1034]

1028 StAHU A119, Gesetz betr. d. Stadtkreises Hanau v. 27. März 1907, hier S. 42.
1029 Ebd., hier S. 43.
1030 Ebd., hier S. 43.
1031 Ebd., hier S. 44.
1032 Ebd., hier S. 40.
1033 HStAM 165 6429, Schreiben v. Gebeschus v. 20. Februar 1907.
1034 StAHU A119, Gesetz betr. d. Stadtkreises Hanau v. 27. März 1907, hier S. 41.

Blick auf Kesselstadt in den 1930er Jahren: Deutlich zu erkennen sind Schloss Philippsruhe und wie eng Hanau und Kesselstadt baulich zusammengewachsen waren.

Auch für die zu leistenden Steuern verhandelten Gebeschus und Geibel Übergangsbestimmungen (§ 8): „Die am 1. April 1906 in Kesselstadt wohnenden Personen, deren Ehegatten und Nachkommen bezahlen, solange sie in dem bisherigen Gemeindebezirke Kesselstadt ununterbrochen wohnhaft sind, innerhalb der ersten 10 Jahre nach der Vereinigung 80 Prozent der Personal- und Realsteuern (Einkommensteuer, Grund-, Gebäude-, Gewerbe- und Betriebssteuern); für einen weiteren zehnjährigen Zeitraum zahlen dieselben 100 Prozent der Real- und Personalsteuern, sofern der von den Einwohnern des bisherigen Stadtbezirkes Hanau erhobene Steuersatz diese Sätze übersteigt, andernfalls zahlen sie dieselben (niedrigeren) Sätze wie die Einwohner des bisherigen Bezirkes Hanau (§ 9).“[1035]

Diese Regelung galt auch für Zugezogene im Gemeindegebiet Kesselstadt nach dem 1. April 1906, insofern sie ein Haus oder eine Wohnung bewohnten, die nicht an das Hanauer Be- und Entwässerungssystem angeschlossen war (§ 9). Weitere Sonderregelungen galten im Falle der Hundesteuer (§ 10).[1036]

Um das eingemeindete Kesselstadt entsprechend politisch vertreten zu sehen, stand ihm die Sonderregelung zu, dass die Stadtverordnetenversammlung für drei Wahlperioden einen Einwohner Kesselstadts als unbesoldeten Stadtrat wählte (§ 23).[1037] Zum zweiten erhöhte

1035 StAHU A119, Gesetz betr. d. Stadtkreises Hanau v. 27. März 1907, hier S. 41f.
1036 Ebd., hier S. 42.
1037 Ebd., hier S. 45.

sich die Zahl der Stadtverordneten durch die Eingemeindung von 36 auf 39. Diese drei Mitglieder wählten in den folgenden drei Wahlperioden die Kesselstädter Wahlberechtigten (§ 22).[1038] Bürgermeister Geibel ging in den Ruhestand, über sein Ruhegehalt und die Hinterbliebenenversorgung sollten gesonderte Vereinbarungen getroffen werden (§ 25).[1039]

Auf der Kehrseite gewann Hanau drei maßgebliche Rechte: „Von dem Tage der Vereinigung an übernehmen die Gemeindebehörden der Stadt Hanau in Kesselstadt die Verwaltung der Gemeindeangelegenheiten sowie der den Gemeindebehörden zugewiesenen staatlichen Obliegenheiten. Die Gemeindebehörden Hanaus treten in alle Rechte und Pflichten ein, welche durch Gesetz, ortsstatutarische oder sonstige Bestimmungen oder durch besondere Rechtstitel der Gemeinde Kesselstadt oder den Gemeindebehörden zu Kesselstadt zustehen oder obliegen." (§ 21)[1040]

Zudem traten die Bediensteten der Gemeinde Kesselstadt in den Dienst der Stadt Hanau über. Hierbei handelte es sich um den Gemeinderechner, den Gemeindesekretär, den Ortsdiener, den Feldschütz und die Schuldienerin. Der Gemeindearbeiter Stark und der Nachtwächter Ernst Ohler waren als städtische Mitarbeiter weiterzubeschäftigen, während die übrigen Nachtwächter nicht in städtischen Dienst übernommen wurden (§ 24).[1041]

Nach dem positiven Kesselstädter Votum stimmten auch die Hanauer Körperschaften der Vereinigung am 6./15. November 1906 zu.[1042] Zeitgleich erfolgten die Regelungen mit dem Landkreis. Am 22. November 1906 unterzeichneten Gebeschus und Bode den Vertrag mit dem Landkreis Hanau. Landrat Percy von Bernstorff genehmigte das Vertragswerk seinerseits am 2. Januar 1907.[1043] Er hatte 1906 vermerkt, Kesselstadt habe Mängel im Bereich der Verkehrswege und einer zentralen Wasserversorgung und -entwässerung, welche die Landgemeinde nicht aus eigener Kraft beheben könne. Daher legte er den Verhandlungen keine Steine in den Weg.[1044]

Gemäß Vertrag stimmte der Landkreis Hanau dem Austritt der Gemeinde Kesselstadt aus dem Kreisverbund und der Vereinigung mit dem Stadtkreis Hanau zu (§ 1). Die Stadt Hanau verzichtete mit dem Eintritt Kesselstadts in den Hanauer Stadtverbund auf alle Ansprüche Kesselstadts an den Kreis Hanau (§ 2). Finanziell war die Eingemeindung durchaus eine Belastung, denn Hanau hatte an den Kreis eine „Ablöse" von 150.000 Mark zu zahlen, die mit 3,5 Prozent zu verzinsen und in jährlichen Raten von je 10.000 Mark jeweils zum 1. Oktober zu leisten war (§ 3). Die Gemeinde Kesselstadt wurde mit der Eingemeindung von allen Schulden und Verbindlichkeiten an den Landkreis befreit (§ 5).[1045]

Nach dem positiven Votum des Preußischen Abgeordnetenhauses verkündete die Preußische Gesetzessammlung per Datum zum 1. April 1907 den Vollzug des Zusammen-

1038 StAHU A119, Gesetz betr. d. Stadtkreises Hanau v. 27. März 1907, hier S. 44.
1039 Ebd., hier S. 45.
1040 Ebd., hier S. 44.
1041 Ebd., hier S. 45.
1042 StAHU A120.
1043 Ebd.
1044 Bus, Dorfleben, S. 148.
1045 StAHU A120.

schlusses.[1046] Der Verwaltungsbericht stellte die Vorteile für Hanau mit einem Zuwachs an neuen Einwohnern, der Möglichkeit die Kanalisation durchzuführen und neuem Bauland relativ emotionslos heraus.[1047]

Im Vergleich zu Frankfurt, das durch vier Eingemeindungswellen mit insgesamt 16 Landgemeinden 1877 bis 1910 um 86.000 Personen zunahm,[1048] wuchs Hanau durch den Zusammenschluss mit Kesselstadt nur gering. Dennoch ermöglichte Gebeschus' Verhandlungsschick den Ausbau Hanaus in den kommenden Jahrzehnten nach Westen und brachte den Bau der innerstädtischen Kanalisation entscheidend voran.

Zugleich zeigt sich, dass sich in Frankfurt die Motive für einen Zusammenschluss ähneln. Die Absichten Bornheims – den Anschluss an die Frankfurter Kanalisation und Wasserversorgung, den Bau gepflasterter Verbindungsstraßen und die Gleichstellung der Bewohner in der Armenfürsorge an die benachbarte Großstadt – und Frankfurts – die Gewinnung neuer Bauflächen – gleichen denen von Kesselstadt und Hanau.[1049] Im Falle Bockenheims war die Verzahnung der Städte wie zwischen Kesselstadt und Hanau schon sehr eng: So fühlten sich viele Bockenheimer als Frankfurter, die Frankfurter Polizei war auch für Bockenheim zuständig und die Bankgeschäfte wurden in der Bankenmetropole abgewickelt.[1050] Wie Kesselstadt konnte auch die kleine Industriestadt Bockenheim die notwendigen Investitionen für eine Schwemmkanalisation, den Bau eines Schlachthofs oder weiterer Wohnsiedlungen und Industrieansiedlungen nicht finanzieren, wohingegen die Frankfurter Motive erneut im Bereich der Stadterweiterung lagen, Einfluss auf die Bauordnung zu nehmen sowie die Mainmetropole als Industriestandort zu stärken.[1051]

Die Motive wiederholten sich bei den Eingemeindungen 1900 und 1910: Die Gemeinden versprachen sich einen Anschluss an die Versorgungseinrichtungen und die Straßenbahn sowie steigende Grundstückspreise durch die Einverleibung in den Frankfurter Stadtverbund, wohingegen Frankfurt neue Industrieflächen und billiges Bauland für den Mietwohnungsbau suchte.[1052] Der Vergleich der Vorgehensweise zeigt, wie dringend Städte wie Hanau oder Frankfurt infolge von Bevölkerungswachstum und Industrialisierung neue Erweiterungsflächen für Industrie und Siedlungsbau benötigten. Beide Städte wollten mit den Eingemeindungen die wirtschaftlich und sozial zusammenwachsenden Bereiche Stadt und Umland auch politisch einen, wohingegen die Landgemeinden Anschluss an eine moderne Infrastruktur suchten.[1053]

1046 Siehe Preußische Gesetzessammlung Nr. 10 v. 27. März 1907: Gesetz, betreffend des Stadtkreises Hanau, S. 39–45. Dieser Auszug ist im Bestand A119 im Stadtarchiv Hanau zu finden. In handschriftlicher Version findet sich der Vertrag im Bestand A120. Zudem wurde das Vertragsmanuskript im Bürgerbuch der Stadt Hanau 1905, vermutlich als Nachtrag, auf den Seiten 50a–50m veröffentlicht.

1047 Hanau, Verwaltungsbericht 1905–1907, S. 1.

1048 Vgl. zu Frankfurt Rebentisch, Industrialisierung, S. 95.

1049 Vgl. zu Frankfurt ebd., S. 100.

1050 Vgl. zu Frankfurt ebd., S. 102.

1051 Vgl. zu Frankfurt ebd., S. 103f.

1052 Vgl. zu Frankfurt ebd., S. 107–110.

1053 Vgl. zu Frankfurt ebd., S. 113f.

6.4.2. Die Villenkolonie Hohe Tanne

Auch der heutige Hanauer Stadtteil Hohe Tanne entstand während Gebeschus' Amtszeit, allerdings noch unter der Verwaltung von Wachenbuchen. Die Gemeindevertretung beabsichtigte ähnlich wie in Buchschlag bei Sprendlingen eine Villenkolonie zu errichten. Die Idee entstammte den Anfragen reicher Bürger nach Bauland in der Nähe der Kuranlagen Wilhelmsbad. Die Gemeinde erhoffte sich gute Steuereinnahmen für Gemeinde und Kreis durch die Ansiedlung wohlhabender Bürger.[1054]

Nach dem Beschluss der Gemeindevertretung für den Bau der Kolonie vom 6. November 1911 waren einen Monat später bereits mit sechs Bauinteressenten Vereinbarungen für den Kauf getroffen worden. Die ersten Bauinteressenten erhielten ihr Gelände wegen möglicher Anfangsschwierigkeiten beim Siedlungsbau für 2 Mark/m^2, nach einem Jahr stieg der Preis auf 3 Mark/m^2.[1055] Zeitgleich mit dem Baubeginn 1912 zogen sich die Verhandlungen über die Genehmigung für die Abholzung des Waldes sowie den Anschluss an die Gasleitung der Stadtwerke Hanau und den Abwasserabfluss in die Kläranlage in Dörnigheim hin. Die Kommission der Stadtwerke Hanau lehnte eine Verlängerung der Gasleitung wegen der hohen Kosten und des geringen Ertrags für die Stadtwerke ab.[1056]

Auch die Gemeinde Dörnigheim legte gegen das Wachenbuchener Vorhaben, die Abwässer in den Krebsbach zu leiten, Widerspruch ein. Daraufhin musste sich Wachenbuchen bereiterklären, für alle Schäden in Dörnigheim durch Abwässer aus der Villenkolonie Hohe Tanne aufzukommen. Zudem erging die Auflage, an der Gemeindegrenze einen Graben zu errichten, der alle Abwässer der Hohen Tanne aufnehmen sollte. Daraufhin zog Dörnigheim seinen Einspruch zurück.[1057]

Zur Wasserversorgung war für die Villenkolonie ein eigener Brunnen avisiert, für den das Untersuchungsamt Hanau Wasserproben entnahm und einen zu hohen Eisengehalt bescheinigte. In der Siedlung Hohe Tanne war der zulässige Wert des Eisengehalts von 0,3 mg um das 30-fache überschritten. Dieser war zwar nicht gesundheitsgefährdend, doch das Wasser roch und schmeckte unangenehm und konnte Verstopfungen verursachen. Betriebe wie Privatleute lehnten daher dessen Verzehr ab. Nur eine Enteisungsanlage konnte das Wasser brauchbar machen.[1058]

Insgesamt entstanden zwischen 1913 und 1920 nur 15 Häuser entlang der Hochstädter Landstraße. Durch den Ersten Weltkrieg konnten sich viele Bürger keine Jugendstilvilla mehr leisten, sodass in der zweiten Bauphase meist nur einfache Siedlungsbauten entstanden. So befanden sich um 1920 weniger als 20 Gebäude auf dem Gebiet Hohe Tanne.[1059]

1054 StAHU E7 Hohe Tanne 8, Schreiben d. Bürgermeister Wachenbuchen v. 14. Dezember 1911.
1055 Ebd. In der Literatur in knapper Form bei Schäfer, Baugeschichte, S. 217, 219.
1056 StAHU E7 Hohe Tanne 8, Schreiben d. Stadtwerke v. 11. März 1912. In der Literatur in knapper Form bei Schäfer, Baugeschichte, S. 220.
1057 StAHU E7 Hohe Tanne 8, Protokoll der Verhandlungen zw. Wachenbuchen u. Dörnigheim v. 11. September 1912.
1058 StAHU E7 Hohe Tanne 8, Schreiben d. Öffentlichen Untersuchungsamtes Hanau v. 13. Mai 1912.
1059 Schäfer, Baugeschichte, S. 221–226.

6.4.3. Kasernenbau: Ansiedlung von Regimentern als Wirtschaftsfaktor?

Die kaiserliche Gesellschaft war militärisch geprägt, daher oblag Gebeschus als Oberbürgermeister auch die Aufgabe, die in Hanau stationierten Regimenter bei ihrer Ankunft gebührend zu empfangen. So begrüßte er schon nach seinen ersten Amtsmonaten im Oktober 1893 das 3. Bataillon des Infanterieregiments Nr. 87 und im September 1894 das Thüringische Ulanenregiment Nr. 6, das die neuerrichtete Ulanen-Kaserne bezog. Die Offiziere der neu in Hanau angekommenen Truppen und die der hiesigen Garnison bewirtete die Stadt mit einem Frühstück in den Räumen des Bürgervereins. Die Soldaten erhielten wie die in Hanau stehende Garnison Bier zur Begrüßung.[1060]

Den Bau der Kavallerie-Kaserne für 750 Ulanen und 700 Pferde hatte das Kriegsministerium 1888 unter Gebeschus' Vorgänger Westerburg in Auftrag gegeben, deren fünf Mannschaftsgebäude sowie Wache, Stabsgebäude, Offizierskasino, Kantine, Verheiratetenhaus und zwei Reitbahnen mit Pferdeställen es 1891 bis September 1894 erbauen ließ.[1061] Obwohl 1896 südlich der Ulanen-Kaserne mit dem Königlich-Preußischen Proviantamt, bestehend aus Verwaltungsbau, Produktionsstätten und Lagerräumen, ein weiterer Militärkomplex entstand,[1062] prägte erst die Ansiedlung der beiden Eisenbahnregimenter Nr. 2 und 3 Hanaus Status als Militärstandort maßgeblich. Gebeschus führte dabei für die Stadt Hanau die Verhandlungen.

Im ersten Schritt eruierten Vertreter der Heeresverwaltung mit Gebeschus und Mitgliedern aus Magistrat und Stadtverordneten in geheimen Gesprächen vom 5. bis 7. Februar 1907 die Möglichkeiten, das Eisenbahnregiment Nr. 3 mit zwei Bataillonen zu je vier Kompanien nach Hanau zu verlegen. Der Stadt Hanau fiel die Aufgabe zu, die Kasernen und Nebengebäude auf ihre Kosten zu erbauen und sie nach der Fertigstellung mietweise dem Militärfiskus zu überlassen, der den Unterhalt der Bauten tragen sollte.[1063]

Die Verhandlungen drehten sich zunächst um die Frage, ob Hanau einen finanziellen Zuschuss leisten könne. Hanau bot 150.000 Mark an Subventionen zu den Baukosten an. Als Bauplätze waren ein Teil des Exerzierplatzes für den Kasernenbau und Flächen östlich der Ulanenkaserne für Wohnungen für Verheiratete und eine Offiziersspeiseanstalt vorgesehen. Hinter der Kaserne sollten sich Übungs- und Depotbauten erstrecken, dazu ein Schienenstrang zum Nordbahnhof und eine Feldbahn nach Ober-Issigheim sowie an der Kinzig ein Wasserübungsplatz und ein zweiter Übungsplatz 300 Meter oberhalb Großauheims auf beiden Mainseiten, die ihrerseits über Feldbahnen Kaserne und Großauheim verbanden. Im Ausgleich für den dann bebauten Exerzierplatz im Lamboy sollte diesen ein 100 Hektar großer Exerzierplatz für Infanterie und Kavallerie in der Oberförsterei Wolfgang auf Großauheimer Gemarkung ersetzen. Die geschätzten Baukosten betrugen 2,8 Millionen Mark für die Kaser-

1060 Hanau, Verwaltungsbericht 1895–1899, S. 3.

1061 Klein, Zeitungsberichte, S. 377: Bericht v. 19. September 1888, S. 511: Bericht v. 17. September 1892, S. 536: Bericht v. 24. Juni 1893, S. 543: Bericht v. 22. September 1893; Arndt, Feldbahnen, S. 13f.

1062 Arndt, Feldbahnen, S. 15.

1063 StAHU C1 1031, Geheimes Schreiben v. Gebeschus [o.D., ca. 1907] | Verhandlungsprotokoll v. 6. Februar 1907.

Feierlicher Einzug des Ulanenregiments in Hanau 1894

ne samt Nebenanlagen, 1,2 Millionen Mark für die Depotbauten sowie 400.000 Mark an Aufwendungen für den Geländetausch für Übungs- und Exerzierplätze und Gelände der Feldbahnen. In den Verhandlungen erreichte Gebeschus, dass sich der Reichsmilitärfiskus verpflichtete, die Gebäude weiter zu mieten, falls sich die Kosten nicht amortisieren würden.[1064]

Kurze Zeit nach den erfolgreichen Verhandlungen erteilte die Militär-Intendantur des 18. Armee-Corps zu Frankfurt am 28. März 1907 ihre Zustimmung zu den Vertragsentwürfen. Im nächsten Schritt oblagen Kriegsministerium und Reichsschatzamt die Aufgabe, bis Herbst 1907 einen Bauentwurf auszuarbeiten.[1065]

Maßgeblicher Initiator der Bauprojekte war neben Gebeschus Oberstleutnant Hans Walter (* 13. Mai 1852 in Wismar, † 12. August 1932), den das Kriegsministerium im Frühjahr 1907 autorisiert hatte, einen neuen Standort für das Eisenbahnregiment Nr. 3 im Westen des Deutschen Reiches zu suchen.[1066] Zusammen mit Major Carl Friedrich weilte Walter, der zuvor Frankfurt am Main, Koblenz, Gießen und Wetzlar als mögliche Standorte besucht hatte, seit

1064 StAHU C1 1031, Verhandlungsprotokoll v. 6. Februar 1907.

1065 StAHU C1 1031, Geheimes Schreiben v. Gebeschus [o.D., ca. 1907].

1066 Arndt, Feldbahnen, S. 25, 29. Walter wurde am 16. Juli 1911 zum Generalmajor befördert und wirkte bis 1913 in Hanau, als er als Kommandeur der I. Eisenbahn-Brigade nach Berlin gerufen wurde, vgl. Arndt, Feldbahnen, S. 26.

Militärstandort und beliebtes Postkartenmotiv: die Ulanenkaserne, erbaut 1891–1894, um 1910.

dem 8. Juli 1907 für eine Woche zu geheimen Verhandlungen mit Gebeschus in Hanau.[1067] Die Debatten hinter geschlossenen Türen blieben der Lokalpresse nicht lange verborgen. So berichtete der Hanauer Anzeiger schon in seiner Ausgabe vom 15. Juli 1907 über eine Beratung der Stadtverordnetenversammlung über den Bau einer Kaserne mit Übungs- und Depotanlagen.

Die Verhandlungen führten zur Vertragsunterzeichnung für den Kasernen- und Lazarettbau, deren Genehmigung am 5. Februar und 4. März 1908 erfolgte. Die Stadt verpflichtete sich darin mit dem Reichsmilitärfiskus einen Geländetausch vorzunehmen, an der Lamboystraße eine Kaserne mit Offiziersspeiseanstalt, Übungs- und Kriegsdepot für das Eisenbahnregiment Nr. 3 zu errichten, diese bis 1. Oktober 1910 zu übergeben und die Bauten an die Hanauer Wasser- und Gasleitung anzuschließen. Der Reichsmilitärfiskus mietete die Kaserne auf 30 Jahre bis zum 31. März 1940, wobei ihm nach dem 1. April 1920 ein Kaufrecht oblag. Die Höhe der jährlichen Miete berechnete sich nach drei Faktoren: vier Prozent anhand der entstandenen Kosten für den Grunderwerb, fünf Prozent auf Basis der Baukosten sowie vier Prozent der Höhe der angelaufenen Zinsen für das Baukapital. Sollte nach der Vertragslaufzeit die Amortisation der Baukosten nicht erreicht sein, verpflichtete sich der Reichsmilitärfiskus die Kaserne zu gleichen Bedingungen weiter zu mieten. Für die Stadt stellte der Bau also kein Risiko dar, da der Reichsmilitärfiskus auch die bauliche Erhaltung und Erneuerung der Räume übernahm.[1068]

1067 Arndt, Feldbahnen, S. 29.
1068 StAHU C1 1031, Vertrag zw. Garnisonsverwaltung Hanau und Stadt Hanau; ergänzende Informationen aus Hanau, Verwaltungsbericht 1905–1907, S. 5f.

Hanau übereignete für die Baumaßnahmen dem Reichsmilitärfiskus vier Grundstücke im Gesamtwert von 943.216 Mark. Hierbei handelte es sich um den Garnison-Exerzierplatz gegenüber der Ulanenkaserne (267.000 m^2), ein Geländestück gegenüber dem Exerzierplatz südlich der Lamboystraße für die Offiziersspeiseanstalt und Familienhäuser des Eisenbahnregiments (22.258 m^2), ein Geländestück nahe der Ulanenkaserne hinter dem Proviantamt für das Lazarett (17.860 m^2) und das Lazarettgrundstück an der Gärtnerstraße 65 (2.108 m^2). Für die Grundstücke im Lamboy verpflichtete sich die Stadtgemeinde Hanau in der Gemarkung Großauheim 1.000.000 m^2 an Gelände für einen neuen Exerzierplatz zu erwerben und dem Reichsmilitärfiskus spätestens zum 1. Oktober 1908 zu übereignen und auf ihre Kosten Zufahrtswege zu erstellen und das Gelände baureif zu machen.[1069]

Einen nahezu identischen Vertrag hinsichtlich Miethöhe, Bauablauf, Bezugstermin und Vertragsinhalten schlossen die Militärverwaltung und die Stadtgemeinde Hanau für den Bau eines Garnisonlazarettes südlich der Lamboystraße hinter dem Proviantamt,[1070] welches zwischen 1909 und 1911 für 650.000 Mark erbaut und mit moderner medizinischer Technik ausgerüstet wurde.[1071]

Die Gesamtplanungen oblagen Oberst Walter, während Hans von Priesdorff (* 30. September 1870, † 10. März 1944) als Architekt die verantwortliche und ausführende Hand war.[1072] Von Priesdorff zog 1908 für den Bau der Eisenbahnkaserne Nr. 3 nach Hanau und lebte 1909 bis 1913 in der Rückertstraße 4. Nach seinen Plänen entstanden zwischen 1908 und 1917 die Kasernen Hessen-Homburg, Hutier und Yorckhof sowie die Kriegs- und Übungsdepots mit 150 Hochbauten für die Eisenbahntruppen.[1073]

Der am 28. Februar 1908 im Hanauer Anzeiger erfolgten Ausschreibung für den »Städtischen Kasernen-Neubau« sollten zahlreiche weitere bis 1910 für Glas-, Decken- und Betonarbeiten folgen.[1074] Die meisten der am 1. August 1908 begonnenen und in den nächsten Jahren in den Hanauer Himmel wachsenden Bauten führten Hanauer Betriebe aus.[1075]

Finanzieren ließen sich solche Großbauvorhaben nur über Kredite. Die Stadtgemeinde Hanau nahm für die Kasernenbauten und den Kauf des Exerzierplatzes am 9. Februar 1909 eine Anleihe in Höhe von 5,5 Millionen Mark auf. Diese war mit vier Prozent verzinst und mit 0,7 Prozent tilgbar. Damit musste die Stadt jährlich ca. 200.000 Mark an Zinsen und 40.000 Mark an Tilgung aufbringen. Hiermit hatte sie gut gewirtschaftet:

1069 StAHU C1 1031, Vertrag zw. Intendantur XVIII. Armeekorps u. Stadtgemeinde Hanau o.D. [verm. 6. oder 7. Februar 1907]; Hanau, Verwaltungsbericht 1905–1907, S. 6f. Nach einer Abrechnung der Garnisonsverwaltung v. 8. Februar 1913 betrugen die Erwerbskosten hierfür 1.047.380,43 Mark. Diese wurden gemäß dem Tauschvertrag vom 4. Februar / 4. März 1908 zwischen der Stadt Hanau und dem Reichsmilitärfiskus mit dem Gegenwert der übereigneten Gelände für die Kasernenbauten von 950.042,00 Mark verrechnet. Die Restsumme von 97.338,43 Mark erhielt die Stadt und zugleich noch mit vier Prozent verzinst, vgl. StAHU B1 52, Beleg Nr. 11, Berechnung.

1070 StAHU C1 1031, Vertrag zw. Garnisonslazarett Hanau u. Stadtgemeinde Hanau; Hanau, Verwaltungsbericht 1905–1907, S. 6.

1071 Hanau, Verwaltungsbericht 1908–1910, S. 34f.; Arndt, Feldbahnen, S. 50.

1072 Arndt, Feldbahnen, S. 32.

1073 Ebd., S. 28.

1074 Ebd., S. 33, 40.

1075 Hanau, Verwaltungsbericht 1908–1910, S. 34; Arndt, Feldbahnen, S. 35ff.

Prägen seit 1910 das Aussehen des Lamboy-Viertels: die Kasernenbauten für das Eisenbahnregiment Nr. 3, um 1910.

1913 rechnete die Stadt damit, 500.000 Mark aus der Darlehenssumme für andere Zwecke verwenden zu können.[1076]

Die Mietzahlungen für Kasernen-, Depot- und Lazarettbauten betrugen jährlich rund 385.000 Mark und koppelten sich direkt an die Baukosten. Für die Kasernen- und Depotbauten hatte die Stadt 850.540 Mark für den Grunderwerb aufgewendet und bekam davon vier Prozent (= 34.021 Mark) als Miete. Die Baukosten hatten rund 3,2 Millionen Mark betragen, wovon die Stadt fünf Prozent (= 308.969 Mark) als Miete einzog. Dazu kamen 308.969 Mark an Bauzinsen, wovon die Stadt vier Prozent (= 12.358 Mark) als Miete erhielt. Im Falle der Lazarettbauten zahlte der Militärfiskus jährlich auf Basis der Kosten für den Grunderwerb von 56.321 Mark vier Prozent (= 2.252 Mark) und von den Baukosten in Höhe von 584.170 Mark fünf Prozent (= 29.208 Mark).[1077]

Infolge des Kasernenbaus wurden auch die Lamboystraße gepflastert und Bürgersteige angelegt, sodass noch vor dem Einzug des Eisenbahnregiments die Baulücke zwischen Stadt und Kaserne geschlossen war. In jeder der vier Hauptbauten kamen zwei Kompanien mit je 120 Pionieren unter.[1078]

1076 StAHU B1 52, Haushaltsplan 1913, S. 176–179.
1077 StAHU B1 52, Haushaltsplan 1913, S. 178; Haushaltsplan 1914, S. 176–179, 184.
1078 Arndt, Feldbahnen, S. 43.

Kaserne des Eisenbahn-Regiments Nr. 3 mit Mannschaftsgebäuden (oben), Offizierskasino (Mitte unten) und Unteroffizierswohnungen (unten rechts), um 1910.

Als das Eisenbahnregiment wie geplant am 1. Oktober 1910 in Hanau einzog, vertrat Bürgermeister Hild Gebeschus bei der Begrüßung[1079] und verlas beim abendlichen Festbankett ein Telegramm des Stadtoberhaupts aus der Kur: „Ich bitte Sie, dem Eisenbahnregiment meinen herzlichsten Willkommensgruß zu entbieten und meinem lebhaften Bedauern Ausdruck zu geben, daß ich nicht persönlich das Regiment begrüßen kann. Ich wünsche Offizieren und Mannschaften, daß ihnen die neue Garnison bald eine Heimat werden und die Beziehung zwischen Regiment und Bürgerschaft stets herzlich, von freundschaftlicher Gesinnung getragen sein möge. Dem Oberst meinen besonderen Gruß! Unsere Eisenbahner Hurra! Oberbürgermeister Dr. Gebeschus."[1080]

Neben den vier dreistöckigen Mannschaftsgebäuden umfasste der Kasernenkomplex ein Stabsgebäude, ein Exerzierhaus (ähnlich einer Turnhalle), ein Kammergebäude als Depot für Uniformen, Kleidung und sonstige Ausrüstung, zwei Wirtschaftsgebäude mit Küchen und Kantinen für Mannschaften und Unteroffiziere, Lebensmittellager und Waschküchen sowie Schlafräume für das Küchenpersonal, eine Büchsenmacherei als Reparaturwerkstätte für Waffen des Regiments, einen Offizierspferdestall und drei Latrinen. Alle Gebäude lagen um den Kasernenhof, der als Exerzierplatz diente.[1081] Das Aussehen der Kasernen ist in der Literatur umfassend dokumentiert, daher kann auf die nochmalige Wiedergabe der Baube-

1079 Arndt, Feldbahnen, S. 55.
1080 Zit. nach ebd., S. 56f.
1081 Ebd., S. 44–47.

Architekt Hans von Priesdorff (im Frack) übergibt die Kaserne für das Eisenbahnregiment Nr. 3 1910 an Kommandeur Oberst Hans Walter. Am Stabsgebäude waren die beiden sandsteinernen Köpfe von Oberst Walter und Eugen Gebeschus als bauliches Symbol der Freundschaft zwischen der Stadt Hanau und dem Regiment angebracht. Die Köpfe schlugen französische Soldaten 1920 ab.

schreibung verzichtet werden, zumal Gebeschus auf die Gestaltung – wie schon erwähnt – keinen Einfluss hatte.[1082] Das Stabsgebäude zierten Abbilder von Oberst Walter und Gebeschus. Hiermit waren die sinnbildlichen Väter des Kasernenbaus in Stein gemeißelt. Doch während der Besatzungszeit 1920 schlugen die Franzosen die Steinköpfe ab, womit sie verloren gingen.[1083]

Die Fertigstellung der 33 Depotbauten mit Rampenbauten, einer Schiebebühne, einem Wasserturm und Nebenanlagen zog sich länger hinaus. Nach dem Beginn der Planungen am 15. März 1909 waren zum Jahresende 1909 erst ein Hochbau, zum Jahresabschluss 1910 23 Hochbauten mit Nebenanlagen und ein Jahr darauf weitere zwölf Hochbauten mit Nebenanlagen fertiggestellt. Vier weitere befanden sich noch im Bau, obwohl die Kasernen bereits bezogen waren.[1084]

Gegenüber der Hessen-Homburg-Kaserne für das Eisenbahnregiment Nr. 3 lagen die vier Gebäude der Yorckhofkaserne zwischen Ulanenkaserne und Lamboywald. Hier wohnten in einem Gebäude (Zivil-)Beamte und in drei Bauten verheiratete Unteroffiziere mit ihren Familien. Die Yorckhofkaserne vereint durch ihre drei Bauphasen ebensoviele architektonische Baustile: Den 1910 bezogenen vier Wohnhäusern ging das 1903 errichtete Kammergebäude

1082 Arndt, Feldbahnen, S. 43ff.
1083 Ebd., S. 56.
1084 Hanau, Verwaltungsbericht 1908–1910, S. 35.

Gebeschus begrüßte am 1. Oktober 1913 das Eisenbahn-Regiment Nr. 2 feierlich auf dem Paradeplatz. Er ist im Hintergrund im Gespräch mit dem Kommandeur des Regiments, Oberst Sommerfeldt, zu sehen.

des Ulanenregiments voraus und folgten 1913 drei Wohngebäude für das Eisenbahnregiment Nr. 2. Zudem baute von Priesdorff seit 1909 an der Ecke Lamboystraße / Chemnitzer Straße eine Offiziersspeiseanstalt mit großem Speisesaal und Terrasse mit Blick auf den Lamboywald sowie Lesesaal, Musikzimmer, Frühstückssalon, Spielzimmer und Rauchersalon.[1085]

Neben dem ihm bisweilen lästigen gesellschaftlichen Verkehr mit den Offizieren, begriff Gebeschus die Garnisonen vor allem als Wirtschaftsfaktor. Die Soldaten und Rekruten benötigten Handwerksbetriebe, wie Schuster, Bäcker oder Metzger, ebenso wie Verbrauchsartikel, Photographen, Brauereien und Gaststätten – und Kasernen errichteten meist lokale Bauunternehmen.[1086] Doch Untersuchungen anderer Städte belegen, dass die Kommunen keineswegs zwangsläufig von der Ansiedlung von Regimentern profitierten. Wie für Hanau fehlen auch andernorts statistische Nachweise über den Konsum der Truppen und damit über deren wirtschaftlichen Einfluss auf die Garnisonsstandorte.[1087] Zweifel an der These des wirtschaftlichen Gewinns durch eine Garnison zeigten die Städte nur selten. Folglich konnte der Militärfiskus unter den interessierten Städten das für sich günstigste Angebot auswählen.[1088]

1085 Arndt, Feldbahnen, S. 48.
1086 Ebd., S. 10.
1087 Vgl. Sicken, Garnison, S. 119, zum Beispiel Mülheim.
1088 Ebd., S. 120.

Auch Gebeschus zeigte sich von den ökonomischen Vorteilen überzeugt und lotste eine zweite Garnison nach Hanau. Nach dem Einzug 1910 drangen Gerüchte nach Hanau durch, die Heeresverwaltung plane eine Verlagerung eines weiteren Regiments ins Lamboy. Den Neuigkeiten folgten Verhandlungen zwischen Magistrat und Heeresamt, die in einen Vertragsentwurf mündeten, dem die Stadtverordneten am 23. März 1911 zustimmten. Die Bestimmungen glichen dem ersten Vertragswerk. Nach den Vertragsunterzeichnungen für die heutige Hutier-Kaserne am 27. Juni / 27. Juli 1911 begannen am 1. April 1912 die Bauarbeiten. Als Baugrund diente der Rest des ehemaligen Exerzierplatzes im Anschluss an die heutige Hessen-Homburg-Kaserne.[1089]

Am 4. Juli 1912 stimmten die Stadtverordneten nach hitzigen Diskussionen mehreren Vertragsänderungen hinsichtlich Fertigstellungstermin, Bauabwicklung und Bauzins am 1. Oktober 1913 zu. Moniert hatten die Stadtverordneten das kurze Zeitfenster bis zum geplanten Einzug des Regiments Nr. 2. Die Sozialdemokraten hingegen votierten wegen der befürchteten hohen Kosten gegen das Vorhaben.[1090]

Gebeschus erreichte in den Verhandlungen, dass für den Bau der zweiten Kaserne keinerlei Ausschreibungen nötig waren, die Aufgaben direkt an das Hanauer Baugewerbe vergeben werden durften und damit auch die Gewerbesteuer vor Ort blieb.[1091] Hiermit vermied er einen grundlegenden Fehler, den Mülheim an der Ruhr in ihrem 1897 mit dem Kriegsministerium geschlossenen Vertrag zum Bau einer Infanteriekaserne begangen hatte. Weitestgehend glich der Vertrag zwar dem Hanauer Pendant, der Mülheimer Magistrat hatte allerdings eine bevorzugte Berücksichtigung einheimischer Firmen nicht festschreiben lassen. So führten die meisten Bauaufträge Düsseldorfer Firmen aus. Daneben waren Verzinsung der Baukosten und Laufzeit des Vertrages die entscheidenden Faktoren. Mülheim lernte aus seinem Fehler von 1897 und setzte daher beim nächsten Kasernenprojekt die Verzinsung der jährlichen Baukosten auf fünf Prozent auf 30 Jahre fest.[1092]

Für das Hanauer Eisenbahnregiment Nr. 2 erfolgten im Sommer 1913 Änderungen im Bauumfang für zusätzliche Depotbauten, da sich die Truppenstärke erhöht hatte. Von Priesdorff plante zwar auch den neuesten Kasernenbau im Lamboy, verließ Hanau allerdings 1911, sodass der Architekt Wiemers die Bauleitung übernahm.[1093] Zur Finanzierung nahm die Stadtgemeinde Hanau am 26. September 1912 eine weitere Anleihe über 3,25 Millionen Mark mit einem Zinssatz von vier Prozent und einer einprozentigen Tilgung auf.[1094] Abgesehen von Kleinigkeiten war die Kaserne trotz kurzer Bauzeit planungsgemäß am 1. Oktober 1913 fertig gestellt[1095] und Gebeschus selbst begrüßte das einziehende Heer auf dem Paradeplatz.[1096]

Die Baukosten aller Kasernenbauten beliefen sich nach den Abrechnungen des Jahres 1919 auf insgesamt 6.629.055,13 Mark, hiervon 1.885.391,90 Mark für die Kaserne des Eisenbahnregiments Nr. 3, 1.335.203,23 Mark für das Depotgebäude des Eisenbahnregiments

1089 Arndt, Feldbahnen, S. 70ff.
1090 Ebd., S. 74.
1091 Ebd., S. 75, 77.
1092 Sicken, Garnison, S. 92f.
1093 Arndt, Feldbahnen, S. 75, 77.
1094 StAHU B1 52, Haushaltsplan 1913, S. 180f.
1095 Hanau, Verwaltungsbericht 1911–1919, S. 8; Arndt, Feldbahnen, S. 103.
1096 Arndt, Feldbahnen, S. 107.

Vervollständigte 1913 die Militäranlagen im Lamboy: die Kaserne für das Eisenbahnregiment Nr. 2, um 1915.

Nr. 3, 576.542,50 Mark für das Lazarett, 1.984.168,14 Mark für das Kasernengebäude des Eisenbahnregiments Nr. 2, 543.437,37 Mark für das Depotgebäude des Eisenbahnregiments Nr. 2 und 304.311,39 Mark für Erweiterungsbauten des Eisenbahnregiments Nr. 2.[1097]

Als Hanau nach Kriegsende in die entmilitarisierte Zone fiel, blieben die Kasernen ungenutzt – in Hanau durften keine Militärs mehr stationiert sein und die Eisenbahnbrigaden waren verboten worden. Daraufhin stellte der Reichsmilitärfiskus die Mietzahlungen ein, was die Stadtgemeinde Hanau 1923 zu einer Klage veranlasste. Der gerichtliche Vergleich berücksichtigte 1924 beide Seiten. Der Militärfiskus hatte durch geleistete Zahlungen seit 1910 Eigentumsansprüche erworben und kaufte einen Teil der Kasernen, während der Rest an die Stadt Hanau fiel, die die Räumlichkeiten vermietete oder Industrieunternehmen ansiedelte.[1098]

Doch nicht alle von Gebeschus vermittelten „Deals" fanden auch Verwirklichung. So scheiterten die abgeschlossenen Verhandlungen für den Bau eines Bekleidungsamtes. Die Heeresverwaltung hatte jenseits der Ulanenkaserne einen Bauplatz für ein Bekleidungsamt für das XVIII. Armeekorps erworben. In der Regel befand sich das Bekleidungsamt beim Generalkommando, also in Frankfurt, dort waren aber die Bauplätze zu teuer, ebenfalls in Mainz. Daher kam Hanau ins Spiel.

Gebeschus wollte das Bekleidungsamt unbedingt nach Hanau holen, da so 300 Handwerker Anstellung finden konnten sowie Offiziere und Beamte nach Hanau verlegt worden wä-

1097 Hanau, Verwaltungsbericht 1911–1919, S. 8.

1098 Vgl. im Detail Arndt, Feldbahnen, S. 169ff., sowie ergänzend ebd., 167, und Krumm, Hanau, S. 118.

ren. Erforderlich war ein Areal von 25.000 m², auf dem drei Fabrikgebäude für Schuhmacher, Schneider und Sattler, mehrere Wohnhäuser für Beamte, ein Verwaltungsgebäude und ein Direktionsgebäude Platz finden sollten. In Hanau herrschte zur damaligen Zeit Konsens, die Stadt müsse für die Ansiedlung von Industrie auch finanzielle Opfer bringen und das Bekleidungsamt galt als eine Art von Industrie. Also verhandelte Gebeschus persönlich mit Offizieren und Beamten im Kriegsministerium und der Intendantur des Armeekorps. Von mehreren Vorschlägen sagte dem Generalkommando das Gelände an der Südwestecke des Exerzierplatzes an der Äpfelallee am meisten zu, doch den Vertretern der Militärverwaltung war der Bauplatz zu teuer. Da Gebeschus die Auffüllungskosten nicht von der öffentlichen Hand tragen lassen wollte, gerieten die Verhandlungen in eine Sackgasse. Nach intensiven Debatten bot Gebeschus Nachlässe beim Strompreis, den Straßenkostenbeiträgen und den Aufwendungen für die Tiefenfundierung an. Zur Frage, warum trotz Gebeschus' Zugeständnissen das Projekt nicht verwirklicht wurde, geben die Akten keine Auskunft.[1099]

Während des Ersten Weltkrieges wollte das Militärbauamt schließlich 1915 schnellstmöglich ein Kriegsreservebekleidungsamt in zweigeschossigen Schuppen errichten.[1100] Ein Jahr später nahm das Stadtbauamt für sämtliche Gebäude die Bauabnahme vor und somit wurde das Reservebekleidungsamt 1916 bezogen.[1101]

6.4.4. Hanaus Industrie: konjunkturelle Abhängigkeit und ökonomisches Wachstum

Wirtschaftliche Entwicklung in Gebeschus' Amtsjahren

Das aufstrebende Hanau profitierte enorm von der im Kaiserreich einsetzenden Industrialisierung. Zu den bedeutendsten Industrieunternehmen gehörten die 1874 gegründete Diamantschleiferei Houy, die 1881 geschaffene Platinschmelze W. Siebert (seit 1905 Degussa), das seit 1893 bestehende Zweitwerk der Dunlop Pneumatic Tyre Co., die 1902 in Betrieb genommene Eisengießerei Wilhelma in Kesselstadt sowie die Platinschmelze W.C. Heraeus.[1102] Auch der Eisenguss- und Maschinenbau entwickelte sich zu einer wichtigen Industriesparte. Hierzu zählten die Eisengießerei A. R. Seebaß und E. G. Zimmermann (1842 als selbstständige Betriebe gegründet) und die Maschinenbaufirmen Weinig (1867–1910) und Henrich (1867–1927) oder die Schlosserei Bracker (gegründet 1816).[1103] Die großen Eisengießereien wie Wilhelma (1902–1978) oder die Marienhütte zu Großauheim (1842–1979) fokussierten sich im späten 19. Jahrhundert auf die Fertigung von Maschinenteilen.[1104]

1099 StAHU C1 1031, Schreiben v. Gebeschus v. 5. Mai 1909.
1100 StAHU D6D 5001, Schreiben d. Militärbauamtes v. 15. Juni 1915 | Schreiben d. Militärbauamtes v. 21. Juni 1915.
1101 StAHU D6D 5001, Schreiben v. 4. Juli 1916.
1102 Bus, Wirtschaftsgeschichte, S. 95.
1103 Krumm, Hanau, S. 36.
1104 Ebd., S. 37.

Neben dem Maschinenbau spielte das Baugewerbe eine bedeutende Rolle für die Errichtung von Industriebauten und Kasernen.[1105] Dazu bestanden seit 1906 eine große Kunstseidenfabrik in der Josef-Bautz-Straße und die 1885 gegründete Frankfurter Maschinenfabrik, die Teile der Produktion seit 1905 in Hanau-Großauheim fertigte.[1106]

Die Lithographische Kunstanstalt Heinrich & August Brüning produzierte Zigarrenkästen aus Holz und gestaltete Etiketten für Zigarrenkisten. Die steigende Nachfrage führte zur Verlagerung der Druckanstalt 1892 aus Langendiebach in die heutige Willy-Brandt-Straße.[1107] Die im 19. Jahrhundert noch bedeutende Textilindustrie hatte nach dem Konkurs der Leislerschen Teppichfabrik 1895 nahezu jegliche Bedeutung verloren.[1108]

Von der erfolgreichen Hanauer Industrieanwerbung profitierten auch die umliegenden Landgemeinden. So wuchs nicht nur die Zahl der Industriearbeiter im Landkreis Hanau von 1.828 (1892) auf 7.426 (1907), sondern auch außerhalb des Landkreises waren ca. 3.000 Personen in großen Industriebetrieben beschäftigt und pendelten in die umliegenden Städte ein. Trotz dieser stattlichen Zahlen arbeitete 1907 die Mehrheit weiterhin in klassischen Feldern: in der Landwirtschaft 8.443 Männer und Frauen, in Industrie und Handwerk 12.602 Personen sowie in Handel und Verkehr 1.783 Beschäftigte.[1109] Besonders Großauheim erlebte mit Zigarrenfabriken, der Eisengießerei von Arnim, Unternehmen der Fahrzeugbauindustrie und der Pulverfabrik in Wolfgang einen starken industriellen Aufschwung. Im Gegensatz zum Landkreis Hanau war in den Kreisen Gelnhausen und Schlüchtern die Mehrzahl der Bevölkerung noch in der Landwirtschaft tätig. Steinheim und Klein-Auheim hingegen gehörten damals noch zum Großherzogtum Hessen-Darmstadt und tauchen daher in den Statistiken nicht auf.[1110]

Die Hanauer Industrie – deren größte Gewerbezweige das Edelmetallgewerbe und die Tabakindustrie darstellten – unterzog sich während des Kaiserreichs keiner grundlegenden Strukturveränderung. Dabei vervielfachte sich die Zahl der Arbeiter entsprechend mit dem Anstieg der Einwohnerzahl binnen eines halben Jahrhunderts. Arbeiteten in der Hanauer Industrie 1852 anfangs 2.550 Beschäftigte, stieg deren Zahl 1864 auf 4.962, 1895 auf 5.290 und 1907 schließlich auf rund 7.800 Personen. Dazu kamen 1907 1.890 Beschäftigte im Handel[1111] sowie 1.319 Arbeiter und Handwerker sowie 187 Selbstständige im Baugewerbe. Die zahlreichen Baumaßnahmen im Bereich der Infrastruktur, bei Kasernen und in den umliegenden Gemeinden hatten das Arbeitssegment sprunghaft von ehemals 138 Beschäftigten im Jahr 1886 wachsen lassen.[1112]

Eine 1901 erhobene Statistik ermittelte als durchschnittliche Wochenarbeitszeit eines Arbeiters 59,2 Stunden bei einem Wochenlohn von 20,25 Mark.[1113] Innerhalb der einzelnen Berufe unterschied sich die durchschnittliche Arbeitszeit von 99 Wochenstunden bei Bä-

1105 Bus, Wirtschaftsgeschichte, S. 95.
1106 Krumm, Hanau, S. 40.
1107 Ebd., S. 36.
1108 Brandt, Wirtschaft, S. 129.
1109 Ebd., S. 132.
1110 Ebd., S. 133f.
1111 Ebd., S. 124.
1112 Ebd., S. 131. Identische Einschätzung zur Bedeutung des Baugewerbes bei Klein, Zeitungsberichte, S. 556: Bericht v. 21. März 1894.
1113 Fuhrmann, Lage, S. 57.

Industriearbeiter in der Leipziger Straße: Hanau prägten um 1900 die Großunternehmen Dunlop und Heraeus sowie kleinere Betriebe in der Gold- und Silberschmiedekunst.

ckern oder 98 Wochenstunden bei Fuhrleuten zu 56 Wochenstunden bei Diamantschleifern oder 54 Wochenstunden bei Lithographen. Bäcker verdienten dabei im Durchschnitt in der Woche 18 Mark, Diamantschleifer 17 Mark, Fuhrleute 25 Mark, während Friseure mit einem Wochenlohn von 16 Mark und Tabakarbeiter mit kaum 13 Mark die Endpositionen einnahmen. Die Spitzenplätze belegten Brauer und Metalldrücker mit 26 Mark, gefolgt von Lithographen mit 25 Mark.[1114] Dabei wohnten 68,7 Prozent der Arbeiter in Hanau und 31,3 Prozent in auswärtigen Gemeinden.[1115]

Einen detaillierten Einblick in die wirtschaftliche Situation Hanaus zu Gebeschus' Amtsantritt gibt die Darstellung von Stadtsekretär Rudolf Bödicker im Zuge seiner Denkschrift zur Fortführung der Mainkanalisierung. So bestanden 1892 in Hanau 50 Bijouterie-Fabriken mit ca. 1.300 Arbeitern, elf Silberwarenmanufakturen mit 300 Arbeitern und 13 Kettenwarenfabrikationen mit 250 Arbeitern. Die neun Diamantschleifereien beschäftigen 300 Personen und die sechs Etuifabriken 150 Arbeiter. In sieben Großbetrieben der Tabakindustrie waren 1.110 Beschäftigte tätig, die größtenteils in Steinheim, Kesselstadt und Großauheim wohnten. Dazu kamen weitere 1.250 Beschäftigte in den Kreisen Hanau und Gelnhausen sowie acht Produzenten von Zigarrenkistchen und Wickelformen mit 400 Arbeitern. In der Maschinenfabrikation sowie in Eisengießereien arbeiteten jeweils rund

1114 Fuhrmann, Lage, S. 56.
1115 Ebd., S. 70.

200 Angestellte. Darüber hinaus beschäftigte die Papierfabrik Fues 60 Arbeiter, eine Bürstenfabrik 50 Personen und die Teppichfabrik Leisler rund 50–60 Angestellte. Zudem bestanden als größere Unternehmen verschiedene Lebensmittelfabriken, zwei Dampffärbereien, eine Filzwarenfabrikation, eine Manufaktur für chemische Apparate und ein Textilunternehmen, das mit 50 Arbeitern Stoffhandschuhe produzierte.[1116]

Die allgemeine wirtschaftliche Lage der Hanauer Industrie wurde dabei um die Jahrhundertwende in den offiziellen Berichten der Regierungspräsidenten an den Kaiser stets als gut und aufsteigend bezeichnet und durch die hohen Löhne, die geringe Anzahl an Streiktagen und die große Nachfrage nach neuen Arbeitskräften argumentativ bekräftigt.[1117]

Durch die generelle Hochkonjunktur erlebte auch die Tabakproduktion ein reges Wachstum. Besonders der wirtschaftliche Aufschwung seit 1895 führte zu einem gesteigerten Tabakkonsum, der größere Absatz zu Betriebsvergrößerungen.[1118] So gab die Tabakindustrie im Hanauer Wirtschaftsraum 1896 insgesamt 3.598 Beschäftigten Arbeit: in Hanau 1.102, in Großauheim 205, in Rückingen 45, in Großsteinheim 813, in Kleinsteinheim 181, in Gelnhausen 144, in Steinau 47, in Gondsroth 77, in Mömbris 169, in Orb 424, in Neuses 297 und in Somborn 294.[1119] Ein Großteil der in den Hanauer Fabriken Arbeitenden wohnte in Kesselstadt, Großauheim oder Steinheim.[1120] Binnen drei Jahrzehnten hatte die Zahl der Beschäftigten in der Tabakindustrie seit 1867 im Vergleich zu 1896 um 183 Prozent zugenommen. Dabei handelte es vorwiegend um Frauen, deren Anteil in den 1890er Jahren mehr als 70 Prozent betrug.[1121]

Mit der Edelmetallindustrie und der Tabakproduktion verfügte Hanau über sehr konjunkturabhängige Zweige. Seit der Jahrhundertwende befand sich die Zigarrenindustrie durch steigende Rohstoffpreise in der Krise. Die Erhöhung der Tabaksteuer führte zu einem starken Konsumrückgang, Überproduktionen mussten häufig versteigert werden und viele Fabriken schlossen.[1122] Dies zeigte sich auch in der abnehmenden Zahl der Beschäftigten in Hanau-Stadt: Von 851 im Jahr 1899 sanken die Zahlen in den folgenden Jahren kontinuierlich auf 813, 817, 766, 714, 705 und 688 im Jahr 1905.[1123]

Doch die folgende Hochkonjunktur der Jahre 1905 bis 1908 führte erneut zu Vollbeschäftigung.[1124] Innerhalb dieses Zeitraums wuchs die Zahl der Arbeiter im Hanauer Wirtschaftsgebiet um 20 Prozent, die Zahl der Fabriken um ein Drittel. In Hanau-Stadt blieb die Zahl der Beschäftigten zwischen 1905 und 1908 mit 688, 674, 652 und 704 Angestellten nahezu unverändert.[1125]

Das Tabaksteuergesetz von 1909 erhöhte die Preise erneut und führte eine Änderung des Konsumverhaltens herbei: Immer mehr Raucher griffen nun zur Zigarette, deren Anteil sich

1116 Bödicker, Weiterführung, S. 33–39.
1117 Klein, Zeitungsberichte, S. 678: Bericht v. 26. Dezember 1898, S. 692: Bericht v. 26. September 1899.
1118 Cramer, Entstehung, S. 179.
1119 Ebd., S. 181.
1120 Ebd., S. 179.
1121 Ebd., S. 182.
1122 Ebd., S. 181, 185.
1123 Ebd., S. 188.
1124 Ebd., S. 189.
1125 Ebd., S. 192.

zwischen 1908 und 1912 nahezu auf 18 Prozent verdoppelte.[1126] Die Zahl der Arbeiter in Hanau-Stadt verringerte sich seit 1909 weiter – von 632 auf schließlich 457 im Jahr 1913. Während in Hanau-Stadt binnen vier Jahren 30 Prozent ihre Arbeit verloren, betrug deren Zahl im Wirtschaftsgebiet nur zehn Prozent.[1127]

Der Absatz des Luxusgüter produzierenden Hanauer Edelmetallgewerbes hing ebenso von politischen Krisen, Geschmäckern und Mode sowie saisonalen Schwankungen wie dem Oster- und Weihnachtsgeschäft ab.[1128] Kurz nach der Jahrhundertwende erlebte die Edelmetallindustrie (Gold- und Silberwarenfabrikation sowie Bijouteriegewerbe) nach einer langen Rezession[1129] eine kurze Boomphase. Hatte sich die Zahl der Beschäftigten zwischen 1864 und 1898 nahezu konstant auf einem Level von rund 1.700 Arbeitern bewegt, stieg sie in Gebeschus' frühen Jahren in Hanau-Stadt im Jahr 1895 auf 2.006 Erwerbstätige in 154 Haupt- und drei Nebenbetrieben, deren Zahl sich drei Jahre später auf 76 Fabriken mit 1.694 Arbeitern verringerte, 1907 leicht auf 1.967 und schließlich 1913 auf 2.863 Personen in 80 Gold- und Silberwarenfabriken anstieg. Damit war trotz der schwierigen Absatzbedingungen des Gewerbezweiges ein starkes Wachstum zu verzeichnen.[1130] In Hanau-Stadt betrug die Zahl der Beschäftigten, die dem Beruf des Gold- oder Silberschmieds nachgingen, 1907 über zehn Prozent, im Landkreis hingegen nur 1,3 Prozent.[1131]

Die Betriebe des Bijouteriegewerbes produzierten vornehmlich in Handarbeit erstellte Einzelstücke von Weltruf, wohingegen sich die beiden anderen deutschen Zentren – Pforzheim und Schwäbisch Gmünd – auf maschinelle Herstellung fokussierten. So oblag jeder der drei Städte in ihrem Fertigungsschwerpunkt eine gewisse Monopolstellung: Hanau für feinen Brillant- und Platinschmuck, Pforzheim für Gold- und maschinell produzierten Modeschmuck und Schwäbisch-Gmünd für Gebrauchsgegenstände und Kleinmetallwaren aus Silber.[1132] Von besonderer Bedeutung für das Hanauer Schmuckgewerbe war die intensive Verarbeitung von Platin, welches meist aus Russland stammte oder die ortsansässigen Unternehmen Siebert und Heraeus produzierten.[1133]

Zum neben Dunlop größten Unternehmen Heraeus hegte Gebeschus wenig intensive Beziehungen, obwohl dessen Inhaber Wilhelm Carl Heraeus mit ihm auf lokaler Ebene eng zusammengearbeitet hatte. Als Heraeus 1889 die Leitung seines Unternehmens an seine Söhne Dr. Wilhelm und Heinrich Heraeus übergab, war der Betrieb noch stark handwerklich geprägt und produzierte vornehmlich Platinbleche und -drähte neben dem Apothekenbetrieb.[1134] Als in den 1890er Jahren hingegen die Chemie- und Elektroindustrie enorme Zuwächse verbuchte, stieg auch deren Bedarf nach Platingeräten wie Kessel, Schalen, Thermoelementen zur

1126 Cramer, Entstehung, S. 198f.

1127 Ebd., S. 200, 202.

1128 Thieme, Aufbau, S. 20–23; Claus, Arbeitsmarkt, S. 16–19.

1129 Vgl. hierzu Klein, Zeitungsberichte, S. 358: Bericht v. 20. März 1888, S. 546: Bericht v. 21. Dezember 1893.

1130 Zahlen nach Brandt, Wirtschaft, S. 124, 127, und Thieme, Aufbau, S. 17, 48f. Claus, Arbeitsmarkt, S. 22, 24, führt für 1913 leicht abweichende Zahlen mit 2.869 Beschäftigten in 85 Betrieben auf.

1131 Zahlen nach Claus, Arbeitsmarkt, S. 36.

1132 Thieme, Aufbau, S. 26; Claus, Arbeitsmarkt, S. 4, 13.

1133 Thieme, Aufbau, S. 30f.

1134 Gniss, Heraeus, S. 40.

Werbeanzeige von Heraeus, 1924: Die Platinschmelze Heraeus, aufgebaut vom ehemaligen Vizebürgermeister Wilhelm Carl Heraeus und Eugen Gebeschus' Stellvertreter bis 1898, wuchs durch das Wirken des Firmeninhabers zu einem der wichtigsten Industrieunternehmen heran.

Temperaturmessung, Elektroden oder Kontakten, die Heraeus fortan selbst produzierte. Die Nachfrage nach Platin in Drahtform oder als Halbfabrikat sank hingegen.[1135]

Die alte Einhornapotheke erwies sich für die Herstellung von Lithium- und Eisenpräparaten und die Kesselproduktion als zu klein. So errichtete der Familienbetrieb am Waldesel außerhalb der Stadt ein 1891 fertiggestelltes Walzwerk, begann 1893 mit dem Bau eines Laboratoriums und 1896 vollzogene Grundstückszukäufe ermöglichten dort ein Kessel- und Maschinenhaus. Im September desselben Jahres erfolgte schließlich der Umzug an den Grünen Weg. So verfügte das Unternehmen 1899 über 44 Beschäftigte.[1136]

Um die Jahrhundertwende entstanden bei Heraeus zwei neue Gewerbezweige, die künftig zu den Säulen des Unternehmens zählen sollten: Keramik und elektrische Abteilung (später Elektrowärme). Dazu kam eine Aluminium-Abteilung für den Apparatebau. Neben Degussa stieg Heraeus schnell zum führenden Fabrikant der Glanzgoldfertigung auf. Daneben produzierte die keramische Abteilung Poliergold, Silber-, Lüster- und Purpurfarben.[1137]

Für den Bereich Elektrowärme war besonders das 1904 durch Dr. Ernst Haagn entwickelte Quarzglas-Thermometer von enormer Bedeutung. Gefertigt wurden außerdem elektrisch beheizte Öfen und Heizapparate, Trockenschränke, Heizplatten.[1138] Dazu kamen 1904 zwei angemeldete Patente für Quarzglasproduktion, woraufhin AEG und W.C. Heraeus 1906 gemeinsam die Quarzlampen GmbH gründeten, die als wichtigstes Produkt die von

1135 Gniss, Heraeus, S. 43, 45.
1136 Ebd., S. 47.
1137 Ebd., S. 58, 60.
1138 Ebd., S. 59.

Richard Küch erfundene Höhensonne Hanau herstellte, die seit 1908 in Hanau, ab 1911 in Frankfurt-Griesheim produziert wurde.[1139]

Dabei zeichnete sich Wilhelm Carl Heraeus durch viele soziale Leistungen für seine Belegschaft aus. So standen dieser seit 1898 sechs Tage Urlaub zu, das Unternehmen schuf 1895 einen Pensionsfonds für Arbeiter und Angestellte und errichtete seit 1907 eine Wohnsiedlung am Hasenpfad für ältere Betriebsangehörige.[1140]

Die Kriegseinwirkungen verursachten ein Absinken der Zahl der Beschäftigten von 416 Arbeitern und Angestellten im Juli 1914 auf 291 im Dezember 1914 und 235 im Jahr 1917.[1141] Die Hinweise der Unternehmensführung, vom Engpass sei auch rüstungswichtige Produktion betroffen, änderten am Zustand nichts.[1142] Die Rohstoffbewirtschaftung und das seit 1916 geltende Gesetz über den Vaterländischen Hilfsdienst trafen auch Heraeus. So mussten fortan Produktionserzeugnisse für Kriegszwecke zur Verfügung gestellt werden.[1143] Durch die Abhängigkeit von russischen Platinmetallen ging die Platinproduktion bei Heraeus 1914 auf 47 Prozent und 1918 auf 22 Prozent des Niveaus des letzten Friedensjahres zurück.[1144]

Eine besondere Beziehung: Dunlop und Gebeschus

Zur Dunlop, als einem der größten Arbeitgeber Hanaus, hegte Gebeschus ein besonderes Verhältnis. Wenige Wochen vor seinem Amtsantritt eröffnete die »Dunlop Pneumatic Tyre Company«, wie sie offiziell firmierte, am 1. März 1893 ihre Produktionsstätte in gemieteten Fabrikräumen an der Bruchköbeler Landstraße, wo zunächst nur Radreifen vom Band liefen und ab 1902 erste Autoreifen.[1145]

Die Historie von Dunlop ist eine Erfolgsgeschichte. Nachdem John Boyd Dunlop 1888 das Verfahren zur Herstellung eines Fahrradluftreifen entdeckt und ein Jahr später ein Patent dafür erhalten hatte, wuchs das von ihm zusammen mit Harvey du Cros in Dublin gegründete Unternehmen »Pneumatic Tyre and Booth's Cycle Agency Co. Ltd.«[1146] innerhalb eines halben Jahrhunderts zum achtgrößten britischen Unternehmen und zum größten Reifen- und Gummiproduzenten Großbritanniens.[1147] Im 20. Jahrhundert schuf Dunlop eine neue Firmenstruktur, indem er 1900 einen Gummihandelsvertrieb und 1901 seine eigenen Produktionsstätten für Gummi erwarb. Die beiden Sparten wurden zur »Dunlop Rubber Company Ltd.« als Tochterfirma vereint, während die »Dunlop Pneumatic Tyre Company« als Firmenkopf den Verkauf der gefertigten Produkte übernahm.[1148]

1139 Gniss, Heraeus, S. 61, 63.
1140 Schrank, Heraeus, S. 85.
1141 Gniss, Heraeus, S. 64, 79; Schrank, Heraeus, S. 73.
1142 Schrank, Heraeus, S. 92.
1143 Gniss, Heraeus, S. 80.
1144 Ebd., S. 82.
1145 Fraeb/Bott, Mittelalter, S. 121.
1146 Jones, Expansion, S. 24; Jones, Growth, S. 36.
1147 Jones, Expansion, S. 24; Jones, Growth, S. 35.
1148 Jones, Growth, S. 37.

Um die britischen Patente auch auf dem Kontinent zu sichern und die Reifenprodukte dort zu vertreiben, mussten auf dem Festland Produktionsstätten errichtet und Vertriebspartner gefunden werden. Eine solche Dependance gründete Dunlop in Hanau, denn der Mutterkonzern wollte möglichst wenig auf dem Kontinent investieren, sodass Dunlop lokale Partner suchte, sie 1892 in Frankreich und im Deutschen Reich mit Heinrich Kleyer fand und dort eigene Produktionsstätten unter Minderheitenteilhabe gründete.[1149] Die Motive für eine Expansion auf dem Festland und damit die Errichtung eines Werkes in Hanau lagen nicht primär auf den Exportkosten und Zollbestimmungen, sondern begründeten sich in den Patentgesetzgebungen. Geschützt blieb ein Patent nur, wenn vor Ort produziert wurde. Damit war die Deutsche Dunlop Gummi Co. GmbH geboren, die seit 1907 als AG firmierte[1150] und 1894 mit 15 Beschäftigten in Hanau produzierte.[1151]

Die Zusammenarbeit mit den deutschen Firmenchefs gestaltete sich für die britischen Eigner schwierig, weil sie nicht so offensiv wie das britische Mutterhaus in neue Produkte und Sparten investieren wollten und sich die deutschen Manager der englischen Forderung widersetzten, ganze Autoreifen zu produzieren. Erst mit der vollständigen Übernahme der Aktien erhielt die britische Dunlop wieder hundertprozentigen Zugriff auf die deutsche Tochter.[1152] So erlangte der Mutterkonzern sowohl in Frankreich 1909 als auch im Deutschen Reich 1910 die volle Kontrolle über die Produktionsstätten.[1153]

Während Dunlop und Gebeschus zunächst zehn Jahre nebeneinander koexistierten, sollte das Hanauer Stadtoberhaupt in den darauf folgenden Jahren den Verbleib des Unternehmens vor Ort zweimalig sichern. Als 1903 die gemietete Produktionsstätte niedergebrannt war, kontaktierte die Firmenleitung den Magistrat mit der Anfrage billiges und gut gelegenes Baugelände erwerben zu wollen, dafür die Fabrik stark zu erweitern und damit zusätzliches Personal einzustellen. Die Hanauer Körperschaften ermächtigten Gebeschus zu Verhandlungen mit der Dunlop. Das Stadtoberhaupt bot Bauland für 1 Mark/m² an und forderte den Bau eines größeren Werkes mit Investitionen in Maschinen und Werkshallen. Dunlop verheimlichte nicht, dass ihnen Seligenstadt für 60 Pfennig und eine Stadt bei Darmstadt für 1 Mark Bauland angeboten hatten, signalisierte aber Verhandlungsbereitschaft. Am Standort Hanau wollte Dunlop investieren, die Beschäftigtenzahl auf 400 Mitarbeiter verzehnfachen und ein neues Werk mit Produktionshallen und Maschinen errichten. Diese Zusicherung überzeugte den Magistrat, dass keine spätere Verlagerung der Fabrik beabsichtigt war. Zudem winkten steigende Einnahmen aus der Gewerbesteuer. Vor dem Brand hatte Dunlop 12.000 Mark gezahlt. Doch der Deal hatte einen Haken: Die Stadt verfügte nicht über das erforderliche Bauland und kaufte es daher seinerseits für 60 Pfennig bis 1,80 Mark/m² vom Domänenfiskus. So zahlte Dunlop für das Bauland 11.000 Mark, während die Stadt hingegen über 50.000 Mark investiert hatte. Diese Summe musste Hanau vorwiegend für einen baufälligen Gutshof aufbringen, der abgerissen wurde. Zudem wandte die Stadt 150.000 Mark für Frei-

1149 Jones, Expansion, S. 26; Jones, Growth, S. 36, 38. Die Zahlen bei Jones sind in Frage zu stellen. Er nennt 1892 für die erste Firmengründung im Deutschen Reich, vgl. Jones, Expansion, S. 25; Jones, Growth, S. 36.

1150 Erker, Wettbewerb, S. 150.

1151 Brandt, Wirtschaft, S. 131.

1152 Jones, Growth, S. 40. Ergänzend Erker, Wettbewerb, S. 151.

1153 Jones, Expansion, S. 26; Jones, Growth, S. 36.

Dunlop produzierte seit 26. Januar 1893 zunächst in gemieteten Räumlichkeiten an der Bruchköbeler Landstraße, die 1903 ausbrannten.

legung, Entwässerung, Baulandreifmachung und eine Zufuhrstraße von 800 Metern Länge auf. Für die Straßennutzung zahlte Dunlop auf zehn Jahre jeweils 1.300 Mark. Gleichzeitig hoffte der Magistrat, die Straßenbaukosten würden sich bei künftigen Industrieansiedlungen amortisieren.[1154] Gebeschus fürchtete 40 arbeitslose, frühere Angestellte der Dunlop und die Verlagerung des Produktionsbetriebs. Daher ließ er sich auf das Geschäft ein.[1155]

Nach dem Brand 1903 konnte Dunlop in Hanau erst 1904/05 in den neuerrichteten und am 1. Dezember 1904 bezogenen Produktionsstätten wieder für den deutschen Reifenmarkt produzieren. Dabei arbeitete das Werk nicht rentabel: Nach einem geringen Gewinn in Höhe von 105.527 Mark im Geschäftsjahr 1907/08, tilgte die britische Muttergesellschaft zwischen 1909 und 1913 Defizite von insgesamt 3,5 Millionen Mark.[1156]

Diese enge Verbindung zwischen deutscher Tochter und britischem Mutterhaus sollte Dunlop in große Schwierigkeiten bringen. Mit dem Ausbruch des Ersten Weltkrieges bra-

1154 StAHU C1 943, Schreiben v. Gebeschus im Namen des Magistrats o.D.; StAHU C1 1063, Schreiben v. Gebeschus v. 28. September 1914.

1155 StAHU C1 1063, Schreiben v. Gebeschus v. 28. September 1914.

1156 Erker, Wettbewerb, S. 151. Datum des Erstbezugs nach Klein, Zeitungsberichte, S. 799: Bericht v. 27. Dezember 1904.

chen schwere Zeiten an. Im August und September 1914 erfolgten in deutschen Zeitungen heftige Angriffe gegen das Hanauer Unternehmen, die den Gummiproduzenten als englische Firma diffamierten und damit versuchten, die Produktion zu unterbinden. Der erste verbale Angriff wurde am 31. August 1914 unter dem Titel »Unglaubliche englische Anmaßung« in der Frankfurter Zeitung abgedruckt und nach einer Replik der Dunlop am 2. September von den Gummiwerken am 3. September wiederholt.[1157]

Eine ebenfalls am gleichen Tag erlassene Bundesratsverordnung ermöglichte es den Landeszentralbehörden „für im Inlande ansässige Unternehmungen oder Zweigniederlassungen von Unternehmungen, welche vom feindlichen Ausland aus geleitet oder beaufsichtigt werden, oder deren Erträgnisse in feindliches Ausland abzuführen sind, auf Kosten der Unternehmungen Aufsichtspersonen zu bestellen, die darüber zu wachen haben, daß der Geschäftsbetrieb, er im übrigen aufrecht zu erhalten ist, nicht in einer deutschen Interessen widerstreitenden Weise geführt wird."[1158]

Daraufhin ordnete Handelsminister Reinhold von Sydow an, für Dunlop unverzüglich eine Aufsichtsperson aus Industrie- oder Finanzkreisen zu bestimmen, die die Geschäftsführung übernahm. Daraufhin übertrug Landrat und Polizeidirektor Maximilian Laur von Münchhofen Wilhelm Heraeus noch am 3. September 1914 diese Aufgabe.[1159]

Gebeschus blieb nicht tatenlos, um die Arbeitsplätze zu sichern. Im Hanauer Anzeiger veröffentlichte der Magistrat am 11. September 1914 als Replik auf die Angriffe auf Dunlop eine von Gebeschus und Heraeus unterzeichnete Erklärung, die die Behauptung der 21 Gummiproduzenten, die Dunlop sei in englischem Besitz und die Aufsichtsratsstellen ausschließlich mit Engländern besetzt, widerlegen sollte. Der Magistrat erklärte, bei Ausbruch des Krieges sei unter 25 leitenden Personen nur ein Engländer gewesen.[1160] Die Direktoren waren nach Gebeschus' Kenntnis ein Württemberger, der sich in Amerika aufgehalten hatte und daher Bräuning genannt wurde, und ein Österreicher namens Müller.[1161] Der am 16. Oktober 1871 in Wildberg im württembergischen Schwarzwald geborene Bräuning wanderte tatsächlich mit 17 in die USA aus, arbeitete dort u.a. als Aufseher einer Gummiplantage und übernahm als 27-jähriger die Leitung der Dunlop in Hanau. Er verstarb 1943.[1162]

Auch in der übrigen Belegschaft fanden sich nur zwei Engländer in untergeordneter Stellung. Darüber hinaus hatte Dunlop nach dem Brand in Hanau in Fabrikbauten und Maschinen investiert und auch die Betriebsmaterialien wurden von deutschen Zulieferern bezogen. Gebeschus schloss mit den Worten: „Daraus ergibt sich, daß der Nutzen, den Deutschland aus dem Unternehmen gehabt hat und noch ständig hat, erheblich höher anzuschlagen ist, als der Nutzen, der in der Form von Dividenden nach England geht."[1163]

Die Diskussion zeigt die nationale Gesinnung der Industrieunternehmen und der Stadtoberhäupter – so auch in Hanau. Auf die Hanauer Erklärung folgte eine scharfe Antwort der deutschen Gummiproduzenten. Die Industrievertreter zeigten zwar Verständnis für die Hal-

1157 StAHU C1 1063, Schreiben v. Gebeschus v. 28. September 1914.
1158 StAHU C1 1063, Abschrift einer Depesche d. Handelsministers v. 3. September 1914.
1159 Ebd.
1160 StAHU C1 1063, Diktat v. Gebeschus v. 9. September 1914.
1161 StAHU C1 1063, Schreiben v. Gebeschus v. 28. September 1914.
1162 K. Gebeschus, Lebenserinnerungen II, S. 140a: Zeitungsartikel v. 16. Oktober 1936.
1163 StAHU C1 1063, Diktat v. Gebeschus v. 9. September 1914.

Max Bräuning (1871–1943): Direktor der Dunlop.

tung des Magistrats, da er sich die Steuern nicht entgehen lassen und die Arbeiter nicht arbeitslos sehen wollte, doch insbesondere die Rolle von Heraeus als Aufsichtskommissar, der die Erklärung wie Gebeschus unterschrieben hatte, wurde kritisch gesehen. Die Konkurrenz vermutete die Entscheidungsgewalt bei Dunlop beim britischen Mutterhaus und damit in feindlichen Händen.[1164] Die Gummiproduzenten sahen sich durch die Ernennung eines Aufsichtskommissars in ihrer Annahme bestätigt, die Dunlop sei ein vom Ausland gelenktes Unternehmen. Daher erneuerten sie ihren Vorwurf: „Also nochmals: Wer einen Dunlop-Reifen kauft, gibt sein Geld in Feindeshände!“[1165]

Gebeschus erhielt daraufhin persönliche Schreiben der Gummiproduzenten in Reaktion auf die Rechtfertigung im Hanauer Anzeiger. Hier wird deren Stellungnahme mit dem Hinweis verteidigt, die englische Mutter habe die deutsche Tochter stets als Tochterunternehmen und nicht als unabhängig gesehen, die geringe Summe auf dem Bankkonto von 500.000 Mark, die für einen Monat für Löhne und Produktionskosten reichten, deute darauf hin, dass Kapital vor Kriegsausbruch abgezogen wurde und die große Summe an Rohgummi spreche dafür, diesen der Konkurrenz wegzukaufen, da Gummi schnell verarbeitet werden müsse.[1166]

Gebeschus' Äußerungen zogen weitere Kreise. So rügte Regierungspräsident Percy Graf von Bernstorff Heraeus im September 1914 für die Stellungnahme in den Zeitungen und wies ihn an, solche Veröffentlichungen als Kommissar zukünftig zu unterlassen. Im Schreiben vom 25. September 1914 stellte er Gebeschus die Frage, ob er die Erklärung in eigener Sache veröffentlicht habe oder diese auf einem Magistratsbeschluss beruhe.[1167] Gebeschus erwiderte, die Heeresverwaltung habe ein erhebliches Interesse an der Aufrechterhaltung der Produktion, doch er wollte diese Mitteilung nicht in der Tagespresse abgedruckt sehen. Die

1164 StAHU C1 1063, „Nochmals englische Anmaßung“ [Zeitungsausschnitt o.D.]. – Unterzeichner der Erklärung: Asbest- und Gummiwerke Alfred Calmon AG (Hamburg), Continental-Caoutchouc- und Gutta-Percha-Compagnie (Hannover), Gummiwerke Fulda AG (Fulda), Hannoversche Gummiwerke Excelsior AG (Hannover-Linden), S. Herz (Berlin), Offenbacher Gummiwerke Carl Stoekkicht GmbH (Offenbach), B. Polack AG (Waltershausen), Veithwerke AG (Höchst im Odenwald), Vereinigte Gummiwarenfabriken Harburg-Wien (Harburg an der Elbe), Vereinigte Hanfschlauch- und Gummiwarenfabriken zu Gotha AG (Gotha) und Vereinigte Berlin-Frankfurter Gummiwerke (Gelnhausen).

1165 StAHU C1 1063, „Nochmals englische Anmaßung“ [Zeitungsausschnitt o.D.].

1166 StAHU C1 1063, mehrere Briefe.

1167 StAHU C1 1063, Schreiben des Regierungspräsidenten v. 25. September 1914.

Heeresverwaltung stellte einen Unteroffizier und zwei Mann als ständige Wache für die Dunlop ab, damit das Unternehmen sämtliche Fabrikate an diese ablieferte.[1168]

Zudem erließ die Heeresverwaltung ein Verbot für Privatpersonen bei Dunlop Reifen zu beziehen. Da auch die Heeresverwaltung nicht mehr bei Dunlop kaufte, sah Gebeschus die Gefahr einer Unternehmensschließung. Kriegsminister Erich von Falkenhayn lehnte die Bitte der Dunlop dieses Verbot aufzuheben mit dem Hinweis ab, die übrigen Gummiproduzenten würden die Arbeiter und Beamten soweit möglich einstellen. Gebeschus sah hierin keine Lösung, da die Firmen in Hanaus Nähe zu unbedeutend waren, um die Arbeiter einzustellen und Continental als einziger Konkurrent in der Liga der Dunlop zu weit entfernt in Hannover ansässig war und zudem durch die Schließung von Dunlop einen Konkurrenten aus dem Weg schaffen würde.[1169]

Gebeschus' Vorgehen in der Dunlop-Debatte verdeutlicht sein lokales Handeln wie auch seine Vaterlandstreue, die auch in seinem Schreiben an den Regierungspräsidenten Ausdruck findet: „Ich stehe vollständig auf dem Standpunkt des Magistrats, daß es sich im vorstehendenden Falle nicht um eine patriotische Entrüstung unbeteiligter Kreise handelt, sondern um ein verwerfliches Konkurrenzmanöver, das sich nur das patriotische Mäntelchen umgehängt hat, um unter diesem fischen zu können. Ich stehe weiter auf dem Standpunkt, daß, wenn es der Konkurrenz gelingen würde, die hiesige Fabrik zum Stillstehen zu zwingen, das ein schwerer Schaden für die hart heimgesuchte Gemeinde Hanau sein würde."[1170]

In der Sache reisten Gebeschus und Heraeus am 21. September 1914 nach Berlin und überzeugten Generalleutnant Wilhelm Messing, die Gewinne flössen nicht auf die Insel. So durfte Dunlop ab Oktober 1914 wieder an das Heeresamt und an Privatleute verkaufen.[1171]

Doch in der Fachzeitschrift »Stahlrad und Automobil« setzten sich die im September begonnenen Angriffe im Artikel „Die Wahrheit über die ‚Deutsche' Dunlop Gummi-Compagnie!" in der Novemberausgabe 1914 im Beitrag „Der Dunlop-Direktor als englischer Truppenwerber" fort.[1172] Letztgenannter Artikel berichtete über die Maßnahmen zur Truppenwerbung von Arthur du Cros, der gleichzeitig aber auch Dunlop-Aufsichtsratsmitglied war und damit der Dunlop-Konkurrenz neues Futter lieferte. Der Vorwurf kulminierte in der Feststellung, Hanau könne nun die Produktion unter englischer Aufsicht nicht mehr verneinen.[1173]

Angesichts der angespannten Lage ergaben sich im Verlauf des Jahres 1914 größere Umwälzungen bei Dunlop, zu denen die Akten schweigen, über die Zusammensetzung des neuen Aufsichtsrates jedoch deutlich werden: Das Amt von Heraeus nahm der Kaufmann Albert Lindheimer aus Frankfurt als staatlicher Verwalter ein. Auch der Aufsichtsrat des Unternehmens setzte sich fortan neben Gebeschus aus sechs deutschen Mitgliedern zusammen. Den Vorstand bildeten jedoch weiterhin Max Bräuning (Frankfurt) und Rafael Müller (Hanau). Beschäftigte die Dunlop Ende Juli 1914 noch 1.308 Arbeiter und Beamte, fiel die Zahl zum

1168 StAHU C1 1063, Schreiben v. Gebeschus v. 28. September 1914.
1169 Ebd.
1170 Ebd.
1171 Ebd., StAHU C1 1063, Schreiben v. Messing v. 3. Oktober 1914.
1172 StAHU C1 1063, „Stahlrad und Automobil": Ausgaben v. 13. September 1914 und 29. November 1914.
1173 StAHU C1 1063, „Stahlrad und Automobil": Ausgabe v. 29. November 1914.

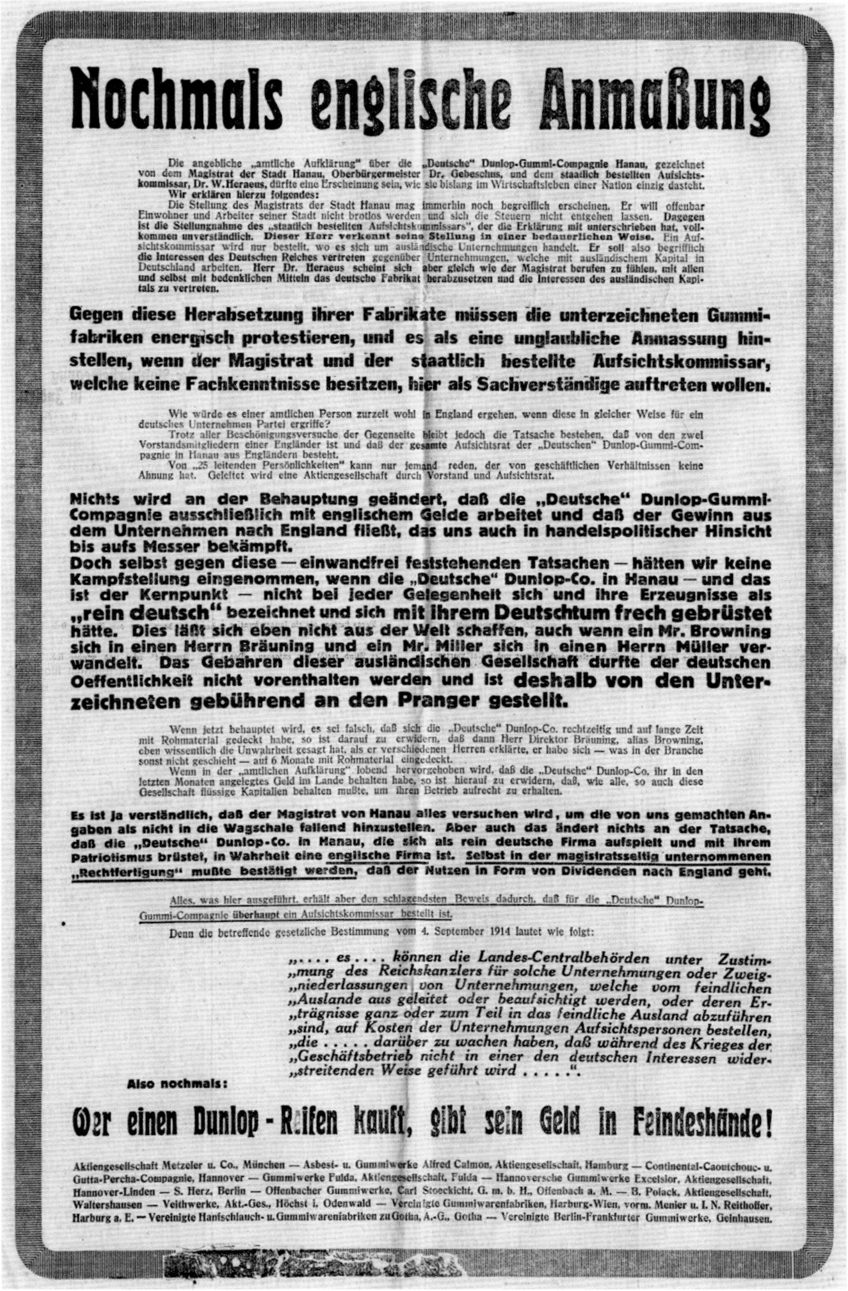

Nochmals englische Anmaßung

Die angebliche „amtliche Aufklärung" über die „Deutsche" Dunlop-Gummi-Compagnie Hanau, gezeichnet von dem Magistrat der Stadt Hanau, Oberbürgermeister Dr. Gebeschus, und dem staatlich bestellten Aufsichtskommissar, Dr. W. Heraeus, dürfte eine Erscheinung sein, wie sie bislang im Wirtschaftsleben einer Nation einzig dasteht.

Wir erklären hierzu folgendes:

Die Stellung des Magistrats der Stadt Hanau mag immerhin noch begreiflich erscheinen. Er will offenbar Einwohner und Arbeiter seiner Stadt nicht brotlos werden und sich die Steuern nicht entgehen lassen. **Dagegen ist die Stellungnahme des „staatlich bestellten Aufsichtskommissars", der die Erklärung mit unterschrieben hat, vollkommen unverständlich. Dieser Herr verkennt seine Stellung in einer bedauerlichen Weise.** Ein Aufsichtskommissar wird nur bestellt, wo es sich um ausländische Unternehmungen handelt. **Er soll also begrifflich die Interessen des Deutschen Reiches vertreten** gegenüber Unternehmungen, welche mit ausländischem Kapital in Deutschland arbeiten. **Herr Dr. Heraeus scheint sich aber gleich wie der Magistrat berufen zu fühlen, mit allen und selbst mit bedenklichen Mitteln das deutsche Fabrikat herabzusetzen und die Interessen des ausländischen Kapitals zu vertreten.**

Gegen diese Herabsetzung ihrer Fabrikate müssen die unterzeichneten Gummifabriken energisch protestieren, und es als eine unglaubliche Anmassung hinstellen, wenn der Magistrat und der staatlich bestellte Aufsichtskommissar, welche keine Fachkenntnisse besitzen, hier als Sachverständige auftreten wollen.

Wie würde es einer amtlichen Person zurzeit wohl in England ergehen, wenn diese in gleicher Weise für ein deutsches Unternehmen Partei ergriffe?

Trotz aller Beschönigungsversuche der Gegenseite bleibt jedoch die Tatsache bestehen, daß von den zwei Vorstandsmitgliedern einer Engländer ist und daß der gesamte Aufsichtsrat der „Deutschen" Dunlop-Gummi-Compagnie in Hanau aus Engländern besteht.

Von „25 leitenden Persönlichkeiten" kann nur jemand reden, der von geschäftlichen Verhältnissen keine Ahnung hat. Geleitet wird eine Aktiengesellschaft durch Vorstand und Aufsichtsrat.

Nichts wird an der Behauptung geändert, daß die „Deutsche" Dunlop-Gummi-Compagnie ausschließlich mit englischem Gelde arbeitet und daß der Gewinn aus dem Unternehmen nach England fließt, das uns auch in handelspolitischer Hinsicht bis aufs Messer bekämpft.

Doch selbst gegen diese — einwandfrei feststehenden Tatsachen — hätten wir keine Kampfstellung eingenommen, wenn die „Deutsche" Dunlop-Co. in Hanau — und das ist der Kernpunkt — nicht bei jeder Gelegenheit sich und ihre Erzeugnisse als „rein deutsch" bezeichnet und sich mit ihrem Deutschtum frech gebrüstet hätte. Dies läßt sich eben nicht aus der Welt schaffen, auch wenn ein Mr. Browning sich in einen Herrn Bräuning und ein Mr. Miller sich in einen Herrn Müller verwandelt. Das Gebahren dieser ausländischen Gesellschaft durfte der deutschen Oeffentlichkeit nicht vorenthalten werden und ist deshalb von den Unterzeichneten gebührend an den Pranger gestellt.

Wenn jetzt behauptet wird, es sei falsch, daß sich die „Deutsche" Dunlop-Co. rechtzeitig und auf lange Zeit mit Rohmaterial gedeckt habe, so ist darauf zu erwidern, daß dann Herr Direktor Bräuning, alias Browning, eben wissentlich die Unwahrheit gesagt hat, als er verschiedenen Herren erklärte, er habe sich — was in der Branche sonst nicht geschieht — auf 6 Monate mit Rohmaterial eingedeckt.

Wenn in der „amtlichen Aufklärung" lobend hervorgehoben wird, daß die „Deutsche" Dunlop-Co. ihr in den letzten Monaten angelegtes Geld im Lande behalten habe, so ist hierauf zu erwidern, daß, wie alle, so auch diese Gesellschaft flüssige Kapitalien behalten mußte, um ihren Betrieb aufrecht zu erhalten.

Es ist ja verständlich, daß der Magistrat von Hanau alles versuchen wird, um die von uns gemachten Angaben als nicht in die Wagschale fallend hinzustellen. Aber auch das ändert nichts an der Tatsache, daß die „Deutsche" Dunlop-Co. in Hanau, die sich als rein deutsche Firma aufspielt und mit ihrem Patriotismus brüstet, in Wahrheit eine englische Firma ist. Selbst in der magistratsseitig unternommenen „Rechtfertigung" mußte bestätigt werden, daß der Nutzen in Form von Dividenden nach England geht.

Alles, was hier ausgeführt, erhält aber den schlagendsten Beweis dadurch, daß für die „Deutsche" Dunlop-Gummi-Compagnie **überhaupt** ein Aufsichtskommissar bestellt ist.

Denn die betreffende gesetzliche Bestimmung vom 4. September 1914 lautet wie folgt:

„. . . . es . . . . können die Landes-Centralbehörden unter Zustim-
„mung des Reichskanzlers für solche Unternehmungen oder Zweig-
„niederlassungen von Unternehmungen, welche vom feindlichen
„Auslande aus geleitet oder beaufsichtigt werden, oder deren Er-
„trägnisse ganz oder zum Teil in das feindliche Ausland abzuführen
„sind, auf Kosten der Unternehmungen Aufsichtspersonen bestellen,
„die . . . . . darüber zu wachen haben, daß während des Krieges der
„Geschäftsbetrieb nicht in einer den deutschen Interessen wider-
„streitenden Weise geführt wird . . . . .".

Also nochmals:

Wer einen Dunlop-Reifen kauft, gibt sein Geld in Feindeshände!

Aktiengesellschaft Metzeler u. Co., München — Asbest- u. Gummiwerke Alfred Calmon, Aktiengesellschaft, Hamburg — Continental-Caoutchouc- u. Gutta-Percha-Compagnie, Hannover — Gummiwerke Fulda, Aktiengesellschaft, Fulda — Hannoversche Gummiwerke Excelsior, Aktiengesellschaft, Hannover-Linden — S. Herz, Berlin — Offenbacher Gummiwerke, Carl Stoeckicht, G. m. b. H., Offenbach a. M. — B. Polack, Aktiengesellschaft, Waltershausen — Veithwerke, Akt.-Ges., Höchst i. Odenwald — Vereinigte Gummiwarenfabriken, Harburg-Wien, vorm. Menier u. I. N. Reithoffer, Harburg a. E. — Vereinigte Hanfschlauch- u. Gummiwarenfabriken zu Gotha, A.-G., Gotha — Vereinigte Berlin-Frankfurter Gummiwerke, Gelnhausen.

Die deutschen Gummiproduzenten griffen die Hanauer Dunlop 1914 wegen des britischen Mutterkonzerns in Anzeigen mit nationalistischen Tönen an: „Wer einen Dunlop-Reifen kauft, gibt sein Geld in Feindeshände!"

31. Juli 1915 auf 544. Ungeachtet der schwierigen wirtschaftlichen Lage erwirtschaftete die Dunlop noch einen Gewinn von 736.213 Mark.[1174]

Continentals Angriffe auf den deutschen Konkurrenten müssen im Kontext des Ersten Weltkrieges gesehen werden. Denn auch die britische Dunlopmutter oder Michelin in Frankreich versuchten jeweils in ihren Heimatländern den ausländischen Konkurrenten mit national angehauchten Kampagnen aus dem Geschäft zu drängen. Den Zugriff auf die ausländischen Produktionsstätten verloren alle Unternehmen: Continental auf Clichy und London, ebenso wie Michelin und Dunlop im Deutschen Reich.[1175]

Trotz der verbalen Angriffe produzierte die Dunlop in Hanau 1914–1916 weiter. Doch der Kriegsverlauf hinterließ deutlich seine Spuren: Dunlop durfte wie alle anderen Gummiproduzenten nichtmilitärische Produkte nur in beschränktem Maße herstellen, da Kautschuk und Gummi-Altmaterial nur noch in geringen Mengen vorhanden waren. Im April 1916 arbeiteten noch 297 Beschäftigte bei der Dunlop, davon 63 als Maschinisten, Lageristen, Portier oder Putzfrau, 49 in der Regenerierabteilung und 185 in der Fahrradabteilung. Wegen der geringen Produktion erließ die Königliche Regierung in Kassel die Order, bis 1. Mai 1916 100 Arbeiter aus der Fahrradabteilung bei der Dunlop zu entlassen. Verwalter Lindheimer schrieb im April 1916 prophetische Worte an Gebeschus: „Ob unter diesen Umständen der Betrieb überhaupt noch weiter arbeiten kann, ist eine heute noch nicht zu überblickende Frage.“[1176]

Auf dieses Schreiben Lindheimers reagierte Gebeschus mit umfangreichen Initiativen zum Erhalt der Arbeitsplätze – ungeachtet seines angeschlagenen gesundheitlichen Zustandes. Er bat den Hanauer Reichstagsabgeordneten Gustav Hoch und den Kasseler Regierungspräsidenten Percy von Bernstorff, die Entlassungen abzuwenden. Zum einen befürchtete Gebeschus den Anfang vom Ende der Dunlop und die Entlassung der übrigen Beschäftigten. Dieses Szenario hätte nicht nur für die Stadt 300 zusätzliche Arbeitslose bedeutet, sondern ebenso den Wegfall von 20.000 Mark zu Zwecken der Kriegswohlfahrtspflege, die Dunlop monatlich beisteuerte. Um die Arbeitsplätze zu sichern, schlug Gebeschus vor, Dunlop weiter zu erlauben aus Altmaterial, sogenannten Regeneraten, Gummi für nicht militärische Zwecke gewinnen zu dürfen und die Fabrikation stattdessen auf zwei Drittel einzuschränken, aber keine Arbeiter zu entlassen.[1177]

Gebeschus' Bemühungen hatten Erfolg: Hoch erwirkte bei der Kriegsrohstoffabteilung die Erlaubnis, Dunlop könne so viele Arbeiter beschäftigen, wie das Unternehmen wolle, und die Prüfung der Zulieferung von Gummi an Dunlop.[1178] Doch durch ihre Zuschreibung als englische Firma bekam Dunlop zwischen 1914 und 1916 beständig weniger Produktions- und Rohmittel zugewiesen oder Rohstoffe wurden zeitweise beschlagnahmt. Daher beschloss die Geschäftsführung 1916 die Fabrikation auf Munitionsproduktion umzustellen.[1179]

Zwei Jahre hatten die Dunlop und Gebeschus allen Widerständen getrotzt. Doch den Bestimmungen des neuen Reichsgesetzes – der »Bekanntmachung, betreffend Liquidation bri-

1174 StAHU C1 1063, Geschäftsbericht: Deutsche Dunlop Gummi Compagnie AG Hanau. Geschäftsjahr 1914/15.
1175 Erker, Wettbewerb, S. 174.
1176 StAHU C1 1063, Schreiben d. Dunlopdirektion [verm. Lindheimer] v. 5. April 1916.
1177 Ebd., StAHU C1 1063, Schreiben v. Gebeschus v. 14. April 1916.
1178 StAHU C1 1063, Schreiben v. Hoch v. 14. März 1916 | Schreiben v. Gebeschus v. 18. April 1916.
1179 StAHU C1 1064, Aktennotiz Gebeschus v. 8. November 1916.

tischer Unternehmungen vom 31. Juli 1916«[1180] – hatten sie nichts mehr entgegenzusetzen. Gebeschus versuchte in seinen letzten Amtsmonaten in den Verhandlungen für den feststehenden Verkauf des Hanauer Werkes an einen deutschen Konkurrenten möglichst viel für Hanau herauszuholen.

Von den Verkaufsgerüchten erfuhr Gebeschus um den 1. September 1916 und schrieb daraufhin Lindheimer seine Überlegungen zur Zukunft: „Ich habe selbstverständlich das lebhafteste Interesse daran, daß das Aktien-Kapital möglichst ganz in Hanau bleibt und nicht in andere Hände, möglicherweise in diejenigen der Konkurrenz kommt. Da wir bei der seinerzeitigen Errichtung der Fabrik erhebliche Geldopfer gebracht haben auch lebhaft daran interessiert sind, daß die Fabrik dauernd der Stadt erhalten bleibt wegen der Beschäftigung der Arbeiter und der Steuerkraft der Fabrik, wie ihre Angestellten, so werden sie meinen Wunsch verstehen.“[1181]

Zugleich schrieb er dem Handelsministerium mit der Bitte, den Verkauf nicht zu genehmigen, solange der Aufsichtsrat und er als städtischer Vertreter nicht die Kaufangebote im Interesse der Stadt geprüft hatten. Gebeschus war optimistisch, ein heimisches Konsortium werde die Gelder für den Kauf der Dunlopaktien aufbringen.[1182]

Insgesamt sollten drei Millionen Aktien aus englischem Besitz dem deutschen Markt zugeführt werden. Lindheimer riet den Stellen, die über den Verkauf entschieden, davon ab, die Aktien im Interesse der Stadt Hanau und der Beschäftigten an die Konkurrenz zu verkaufen. Größtes Interesse an einem Kauf bestand bei AEG und Continental. Insbesondere einen Verkauf an Continental wollte Lindheimer verhindern, um ein Kartell aus den beiden größten deutschen Gummiproduzenten zu verhindern. Direktor Müller ging sogar so weit zu sagen, er wolle lieber in englischen oder russischen Diensten arbeiten als für einen deutschen Gummikonkurrenten.[1183] Regierungspräsident von Bernstorff befürwortete Lindheimers Auffassung, um das Werk in Hanau vor einer Schließung zu bewahren und keinen Trust zu schaffen.[1184]

So schlug Gebeschus Lindheimer vor, Aktienwerte im Werte von zwei Millionen durch die Hanauer Bürger kaufen zu lassen, um die Arbeitsplätze vor Ort zu sichern.[1185] Gebeschus bekräftigte, mindestens 1,6 Millionen der Aktien – also die Majorität – solle in Hanau verbleiben. Die Aktien, die von Dunlopmitarbeitern gekauft würden, sollten bei einer Bank hinterlegt und mussten nach Ausscheiden aus dem Dienstverhältnis zum Bilanzwert verkauft werden. Dabei galt eine Sperrzeit von fünf Jahren für den Aktienverkauf.[1186] Diese Idee fiel auf fruchtbaren Boden. Vorstandsmitglieder, Prokuristen, Filialleiter und Beamte signalisierten Kaufbereitschaft für die Aktien. Müller und Bräuning warfen ein, den Erwerb der Aktien nur als Kapitalanlage und nicht zu Spekulationszwecken zu erlauben sowie Vorstandsmitgliedern und anderen Aktionären ein Vorkaufsrecht einzuräumen.[1187]

1180 Siehe hierzu http://www.rechtssetzung.de/N2838.html.

1181 StAHU C1 1064, Schreiben v. Gebeschus v. 1. September 1916.

1182 Ebd.

1183 StAHU C1 1064, Schreiben v. Continental v. 12. August 1916 | Schreiben v. Lindheimer v. 15. August 1916 | Schreiben v. Lindheimer v. 24. August 1916.

1184 StAHU C1 1064, Schreiben v. Regierungspräsident v. 17. August 1916.

1185 StAHU C1 1064, Schreiben v. Gebeschus v. 6. September 1916.

1186 StAHU C1 1064, Schreiben v. Lindheimer v. 13. September 1916.

1187 StAHU C1 1064, Schreiben v. Müller und Bräuning v. 7. September 1916.

Das Konsortium setzte sich aus sieben Personen aus Gebeschus' privatem und beruflichem Bekanntheitskreis zusammen, die für 1,21 Millionen Mark Dunlop-Aktien erwerben wollten: Heinrich Brüning zu 500.000 Mark, Dr. Heraeus zu 300.000 Mark, Fritz Canthal zu 60.000 Mark, Karl Glaser zu 100.000 Mark, Generaldirektor von Maltitz zu 100.000 Mark, August Brüning zu 125.000 Mark und Gebeschus selbst zu 25.000 Mark. Darin spiegelt sich klar das Ziel des Konsortiums wider, die Dunlop als Fabrik in Hanau zu behalten sowie Arbeitsplätze und Gewerbesteuereinnahmen zu sichern. Die AEG offerierte Gebeschus das Angebot, die Hälfte der Aktien zu übernehmen und das Werk für eine von der Regierung festgelegte Zeit nicht zu verkaufen. Die zweite Hälfte der Aktien sollte die Hanauer Gruppe binnen fünf Jahren mit einer Dividende von zwölf Prozent pro Jahr an die AEG verkaufen.[1188] Für diesen Vorschlag sprach sich das Hanauer Konsortium aus, wollte ihr sogar über 50 Prozent der Aktien verkaufen, ihr aber kein Optionsrecht einräumen und für die AEG festschreiben, die Fabrik in Hanau für eine möglichst lange Zeit erhalten zu müssen.[1189]

Doch der Plan scheiterte. Im Laufe der Verhandlungen kristallisierte sich hieraus, dass die deutsche Dunloptochter nur noch über eine Million Mark an Betriebskapital verfügte und für die Wiederaufnahme der Produktion Investitionen von ca. 4,6 Millionen Mark benötigte. Somit musste der potentielle Käufer neben den drei Millionen Mark für die Aktien noch die Investitionssumme aufbringen, ergo insgesamt 7,6 Millionen Mark – eine zu hohe Hürde für das Hanauer Konsortium. Da der Handelsminister die Übernahme der Aktien durch mit Hinzunahme einer Bank ausgeschlossen hatte, blieb dem Konsortium diese Option verschlossen. Daher forcierte es den Vorschlag, der AEG oder Siemens & Schuckert, die unterdessen als dritter Interessent aufgetreten waren, die Dunlopaktien zu verkaufen.[1190]

Selbst Gebeschus präferierte nach Bekanntwerden der Bilanzzahlen aus drei Gründen den Verkauf an ein Unternehmen: Erstens werde das Hanauer Konsortium die Aktien vermutlich nach der fünfjährigen Sperrfrist seinerseits mit Gewinn verkaufen wollen. Zweitens mangelte es dem Konsortium an der wirtschaftlichen Potenz, große Investitionen im Betrieb vorzunehmen und drittens waren die Mitglieder des Konsortiums meist sehr alt und Gebeschus traute ihnen nicht mehr die Weitsicht und den Innovationsgeist zu, das Unternehmen in die Zukunft zu führen.[1191] Doch binnen eines Monats schien Gebeschus seine Sicht auf die Dinge revidiert zu haben, denn er schrieb wenige Tage vor dem Weihnachtsfest 1916 an Geheimrat Dr. Neuhaus in Berlin, Hanauer Konsortium und Hanauer Bürger hätten 2,5 Millionen Mark für den Kauf der Dunlopaktien beisammen und er werde im Januar 1917 zu Verhandlungen in die Haupt-

1188 StAHU C1 1064, Aktennotiz d. AEG v. 28. September 1916.

1189 StAHU C1 1064, Aktennotiz v. Gebeschus v. 4. Oktober 1916.

1190 StAHU C1 1064, Schreiben v. Lindheimer v. 9. September 1916 | Schreiben v. Gebeschus v. 17. Oktober 1916. Gemäß einer Aufstellung Lindheimers im September 1916 verfügte Dunlop über 600.000 Mark als Restwert der Maschinen, eine Million Mark als Restwert der Betriebsgebäude, sowie 6,326 Millionen Mark an flüssigen Werten, davon 3,6 Millionen Mark in Wertpapieren, 2,7 Millionen Mark in Bankpapieren und 26.000 Mark in Wechseln und Kasse. Diesen Werten gegenüber standen Verbindlichkeiten über 3,75 Millionen Mark. Damit verblieb ein Restwert von 2,576 Millionen Mark, wovon noch 1,1 Millionen Mark an Wehrbeitrag zu zahlen waren und 400.000 Mark an Vermögenswerten, ergo ein Gesamtwert des deutschen Werkes von ca. einer Millionen Mark vorhanden war (vgl. StAHU C1 1064, Schreiben v. Lindheimer v. 9. September 1916).

1191 StAHU C1 1064, Aktennotiz v. Gebeschus v. 8. November 1916.

Werbeanzeige von Dunlop, 1924: Seit 1903 errichtete Dunlop ein neues Werk im Freigericht-Viertel und vergrößerte die Anlagen in den kommenden Jahren kontinuierlich.

stadt reisen.[1192] Zugleich versuchten Gebeschus und Lindheimer den Verkaufswert der Aktien auf 85 Prozent zu senken.[1193] Doch dieser Vorschlag wurde von Berlin zurückgewiesen.[1194]

Gebeschus seinerseits weilte am 27. Dezember 1916 zu einer Unterredung an der Spree, bei der ihm der Handelsminister vom Angebot der Unternehmensgruppe Adlerwerke vorm. Heinrich Kleyer A.G. Frankfurt und der OHG Adam Opel Rüsselsheim berichtete, die für jede der 3.000 Aktien 1.100 Mark boten und die Fabrikation in Hanau garantierten. Da dieses Unternehmen mehr als das Hanauer Konsortium offerierte, entschied sich der Handelsminister dem Verkauf zuzustimmen.[1195]

Trotz seines Ausscheidens als Oberbürgermeister ermächtigte der Magistrat Gebeschus per amtlicher Verfügung vom 9. Januar 1917 mit Kleyer & Opel den Vertrag über den Kauf der Dunlop auszuhandeln.[1196] Auch den Vertragsentwurf setzte das vormalige Stadtoberhaupt auf. So sehr lag ihm das Wohl der Dunloparbeiter am Herzen. Die Unternehmensgruppe verpflichtete sich im Falle der Übernahme der Dunlop AG für zehn Jahre, beginnend sechs Monate nach Kriegsende, mindestens 300.000 Mark unabhängig vom Gewinn des Unternehmens als Gewerbesteuer abzuführen und die Produktion in Hanau mit 1.000 Beschäftigten aufrechtzuerhalten. Dem Hanauer Magistrat oblag das Recht zwei Bürger vorzuschlagen, die in den Aufsichtsrat mit vollem Stimmrecht aufgenommen wurden[1197] – angesichts der wirtschaftlichen Verluste bei Dunlop ein durchaus gutes Ergebnis für Hanau. Die Übernahmemeldung schlug in der Gummibranche wie eine Bombe ein, konnten Kleyer & Opel nun ihre eigenen Reifen herstellen.[1198]

1192 StAHU C1 1064, Schreiben v. Gebeschus v. 20. Dezember 1916.

1193 StAHU C1 1064, Schreiben v. Lindheimer v. 6. September 1916 | Schreiben v. Gebeschus v. 20. Dezember 1916.

1194 StAHU C1 1064, Schreiben v. 23. Dezember 1916.

1195 StAHU C1 1064, Notiz v. Gebeschus v. 29. Dezember 1916 | Schreiben v. König v. 13. Januar 1917.

1196 StAHU C1 1064, Verfügung v. 9. Januar 1917 | Schreiben v. Gebeschus v. 23. Januar 1917.

1197 StAHU C1 1064, Vertrag zw. d. Magistrat d. Stadt Hanau und Adlerwerken / Opel v. 23. Januar 1917.

1198 Erker, Wettbewerb, S. 178.

Obwohl Gebeschus den Vertrag aufsetzte, unterzeichnete ihn sein Nachfolger Hild. Auch nach Abschluss der Verhandlungen versuchten Hild und Gebeschus seit März 1917 vergebens die Produktion von Autoreifen für Opel zu erreichen, denn die Munitionsproduktion brachte nicht ausreichend Arbeiter in Lohn und Brot.[1199] Erst seit September 1919 produzierte die Dunlop auf geringem Ausstoßniveau wieder Fahrradreifen.[1200]

Nach Kriegsende beabsichtigte die britische Dunlopmutter 1920 die Aktien wieder zurückzukaufen. Gebeschus sprach sich dafür aus, die Dunlop schnellstmöglich wieder in englische Hände zu überführen, weil damit der Zufluss von Rohmaterial für die Produktion gesichert war. Auch die Adlerwerke und Opel ihrerseits wollten vom Vertrag vom 23. Januar 1917 zurücktreten und die Dunlop in englische Hände verkaufen. Dem stimmte auch der Magistrat am 3. Februar 1920 zu und entließ die Unternehmen aus dem Vertrag.[1201] Gebeschus' Argumentation hatte ein letztes Mal überzeugt: Möglichst Arbeitsplätze bei der Dunlop erhalten und die Steuereinnahmen zum Wohle der Bürger zu sichern.

6.4.5. Verkehrsbauten

Neue Mobilität durch Eisen- und und Straßenbahn

Hanau wuchs in den 1870er und 1880er Jahren zu einem wichtigen Eisenbahnknotenpunkt. Neben der am 22. November 1874 eröffneten und 1881 bis Friedberg verlängerten Strecke Hanau-Windecken, verkehrten seit 1882 auch Züge auf der Verbindung Hanau-Eberbach.[1202] Daneben verband seit 1848 die Hanauer Privatbahn den Bahnhof Wilhelmsbad mit Frankfurt am Main und seit 1854 als Maintalbahn bis Aschaffenburg. In den Jahren 1867 bis 1873 erfolgte in Richtung Nordosten der Anschluss Hanaus an die Bebraer Bahn.[1203]

Mit den Bahnverbindungen gelangten nicht nur die Arbeiter aus dem Umland schneller an ihre Arbeitsstätten, sondern die Kommunikationswege zwischen Stadt und Umland verdichteten sich. Im Zuge des Bahnstreckenbaus zwischen Hanau und Friedberg intensivierten sich erste Pläne zum Bau einer nördlichen Station. Das Bauvorhaben hatte Priorität, da der avisierte Nordbahnhof näher an der Innenstadt lag als der heutige Hauptbahnhof – der damalige Zentralbahnhof nahe den östlichen Industriegebieten. Enorme Wichtigkeit erlangte das Projekt auch aufgrund der Lieferungen von Kohle und Rohmaterialien, die nach Fertigstellung des Nordbahnhofs vornehmlich aus Norden und Westen erfolgen sollten.[1204]

Während viele Entwicklungen schon Gebeschus' Vorgänger angestoßen hatten, verdankte die am 1. Oktober 1896 eröffnete Kleinbahn nach Hüttengesäß und Langenselbold, deren

1199 StAHU C1 1064, Verschiedene Schreiben seit März 1917.
1200 StAHU C1 1064, Schreiben Gebeschus v. 2. Februar 1920.
1201 Ebd.
1202 Fraeb/Bott, Mittelalter, S. 121.
1203 Krumm, Hanau, S. 42.
1204 Hanau, Verwaltungsbericht 1879/80, S. 2.

Bahnhof sich in der Nähe des Nordbahnhofs befand,[1205] wie so viele Bauprojekte ihre Verwirklichung dessen Initiative und Durchsetzungsvermögen. Gebeschus' Vorgänger Albert Westerburg stand zunächst der 1892 gegründeten Interessensgemeinschaft vor, die eine Zugverbindung von Hanau über Langendiebach und Marköbel nach Büdingen und bis nach Birstein schaffen wollte.[1206] Der Wiesbadener Ingenieur Nikolaus Henzel bewarb sich im Namen seiner Firma Henzel und Reimherr bei der Regierung in Kassel um die Konzession für die projektierte Kleinbahn. Diese erteilte Henzel im Mai 1893 die Erlaubnis für die Planung der Strecke, jedoch beschränkt auf die preußischen Landesgrenzen. So verlief die später gebaute Strecke vom Bahnhof Hanau-Nord nach Neuhof, Langendiebach, Ravolzhausen und Hüttengesäß mit einer Abzweigung nach Rückingen und Langenselbold. Während die Landgemeinden Hüttengesäß und Langenselbold die kostenlose Abgabe von Bahnbaugelände an die Henzel-Gesellschaft zusagten, verweigerten Langendiebach und Niederwiedermus selbiges.[1207]

Es lag wie so oft an Gebeschus, der zwischenzeitlich den Vorsitz im Ausschuss von Westerburg übernommen hatte. Er bewegte die Gemeinden zur Zustimmung, indem er drohte, die Verbindung nach Langenselbold werde andernfalls zuerst entstehen. Der Ausschuss entzog Henzel im Sommer 1894 schließlich den Auftrag wegen seiner zu hohen Kostenvoranschläge und der geforderten Garantiesummen. Den Zuschlag erhielt daraufhin 1896 der Hanauer Ingenieur und Eisenbahnbau-Unternehmer Hermann Christner, der die Kleinbahnlinie Hanau-Hüttengesäß mit einer Abzweigung nach Langenselbold im selben Jahr errichtete.[1208]

Während die Städte über das Eisenbahnnetz verbunden waren, bildeten innerorts Pferdebahnen auf Schienen Mitte des 19. Jahrhunderts die weitverbreiteste Form der Personenbeförderung. Einen Verkehr mit Pferdewagen ohne Schienen ließen die Zustände der Straßen kaum zu. Die erste Pferdebahn eröffnete 1865 und verband Berlin und Charlottenburg, 1866 folgten Hamburg und 1868 Stuttgart.[1209] Im Rhein-Main-Gebiet verkehrte seit 1872 die erste Pferdebahn in Frankfurt auf der Strecke vom Main-Neckar-Bahnhof über die Zeil zum Hanauer Bahnhof, dem heutigen Ostbahnhof.[1210] Seit den 1870er Jahren besaßen auch Mainz, Wiesbaden und Kassel das moderne Verkehrsmittel, betrieben von Privatinvestoren.[1211]

Die Entwicklung einer elektrisch angetriebenen Straßenbahn brachten erst die Erfindungen Werner von Siemens voran, der 1879 eine Versuchseisenbahn auf der Industrieausstellung in Berlin vorstellte. Zwei Jahre später bauten und eröffneten Siemens & Halske die erste Linie in Großlichterfelde nahe der Hauptstadt. 1884 folgte eine Verbindung von Frankfurt nach Offenbach.[1212] Danach kam der Bau elektrischer Straßenbahnen vorerst zum Stillstand. Siemens übertrug die Spannung über Oberleitungen, welche die Kommunen nicht in ihren Straßen

1205 Klein, Zeitungsberichte, S. 627: Bericht v. 26. September 1896, S. 635: Bericht v. 24. Dezember 1896; Fraeb/Bott, Mittelalter, S. 122; Traxel, Kleinbahn, S. 241.

1206 Traxel, Kleinbahn, S. 235.

1207 Ebd., S. 237f.

1208 Ebd., S. 239f.

1209 Krabbe, Kommunalpolitik, S. 62.

1210 Tank, Elektrische, S. 88.

1211 Neise, Mainz, S. 11f., 18.

1212 Krabbe, Kommunalpolitik, S. 62. Abweichende Jahreszahlen bei Grabas, Kommunalisierungsprozesse, S. 104.

Der Westbahnhof um 1900: das Eisenbahndrehkreuz in Richtung Westen. Daneben bestanden der Nordbahnhof, Hanau-Wilhelmsbad und Hanau-Ost, der heutige Hauptbahnhof.

haben wollten. Erst in den 1890er Jahren folgte eine Welle der Elektrifizierung und damit der Durchbruch für die elektrische Straßenbahn als öffentliches Verkehrsmittel.[1213]

Zugleich hatte das System der Pferdebahnen den Endpunkt der Wachstumsmöglichkeiten erreicht. 1890 mussten in größeren Städten mit 16.000 Pferden 350 Millionen Personen transportiert werden und die Tiere brauchten Unterkunft, Futter und Pflege. Der Dampfbetrieb stellte in engen Straßen wegen Rauch und Schwerfälligkeit keine Alternative zu einem elektrisch angetriebenen Verkehrsmittel dar.[1214]

Die Kommunen verfolgten mit der Errichtung einer elektrischen Straßenbahn verschiedene Motive: Das moderne Verkehrsmittel kombinierte Ziele der Verkehrs- und Sozialpolitik. So ließen sich weit entfernte Stadtteile verbinden, Wegzeiten zur Arbeit und ins Stadtzentrum enorm verkürzen und dadurch der Zuzug in die übervölkerten Stadtzentren bremsen. Zuvor abgelegene Stadtrandgebiete gewannen an neuer Attraktivität, sodass die Straßenbahn sich auch als ein Instrument zur Regulierung der Bodenpreise einordnen lässt.[1215]

Wie bei der Energieversorgung stellte sich erneut die Frage, die neue Technik Privatinvestoren zu überlassen oder den Fahrbetrieb in Eigenregie zu betreiben. Unstrittig war eine Stra-

1213 Krabbe, Kommunalpolitik, S. 63.
1214 Grabas, Kommunalisierungsprozesse, S. 104.
1215 Krabbe, Kommunalpolitik, S. 63f.; Schott, Stadtentwicklung, S. 164.

ßenbahn zu bauen. So verfügten 1908 alle 41 Städte im Deutschen Reich mit mehr als 100.000 Einwohnern über dieses Verkehrsmittel und 41 von 44 Städten mit 50.000–100.000 Einwohnern. Das Verhältnis von Regiebetrieb zu Privatgesellschaft lag bei ca. 40 zu 60 Prozent (privat) bei beiden Städtegrößen.[1216]

So kam auch die Idee einer Straßenbahn für Hanau auf. Wie häufig handelte es sich um eine Initiative auswärtiger Fachkräfte unter Beteiligung externer Sachverständiger und Investoren, die 1900 dem Magistrat ihre Dienste für einen Bau anboten.[1217] Seitdem debattierte der Hanauer Magistrat unter Gebeschus' Vorsitz oftmals über die Vorteile eines ÖPNV sowie die damit verbundenen Schwierigkeiten durch die weitläufige Bebauung des Stadtgebietes und die die Ausfallstraßen schneidenden Bahnlinien. Somit konnte die elektrische Straßenbahn die Verkehrsfunktion ins Umland und nach Hanau hinein nur schwer wahrnehmen.[1218]

Bewegung in die Materie kam zwei Jahre später durch ein Bittschreiben des Wiesbadener Ingenieurs Hecker vom 30. August 1902, in dem er sich im Auftrag eines Finanzkonsortiums an den Hanauer Magistrat wandte, die Genehmigung für Vorarbeiten für den Bau einer elektrischen Straßenbahn erbat und diese auch erhielt. Hecker stellte für zwei innerstädtische Linien Rentabilitäts- und Kostenrechnungen an, die vom Ostbahnhof über Markt- und Paradeplatz zur Frankfurter Landstraße (Linie 1) bzw. vom Westbahnhof durch die Salz- und Nordstraße zum Nordbahnhof (Linie 2) führen sollten. Hierfür veranschlagte Hecker Kosten von 400.000 Mark, die zu jeweils 50 Prozent über Obligationen und Aktien finanziert werden sollten. An die Stadt erging vom Konsortium die Bitte, sich mit 100.000 Mark am Aktienkapital zu beteiligen und einen Teil der Obligationen zu übernehmen. Der Magistrat stellte die Übernahme der Obligationen bis zur Summe von 200.000 Mark in Aussicht, machte aber die Zustimmung von einem Gutachten des Frankfurter Baurates Otto Riese abhängig und suchte damit wie so oft die Expertise eines auswärtigen Fachmanns. Eine Ausbaustufe nach Klein-Steinheim und Klein-Auheim sowie Verlängerungen zur Ulanenkaserne oder nach Wilhelmsbad machte Hecker vom Betriebsergebnis der ersten beiden Strecken abhängig.[1219]

Obwohl Riese aus Kostengründen das von Hecker geplante Straßenbahnprojekt ablehnte, sprach sich der Magistrat am 19. Januar 1904 dennoch dafür aus, erteilte die Konzession zum Bau und sicherte eine Beteiligung in Höhe von 200.000 Mark zu. Dabei forderte der Magistrat vom künftigen Betreiber drei innerstädtische Linien und eine Strecke nach Klein- und Großsteinheim zu errichten, eine Bürgschaft zu leisten, dass er den Fahrbetrieb dauerhaft und unabhängig von der Rentabilität aufrecht erhalten könne sowie das Zugeständnis, das Straßenbahngeschäft nach Ablauf der Konzession unentgeltlich und lastenfrei der Stadt zu überlassen, falls die Stadtgemeinde die Straßenbahn nicht schon während der Konzessionsdauer erwerben wollte. Diese Bedingungen wollte Hecker nicht erfüllen und trat daher vom Vorhaben zurück, sodass der Magistrat in den Jahren 1903 und 1904 mit anderen Unternehmen verhandelte.[1220]

Daher setzten die Körperschaften 1904 eine Kommission ein, die die Linienführung auf zwei innerstädtische Linien und eine Verbindung nach Großsteinheim und zur Pulverfabrik redu-

1216 Krabbe, Kommunalpolitik, S. 77.
1217 StAHU C1 944, Schreiben d. Eisenbahngesellschaft Becker & Co. v. 28. November 1900.
1218 Lobin, Straßenbahn, S. 22.
1219 Hanau, Verwaltungsbericht 1900–1902, S. 2.
1220 Hanau, Verwaltungsbericht 1903, S. 1.

zierte, die Konzessionsbestimmungen und die Übernahmemöglichkeiten für die Stadt jedoch unangetastet ließ.[1221] Gebeschus schrieb 1905 an die Bürgermeister der Gemeinden Klein- und Großsteinheim Valentin Braun bzw. Karl Friedrich Spielmann, informierte sie über das Straßenbahnprojekt und warb bei beiden, sich dem Vorhaben anzuschließen. Großsteinheim signalisierte Bereitschaft, während Klein-Steinheim sich wegen der Kosten zurückhaltend zeigte.[1222]

Nach einer Ausschreibung im April 1905, auf die sich sechs Firmen bewarben,[1223] erklärten sich im Sommer 1905 zwei Unternehmen bereit, die geforderten Bedingungen zu erfüllen.[1224] Die Berliner Eisenbahngesellschaft Becker & Co. erhielt zwar den Zuschlag, zog sich jedoch aus dem risikoreichen Geschäft freiwillig zurück, sodass die Verhandlungen mit Hecker & Co. wieder aufgenommen wurden.[1225] Hierfür setzte die Stadtverordnetenversammlung am 17. November 1906 eine Kommission aus drei Mitgliedern des Magistrats – Georg Bode, Ludwig Bracker und Karl Glaser – und fünf Stadtverordneten – Dr. Wilhelm Heraeus, Karl Spatz, Hermann Wohlfahrt, Georg Wagner und Julius Schwabe – ein, denen es 1907 gelang, Hecker & Co. schlussendlich doch als Projektpartner zu gewinnen.[1226] Somit endete die fast zehnjährige Phase von Beratungen und Verhandlungen mit einem positiven Ergebnis.

Per Vertrag vom 28. März 1907 schuf die Stadt Hanau mit den Wiesbadenern Bankhäusern Pfeiffer & Co. und Oppenheimer & Co., dem Frankfurter Bankhaus Jakob Isaak Weiler Söhne sowie dem Mainzer Bankhaus Carlebach und Cahn die Hanauer Straßenbahn AG für den Bau und den Betrieb des neuen Verkehrsmittels. Das Grundkapital betrug 230.000 Mark, gesplittet in 230 Aktien zu 1.000 Mark, von denen je 115 die Stadt Hanau und die beteiligten Kreditinstitute zeichneten.[1227]

Zur Fortführung der Linien nach Klein- und Großsteinheim wurden per Datum vom 2. April 1908 ergänzende Bestimmungen in den bestehenden Vertrag zwischen der Stadt Hanau und der Straßenbahn AG für die Steinheimer Linie bis zum Kriegerdenkmal am Obertor aufgenommen.[1228] Die Mittel für die Erweiterung des Liniennetzes gewann das Konsortium durch eine Kapitalaufstockung von weiteren 150 Aktien zu 1.000 Mark auf den Gesamtbetrag von 380.000 Mark. 25 Aktien übernahm die Stadt Hanau, 30 Großsteinheim, 20 Klein-Steinheim und die vier beteiligten Bankhäuser insgesamt 75 Stück.[1229] Der Aufsichtsrat der Straßenbahn AG setzte sich durch die Erweiterung aus Gebeschus als Vorsitzenden, Bürgermeister Karl Hild, dem Hanauer Baurat Hermann Wolfarth, dem Wiesbadener Oberingenieuer Adolf Hecker, den Wiesbadener Bankiers Gustav Pfeiffer und Adolf Oppen-

1221 Hanau, Verwaltungsbericht 1904, S. 1.
1222 Tank, Elektrische, S. 93.
1223 Ebd., S. 90.
1224 Hanau, Verwaltungsbericht 1904, S. 1.
1225 Hanau, Verwaltungsbericht 1905–1907, S. 1; Tank, Elektrische, S. 90.
1226 Heilmann, Energie, S. 316.
1227 Hanau, Verwaltungsbericht 1905–1907, S. 1. Ergänzend in Teilbereichen hierzu Heilmann, Energie, S. 316.
1228 StAHU E4 Steinheim 263, Notariatsregister Nr. 139, verhandelt am 2. April 1908, S. 2.
1229 Ebd., S. 3. Diese Aufteilung erscheint realistischer als die in Hanau, Verwaltungsbericht 1905–1907, S. 2, dargestellte Verteilung von 30 Aktien durch die Stadt Hanau, je 25 durch die Gemeinden Klein- und Groß-Steinheim sowie die restlichen 70 durch die Firma Hecker & Co.

Verband seit 1908 die einzelnen Stadtteile: die Hanauer Straßenbahn.

heimer, dem Großsteinheimer Bürgermeister Karl Friedrich Spielmann und dem Klein-Steinheimer Bürgermeister Valentin Braun zusammen.[1230]

Die vom Magistrat erteilte Konzession zum Bau und Betrieb gab die Hanauer Straßenbahn AG ihrerseits an Hecker & Co. weiter.[1231] Hecker verpflichtete sich vertraglich, die beiden innerstädtischen Linien binnen acht Monaten nach der behördlichen Genehmigung fertigzustellen und gewährleistete nach Abschluss der Bauarbeiten für 40 Jahre den Straßenbahnbetrieb. Der Hanauer Straßenbahn AG oblag das Recht zum Ende eines Betriebsjahres den Betriebsvertrag zu kündigen, während Hecker ein solches Recht nicht zustand. Zudem musste Hecker die Betriebskosten der Straßenbahn tragen; dies umfasste Personal- und Verwaltungsaufwendungen ebenso wie Strombezug oder Reparaturmaterialien für die Instandhaltung des Schienennetzes. Die Betriebskosten durfte Hecker mit seinen Betriebseinnahmen verrechnen. Zuletzt erhielt Hecker 15 Prozent des Betriebsüberschusses für den Straßenbahnbetrieb.[1232]

1230 Hanau, Verwaltungsbericht 1905–1907, S. 2; StAHU E4 Steinheim 263, Notariatsregister Nr. 139, verhandelt am 2. April 1908.

1231 StAHU E4 Steinheim 263, Vertrag der Stadt Hanau mit der Hanauer-Straßenbahn-AG, § 19 | Bau- und Betriebsvertrag zwischen Hanauer Straßenbahn AG und Firma Hecker & Co. GmbH Wiesbaden.

1232 StAHU E4 Steinheim 263, Bau- und Betriebsvertrag zwischen Hanauer Straßenbahn AG und Firma Hecker & Co. GmbH Wiesbaden, § 5, § 10, § 15.

Die Straßenbahn verkehrte über zwei Linien über den Marktplatz vom Ostbahnhof zur Vorstadt und vom Westbahnhof zur Wilhelmsbrücke.

Zugleich regelte das Konsortium im Vertrag mit der Hanauer Straßenbahn AG die zahlreichen Details eines Fahrbetriebs – von der täglichen Betriebsdauer von 15 Stunden über die Fahrpreise und Fahrtintervalle von maximal 12 ½ Minuten bis hin zur Stromentnahme aus dem Hanauer E-Werk für 12 Pfennig/kWh. Am maßgeblichsten war das Recht der Stadt Hanau, die Straßenbahn mitsamt der Bahnanlagen zum Ende jedes Rechnungsjahres zum 25-fachen des zuletzt erzielten Gewinnes erwerben zu können.[1233] Die Standorte der Haltestellen bestimmte allein die Stadt. Selbst das Aussehen der Wagen war vorgeschrieben: möglichst elegante, gut beleuchtete und geräuschlose Wagen, die mit der Aufschrift »Hanauer Straßenbahn« mit Liniennummer und Endziel versehen waren.[1234]

Bei den Konzessionsverträgen gingen die meisten Städte wie Hanau vor und beanspruchten ein Mitspracherecht bei Bauausführung, Instandhaltung des Netzes, Bahnbetrieb und Streckenverlauf sowie ein Übernahmerecht.[1235] Wie bei den Gasanstalten bestand auch bei privaten Straßenbahngesellschaften ein Interessenskonflikt zwischen der Gewinnmaximierung des Unternehmens und der Scheu vor neuen Investitionen sowie den Forderungen nach Tarifanpassungen und dem Streckenausbau in die Vororte durch die Kommunen.[1236]

1233 StAHU E4 Steinheim 263, Vertrag der Stadt Hanau mit der Hanauer-Straßenbahn-AG, § 7–9, § 16.
1234 StAHU E4 Steinheim 263, Besondere Bedingungen für die technische Ausführung und Betriebsführung der elektrischen Straßenbahn in Hanau [Anlage zum Bau- und Betriebsvertrag], § 6, § 9.
1235 Krabbe, Kommunalpolitik, S. 72.
1236 Ebd., S. 75.

Hanau verfügte neben Frankfurt und Offenbach als dritte Stadt im Rhein-Main-Gebiet über eine Straßenbahn.[1237] Die Hanauer Lösung lässt sich dabei durchaus mit größeren Städten gleichsetzen. So verkehrten bei der Betriebsaufnahme der Mainzer Straßenbahn 1904 zunächst drei Linien im Abstand von 10 bis 20 Minuten,[1238] in Hanau seit 1908 zwei Linien: Die Linie 1 seit 15. Juni 1908 auf der Strecke vom Ostbahnhof über den Marktplatz zur Rosenau und die Linie 2 seit 8. August 1908 auf der Route Westbahnhof über Marktplatz und Nordstraße zur Wilhelmsbrücke als Anschluss an den Nordbahnhof. Das Recht der Straßenbahn AG und damit für den Betreiber Hecker erstreckte sich ausschließlich auf die Beförderung von Personen.[1239] Das gesamte Vertragswerk wäre nichtig geworden, falls es der AG nicht gelungen wäre, binnen sechs Monaten ab der Eintragung ins Handelsregister die staatlichen Genehmigungen einzuholen.[1240] Diese erteilte Regierungspräsident von Bernstorff am 21. Oktober 1908 im Amtsblatt der Königlichen Regierung zu Kassel wenige Wochen nach Betriebsaufnahme.

Gut zehn Monate zuvor hatten die Stadtverordneten am 20. Februar 1908 den Vertrag der Hanauer Straßenbahn AG mit den Gemeinden Klein- und Großsteinheim für den Bau der dritten Linie über den Main genehmigt und damit den Grundstein für die am 30. September 1909 eröffnete Strecke vom Marktplatz über das Hauptbahnhofviadukt und Mainbrücke durch Klein- und Großsteinheim gelegt.[1241] Sowohl die Zustimmung des Kasseler Regierungspräsidiums für Hanau und Preußen als auch die landesherrliche Genehmigung für Steinheim und Hessen-Darmstadt für die dritte Linie erfolgten 1909.[1242]

Die Kostenschätzung für die beiden Innenstadtlinien mit ihrem 6 km langen Schienennetz belief sich auf ca. 460.000 Mark. Angeschafft werden sollten sechs Wagen mit je 16 Sitz- und 14 Stehplätzen für je 14.000 Mark. Zudem waren der Bau einer Wagenhalle zur Unterbringung von acht Wagen mit Reparaturwerkstätten und Büroräumen für 40.000 Mark, zwölf Haltestellentafeln und 16 Uniform-Ausrüstungen vorgesehen.[1243] Weitaus teurer als die ursprünglich angesetzten 300.000 Mark erwies sich die 3,5 km lange Gleisstrecke nach Steinheim. Den größten Teil der letztlich 860.000 Mark verschlang die Verstärkung der Steinheimer Brücke.[1244] Nach der Inbetriebnahme verfügten Klein- und Großsteinheim über sieben Haltestellen, über deren Ort die Straßenbahn AG und die Bürgermeister intensiv gerungen hatten.[1245]

1237 Krumm, Hanau, S. 42.
1238 Neise, Mainz, S. 53.
1239 StAHU E4 Steinheim 263, Vertrag der Stadt Hanau mit der Hanauer-Straßenbahn-AG, § 1. Exakter Streckenverlauf: Hanau-Ostbahnhof – Viadukt – Ehrensäule – Auheimerweg – Nürnbergerstraße – Marktplatz Süd- und Westseite – Hammerstraße – An der gelben Mauer – Erbprinz-Wilhelmanlage – Bangertstraße – Hospitalstraße – Vorstadt – Kinzigbrücke – Rosenau (Linie 1); Hanau-Westbahnhof – Kanalplatz – Krämerstraße – Marktplatz Nordseite – Salzstraße – Rosenstraße – Nordstraße – Wilhelmsbrücke (Linie 2).
1240 StAHU E4 Steinheim 263, Vertrag der Stadt Hanau mit der Hanauer-Straßenbahn-AG, § 2 und 3.
1241 Heilmann, Energie, S. 320.
1242 Tank, Elektrische, S. 95.
1243 StAHU E4 Steinheim 263, Kosten-Anschlag o.D. (Strecken Hanau-Innenstadt); Hanau, Verwaltungsbericht 1905–1907, S. 4.
1244 StAHU E4 Steinheim 263, Kostenanschlag über die Weiterführung der Hanauer Elektrischen Straßenbahn nach Klein- und Groß-Steinheim v. 6. Dezember 1907; Tank, Elektrische, S. 95.
1245 Tank, Elektrische, S. 98.

Die Straßenbahn in der Frankfurter Landstraße um 1915, seinerzeit noch das vorherrschende Verkehrsmittel.

Die Straßenbahn wurde schnell zu einer Erfolgsgeschichte. Erwirtschaftete sie in den Haushaltsjahren 1909 und 1910 jeweils nur einen geringen Profit von knapp 40.000 Mark,[1246] stiegen die Gewinne in den Jahren 1911–1919 enorm an: 1911/12, 1912/13 und 1913/14 betrugen sie rund 420.000 Mark, 1914/15 nur 335.000 Mark, 1915/16 460.000 Mark und 1916/17, 1917/18 und 1918/19 jeweils über eine Million Mark. Das beste Ergebnis erzielte sie 1917/18 mit einem Gewinn von 1,26 Millionen Mark. Das Betriebsergebnis spiegelte die Zahl der beförderten Personen wider, die 1911/12, 1912/13 und 1913/14 rund 1,4 Millionen betrugen, 1914/15 sich auf 1,2 Millionen verringerten und sich in den folgenden Rechnungsjahren 1915/16 stufenweise auf 1,34 Millionen, 1916/17 auf 1,85 Millionen und 1917/18 auf über drei Millionen Fahrgäste erhöhte. Wie beim Profit verringerte sich die Fahrgastzahl 1918/19 auf 2,45 Millionen Personen.[1247] Schon 1909 und 1910 hatte die Straßenbahn auf den drei Strecken jeweils über 1,2 Millionen Fahrgäste befördert, mehr als die Hälfte davon auf der Strecke Hauptbahnhof-Rosenau.[1248]

Für den Transport solcher Personenmassen bedurfte das E-Werk eines Ausbaus. Das von Oscar May geplante und mit drei Dampfmaschinen ausgerüstete E-Werk genügte entgegen den Erwartungen nicht den Ansprüchen der Stromproduktion für einen Straßenbahnbetrieb. Der abgeschlossene Vertrag sah eine Betriebsspannung von 550 bis 600 Volt vor. Da zugleich

1246 Hanau, Verwaltungsbericht 1908–1910, S. 32.
1247 Hanau, Verwaltungsbericht 1911–1919, S. 8.
1248 Hanau, Verwaltungsbericht 1908–1910, S. 33.

Stromstöße im Beleuchtungsnetz vermieden werden sollten, war eine eigene Produktionsanlage mit Pufferanlage für den Straßenbahnstrom notwendig. Daher stimmten die Stadtverordneten der Anschaffung eines Umformers und einer neuen Dampfmaschine zu. Damit verfügte das E-Werk über eine Maschinenleistung von 1.410 PS durch die 1908 erworbene 750-PS-Maschine, die 1899 zur Beleuchtung der Bahnhöfe angeschaffte 440-PS-Maschine und eine 1898 erworbene 220-PS-Maschine.[1249] So war es der Personennahverkehr, der bei den E-Werken für Nachfrage sorgte und nicht die Straßenbeleuchtung. Das industrielle Interesse an Strom war damals noch gering.[1250] Zwischen 1900 und 1914 nahm der Anteil der Stromabnahme für den Straßenbahntrieb im Durchschnitt im Kaiserreich jährlich ca. 23 Prozent in Anspruch.[1251]

Mit der Eröffnung der Linie 3 nach Steinheim am 30. September 1909 hatte die Hanauer Straßenbahn mit 8,7 km bereits ihre maximale Ausdehnung erreicht. Sämtliche Versuche zum Ausbau des Streckennetzes scheiterten in den kommenden Jahren, lediglich 1928 wurde die Linie 1 bis zum Beethovenplatz verlängert.[1252]

Die Folgen des Ersten Weltkrieges hinterließen auch im Straßenbahnbetrieb ihre Auswirkungen. Die Not, Kohlen und damit auch Energie einzusparen, sorgte für eine Ausdünnung des Fahrplans nach Steinheim und zu einer vorübergehenden Einstellung des Fahrbetriebs durch Personalmangel im Herbst 1914. Erst angelernte Hilfsschaffnerinnen beseitigten 1915 das Problem. Auch in den kommenden Kriegsjahren blieb die Straßenbahn für Personen- und Gütertransport stark frequentiert.[1253] So hatte Gebeschus mit der Straßenbahn eine zukunftsträchtige Technologie nach Hanau gebracht.

Scheitern nach zähen Verhandlungen: das Mainhafenprojekt

Für das Projekt eines Industrie- und Sicherheitshafens am Main mit Nebenanlagen und Gleisanschlüssen führte Gebeschus Verhandlungen auf mehreren Ebenen: Zum einen suchte er mit Fachkräften und den städtischen Organen einen geeigneten Standort und überwachte die Planungen. Zugleich verhandelte er mit den Landes- und Reichsbehörden über die Genehmigung für das Verkehrsprojekt und mit Großauheim über den Verkauf des benötigten Areals. Das Hafenprojekt bedeutete für Gebeschus eine enorme Belastung, wie er am 10. Dezember 1912 an Regierungspräsident Percy von Bernstorff schrieb: „Das Mainhafenprojekt wächst sich allmählich zu einem Ungeheuer aus, das mich zu verschlingen droht; wenn auch nicht gerade mich, so doch meine Arbeitskraft, meine Geduld und meine Nerven.“[1254]

1249 Heilmann, Energie, S. 317ff.
1250 Grabas, Kommunalisierungsprozesse, S. 103.
1251 Ebd., S. 110.
1252 Hanauer Straßenbahn, Straßenbahn, S. 9. Datum der Betriebseröffnung nach Hanau, Verwaltungsbericht 1908–1910, S. 31. Laut Imgram, Geschichte, S. 126, fuhr die erste Bahn erst am 3. Oktober 1909 nach Steinheim.
1253 Arndt, Zeit, S. 163; Tank, Elektrische, S. 103.
1254 HStAM 165 1415/4, Schreiben v. Gebeschus v. 10. Dezember 1912; ebenso abgedruckt bei Haschnik, Schiene, S. 49.

Blick auf die Hanauer Neustadt um 1890:
Die Mainwiesen dienten als mögliches Gelände für den Mainhafen.

Die Anfänge des Vorhabens reichten bis in die Amtszeit von Gebeschus' Vorgänger Westerburg zurück. Handelskammerpräsident Canthal und Westerburg entwickelten 1889 erste Ideen für einen Handelshafen mit Lösch- und Ladeplatz zwischen der Steinheimer Brücke und dem Mainknie an der heutigen Philippsruher Allee. In Gebeschus' erstem Jahr in Hanau wurden Ladeplätze und Werfthalle nahe des Mainkanals übergeben.[1255] In dieser Sache verhandelten der Hanauer Gemeinderat und die Handelskammer in den 1880er Jahren mit den zuständigen Ministerien in Berlin und den Bürgermeistern der Städte entlang des Mains über eine Weiterführung der Mainkanalisierung bis Hanau.[1256]

Die entscheidenden Entwicklungen für die Mainschifffahrt bildeten die Einweihung der kanalisierten Flussstrecke zwischen Frankfurt und Mainz 1886 sowie die Eröffnung der Kettenschifffahrt von Mainz nach Aschaffenburg im gleichen Jahr.[1257] Die Kosten der Mainkanalisierung trug der preußische Staat, während die Stadt Frankfurt den Bau der Hafenanlagen finanzierte. Frankfurts Hafen hatte durch die neuen Transportmöglichkeiten der Eisenbahn

1255 Haschnik, Schiene, S. 49. Laut Picard, Nachbar, S. 126, begannen die Planungen sogar 1881, hierfür ist aber kein Nachweis in den Quellen zu finden.

1256 StAHU E1 Großauheim 2066, Schreiben d. Großauheimer Bürgermeisters Grün v. 2. März 1921; Hanau, Verwaltungsbericht 1885/86–1889/90, S. 11; Brandt, Wirtschaft, S. 156; Rauch, Verkehrswesen, S. 18.

1257 Brandt, Wirtschaft, S. 156.

in den 1860er und 1870er Jahren stark an Umschlag eingebüßt.[1258] Vor dieser Herausforderung stand auch die Hanauer Schifffahrt. Zwischen 1885 und 1890 kamen über den Mainweg gut 97.500 Zentner Steine in Hanau an, davon alleine 48.000 Zentner im Jahr 1887. Im Vergleich hierzu betrug der Güterverkehr 1890 an den Bahnhöfen 3.671.400 Zentner und verdeutlicht, wie sehr die Mainschifffahrt seinerzeit kriselte.[1259]

Nachdem 1891 die hessische Regierung die Fortführung der Mainkanalisation bis Offenbach beschlossen hatte, intensivierten der Hanauer Gemeinderat und die Handelskammer bei der Königlichen Staatsregierung ihre Bemühungen um einen Ausbau.[1260] Auf Aufforderung der Stadtgemeinde Hanau entwickelte Regierungsbaumeister Mundorff 1891 einen Entwurf für einen Sicherheitshafen mit Eisenbahnanschluss zum Ostbahnhof. Mundorff sah Hanau als Endpunkt der Mainkanalisation an, da er nicht davon ausging, dass die bayerische Seite kanalisiert werden würde. Daher rechnete er mit weitaus höherem Umschlag von Kohle für den Transport nach Süddeutschland.[1261]

Gerade die Einsparungen beim Transport von Kohle, Holz, Getreide und sonstiger Rohstoffe sprachen für den Ausbau des Wasserweges. In der Mainkanalisierung sah Westerburg die Lösungsmöglichkeit, bestehende Betriebe in Hanau zu halten sowie neue Industrie- und Handelsunternehmen anzusiedeln und für einen stärkeren Zuwachs zu sorgen.[1262] Als weiteren Schritt arbeitete Stadt- und Handelskammersekretär Bödicker eine Denkschrift über die Notwendigkeit und Vorteile der Mainkanalisation aus.[1263]

Westerburg und Canthal bekräftigten im Vorwort der Denkschrift, wie existentiell die Fortführung der Mainkanalisierung von Offenbach nach Hanau für den Fortbestand Hanaus als Handels- und Industriestadt gesehen wurde.[1264] Diese Kosten hierfür beliefen sich nach Berechnungen Bödickers auf 2,4 Millionen Mark, die in der Hanauer Vorstellung wie im Frankfurter Fall der Preußische Staat tragen sollte, während die Stadt Hanau den Betrag von 2,3 Millionen Mark für den Bau eines Handels- und Sicherheitshafens, eines Lagerhauses und eines Anschlusses an den Ostbahnhof aufbringen wollte.[1265]

Eine solche Summe bedeutete für die Stadtgemeinde eine hohe Investitionssumme. Für Schulhausneubauten wandte diese 1866–1890 insgesamt 850.000 Mark, für Brückenbauten 100.000 Mark, für den Schlachthof und den Theaterumbau 100.000 Mark, für den Ankauf von Mühlen 270.000 Mark, den Straßendurchbruch in der Altstadt 110.000 Mark oder den Kauf des Stadtschlosses 325.000 Mark auf. Selbst infrastrukturelle Großprojekte wie die

1258 Bödicker, Weiterführung, S. 62.
1259 Ebd., S. 82.
1260 Hanau, Verwaltungsbericht 1890/91–1894/95, S. 17.
1261 Hanau, Verwaltungsbericht 1900–1902, S. 4.
1262 Hanau, Verwaltungsbericht 1890/91–1894/95, S. 18. Vgl. hierzu auch ergänzend die ähnliche Argumentation bei Bödicker, Weiterführung, S. 86, 89, 94ff. Auch in den Berichten des Regierungspräsidenten wurde die Mainkanalisierung als Lösungsansatz gesehen, dem geringen Hanauer Bevölkerungswachstum entgegenzuwirken, vgl. Klein, Zeitungsberichte, S. 474: Bericht v. 14. Juni 1891.
1263 Hanau, Verwaltungsbericht 1890/91–1894/95, S. 20.
1264 Bödicker, Weiterführung, o.S.: Vorwort.
1265 Ebd., S. 73f. Leicht abweichende Zahlen finden sich hingegen im Vorwort zur Denkschrift, vgl. ebd., o.S.: Vorwort.

Wasserleitung oder die Gesamtentwässerung schlugen nur mit 680.000 Mark bzw. 1,5 Millionen Mark zu Buche.[1266]

Seit 1891 folgten mehrere Entwürfe, die eine Hafenlage unterhalb der Brücke der Bahnstrecke Frankfurt-Bebra vorsahen. Diese Vorhaben begründeten sich in der Erklärung der Eisenbahn-Direktion Frankfurt, eine Bahnverbindung zwischen einem Hafen unterhalb der Brücke und dem Bahnhof Hanau-Ost sei nicht möglich.[1267]

Gebeschus und Canthal starteten 1896 eine zweite schriftliche Kampagne an den preußischen Handelsminister Hans Hermann von Berlepsch, mit der sie erneut zu überzeugen suchten, wie wichtig die Mainkanalisierung für die industrielle Entwicklung der Stadt sei.[1268] Doch der Regierungspräsident erteilte den Hanauer Bestrebungen 1897 eine Absage, da eine weitergeführte Mainkanalisierung für die zuständigen preußischen Minister nicht den wirtschaftlichen Ansprüchen entsprach. Sie schätzten die Einsparungen beim Transport von Kohle und anderen Rohstoffen in Gegenrechnung zu den Kosten als zu gering an.[1269] Zudem erwarteten die Minister eine Eigenbeteiligung von Seiten der Stadt Hanau, zum anderen wartete man in Berlin auf eine Entscheidung aus München, ob die Mainkanalisierung von bayerischer Seite bis Aschaffenburg erfolgen werde.[1270] Hieraufhin versuchten Canthal und Gebeschus in mehreren Schreiben die Rentabilität und Bedeutung des Mainhafenprojektes darzulegen.

So kam das Vorhaben ins Stocken. Obwohl sich Bayern und Hessen-Darmstadt 1897 auf die Mainkanalisierung von bayerischer Seite bis Aschaffenburg verständigten, verweigerte der preußische Staat die Kostenübernahme für den restlichen Flussverlauf.[1271] Erst 1906 einigten sich die beteiligten Staaten, die Mainstrecke von Hanau bis Offenbach auf preußische, von Hanau bis Aschaffenburg auf bayerische Kosten kanalisieren zu lassen. Da sich die Streitigkeiten über die Abgaben noch weiter hinzogen, begannen die Vorarbeiten zur Mainkanalisierung erst 1913.[1272]

Derweil hatte der Magistrat am 6. August 1900 bei den Ministern der Finanzen, der öffentlichen Arbeiten und für Handel und Gewerbe den Entwurf für einen Sicherheitshafen gemäß dem Planungsstand von 1891 eingereicht. Wenig später beschlossen die Hanauer Körperschaften am 23. Oktober und 1. November 1900 dem Frankfurter Regierungsbaumeister Landsberger den Auftrag zu erteilen, einen aktuellen Kostenvoranschlag für das Hafenprojekt und die Verkehrswege zu erstellen.[1273]

Für Landsberger kamen als Standort des Hafens die beiden Flächen unterhalb und oberhalb der Steinheimer Mainbrücke in Betracht. Für das Gelände oberhalb der Mainbrücke auf Großauheimer Gemarkung sprachen die niedrigen Grundstückspreise und ausreichend Flächen für Industrieansiedlungen. Landsberger präferierte allerdings wie im Vorschlag von 1891 das näher an der Stadt gelegene Areal zwischen Eisenbahnbrücke und Mainkanal. Hierfür sprachen

1266 Bödicker, Weiterführung, S. 84f.
1267 StAHU E1 Großauheim 2066, Erläuterungsbericht v. 8. Mai 1911 [unterschrieben v. Gebeschus].
1268 Hanau, Verwaltungsbericht 1895–1899, S. 4–7.
1269 Ebd., S. 13.
1270 Ebd., S. 19.
1271 Brandt, Wirtschaft, S. 157.
1272 Ebd., S. 158.
1273 Hanau, Verwaltungsbericht 1900–1902, S. 3.

kürzere Verkehrswege, ein einfacherer Hochwasserschutz und eine mögliche Streckenverbindung zum Ostbahnhof.[1274] Landsberger schlug eine Hafeneinfahrt entlang der Fließrichtung des Mainflusses mit Lösch- und Ladeeinrichtungen am Kai vor. Als Hauptumschlag sah er Kohlelieferungen an, für die er die gesamte Nordseite des Hafenbeckens reservierte.[1275]

Das Hafenprojekt veranschlagte Landsberger mit 2,54 Millionen Mark.[1276] Die geschätzten Baukosten wurden als zu hoch angesehen, daher sollte das städtische Tiefbauamt die Planungen von 1891 neu durchrechnen.[1277] Er kalkulierte Baukosten in Höhe von 1,366 Millionen Mark für die Mainverkehrsanlagen, dazu 174.000 Mark für Lösch- und Ladevorrichtungen, 80.000 Mark für Lagerschuppen, 270.000 Mark für die Herstellung von Zufahrtsstraßen und 650.000 Mark für den Grunderwerb.[1278]

Doch die drei verantwortlichen Minister bekräftigten im Februar 1901 nochmals, sie wollten ungeachtet des Beschlusses der bayerischen Regierung, die Mainkanalisierung bis Aschaffenburg fortzusetzen, einem Ausbau bis Hanau nur zustimmen und diesen finanzieren, wenn Hanau sich wie zuvor Frankfurt verpflichtete, einen „dem zu erwartenden Verkehr entsprechenden Handels- und Sicherheitshafen mit Gleisanschluss“ zu errichten.[1279]

Nach den Verhandlungen 1901 ruhten die Bemühungen um die Mainkanalisation in den Jahren bis 1903, solange die Negationen zwischen Preußen und Bayern um die Fortführung nicht abgeschlossen waren.[1280] Preußen forderte die Errichtung eines Sicherheitshafens zwischen Offenbach und Aschaffenburg; da Hanau der Forderung nicht nachkommen wollte, postulierte Preußen dies von der bayerischen Regierung, die daraufhin Kahl als Standort vorschlug.[1281]

Nun befürchteten die Hanauer Verantwortlichen bei der Mainkanalisation vollkommen leer auszugehen und schlugen nach Erkundigungen von Gebeschus bei den zuständigen Stellen folgende Lösungen vor: Projekt 1 sah die Vergrößerung des Mainkanals zu einem Hafenbecken von 60 Metern Breite und 70 Metern Tiefe mit einer Bahnverbindung zum Westbahnhof vor. Das Vorhaben war aber mit einer ganzen Reihe von Nachteilen bei Zufahrtsstraßen, Erweiterungsflächen, Schienenverbindungen und Einfahrrichtung der Schiffe in das Hafenbecken und Löschung der Ladung verbunden.[1282] Projekt 2 sah eine Verkleinerung des Vorschlags von Landsberger vor. So sollte der Hafen nur über 50 Meter statt über 60 Meter an Breite verfügen, dafür das Becken von 260 auf 300 Meter verlängert werden, sodass drei bis vier Schiffe parallel zum Main anlegen konnten.[1283] Daraufhin beschloss der Magistrat auf Basis der Vorüberlegungen am 29. Dezember 1903 den Bau des verkleinerten Hafens für 860.000 Mark zzgl. der Grunderwerbskosten.[1284]

1274 Hanau, Verwaltungsbericht 1900–1902, S. 5.
1275 Ebd., S. 6.
1276 Ebd., S. 7, 13f., 25.
1277 Erich, Bau, S. 7; Schaffer-Hartmann, Mainhafen, S. 117.
1278 Hanau, Verwaltungsbericht 1900–1902, S. 7, 13f., 25.
1279 Ebd., S. 3.
1280 Hanau, Verwaltungsbericht 1903, S. 1.
1281 Ebd., S. 2.
1282 Ebd.
1283 Ebd., S. 3.
1284 Ebd., S. 4; Ehrich, Bau, S. 7.

Gebeschus und Canthal legten 1901 in einem seitenlangen Gutachten dem Preußischen Minister der öffentlichen Arbeiten dar, eine kleine Stadt wie Hanau könne die Forderungen nach einem Sicherheitshafen und einer Verbindung zum Ostbahnhof bei Investitionen von 2,54 Millionen Mark finanziell nicht stemmen. Zum einen wäre der Güterumschlag weitaus geringer als vor einigen Jahren berechnet und zum zweiten erbaten Gebeschus und Canthal 1901 und 1903 erneut die gleichen Vergünstigungen wie Frankfurt erhalten zu dürfen:[1285] So sollten die Frankfurter Eisenbahnumschlagtarife auch für Hanau gelten, am Main umgeladene Güter von Kanalabgaben befreit werden, das benötigte Hafengelände von der Staatsverwaltung kostenlos oder zu geringem Preis Hanau überlassen und das sich auf Großauheimer Gemarkung befindliche Areal für den Hafenbau nach Hanau eingemeindet werden.[1286]

Die zuständigen preußischen Ministerien erteilten den Hanauer Forderungen 1904 weitgehend eine Absage, lediglich bei den Grundstückserwerbungen wurden Zugeständnisse in Aussicht gestellt. Damit zogen sich die Verhandlungen für das Hafenprojekt weiter hin.[1287] Da die Frage der Mainkanalisation ebenso ungeklärt blieb, lag das Hafenprojekt 1905–07 „auf Eis".[1288]

Die Begeisterung der Hanauer Bevölkerung für das Projekt erlahmte jedoch im Jahresverlauf 1901, „da die Ansicht durchgedrungen ist, daß die aus ihm der Stadt Hanau erwachsenden Vorteile in keinem Verhältnis zu den ihr dafür auferlegten finanziellen Leistungen stehen würden", wie Regierungspräsident Trott zu Solz nach Berlin schrieb.[1289]

Die Berliner Regierungsvertreter wiesen schon 1903 auf die ungünstige Lage im Falle von späteren Erweiterungen des Hafens hin. Als die Eisenbahn-Direktion bei späteren Verhandlungen am 14. November 1908 erklärte, der Mainhafen könne auch oberhalb der Steinheimer Brücke mit Hanau-Ost verbunden werden, gab der Magistrat durch diese Kehrtwende das Hafenprojekt unterhalb der Steinheimer Eisenbahnbrücke auf und plante stattdessen eine Hafenanlage mit Gewerbegebiet und ausreichenden Expansionsflächen für die anzusiedelnde Industrie, nun aber auf Großauheimer Gemarkung.[1290]

1909 lag ein entsprechender Plan für ein 800 Meter langes Hafenbecken oberhalb der Steinheimer Brücke vor, wie es auch 1924 umgesetzt wurde. Doch erneut verzögerten längere Verhandlungen 1909/10 den Beschluss, den Bau in Angriff zu nehmen. Mit dem Verfahren zur landes-, strom-, schifffahrt- und hafenpolizeilichen Genehmigung setzten sich die Bemühungen fort.[1291] Diese Genehmigungen erfolgten am 17. September 1912 und wenig später am 12. Januar 1913 die wasserpolizeiliche.[1292]

Die Verhandlungen mit Großauheim gestalteten sich äußerst konfliktreich. Streitpunkte waren insbesondere der Kaufpreis für das Maingelände, die Höhe der Entschädigungssumme für enteignete Flurgrundstücke und die Frage des Zeitpunktes der Umgemeindung der Flä-

---

1285 Hanau, Verwaltungsbericht 1900–1902, S. 15–22.

1286 Hanau, Verwaltungsbericht 1903, S. 4.

1287 Ebd., S. 6f.

1288 Hanau, Verwaltungsbericht 1905–1907, S. 7.

1289 Klein, Zeitungsberichte, S. 730: Bericht v. 2. August 1901.

1290 StAHU E1 Großauheim 2066, Erläuterungsbericht v. Gebeschus v. 8. Mai 1911; HStAM 165 1415/4, fol. 164; Ehrich, Bau, S. 7; Schaffer-Hartmann, Mainhafen, S. 117.

1291 Hanau, Verwaltungsbericht 1908–1910, S. 36; Ehrich, Bau, S. 8.

1292 StAHU C1 988, Schreiben d. Magistrats v. 26. November 1913; HStAM 165 1415/4, Schreiben d. Bezirksausschusses v. 12. Januar 1913; Ehrich, Bau, S. 8.

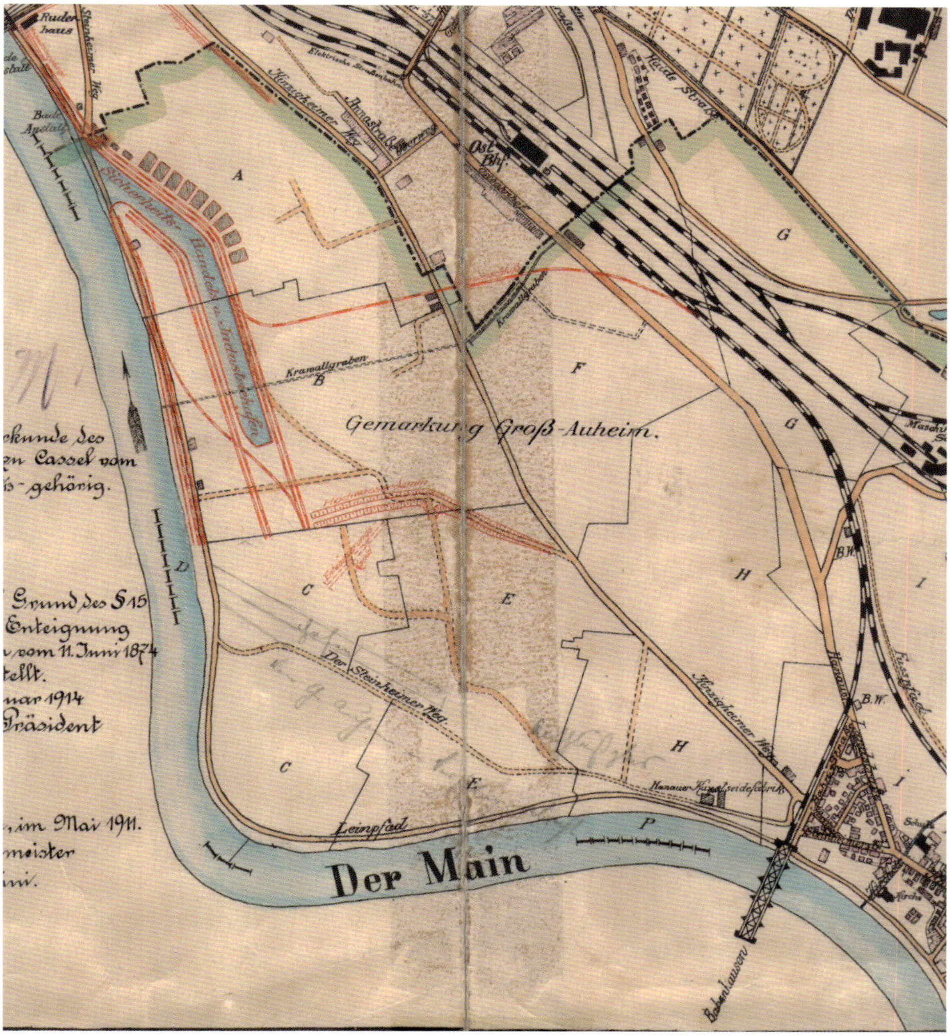

Bau- und Geländeplan für den projektierten Mainhafen: Der Hafen sollte vorwiegend auf den Kartenflächen A und B auf Großauheimer Gemarkung entstehen.

chen. Zu ersten Missverständnissen kam es 1904, die Gebeschus im persönlichen Gespräch mit Bürgermeister Otto Grün aus der Welt schaffte. Über einen Agenten hatte die Stadt Hanau 1903 und 1904 Grundstücke für 75 Pfennig/m² in der Gemarkung Großauheims erworben. Grün riet seinen Mitbürgern, die Parzellen an die Großauheimer Gemeinde und nicht an Hanau zu verkaufen, was bei Gebeschus zu Verstimmungen führte. Grün gab als Grund für die Ankäufe an, er befürchte, Hanau wolle 25 Prozent des Landes erwerben, um die „Verkoppelung", eine erste Vorform der Flurbereinigung, für Großauheim erwirken zu können. Dies wollte die Gemeinde verhindern. Obwohl der Magistrat den Antrag auf Verkoppelung nach einem Gespräch zwischen Gebeschus und Grün am 31. August 1904 zurückzog,[1293] ging der Streit in den folgenden Jahren weiter. Gebeschus' ganzes Vermittlungsgeschick war gefragt.

Eine nächste Besprechung zwischen Grün und Gebeschus fand am 20. Oktober 1909 statt. Im Zuge der Unterredung schlug Grün einen neuen Standort für den Hafen vor, wo die Gemeinde über umfangreichen Grundbesitz verfügte. Doch der Magistrat lehnte dies wegen der weiten Wegstrecken nach Hanau ab.[1294]

Im nächsten Akt brachte der Großauheimer Gemeindevorstand infolge der Sitzung vom 22. August 1910 vier Einsprüche gegen das Hafenprojekt vor, hauptsächlich wegen der drohenden Hochwassergefahr. Daher forderten die Gemeindevertreter den Bau eines Schutzdammes von den Grundwiesen bis zum Hafen. Zudem sollte die Stadt Hanau im Falle eines Dammbruches für die Schäden an den Feldern aufkommen. Die weiteren Einsprüche richteten sich gegen die Verkehrswege. Großauheim wollte deren Bau nur zustimmen, wenn vom Hafen nach Großauheim eine Zufahrtsstraße und eine Bahnanbindung auf Hanauer Kosten geschaffen werde. Zudem sah es die Gemeindevertretung als ihr Vorrecht an, die Verläufe der Bahnlinien und Wege innerhalb ihrer Gemarkung festzulegen.[1295]

Der Anteil der Gemarkung Großauheim an der projektierten Fläche für den Mainhafen betrug 65 Hektar, der Hanauer Anteil hingegen nur neun. Die Wahl fiel auf diese Fläche, weil nur hier ausreichend Gelände für den Hafen und Erweiterungsland für die Ansiedlung von Industrie vorhanden war. Die Stadt Hanau versuchte zunächst den Geländeaufkauf, doch die Eigentümer der 300 Grundstücke riefen Preise zwischen 3 und 15 Mark/m² auf, wobei die Stadt als Höchstpreis in diesem Areal zuvor 1,80 Mark/m² zahlen wollte. Daraufhin stellte der Magistrat den Antrag zur Verwirklichung des Hafens das Gelände zu enteignen.[1296]

Doch auch die Grundstücksbesitzer auf der Hanauer Gemarkung verlangten zwischen 4 und 14 Mark/m². Gebeschus wollte keinen Durchschnittspreis von 5 Mark/m² aufwenden. Dies hätte zu einer Summe von 5,3 Millionen für Baukosten und Landerwerb geführt, was für das Stadtoberhaupt die Wirtschaftlichkeit des Hafenprojektes gefährdete.[1297] Regensburg beispielsweise verkaufte den Industriegrund im neuen Hafen für 3 Mark/m², was dem Selbstkostenpreis entsprach. Für das Areal hatte die Stadt 600.000 Mark an Grunderwerbskosten an den bayerischen Staat gezahlt und für rund eine Million Lagerhäuser und Umschlageinrichtungen errichtet.[1298]

Doch die Enteignung und der damit mögliche Bau des Industriehafens war nur der erste Schritt. Die Gemeinde Großauheim musste die Grundstücke ausgemeinden und Hanau diese

1293 StAHU E1 Großauheim 1141, Schreiben v. Gebeschus v. 22. August 1904 | Aktennotiz des Treffens zw. Grün und Gebeschus v. 31. August 1904 | Beschluss d. Magistrats v. 4. Oktober 1904; StAHU E1 Großauheim 2066, Schreiben v. Bürgermeister Grün v. 25. April 1914.

1294 StAHU C1 988, Bericht v. Gebeschus v. 2. April 1914.

1295 StAHU C1 988, Schreiben v. Grün an Magistrat v. 15. September 1913; StAHU E1 Großauheim 2066, Auszug aus d. Protokollbuch v. 23. August 1910 | Aktennotiz v. 24. August 1910.

1296 StAHU C1 988, Schreiben d. Magistrats v. 26. November 1913 | Schreiben v. Gebeschus v. 18. Mai 1914.

1297 StAHU C1 988, Schreiben v. Gebeschus v. 21. März 1914; StAHU E1 Großauheim 2066, Schreiben v. Gebeschus v. 28. März 1914.

1298 Albert, Regensburg, S. 212.

eingemeinden. Die Großauheimer Gemeindeverwaltung wollte dieser Umlegung jedoch erst zustimmen, wenn der Kauf der Grundstücke erfolgt war, was für Hanau ein großes Risiko bedeutete. Denn der Umgemeindung musste der Bezirksausschuss zustimmen. Wäre dessen Votum negativ ausgefallen, hätte sich das Areal zwar in Hanauer Besitz befunden, Großauheim aber die Steuereinnahmen des Gebietes erhalten. Genau dieses Vorgehen wollte der Magistrat vermeiden, weil Gebeschus fürchtete, Großauheim werde die Umgemeindung mit weiteren Forderungen verknüpfen. Daher wollte er eine Umgemeindung vor dem Kauf der Grundstücke vom Bezirksausschuss bestätigt wissen, die nur im Einverständnis beider Kommunen geschehen konnte. Über diese Fragen verhandelte Gebeschus seit 1909 mit den Regierungsstellen in Kassel.[1299]

Gebeschus' „Widersacher" beim Mainhafenprojekt: der Großauheimer Bürgermeister Otto Grün.

Den Hafen als Hanauer Enklave auf Großauheimer Gebiet zu errichten, wollte Gebeschus wegen der ausfallenden Steuererträge für Hanau um jeden Preis verhindern. Denn der Hafenbau und -unterhalt kostete Geld, das Hanau nur bereit zu investieren war, wenn sich die Industrie auf Hanauer Gemarkung ansiedle, um mit den erzielten Steuereinnahmen die Ausgaben für den Hafen zu decken.[1300]

Nicht nur Umgemeindungsfragen, sondern auch verkaufsunwillige Eigentümer verzögerten das Projekt. Mit der Königlichen Verordnung am 25. Juni 1913 erhielt die Stadt Hanau schließlich das Recht zur Enteignung von Grundeigentum, um den Industrie- und Sicherheitshafen am Main inkl. der Gleisanlagen und des Hafenindustriegeländes zu errichten. Über die Höhe im Falle einer Enteignung entschied der Bezirksausschuss. Daraufhin leitete Hanau das Planfeststellungsverfahren ein.[1301] Trotz aller Schwierigkeiten schwor Gebeschus Mitte Oktober 1913 seine städtischen Körperschaften in einem vertraulichen Schreiben auf das Mainhafenprojekt ein. Ein Ausdruck, wie sehr der Oberbürgermeister vom Bauvorhaben überzeugt war und den Hafenbau schnellstmöglich vorantreiben wollte.[1302]

1299 StAHU C1 988, Schreiben v. Gebeschus v. 13. Oktober 1913; StAHU E1 Großauheim 2066, Schreiben v. Gebeschus v. 28. März 1914.

1300 StAHU C1 988, Schreiben v. Gebeschus v. 27. Juni 1914.

1301 StAHU B1 53, Amtsblatt der Königlichen Regierung zu Cassel, Nr. 30 v. 26. Juli 1913, S. 1f.; StAHU C1 988, Schreiben v. Gebeschus v. 21. Juli 1913; StAHU E1 Großauheim 2066, Schreiben v. Gebeschus v. 28. März 1914.

1302 StAHU C1 988, Schreiben v. Gebeschus v. 13. Oktober 1913.

Am 6. August 1913 stellte Grün bei einer persönlichen Besprechung mit Gebeschus Forderungen für die Umgemeindung. Dieser wolle Großauheim nur zustimmen, wenn den Postulaten nach Wegen und Hochwasserschutz entsprochen werde.[1303] Gegen die Enteignung erhoben mehrere Eigentümer wie die Holzhandlung Fuss oder das Industrieunternehmen Gebrüder Schaurer Einspruch bei der Königlichen Polizeidirektion.[1304] Die Folge waren langwierige Verhandlungen zwischen dem Hanauer Magistrat unter Führung von Gebeschus und der Großauheimer Gemeindevertretung, vertreten durch Bürgermeister Grün. Als ersten Schritt beschloss der Magistrat am 14. Oktober 1913 zunächst mit der Gemeinde Großauheim und den einzelnen Eigentümern über die Umgemeindung zu verhandeln, bevor der Bezirksausschuss darüber entscheiden sollte. Gebeschus ordnete daraufhin an, alle Beteiligten schriftlich zu informieren,[1305] versuchte mit den Landesstellen die notwendige Vorgehensweise abzustimmen und stellte den Umgemeindungsantrag.[1306]

Doch Gebeschus' Vorhaben scheiterte. Regierungspräsident Percy von Bernstorff lehnte den Vorstoß ab, da die Begutachtung durch den Kreistag vorangehen müsse. Des Weiteren fehlten dem Hanauer Antrag eine Aufstellung der betroffenen Grundeigentümer und ihrer Einwilligung oder Weigerung zur Umgemeindung sowie der Beschluss der Großauheimer Gemeindevertretung in dieser Frage. Von Bernstorff schlug stattdessen entgegen Gebeschus' Intention vor, zunächst den Grunderwerb zu vollziehen.[1307] Bei einer Besprechung in Kassel am 16. Dezember 1913 unterrichteten vier Regierungsbeamte Gebeschus von seiner falschen Vorgehensweise und bekräftigten ihn, das Hafengelände werde wegen des übergeordneten öffentlichen Interesses auf jeden Fall umgemeindet.[1308]

Folglich verfolgte der Magistrat fortan die Strategie, die Enteignung der Grundstücke voranzutreiben. Doch im März 1914 zog der Magistrat den Antrag auf Umgemeindung zurück, weil aus seiner Sicht die Gemeinde Großauheim alles unternommen hatte, um den Hafenbau zu verhindern, die Preise für den Verkauf der Parzellen in die Höhe trieb und ihrerseits Gelände von Privatpersonen aufkaufte, das Hanau für den Hafenbau benötigte. Damit stiegen die Preise enorm. Zudem führte Großauheim auf dem Gelände Bohrungen nach Braunkohle durch, wodurch der Bezirksausschuss den Wert des Geländes auf 4,50 Mark/m^2 ansetzte, wobei Sachverständige den Wert auf 45 Pfennig/m^2 schätzten. Hanau warf Großauheim dabei unsauberen Wettbewerb vor, weil sich ihres Erachtens auf dem Gelände keine Braunkohle befand. Die Großauheimer Grundeigentümer forderten nun im Durchschnitt 5 Mark/m^2 für ihren Sandboden.[1309]

Ursprünglich war der Hafenbau mit einer Million Mark veranschlagt sowie 500.000 Mark für die Nebenanlagen und die Anschlussbahn zum Hauptbahnhof. Da Großauheim vom Hafen ebenso wie Hanau profitieren würde, forderte der Hanauer Magistrat, das Baugelände

1303 StAHU C1 988, Bericht v. Gebeschus v. 2. April 1914.
1304 Vgl. Bestand HStAM 165 1415/4.
1305 StAHU C1 988, Beschluss d. Magistrats v. 14. Oktober 1913, handschriftl. Anordnung v. Gebeschus.
1306 StAHU C1 988, Schreiben d. Magistrats v. 26. November 1913.
1307 StAHU C1 988, Schreiben d. Regierungspräsidenten v. 3. Dezember 1913.
1308 StAHU C1 988, Schreiben v. Gebeschus v. 17. Dezember 1913.
1309 StAHU C1 988, Schreiben v. Gebeschus v. 28. März 1914 in verschiedenen Versionen.

Streitpunkt über Jahrzehnte:
ein möglicher Hafenbau auf Großauheimer Gemarkung, Zustand 1928.

für einen Durchschnittspreis von 1 Mark/m² erwerben zu können. Andernfalls drohte Hanau mit der Aufgabe des Hafenprojektes.[1310]

Zudem bereitete ein Präzedenzfall Gebeschus Sorgen: Für den Wasserübungsplatz für die Eisenbahntruppen hatte der Reichsfiskus 4,50 Mark/m² zahlen müssen, weil die Sachverständigen diesen Wert geschätzt hatten. Der Reichsfiskus klagte dagegen und forderte die Zahlung von 4 Mark/m², woraufhin das Gericht auf Vorlage eines anderen Sachverständigen entschied, das Gelände sei nur 45 Pfennig/m² wert. Da der Reichsfiskus aber auf 4 Mark/m² geklagt hatte, musste das Gericht diesem Antrag zustimmen.[1311]

Gebeschus schätzte das Risiko, Hanau müsse nach langwierigen Gerichtsverhandlungen aufgrund des Präzedenzfalls 5 Mark/m² zahlen, als zu hoch ein, um die wirtschaftliche Rentabilität des Hafenbauprojektes zu gewährleisten und schloss daraus: „Ein derartiges Risiko darf die Stadt nicht eingehen; so groß ist der Vorteil, den wir von dem Hafen haben nicht; es muß daher versucht werden, eine billigere Lösung der Frage der Nutzbarmachung des kanalisierten Maines für die Stadt Hanau zu finden, und es dürfte die Lösung durch eine Kaianlage auf Hanauer Gemarkung zwischen der Eisenbahnbrücke und dem Mainkanal gegeben sein."[1312]

1310 StAHU C1 988, Schreiben v. Gebeschus v. 28. März 1914 in verschiedenen Versionen.

1311 StAHU C1 988, Urteil v. 26. März 1912 | Schreiben v. Gebeschus v. 21. März 1914; StAHU E1 Großauheim 2066, Schreiben v. Gebeschus v. 28. März 1914.

1312 StAHU E1 Großauheim 2066, Schreiben v. Gebeschus v. 28. März 1914.

Nach Gebeschus' Vorarbeiten entsteht der Hafen in den 1920er Jahren: Betonierung des Kranholms, um 1924.

Die Kommunikation der beiden Kommunen war derart gestört, dass man sich bis Jahresende 1913 auf keine Vereinbarungen einigen konnte, wie Grün betonte: „Bemerkt wird noch, daß irgend welche Vereinbarungen zwischen der Stadt Hanau und der Gemeinde Grossauheim bezüglich der Hafenanlage und des hierzu erforderlichen Geländes nicht stattgefunden haben. Die Stadt Hanau hat der Gemeinde Grossauheim auf ihre in der Anlage bezeichneten Forderungen bis jetzt keinerlei Zugeständnisse gemacht, aber auch keine ablehnende Bescheide zugehen lassen."[1313]

Gebeschus' Bemühungen waren erfolglos geblieben. Seit 1909 hatte er vergeblich versucht, die Großauheimer Gemeindevertretung und Bürgermeister Grün zu einer Umgemeindung der benötigten Flächen zu bewegen. Auf Unterstützung von höheren Ebenen konnte Gebeschus nicht bauen. Diese erklärten bereits 1910, die Umgemeindung sei Sache der beiden Gemeinden.[1314]

Ende März 1914 versuchte Gebeschus mit einem letzten Ultimatum die Großauheimer Gemeindevertretung zum Verkauf der Mainwiesengrundstücke zu bewegen: „Die Tatsache, daß die Gemeinde Groß-Auheim offiziell und inoffiziell den Bau des Mainhafens auf Auheimer Gebiet bisher zu verhindern bestrebt gewesen ist und die indiskutablen Forderungen der

1313 StAHU E1 Großauheim 2066, Schreiben v. Grün v. 31. Dezember 1913.
1314 StAHU C1 988, Bericht v. Gebeschus v. 2. April 1914.

Groß-Auheimer Grundeigentümer haben die Körperschaften zu dem Beschluß veranlaßt, von der Gemeinde Groß-Auheim zu verlangen, daß sie 1. das gesamt in Groß-Auheimer Gemarkung liegende für Hafen- und Industriezwecke in Betracht kommende Gelände der Stadt Hanau für den Durchschnittspreis von 1 Mark für den qm eigentümlich zur Verfügung stellt und 2. die Umgemeindung dieses Geländes ihrerseits beantragt, andernfalls die Stadt Hanau von dem Bau des Hafens Abstand nimmt."[1315]

Die Fronten hatten sich im Zuge der Verhandlungen vollkommen verhärtet. Schließlich beschlossen die Hanauer Stadtverordneten am 26. März 1914, das Hafenprojekt einzustellen. Die Hanauer Vertreter warfen der Großauheimer Gemeindevertretung vor, sie habe das Projekt blockiert, überzogene Forderungen für einen Hochwasserdamm gestellt und für das Baugelände überhöhte Preise gefordert bzw. durch Ankäufe die Preise in die Höhe getrieben. Die Großauheimer Gemeindevertretung reagierte darauf entrüstet, sie habe das Möglichste für den Hafenbau geleistet. Die Forderungen für den Anschluss an Bahn und Hochwasserschutz sah sie als gerechtfertigte Kompensation für den Ausfall von Jagd- und Schäferpachten auf den Gemeindewiesen. Zudem habe Hanau die Gründung eines Zweckverbandes für den Hafen abgelehnt. Das Scheitern des Hafenprojektes sei ganz auf die Hanauer Zögerlichkeit zum Erwerb des Grund und Bodens zurückzuführen, weil – zu Unrecht nach Großauheimer Einschätzung – befürchtet wurde, die Umgemeindung werde nicht erfolgen. Daraufhin beschlossen die Großauheimer das Projekt eines Mainhafens selbst anzugehen.[1316] Sieben Jahre später bekräftigte Bürgermeister Grün, das Hanauer Hafenprojekt sei den Großauheimern nie „sympathisch" gewesen, weil damit das beste Ackergelände der Gemeinde verloren ginge.[1317]

Die Gründung eines Zweckverbandes hatte nicht Grün, sondern Gebeschus selbst 1909 angeregt. Doch der Geheime Regierungsrat von Falkenhayn teilte ihm mit, ein Verbund sei nicht möglich, da die Regierung den Vorschlag zur Bildung von Zweckverbänden nicht weiter verfolge und daher keine rechtliche Regelung bestände.[1318]

Nach dem Scheitern der Verhandlungen wies die Großauheimer Gemeindevertretung am 17. April 1914 den Vorschlag zum Kauf des Hafengeländes für 1 Mark/m^2 und die Umgemeindung entschieden zurück. Dies hätte nach eigenem Ermessen für Großauheim einen Verlust von 2,5 Millionen Mark bedeutet.[1319]

Nun schaltete sich die Hanauer Handelskammer in Person von Präsident Fritz Canthal ein. Daraufhin erklärte sich Grün aufgrund der großen wirtschaftlichen Bedeutung für Hanau und Großauheim im Mai 1914 zu finanziellen Zugeständnissen bereit. Großauheim wollte nun das Gelände für 1 Mark/m^2 verkaufen, forderte jedoch weiterhin einen Gleisanschluss und eine Straße zum Hafen als Hochwasserschutz.[1320]

1315 StAHU E1 Großauheim 2066, Schreiben v. Gebeschus v. 28. März 1914.

1316 StAHU C1 988, HA v. 1. April 1914: Sitzung der Gemeindevertretung in Großauheim; StAHU E1 Großauheim 2066, Schreiben v. Bürgermeister Grün v. 25. April 1914.

1317 StAHU E1 Großauheim 2066, Schreiben v. Grün v. 2. März 1921.

1318 StAHU C1 988, Bericht v. Gebeschus v. 2. April 1914.

1319 StAHU C1 988, Abschrift d. Protokolls d. Gemeindevertretung Großauheim, Sitzung v. 17. April 1914.

1320 StAHU C1 988, Schreiben v. Canthal v. 5. Mai 1914.

Doch der Hanauer Magistrat – wohl insbesondere Gebeschus – lehnte die Wiederaufnahme der Verhandlungen ab.[1321] Gebeschus erzürnte die Vorgehensweise Großauheims, die zur Verteuerung des projektierten Baugeländes auf bis zu 15 Mark/m² geführt hatte.[1322] Daher nahm er vom Hafenprojekt auf Großauheimer Gemarkung deutlich Abstand: „Ich für meine Person vermag den Körperschaften das Hafenprojekt nicht mehr zu empfehlen. Mag Auheim jetzt entgegenkommen, wie es will, wir laufen Gefahr, im Enteignungsverfahren die unvernünftigen Preise, die Auheim verlangt, zum Teil wenigstens zugebilligt zu sehen, da die zu enteignenden Grundeigentümer darauf hinweisen werden, daß ihre Gemeindeverwaltung amtlich wiederholt den Wert der Grundstücke zum Teil in der von ihnen beanspruchten Höhe als richtig bezeichnet hat."[1323]

Großauheim bezifferte 5 Mark/m² als ordnungsgemäße Summe. Damit hätten die Kosten für den Grunderwerb 3,42 Millionen Mark und die Aufwendungen für den Hafen, Nebenanlagen, Anschluss an die Eisenbahn und Auheimer Hochwasserdamm über 5 Millionen Mark betragen. Für eine solche Investitionssumme war das Projekt für Hanau zu teuer geworden.[1324] Canthal schlug einen Kompromiss vor, um das Hafenprojekt zu retten. Großauheim sollte das Gelände erwerben und die Abtretung im Falle des Hafenbaus garantieren, während Hanau sich verpflichtete, das Geld für den Grunderwerb vorzustrecken.[1325]

Doch Grün teilte Canthal mit, auch die Gemeinde Großauheim könne das Gelände von den Eigentümern nicht für 1 Mark/m² erwerben. Die Gemeinde mache schwere Verluste, wenn sie das Areal für diesen Preis an die Stadt Hanau verkaufe. Stattdessen schlug Grün vor, Hanau solle nicht nur Forderungen stellen, sondern den Eigentümern ein Angebot für den Verkauf unterbreiten.[1326] Derweil trieb Hanau weiter unbeirrt das Projekt einer Kaianlage an der Ochsenwiese voran und prüfte, ob ein vertiefter und verbreiterter Mainkanal zum Sicherheitshafen auf Hanauer Gemarkung ausgebaut werden konnte. Der Kostenplan diente auch als Druckmittel gegen die Forderungen Großauheims.[1327]

Damit war das Hafenprojekt wenige Tage vor Kriegsausbruch an der Frage der Grundstückspreise auf der Großauheimer Gemarkung endgültig gescheitert. Die Fronten zeigten sich derart verhärtet, dass sich die Bürgermeister nicht mehr selbst schrieben und Canthal Grün die Pläne für eine Kostenschätzung eines Hafens auf Hanauer Gemarkung mitteilte.[1328] Gebeschus' Wunsch an Regierungspräsident von Bernstorff hatte sich nicht erfüllt, dem er schrieb: „Dankbar würde ich sein, wenn Euer Hochgeboren mich aus meinen Nöten befreien und unser aufgefahrenes Schiffchen flott zu machen uns helfen würde."[1329] Die so häufig in der Literatur zu lesenden Gründe, der Erste Weltkrieg habe den Baubeginn des Hafenpro-

1321 StAHU C1 988, Beschluss d. Magistrats v. 12. Mai 1914.
1322 StAHU C1 988, Schreiben v. Gebeschus 18. Mai 1914.
1323 Ebd.
1324 Ebd.
1325 StAHU C1 988, Schreiben v. Canthal v. 5. Juni 1914.
1326 StAHU C1 988, Schreiben v. Grün v. 21. Juni 1914.
1327 StAHU C1 988, Schreiben v. Gebeschus v. 27. Juni 1914.
1328 StAHU C1 988, Schreiben v. Canthal v. 13. Juli 1914.
1329 HStAM 165 1415/4, Bl. 168.

Fertiggestellt nach Gebeschus' Rückzug:
der Mainhafen, Ansicht der schrägen Böschungsmauer vor dem Hafeneingang, um 1924.

jektes verzögert, lassen sich nicht halten.[1330] Vielmehr stoppte Gebeschus mit seinen Entscheidungen im Frühjahr 1914 das Vorhaben.

Danach verhinderten Kriegsausbruch, Kriegslast, Revolution und Inflation weitere Verhandlungen. Erst nach Kriegsende wurde das Hafenbauprojekt wieder angestoßen. Nach einer Übereinkunft mit Großauheim und dem Beginn der Bauarbeiten im Juni 1921 eröffnete Gebeschus' Nachfolger Kurt Blaum am 25. Oktober 1924 den Mainhafen.[1331]

Wie schnell ein Hafenbauprojekt sich vollziehen konnte, zeigte sich in Mannheim. Nach der Einigung zwischen Staat und Stadt 1895 begann die erste Bauphase im März 1897 und war Ende 1899 abgeschlossen. Mannheim brachte den Großteil der Baukosten selbst auf. Dabei entsprachen die Investitionen in Höhe von sechs Millionen Mark dem 1,5-fachen des laufenden Verwaltungshaushaltes.[1332] Für das Industriehafenprojekt gemeindete Mannheim umliegende Ortschaften ein, um auch Industriegelände für die Ansiedlung neuer Industrien zur Verfügung stellen zu können. Dies betraf 1895 die Friesenheimer Insel, 1897 Käfertal und Neckarau 1899. Durch die Eingemeindungen wollte Mannheim verhindern, dass die

1330 So die Darstellung der Ereignisse bei Arndt, Feldbahnen, S. 27, und Schaffer-Hartmann, Mainhafen, S. 117.
1331 Hanau, Verwaltungsbericht 1919–1930, S. 13.
1332 Schott, Stadtentwicklung, S. 153.

Gewerbesteuereinnahmen wie im Falle Großauheims an andere Gemeinden flossen bzw. Privatinvestoren Hafenplätze mit Industrieflächen entlang des Rheins schaffen konnten.[1333]

Während in Mannheim die Maßnahmen zur Industrieansiedlung glückten, gehörten sie in Hanau zu den wenig von Erfolg gekrönten Versuchen in Gebeschus' Amtszeit. Dies lag vorwiegend am langen Verhandlungsprozess für das Mainhafenprojekt. Der Magistrat warb in Annoncen mit dem Slogan „Zur Anlage von industriellen und anderer gewerblicher Unternehmungen bietet denkbar günstige Gelegenheit die Stadt Hanau am Main" um neue Industrieunternehmen.[1334]

Die Stadt pries ihre Flächen geradezu an: „Hanau a.M. besitzt städtisches und privates Baugelände zum Errichten von Fabriken, Unternehmungen jeglicher Art, welches billig erworben und hierbei auf weitgehendstes Entgegenkommen der Stadt gerechnet werden kann. Bahngleis für Fabriken ist leicht herzustellen. Tüchtige und geschulte Arbeitskräfte, billige Lebens- und Wohnungsverhältnisse."[1335] Zugleich verwies die Annonce auf die günstigen Verkehrsverhältnisse hinsichtlich der Bahnlinien, des schiffbaren Mains und der vorhandenen Versorgungs- und Verwaltungseinrichtungen, die Hanau mit dem Industriegelände für neue Industrieansiedlungen bot.

Der Magistrat erhielt zwar mehrfach Anfragen von Industrieunternehmen, die in Mainnähe eine Fabrik errichten wollten, doch solches Betriebsgelände konnte nicht vergeben werden, da das Baugelände für den Mainhafen nicht feststand oder sich in Auheimer Besitz befand. Stattdessen bot Gebeschus das Gelände im Südosten nahe der Dunlop für 1 bis 1,50 Mark/m^2 an. Zu den Interessenten auf die Hanauer Annoncen zählten bspw. eine Asbestfabrik, eine Holzfabrik und ein Textilfabrikant. Neben günstigem oder kostenlosem Baugelände forderten Unternehmen eine zehnjährige Gewerbesteuerfreiheit, Zugang zum Wasser, hochwassersicheres Gelände und einen Bahnanschluss im Ausgleich für die Schaffung von 1.000 Arbeitsplätzen in Hanau. Die Postulate nach Gewerbesteuerfreiheit wies Gebeschus mit Hinweis auf die preußischen Gesetze zurück.[1336]

6.5. Die letzten Amtsjahre

6.5.1. Hanau im Ersten Weltkrieg

Gebeschus trat mitten im Ersten Weltkrieg von seinem Amt zurück. Obwohl die Idee eines Rücktritts im Alter von 60 Jahren frühzeitig feststand, verschlechterten die Auswirkungen des Krieges, die zunehmende Arbeitsbelastung und die Situation vor Ort seinen Gesundheitszustand und zwangen ihn zum Eintritt in den vorzeitigen Ruhestand.

Im Angesicht des drohenden Kriegsausbruches waren im Juli 1914 in Hanau rund 5.750 Soldaten stationiert: 4.000 in den Eisenbahnregimentern 2 und 3, 719 Ulanen mit

1333 Schott, Stadtentwicklung, S. 155.
1334 StAHU C1 943, Anzeige „Billigstes Industrie-Bau-Gelände in verkehrsreichster Lage Deutschlands" o.D.
1335 Ebd.
1336 StAHU C1 943, Verschiedene Schreiben v. Unternehmen | Schreiben v. Gebeschus v. 13. September 1909 | Schreiben v. Gebeschus v. 16. Februar 1910.

Abreisende Soldaten am Hauptbahnhof nach Ausbruch des Ersten Weltkrieges 1914.

764 Pferden, 1.080 Infanteristen im II. Bataillon des 2. Nassauischen Infanterieregiments Nr. 88 und 250 Mann in der Verwaltung, im Reservelazarett, Proviantamt und der Pulverfabrik Wolfgang.[1337]

Die Ereignisse und Reaktionen in Hanau sind in vielerlei Hinsicht typisch und sinnbildlich für die Vorgehensweise der kommunalen Verwaltungen. Auf die Nachricht der russischen Mobilmachung am 31. Juli 1914 reagierte die Hanauer Bevölkerung in Panik auf den Ernstfall eines Krieges. Banken und Sparkassen erlebten einen Ansturm und die Polizei bremste Hamsterkäufe der besonders begehrten Nahrungsmittel Zucker, Mehl sowie Konserven.[1338]

Nachdem Kaiser Wilhelm II. tags darauf in Berlin um 17 Uhr die Mobilmachung verkündet hatte, traf die Nachricht eine Stunde später in Hanau ein, wurde an der Post am Kanaltorplatz angeschlagen und von einem Infanteriesoldaten auf dem Paradeplatz verlesen. Damit hatte der Erste Weltkrieg Hanau erreicht. Großer Jubel bei Bürgern, Arbeitern und Akademikern gleichermaßen war die Folge.[1339]

Der Wolfganger Lehrer Karl Druschel brachte die Kriegsbegeisterung in Hanau, aber auch im ganzen Reich zum Ausdruck. Er schrieb in der Schulchronik der Anstaltsschule der Pul-

1337 Arndt, Zeit, S. 42; Arndt, Hanau, S. 141.
1338 Arndt, Vor 80 Jahren, S. 35.
1339 Arndt, Feldbahnen, S. 154; Arndt, Vor 80 Jahren, S. 36.

verfabrik: „Bis in die letzten Tage des Juli glaubte man hier nicht an einen Krieg, man war sogar der festen Überzeugung, daß die Angelegenheit auf friedlichem Wege beigelegt werden könne. Alle Herzen schlugen deshalb unserem Kaiser entgegen, dessen Bestreben, unserem Vaterlande den Frieden zu erhalten, voll und ganz anerkannt wurde. Nichtsdestoweniger hörte man auch zuversichtliche Äußerungen über die Kriegsbereitschaft Deutschlands und seines Heeres, und mit Begeisterung sprachen die waffenfähigen Jünglinge und Männer von einem etwaigen Kampfe, in dem das deutsche Volk schon zeigen würde, wie es seine heiligsten Güter zu schützen wisse und wenn es auch in einem Kampfe nach Osten und Westen sein sollte. Die Bundestreue soll Österreich gehalten werden. Dieser Spannung folgte dann durch die Mobilmachungsorder eine Entspannung zu wahrer Begeisterung."[1340]

Mit dem Befehl zur Mobilmachung endete das friedliche Leben in der Pulverfabrik Wolfgang. Zusätzliche Militärs von Infanterie und Ulanen marschierten ein und sicherten Fabrik und Bahnhof, da große Sorge vor feindlichen Spionen bestand.[1341]

Der Kriegsausbruch traf die Menschen in Hessen-Nassau unvorbereitet, dennoch zogen viele euphorisch in den Krieg, wie Regierungspräsident Percy von Bernstorff 1917 rückblickend berichtete: „Unmittelbar nach Ausbruch des Krieges meldeten sich unendlich viele alte Soldaten zum Heeresdienst, auch solche, die keiner Wehrpflicht mehr unterlagen, insbesondere auch Beamte der Staatsbehörden. Dadurch wurde die staatliche Verwaltung stark beeinträchtigt."[1342]

Auch der unbekannte Verfasser der Wolfganger Chronik berichtete ähnliches: „Die Wellen der Begeisterung für die gerechte Sache Deutschlands und seiner Verbündeten schlugen auch in der Pulverfabrik hoch. Ein großer Teil der wehrfähigen Männer des Gutsbezirkes eilte zu den Fahnen. Ein Teil Freiwilliger war unter ihnen."[1343]

Am 2. August meldeten sich die ersten Kriegsfreiwilligen beim II. Nassauischen Infanterieregiment Nr. 88, das am Paradeplatz stationiert war.[1344] Doch die Zahl der Kriegsfreiwilligen blieb entgegen der Euphorie in den Chroniken mit 312 in Hanau relativ gering.[1345] Von einer Kriegsbegeisterung kann also keine Rede sein. Auch in den Dörfern um Hanau mangelte es an dieser. Stattdessen herrschten gedrückte Stimmung und Kriegsfurcht. Die steigenden Teilnehmerzahlen an den Gottesdiensten drückten die Sorge der Landbevölkerung deutlich aus.[1346] In Ostheim wurden von den 1.400 Einwohnern bis Oktober 1914 107 und bis 1915 183 Männer eingezogen. Hiervon fielen 30 auf dem Schlachtfeld.[1347]

Infolge der Mobilmachung wurden in Hanau 2.375 Mann und 77 Offiziere ins Feld gerufen sowie 1914–1918 insgesamt 4.260 Mann per Befehl eingezogen, ca. 10–20 Prozent so-

1340 Zit. nach Hohmann, Rolf: Der Patriotismus war stark ausgeprägt, in: HA v. 1. September 1984, abgedruckt in: Hohmann, Wolfgang.

1341 Hohmann, Rolf: Der Patriotismus war stark ausgeprägt, in: HA v. 1. September 1984, abgedruckt in Hohmann, Wolfgang.

1342 Klein, Zeitungsberichte, S. 950: Bericht v. 25. Januar 1917.

1343 Hohmann, Rolf: Der Patriotismus war stark ausgeprägt, in: HA v. 1. September 1984, abgedruckt in Hohmann, Wolfgang.

1344 Arndt, Feldbahnen, S. 154.

1345 Hanau, Verwaltungsbericht 1911–1919, S. 21.

1346 Alt, Kriegsalltag, S. 19.

1347 Müller, Gefallen, S. 69.

Im Ersten Weltkrieg wichtige Rüstungsstätte: die Pulverfabrik in Wolfgang, um 1900.

gar mehrfach. Das Eisenbahnregiment Nr. 3 stellte insgesamt 865 Offiziere und 52.619 Mann auf, rückte aber selbst nicht ins Feld. Darüber hinaus stellte die Feldformation des Eisenbahnregiments ungefähr 60.000 Mann auf, das Ulanenregiment Nr. 6 2.307 Köpfe und 2.525 Pferde. Zudem schickte es 1.878 Personen als Ersatz ins Feld.[1348] Ferner rückten 1914 drei Bataillone des Infanterieregiments 88 mit insgesamt 3.320 Mann ins Feld und es stellte während des Krieges ca. 6.100 Mann auf.[1349] Die aktiven Truppen der vier in Hanau stationierten Regimenter hatten die Stadt bis zum 12. August verlassen. So fanden die leerstehenden Kasernen für die Aufstellung neuer Truppen Verwendung.[1350]

Die Stadt Hanau richtete am 2. September 1914 eine Auskunftsstelle für Kriegsangelegenheiten ein, deren Hauptaufgabe darin lag, Kriegsnachrichten durch Anschlag an elf über die Stadt verteilten Tafeln bekannt zu geben. Daneben berichtete die Stelle über Kriegsereignisse und Kriegsfolgen, führte Listen über Verletzte in Lazaretten und Kriegstote und nahm Liebesgaben entgegen.[1351]

Die Versorgung von Verwundeten und die Einquartierungen machten den Krieg in Hanau schnell präsent. Im August und September 1914 befanden sich zeitweise 20.000 Soldaten in der Stadt, die auch in Privatwohnungen untergebracht waren. Um der massen- und

1348 Hanau, Verwaltungsbericht 1911–1919, S. 21.
1349 Ebd., S. 22.
1350 Arndt, Feldbahnen, S. 158.
1351 Arndt, Zeit, S. 147; Arndt, Hanau, S. 160.

Erinnerungspostkarte aus dem Garnisonslazarett Hanau, Mai 1918

dauerhaften Überbelegung entgegenzuwirken, wurde die im Bau befindliche Bezirksschule V als Massenquartier hergerichtet.[1352]

Die Einquartierungen von Soldaten konzentrierten sich auf Hanau-Stadt, während der Landkreis weitestgehend unberücksichtigt blieb. Vorwiegend die unteren Schichten mussten die Soldaten aufnehmen, deren Familien sowieso größer und die Wohnungen kleiner waren. Die Einquartierungskommission folgte dabei nicht Gebeschus' Vorschlag, nur Wohnungen im Mietwert zwischen 500 und 1.000 RM zu berücksichtigen. Große Kritik ernteten die reichen Hanauer etwa in der Frankfurter Landstraße, die in ihren Villen keine Soldaten aufnehmen mussten. Dahingegen wohnten in den überfüllten Arbeiterwohnungen Familien mit zwölf Personen in zwei Zimmern.[1353]

Nach der Mobilmachung richtete die Militärverwaltung drei Reservelazarette in Hanau ein, wo bis Kriegsende 56.200 Verwundete gepflegt wurden.[1354] Das Reservelazarett I unter der Leitung von Chefarzt Sanitätsrat Dr. Wilhelm Kittsteiner umfasste das Garnisonslazarett im Lamboy, den Saalbau in der Mühlstraße, die Loge im Stadtschloss sowie die Turnhallen in der Jahnstraße und am Grünen Weg. An letztem Ort bestückte das Rote Kreuz zusätzlich die Turnhalle mit 40 Betten. Das Reservelazarett II mit dem St. Vinzenz-Krankenhaus und der Kunstseidenfabrik in Großauheim leitete Chefarzt Geheimer Sanitätsrat Dr. Ferdinand Noll. Dem Reservelazarett III stand Chefarzt Geheimer Sanitätsrat Dr. Moritz Hartmann vor, das

1352 Hanau, Verwaltungsbericht 1911–1919, S. 18.
1353 Pákh, Hanau, S. 358f.: Dok. 89.
1354 Hanau, Verwaltungsbericht 1911–1919, S. 22.

einen Flügel von Schloss Philippsruhe, das Deutsche Haus mit dem angeschlossenen Diakonissenheim und das Schloss in Büdesheim zur Pflege nutzte.[1355]

Bis zum Jahresende waren in Hanau und Umgebung in 18 Gebäuden rund 1.900 Betten zur Versorgung von Verwundeten aufgestellt worden.[1356] Das Rote Kreuz übernahm den Transport der Verletzten vom Hauptbahnhof in die Lazarette und richtete zusammen mit dem Vaterländischen Frauenverein eine Verbandsstation und Sanitätswache am Ostbahnhof ein. Auch Sammlungen, Kurse für Hilfsschwestern und Nähkurse führten die Initiativen durch.[1357] Die freiwillige Krankenpflege wurde in Hessen-Nassau durch die Ausbildung zur Krankenschwester intensiv angegangen und fand im Kriegsverlauf breite Unterstützung.[1358]

Rasch stellten sich auch die Industriebetriebe auf die neuen Gegebenheiten ein und auf Kriegsproduktion um, insbesondere die Großunternehmen Dunlop, Heraeus, Siebert, Framag, Zimmermann und die Pulverfabrik in Wolfgang.[1359] Das Bijouteriegewerbe erlitt hingegen einen herben Verkaufsrückgang. Die Fachkräfte der Gold- und Silberwarenfertigung fanden zunächst keine neue Anstellung. Erst als im Kriegsverlauf die Einberufungen und Kriegsaufträge zu offenen Stellen wie bei der Pulverfabrik führten, endete deren Arbeitslosigkeit. Zudem ersetzten zahlreiche Frauen die Männer in den Fabriken.[1360]

So verschlechterten sich die wirtschaftlichen Rahmenbedingungen in Hanau. Daraufhin schilderte Gebeschus im April 1916 Regierungspräsident von Bernstorff die schwierige Lage der Edelmetall- und Schmuckwarenindustrie. Die Steuereinnahmen brachen in Hanau ein, ein Drittel der Einkommenssteuer fiel weg und ein noch größerer Anteil bei der Gewerbesteuer, sodass „sich die städtischen Finanzen in recht übler Lage“ befanden, wie Gebeschus bilanzierte. Um der Industrie nicht noch höhere Bürden aufzuerlegen, erhöhte Hanau die Steuern nicht und sparte stattdessen bei Straßenbau und der Tilgung von Darlehen. Dazu kam eine schlechte soziale Lage, die Gebeschus ausführlich skizzierte: „Hanau hat eine Fabrikbevölkerung von schätzungsweise 65–70 %. Durch die Arbeitslosigkeit und die Einberufung der Arbeiter zur Fahne ist das Einkommen der Familien ein derartig beschränktes, daß die Stadt große Opfer beim Verkauf der Nahrungsmittel bringen muß. Ich will nur anführen, daß wir im vergangenen Jahr allein am Verkauf von Schweinefleisch 10.000e eingebüßt haben, daß wir z.Zt. an Fett etwa monatlich 40.000 M, an Speck 8.000 M zusetzen usw. Wir geben den Familien der Kriegsteilnehmer seitens der Stadt dieselben Sätze, wie der Staat sie gibt, und bekommen vom Staat nur rund die Hälfte dessen erstattet, was wir aus städtischen Mitteln aufwenden.“[1361]

Auch für die umliegenden Landgemeinden hatte der Erste Weltkrieg enorme Auswirkungen. Zum einen mussten sich die Bauern vermehrt einer staatlichen Kontrolle der Produktion und der Verteilung unterwerfen, zum anderen drohten seit 1915 Beschlagnahmungen von Vieh oder Agrarprodukten. Auch die Landbevölkerung spürte die Folgen der sich verschlechternden Versorgungslage.[1362]

1355 Bus, Sammeln, S. 133.
1356 Bus, Sammeln, S. 134.
1357 Arndt, Zeit, S. 149.
1358 Klein, Zeitungsberichte, S. 950: Bericht v. 25. Januar 1917.
1359 Pákh, Hanau, S. 296.
1360 Klein, Zeitungsberichte, S. 953: Bericht v. 25. Januar 1917.
1361 StAHU C1 1063 Dunlop, Schreiben v. Gebeschus v. 14. April 1916.
1362 Alt, Kriegsalltag, S. 43.

Wie in Roßdorf arbeiteten allerorts junge Frauen in den Munitionsfabriken, fehlten aber als Arbeitskräfte auf den Feldern. Zudem schlossen Handwerksbetriebe aufgrund des Rohmaterialmangels und fehlender Fachkräfte.[1363] Als Folge der Mobilmachung blieben in der Landwirtschaft die Arbeitskräfte aus. So war die Saat für die Ernte 1915 nicht ordentlich durchgeführt worden. Gebeschus ersuchte daher bei einer Versammlung in der Concordia am 20. September 1914 die Landwirte, sie mögen Notstandhelfer gegen Entlohnung die Felder umgraben lassen.[1364]

Der allgegenwärtige Arbeitskräftemangel in der Landwirtschaft wie in Bergen oder in Roßdorf ließ sich nur durch Flüchtlinge oder Kriegsgefangene ausgleichen.[1365] Wie in Langenselbold 1915 ersuchten die Landgemeinden bei den Kommandos für die Verteilung von Kriegsgefangenen in Frankfurt, Darmstadt oder Wetzlar die Übersendung solcher Arbeitskräfte in die Landgemeinden.[1366] So schufteten in Roßdorf, Ostheim, Heldenbergen, Windecken, Erbstadt und Eichen jeweils 30–50 meist französische oder russische Kriegsgefangene auf den Feldern.[1367]

Mit Kriegsbeginn hatten die städtischen Verwaltungen neue Aufgaben erhalten, insbesondere die ungewohnte Aufgabe der Kriegsfürsorge.[1368] Den Angehörigen der Einberufenen stand ein Anspruch auf Unterstützung zu, falls sie den Lebensunterhalt nicht aus eigenen Mitteln sichern konnten. Zudem trugen die Städte zu großen Teilen die Lasten zur Versorgung der Angehörigen der Gefallenen und der Wiedereingliederung von Invaliden ins Berufsleben.[1369]

Die Regelung erfolgte über das »Gesetz betreffend die Unterstützung von Familien in den Dienst eingetretener Mannschaften« vom 28. Februar 1888 in der Neufassung vom 4. August 1914. Das Gesetz regelte die Leistungen an Angehörige von zum Wehrdienst im Felde Einberufenen. Ehefrauen und Kinder erhielten jeweils unterschiedliche Sätze, die festgeschrieben, aber auch abhängig von der Jahreszeit waren. Die Vorgaben schrieben die Gründung einer Unterstützungskommission vor, deren Vorsitz der Erste Beigeordnete hatte und die über die Unterstützung von städtischer Seite entschied, die über die staatlichen und gesetzlichen Mindestleistungen hinausging.[1370]

Hanau vollzog eine Mischkalkulation aus staatlichen Mindestsätzen, freiwilligen städtischen Leistungen und Zuschüssen aus dem Fürsorgeetat. So erhielt eine erwachsene Person ab dem 1. November 1914 im Monat je 12 Mark von Staat und Stadt sowie 15 Mark aus dem Fürsorgeetat. Für ein Kind bekamen Familien zusätzlich insgesamt 51 Mark, für ein zweites Kind 60 Mark. Die Zahlen stiegen im Verlauf der Kriegsjahre an. So erhielt eine erwachsene Person ab 1. November 1916 50 Mark, ab 1. November 1917 55 Mark und ab 1. November 1918 70 Mark. 1917 war eine zusätzliche staatliche Zulage von 5 Mark enthalten, 1918 kam zu der staatlichen Zulage von 10 Mark noch eine Teuerungszulage von

1363 Lazic, Pfarrer, S. 54.
1364 Hanau, Verwaltungsbericht 1911–1919, S. 131.
1365 Alt, Kriegsalltag, S. 43; Müller, Grab, S. 153.
1366 Müller, Grab, S. 153.
1367 Alt, Kriegsalltag, S. 39f.; Lazic, Pfarrer, S. 56; Müller, Grab, S. 154.
1368 Croon, Aufgaben, S. 56; Ruth, Kriegskosten, S. 84.
1369 Croon, Aufgaben, S. 56.
1370 Ruth, Kriegskosten, S. 93.

Die Kasernen machten Hanau im Ersten Weltkrieg zu einem wichtigen Ort für die Aufstellung und Ausrüstung neuer Regimenter, hier Soldaten in der Rosenstraße 1914.

10 Mark ab 1. Juli 1918 hinzu. Auch die Beiträge für zu unterstützende Kinder stiegen entsprechend an. Bis zum Ende des Rechnungsjahres 1918 entschied die Kommission über 4.850 Fälle von Familienunterstützungen in Höhe von 4.594.131 Mark auf Basis der gesetzlich vorgeschriebenen Fürsorgeleistungen von 3.125.059 Mark an zusätzlichen Unterstützungsmaßnahmen rein aus städtischen Mitteln. Dabei leistete die staatliche Seite nur 3.225.927 Mark an Ausgleichszahlungen, den Restbetrag musste die Stadt Hanau zunächst aufbringen. Die Ausgaben für Fürsorgeleistungen im ordentlichen Haushalt blieben während des Ersten Weltkrieges nahezu konstant bei 235.000 Mark, was rund 7,5 Prozent des Gesamthaushaltes ausmachte. Die steigenden Ausgaben waren im außerordentlichen Haushalt zu finden und gingen weit über die Leistungen in Friedenszeiten hinaus.[1371]

Zudem erhielt die Verwaltung weitere neue Aufgaben: Fortan umfasste die kommunale Leistungsverwaltung ebenso Nahrungsmittel, Holz, Kohle und Kleidung zu beschaffen, Unterstützungszahlungen zu leisten, Mobilmachung und Einquartierung zu organisieren, Preise zu prüfen sowie die Demobilmachung und die Aufstellung einer Bürgerwehr zum Kriegsende zu überwachen.[1372]

Als zusätzliche Beiträge neben den Aufwendungen aus der Kriegswohlfahrtspflege organisierte die Hanauer Bürgerschaft private Sammlungen, aus deren Fonds Familien im Einzelfall

1371 Ruth, Kriegskosten, S. 93.
1372 Ebd., S. 84.

unterstützt wurden. Dies reichte von Mietbeihilfen und Gesundheitsvorsorge bis hin zu Hilfe bei der Beschaffung von Brenn- und Nahrungsmitteln, Schulspeisungen und Kuren für Schulkinder. Äußerst erfolgreich war die von den Hanauern Bürgern von August 1914 bis März 1919 durchgeführte Volkswochenspende. Sie erbrachte einen Betrag von über 1 Million Mark – und damit das 2,5-fache des Betrages der städtischen Armenpflege in diesem Zeitraum.[1373] Selbst im Ausland lebende Hanauer sendeten Unterstützung. So gewährte Charles Engelhard, Schwager von Wilhelm Heraeus aus New York, für die Familienfürsorge ab dem 1. Januar 1916 monatlich 1.000 Mark.[1374]

Die Soldaten im Feld unterstützte die Heimat mit zahllosen Liebesgaben – auch aus Hanau. Der Zweigverein des Roten Kreuzes Hanau und der Vaterländische Frauenverein Stadt und Land Hanau riefen am 5. August 1914 auf, Liebesgaben wie Schokolade, Zigarren, Zigaretten, aber auch Decken und andere Wärmeutensilien sowie Geld für die Soldaten an der Front zu spenden. Bis zum 9. Oktober 1914 kamen so bereits 92.500 Mark zusammen. Dazu ergingen Aufforderungen an Frauen, Krankenpflegekurse zu besuchen, um die zahlreichen in Hanau eintreffenden Verwundeten pflegen zu können. Das Rote Kreuz versorgte auch durchreisende Soldaten am Ostbahnhof.[1375]

Auch wohlhabende Hanauer wollten ihre Unterstützung leisten. So schlug Dr. Heraeus im September 1914 vor, wenn es Gebeschus gelänge von 20 der reichsten Hanauer 15 dazu zu bewegen, fünf Prozent ihres Einkommens für „Kriegsunterstützungszwecke" zur Verfügung zu stellen, würde er selbst zehn Prozent seines Einkommens spenden. Bei 7,5 Prozent wollte er 15 Prozent, bei zehn Prozent sogar 25 Prozent seines Einkommens abgeben. Damit sollte Gebeschus ein Mittel gegeben werden, um umfangreiche Kriegsunterstützungen, vermutlich zum Kauf der festverzinslichen Kriegsanleihen, einzuwerben.[1376] Über einen Erfolg der Aktion ist nichts bekannt. Auch die Deutsche Dunlop Gummi-Compagnie AG führte monatlich 500 Mark für Kriegsunterstützungen ab. Sie antwortete damit auf ein Zirkularschreiben, das solche Zahlungen angeregt hatte.[1377]

In Kesselstadt sammelte ein Ausschuss ausschließlich für Kesselstädter Kriegsteilnehmer – wohl als Ausdruck des noch vorhandenen Selbstverständnisses der zehn Jahre zuvor eingemeindeten Dorfgemeinde –, was beim Hanauer Magistrat auf Befremden stieß. Er wies auf den formalen Fehler hin, Kesselstadt bestände nicht mehr als eigenständige Gemeinde, und man müsse in Zeiten der Not einheitlich handeln. Ferner drohte er, Kesselstädter Familien aus der allgemeinen Fürsorge auszuschließen, da aus dem gesamten Hanauer Fundus beachtliche Beträge an Kesselstädter Familien geflossen waren.[1378]

Eine Reaktion folgte am 19. Oktober 1914. Der Kesselstädter Ausschuss hatte sich auf Betreiben der Kesselstädter Vereine gegründet, als von einer Hanauer Fürsorgesammlung noch nichts bekannt war und um Familien in Kesselstadt zu unterstützen, wenn die Vereinskassen dafür nicht mehr genügten. Zu einem späteren Zeitpunkt fiel der Entschluss, mit den gesammel-

1373 Ruth, Kriegskosten, S. 95.
1374 StAHU C1 1068, Schreiben v. Heraeus v. 26. Februar 1916.
1375 Bus, Sammeln, S. 133, 136.
1376 StAHU C1 1068, Schreiben v. Heraeus v. 9. September 1914.
1377 StAHU C1 1068, Schreiben d. Dunlop v. 22. September 1914.
1378 StAHU C1 1068, Schreiben d. Magistrats v. 6. Oktober 1914.

ten Geldbeträgen auch bedürftige Familien außerhalb Kesselstadts zu unterstützen. Der Ausschuss vertrat die Ansicht, eine Kesselstädter Sammlung erbringe höhere Beiträge, was auch dem allgemeinen Fonds der Gesamtstadt zugute käme. Der Forderung nach Einstellung der Sammlung erteilte der Ausschuss eine deutliche Absage: „Auch können die in Frage kommenden Familienverhältnisse der Unterstützungsbedürftigen hierorts besser beurteilt werden. Wir vermögen nicht, unsere seither gefassten Beschlüsse umzustossen und müssen daran festhalten, mit den von uns eingesammelten Geldbeträgen den im Ortsbezirk Kesselstadt ansässigen, durch den Krieg bedürftig gewordenen Familien, unsere Fürsorge zu Teil werden zu lassen.“[1379] Damit wurde die Sache belassen. Der Magistrat mahnte lediglich an, eine Liste mit den Namen der in Kesselstadt Unterstützten zu erhalten, um doppelte Zahlungen zu vermeiden.[1380]

Darüber hinaus prägten zahllose Kollekten aller verwertbarer Rohstoffe die Maßnahmen an der Heimatfront. Im Rahmen der Reichswollwoche wurden vom 18. bis 24. Januar 1915 vornehmlich überflüssige Kleidungsstücke, Stoffe, Abfälle und Flicken gesammelt, um daraus Westen, Überziehjacken, Beinkleider, Unterwäsche und vor allem Decken herzustellen, die dem Eisenbahnregiment Nr. 2 und dem Infanterieregiment No. 88 im Feld als Liebesgaben zugestellt wurden.[1381] Unter anderem nähte der im August 1914 gegründete Nationale Frauendienst mit Sitz im alten Gymnasium am Paradeplatz Kleidungsstücke, gab Kurse für die Herstellung und Instandhaltung von Schuhen sowie Kochtipps für eine sparsame Kriegsküche.[1382]

Es folgten im Verlauf des Krieges zahlreiche, hauptsächlich von Schülern durchgeführte Kollekten von Papier und Altmetall über Kork und Lederabfälle bis hin zu Kastanien und Frauenhaar.[1383] Auch die Kirchenglocken und die zinnernen Orgelpfeifen der Friedenskirche mussten abgeben werden. In der Summe beschlagnahmte das Reich von den Hanauer Kirchen 1.751 kg an Orgelpfeifen und 7.106 kg an Bronzeglocken.[1384] Dazu ergab die Goldsammlung zwischen 1915 und 1918 die an das Reich abgeführte Summe von 1,22 Millionen Mark.[1385]

Versorgungsengpässe blieben in Hessen-Nassau im ersten Kriegsjahr noch weitgehend aus.[1386] Die hessischen Landgemeinden um Hanau belieferten die umliegenden Städte mit landwirtschaftlichen Erzeugnissen.[1387] Die Ernte von Kartoffeln, Hafer und Weizen im Hanauer Landkreis wie in Roßdorf war derartig ergiebig, dass zunächst noch die Überproduktion zur Versorgung des Heeres an das Proviantamt in Hanau abgegeben werden konnte.[1388] Ihrerseits waren die Landgemeinden aber auf Rohstofflieferungen von Kohle, Leucht-, Heiz- und Brennmitteln angewiesen. Diese Energieträger benötigte die maschinelle Landwirtschaft, um die Produktionsüberschüsse zur Versorgung der Städte zu erzielen. Dieser Land-Stadt-Kreislauf brach während des Krieges zusammen.[1389] Als erste Maßnahme gegen die sich anbahnende Unterversorgung

1379 StAHU C1 1068, Schreiben v. 19. Oktober 1914.
1380 StAHU C1 1068, Schreiben d. Magistrats v. 4. November 1914.
1381 Arndt, Zeit, S. 151; Arndt, Hanau, S. 160.
1382 Arndt, Zeit, S. 150.
1383 Ebd., S. 151f.; Arndt, Hanau, S. 160.
1384 Arndt, Zeit, S. 152.
1385 Arndt, Hanau, S. 161.
1386 Klein, Zeitungsberichte, S. 952: Bericht v. 25. Januar 1917.
1387 Alt, Kriegsalltag, S. 26.
1388 Lazic, Pfarrer, S. 59.
1389 Alt, Kriegsalltag, S. 26.

Der Krieg erfasste alle Lebensbereiche, auch die Industrie: Munitionswerk, 1916, Ort unbekannt.

von Nahrungsmitteln schuf die Stadt Hanau am 17. August 1914 mehrere Volksküchen, so in der jüdischen Schule in der Nürnberger Straße, und in der früheren Kochschule in der Bangertstraße. Im März 1917 folgte eine weitere Volksküche in der Turnhalle der Bezirksschule I. Hier konnte jeder Hanauer eine Suppe mit Gemüse und Brot für zehn Pfennig, später 20 Pfennig, erwerben. Insgesamt gab die Volksküche bis Ende März 1919 ca. 1.050.000 Portionen aus.[1390]

Bald nach Kriegsausbruch setzte die Bewirtschaftung von Nahrungsmitteln und Textilien ein. Damit war der freie Markt außer Kraft gesetzt. Die Regulierung leiteten zwei am 4. August 1914 erlassene Verfügungen ein: das »Gesetz über die Ermächtigung des Bundesrats zu wirtschaftlichen Maßnahmen [...] im Falle kriegerischer Ereignisse« und das »Gesetz über die Festsetzung von Höchstpreisen«. Auf Basis dieser Gesetzesgrundlagen erließ der Bundesrat Verordnungen für eine Zwangsbewirtschaftung und Höchstpreise. Die Kommunen ihrerseits setzten die Verordnungen über die Lebensmittelämter vor Ort in die Praxis um. Allerdings verfügten die Kommunen weder über fachkenntnisreiches Personal noch über Erfahrungen in der Organisation der Verteilung von Lebensmitteln und Gebrauchsgütern.[1391]

Die Gemeinden richteten daraufhin Lebensmittelabteilungen ein, die die Verteilung der rationierten Güter an zentrale Stellen und Bezugsberechtigte organisierten. Hanau war da-

1390 Arndt, Zeit, S. 148; Arndt, Hanau, S. 160.
1391 Ruth, Kriegskosten, S. 96.

rauf in keiner Weise vorbereitet. Die Aufgabe fiel zunächst der allgemeinen Verwaltung zu und der Magistrat übertrug sie dem Leiter des Bauamtes, weil die Bautätigkeit zum Erliegen gekommen war und er daher über freie Zeitkapazitäten verfügte.[1392]

Als erste Maßnahme richteten die Mitarbeiter des Bauamtes eine Einkaufs- und Verteilungsstelle ein. Über die Ankäufe auf dem freien Markt entschied der Magistrat, verbunden mit all den Problemen einer bürokratischen Arbeitsweise. Auf Preisschwankungen und Angebote konnte nicht reagiert werden, eine Lagerbuchhaltung fehlte und die Lagerräume waren über die Stadt verteilt. Die Buchhaltung übernahm die Stadtkasse – aber nur hinsichtlich Ein- und Verkäufen, nicht im wirtschaftlichen Sinne. Der Mangel an Fachkräften mit betriebswirtschaftlichen Kenntnissen führte zu großen Verlusten. Diese Mängel änderten sich erst 1917 nach Gebeschus' Rücktritt infolge einer Neustrukturierung. Fortan wurde das Lebensmittelgeschäft vom Verwaltungsapparat getrennt.[1393]

Die knappen Zuteilungen der Zentralstellen deckten den Bedarf vor Ort keineswegs. So musste die Hanauer Stadtverwaltung nicht nur die Lebensmittel-, Textilien-, Schuh- und Brennmittelversorgung und deren Verteilung organisieren, sondern auch Nahrungsmittel in Eigenregie und unter ihrer wirtschaftlichen Verantwortung produzieren sowie Fertigwaren herbeischaffen oder herstellen lassen.[1394]

Seit dem zweiten Kriegsjahr führte die britische Seeblockade zu Versorgungsengpässen und zur Regulierung des Verteilungssystems. Schon im Oktober 1914 hatte der Bundesrat die stärkere Ausmahlung des Brotgetreides, Streckung von Brot mit Kartoffelerzeugnissen sowie das Verbot der Verfütterung von Brot und Getreide erlassen. Diese Maßnahmen wurden 1915 verschärft.[1395]

Im Zuge der Rationierung von Lebensmitteln führte die Reichsregierung im Februar 1915 Lebensmittelmarken für Erzeugnisse aus Mehl und Getreide ein, womit die Kriegsbewirtschaftung begann und Städte mit mehr als 10.000 Einwohnern die Versorgung der Bevölkerung mit Lebensmitteln organisieren mussten, indem sie den Bedarf ermittelten und diesen beim Kriegsernährungsamt anforderten. So wurde im Landkreis Hanau, in Hanau-Stadt und in Steinheim im Februar 1915 das Backen von Kuchen verboten und von der Polizei auch streng kontrolliert. Durch die Rationierung sank zwar der Verbrauch, aber die Engpässe blieben bestehen.[1396] Hafer und Kartoffeln durften nicht mehr an das Schlachtvieh verfüttert werden. Dies führte zu Notschlachtungen, doch „[g]roße Mengen des Fleischs verdarben, weil sie nicht konserviert werden konnten."[1397]

Nach der Rationierung von Brotgetreide und Mehl schlossen sich der Stadtkreis Hanau und der Landkreis Hanau zum »Wirtschaftsverband Hanau-Stadt und Land« zusammen. Den Vorsitz übernahm Landrat Maximilian Laur von Münchhofen und Gebeschus den Posten des stellvertretenden Vorsitzenden und Geschäftsführers. Letzterer setzte die gesetzlichen Vorgaben rigoros durch, was ihm bei der Allgemeinheit Anerkennung ob der Verteilung von

1392 Hanau, Verwaltungsbericht 1911–1919, S. 128; Ruth, Kriegskosten, S. 97.

1393 Ruth, Kriegskosten, S. 97.

1394 Ebd., S. 106.

1395 Hanau, Verwaltungsbericht 1911–1919, S. 130.

1396 Alt, Kriegsalltag, S. 28; Croon, Aufgaben, S. 57; Imgram, Geschichte, S. 128; Pákh, Hanau, S. 295.

1397 Lazic, Pfarrer, S. 60.

Mehl und Brot an die Bevölkerung einbrachte, aber auch tiefe Feindschaft von einzelnen Personen (EG: 611). So versuchten Goldschmiede, Gerichtsdiener oder Lehrer mehr Zusatzbrotmarken mit der Begründung Schwerarbeiter oder starker Brotesser zu sein zu erhalten. Diese Gesuche lehnte Gebeschus zum Wohle der Allgemeinheit ab (EG: 612).

Die Geschäftsführung des Verbandes behielt Gebeschus bis zu dessen Auflösung im August 1919. Selbst die Kommunisten hatten zu Zeiten der Hanauer Republik im November 1918 erkannt, wie reibungslos der ehemalige Oberbürgermeister die Nahrungsmittelversorgung und -verteilung aufrechterhalten hatte und ließen ihn im Amt (EG: 616). „[S]einem Einsatz ist es zu danken, daß die Brot- und Mehlversorgung in Hanau keinerlei Stockung erhielt“[1398], bilanzierte der Hanauer Anzeiger zwei Jahrzehnte später.

Die Brotgetreide- und Mehlversorgung lief nach einigen Anlaufschwierigkeiten gut. Die mangelnde Versorgung mit Fleisch wurde von der Bevölkerung noch akzeptiert, aber als im Sommer 1916 der Bezug von Butter und Kartoffeln stockte, kippte die Stimmung der Bevölkerung ins Negative, besserte sich im Jahresverlauf 1916 jedoch wieder.[1399]

Durch die Engpässe stiegen die Lebensmittelpreise im Vergleich zur Friedenszeit enorm an. Von dieser Notlage profitierten zunächst die Bauern. Nach der Regulierung konnten sie ihre Ernte jedoch nur noch an den Staat verkaufen, der die Verteilung übernahm. Seit März 1915 ließen sich Backwaren ausschließlich mittels der eingeführten Brotmarken erwerben. Obwohl auch 1915 ein Jahr guter Ernten war, folgte die Einführung von Fleisch- und Fettmarken sowie seit Dezember 1916 die Regulierung der Milch- und Buttermengen und deren Verteilung. Ein weitaus schlechteres Erntejahr war 1916 insbesondere bei Kartoffeln und Heu.[1400]

So kam es in Hanau zu Hungerprotesten: Am 4. Mai 1916 demonstrierten etwa 60 bis 80 Frauen mit den SPD-Stadtverordneten Friedrich Schnellbacher und Dr. Georg Wagner vor dem Rathaus gegen die schlechte Versorgung mit Lebensmitteln, Fleisch und Öl in Hanau. Die Delegation mahnte bei Bürgermeister Hild an, dass Teile der Bevölkerung verhungern würden. Dem Magistrat wurde kein Vorwurf gemacht, doch darauf hingewiesen, dass Geschäftsinhaber Öl und Fleisch nur an bessere Kundschaft abgaben.[1401]

Die Stimmung richtete sich wegen der schlechten Versorgungslage auch gegen Gebeschus. Dies sind wohl die von Arndt thematisierten Morddrohungen, die Gebeschus an den Rückzug vom Amt des Oberbürgermeisters denken ließen.[1402] So erhielt Gebeschus mehrere Schmähbriefe, von denen einer mit deutlichen Drohungen endete: „Wenn es nach mir ginge, dann wären Sie und der Laur schon längst gehängt.“[1403] Besonders knapp war die Versorgung mit Fleisch und Fett, worum sich der Magistrat zu kümmern hatte. Der Magistrat kaufte alles Fett auf und verkaufte es unter dem Einkaufspreis weiter an die Bevölkerung.[1404]

Auf eine Erhöhung der Fettzuteilungen verzichtete Gebeschus, weil dann die Reserven nach 14 Tagen verbraucht gewesen wären. Um die Fleischversorgung zu gewährleisten, lehnte

1398 StAHU L1 301/6, HA v. 11. Dezember 1935: Oberbürgermeister i.R. Dr. Gebeschus 80 Jahre alt.
1399 Klein, Zeitungsberichte, S. 952: Bericht v. 25. Januar 1917.
1400 Lazic, Pfarrer, S. 60f.
1401 Darstellung v. Gebeschus abgedruckt bei Pákh, Hanau, S. 365: Dok. 91b; ebd., S. 361: Dok. 91a.
1402 Vgl. Arndt, Unbestätigt, S. 180. Arndt selbst nennt für die Morddrohungen gegen Gebeschus keine Quelle.
1403 Pákh, Hanau, S. 363: Dok. 91b.
1404 Ebd.

Warteschlangen vor einer Brotausgabe: Im ganzen Deutschen Reich litt die Bevölkerung an der Unterversorgung mit Nahrungsmitteln und Kleidung, Ort und Datum unbekannt.

er eine frühzeitige Schlachtung des Nutzviehs ab. Stattdessen verkaufte die Stadt zum Selbstkostenpreis Büchsenfleisch in städtischen Läden, das Ladenhüter blieb, weil es den Arbeitern zu teuer war.[1405]

Die Engpässe bei Nahrungsmitteln und in der Brennstoffversorgung waren seit dem Steckrübenwinter 1916/17 deutlich zu spüren. Wegen der Kälte musste das Lyzeum und die Oberrealschule in Hanau im Winter 1916/17 geschlossen werden.[1406] Die Lebensmittelrationierungen, insbesondere das Fehlen von Fett, machte auch vor dem gehobenen Bürgertum keinen Halt. So verlor Fritz Canthal fast 30 Kilo und sein Gewicht sank von 96 auf 68 Kilo.[1407] Die Wochenrationen beliefen sich im März 1917 in Hanau auf 3 Pfund Kartoffeln, 150 g Fleisch und 30 g Fett pro Kopf.[1408] Als sich die Ernährungslage 1917 verschlechterte, fuhren viele Städter in die Hanauer Landgemeinden und baten die Bauern um Essen oder stahlen es von den Feldern.[1409] Nach dem harten Winter folgte eine gute Ernte 1917. Daraufhin kamen viele Hanauer nach Roßdorf, um Obst und Gemüse – stellenweise in Hamsterkäufen – zu erwerben.[1410]

1405 Pákh, Hanau, S. 364: Dok. 91b.
1406 Lazic, Pfarrer, S. 58.
1407 Dröse, Lebenserinnerungen, S. 165.
1408 Pákh, Hanau, S. 296.
1409 Alt, Kriegsalltag, S. 32.
1410 Lazic, Pfarrer, S. 61.

Durch den Friedensschluss an der Ostfront 1917 und den milden Winter besserten sich die Stimmung der Bevölkerung und die Versorgungslage. Es herrschte wieder Hoffnung auf den Kriegssieg und die Versorgung mit Kartoffeln, Marmelade, Fleisch und Fett war durch gute Ernten besser als im Jahr zuvor. Der milde Winter machte trotz Problemen bei der Kohlenversorgung die mangelnde Versorgung mit Brennmitteln ertragbar und brachte keine Erinnerungen an den Steckrübenwinter hervor.[1411]

Auch nach Gebeschus' Rückzug und der Reorganisation des Lebensmittelamtes unter einer neuen Verwaltungsstelle, die Stadtrat Wilhelm Lossow leitete, arbeiteten die Abteilungen mit Ausnahme der Kartoffelstelle wenig wirtschaftlich, sondern weiter mit hohen Verlusten, insbesondere wegen der hohen Personalkosten durch die notwendige Verteilung der Lebensmittel. Gewinne ließen sich durch gesetzliche Höchstpreise bei Ein- und Verkauf zudem schwer erzielen.[1412]

Lossow leitete das Lebensmittelamt 1917 vom Rathaus aus. Verkaufsstellen fanden sich in der Französischen Allee, der Rosenstraße, der Wilhelmstraße, Am Markt und im Auheimer Weg sowie die Markthalle im Stadtschloss, die Kartoffelausgabe an der Südseite des Marktplatzes und das Hauptlager im Kaufhaus Weltkugel in der Nürnberger Straße. Gleichzeitig agierte die Stadt als Landwirtschaftsproduzent. Der städtische Schweinestall befand sich in der Nähe der Ehrensäule am Großen Rohr, der städtische Kuhstall an der Hainstraße, die Molkerei in der Wolfsgasse (heute Areal Louise-Schröder-Straße) sowie eine Dörranlage und eine Sauerkrautfabrikation in der Spessartstraße.[1413] Insgesamt umfasste das Lebensmittelamt 1918 14 Teilbetriebe, kontrollierte und überwachte die Landwirtschaft und betrieb einen Lebensmittelgroßhandel.[1414]

Neben Nahrungsmitteln mangelte es besonders an Rohstoffen und im Kriegsverlauf dadurch auch an alltäglichen Gebrauchsgegenständen, die länger getragen oder verwendet werden mussten, wie Schuhe, Textilien, Papier oder Putzlumpen.[1415] Zudem hatten die kommunalen Lebensmittelämter und Bekleidungsstellen im Kriegsjahr 1916 die Aufgabe erhalten, fast sämtliche Güter des täglichen Bedarfs zu beschaffen, zu bewirtschaften und zu verteilen.[1416] Somit erhielten die Hanauer seit 1. August 1916 neben Nahrungsmitteln auch Kleidung und seit Dezember ebenso Schuhwerk nur noch gegen Bezugsscheine.[1417] Wie im Falle der Lebensmittel fiel erneut dem Magistrat die Aufgabe zu, Bezugsscheine für zugeteilte Neuware auszustellen, Textilien zu beschaffen, Altkleider und Schuhe zu bewirtschaften und Reparaturen zu organisieren.[1418] So kaufte die Stadt für die Bevölkerung große Textilbestände auf dem freien Markt auf und gab sie gegen fünf Prozent Aufpreis an die heimischen Händler weiter. Auch getragene Kleider und Schuhe durften nicht mehr privat verkauft werden, deren Verteilung übernahm ebenfalls das Bekleidungsamt.[1419]

1411 Klein, Zeitungsberichte, S. 963: Bericht v. 27. April 1918.
1412 Hanau, Verwaltungsbericht 1911–1919, S. 129; Ruth, Kriegskosten, S. 99.
1413 Arndt, Zeit, S. 157; Arndt, Hanau, S. 161.
1414 Ruth, Kriegskosten, S. 98.
1415 Alt, Kriegsalltag, S. 36.
1416 Ruth, Kriegskosten, S. 96.
1417 Arndt, Zeit, S. 158; Ruth, Kriegskosten, S. 99f.
1418 Ruth, Kriegskosten, S. 100.
1419 Ebd., S. 101.

Des Weiteren ließ die Stadt sogenannte Kriegsschuhe produzieren. Von der Kriegswirtschaft AG bezog die Stadt im Herbst 1917 mehrere hundert Paare. Diese Schuhe ließen sich selbst in Notzeiten wegen ihrer plumpen Form nur schwer verkaufen und so musste die Stadtkasse den Verlust abschreiben. Zudem ließ die Stadt ca. 3.000 Kriegsstiefel produzieren.[1420]

Das weitaus größte Problem war aber seit dem Winter 1915 die Versorgung mit Brenn- und Heizmaterialien und Petroleum. Wegen des Mangels an Leuchtmitteln führte die Reichsregierung 1916 die Sommerzeit ein.[1421] Zudem sollten zum Heizen und Beleuchten vornehmlich Gas und Elektrizität verwendet werden.[1422]

Doch die sinkenden Kohlezuweisungen ließen in Hanau 1916 die Preise für Koch-, Motoren- und Heizgas um einen Pfennig auf 13 Pfennig/m^3 und für Leuchtgas um zwei Pfennig auf 21 Pfennig/m^3 steigen. Als sich im folgenden Kriegsjahr die Versorgungslage weiter verschlechterte, folgten Maßnahmen für drastische Einsparungen. So wurde seit 1. Juni 1917 die Gasabgabe zwischen 14 und 19 Uhr und von 0 bis 5 Uhr eingestellt und die Bestimmung im Jahresverlauf 1917 weiter verschärft.[1423] Trotz der verordneten Einsparungen stieg im letzten Kriegsjahr der Gasverbrauch auf ein neues Hoch von über 6 Millionen m^3 an. Dies lag vorwiegend daran, dass viele Hanauer Betriebe auf Kriegsproduktion umgestellt hatten.[1424]

Die Kohleknappheit wirkte sich auch auf die Stromproduktion negativ aus und beschränkte den Stromverbrauch seit 1917 auf 80 Prozent der vorherigen Abnahme in festgelegten Hauptzeitfenstern. Schon 1916 waren Maßnahmen zur Stromeinsparung durch Beschränkung der Betriebsdauer der Straßenbahn sowie der Leuchtdauer für Werbereklamen und Geschäftsbeleuchtung eingeleitet worden. Erst 1920 normalisierten sich die Verhältnisse wieder.[1425]

Der Krieg beeinflusste auch Schulbetrieb und Kindererziehung. So versuchte die Schulverwaltung trotz der Abwesenheit zahlreicher Lehrer den Unterricht aufrecht zu erhalten. Als weitere Maßnahmen wurden für berufstätige Mütter Kinderhorte geschaffen und zudem in fast allen Kreisen Jugendkompagnien zur militärischen Ausbildung eingerichtet.[1426] Der Roßdorfer Kriegerverein bildete die nicht schulpflichtigen jugendlichen Männer militärisch aus. Später übernahm diese Aufgabe ein Hanauer Unteroffizier, der den Jugendlichen militärische Kommandos und das Verbinden von Verwundeten beibrachte sowie Exerzierübungen und Gefechte gegen Jugendliche aus den Nachbargemeinden durchführen ließ.[1427] Zugleich wurde die Schuljugend zum Sammeln von Papier, Kastanien, Flaschen, Lumpen, Altmetall, Blei, Weißblech, Platin, Frauenhaar, Gummi, Stanniol, Silberpapier, Filzhüten und Lederabfällen eingespannt.[1428]

Das Rhein-Main-Gebiet war seit 1916 auch Ziel feindlicher Luftangriffe, auf Hanau ist jedoch kein Angriff dokumentiert. Dennoch traf die Stadtverwaltung seit der Jahresmitte 1915 Vorbereitungen: Sie warnte die Bevölkerung über Plakate vor den Gefahren des Luftkrieges und stellte einen Katalog mit Verhaltensregeln auf, allen voran sich bei Angriffen nicht im

1420 Ruth, Kriegskosten, S. 102.
1421 Alt, Kriegsalltag, S. 36.
1422 Heilmann, Energie, S. 190.
1423 Ebd., S. 191, 194.
1424 Ebd., S. 195.
1425 Ebd., S. 327ff.
1426 Klein, Zeitungsberichte, S. 951: Bericht v. 25. Januar 1917.
1427 Lazic, Pfarrer, S. 55.
1428 Hanau, Verwaltungsbericht 1911–1919, S. 85.

Dachgeschoss oder auf der Straße aufzuhalten. Sirenen im Landratsamt, an der Kanalpumpstation in Kesselstadt, im E-Werk und im Zigarrenwerk Deines sowie Feueralarmglocken in der Infanteriekaserne, im Landratsamt und im Gaswerk warnten die Hanauer vor einem drohenden Angriff. Während des Angriffs fuhren die Straßenbahnen nicht. Das Ende des Fliegeralarms signalisierte ein einminütiger Feueralarm.[1429]

Seit 1917 kippte die Stimmung in Hessen-Nassau, wie auch Regierungspräsident von Bernstoff nach Berlin meldete: „Nach zweieinhalbjähriger Dauer des Krieges ist die Bevölkerung jetzt von der leidenschaftlichen Aufwallung der ersten Kriegsmonate weit entfernt, sie ist ruhig und kühl. [...] Daß im Volk eine Friedenssehnsucht besteht, ist zweifellos [...].“[1430]

Im Jahresverlauf verschlechterte sich die Stimmung weiter: „Im verflossenen Halbjahr war die Stimmung in der Bevölkerung zunächst weniger zuversichtlich, teilweise war sie sogar gedrückt. Der lange und harte Winter mit seinen zahlreichen Nöten und Entbehrungen wirkte noch nach. Der Mangel an vielen Lebensmitteln, insbesondere der Kartoffeln, wurde bei dem sehr späten Frühjahr immer empfindlicher, und daß es in den Städten Kassel und Hanau nicht zu Unruhen gekommen ist, ist in erster Linie der tatkräftigen und umsichtigen Leitung der Stadtverwaltungen zu danken, die in vorbildlicher Weise für ihre Einwohner sorgten.“[1431]

Zum Ende des Ersten Weltkrieges beklagte Hanau 850 Tote, die in Hanau zuletzt ihren Wohnsitz hatten. Hiervon waren 382 auch in Hanau geboren. Dazu wurden zwölf gerichtlich für tot erklärt und bei weiteren zwölf war 1919 noch keine Entscheidung getroffen.[1432]

Die Ausgaben in Hanau für direkte Kriegskosten beliefen sich in den außerordentlichen Haushalten 1916 bis 1919 auf 26 Millionen Mark, was 43 Prozent aller Ausgaben im ordentlichen und außerordentlichen Haushalt entsprach. Aus Eigenmitteln musste Hanau zehn Millionen Mark aufbringen, die nicht durch staatliche Beihilfen gedeckt waren. Größte Posten waren mit 7,4 Millionen Mark die Familienfürsorge, gefolgt von der Lebensmittelversorgung mit 6,5 Millionen Mark. Auch für die Jahre 1914 und 1915 lässt sich eine ähnliche prozentuale Verteilung annehmen.[1433]

Um die Ausgaben zu decken, erhöhte Hanau den Zuschlag zur staatlichen Einkommenssteuer 1914 von 151 auf 173 Prozent und 1916 auf 210 Prozent sowie den Gewerbesteuersatz 1916 von 190,5 auf 210 Prozent. Dadurch stiegen die Ist-Einnahmen pro Kopf im Vergleich von 1911 zu 1918 von 21,09 auf 45,97 Mark.[1434]

Der außerordentliche Haushalt 1916 wies erstmals zwei Millionen an Kriegskosten als schwebende Schuld aus, deren Deckung über zwei Darlehen erfolgte, die durch Verpfändungen von Ansprüchen gegen das Reich gegenfinanziert waren. Insgesamt waren 7,65 Millionen Mark der Kriegskosten über Darlehen finanziert worden, die aufgrund ihrer kurzen Laufzeit den städtischen Haushalt in den 1920er Jahren stark belasteten.[1435]

Daneben legte die Reichsregierung insgesamt neun Kriegsanleihen auf, für die die Pfarrer und Bürgermeister in und um Hanau werben mussten und die insgesamt 97 Milliarden

1429 Vgl. hierzu den Aktenbestand StAHU C1 1062.
1430 Klein, Zeitungsberichte, S. 953: Bericht v. 25. Januar 1917.
1431 Ebd., S. 957f.: Bericht v. 22. Oktober 1917.
1432 Hanau, Verwaltungsbericht 1911–1919, S. 10.
1433 Ruth, Kriegskosten, S. 86, 105.
1434 Ebd., S. 86.
1435 Ebd., S. 87.

Mark einbrachten.[1436] Die Hanauer zeichneten insgesamt Kriegsanleihen in Höhe von 174 Millionen Mark.[1437]

Aus Mangel an Scheinen beschloss der Magistrat am 1. Mai 1917 erstmals die Herausgabe Hanauer Notgelds, dem weitere folgten. Noch im April 1919 befanden sich über 553.000 Mark des Notgeldes im Umlauf.[1438] Die Folgen des Weltkrieges stellten Gebeschus' Nachfolger vor große Herausforderungen. Dieser hatte sich während des Krieges ins Privatleben zurückgezogen.

6.5.2. Der Rückzug

Warum ließ sich Gebeschus 1916 in den Ruhestand versetzen und zog sich gerade während des Krieges vom Amt zurück? Dies hatte vornehmlich gesundheitliche Gründe. Seit dem Winter 1896/97 kämpfte er mit Anfällen heftiger Luft- und Halsschmerzen in Verbindung mit Atemnot, die sich schnell wieder legten, aber in den Folgejahren vermehrt und häufiger auftraten (EG: 600). Gebeschus vermutete die Ursache in Gallensteinen, denn die Schmerzen dauerten nur wenige Minuten bis zu einer halben Stunde (EG: 601).

Da Gebeschus von seinem Arzt bei den bisweilen auftretenden Anfällen von Angina pectoris als Hausmittel ein oder zwei Schnäpse, Cognac, Kirsch- oder Zwetschgenwasser empfohlen bekommen hatte, verfügte er im Haushalt immer über ein derartiges Spirituosensortiment, das er von seinem Schwager Gustav Schweickhardt bezog, [1439] der meist jährlich zum Geburtstag eine Kiste Schnaps aus Tübingen sandte.[1440] Seit Mitte der 1910er Jahre verfolgten Gebeschus seine gesundheitlichen Probleme beständig. Die Mediziner vermuteten, er litte an einem Herzklemmen, verursacht von einer Arterienverkalkung oder Herzerweiterung (EG: 602). Bei der Beerdigung seines Kollegen und Freundes Karl Rabe von Pappenheim im Jahr 1918 überwältigte ihn beinahe eine Lungen- und Rippenfellentzündung (EG: 606). Auch 1919 und 1926 war Gebeschus vermehrt krank und stand am Rande des Todes (EG: 606–610).

Der Ausbruch des Ersten Weltkrieges sorgte bei der Hanauer Stadtverwaltung für personelle Engpässe und erhöhte Arbeitsbelastung bei den verbliebenen Beamten.[1441] Der Einzug wichtiger Beamter wie von Bürgermeister Hild zum Kriegsdienst erhöhte Gebeschus' Arbeitslast auf zwölf Stunden täglich. Dazu kamen die seelischen Belastungen durch den Untergang der Blücher und den Verlust seines Sohnes Rolf, wodurch sich sein Gesundheitszustand enorm verschlechterte (EG: 603).[1442] Gebeschus entschied mit Ausbruch des Krieges, seine Ruhestandspläne zur Vollendung des 60. Lebensjahres bis zum Kriegsende ruhen zu lassen – doch sein Herz war den Anforderungen nicht gewachsen.[1443]

1436 Alt, Kriegsalltag, S. 38.
1437 Arndt, Zeit, S. 154.
1438 Ebd., S. 155; Arndt, Hanau, S. 161.
1439 K. Gebeschus, Lebensbilder II, S. 213.
1440 Ebd, S. 220f.
1441 StAHU C3 289, Schreiben v. Gebeschus v. 1. September 1916. Ebenso HStAM 165 6643, Bl. 269.
1442 Die gesundheitlichen Folgen des Untergangs der Blücher betont bes. Arndt, Unbestätigt, S. 180.
1443 StAHU C3 289, Schreiben v. Gebeschus v. 1. September 1916.

Schicksalsjahr 1916: Eugen Gebeschus im Jahr seines Rücktritts.

Sein Stellvertreter Hild kehrte erst Mitte Mai 1915 in den Dienst zurück.[1444] So lag die Arbeitslast von August 1914 bis Mitte Mai 1915 bei Baurat Paul Ehrich und Gebeschus. Letzter konnte daher weder im Sommer noch im Winter trotz ärztlichen Rates einen längeren Urlaub einlegen: „Das Übermaß der Arbeit erschöpfte meine Kräfte. Bei äußerster Anspannung dieser und nach ihrer Auffrischung durch Urlaub im Sommer 1915 und an der Jahreswende 1915/16 gelang es mir zwar, das Ende hinauszuschieben; bald aber gesellten sich zu häufig wiederkehrenden Herzkrämpfen Anfälle von Herzschwäche. Ich entschloß mich daher, weil nur noch teilweise arbeitsfähig, mein Pensionsgesuch einzureichen."[1445]

Gebeschus kam zur Erkenntnis, die Stadt brauche nach dem siegreichen Kriegsende – davon war er überzeugt – einen vollleistungsfähigen Beamten, der die Kriegsschäden beseitige (EG: 603). Daher bat er am 17. Mai 1916 den Magistrat um seine Pensionierung zum 1. Januar 1917. Noch am selben Tag brachte ihn ein heftiger Anfall von Herzkrämpfen zur Erkenntnis, die richtige Entscheidung getroffen zu haben, woraufhin er fünf Wochen in Nauheim zur Kur und drei Wochen zur Erholung in Freudenstadt verbringen musste (EG: 604). Im offiziellen Schreiben an den Magistrat stellte Gebeschus seinen Rückzugswunsch am 17. Mai 1916 wie folgt dar: „Seit einigen Jahren läßt mein Gesundheitszustand zu wünschen übrig. Ich leide an Herzerweiterung, in deren Folge befallen mich des öfteren bald Herzschwäche, bald Herzkrämpfe. An letzteren leide ich schon länger, erstere tritt erst seit etwa 3/4 Jahren auf. Der Krankheitszustand verlangt nicht allein eine jährliche Badekur in einem Bade für Herzkranke und längeren Urlaub, sondern auch außerhalb der Urlaubszeit eine Schonung, die mich nur teilweise arbeitsfähig sein läßt, ein Zustand, der für die Verwaltung der Stadt nicht erwünscht sein kann, weshalb ich mein Amt, das ich seit 23 Jahren verwalte, in die Hände der Körperschaften zurückgebe und bitte, meine Pensionierung etwa zum 1. Januar 1917 beschließen zu wollen."[1446]

Der Magistrat glaubte, ein zweimonatiger Urlaub würde Gebeschus Besserung verschaffen und stellte das Pensionsgesuch zurück. Doch der Urlaub besserte seinen Gesundheitszustand nicht: „In den ersten Tagen nach Wiedereintritt in den Dienst stellten sich bereits die alten Krankheitssymptome, Herzkrämpfe und Herzschwäche, wieder ein."[1447] Daher lehnte er auch das Angebot des Stadtverordnetenvorstehers Franz Uth zu einem halbjährigen Erholungsurlaub ab: „In diesem halben Jahr wäre ich aus dem laufenden Geschäft herausgekommen und es wäre so viel Arbeit bei dem Mangel an tüchtigen Arbeitskräften liegen geblieben, daß ich sofort wieder auf die Nase gefallen wäre." (EG: 604)

Nun erst entsprachen die Körperschaften im August 1916 dem Pensionsgesuch zum 1. Januar 1917 mit einer Jahrespension von 11.200 Mark.[1448] Der Magistrat legte ferner fest: „Die von ihm bisher innegehabte Wohnung wird ihm zu den bisherigen Bedingungen, 1500 M Miete, Verzinsung der Heizanlage und elektrischen Anlage mit 5% und Bezahlung für die

1444 StAHU C3 289, Schreiben v. Gebeschus v. 1. September 1916. Ebenso HStAM 165 6643, Bl. 269.
1445 Ebd.
1446 StAHU C3 289, Schreiben v. Gebeschus v. 17. Mai 1916.
1447 StAHU C3 289, Schreiben v. Gebeschus v. 1. September 1916.
1448 StAHU C3 289 | StAHU L1 303/6, Beschluss d. Magistrats v. 15. August 1916 | Beschluss d. Stadtverordneten v. 31. August 1916 | Schreiben v. Gebeschus v. 1. September 1916. Die Beschlüsse sind ebenso dokumentiert in den Schreiben der Staatsregierung, vgl. HStAM 165 6643, Bl. 272 (Magistratsbeschluss) | Bl. 273 (Stadtverordnetenbeschluss).

Bedienung der Heizung mit 12 M monatlich, gegen eine nur ihm zustehende vierteljährliche Kündigung belassen."[1449]

Das Gehalt seines Nachfolgers wurde auf 12.000 Mark plus eines Mietzuschusses über 1.000 Mark festgesetzt und die Stelle dafür nicht ausgeschrieben.[1450] Der Magistrat bestätigte am 4. Oktober 1916 Gebeschus seinen am 17. Mai 1916 gestellten Antrag zur Versetzung in den Ruhestand.[1451]

Die Gunst seines Abschieds wollte Gebeschus aber auch nutzen, um auf einige wichtige Punkte hinzuweisen: Dr. Wilhelm Berensmann sollte zum Magistratsmitglied, damit er sich nicht in einer anderen Stadt bewerbe, und Baurat Paul Ehrich zum Zweiten Beigeordneten gewählt werden. Dies hatten die Stadtverordneten mit der Begründung abgelehnt, Ehrich sei mit den Hanauer Gegebenheiten noch nicht ausreichend vertraut. Diese Sachkenntnis hatte Ehrich mittlerweile erlangt und für Gebeschus waren zwei Vertreter des Magistrats zu wenig, wenn das Stadtoberhaupt eine längere Erholungsphase einlegen müsse. Zudem forderte Gebeschus die Anstellung einer Hilfskraft als Dezernent, da Hild, Glaser und Ehrich vollkommen überlastet waren und Urlaub brauchten: Alle „müssen sobald als möglich in Urlaub gehen, sonst versagen alle 3 Herren in naher Zeit. Ich bitte, das nicht gering zu achten; die Arbeit hinter der Front hat die Nerven und die Arbeitsfähigkeit der führenden Männer schwer mitgenommen; wenn wir ihnen nicht baldige ausgiebige Hilfe zuweisen, wird die Stadt empfindlichen Schaden davontragen."[1452]

Zum Ende seiner Amtszeit beschlossen die Stadtverordneten in der Sitzung am 14. Dezember 1916, Gebeschus das Ehrenbürgerrecht für „seine hervorragenden Verdienste und als Dank für seine erfolgreiche Tätigkeit im Dienste der Stadt Hanau" zu verleihen. Die Auszeichnung erhielt er für seine Beteiligung bei der Erweiterung des Kanalisationswerkes, der Eingemeindung Kesselstadts, dem Bau der beiden neuen Wasserwerke und der Kasernen, der Sanierung der Altstadt durch Gebäudeabbruch, der Verbreiterung von Kinzigbrücke und Wilhelmsbrücke, der Erbauung der städtischen Badeanstalt, dem Neubau des Schlachthauses und des Pflegehauses. Zudem honorierten die Körperschaften seine Leistungen bei der Mehrung der städtischen Einnahmen durch den Neubau des Gaswerks, die Verbesserung der Infrastruktur durch die Errichtung von E-Werk und Straßenbahn und seine Beteiligung an Verbesserungen im Schulwesen durch Umbauten mehrerer Gebäude.[1453] In seiner bescheidenen Art bat Gebeschus von Feierlichkeiten zu seiner Verabschiedung abzusehen. So wurde er lediglich am 27. Dezember 1916 im Roten Saal des Bürgervereins verabschiedet und ihm der Ehrenbürgerbrief überreicht.[1454]

Zum Abschied lobte der Hanauer Anzeiger Gebeschus in pathetischen Worten: „Fast 24 Jahre lang haben die Geschicke unserer Stadt in seinen Händen gelegen und selbst der beste Aktenkenner wird es kaum vermögen, aufzuzählen, was alles auf seinen Einfluß in dieser Spanne Zeit zurückzuführen ist. Wohl sind es in einem großen Gemeinwesen, wie der Stadt Ha-

---

1449 StAHU C3 289 | StAHU L1 303/6, Beschluss d. Magistrats v. 15. August 1916.
1450 Ebd., StAHU C3 289 | StAHU L1 303/6, Beschluss d. Stadtverordneten v. 31. August 1916.
1451 StAHU L1 303/6, Schreiben des Magistrats v. 4. Oktober 1916.
1452 StAHU C3 289, Schreiben v. Gebeschus v. 17. Mai 1916.
1453 StAHU L1 303/6, HA v. 15. Dezember 1916: Ehrung d. Oberbürgermeisters Dr. Gebeschus.
1454 StAHU C3 289, Schreiben v. Hild v. 22. Dezember 1916.

Eugen Gebeschus im Alter von 72 Jahren in seinem Arbeitszimmer, im Hintergrund hängt das Gemälde seiner Frau Julie.

nau, die verschiedensten Kräfte, welche die Entwicklung, das Blühen und Gedeihen bestimmen und bedingen, Wohl und Wehe beeinflussen. Über ihnen waltet aber der Geist und die Intelligenz des Leiters, bei dem mit der Energie des Wollens auch das tatkräftige Vollbringen einhergehen muß. Ein derartiger starker Charakter ist der jetzt aus dem Amte scheidende Herr Oberbürgermeister Dr. Gebeschus immerdar gewesen, weitblickend hat er stets das Große, Nutzbringende im Auge gehabt, erstrebt und – erreicht. [...] Wohl noch viele Pläne ruhten im Kopfe des Mannes, der an der Spitze unserer Verwaltung stand, als plötzlich ein gewaltiges Geschehnis eingriff in sein Arbeitspensum, ein Krieg, wie ihn die Welt noch nicht gesehen hat, und mit ihm eine Fülle von Sorgen, von denen jede weitere die Schwierigkeit der vorhergehenden noch verschärft hat. Bei der Bewältigung dieser Aufgaben hat seine Gesundheit einen starken Stoß erlitten, sodaß er sich auf ärztlichen Rat gezwungen sah, einen Schritt zu tun, der ihm, dem schaffensfreudigen Mann, gewiß nicht leicht geworden ist. Er reichte sein Rücktrittsgesuch ein, das in Würdigung der Verhältnisse auch Genehmigung gefunden hat."[1455]

Gebeschus' Nachfolge trat am 1. Januar 1917 der bisherige Bürgermeister Karl Hild an. Für Gebeschus die falsche Wahl, wie er in seinen Erinnerungen resümierte: „Hild hat zweifellos das Zeug zu einem tüchtigen Verwaltungsbeamten, allerdings nur zu einem solchen in abhängiger nicht zu führender Stellung. Denn es fehlt ihm an Initiative und besonders an Energie. Dazu kommt ein recht oft versagender Fleiß, so daß er stramm an der Leine gehalten werden muss. [...] Gewiß wurden die Verhältnisse mit dem Umsturz die übelsten, sie hätten einen energischen, tatkräftigen Mann verlangt. Da versagte Hild vollkommen. Schließlich gingen seine Nerven zum Teufel, die auch ein langer Urlaub nicht wieder herstellte." (EG: 483)

Hild regierte Hanau als Oberbürgermeister vom 1. Januar 1917 bis zum 28. Dezember 1921.[1456] Infolge eines Misstrauensvotums der Stadtverordneten, ging er im September 1920 in Erholungsurlaub, aus dem er nicht mehr ins Amt zurückkehrte. Nach seinem Weggang aus Hanau wirkte er seit 1922 als Regierungsrat in Kassel, seit 1925 als Oberregierungsrat in Flensburg und Schleswig und seit 1927 als Regierungsdirektor in Düsseldorf (EG: 484).[1457] Er verstarb am 16. Mai 1938 in Düsseldorf.

Generell hielt Gebeschus nicht viel von seinen Nachfolgern. Auch Dr. Kurt Blaum erfüllte die in ihn gehegten Erwartungen nicht: „Blaum ist sehr tüchtig, aber Hanau ist zu klein für ihn, er ruiniert die Stadt mit seinen Projekten." (EG: 623) Weitaus mehr schmerzte Gebeschus hingegen, dass Blaum nicht wahrheitsliebend war und zu seinen vorher getätigten Aussagen wenige Tage später nicht mehr stand (EG: 624).

Gebeschus blieb in den folgenden Jahren nicht untätig. Schon 1916 plante er seine Ehrenämter zu behalten und mit 50 Prozent seiner Arbeitskraft neue Ehrenämter anzunehmen.[1458]

1455 StAHU L1 303/6, HA v. 30. Dezember 1916: Der Wechsel in unserer Stadtverwaltung.

1456 Arndt, Zeit, S. 141. Nach Pelda, Abgeordneten, S. 87, dauerte die Regierungszeit vom 2. Januar 1917 bis 31. März 1921.

1457 Pelda, Abgeordneten, S. 87.

1458 StAHU C3 289, StAHU L1 303/6, Schreiben v. Gebeschus v. 1. September 1916.

7. Ruhestand

7.1. Revolutionsjahre 1918/19

Über die Jahre nach dem Ende des Ersten Weltkrieges äußerte sich Gebeschus nur sehr verhalten. Zu tief schienen ihn diese Ereignisse zu belasten: „Ich kann nicht über sie schreiben, wenigstens nicht ausführlich, nicht im Zusammenhang. Sehe ich in jene Zeit zurück, dann ist's mir, als schaue ich in ein Chaos. Mir ist zu viel zerbrochen und in seinen alten Tagen kann der Mensch nicht wieder aufbauen. Manches ist auch so zerstört, daß es sich nicht wieder aufbauen lässt." (EG: 577)

Insbesondere der Tod seines Sohnes Rolf schmerzte ihn sehr: „Ich trauer um ihn mehr, als meine Lieben wissen, mehr, als ich es mir selbst eingestehe." (EG: 577) Gleichwohl war er stolz auf seine Söhne, dass sie das Vaterland gegen feindliche Soldaten verteidigt hatten (EG: 579). Seine Einschätzung der Niederlage und des Friedensschlusses steht klar im Zeichen der Dolchstoßlegende: „Verrat der Volksgenossen", „Schmachfrieden" oder „Friedensdiktat" sprechen hier eine deutliche Sprache. Besiegt wurde das deutsche Volk nicht von einer feindlichen Armee, sondern „nur vom Hunger" (EG: 581).

Dabei klagte er zwar über den Eigentumsverlust durch die Inflation, aber nicht über das Ende der Monarchie, das er begrüßte (EG: 581). Im Kaiser sah er viel mehr den Schuldigen für Krieg und Niederlage, der durch das „Krüger-Telegramm" oder den „Panther-Sprung" das Deutsche Reich zunächst isoliert und dann durch die „Nibelungentreue" zu Österreich-Ungarn in den Untergang geführt hatte (EG: 582). Für ihn hatte der Kaiser zu spät abgedankt, die Mächtigen das Volk aushungern lassen und das Militär im Stich gelassen: „Der Krieg und die üblen Erfahrungen, die das deutsche Volk in ihm mit seinen Führern und leitenden Männern gemacht hat, haben eine Wiederkehr des Monarchen unmöglich gemacht. Wir sind Republik und bleiben es, und die Frage ist nur die, ob wir eine bürgerliche Republik unter Aufnahme einer Anzahl von Sozialisten sein werden, oder eine sozialistische, die entweder die bürgerlichen Elemente ausschließt, oder sie abstößt, so daß diese sich fernhalten."[1459]

Auf die Kriegsniederlage folgten reichsweit revolutionäre Bestrebungen durch Arbeiter und Soldaten. Die Massenerhebungen lösten in Hanau nicht wie andernorts Matrosen aus, sondern der Umsturz deutete sich schon in den Kundgebungen der SPD und USPD sowie Forderungen nach einer sozialistischen Räterepublik Ende Oktober 1918 an. Ihren Beginn fanden die revolutionären Ereignisse infolge der Debatten um den Wahltermin für die künftige Stadtverordnetenversammlung in der Sitzung am 7. November 1918. Während im Rathaus über den Tag debattiert wurde, versammelte sich davor eine große Protestmenge.[1460]

Heute ist unklar, ob die Frage der Lebensmittelversorgung, die abwertende Behandlung der Arbeiterschaft bei der Terminierung der Wahlen oder ein Stein, der durch das Fenster in die Versammlung geworfen wurde, den Umsturz auslöste. Die Protestler sprengten die Sitzung der Stadtverordneten und zogen danach durch Hanau. Ein Ziel war das Lebensmittelfeinkostgeschäft von Stadtrat

1459 K. Gebeschus, Lebensbilder II, S. 202: Brief v. E. Gebeschus v. 16. November 1918.
1460 Krause, Revolution, S. 19.

Auf Proteste am Neustädter Marktplatz am 10. November 1918 folgten Plünderungen. Die schlechte Versorgungslage sorgte für das Ausrufen einer Räterepublik.

Lossow. Dort plünderten einige unter dem Beifall der Menge den Laden. Auf Weisung des kommissarischen Landrats und Polizeidirektors Carl Christian Schmid versuchte die Polizei vergebens, die Aktionen mit Waffengewalt zu unterbinden. Am folgenden Morgen des 8. November wurden fast alle Bäckerläden Opfer von Plünderungen, weil die Arbeiter nichts zu essen hatten.[1461]

Schmid, der seinen Posten erst am 4. November 1918 angetreten hatte und zuvor Regierungsrat im Preußischen Innenministerium gewesen war,[1462] suchte das Gespräch mit Vertretern der USPD, welche ihrerseits die Erlaubnis zur Gründung eines Arbeiter- und Soldatenrates forderten. Dieser konstituierte sich am 8. November aus 20 Vertretern der USPD und fünf der SPD unter Vorsitz des Lithographen Friedrich Schnellbacher, was die Lage beruhigte. Weitere führende Vertreter waren der Arzt Dr. Georg Wagner, der Redakteur Gustav Hammer und der Kellner Wilhelm Schwind.[1463] Die Revolutionäre forderten eine sozialistische Räterepublik, versuchten die Versorgungslage in Hanau zu verbessern und durch die Rote Arbeiterwehr die öffentliche Ordnung zu erhalten.[1464]

1461 Krause, Revolution, S. 20.
1462 Ebd., S. 215.
1463 Arndt, Zeit, S. 181; Krause, Revolution, S. 21.
1464 Arndt, Zeit, S. 181.

An den neuen Machtverhältnissen ließ Gebeschus kein gutes Haar: „Als unsere Krieger von der Front heimkehrten, wurden sie von dem daheim gebliebenen Pöbel entwaffnet, der sich nun seinerseits mit den den Soldaten abgenommenen Waffen bewaffnete." (EG: 593) Die Kommunisten führten in Hanau Hausdurchsuchungen nach Lebensmitteln durch, auch bei Gebeschus selbst (EG: 594).

Der Arbeiter- und Soldatenrat setzte Schmid als Landrat und Polizeidirektor ab, woraufhin sich der Entmachtete im Dezember 1918 nach Frankfurt zurückzog.[1465] Der am 22. Januar 1867 in Militsch nahe Breslau geborene Wagner übernahm kommissarisch den Posten als Landrat und Polizeidirektor. Seit 1912 war er für die SPD, später für die USPD und die KPD Stadtverordneter, bis ihn die Nationalsozialisten 1933 aus dem Amt drängten und er infolge der Verfolgung wegen seiner jüdischen Abstammung am 30. Mai 1935 in Frankfurt Selbstmord beging.[1466]

Eine Woche nach der Revolution am 9. November 1918 schrieb Eugen Gebeschus seinem Sohn Kurt ausführlich seine Einschätzung über die Kriegszeit und die Revolution nieder. Mit den neuen politischen Gegebenheiten konnte sich Gebeschus nur schwer anfreunden: „Wenn jemand so von Kindesbeinen an Monarchist gewesen ist wie ich, so wird's ihm nicht leicht, Republikaner zu werden, und doch bin ich's geworden. Welches Unheil die Monarchie, die sich selbst beim Mangel genügender geistiger Begabung nicht genügend beraten kann, und durch schlecht gewählte Berater schlecht beraten ist, anrichten kann, das haben wir bitter, grauenvoll bitter, erfahren. Millionen Deutscher sind tot, Millionen siechen an Wunden und Hunger dahin. Muß das sein, dann soll es sein, weil das Volk durch Beschluß seiner Vertretung es gewollt hat, aber nicht, weil ein einziger Mensch es will."[1467]

Zwei Wochen später hatte er das Vertrauen in die Monarchie völlig verloren, gab Wilhelm II. die Schuld für den Umsturz und befürwortete ein republikanisches Regierungssystem: „Er wollte sein eigener Kanzler, der tatsächliche Oberbefehlshaber, oder sein eigener Generalstabschef sein. Es grenzte fast an Wahnsinn, was der Kaiser sich zutraute: Ich bin von Gottes Gnaden, also von Gott gesandt, ein halber Gottessohn! Das deutsche Volk hat diesen Wahnsinn durch ein Meer von Blut und Leid bezahlt! Soll ich noch einmal meine Kinder oder Kindeskinder in die Gefahr bringen, daß ein Mann sie in den Tod hetzen darf? Daß ein Mann, der sich allwissend, allweise dünkt, über ihr Wohlergehen auch im Frieden allein entscheiden soll? Nein! und tausendmal nein! Die letzten Jahre, der letzte Hohenzoller, haben mich unter schweren inneren Qualen von meiner monarchischen Gesinnung geheilt. Mag einmal ein ‚Präsident' oder ein Monarch an der Spitze des Deutschen Reiches stehen – über das Wohl und Wehe des deutschen Volkes in Krieg und Frieden wird nur und ausschließlich das deutsche Volk entscheiden. Und das ist für mich das Ausschlaggebende, das ist das nicht hoch genug anzuschlagende Ergebnis der Revolution. Ich bin für einen Präsidenten, nicht für einen Monarchen, da dieser im Laufe der Zeit, vielleicht bei geeigneter politischer Konstellation, bei neuem Kriege wieder den Versuch machen könnte, sich mehr Rechte anzueignen als ihm zukommen, und ich ihm einräumen möchte, besonders wenn er ein bedeutender Mann ist. Einen Präsidenten kann man leichter kaltstellen, schon deswegen, weil er von Zeit zu Zeit wiedergewählt werden muß. Ich habe seit meiner Wandlung vom entschiedenen Monar-

1465 Krause, Revolution, S. 31.

1466 Arndt, Zeit, S. 252; Krause, Revolution, S. 246, 252.

1467 K. Gebeschus, Lebensbilder II, S. 202f.: Brief v. E. Gebeschus v. 16. November 1918.

chisten zum entschiedenen Republikaner oft, oft mehrmals am Tage (bzw. bei Nacht), meine Wandlung kritisch nachgeprüft – das Resultat ist immer das gleiche. Ich finde an meiner Wandlung nichts auszusetzen."[1468]

Derweil regierte der Arbeiter- und Soldatenrat in Hanau, ließ Lebensmittel und Kleidungsstücke sicherstellen und sagte die für den 25. November 1918 angesetzten Stadtverordnetenwahlen ab, wodurch die gewählten Stadtverordneten vorübergehend im Amt blieben.[1469] Darüber hinaus regelte er die Arbeitsverhältnisse, gliederte heimkehrende Soldaten ein und organisierte die Kartoffelversorgung der Stadt Hanau durch die Bauern des Landkreises.[1470]

Bereits am 14. November hatten die Räte den konservativen Hanauer Anzeiger übernommen, Chefredakteur Gustav Schrecker entmachtet, den politischen und lokalen Teil unter die Verantwortung des Frankfurter Redakteurs Gustav Hammer gestellt und damit die Pressehoheit übernommen.[1471] Der Eigentümer der Zeitung, das Kuratorium des Waisenhauses, beschwerte sich über die Vorgänge in Berlin, erhielt aber keine Antwort auf die Eingabe.[1472] Welche Rolle Gebeschus als Mitglied des Kuratoriums spielte, bleibt im Dunkeln. Das Waisenhaus äußerte sich in der Ausgabe des Hanauer Anzeiger vom 2. November 1918 über die neue politische Ausrichtung des Blattes: „Die [...] Änderung in der politischen Richtung ist gegen unseren Willen eingetreten, sie ist dem Anzeiger unter Mißachtung der gesetzlichen Bestimmungen über Preßfreiheit und freie Meinungsäußerung von dem durch den AuSR zum provisorischen Landrat und Polizeidirektor bestellten Dr. Wagner aufgezwungen worden. Ebenso ist gegen unseren Willen Herr Gustav Hammer aus Frankfurt a.M. als politischer Redakteur in unseren Betrieb gesetzt worden [...]."[1473]

Unterdessen versuchte der entmachtete Landrat Schmid von Frankfurt aus seine Stellung zurückzuerlangen sowie das Innenministerium und das Generalkommando des XVIII. Armeekorps in Bad Nauheim zum Eingreifen in Hanau zu bewegen. Er stellte den Arbeiter- und Soldatenrat als nicht-gewähltes Organ unter der Leitung dreier Fanatiker dar.[1474]

Schmid erwirkte beim XVIII. Armeekorps das Gefühl drohender Unruhen in Hanau. Daher stellte der Kommandant dem Arbeiter- und Soldatenrat am 22. Januar 1919 ein Ultimatum, binnen Tagesfrist die Schutzwehr aufzulösen, alle Waffen abzugeben, die öffentlichen Gebäude zu räumen und Schmid als kommissarischen Landrat wieder einzusetzen. Um die militärische Besetzung Hanaus zu verhindern, ging der Rat auf die Forderungen ein[1475] und zog sich drei Tage später aus dem Landratsamt und aus dem Hanauer Anzeiger zurück. Schmid regierte fortan von Frankfurt aus[1476] und forcierte in den Februartagen weiter den Einmarsch von Militär in Hanau.[1477]

In Hanau geriet derweil die Situation außer Kontrolle und führte zu Plünderungen und gewaltsamen Zusammenstößen. Zunächst drangen am 17. Februar Plünderer in das Lebens-

1468 K. Gebeschus, Lebensbilder II, S. 205: Brief v. E. Gebeschus v. 30. November 1918.
1469 Krause, Revolution, S. 45, 48.
1470 Ebd., S. 49, 58ff.
1471 Ebd., S. 48, 66f.
1472 Ebd., S. 69.
1473 Zit. nach ebd., S. 67.
1474 Ebd., S. 93.
1475 Ebd., S. 119f.
1476 Ebd., S. 122–125.
1477 Ebd., S. 134, 137ff.

Am Ende entschieden die Waffen: Zunächst besetzte die Reichswehr 1919 unter Befehl von General Hermann Rumschöttel Hanau, ein Jahr später folgten französische Truppen.

mittellager der Stadt Hanau in der Rohrstraße ein. Einen Tag später sammelte sich die Menge auf dem Paradeplatz, griff Soldaten an, zog zum Gefängnis und zum Landgericht und erlangte dort gewaltsam die Freilassung eines Dutzends Inhaftierter. Im Neustädter Rathaus zerschlug der Mob Möbel, brachte Lebensmittelmarken in seinen Besitz und verbrannte die von ihnen nicht benötigten Marken. Wie tags zuvor wurde das Lebensmittellager der Stadt Hanau geplündert und Lebensmittel im Lager vernichtet.[1478]

Am dritten Tag der Unruhen drang eine Menschenmenge am 19. Februar ins Lazarett in Schloss Philippsruhe ein, durchwühlte die Räume und zerstörte Mobiliar wie Bilder. Innerhalb der Wirren gelang es den Lazarettbeamten militärische Unterstützung herbeizurufen, woraufhin Truppen des 2. Ersatzbataillons des Eisenbahnregiments und des 6. Ulanenregiments zur Hilfe kamen und nach einem kurzen Feuergefecht die Plünderer in die Flucht schlugen. Doch die Vertriebenen sammelten sich bewaffnet am Paradeplatz und brachten 15 Soldaten der Kreishauswache in ihre Gewalt. Daraufhin wurden 30–40 Mann aus der Infanteriekaserne entsandt. Zwischen Soldaten und Plünderern entstand ein Feuergefecht mit 7–11 Toten, darunter zwei Soldaten.[1479]

1478 Krause, Revolution, S. 145–148.
1479 Arndt, Zeit, S. 254; Krause, Revolution, S. 149f.

Angesichts der Unruhen telegrafierte Oberbürgermeister Hild dem Regierungspräsidenten und ersuchte ihn um den Einmarsch des Militärs in Hanau. Nach der erfolgten Order aus Berlin entschloss sich das 18. Armeekorps in Bad Nauheim am 20. Februar 1919 zum Eingreifen.[1480] Dessen General Hermann Rumschöttel und Schmid quartierten sich tags darauf in Windecken ein.[1481]

Gebeschus vermittelt eine aktive Rolle seinerseits. Laut seinen Erinnerungen machte er sich im Februar 1919 mit zwei Getreuen auf, um staatstreue Truppen zu suchen, die im Landkreis lagerten. So fuhren sie mit dem Auto von Dorf zu Dorf, bis sie auf dem Kinzigheimer Hof nahe Windecken von Soldaten angehalten wurden (EG: 596). Diese brachten Gebeschus zu den Offizieren, wo er um die Eroberung Hanaus bat (EG: 597). Tags darauf marschierte General Rumschöttel mit seinen Truppen in den Morgenstunden des 22. Februar 1919 in Hanau ein, besetzte die wichtigsten Gebäude, sicherte Straßenknotenpunkte und ließ ca. 60 Personen als Anführer der Unruhen sowie Wagner, Hammer, Schwind und Schnellbacher festnehmen. Das Armeekorps sammelte die Waffen ein und löste den Soldatenrat auf.[1482]

Damit hatte Gebeschus' Intervention den gewünschten Erfolg, maßgeblich forciert hatte er aber einen militärischen Eingriff nicht, da dieser bereits vorher feststand. Aber mit Gebeschus als Fürsprecher war Rumschöttel sicherlich in seiner Entscheidung bestärkt worden, in Hanau einzumarschieren. Der General verhängte über Hanau den Belagerungszustand, doch die Lage blieb auch nach den Wahlen am 2. März 1919 ruhig. Daher hob er den Zustand drei Tage später auf, womit die Revolutionsphase in Hanau endete.[1483]

Nicht nur politisch, sondern auch wirtschaftlich war Hanau von den Folgen des Ersten Weltkrieges stark gezeichnet. Gemäß den Bestimmungen des Versailler Vertrags verlor es seinen Status als Garnisonsstandort und mit den Soldaten schlossen auch die damit verbundenen Betriebe, die abhängigen Gewerbe für Bekleidung, Nahrungsmittel und Gastwirte. Zudem belasteten Entlassene aus dem Militärdienst und Arbeitslose, die zuvor in den Rüstungsbetrieben tätig gewesen waren, die öffentlichen Fürsorgekassen. Im Edelmetallgewerbe führte der allgemeine Kaufkraftverlust zu Massenentlassungen. Zudem fanden die Fachkräfte auch in anderen Tätigkeitsfeldern keine neue Arbeit. Auch die Zigarrenindustrie verlor stark an Bedeutung.[1484] Gebeschus' Nachfolger im Amt standen folglich vor großen Herausforderungen.

Nur langsam besserte sich die wirtschaftliche Situation in den Anfangsjahren der Weimarer Republik. Die leerstehenden Kasernen dienten als Wohnungen und zur Industrieansiedlung. Neuen Schwung brachte das Mainhafenprojekt. Die Arbeitslosigkeit verringerte sich bis 1927 auf 250 Familien, erhöhte sich aber infolge der Weltwirtschaftskrise sprunghaft auf ein Drittel der Einwohner.[1485]

1480 Krause, Revolution, S. 161.
1481 Ebd., S. 164.
1482 Arndt, Zeit, S. 255; Krause, Revolution, S. 165.
1483 Arndt, Zeit, S. 259; Krause, Revolution, S. 174.
1484 Hanau, Verwaltungsbericht 1919–1930, S. 1f.
1485 Ebd., S. 3.

7.2. Wirken im Ruhestand

Nach dem Ausscheiden aus dem Amt verbesserte sich Gebeschus' Gesundheit rasch, sodass er glaubte, 1919 ein Mandat für die DVP für die verfassungsgebende Preußische Landesversammlung annehmen zu können (EG: 605).[1486] Das Gremium erarbeite 1919 bis 1921 eine Verfassung für den Freistaat Preußen. Im Wahlprogramm verwies Gebeschus besonders auf seine kommunalpolitische Erfahrung.[1487] Die gesundheitliche Besserung war jedoch schnell vorüber. Nachdem bei längeren Sitzungen seine Herzschmerzen wieder auftraten, legte Gebeschus 1919 sein Mandat nieder und Dr. Wilhelm Kalle aus Biebrich nahm sein Amt ein (EG: 605).[1488]

Dies hielt Gebeschus jedoch nicht ab, sich ehrenamtlich in Hanau zu engagieren. So ließ er sich 1920 als Vorstandsmitglied des Evangelischen Waisenhauses wählen. Seine Leistungen umfassten die Umwandlung und Erneuerung des technischen Betriebes sowie die Koordination des Neubaus der Waisenhausdruckerei und des wirtschaftlichen Ausbaus des Unternehmens. Auch die Erhöhung des Pflegegeldes und die seit 1927 erfolgte neue Bekleidung der Kinder waren Gebeschus zu verdanken.[1489] Zudem rettete Gebeschus den Hanauer Anzeiger in den Zeiten der Inflationen 1923, „als das Waisenhaus sein gesamtes über eine Million Mark betragendes Vermögen verloren hatte."[1490]

In seinen Erinnerungen verliert Eugen Gebeschus über die Zwischenkriegszeit nur wenige Worte. Aber Kurt Gebeschus charakterisiert den Vater als weiterhin vielbeschäftigten und ehrenamtlich engagierten Bürger: „Lebhaft, tätig und aufgeschlossen für alle Bildungsströme seiner Zeit, konnte er sich jetzt mehr als bisher seinen literarischen Interessen und seinen verschiedenen Ehrenämtern widmen, so vor allem als Vorsitzender der Direktion der Landesleihbank und [...] als Vorstandsmitglied des Waisenhauses. Planen und Bauen waren von jeher Vaters Leidenschaft gewesen und ihr konnte er nun frönen [...]."[1491]

Infolge der Inflation 1923 verlor die Familie Gebeschus ein großes Vermögen. Um 1907 umfasste der Besitz rund 220.000 Mark (EG: 619).[1492] Erhebliche Summen hiervon stammten aus dem Erbteil von Julie Gebeschus, den ihr ihr Vater Heinrich Schweickhardt mit seinem Tod 1898 hinterlassen hatte. Nach dem Abzug ihres Heiratsguts von 30.000 Mark standen ihr weitere 170.000 Mark zu, die ihre Brüder als Erben der väterlichen Firma ihr bis 1906 auszuzahlen hatten. Somit verfügte die Familie Gebeschus bis 1914 über ein ererbtes Vermögen von 200.000 Mark und ca. 30–40.000 Mark an Erspartem. Damit waren sie für die damalige Zeit sehr wohlhabend.[1493]

1486 Ebenso K. Gebeschus, Lebensbilder II, S. 213.

1487 Ebd., S. 210a: Wahlprogramm: „Oberbürgermeister a.D. Dr. Gebeschus an die Wähler zur preußischen Landesversammlung" [Januar 1919].

1488 Ebd., S. 213.

1489 StAHU L1 303/6, Schreiben v. 3. Oktober 1933 | HA v. 11. Dezember 1935: Oberbürgermeister i. R. Dr. Gebeschus 80 Jahre alt | HA v. 12. November 1936: Oberbürgermeister i. R. Dr. Gebeschus †.

1490 So die Argumentation von Heilmann, Anzeiger, S. 185.

1491 K. Gebeschus, Lebensbilder II, S. 190.

1492 Datum nachgewiesen bei StAHU C3 289, Nachweisung der persönlichen und dienstlichen Verhältnisse des Oberbürgermeisters Dr. Gebeschus für das Jahr 1907.

1493 K. Gebeschus, Lebensbilder I, S. 150.

Eugen und Julie Gebeschus vor dem Kamin in ihrem Wohnzimmer in der Kanalmühle, gegen Ende der 1920er Jahre.

Während des Krieges lebte die Familie sehr sparsam. Gebeschus erhielt außerordentliche Honorare für seine Tätigkeit als Verwalter des Nachlasses Lindenbauer und als Mitglied des Verwaltungsbeirates der unter Zwangsverwaltung stehenden Dunlop. Diese hiervon gesparten Einkünfte von etwa 15.000 Mark spendete er für wohltätige Zwecke zur Unterstützung von Kriegerfamilien sowie Kriegswitwen und -waisen (EG: 619). Zudem kaufte Gebeschus während und nach dem Ersten Weltkrieg Kriegsanleihen, Städteanleihen und Reichsschatzwechsel. Infolge der Inflation verloren Wechsel und Anleihen ihren Wert – und die Familie Gebeschus damit ihr gesamtes Vermögen (EG: 620). Nach der Währungsreform 1923 betrug es lediglich noch 150 Mark (EG: 621)!

Gebeschus war somit verarmt, obwohl er mit 42/60 seines Gehaltes – 11.200 Mark – pensioniert worden war. Im Zuge der Währungsstabilisierung wurde die Pension auf 80 Prozent erhöht, sodass er 1925 11.824 Mark, 1926 11.885 Mark, 1927 13.525 Mark, 1928 13.494 Mark und 1929 13.464 Mark erhielt (EG: 621). Zudem stand ihm seit 1925 eine Entschädigung von 750 Mark für seine seit 1893 ausgeübte Tätigkeit als Mitglied bzw. Vorsitzender der Direktion der Leihbank zu, die 1928 auf 1.200 Mark stieg. Zusätzliche Gelder brachte seine Tätigkeit als Vorstand des Waisenhauses, die 1925 bis 1927 je 900 Mark und von 1928 an 1.200 Mark umfassten. Das Familienvermögen wuchs bis 1930 wieder auf 19.000 bis 22.000 Mark an (EG: 622).

Dem finanziellen Schicksalsschlag folgten persönliche. Der Verlust seiner Frau traf Gebeschus ins Mark. Julie Gebeschus klagte seit 1928 vermehrt über gesundheitliche Probleme.[1494]

1494 K. Gebeschus, Lebenserinnerungen II, S. 143.

Seit 1930 kamen schwere Herzschmerzen hinzu[1495] und sie erlitt einen leichten Hirnschlag, wodurch ihr das Sprechen immer schwerer fiel.[1496] Als sie am 20. März 1931 einen Schlaganfall mit völliger körperlicher linksseitiger und teilweiser geistiger Lähmung erlitt, hielt Dr. Otto Schwabe, Hausarzt der Familie Gebeschus, ihre vollständige Genesung für ausgeschlossen.[1497] Wenige Tage später verstarb Julie Gebeschus am 6. April 1931.[1498] Es war ein Tod, wie sich ihn die Familie gewünscht hatte: „ein schmerzloses, sanftes Hinübergleiten."[1499]

An Eugen Gebeschus in seinen späten Lebensjahren erinnerte sich sein Sohn Kurt trotz des fortgeschrittenen Alters stets als weisen Mann: „Welch klarer, haarscharf denkender Kopf ist Vater noch mit seinen nahezu 76 Jahren, noch immer ein unermüdlicher Arbeiter und Kämpfer im Aufsichtsrat des Hanauer Waisenhauses und der Landesleihbank, ein juristischer und steuertechnischer Berater für manchen seiner Freunde."[1500]

Doch Gebeschus setzte der Verlust seiner Frau schwer zu. Kurt Gebeschus schrieb am 27. September 1931 über die Stimmung des Vaters nach dem Tod der Mutter: „Im übrigen aber lebt Vater in der Erinnerung an die Vergangenheit und in der von ihm vermuteten nahen Zukunft seines Todes. Täglich ist er, wenn es die Witterung nur irgend erlaubt, an Mutters Grab; mit rührender Liebe und grossen Kosten sorgt er für eine würdige Grabstätte unserer Familie. Ein 45 Zentner schwerer Granitfindling aus dem Odenwälder Felsenmeer, den Leni und ich im Frühjahr an der Bergstrasse ausgesucht haben, steht bereit, um im November, wenn die Blätter gefallen sind, aufgestellt zu werden. Sieben Bronzetafeln wird der Stein tragen: für die Eltern, Hanning [Hanna Gebeschus] und mich, Leni und Fritz und darüber eine getriebene Erinnerungsplakette an Rolf. Für alles hat Vater für den Fall seines Todes vorausgesorgt. Generalvollmacht für mich, Vermögensaufstellung, Anweisung, wo seine Papiere deponiert, wo ich die Schlüssel finde, wie die Papiere verwaltet, Ratschläge, wie sie am zweckmässigsten weiterzuverwalten sind: alles geregelt bis ins kleinste Detail [...]."[1501]

Nach dem Tod seiner Frau zog sich Gebeschus vollkommen aus der Öffentlichkeit zurück. So schied er 1933 als Vorsitzender des Waisenhauses aus gesundheitlichen Gründen aus und nahm den Posten des Ehrenvorsitzenden ein.[1502] Am 31. Oktober 1933 wurde Gebeschus vom Waisenhaus gebührend verabschiedet und für seine ehrenamtliche Tätigkeit belobigt: „Sie waren Jahr für Jahr der pflichtgemässe, uneigennützige Rechtsanwalt für uns, wofür wir Ihnen den Dank schuldig bleiben. Wenn Ihnen Ihre Kollegen vom Vorsteheramt und auch ich als Leiter der gewerblichen Betriebe dadurch dankten, daß wir Ihnen stets treue Gefolgschaft leisteten, so geschah das doch nur aus dem Gefühl der Triebsicherheit heraus, weil alles, was Sie in die Hand nahmen, schon von vornherein einen gewissen Erfolg versprach. [...] Es gibt Marksteine im Leben eines jeden Menschen. Auch Sie haben sich bestimmt, wie Sie

1495 K. Gebeschus, Lebenserinnerungen II, S. 144; Gebeschus, Lebensbilder II, S. 225.
1496 K. Gebeschus, Lebensbilder II, S. 225.
1497 K. Gebeschus, Lebenserinnerungen II, S. 144; Gebeschus, Lebensbilder II, S. 225.
1498 Ebd., S. 146. Arndt, Feldbahnen, S. 26, datiert das Todesdatum irrtümlicherweise auf den 6. Juli 1931.
1499 K. Gebeschus, Lebensbilder II, S. 226.
1500 K. Gebeschus, Lebenserinnerungen II, S. 138.
1501 Ebd., S. 137.
1502 StAHU L1 301/6, HA v. 11. Dezember 1935: Oberbürgermeister i. R. Dr. Gebeschus 80 Jahre alt | HA v. 12. November 1936: Oberbürgermeister i.R. Dr. Gebeschus †.

noch als Oberhaupt im Dienste der Stadt Hanau standen, so manchen Markstein gesetzt. Ich habe aber das Gefühl, daß der markanteste Markstein in den letzten Jahren Ihres Lebensabschnittes die Vollendung des Baues des Waisenhauses ist, an dem Sie mit Ihren reichen Erfahrungen Tag für Tag mitgewirkt haben."[1503] Gleichzeitig trat Gebeschus auch vom Vorsitz der Landesleihbank zurück.[1504]

Über die folgenden Jahre seines Lebens lassen uns die Chroniken der Familie im Dunkeln. Eine der letzten großen Familienfeiern war wohl die Hochzeit von Doris Gebeschus mit dem Diplomlandwirt Werner Seyberth am 7. Oktober 1934. Die Trauung fand in der Friedenskirche zu Kesselstadt und die Feier in der Villa Brüning in der Philippsruher Allee 22 in Hanau statt.[1505]

Durch seinen Rückzug aus dem öffentlichen Leben schien auch von seinem angeschlagenen Gesundheitszustand wenig bekannt zu sein, schrieb doch der Hanauer Anzeiger 1935, Gebeschus feiere seinen 80. Geburtstag „in voller Rüstigkeit".[1506]

Sein letztes bekanntes schriftliches Zeugnis stellt eine auf den 7. März 1936 – den Tag der Rheinlandbesetzung – datierte Postkarte dar. Euphorisiert von der von Hitler befohlenen Besetzung des entmilitarisierten Rheinlandes schrieb er seinem Sohn Kurt: „Ihr Lieben! Ich habe soeben die Reichstagsrede des Führers gehört. Was für ein Mann! Ich bin zu erschüttert, um etwas anderes denken zu können, als Herr Gott, ich danke dir, daß ich ein Deutscher bin und daß mein Volk Adolf Hitler als Führer sah, dem Führer mein Gelöbnis der Treue bis in den Tod. Heil Hitler. Vati G."[1507] Die politischen Entwicklungen waren an dem einst überzeugten Monarchisten und späteren Republikbefürworter nicht spurlos vorbeigegangen. Wie viele seiner Zeitgenossen befürwortete auch Gebeschus die Revision des Versailler Vertrages. Ob er sich aber auch zum überzeugten Nationalsozialisten gewandelt hatte, lässt sich aus nur einem Dokument nicht belegen.

Ein halbes Jahr später lag Gebeschus im Sterben. Sein Gesundheitszustand hatte sich im Verlauf des Jahres 1936 enorm verschlechtert. So konnte er seinen letzten Brief nicht mehr selbst verfassen, sondern diktierte ihn. Er klagte über schwere und zunehmende Herzschmerzen, immer weniger wirkende Arzneimittel, über Appetitlosigkeit und dass er mehrmals den Arzt rufen musste.[1508]

Vier Wochen nach dem letzten Besuch seiner Tochter Leni im Oktober 1936 verstarb Gebeschus am 12. November 1936. Leni fasste die Willensstärke des Vaters beim letzten Besuch zusammen: „So hat er es gewollt, daß er nicht krank würde während meines Besuches. Er wollte nicht, daß ich ihn leiden sähe. Es ging ihm ja viel schlechter, als er uns ahnen liess. Die letzten Wochen vor meiner Abreise häuften sich die Herzanfälle und die Mittel wirkten nicht mehr so rasch."[1509]

Um den kranken Vater, der nach dem Ableben seiner Frau bis zu seinem Tode alleine in der Kanalmühle wohnte, kümmerte und sorgte sich die Haushälterin Käthe Bender, wofür

1503 StAHU L1 303/6, Rede v. 31. Oktober 1933.
1504 StAHU L1 303/6, Schreiben v. Landesleihbankdirektor v. 29. Oktober 1933.
1505 K. Gebeschus, Chronik I, S. 266.
1506 StAHU L1 301/6, HA v. 11. Dezember 1935: Oberbürgermeister i.R. Dr. Gebeschus 80 Jahre alt.
1507 K. Gebeschus, Chronik I, S. 322: Postkarte v. 7. März 1936.
1508 Ebd., S. 348a: Brief v. E. Gebeschus v. 7. [November] 1936; K. Gebeschus, Chronik I, S. 349.
1509 K. Gebeschus, Chronik I, S. 354a: Brief v. Leni Gebeschus v. 16. November 1936.

Julie Gebeschus im Alter von 64 Jahren und Eugen Gebeschus' letztes bekanntes Foto vom 7. Oktober 1934 anlässlich der Hochzeit von Doris Gebeschus, der Tochter von Hanna Maria und Rolf Gebeschus, mit Werner Seyberth.

sich Leni dankbar zeigte: „Wir verdanken dem treuen Mädchen viel, keines von uns hätte Vater so versorgen und pflegen können."[1510]

Aus Käthes Erinnerungen stammen auch die letzten Stunden von Eugen Gebeschus. Bender beschreibt, dass Gebeschus wohl wusste, dass sein Leben vorbei war. Einen Monat vor seinem Tod verlor er das Interesse an Lesen und Musik und wollte auch keinen Besuch mehr empfangen. Die Arzneimittel wirkten nicht mehr und der Arzt kam fast täglich, um nach ihm zu sehen. Die letzten Tage verbrachte er in seinem Sessel ohne große Gespräche. Am 7. November diktierte er ihr einen Brief an Kurt Gebeschus, dass dieser nicht zu seinem Geburtstag kommen solle, weil er sich so schwach fühle. Auch in den folgenden Tagen besserte sich Gebeschus' Gesundheitszustand nicht mehr. Sein Hausarzt Dr. Schwabe weilte am 11. Dezember mehrmals im Hause, doch er konnte ihm nicht mehr helfen. Gebeschus verstarb gegen 4.15 Uhr in der Nacht an Herzschwäche, wie Dr. Schwabe als Todesursache festhielt.[1511]

1510 K. Gebeschus, Chronik I, S. 354a: Brief v. Leni Gebeschus v. 16. November 1936.

1511 K. Gebeschus, Lebensbilder II, S. 226a: Schreiben „Vaters Tod nach der Schilderung von Vaters Haushälterin Käthe Bender aus dem Jahr Mai 1937 auf Bitten von Kurt Gebeschus nach einer Niederschrift".

Grab der Familie Gebeschus auf dem Hanauer Hauptfriedhof, November 1936.

Nach seinem Ableben gedachte der nationalsozialistische Oberbürgermeister Dr. Friedrich Müller-Starke seinem Vorgänger in pathetischen Tönen: „Seine edlen menschlichen Eigenschaften, die Lauterkeit seiner Gesinnung, sein hoher Gerechtigkeitssinn und seine gegen jedermann bewiesene große menschliche Güte haben ihm die Liebe und Verehrung in weitesten Kreisen erworben. Die Stadtverwaltung und mit ihr die Hanauer Einwohnerschaft werden das Andenken an den Heimgegangenen und seine großen Verdienste in einer nahezu 25jährigen Amtstätigkeit in unvergeßlicher dankbarer Erinnerung bewahren.“[1512]

Das Ehrengrab der Familie Gebeschus befindet auf dem Hanauer Hauptfriedhof. Dort sind neben Eugen Gebeschus und seiner Frau Julie auch sein Sohn Kurt sowie die Familienmitglieder Rolf-Kurt Gebeschus, Hanna Gebeschus, Doris Seyberth und Maria Wolf bestattet. Eine Bronzeplatte erinnert an den gefallenen Sohn Rolf Gebeschus. Gebeschus' Vater, Kanzleirat Georg Gebeschus, ist ein Gedenkstein gewidmet.

1512 StAHU C3 289, Nachruf v. Oberbürgermeister Müller-Starke am 12. November 1936.

8. Charakterbilder von Stadtoberhäuptern

Hanau ehrte seine ehemaligen Oberbürgermeister für ihre Leistungen auf unterschiedliche Weise: Nach August Rühl und Albert Westerburg wurde eine Straße, nach Kurt Blaum ein Platz, nach Heinrich Fischer ein Schwimmbad, nach Herbert Dröse ein Stadion, nach Hans Martin ein Gefahrenabwehrzentrum, nach Bernhard Eberhard,[1513] Karl Rehbein und Eugen Gebeschus jeweils eine Schule benannt. Anlässlich des 70. Geburtstags des Letztgenannten erhielt die damalige Bezirksschule V am 12. Dezember 1925 den Namen des Alt-Oberbürgermeisters. Hiermit wurde ihm bereits zu Lebzeiten eine große Ehrerbietung zuteil, denn es war seinerzeit noch unüblich, Schulen nach Persönlichkeiten zu benennen. Gebeschus selbst hatte zum Ende seiner Amtszeit den Bau des Schulhauses angestoßen, konnte das Gebäude aber wegen der Kriegsauswirkungen nicht mehr übergeben.[1514]

Zu Anfang verfügte die neue Bezirksschule noch über kein eigenes Schulgebäude, sondern nutzte Räumlichkeiten der Kaufmännischen Handelsschule in der Gärtnerstraße. Dort feierte die Schule für 346 Kinder am 15. April 1912 ihre Eröffnung, während die Bauarbeiten für das eigene Schulhaus in der Äpfelallee (heute Karl-Marx-Straße) noch in vollem Gange waren. Der Schulbau diente im Ersten Weltkrieg als Lazarett, weshalb die Schule bis 1919 temporär aufgelöst und die Schüler anderen Institutionen zugewiesen wurden.[1515]

In der Laudatio würdigte Oberbürgermeister Dr. Kurt Blaum Gebeschus' Verdienste. Der Geehrte selbst zeigte sich sehr ergriffen über die Verleihung: „Als ich nach einer Tätigkeit von beinahe 24 Jahren aus dem Dienst der Stadt Hanau austrat, hat die Stadt mir das Ehrenbürgerrecht verliehen, die höchste Ehre mir zuteil werden lassen, die einem Bürger zuteil werden kann. In gewissem Sinne ist die Ehre, die Sie mir heute zuteil werden lassen, mir mehr wert als die Verleihung des Ehrenbürgerrechts. Wohlgemerkt, in gewissem Sinne. Als ich nach fast 24jähriger Tätigkeit von meinem mir liebgewordenen Beruf, von so vielen alten Mitarbeitern, lieben Kollegen und Freunden Abschied nahm, da war es vielleicht natürlich, daß man entsprechend dem: ‚De mortuis nil nisi bene' sagte: Wir wollen im Abschiednehmen das, was der Scheidende gewollt hat, als vollbracht erachten und deshalb ihn ehren. Es ist eine Stimmung, die über dem Abschiednehmen liegt, eine Weichheit der Gefühle, aus der sich manches erklärt. Wenn aber heute nach Jahren mir diese Ehre zuteil wird, so ist inzwischen dieses Gefühl verrauscht, es ist abgeebbt und die wirkliche Nüchternheit ist an die Stelle getreten, und wenn Sie gleichwohl der Meinung sind, daß mein Wirken unter Ihnen Anerkennung verdient und heute in überaus ehrender Weise meiner Tätigkeit gedenken, so darf ich wohl sagen, daß die heutige Ehrung die damalige innerlich übertrifft. Ich darf aber weiter sagen, daß diese Ehrung für mich einen dauernden hohen Wert insofern hat, als mit der Namensgebung der Schule nicht nur das Gedächtnis meiner Person dann noch lebendig erhalten wird, wenn ich nicht mehr bin, sondern auch der Wunsch, den ich stets gehabt habe, erfüllt ist, daß, wie

1513 Heute Seniorenzentrum Bernhard-Eberhard-Haus.

1514 StAHU L1 303/6, HA v. 14. Dezember 1925: Eine Ehrung des Oberbürgermeisters i.R. Dr. Gebeschus | HA v. 14. April 1962: 50 Jahre Gebeschus-Schule in Hanau | HA v. 5. Juni 1982: Nach dem Krieg gab es Milchsuppe.

1515 Ebd.

mir Hanau zur zweiten Vaterstadt geworden ist, auch meinen Nachkommen Hanau eine zweite Vaterstadt sein möge. Das ist dadurch gegeben, daß mein Name nunmehr auch äußerlich mit dem der Stadt verknüpft ist. Es ist mein Lieblingswunsch gewesen in den Kommunaldienst zu treten und dieser Dienst hat mein höchstes Glücksempfinden ausgelöst."[1516]

Gebeschus' Würdigung und seine Worte verdeutlichen zum einen, wie bedeutend die Rolle des Stadtoberhauptes für die Entwicklung einer Kommune war, zum anderen aber auch, welchen hohen Tribut drei Jahrzehnte im Verwaltungsdienst gefordert und die zugehörige Entscheidungsgewalt an seiner Gesundheit gezehrt hatten. In seinem Ruhestandsgesuch vom 17. Mai 1916 skizzierte der scheidende Oberbürgermeister nicht nur seine Vorstellungen der erforderlichen Charaktereigenschaften und des notwendigen Arbeitsethos eines Stadtoberhauptes, sondern auch die Gründe, warum er diese Anforderungen nicht mehr erfüllen konnte:

„Der Erste Bürgermeister einer Stadt muß sich vollster körperlicher – selbstredend auch geistiger – Gesundheit erfreuen. Er kann nicht seine Tätigkeit beliebig, etwa auf eine bestimmte Anzahl von Stunden täglich, einschränken. [...] Die möglicherweise täglich wechselnde Arbeitslast wird durch die gerade vorliegende Arbeit bedingt, deren Verteilung auf einen längeren Zeitraum meist unmöglich ist, weil wir heute nicht wissen, ob morgen nicht noch dringendere Arbeit kommt. Sie wird ferner dadurch bedingt, daß es sich ja nicht allein um die Arbeit des Geschäftsbereiches des Ersten Bürgermeisters handelt, sondern um die Arbeit der gesamten Verwaltung, also aller Dezernate, da der Erste Bürgermeister sämtliche wesentlichen Vorkommnisse aus den Geschäftsbereichen der anderen Dezernenten – sei es durch Vortrag dieser und Besprechung mit ihnen, sei es durch Aktenstudium – kennen muß. Eine Einschränkung in dem Arbeitsmaß erscheint mir deswegen für jeden Dezernenten schwierig, für den Ersten Bürgermeister unmöglich. [...] Ich bin durch meinen Gesundheitszustand gezwungen, nicht bloß einmal, sondern zweimal im Jahre Urlaub zu nehmen – wie lange jedesmal, hängt von meinem Befinden ab [...]. Dadurch bringe ich die ordnungsmäßige Erledigung der Geschäfte erst recht in Gefahr oder richtiger mache sie unmöglich."[1517]

Selbstkritisch zu sich selbst, glaubte Gebeschus, nicht mehr die notwendige Leistung erbringen zu können, welche für einen Oberbürgermeister notwendig war: „Die Arbeit der Magistrats-Dezernenten im allgemeinen, wie die des Ersten Bürgermeisters im besonderen, stellt an die Arbeitskraft, die körperliche Gesundheit, besonders die Nerven ganz gewaltige Anforderungen. Unsere Arbeit ist nicht getan, wenn wir das Rathaus verlassen – die Gedanken, Erwägungen, Überlegungen, die Sorgen um das Wohl der uns anvertrauten Stadt gehen mit uns vom Rathaus, setzen sich mit uns zu Tisch, gehen mit uns zu Bett, stehen in schlaflosen Stunden an unserem Lager, stehen mit uns auf und gehen wieder mit uns aufs Rathaus – fast nie gibt es für den höheren Gemeindebeamten und insbesondere für den für die Regie verantwortlichen Ersten Beamten ein geistiges Ausruhen. Selbst die erste Woche der Urlaubszeit ist noch mit diesem unablässigen, zermürbenden Grübeln und Erwägen angefüllt und in den letzten Urlaubstagen beginnt es schon wieder. Die Folge ist, daß diese Beamten schneller abgenutzt werden als andere Beamte – Richter, Regierungsbeamte u.s.w. –, um so

1516 StAHU L1 303/6, HA v. 14. Dezember 1925: Eine Ehrung des Oberbürgermeisters i.R. Dr. Gebeschus.

1517 StAHU C3 289, Schreiben v. Gebeschus v. 17. Mai 1916.

Große Ehre für das ehemalige Stadtoberhaupt:
Die Bezirksschule V erhielt 1925 den Namen Gebeschusschule.

schneller, je verantwortungsvoller, je exponierter die Stellung des höheren Gemeindebeamten ist und die exponierteste ist die des Ersten Bürgermeisters."[1518]

Hanau war ihm derart ans Herz gewachsen, dass er auch Abwerbungsversuchen anderer Kommunen widerstand. Als 1913 die Oberbürgermeisterstelle in Kassel neu zu besetzen war, empfahl Regierungspräsident Percy von Bernstorff Gebeschus für diesen Posten. Die offizielle Anfrage der Kasseler Stadtverordnetenversammlung lehnte Gebeschus ab, da er sich „zu alt und brüchig" fühlte (EG: 508). Auch eine Dekade später sah sich Gebeschus in seiner damaligen Entscheidung bestätigt: „Ich habe nie in mir das Zeug entdeckt, ein Großstadt-Bürgermeister werden oder sein zu können."[1519]

Stellte Gebeschus damit sein Wirken in Hanau selbst in den Schatten oder schätzte er seine Leistungen realistisch ein? Um Gebeschus' Wirken beurteilen zu können, lohnt neben einer Betrachtung seines Charakters und seiner Einstellung zum Amt des Stadtoberhaupts ebenso der Blick auf zwei andere Oberbürgermeister, ihre Herkunft, ihre Wirkungszeit und ihre Leistungen, die ebenfalls zwei Jahrzehnte im Amt waren: Franz Adickes 1891–1912 in Frankfurt am Main und Georg von Schuh 1892–1913 in Nürnberg. Welchen Werdegang nahmen sie? Welche Projekte verwirklichten sie und welchen Einfluss nahmen sie auf die

1518 StAHU C3 289, Schreiben v. Gebeschus v. 17. Mai 1916.
1519 K. Gebeschus, Lebensbilder II, S. 163: Brief v. E. Gebeschus v. 24. November 1920.

Die Gebeschusschule Mitte der 1920er Jahre:
Den Namen des ehemaligen Stadtoberhaupts trägt sie bis heute.

Ausgestaltung ihrer Städte? Wie typisch waren Gebeschus' Vorgehensweisen im Vergleich zu diesen beiden für ein Stadtoberhaupt?

Im Werdegang von Schuhs zeigen sich zahlreiche Parallelen zu Gebeschus' Vita. Von Schuh, am 17. November 1846 in Fürth geboren, stammte aus einer kleinbürgerlichen Familie aus einfachen Verhältnissen und studierte vor dem Kommunaldienst Jura. Danach folgten das Rechtspraktikum und 1875 die Promotion. Noch während seines Referendariats bewarb er sich für die 1878 zu besetzende Magistratsratsstelle als Rechtsrat in Nürnberg, die er auch für drei Jahre befristet antrat und die Bereiche Baupolizei, Gesundheitspolizei und Vereinswesen übernahm.[1520]

Adickes stammte ebenso wie von Schuh und Gebeschus aus einer bürgerlichen Familie, in seinem Falle handelte es sich um altfriesische Grundbesitzer. Sein Vater Wilhelm war Jurist, sehr musikalisch und Goethe-Kenner. Am 19. Februar 1846 in Harsefeld bei Stade geboren, wuchs Adickes in Harsefeld und Lesum (Wümme) auf, wo sein Vater seit 1852 als Amtsrichter wirkte. Seinen Schulabschluss legte Adickes an der „Hohen Schule" in Hannover 1864 ab. Dem folgte das Studium in Heidelberg und München sowie seit 1867 in Göttingen, wo er erfolgreich abschloss. Im Gegensatz zu Gebeschus war Adickes nur kurze Zeit Mitglied der Burschenschaft „Alemannia" in Heidelberg gewesen, während Gebeschus seiner „Saxonia"

1520 Bauernfeind, Ritter von Schuh, S. 7–14; Hirschmann, Schuh, S. 58.

bis 1890 die Treue hielt. Adickes leistete seine Referendarszeit wie Gebeschus an verschiedenen Amtsgerichten, so in Neustadt, Hannover und Göttingen. Dort lernte er auch seine spätere Frau, eine Arzttochter, kennen. Sie heirateten am 27. September 1873 und hatten drei Töchter.[1521]

So zeigt sich Gebeschus' Werdegang sowohl in seiner bürgerlichen Herkunft als auch in seiner Ausbildung als typisch für einen Verwaltungsfachmann im Kaiserreich. Wie die meisten seiner Bürgermeisterkollegen zog es ihn nach einem erfolgreich absolvierten Studium der Rechtswissenschaft in den Kommunaldienst, um dort die Geschicke einer Kommune über Jahrzehnte hinweg zu lenken und insbesondere deren Modernisierung voranzutreiben und zu gestalten.

Hierbei arbeiteten sich, wie Gebeschus über St. Goarshausen und Höchst, auch Adickes und von Schuh über kleinere Städte zu ihrem Oberbürgermeisterposten hoch. Nachdem Adickes im Januar 1873 sein Assessorexamen mit »gut« bestanden hatte, war sein weiterer Karriereweg zunächst unklar. Er liebäugelte damit, Richter wie sein Vater zu werden, in die Reichsbahnverwaltung einzutreten oder die universitäre Laufbahn einzuschlagen. Schließlich bewarb sich Adickes um den Posten des Zweiten Bürgermeisters in Dortmund, wo er durchaus überraschend einstimmig gewählt und am 19. Juli 1873 als Magistratsmitglied eingeführt wurde. In Dortmund reformierte er besonders das Stiftungs- und Armenwesen, die Stadt bildete für ihn jedoch nur eine Durchgangsstation. Ein Angebot Herfords lehnte er ab und ging im Oktober 1876 als Bürgermeister nach Altona. Während seiner dortigen 14-jährigen Tätigkeit übernahm er später das Amt des Oberbürgermeisters.[1522]

In Altona stieß Adickes den Bau von Kai- und Hafenbauten mit Speichern, Verkaufshallen und Bahnverbindungen, die Anlage von Pferdebahnen, die Gründung der Eisenbahn Altona-Kaltenkirchen und die Eingemeindung benachbarter Ortschaften für Baugelände an. 1891 und damit nahezu zeitgleich wie Gebeschus suchte er eine neue Herausforderung in Frankfurt am Main.[1523] Die Stadtverordneten hatten ihn am 14. Oktober 1890 gewählt, drei Monate später trat er am 11. Januar 1891 das Amt an.[1524]

Von Schuh war 1881 als Bürgermeister in Erlangen gewählt worden und vollzog damit wie Adickes und Gebeschus den typischen Weg des Aufstiegs als Verwaltungsbeamter, hatte er sich doch mit der Bewältigung baulicher, finanzieller, sozialer und hygienischer Projekte für höhere und umfassendere Aufgaben bestens empfohlen.[1525] Zehn Jahre später holten ihn die Nürnberger nach dem Tod seines Vorgängers Stromer 1892 als Ersten Bürgermeister zurück, nachdem er sich in der Nachbarstadt bewährt hatte.[1526]

Die politische Gesinnung stand der fachlichen Qualifikation seinerzeit nach. Wie Gebeschus war auch Adickes parteifremd, aber kein „bloßer kommunalpolitischer Technokrat, sondern er hatte, stets über den Dingen stehend, etwas vom überparteilichen Staatsmann".[1527] Sein Vorvorgänger Daniel Heinrich Mumm von Schwarzenstein hatte hingegen versucht, gegen den Willen der Bürger seine Vorstellungen mithilfe der preußischen Regierung durchzu-

1521 Gall, Adickes, S. 13f.; Klötzer, Adickes, S. 40f.; Nordmeyer, Durchbruch, S. 5f.
1522 Gall, Adickes, S. 14f.; Klötzer, Adickes, S. 42.
1523 Klötzer, Adickes, S. 43.
1524 Gall, Adickes, S. 21; Klötzer, Adickes, S. 46.
1525 Bauernfeind, Ritter von Schuh, S. 49.
1526 Ebd., S. 133; Hirschmann, Schuh, S. 59.
1527 Klötzer, Adickes, S. 52.

setzen. Als Quittung verweigerten ihm die Stadtverordneten 1880 die Wiederwahl und gaben damit die Marschrichtung für die künftigen Frankfurter Stadtoberhäupter vor. Nicht nur fachliche Kompetenz war gefordert, sondern auch Kommunikations- und Kompromissfähigkeit, um zwischen den verschiedenen Interessensgruppen in der Bürgerschaft und den unterschiedlichen Positionen innerhalb der Stadtverordnetenversammlung vermitteln zu können.[1528] Zwar gab Gebeschus als Stadtoberhaupt die Leitlinien der Stadtpolitik vor, bedurfte aber auch der konstruktiven Zusammenarbeit mit den Mitgliedern der Stadtverwaltung und der städtischen Körperschaften. Während am Beispiel Frankfurts die Politisierung der kommunalen Verwaltung deutlich wird, lässt sich selbiges für Hanau nur schwer konstatieren. Hier galt bis zum Ausbruch des Ersten Weltkrieges weiter die fachliche Kompetenz – wie bei der Einstellung Gebeschus' zu sehen – mehr als die politische Gesinnung. Dennoch ist auch für Hanau anzunehmen, dass, wie am Frankfurter Beispiel exemplifiziert, Interessensgruppen beim Bau der Straßenbahn oder der Ausweisung neuer Siedlungen die Stadtverordneten in ihrem Sinne zu beeinflussen suchten.[1529]

Gebeschus behagte die Rolle des Vermittlers nicht immer. Bei den Verhandlungen mit Großauheim über den Verkauf der Mainwiesen als Bauareal für den projektierten Hafen gelang ihm kein Durchbruch, wohl aber bei der Anwerbung zweier Eisenbahnregimenter und dem Zusammenschluss mit Kesselstadt. Auch die langwierigen Verhandlungen zum Bau der Kanalisation und zum Ausbau der Versorgungsbetriebe führte er zu erfolgreichen Abschlüssen. In Personalentscheidungen hingegen war Gebeschus knallhart, wie die Beispiele seines Stadtsekretärs oder im Bauamt zeigen. So entließ er im Zweifelsfall lieber einen unliebsamen Mitarbeiter und nahm sich der Sache selbst an, als die Tätigkeit von einem Untergebenen erledigen zu lassen, der nicht nach seinen Vorstellungen arbeitete.

So ließ sich Gebeschus wie auch Adickes und von Schuh ungern in seine Vorgehensweise hineinreden. Alle drei waren mehr Macher, denn Diplomat. Das Arbeitsethos des Nürnberger Stadtoberhaupts charakterisierte der Schriftsteller und Journalist Ludwig Göhring wie folgt: „Schuh war ein Stadtoberhaupt großen Formats. Rasch im Erfassen und rasch zugreifend, ein Feind bürokratischen Zauderns und Formalwesens, der Kleinigkeiten und Kleinlichkeiten übersah und abwies, weil er Größeres erreichen wollte, mit außergewöhnlich scharfem, praktischem Blick begabt, ein Mann von unverwüstlicher Arbeitskraft, der alles sah und von kurzer Hand erledigte; durchgreifend, ja rücksichtslos in Verfolgung seiner Ziele, jovial und freundlich im Umgang, wo er guten Willen sah, hart und mißachtend gegen Nörgler und Besserwisser, ein Mann, der sich nicht auf der Nase tanzen ließ."[1530] Gebeschus versuchte wie Adickes Diskussionen und Widerspruch zu vermeiden und unterbreitete daher den Stadtverordneten stets ausgearbeitete Pläne.[1531] Adickes gelang es, seine Ideen im Verkehrswesen, Siedlungsbau und hygienischen Städtebau gegen alle Widerstände durchzusetzen.[1532] So ähnelten sich die beiden charakterlich wie in ihrem Arbeitsethos.

1528 Bartelsheim, Bürgersinn, S. 174.
1529 Ebd., S. 341.
1530 Zit. nach Hirschmann, Schuh, S. 74f.
1531 Klötzer, Haushaltssanierer, S. 162.
1532 Klötzer, Adickes, S. 47.

Von Schuh, Adickes und Gebeschus blieben vorwiegend als Kommunalpolitiker tätig. Die ihm angetragenen Staatsämter lehnte Adickes ab und blieb im Gegensatz zu seinem Vorgänger Miquel am Main, agierte aber als Vertreter für Altona und Frankfurt als Mitglied im Preußischen Herrenhaus.[1533] Auch Gebeschus engagierte sich auf übergeordneter Ebene als Hanauer Vertreter im Kommunallandtag des Bezirks Kassel und im Landesausschuss sowie als Vorsitzender im Landesausschuss und stellvertretender Vorsitzender des Kommunallandtages, wiegelte aber Anfragen zu anderen Posten, wie die Kasseler Episode 1913 zeigt, stets ab.

Dabei war Gebeschus wie die meisten der Verwaltungsbeamten über alle Maßen kaisertreu und zugleich ein glühender Nationalist, der während des Ersten Weltkrieges einen Brief mit den Worten beendete: „ [...] mit samt meiner Familie keinen unserer Feinde mehr hasse, als die Engländer [...].“[1534] Auch Kurt Gebeschus charakterisierte den Vater 1918 als einen „aufrecht stehenden, an Deutschlands Wiederaufstieg inbrünstig glaubenden, von tiefster Vaterlandsliebe erfüllten [Mann], charaktervoll, edel: kurz, ein Deutscher von anständigster Haltung und Gesinnung.“[1535]

Doch ein Stadtoberhaupt musste sich vornehmlich an Erfolgen messen lassen. Auf der Leistungsebene gleichen von Schuhs Vorhaben in Nürnberg den zahlreichen Bauprojekten Gebeschus' in Hanau: Sie reichen von der Wasserleitung 1900–1912, dem neuen Gaswerk 1904, dem E-Werk 1896–1905, dem Beginn des Ausbaus der Kanalisation, der Neuorganisation von Straßenreinigung 1898 und Müllabfuhr 1899 bis hin zur Errichtung sozialer Einrichtungen wie dem Krankenhaus (1897, vor seinem Amtsantritt geplant), der Lungenheilstätte Engelthal 1900, dem Sebastianspital 1914 und dem Südfriedhof 1913. In Hanau fallen diese kommunalen Errungenschaften allesamt in Gebeschus' Schaffenszeit.

Auch im Verkehrssektor leistete von Schuhs Verwaltung Bedeutendes vom Ausbau der Straßen über die Verlängerung, Elektrifizierung 1896 und Kommunalisierung 1903 der Straßenbahnlinien über den Neubau des Hauptbahnhofs 1906 bis hin zur Gründung des Kanalvereins 1892, dessen Vorsitz von Schuh einnahm.[1536] Zudem flankieren zahlreiche neue Schulbauten und der Bau des Stadttheaters 1905 seine Amtszeit – allesamt infrastrukturelle und kulturelle Leistungen, die auch Gebeschus' Amtszeit charakterisieren.

Auch Adickes setzte in Frankfurt Meilensteine für die künftige Entwicklung der Mainmetropole. Im Siedlungsbau achtete er auf Sport-, Spiel- und Schmuckplätze mit Denkmälern für ein ästhetisches Stadtbild. Ebenso gab er mittels seiner Verkehrsplanung mit Ringstraßen die Leitlinien für die kommenden Jahre vor. Der von ihm initiierte Übergang von Pferde- zu Straßenbahnen sorgte für einen verkürzten Arbeitsweg. Zudem verhinderte Adickes in Frankfurt den Mietskasernenbau und die Entstehung von Slumvierteln.[1537]

So wirkte Adickes besonders als Stadtplaner, v.a. durch seine Zonenordnung, nach der er die Außenbezirke in Wohn-, Industrie- und Mischviertel gliederte, während er die Innenstadt mitsamt der Altstadt durch Auskernungen und Durchbrüche nach modernen Maßstäben von Licht und Luft zu gestalten suchte, die aber dennoch massiv bebaut blieb. Auf der

1533 Klötzer, Adickes, S. 40.

1534 StAHU C1 1063, Schreiben v. Gebeschus v. 28. September 1914.

1535 K. Gebeschus, Lebensbilder II, S. 196: Brief v. E. Gebeschus v. 16. Oktober 1918.

1536 Hirschmann, Schuh, S. 62.

1537 Klötzer, Adickes, S. 48.

anderen Seite zeigte er sich auch als Kind seiner Zeit und ließ zahlreiche Bauwerke des Klassizismus, des Barock und der Gotik abreißen. Wie Gebeschus wanderte auch Adickes zum Zwecke der Stadtplanung durch die Stadt, um einen Eindruck des Status quo und für künftige Ideen zu gewinnen.[1538]

Ohne Rücksicht auf die finanziellen Aufwendungen der Stadt kaufte Adickes Bauland an und vergab es meist im Erbbaurecht an Bauwillige und in großem Umfang an Baugesellschaften, die die vorwiegend benötigten Kleinwohnungen erstellten. Gegen die Bodenspekulation entwickelte er 1902 die nach ihm benannte »Lex Adickes«, die eine Zusammenlegung von Grundstücken ermöglichte. Zudem verhinderte er im Stadtgebiet eine Überbauung der Parzellen. Da sich die Altstadt zum Ort sozialer Armut zu entwickeln drohte, forcierte er hier Initiativen zum Abbruch heruntergewohnter Häuser.[1539]

Mit der Gründung des Wohnungsamtes, der Gemeinnützigen Rechtsauskunftsstelle und einer Arbeitsvermittlungsstelle sowie dem Bau von Arbeiterbrausebädern, eines städtischen Hallenbades oder Volksbildungseinrichtungen schuf Adickes auch auf dem sozialen Gebiet große Leistungen.[1540] Zugleich erarbeitete er sich im sozialpolitischen Bereich und im Armenwesen den Ruf, die Herausforderungen sowohl theoretisch einordnen als auch adäquate Lösungen finden zu können[1541] – ein Feld, in dem Gebeschus' Wirken eher blass blieb.

Dazu kamen bei Adickes Großprojekte wie die Festhalle, der Osthafen oder die Universität. Bei der Universitätsgründung konnte Adickes nicht auf staatliche Unterstützung hoffen, daher bündelte er ein Stiftungskapital von rund 40 Millionen Mark und die wissenschaftlichen Vereine in der Universität.[1542]

Seine größte Leistung vollbrachte er mit der Eingemeindung von 15 Vororten zwischen 1895 und 1910.[1543] Auch in Nürnberg vollzogen sich die Eingemeindungen von 13 Landgemeinden auf Bestrebungen von Schuhs, obwohl der Magistrat wegen möglicher Soziallasten lange gezögert hatte.[1544] Obwohl die Stadtoberhäupter gleichartige Aufgaben zu meistern hatten, wandten die Großstädte ungleich größere Summen hierfür auf: Frankfurt allein 15 Millionen Mark für den Bau der Kanalisation oder 72 Millionen Mark für das Osthafenprojekt.[1545]

Dennoch zeigt sich, dass Gebeschus in Hanau wie Adickes und von Schuh in ihren Großstädten mit denselben Herausforderungen zur Modernisierung der Kommunen konfrontiert war, wenn auch in kleinerem Maßstab. Dies betraf zum einen den Ausbau der städtischen Verwaltung und die Umsetzung der preußischen Vorgaben wie auch die enorme Bautätigkeit zu koordinieren und zu lenken, sei es im Siedlungswesen, in der Verbesserung der Verkehrssicherheit in den überbauten Altstädten oder bei Einzelprojekten von Post oder Landesgerichten. Die größte Herausforderung meisterten die Stadtoberhäupter mit der Verbesserung

1538 Klötzer, Adickes, S. 47; Klötzer, Haushaltssanierer, S. 161.
1539 Klötzer, Adickes, S. 49; Klötzer, Haushaltssanierer, S. 161.
1540 Klötzer, Adickes, S. 51; Klötzer, Haushaltssanierer, S. 162.
1541 Gall, Adickes, S. 35f.
1542 Klötzer, Adickes, S. 54; Nordmeyer, Durchbruch, S. 14. Vgl. zur Universitätsgründung im Besonderen Gall, Adickes, S. 64–128.
1543 Klötzer, Adickes, S. 50.
1544 Hirschmann, Schuh, S. 63.
1545 Zahlen nach Roth, Stadt, S. 553.

der Gesundheitsbedingungen durch Wasserversorgung, Müllbeseitigung, Abwasser- und Fäkalienbeseitigung, Kläranlage oder Schlachthof. Hinzu kamen richtungsweisende Entscheidungen wie der Bau einer elektrischen Straßenbahn oder eines Hafens, Industrieanwerbungen und Militäransiedlungen durch den Bau von Kasernen. Auch die Eingemeindung umliegender Dörfer, die Versorgungssicherheit bei Gas und Strom sowie die Kulturförderung zählten für Gebeschus als weitsichtiges Stadtoberhaupt dazu.

Doch während Adickes und von Schuh in ihren Großstädten auf Fachreferenten für Spezialaufgaben zurückgreifen konnten, hielt Gebeschus in Hanau alle Zügel selbst in der Hand und lenkte für jeden Bereich die Geschicke. Im Zweifel saß Gebeschus beratend oder entscheidend in jedem Gremium, das über die zukünftigen Belange debattierte. So gab er in allen städtischen Leitfragen die Richtung vor.

Privat einte Gebeschus und Adickes ihre Wanderlust. Während Gebeschus den Hahnenkamm bevorzugte, erklomm Adickes die Gipfel des Taunus' und der Alpen im Sommer. Doch die kräftezehrende Tätigkeit als Oberbürgermeister raubte beiden die Kräfte. Fehlte Adickes mit zunehmender Arbeitsbelastung der Antrieb zum Ausspannen,[1546] verhinderte Gebeschus' Ischiaserkrankung weitere Wandertouren. So zog es ihn zur Kur stets an die norddeutschen Küsten.

Gesundheitlich stark angeschlagen durch Herzschwäche, Schlaganfälle und weitgehende Erblindung trat Adickes am 1. Oktober 1912 in den Ruhestand und verstarb nur wenige Monate später am 4. Februar 1915.[1547] Auch von Schuh begründete sein Rücktrittsgesuch mit gesundheitlichen Problemen. Wie bei Gebeschus gehörten seit 1904 Kuren und verlängerte Erholungsurlaube zu seinem Alltagsjahr wie die Kommunalgeschäfte.[1548] Der Rückzug von Schuhs ist aber mit einem bizarren Ereignis verbunden: Der Fränkische Kurier vermeldete fälschlicherweise seinen Rücktritt, den von Schuh dementierte. Der Urheber der Falschmeldung ließ sich nicht ermitteln, doch von Schuh verstand, dass seine Zeit als 67-jähriger parteiunabhängiger Bürgermeister abgelaufen war. In den Ministerien in München saßen vermehrt liberale Beamte. So reichte er wenig später am 27. August 1913 sein Rücktrittsgesuch ein.[1549]

Zudem befürchteten die liberalen Parteien wohl bei den Gemeindewahlen in Nürnberg 1914 einen Erfolg des linken Spektrums, wollten daher einen Vertrauten ihrerseits auf dem Bürgermeisterplatz und waren über den Umgang von Schuhs mit der Sozialdemokratie verstimmt. Somit drängten sie ihn in die Pensionierung. Sein Abschied erfolgte mit dem gebührenden Respekt: Ehrenbürgerwürde, Goldene Bürgermedaille und 100.000 Mark, die von Schuh in eine Stiftung fließen ließ.[1550] Doch von Schuh war ob der Demütigung schwer gekränkt, kehrte Nürnberg den Rücken und zog sich in sein Haus in Starnberg zurück,[1551] wo er am 2. Juli 1918 verstarb.[1552] Solche politischen Grabenkämpfe musste Gebeschus in Hanau nicht ausfechten, er war über die Parteigrenzen respektiert.

1546 Klötzer, Adickes, S. 56.
1547 Nordmeyer, Durchbruch, S. 7; Klötzer, Adickes, S. 44.
1548 Bauernfeind, Ritter von Schuh, S. 433.
1549 Ebd., S. 432; Hirschmann, Schuh, S. 73.
1550 Hirschmann, Schuh, S. 74.
1551 Bauernfeind, Ritter von Schuh, S. 434.
1552 Ebd., S. 435; Hirschmann, Schuh, S. 74.

Doch wie von Schuh und Adickes fühlte sich auch Gebeschus aufgrund seiner Gesundheit körperlich nicht mehr in der Lage, seinen Dienst zu leisten und begründete damit seinen Rücktritt. Sein Gesuch ist aber nicht allein gesundheitlich, sondern auch in seinem Selbstverständnis als Stadtoberhaupt und seiner Einstellung zum Bürgermeisteramt begründet: „An sich bin ich der Meinung von jeher gewesen, dass der erste Beamte seiner Stadt mit Vollendung seines 60. Lebensjahres in Pension gehen soll, das um so mehr, wenn er schon eine längere Dienstzeit in dieser Stadt hinter sich hat. Ich war mit 37½ Jahren nach Hanau gekommen, wäre also mit 60 Jahren 22½ Jahre im Dienst gewesen. Einmal ist die Leistungsfähigkeit der Menschen an sich mit dem vollendeten 60. Lebensjahr, wenigstens beim Durchschnittsmenschen, schon recht erheblich zurückgegangen. Er kann ja seinen Dienst in manchen Berufszweigen, so besonders als Richter, noch 5 oder 10 Jahre fortsetzen, wenn er sich eben in gewohnten, ausgefahrenen Gleisen weiter bewegt; damit aber, und das ist ausschlaggebend, ist meinem Gemeinwesen nicht gedient. Der Bürgermeister von 60 Jahren kann zwar aus seinem Innern, aus seiner Erfahrung schätzen, ist aber für Neuerscheinungen schwerer empfänglich, schwerfälliger in rezeptiver Hinsicht. Wenn er zwei Jahrzehnte produktiv tätig gewesen ist, dann ist sein Korps erschöpft, dann muss er rezeptiv tätig, voll aufnahmefähig für Neuerscheinungen, für Neuerungen sein und das ist er mit 60 Jahren nimmer. Ich hatte daher schon vor Jahren [...] geäußert, daß ich nach vollendetem 60. Lebensjahr den Körperschaften mein Amt zu Verfügung stellen würde." (EG: 598ff.)[1553]

Rückblickend auf 23 ½ Amtsjahre stellt sich die Frage, wie wichtig Gebeschus als Individuum für die hanauische Entwicklung beim Schritt in die Moderne war und welchen Einfluss er auf die weitreichenden Bauprojekte nahm. Die Forschung betont die Schwierigkeiten, die Leistung eines Stadtoberhaupts einzuschätzen und zu bewerten, worin die „individuelle Leistung des Oberbürgermeisters" liegt bzw. was „unter ihm für die Stadt geleistet" wurde.[1554] Anhand der Quellen lässt sich oft nicht bewerten, welcher Verwaltungsakt, welcher entscheidende Beschluss, welche Rede oder welche Idee direkt aus der Feder des Oberbürgermeisters stammt oder was auf einen Mitarbeiter und Ressortchef zurückgeht, welche Entscheidung der Persönlichkeit des Stadtoberhauptes entstammte oder von den vorherrschenden Strukturen oder Bürgerwünschen vorangetrieben und forciert wurde.[1555] So ist es auch häufig in Gebeschus' Fall.

Adickes sehen die Historiker als „herausragenden Vertreter" der Oberbürgermeisterriege[1556] und als bedeutende Persönlichkeit mit Weitsicht, Sachkenntnis und sozialem Engagement, die Frankfurts Weg in die Moderne maßgeblich gestaltete.[1557] Das Beispiel Adickes

1553 Ähnliche Ausführungen finden sich im Rücktrittsgesuch an den Regierungspräsidenten, vgl. HStAM 165 6643, Bl. 268, sowie im Schreiben an den Magistrat: „Der 60jährige Erste Bürgermeister kann nicht mehr produktiv tätig sein, schon deswegen nicht, weil er nur produzieren kann, was er geistig aufgenommen und verarbeitet hat. Er kann aber mit 60 Jahren nicht mehr ordentlich geistig aufnehmen und verarbeiten, weil jahrzehntelanges Aufnehmen und Verarbeiten, weil Alter, beginnende Arterien-Verkalkung die geistige Kapazität herabgesetzt haben. Er kann ja noch eine Zeit lang das Schiff weiter steuern, ohne daß es strandet, es ist aber kein kraftvoller, zielbewußter Kurs mehr. Darum muß es heißen: weg mit ihm, eine jüngere Kraft, eine Vollkraft an seine Stelle." (StAHU C3 289, Schreiben v. Gebeschus v. 17. Mai 1916).

1554 Borst, Zusammenfassung, S. 201.

1555 Ebd., S. 201f.; Unruh, Bürgermeister, S. 50.

1556 Gall, Adickes, S. 13.

1557 Nordmeyer, Durchbruch, S. 6.

Eugen Gebeschus im Alter von 72 Jahren.

zeige, wie persönliche Entscheidung zum richtigen Zeitpunkt die Entwicklung Frankfurts entscheidend positiv prägte.[1558] Von Schuh schreibt die Forschung ebenfalls zu, dass die meisten Ideen von ihm ausgingen und er bei den Projekten entsprechend gestaltend mitwirkte. Johannes Merkel arbeitete zehn Jahre unter von Schuh als Magistratsrat und schrieb dazu in seinen Erinnerungen: „Herr von Schuh führte ein strenges Regiment. Man mußte verfügbar sein, wenn er selbst oder jemand aus der Bevölkerung den Einzelnen benötigte, und die Arbeiten mußten rechtzeitig und vollständig erledigt werden. Für besondere Aufgaben pflegte er kurz bemessene Termine zu stellen und deren Einhaltung ohne Zulassung irgendeines Einwandes oder einer Entschuldigung rücksichtslos durchzusetzen; selbst eine außerordentliche Arbeitskraft und ungeheuer fleißig, hielt er die Zügel der gesamten Verwaltung straff in seiner Hand und ließ – im Gegensatz zu anderen Großstädten – die Referentenwirtschaft nicht aufkommen."[1559]

In Hanau setzte Gebeschus einerseits die Leitlinien seines Vorgängers in den Bereichen Gas- und Wasserversorgung, Kanalisation und Mainhafen fort. Straßenbahnbau und Investitionen im Industriesektor wie bei Dunlop gingen auf private Initiativen zurück. Bei der Eingemeindung Kesselstadts und der Ansiedlung der beiden Eisenbahnregimenter zeigte er sein Verhandlungsgeschick, bei den Debatten mit Großauheim über den Kauf des notwendigen Areals für den Mainhafen seine Hartnäckigkeit. Trotz manches gescheiterten Projektes führte Gebeschus Hanau in die Moderne. Mag auch nicht jedes Vorhaben aus seinem ureigenen Antrieb entstanden sein, gebührt ihm die Anerkennung, dass er sämtliche Entwicklungen und Anforderungen lenkte und rechtlich umsetzte – und das gegen alle Widerstände mit ruhiger, sachlicher und gewissenhafter Art.

Bedurfte es dazu eines spezifischen Charakters? Es fällt schwer, einen Menschen nur auf Basis von Schriftquellen zu charakterisieren, dennoch soll abschließend der Versuch gewagt werden: Gebeschus zeichnete sich durch eine Bescheidenheit aus, die er vermutlich vom Vater übernommen hatte. Seine Antwort auf die Anfrage, Kasseler Oberbürgermeister werden zu wollen, verdeutlicht dies: „Dazu fehlten mir schon von Anfang an die weiten Gesichtspunkte, weil ich aus sehr engen und kleinen Verhältnissen gekommen bin, in Tübingen ebenfalls solche Verhältnisse waren und in meinem Hause Sparen groß, noch größer von jeher geschrieben wurde. Ich bin darüber nicht unglücklich gewesen. Ein guter Durchschnitt muß eben genügen, kommt man über den Durchschnitt – gut, bleibt man im guten Durchschnitt, muß man sich damit trösten, daß auch der gute Durchschnitt nicht so mordsmäßig dick gesät ist."[1560]

Im beruflichen Leben war Gebeschus zielstrebig, er bereitete Entscheidungen sorgsam vor und prüfte stets die Rechtssicherheit, vielleicht war er etwas pedantisch. Er war ein Macher, ein Alleinentscheider, ein Gestalter, gewiss auch ein „Workaholic", jemand der auch aneckte: bei seinen Untergebenen, weil er alle Vorgänge genau wissen wollte, bei Vertretern anderer Gemeinden, weil er zum Vorteil Hanaus verhandelte. Stets war er auf der Suche nach dem Besten für das Gemeinwohl seiner Stadt.

1558 Tigges, Stadtoberhaupt, S. 352f.
1559 Zit. nach Hirschmann, Schuh, S. 64.
1560 K. Gebeschus, Lebensbilder II, S. 163: Brief v. E. Gebeschus v. 24. November 1920.

An seiner Berufswahl hegte Gebeschus keinerlei Zweifel und er ging vollends in seiner Tätigkeit als Stadtoberhaupt auf: „Ich war mit Leib und Seele Verwaltungsbeamter und habe oft scherzweise zu meiner Frau gesagt, ich danke jeden Morgen meinem Herrgott auf den Knien, daß ich Verwaltungsmann geworden bin.“ (EG: 504)

Doch es gab auch den Privatmann, den Familienmensch, den liebenden Familienvater und Ehemann, der sich ganz bewusst für einen Karriereweg als Oberbürgermeister entschied, weil es dort gutes Geld zu verdienen gab und seine Familie abgesichert war. Die Religion hingegen spielte für Gebeschus – wie grundsätzlich im Bürgertum[1561] – keine große Rolle. Auch in Sachen Geselligkeit, Bildungskanon, Wohnungseinrichtung, Habitus und Kleidung vertrat Gebeschus die bürgerlichen Ideale.

Gebeschus' Lebenswerk wirkt bis heute fort. Nicht primär als Name einer Schule im 21. Jahrhundert, sondern durch die Leistung, Hanau 23 ½ Jahre lang souverän gelenkt und die aufstrebende Kleinstadt in die Moderne geführt zu haben. Er nutzte die Machtfülle des Amtes, entwickelte sowohl vorausschauend und im Rahmen der staatlichen Vorgaben als auch durch Anregung von Privatinvestoren Lösungsstrategien, um die Versorgung mit Gas und Strom zu sichern, die hygienischen Bedingungen durch Wasserversorgung, Kanalisation, Krankenhausmodernisierung und Altstadtsanierung zu verbessern, wirtschaftskräftige neue Industrien und Garnisonen anzusiedeln sowie mit Straßenbahn und Siedlungsflächen im Westen, im Zuge des Zusammenschlusses mit Kesselstadt, Hanaus Weg in die Zukunft zu ebnen. Ein Stadtoberhaupt aus Leidenschaft. Dies ist sein Vermächtnis.

1561 Vgl. hierzu allgemein Budde, Blütezeit, S. 74.

9. Quellen- und Literaturverzeichnis

9.1. Quellen

9.1.1. Lebenserinnerungen Eugen Gebeschus im Stadtarchiv Hanau (StAHU)

StAHU L1 303/1: Gebeschus, Eugen: Lebenserinnerungen [abgekürzt im Text als „EG:“[1562]].
StAHU L1 303/1: Gebeschus, Julie: Lebenserinnerungen.

9.1.2. Lebenserinnerungen der Familie Gebeschus (Privatbesitz der Familie Rybka-Gebeschus)

Ahnen-Buch Gebeschus [reicht nur bis zum Buchstaben K].
Gebeschus, Kurt: Chronik I.
Gebeschus, Kurt: Chronik II.
Gebeschus, Kurt: Lebensbilder I.
Gebeschus, Kurt: Lebensbilder II.
Gebeschus, Kurt: Lebenserinnerungen II.
Gebeschus, Kurt: Lebenserinnerungen III.

9.1.3. Stadtarchiv Hanau (StAHU)

A119: Vertrag zwischen der Stadt Hanau und Bürgermeister Geibel von Kesselstadt wegen dessen Übernahme als städtischer Beamter bei der Vereinigung der Gemeinden Hanau und Kesselstadt.
A120: Vertrag zwischen der Stadtgemeinde Hanau und der Landgemeinde Kesselstadt betr. Vereinigung.
B1 52: Beläge [!] zur Rechnung der Kasernen des 3. Eisenbahnregiments (1912–1921).
B1 53: Belegband zur Rechnung des Hafen- und Industrie-Geländefonds (1913–1917).
B1 55: Belegband zur Rechnung des Grundstücksfonds Sanierung der Altstadt (1914–1919).
C1 943: Industrieanwerbung.
C1 944: Eisenbahn- und Straßenbahnplanungen.
C1 983: Errichtung eines neuen Postgebäudes [am Paradeplatz].

1562 Um die Passagen aus Eugen Gebeschus' Lebenserinnerungen dem Leser deutlich zu machen, wurde bei Verweisen auf eine Anmerkung in Fußnotenform verzichtet und stattdessen der Nachweis direkt im Text mit „EG:“ und der jeweiligen Seitenzahl vermerkt.

C1 988: Umgemeindung der Kartenblätter A und B der Gemarkung Großauheim nach Hanau [zwecks Erbauung des Mainhafens].
C1 1030: Vereinigung der Gemeinden Hanau und Kesselstadt.
C1 1031: Geländekauf und -tausch in Hanau zur Errichtung von Kasernen.
C1 1062: Fliegerangriffe. Sicherheitsmaßnahmen gegen feindliche Flugzeuge.
C1 1063: Angriffe gegen die Deutsche Dunlop-Gummi-Co. A.G. Hanau.
C1 1064: Angriffe gegen die Deutsche Dunlop-Gummi-Co. A.G. Hanau.
C1 1068: Beiträge zu den Kriegsunterstützungen, Spenden, Familienfürsorge, Preisregulierung.
C3 289: Personalakte Karl Georg August Eugen Gebeschus (1855–1936).
C3 292: Personalakte Johann Peter Thyriot (1866–1917).
D6D 5001: Bauanträge Militärbauamt, Reservebekleidungsamt für ein Reservebekleidungsamt in der Lamboystraße.
E1 Großauheim 1141: Geplante Eingemeindung eines Teils der Großauheimer Gemarkung für den Bau des Hanauer Mainhafens (1897–1912).
E1 Großauheim 2066: Bau eines Industrie- und Sicherheitshafens in der Gemarkung Großauheim (1908–1926).
E4 Steinheim 263: Hanauer Straßenbahn Aktiengesellschaft (1908, 1920–1934).
E7 Hohe Tanne 8: Landhaussiedlung Hohe Tanne; Verhandlungen (1911–1912).
L1 303/6: Nachlass Eugen Gebeschus: Berichte und Unterlagen.
XY 476: Thyriot, Johann Peter 1833–1917. Erinnerungen [Abschrift in 2 Abschnitten].

9.1.4. Institut für Stadtgeschichte Frankfurt am Main (ISG)

Höchst 807: Bürgermeister Konrad Glatt, Peter Anton Bied, Dr. Eugen Gebeschus und Dr. Ernst Janke (1880–1917).
Höchst 808: Wahl des Bürgermeisters: Dr. Eugen Gebeschus, Viktor Palleske und Dr. Ernst Janke (1887–1911).
Höchst 1.845: Bürgermeister (1887–1926).
Höchst 1.887: Erlass eines Ortsbaustatuts und einer Baupolizeiverordnung (1889–1902).

9.1.5. Hessisches Staatsarchiv Marburg (HStAM)

Best. 150 Nr. 1786: Landkrankenhaus zu Hanau (1900–1926).
Best. 165 Nr. 1415/4: Verbesserung der Schiffbarkeit des Mains (1904–1924).
Best. 165 Nr. 6429: Eingemeindung von Kesselstadt, Kreis Hanau (1906–1923).
Best. 165 Nr. 6643: Stadt Hanau: Bürgermeister (1888–1917).
Best. 165 Nr. 6858: Erhebung von Beiträgen zu den Herstellungskosten einer städtischen Entwässerungsanlage und von Gebühren für ihre Benutzung (1893–1923).
Best. 171 Nr. 326/1: Ordnung über die Deckung der Kosten der Entwässerung. Bd. 1 (1910–1917).
Best. 171 Nr. 936: Enteignung zur Erweiterung der kleinen Fahrgasse in Hanau (1909–1914).

Best. 171 Nr. 964/1: Enteignungssachen des Stadtkreises Hanau. Bd. 1 (1889–1913).
Best. 171 Nr. 964/2: Enteignungssachen des Stadtkreises Hanau. Bd. 2 (1913–1921).
Best. 190a Hanau Nr. 50: Neubau des Gefängnis- und Landgerichtsgebäudes zu Hanau (1901–1908).
Best. 302 Nr. 718: Verkauf des Stadtschlosses Hanau (1912).

9.1.6. Verwaltungsberichte

Bericht über die Verwaltung und den Stand der Gemeinde-Angelegenheiten der Stadt Hanau für das Jahr 1879/80.
Bericht über die Verwaltung und den Stand der Gemeinde-Angelegenheiten der Stadt Hanau für die Jahre 1880/81 bis 1884/85.
Bericht über die Verwaltung und den Stand der Gemeinde-Angelegenheiten der Stadt Hanau für die Jahre 1885/86 bis 1889/90.
Bericht über die Verwaltung und den Stand der Gemeinde-Angelegenheiten der Stadt Hanau für die Jahre 1890/91 bis 1894/95.
Bericht über die Verwaltung und den Stand der Gemeinde-Angelegenheiten der Stadt Hanau für die Rechnungsjahre 1895 bis 1899.
Bericht über die Verwaltung und den Stand der Gemeinde-Angelegenheiten der Stadt Hanau für die Rechnungsjahre 1900 bis 1902.
Bericht über die Verwaltung und den Stand der Gemeinde-Angelegenheiten der Stadt Hanau für das Rechnungsjahr 1903.
Bericht über die Verwaltung und den Stand der Gemeinde-Angelegenheiten der Stadt Hanau für das Rechnungsjahr 1904.
Bericht über die Verwaltung und den Stand der Gemeinde-Angelegenheiten der Stadt Hanau für die Rechnungsjahre 1905–1907.
Bericht über die Verwaltung und den Stand der Gemeinde-Angelegenheiten der Stadt Hanau für die Rechnungsjahre 1908–1910.
Bericht über die Verwaltung und den Stand der Gemeindeangelegenheiten der Stadt Hanau für die Rechnungsjahre 1911–1919.
Bericht über die Verwaltung und den Stand der Gemeinde-Angelegenheiten der Stadt Hanau für die Rechnungsjahre 1919–1930.

9.1.7. Gedruckte Quellen

Amtsblatt der Regierung in Stettin, No. 31 v. 3. August 1849.
Bödicker, Rudolf: Die Weiterführung der Kanalisirung[!] des Mains von Frankfurt a. M. bezw. Offenbach bis Hanau, ihre Vorteile und ihre Nothwendigkeit. Denkschrift im Auftrage des Stadtraths und der Handelskammer zu Hanau, Hanau 1892.
[o.A.]: Bürgerbuch der Stadt Hanau, Hanau 1905.

Dröse, Ruth (Hg.): Bürgertum zwischen zwei Revolutionen (1848–1918). Fritz Canthal: Lebenserinnerungen eines jüdischen Unternehmers aus Hanau/Main. Dokumente, Illustrationen und Beiträge zur Epoche, Hanau 1992.
Klein, Thomas (Hg.): Die Zeitungsberichte des Regierungspräsidenten in Kassel an Seine Majestät 1867–1918. 2 Bde.: Erster Teil 1867–1890 / Zweiter Teil 1891–1918 (= Quellen und Forschungen zur hessischen Geschichte 95), Darmstadt/Marburg 1993.
Kratz, Gustav: Die Städte der Provinz Pommern. Abriß ihrer Geschichte, zumeist nach Urkunden, Berlin 1865.
Pataky, Sophie: Lexikon deutscher Frauen der Feder. Eine Zusammenstellung der seit dem Jahre 1840 erschienenen Werke deutscher weiblicher Autoren, nebst Biographieen[!] der lebenden und einem Verzeichnis der Pseudonyme, Berlin 1898, URL: http://www.literature.at/viewer.alo?objid=19248&page=1&viewmode=overview.
Ritter, Gerhard A.: Wahlgeschichtliches Arbeitsbuch. Materialien zur Statistik des Kaiserreichs 1871–1918 (= Statistische Arbeitsbücher zur neueren deutschen Geschichte / Beck'sche Elementarbücher), München 1980.
Silbergleit, Heinrich: Preußens Städte. Denkschrift zum 100jährigen Jubiläum der Städte-Ordnung vom 19. November 1808, Berlin 1908.

9.1.8. Onlinequellen

Amtliches Verzeichniss[!] des Personals und der Studirenden[!] der Königlichen Universität zu Greifswald im Sommersemester 1877, PURL: http://ub-goobi-pr2.ub.uni-greifswald.de/viewer/image/PPN670500097_SoSe_1877/21/.
Amtliches Verzeichniss[!] des Personals und der Studirenden[!] der Königlichen Universität zu Greifswald im Wintersemester 1877-78, PURL: http://ub-goobi-pr2.ub.uni-greifswald.de/viewer/image/PPN670500097_WiSe_1877_78/20/.
Verzeichnis der Beamten, Lehrer und Studirenden[!] der königl. württemb. Universität Tübingen in dem Winter-Halbjahr 1874-75, URL: http://idb.ub.uni-tuebingen.de/diglit/LXV24_qt_1874_1875.
Verzeichnis der Beamten, Lehrer und Studirenden[!] der königl. württemb. Universität Tübingen in dem Sommer-Halbjahr 1875, URL: http://idb.ub.uni-tuebingen.de/diglit/LXV24_qt_1875.
Verzeichnis der Beamten, Lehrer und Studirenden[!] der königl. württemb. Universität Tübingen in dem Winter-Halbjahr 1875-76, URL: http://idb.ub.uni-tuebingen.de/diglit/LXV24_qt_1875_1876.
Verzeichnis der Beamten, Lehrer und Studirenden[!] der königl. württemb. Universität Tübingen in dem Sommer-Halbjahr 1876, URL: http://idb.ub.uni-tuebingen.de/diglit/LXV24_qt_1876.
Verzeichnis der Beamten, Lehrer und Studirenden[!] der königl. württemb. Universität Tübingen in dem Winter-Halbjahr 1876-77, URL: http://idb.ub.uni-tuebingen.de/diglit/LXV24_qt_1876_1877.

Verzeichnis der Beamten, Lehrer und Studirenden[!] der königlich württembergischen Universität Tübingen in dem Sommer-Halbjahr 1877 aus amtlichen Quellen, URL: http://idb.ub.uni-tuebingen.de/diglit/LXV24_qt_1877.

Verzeichnis der Vorlesungen, welche auf der königlich württembergischen Eberhard-Karls-Universität zu Tübingen im Winterhalbjahre 1874 bis 1875 gehalten werden, URL: http://idb.ub.uni-tuebingen.de/diglit/LXV11c_qt_1874_1875.

Verzeichnis der Vorlesungen, welche auf der königlich württembergischen Eberhard-Karls-Universität zu Tübingen im Sommerhalbjahre 1875 gehalten werden, URL: http://idb.ub.uni-tuebingen.de/diglit/LXV11c_qt_1875.

Verzeichnis der Vorlesungen, welche auf der königlich württembergischen Eberhard-Karls-Universität zu Tübingen im Winterhalbjahre 1875 bis 1876 gehalten werden, URL: http://idb.ub.uni-tuebingen.de/diglit/LXV11c_qt_1875_1876.

Verzeichnis der Vorlesungen, welche auf der königlich württembergischen Eberhard-Karls-Universität zu Tübingen im Sommerhalbjahre 1876 gehalten werden, URL: http://idb.ub.uni-tuebingen.de/diglit/LXV11c_qt_1876.

Verzeichnis der Vorlesungen, welche auf der königlich württembergischen Eberhard-Karls-Universität zu Tübingen im Winterhalbjahre 1876 bis 1877 gehalten werden, URL: http://idb.ub.uni-tuebingen.de/diglit/LXV11c_qt_1876_1877.

9.1.9. Zeitgenössische Untersuchungen

Blumschein, Ernst: Geschichte der Freiwilligen Feuerwehr Höchst am Main 1852–1912. Festschrift zur 60-jährigen Jubiläumsfeier, Höchst 1912.

Claus, Fritz: Der Arbeitsmarkt der Hanauer Bijouterieindustrie in der Nachkriegszeit. Dissertation: Frankfurt am Main [1924].

Cramer, Kläre: Entstehung und Entwicklung des Hanauer Tabakbaus und der Hanauer Tabakindustrie, Dissertation: Frankfurt am Main [1925].

Ehrich, Paul: Bau und Anlage des Handels- und Industrie-Hafens der Stadt Hanau, in: Festschrift zur Eröffnung des Mainhafen der Stadt Hanau, hg. v. Stadt Hanau, Hanau 1924, S. 7–22.

[o.A.]: Festschrift 75 Jahre Freiwillige Feuerwehr Höchst am Main 1852–1927, Höchst 1927.

Fuhrmann, David: Die wirtschaftliche Lage der Arbeiter Hanaus, Hanau 1901.

[o.A.]: Geschichte der Freimaurerei i.O. Hanau am Main. Festschrift der Loge Braunfels zur Beharrlichkeit zum 25jährigen Jubiläum 1872–1897, PURL: http://fuldig.hs-fulda.de/viewer/image/PPN230720668/1/LOG_0000/.

Halbleib, Ferdinand: Die Finanzwirtschaft der Stadt Hanau von 1838–1910 unter besonderer Berücksichtigung des gemeindlichen Steuerwesens, Fulda 1917.

Marschang, Josef: Hundert Jahre Höchster Freiwillige Feuerwehr, in: Festschrift 100 Jahre Freiwillige Feuerwehr Frankfurt a.M.-Höchst am Main 1852–1952, Frankfurt am Main 1927, S. 47–79.

Marx, Karl: Thesen über Feuerbach, in: MEW. Bd. 3, Berlin/Ost 1969.

Reges, Benjamin: Geschichte der Loge zur Einigkeit zu Frankfurt a. M. Festgabe der Loge zur Einigkeit bei der Feier ihres 150jährigen Bestehens am 16. Oktober 1892, Frankfurt am Main 1892, PURL: http://fuldig.hs-fulda.de/viewer/resolver?urn=urn%3Anbn%3Ade%3Ahebis%3A66%3Afuldig-949896.

Siebert, Karl: Hanauer Biographien aus drei Jahrhunderten, hg. v. Hanauer Geschichtsverein, Hanau 1919.

Steinel, Franz: Bauliche Entwicklung der Anstalt, in: Festschrift zum fünfzigjährigen Jubiläum des Krankenhauses der Stadt Höchst am Main 1858–1908, Höchst 1908, S. 23–62.

Thieme, Ernst: Der wirtschaftliche Aufbau der Hanauer Edelmetallindustrie (= Zeitschrift für die gesamte Staatswissenschaft. Ergänzungsheft 53), Tübingen 1920.

Treitschke, Heinrich von: Politik. Vorlesungen gehalten an der Universität zu Berlin. Bd. 1, hg. v. Max Cornicelius, Leipzig ²1899.

Wagner, J.: Die Gerichte, Staats- und Kommunalverwaltungsbehörden in Hanau Stadt und Land, Hanau 1911.

Werner, Heinrich: Die Elektrizitätsversorgung der Stadt Hanau, in: Festschrift zur Eröffnung des Mainhafen der Stadt Hanau, hg. v. Stadt Hanau, Hanau 1924, S. 40–46.

9.2. Literatur

Albert, Dieter: Regensburg im Wandel. Studien zur Geschichte der Stadt im 19. und 20. Jahrhundert (= Studien und Quellen zur Geschichte Regensburgs 2), Regensburg 1984.

Alt, Katja: Kriegsalltag im Dorf. Die Pfarreichronik von Eichen und Erbstadt von Pfarrer Karl Wilhelm Castendyck 1914–1918, in: Hessische Landgemeinden im Ersten Weltkrieg 1914–1918 [Begleitband zur Ausstellung vom 3. Oktober bis 16. November in Nidderau], hg. v. Heinrich Pieh u.a., Hanau 2014, S. 18–46.

Ambrosius, Gerold: Kommunalwirtschaft im Spannungsfeld von Autonomisierung / Privatisierung und Bindung / Regulierung (vom Ende des 19. Jahrhunderts bis zu den 1930er Jahren), in: Kommunalisierung im Spannungsfeld von Regulierung und Deregulierung im 19. und 20. Jahrhundert, hg. v. Josef Wysocki (= Schriften des Vereins für Socialpolitik N.F. 240), Berlin 1995, S. 141–163.

Arndt, Jens: Hanau im Ersten Weltkrieg, in: Neues Magazin für Hanauische Geschichte 1999/2, S. 140–163.

Arndt, Jens: In feldgrauer Zeit. Stadt und Garnison Hanau im Weltkrieg von 1914–1918, Hanau 2014.

Arndt, Jens: „Unbestätigt" – Zwei Hanauer U-Bootfahrer im Ersten Weltkrieg von 1914–1918, in: Neues Magazin für Hanauische Geschichte 2008, S. 137–191.

Arndt, Jens: Von Feldbahnen und Kasernenbauten. Die Geschichte der Hanauer Eisenbahn-Regimenter 1907–1919, Hanau 2013.

Arndt, Jens: Vor 80 Jahren – Hanau am Vorabend des Ersten Weltkrieges, in: Neues Magazin für Hanauische Geschichte 1995, S. 27–42.

Bäumler, Ernst: Ein Jahrhundert Chemie, Düsseldorf 1963.

Bäumler, Ernst: Farben, Formeln, Forscher. Hoechst und die Geschichte der industriellen Chemie in Deutschland, München/Zürich 1989.

Bartelsheim, Ursula: Bürgersinn und Parteiinteresse. Kommunalpolitik in Frankfurt am Main 1848–1914 (= Campus Forschung 758), Frankfurt am Main/New York 1997.

Bathow, Yvonne: Die Berufsgruppe der ‚Gas- und Wasserfachmänner'. Ihre Bedeutung für die kommunalen Investitionen in der zweiten Hälfte des 19. Jahrhunderts, in: Investitionen der Städte im 19. und 20. Jahrhundert, hg. v. Karl Heinrich Kaufhold (= Städteforschung Reihe A: Darstellungen 42), Köln u.a. 1997, S. 123–147.

Bauernfeind, Martina: Bürgermeister Georg Ritter von Schuh. Stadtentwicklung in Erlangen und Nürnberg im Zeichen der Hochindustrialisierung 1878–1913 (= Nürnberger Werkstücke zur Stadt und Landesgeschichte / Schriftenreihe des Stadtarchivs Nürnberg 60), Nürnberg 2000.

Bausinger, Hermann: Bürgerlichkeit und Kultur, in: Bürger und Bürgerlichkeit im 19. Jahrhundert, hg. v. Jürgen Kocka, Göttingen 1987, S. 121–142.

Becker, Nikola: Bürgerliche Lebenswelt und Politik in München. Autobiographien über das Fin de Siècle, den Ersten Weltkrieg und die Weimarer Republik (= Münchner Historische Studien Abt. Bayerische Geschichte XXII), Kallmünz/Opf. 2014.

Biastoch, Martin: Tübinger Studenten im Kaiserreich. Eine sozialgeschichtliche Untersuchungen (= Contubernium 44), Sigmaringen 1996.

Blaschek, Kurt: Zur Geschichte der Hanauer Freimaurer-Logen, in: Neues Magazin für Hanauische Geschichte 2008, S. 71–87.

Blecker, Udo / Herth, Helmut: Die Wehrführer der Freiwilligen Feuerwehr Frankfurt am Main-Höchst (FF Höchst) seit der Gründung, in: Mer grinde e Feuerwehr! 150 Jahre Höchster Feuerwehr, hg. v. Helmut Herth und der Freiwilligen Feuerwehr, Frankfurt am Main 2002, S. 120–140.

Blotevogel, Hans Heinrich: Einführung, in: Kommunale Leistungsverwaltung und Stadtentwicklung vom Vormärz bis zur Weimarer Republik, hg. v. Hans Heinrich Blotevogel (= Städteforschung Reihe A: Darstellungen 30), Köln u.a. 1990, S. XIII–XXV.

Borst, Otto: Zusammenfassung, in: Oberbürgermeister, hg. v. Klaus Schwabe (= Büdinger Forschungen zur Sozialgeschichte 1979 / Deutsche Führungsschichten in der Neuzeit 13), Boppard am Rhein 1981, S. 201–210.

Brandt, Harm-Hinrich: Wirtschaft und Wirtschaftspolitik im Raum Hanau 1597–1962. Die Geschichte der Industrie- und Handelskammer Hanau-Gelnhausen-Schlüchtern und ihrer Vorläufer, Hanau 1963.

Brüchert-Schunk, Hedwig: Städtische Sozialpolitik vom Wilhelminischen Reich bis zur Weltwirtschaftskrise. Eine sozial- und kommunalhistorische Untersuchung am Beispiel der Stadt Mainz 1890–1930 (= Geschichtliche Landeskunde 41), Stuttgart 1994.

Brunckhorst, Hans-Dieter: Kommunalisierung im 19. Jahrhundert, dargestellt am Beispiel der Gaswirtschaft in Deutschland (= tuduv Studien Reihe Wirtschaftswissenschaften 4), München 1978.

Budde, Gunilla-Friederike: Auf dem Weg ins Bürgerleben. Kindheit und Erziehung in deutschen und englischen Bürgerfamilien 1840–1914 (= Bürgertum 6), Göttingen 1994.

Budde, Daniela: Blütezeit des Bürgertums. Bürgerlichkeit im 19. Jahrhundert (= Geschichte kompakt), Darmstadt 2009.

Burkardt, Barbara / Pult, Manfred (Bearb.): Naussauische Parlamentarier. Ein biographisches Handbuch. Teil 2: Der Kommunallandtag des Regierungsbezirks Wiesbaden 1868–1933 (= Veröffentlichungen der Historischen Kommission für Nassau 71 / Vorgeschichte und Geschichte und Parlamentarismus 17), Wiesbaden 2003.

Bury, Adolf Hermann: Hospital – Landkrankenhaus – Stadtkrankenhaus. Geschichtliche Entwicklung bis 1945, in: Neues Magazin für Hanauische Geschichte 1985, S. 262–278.

Bus, Erhard: Dorfleben im 19. Jahrhundert (1805–1907), in: 950 Jahre Ersterwähnung Kesselstadt. Schlaglichter auf zwei Jahrtausende (= stadtzeit), hg. v. Hanauer Geschichtsverein u.a., Hanau 2009, S. 140–151.

Bus, Erhard: Sammeln, versorgen, pflegen. Spendenaktionen, Bahnhofsdienste und Lazarette des Roten Kreuzes in Hanau und Gelnhausen, in: Hessische Landgemeinden im Ersten Weltkrieg 1914–1918 [Begleitband zur Ausstellung vom 3. Oktober bis 16. November in Nidderau], hg. v. Heinrich Pieh u.a., Hanau 2014, S. 130–151.

Bus, Erhard: Von der Lehn-Banco zur Landesleihbank Hanau, in: „... diese mit Liebe gepflegte Anstalt ...". Von der Lehn-Banco zur Sparkasse Hanau. 1738–2013, hg. v. Vorstand der Sparkasse Hanau, Hanau 2013, S. 106–117.

Bus, Erhard: Zur Wirtschaftsgeschichte der Region Hanau, in: „... diese mit Liebe gepflegte Anstalt ...". Von der Lehn-Banco zur Sparkasse Hanau. 1738–2013, hg. v. Vorstand der Sparkasse Hanau, Hanau 2013, S. 74–105.

Croon, Helmuth: Aufgaben deutscher Städte im ersten Drittel des 20. Jahrhunderts, in: Die Städte Mitteleuropas im 20. Jahrhundert, hg. v. Wilhelm Rausch (= Beiträge zur Geschichte der Städte Mitteleuropas VIII), Linz 1984, S. 41–69.

Croon, Helmut: Das Vordringen der politischen Parteien im Bereich der kommunalen Selbstverwaltung, in: Helmuth Croon / Wolfgang Hofmann / Georg-Christoph von Unruh: Kommunale Selbstverwaltung im Zeitalter der Industrialisierung (= Schriftenreihe des Vereins für Kommunalwissenschaften e.V. Berlin 33), Stuttgart u.a. 1971, S. 15–58.

Decker-Hauff, Hartmartin / Setzler, Wilfried (Hg.): Die Universität Tübingen von 1477 bis 1977 in Bildern und Dokumenten, Tübingen 1977.

Demandt, Karl E.: Geschichte des Landes Hessen, Kassel ^{2}1972 [ND 1980].

Dopierala, Bogdan: Die Rolle des Oberbürgermeisters und des Berufsbeamtentums in der Entwicklung der deutschen Stadt, in: Die Städte Mitteleuropas im 20. Jahrhundert, hg. v. Wilhelm Rausch (= Beiträge zur Geschichte der Städte Mitteleuropas VIII), Linz 1984, S. 113–126.

Erker, Paul: Vom nationalen zum globalen Wettbewerb. Die deutsche und die amerikanische Reifenindustrie im 19. und 20. Jahrhundert, Paderborn u.a. 2005.

Eyring, J. Peter: Der Kreis Hanau seit seiner Entstehung, in: Hanau. Stadt und Land. Ein Heimatbuch für Schule und Haus, hg. v. Hanauer Geschichtsverein u.a., Hanau 1954, S. 174–181.

Feldmann, Ekke: Bauordnungen und Baupolizei. Zur Entwicklungsgeschichte zwischen 1850 und 1950, Frankfurt am Main u.a. 2011.

Fetz, Bernhard: Biographisches Erzählen zwischen Wahrheit und Lüge, Inszenierung und Authentizität, in: Handbuch Biographie. Methoden, Traditionen, Theorien, hg. v. Christian Klein, Stuttgart/Weimar 2009, S. 54–60.

Fraeb, Walter / Bott, Heinrich: Vom Mittelalter zur Gegenwart. Eine Chronik der wichtigsten Ereignisse, besonders in der Stadt Hanau, in: Hanau. Stadt und Land. Ein Heimatbuch für Schule und Haus, hg. v. Hanauer Geschichtsverein u.a., Hanau 1954, S. 98–125.

Gall, Lothar: Franz Adickes. Oberbürgermeister und Universitätsgründer (= Gründer, Gönner und Gelehrte), Frankfurt am Main 2013.

Gay, Peter: Die zarte Leidenschaft. Liebe im bürgerlichen Zeitalter, München 1987.

Glagau, Hans: Das romanhafte Element der modernen Selbstbiographie im Urteil des Historikers (1903), in: Die Autobiographie. Zu Form und Geschichte einer literarischen Gattung, hg. v. Günter Niggl, Darmstadt ²1998, S. 55–71.

Gniss, Daniela: Heraeus – Ein Familienunternehmen seit 1851. Die Entwicklung des Unternehmens im Wirtschaftsraum Hanau, Hanau 2001.

Grabas, Margrit: Kommunalisierungsprozesse im Wandel von Prosperität und Stagnation. Dargestellt am Beispiel der Versorgungswirtschaft im Deutschen Kaiserreich, in: Kommunalisierung im Spannungsfeld von Regulierung und Deregulierung im 19. und 20. Jahrhundert, hg. v. Josef Wysocki (= Schriften des Vereins für Socialpolitik N.F. 240), Berlin 1995, S. 91–120.

Grossbach, Wilhelm: Höchst am Main. Gestern, heute, morgen, Frankfurt am Main 2006.

Habermas, Rebekka: Bürgerliche Kleinfamilie – Liebesheirat, in: Die Entdeckung des Ich. Die Geschichte der Individualisierung vom Mittelalter bis zur Gegenwart, hg. v. Richard van Dülmen, Köln 2001, S. 287–309.

Hähner, Olaf: Historische Biographik. Die Entwicklung einer geschichtswissenschaftlichen Darstellungsform von der Antike bis ins 20. Jahrhundert (= Europäische Hochschulschriften Reihe 3: Geschichte und ihre Hilfswissenschaften 829), Frankfurt am Main u.a. 1999.

Hanauer Straßenbahn AG: Die Hanauer Straßenbahn AG 1908–2003. 75 Jahre Busverkehr in Hanau, Hanau 2003.

Haschnik, Gregor: Von der Schiene aufs Schiff, in: Unser Main. Frankfurter Rundschau Geschichte. Bd. 7, Jg. 6 (2016), S. 48–51.

Hattenhauer, Hans: Geschichte des Beamtentums (= Handbuch des Öffentlichen Dienstes 1), Köln u.a. 1980.

Hein, Dieter: Kunst, Museen und Bürgertum. Ein Beziehungsgeflecht im Umbruch 1870–1930, in: Bürgertum und Bürgerlichkeit zwischen Kaiserreich und Nationalsozialismus, hg. v. Werner Plumpe / Jörg Lesczenski, Mainz 2009, S. 153–164.

Heilmann, Ulrike: 275 Jahre Hanauer Anzeiger. Spiegel der Geschichte (= Hanauer Geschichtsblätter 38), Hanau 2000.

Heilmann, Ulrike: Energie und Trinkwasser für Lebensqualität. Die Entwicklung der Stadtwerke Hanau (= Hanauer Geschichtsblätter 36), Hanau 1998.

Heinze, Carsten: Identität und Geschichte in autobiographischen Lebenskonstruktionen. Jüdische und nicht-jüdische Vergangenheitsbearbeitungen in Ost- und Westdeutschland, Wiesbaden 2009.

Henning, Eckart: Selbstzeugnisse, in: Die archivalischen Quellen. Mit einer Einführung in die Historischen Hilfswissenschaften, hg. v. Friedrich Beck / Eckart Henning, Köln u.a. ⁵2012, S. 135–144.

Hirschmann, Gerhard: Dr. Georg Ritter von Schuh. Oberbürgermeister von Nürnberg 1892–1913, in: Oberbürgermeister, hg. v. Klaus Schwabe (= Büdinger Forschungen zur

Sozialgeschichte 1979 / Deutsche Führungsschichten in der Neuzeit 13), Boppard am Rhein 1981, S. 57–75.

Hofmann, Wolfgang: Die Entwicklung der kommunalen Selbstverwaltung von 1848 bis 1918, in: Handbuch der kommunalen Wissenschaft und Praxis. Bd. 1: Grundlagen und Kommunalverfassungen, hg. v. Thomas Mann / Günter Püttner, ^{3}2007, S. 73–91.

Hofmann, Wolfgang: Einführung, in: Wolfgang Hofmann: Bürgerschaftliche Repräsentanz und kommunale Daseinsvorsorge. Studien zur neueren Stadtgeschichte (= Beiträge zur Stadtgeschichte und Urbanisierungsforschung 14), Stuttgart 2012, S. 9–21.

Hofmann, Wolfgang: Kommunale Daseinsvorsorge, Mittelstand und Städtebau 1871–1918 am Beispiel Charlottenburg, in: Wolfgang Hofmann: Bürgerschaftliche Repräsentanz und kommunale Daseinsvorsorge. Studien zur neueren Stadtgeschichte (= Beiträge zur Stadtgeschichte und Urbanisierungsforschung 14), Stuttgart 2012, S. 179–215.

Hofmann, Wolfgang: Oberbürgermeister als politische Elite im Wilhelminischen Reich und in der Weimarer Republik, in: Oberbürgermeister, hg. v. Klaus Schwabe (= Büdinger Forschungen zur Sozialgeschichte 1979 / Deutsche Führungsschichten in der Neuzeit 13), Boppard am Rhein 1981, S. 17–38 [ND: Hofmann, Wolfgang: Oberbürgermeister als politische Elite im Wilhelminischen Reich und in der Weimarer Republik, in: Wolfgang Hofmann: Bürgerschaftliche Repräsentanz und kommunale Daseinsvorsorge. Studien zur neueren Stadtgeschichte (= Beiträge zur Stadtgeschichte und Urbanisierungsforschung 14), Stuttgart 2012, S. 121–138].

Hofmann, Wolfgang: Oberbürgermeister und Stadterweiterungen, in: Helmuth Croon / Wolfgang Hofmann / Georg-Christoph von Unruh: Kommunale Selbstverwaltung im Zeitalter der Industrialisierung (= Schriftenreihe des Vereins für Kommunalwissenschaften e.V. Berlin 33), Stuttgart u.a. 1971, S. 59–90 [ND: Hofmann, Wolfgang: Oberbürgermeister und Stadterweiterungen, in: Wolfgang Hofmann: Bürgerschaftliche Repräsentanz und kommunale Daseinsvorsorge. Studien zur neueren Stadtgeschichte (= Beiträge zur Stadtgeschichte und Urbanisierungsforschung 14), Stuttgart 2012, S. 95–119].

Hofmann, Wolfgang: Preußische Stadtverordnetenversammlungen als Repräsentativorgane, in: Wolfgang Hofmann: Bürgerschaftliche Repräsentanz und kommunale Daseinsvorsorge. Studien zur neueren Stadtgeschichte (= Beiträge zur Stadtgeschichte und Urbanisierungsforschung 14), Stuttgart 2012, S. 25–46.

Hofmann, Wolfgang: Rathaus und Selbstverwaltung im Zeitalter der Urbanisierung am Beispiel Brandenburg (1800–1945), in: Wolfgang Hofmann: Bürgerschaftliche Repräsentanz und kommunale Daseinsvorsorge. Studien zur neueren Stadtgeschichte (= Beiträge zur Stadtgeschichte und Urbanisierungsforschung 14), Stuttgart 2012, S. 71–91.

Hofmann, Wolfgang: Zwischen Rathaus und Reichskanzlei. Die Oberbürgermeister in der Kommunal- und Staatspolitik des Deutschen Reiches von 1890 bis 1933 (= Schriften des Deutschen Instituts für Urbanistik 46), Stuttgart u.a. 1974.

Hohmann, Rolf: Wolfgang. Geschichte einer Industriegemeinde, hg. v. Degussa AG Zweigniederlassung Wolfgang und Hanauer Anzeiger, Hanau 1987.

Hoppe, Karlheinz: In 150 Jahren 13 gewählte Oberbürgermeister, Hanau 1984.

Hoppe, Martin: Hanauer Straßennamen, Hanau 1991.

Imgram, Leopold: Geschichte der Stadt Steinheim am Main. II. Teil: Das ehemalige Groß-Steinheim, Frankfurt am Main 1958.

Jaeger, Michael: Autobiographie und Geschichte. Wilhelm Dilthey, Georg Misch, Karl Löwith, Gottfried Benn, Alfred Döblin, Stuttgart/Weimar 1995.

Jones, Geoffrey: The Growth and Performance of British Multinational Firms before 1939: The Case of Dunlop, in: Economic History Review 37 (1984), S. 35–53.

Jones, Geoffrey: The multinational expansion of Dunlop, 1890–1939, in: British Multinationals: Origins, Management and Performance, hg. v. Geoffrey Jones, Cambridge 1986, S. 24–42.

Kästner, Otto: Zur Architektur des Landgerichts Hanau, in: Neues Magazin für Hanauische Geschichte 2015, S. 146–155.

Klein, Christian (Hg.): Handbuch Biographie. Methoden, Traditionen, Theorien, Stuttgart / Weimar 2009.

Klein, Thomas (Bearb.): Grundriß zur deutschen Verwaltungsgeschichte 1815–1945. Reihe A: Preußen. Bd. 11: Hessen-Nassau (einschl. Vorgänger-Staaten), Marburg 1979.

Klein, Thomas: Preußische Provinz Hessen-Nassau 1866–1944/45, in: Handbuch der hessischen Geschichte. Bd. 4: Hessen im Deutschen Bund und im neuen Deutschen Reich. (1806) 1815 bis 1945. Teilbd. 2: Die hessischen Staaten bis 1945, hg. v. Walter Heinemeyer (= Veröffentlichungen der Historischen Kommission für Hessen 63), Marburg 1998, S. 213–419.

Koppitz, Ulrich: Räumliche Organisation preußischer Städte im 19. Jahrhundert zwecks Funktionalität und Gesundheit, in: Stadt, Krankheit und Tod. Geschichte der städtischen Gesundheitsverhältnisse während der Epidemiologischen Transition (vom 18. bis ins frühe 20. Jahrhundert), hg. v. Jörg Vögele / Wolfgang Woelk (= Schriften zur Wirtschafts- und Sozialgeschichte 62), Berlin 2000, S. 259–274.

Klötzer, Wolfgang: Der Haushaltssanierer und Stadtentwickler. Zwei große Oberbürgermeister in wilhelminischer Zeit: Johannes Miquel und Franz Adickes, in: Frankfurter Stadtoberhäupter. Vom 14. Jahrhundert bis 1946 (= Archiv für Frankfurts Geschichte und Kunst 73), Frankfurt am Main 2012, S. 155–164.

Klötzer, Wolfgang: Franz Adickes. Frankfurter Oberbürgermeister 1891–1912, in: Oberbürgermeister, hg. v. Klaus Schwabe (= Büdinger Forschungen zur Sozialgeschichte 1979 / Deutsche Führungsschichten in der Neuzeit 13), Boppard am Rhein 1981, S. 39–56.

Kocka, Jürgen: Bürgertum und Bürgerlichkeit als Probleme der deutschen Geschichte vom späten 18. zum frühen 20. Jahrhundert, in: Bürger und Bürgerlichkeit im 19. Jahrhundert, hg. v. Jürgen Kocka, Göttingen 1987, S. 21–63.

Krabbe, Wolfgang R.: Die deutsche Stadt im 19. und 20. Jahrhundert. Eine Einführung, Göttingen 1989.

Krabbe, Wolfgang R.: Kommunalpolitik und Industrialisierung. Die Entfaltung der städtischen Leistungsverwaltung im 19. und frühen 20. Jahrhundert. Fallstudien zu Dortmund und Münster (= Schriften des Deutschen Instituts für Urbanistik 74), Stuttgart u.a. 1985.

Krabbe, Wolfgang R.: Städtische Wirtschaftsbetriebe im Zeichen des „Munizipalsozialismus“: Die Anfänge der Gas- und Elektrizitätswerke im 19. und frühen 20. Jahrhundert, in: Kommunale Leistungsverwaltung und Stadtentwicklung vom Vormärz bis zur Weimarer Republik, hg. v. Hans Heinrich Blotevogel (= Städteforschung Reihe A: Darstellungen 30), Köln u.a. 1990, S. 117–135.

Krause, Hartfried: Revolution und Konterrevolution 1918/19 am Beispiel Hanau (= Hochschulschriften Sozialwissenschaften 1), Kronberg/Ts. ^{2}1977.

Krumm, Carolin: Kulturdenkmäler in Hessen. Stadt Hanau (= Denkmaltopographie Bundesrepublik Deutschland), Darmstadt 2006.

Kurz, Werner: Der St. Joseph-Spar- und Bauverein Hanau, in: Neues Magazin für Hanauische Geschichte 2002, S. 79–82.

Labisch, Alfons / Spree, Reinhard: Die Kommunalisierung des Krankenhauswesens in Deutschland während des 19. und frühen 20. Jahrhunderts, in: Kommunalisierung im Spannungsfeld von Regulierung und Deregulierung im 19. und 20. Jahrhundert, hg. v. Josef Wysocki (= Schriften des Vereins für Socialpolitik N.F. 240), Berlin 1995, S. 7–47.

Lazic, Christian: Pfarrer Karl Heyde und die Roßdorfer „Heimat", in: Hessische Landgemeinden im Ersten Weltkrieg 1914–1918 [Begleitband zur Ausstellung vom 3. Oktober bis 16. November in Nidderau], hg. v. Heinrich Pieh u.a., Hanau 2014, S. 48–67.

Lehmann, Jürgen: Bekennen – Erzählen – Berichten. Studien zu Theorie und Geschichte der Autobiographie (= Studien zur deutschen Literatur 98), Tübingen 1988.

Lengemann, Jochen: Bürgerrepräsentation und Stadtregierung in Kassel 1835–1996. Ein Handbuch. Bd. 1: Einführung, Übersichten und Index der städtischen Mandats- und Amtsträger (= Veröffentlichungen der Historischen Kommission für Hessen 60,1 / Publikationen der Kulturstiftung der Stadtsparkasse Kassel 1), Marburg 1996.

Lengemann, Jochen: Bürgerrepräsentation und Stadtregierung in Kassel 1835–1996. Ein Handbuch. Bd. 2: Übersichten für die Jahre 1993–2006. Kurzbiographien der städtischen Mandats- und Amtsträger 1835–2006, deren Nachnamen mit den Buchstaben A bis L beginnen (= Veröffentlichungen der Historischen Kommission für Hessen 60,2 / Publikationen der Kulturstiftung der Stadtsparkasse Kassel 3), Marburg 2009.

Lengemann, Jochen: MdL Hessen 1808–1996. Biographischer Index (= Veröffentlichungen der Historischen Kommission für Hessen 48,7 / Politische und Parlamentarische Geschichte des Landes Hessen 14), Marburg 1996.

Lenger, Friedrich: Bürgertum und Stadtverwaltung in rheinischen Großstädten des 19. Jahrhunderts. Zu einem vernachlässigten Aspekt bürgerlicher Herrschaft, in: Stadt und Bürgertum im 19. Jahrhundert, hg. v. Lothar Gall (= Stadt und Bürgertum 1), München 1990, S. 97–169.

Lepsius, M. Rainer: Zur Soziologie des Bürgertums und der Bürgerlichkeit, in: Bürger und Bürgerlichkeit im 19. Jahrhundert, hg. v. Jürgen Kocka, Göttingen 1987, S. 79–100.

Lesser, Felix: Die Gerichtsverfassung in unserer Heimat im 19. Jahrhundert und das Landgericht Hanau, in: Hanau. Stadt und Land. Ein Heimatbuch für Schule und Haus, hg. v. Hanauer Geschichtsverein u.a., Hanau 1954, S. 181–185.

Lobin, Gerd: Von der halbprivaten Straßenbahn zum kommunalen Verkehrsunternehmen. Vor fünfundsiebzig Jahren wurde mit zwei Stadtlinien der Anfang gemacht, in: 1908–1983. Festschrift anläßlich des 75jährigen Jubiläums der Hanauer Straßenbahn AG. Beiträge zur Verkehrsgeschichte der Stadt Hanau, hg. v. Hanauer Straßenbahn AG, Hanau 1983, S. 21–76.

Mahrholz, Werner: Der Wert der Selbstbiographie als geschichtliche Quelle (1919), in: Die Autobiographie. Zu Form und Geschichte einer literarischen Gattung, hg. v. Günter Niggl, Darmstadt ^{2}1998, S. 72–74.

Matzerath, Horst: Städtewachstum und Eingemeindungen im 19. Jahrhundert, in: Die deutsche Stadt im Industriezeitalter. Beiträge zur modernen Stadtgeschichte, hg. v. Jürgen Reulecke, Wuppertal ²1980, S. 67–89.

Matzerath, Horst: Urbanisierung in Preußen 1815–1914 (= Schriften des Deutschen Instituts für Urbanistik 72), Stuttgart 1985.

Metternich, Wolfgang: Die städtebauliche Entwicklung von Höchst am Main (= Beiträge zum Denkmalschutz in Frankfurt am Main 2), Frankfurt am Main 1990.

Metternich, Wolfgang: Höchst erstaunliche Geschichte. Zum 100jährigen Jubiläum des Vereins für Geschichte und Altertumskunde Frankfurt am Main-Höchst und – warum eigentlich nicht? – zum 1200jährigen Stadtjubiläum der Stadt Frankfurt am Main, Frankfurt am Main 1994.

Metternich, Wolfgang: Ideenfabrik. Von den Farbwerken zum Industriepark Höchst, Frankfurt am Main 2007.

Molitor, Erich: Die Greifswalder Juristenfakultät, in: Festschrift zur 500-Jahrfeier der Universität Greifswald. Bd. 2, Greifswald 1956, S. 9–18.

Müller, Bruno: 600 Jahre Stadt Höchst am Main 1355–1955. Rückblick und Ausblick, Frankfurt am Main 1955.

Müller, Jürgen: Gefallen, vermisst, verwundet, gefangen. Das Schicksal junger Männer aus Ostheim als Soldaten im Ersten Weltkrieg, in: Hessische Landgemeinden im Ersten Weltkrieg 1914–1918 [Begleitband zur Ausstellung vom 3. Oktober bis 16. November in Nidderau], hg. v. Heinrich Pieh u.a., Hanau 2014, S. 68–81.

Müller, Jürgen: „Im verlassenen Grab im Mauerwinkel“. Ausländische Kriegsgefangene in den Landgemeinden der Region Main-Kinzig, in: Hessische Landgemeinden im Ersten Weltkrieg 1914–1918 [Begleitband zur Ausstellung vom 3. Oktober bis 16. November in Nidderau], hg. v. Heinrich Pieh u.a., Hanau 2014, S. 152–163.

Münch, Peter: Stadthygiene im 19. und 20. Jahrhundert. Die Wasserversorgung, Abwasser- und Abfallbeseitigung unter besonderer Berücksichtigung Münchens (= Schriftenreihe der Historischen Kommission bei der Bayerischen Akademie der Wissenschaften 49), Göttingen 1993.

Murken, Axel Hinrich: Das kommunale und konfessionelle Krankenhaus in Deutschland von der Biedermeierzeit bis zur Weimarer Republik, in: Kommunale Leistungsverwaltung und Stadtentwicklung vom Vormärz bis zur Weimarer Republik, hg. v. Hans Heinrich Blotevogel (= Städteforschung Reihe A: Darstellungen 30), Köln u.a. 1990, S. 81–116.

Neise, Harald: Mainz und seine Straßenbahn 1883–1983, Stuttgart u.a. 1983.

Neumann, Bernd: Von Augustinus zu Facebook. Zur Geschichte und Theorie der Autobiographie, Würzburg 2013.

Niggl, Günter (Hg.): Die Autobiographie. Zu Form und Geschichte einer literarischen Gattung, Darmstadt ²1998

Nordmeyer, Helmut: Durchbruch zur Moderne – Frankfurt um 1900. Ausstellung zum 150. Geburtstag von Franz Adickes, Frankfurt am Main 1996.

Pákh, Judit: Das rote Hanau. Arbeit und Kapital 1830–1949. Darstellung und Dokumente. Hanau 2007.

Paletschek, Sylvia: Die permanente Erfindung einer Tradition. Die Universität Tübingen im Kaiserreich und in der Weimarer Republik (= Contubernium 53), Stuttgart 2001.

Pelda, Dieter (Bearb.): Die Abgeordneten des Preußischen Kommunallandtags in Kassel 1867–1933. Mit Anhang: Der Provinziallandtag in Hessen-Nassau 1885–1933 (= Veröffentlichungen der Historischen Kommission für Hessen 48,8 / Vorgeschichte und Geschichte des Parlamentarismus in Hessen 22), Marburg 1999.

Picard, Berthold: „Der böse Nachbar". Hanau in den Augen Großauheims – eine alte Geschichte, in: Neues Magazin für Hanauische Geschichte 2000, S. 120–131.

Rauch, Günter: Das öffentliche Verkehrswesen in und um Hanau bis zum Bau der Hanauer Straßenbahn (1908), in: 1908–1983. Festschrift anläßlich des 75jährigen Jubiläums der Hanauer Straßenbahn AG. Beiträge zur Verkehrsgeschichte der Stadt Hanau, hg. v. Hanauer Straßenbahn AG, Hanau 1983, S. 11–20.

Rauh-Kühne, Cornelia: Das Individuum und seine Geschichte. Konjunkturen der Biographik, in: Oldenbourg Geschichte Lehrbuch: Neueste Zeit, hg. v. Andreas Wirsching, München 2009, S. 215–232.

Raulff, Ulrich: Das Leben – buchstäblich. Über neue Biographik und Geschichtswissenschaft, in: Grundlagen der Biographik. Theorie und Praxis des biographischen Schreibens, hg. v. Christian Klein, Stuttgart 2002, S. 55–68.

Rebentisch, Dieter: Industrialisierung, Bevölkerungswachstum und Eingemeindungen. Das Beispiel Frankfurt am Main, in: Die deutsche Stadt im Industriezeitalter. Beiträge zur modernen Stadtgeschichte, hg. v. Jürgen Reulecke, Wuppertal ²1980, S. 90–113.

Reinhardt, Carsten: Forschung in der chemischen Industrie. Die Entwicklung synthetischer Farbstoffe bei BASF und Hoechst, 1863 bis 1914 (= Freiberger Forschungshefte D 202: Wirtschaftswissenschaften, Geschichte), Freiberg 1997.

Rodenstein, Marianne: »Mehr Licht, mehr Luft«. Gesundheitskonzepte im Städtebau seit 1750, Frankfurt am Main/New York 1988.

Roth, Ralf: „... dass man uns nicht statt des halben Ei's wohl gar eine leere Schale hinwirft ...". Wirtschaftliche, soziale, politische und kulturelle Aspekte von Investitionen am Beispiel der Stadt Frankfurt am Main 1836 bis 1936, in: Investitionen der Städte im 19. und 20. Jahrhundert, hg. v. Karl Heinrich Kaufhold (= Städteforschung Reihe A: Darstellungen 42), Köln u.a. 1997, S. 95–122.

Roth, Ralf: Stadt und Bürgertum in Frankfurt am Main. Ein besonderer Weg von der ständischen zur modernen Bürgergesellschaft. 1760–1914 (= Stadt und Bürgertum 7), München 1996.

Roth, Ralf: Verein und bürgerliche Gesellschaft im 19. und beginnenden 20. Jahrhundert. Thomas Nipperdeys Thesen zur Vereinsbewegung, in: Bürgertum und Bürgerlichkeit zwischen Kaiserreich und Nationalsozialismus, hg. v. Werner Plumpe / Jörg Lesczenski, Mainz 2009, S. 121–135.

Ruth, Karl-Heinz: Die „Kriegskosten" der deutschen Städte im Ersten Weltkrieg, aufgezeigt am Beispiel der Stadt Hanau am Main, in: Neues Magazin für Hanauische Geschichte 2002, S. 83–108.

Schäfer, Hans: Baugeschichte der Hohen Tanne – Der Traum von einer Jugendstilkolonie, in: Neues Magazin für Hanauische Geschichte 2013, S. 215–271.

Schäfer, Michael: Geschichte des Bürgertums. Eine Einführung, Köln u.a. 2009.

Schäfer, Rudolf: Chronik von Höchst am Main, Frankfurt am Main 1986.

Schäfer, Rudolf: Höchst am Main, Frankfurt am Main 1981.

Schaffer-Hartmann, Richard: Kanalisation Elektrizitätswerk Gaswerk, in: Bürgertum zwischen zwei Revolutionen (1848–1918). Fritz Canthal: Lebenserinnerungen eines jüdischen Unternehmers aus Hanau/Main. Dokumente, Illustrationen und Beiträge zur Epoche, hg. v. Ruth Dröse, Hanau 1992, S. 113.

Schaffer-Hartmann, Richard: Mainhafen, in: Bürgertum zwischen zwei Revolutionen (1848–1918). Fritz Canthal: Lebenserinnerungen eines jüdischen Unternehmers aus Hanau/Main. Dokumente, Illustrationen und Beiträge zur Epoche, hg. v. Ruth Dröse, Hanau 1992, S. 117.

Scheuermann, Ulrich: Geschichte des Landgerichts Hanau, in: Neues Magazin für Hanauische Geschichte 2015, S. 115–145.

Schott, Dieter: Stadtentwicklung – Energieversorgung – Nahverkehr. Investitionen in die technische Vernetzung der Städte am Beispiel von Mannheim mit Ausblicken auf Darmstadt und Mainz, in: Investitionen der Städte im 19. und 20. Jahrhundert, hg. v. Karl Heinrich Kaufhold (= Städteforschung Reihe A: Darstellungen 42), Köln u.a. 1997, S. 149–179.

Schrank, Ralf: Heraeus – Ein Familienunternehmen schreibt Industriegeschichte. Von der Einhorn-Apotheke zum Weltkonzern, München/Zürich 2001.

Schulmerich, Joachim: Realschule Hanau, in: Bürgertum zwischen zwei Revolutionen (1848–1918). Fritz Canthal: Lebenserinnerungen eines jüdischen Unternehmers aus Hanau/Main. Dokumente, Illustrationen und Beiträge zur Epoche, hg. v. Ruth Dröse, Hanau 1992, S. 42.

Schulmerich, Joachim: Wahlrecht, in: Bürgertum zwischen zwei Revolutionen (1848–1918). Fritz Canthal: Lebenserinnerungen eines jüdischen Unternehmers aus Hanau/Main. Dokumente, Illustrationen und Beiträge zur Epoche, hg. v. Ruth Dröse, Hanau 1992, S. 110.

Schweiger, Hannes: ›Biographiewürdigkeit‹, in: Handbuch Biographie. Methoden, Traditionen, Theorien, hg. v. Christian Klein, Stuttgart/Weimar 2009, S. 32–36.

Sicken, Bernhard u.a.: Die Garnison im kommunalen Kalkül. Stadt und Militär in der Rheinprovinz und der Provinz Westfalen 1815–1914, in: Die Stadt als Dienstleistungszentrum. Beiträge zur Geschichte der „Sozialstadt“ in Deutschland im 19. und frühen 20. Jahrhundert, hg. v. Jürgen Reulecke, St. Katharinen 1995, S. 57–124.

Sieber, Eduard: Stadt und Universität Tübingen in der Revolution von 1848/49 (= Veröffentlichungen des Stadtarchivs Tübingen 6), Tübingen 1975.

Stippak, Marcus: Beharrliche Provisorien. Städtische Wasserversorgung und Abwasserentsorgung in Darmstadt und Dessau 1869–1989 (= Cottbuser Studien zur Geschichte von Technik, Arbeit und Umwelt 36), Münster u.a. 2010.

Stolberg, Michael: Gewerblich-industrielle Luftverschmutzung und Stadthygiene im 19. Jahrhundert, in: Stadt, Krankheit und Tod. Geschichte der städtischen Gesundheitsverhältnisse während der Epidemiologischen Transition (vom 18. bis ins frühe 20. Jahrhundert), hg. v. Jörg Vögele / Wolfgang Woelk (= Schriften zur Wirtschafts- und Sozialgeschichte 62), Berlin 2000, S. 275–290.

Szöllösi-Janze, Margit: Fritz Haber 1868–1934. Eine Biographie, München 1998.

Tank, Mathias C.: Die Elektrische. Geschichte des Straßenbahnwesens in Steinheim am Main, in: Steinheimer Jahrbuch für Geschichte und Kultur 4/5 (1998), S. 87–104.

Tilly, Richard H.: Investitionen der Gemeinden im Deutschen Kaiserreich, in: Investitionen der Städte im 19. und 20. Jahrhundert, hg. v. Karl Heinrich Kaufhold (= Städteforschung Reihe A: Darstellungen 42), Köln u.a. 1997, S. 39–59.

Tigges, Hans: Das Stadtoberhaupt. Porträts im Wandel der Zeit, Baden-Baden 1988.

Traxel, Wilhelm H.: Die Hanauer Kleinbahn, in: Neues Magazin für Hanauische Geschichte 1989, S. 235–256.

Unruh, Georg-Christoph von: Bürgermeister und Landräte als Gestalter kommunaler Leistungsverwaltung, in: Kommunale Leistungsverwaltung und Stadtentwicklung vom Vormärz bis zur Weimarer Republik, hg. v. Hans Heinrich Blotevogel (= Städteforschung Reihe A: Darstellungen 30), Köln u.a. 1990, S. 43–55.

Wagner-Egelhaaf, Martina: Autobiographie (= Sammlung Metzler 323), Stuttgart / Weimar ^{2}2005.

Weichel, Thomas: Die Bürger von Wiesbaden. Von der Landstadt zur „Weltkulturstadt" 1780–1914 (= Stadt und Bürgertum 6), München 1997.

Wessel, Horst A.: Die Versorgung von Kommunen mit Wasser, Gas und elektrischer Energie von etwa 1850 bis 1914, in: Kommunalisierung im Spannungsfeld von Regulierung und Deregulierung im 19. und 20. Jahrhundert, hg. v. Josef Wysocki (= Schriften des Vereins für Socialpolitik N.F. 240), Berlin 1995, S. 49–89.

Wetzel, Walter: Industriearbeit, Arbeiterleben und betriebliche Sozialpolitik im 19. Jahrhundert. Eine Untersuchung der Lebens- und Arbeitsbedingungen von Industriearbeitern am Beispiel der chemischen Industrie in der Region Untermain (= Europäische Hochschulschriften: Reihe 5, Volks- und Betriebswirtschaft 2313), Frankfurt am Main u.a. 1998.

Wolff, Kerstin: »Stadtmütter«. Bürgerliche Frauen und ihr Einfluss auf die Kommunalpolitik im 19. Jahrhundert (1860–1900) (= Aktuelle Frauenforschung), Königstein/Ts. 2003.

Wörner, Birgit: Frankfurter Bankiers, Kaufleute und Industrielle. Werte, Lebensstil und Lebenspraxis 1870 bis 1930 (= Mäzene, Stifter, Stadtkultur 9), Frankfurt am Main 2011.

Wörner, Birgit: Reisen bildet. Bürgerliche Werte und individuelle Reisepraxis Ende des 19. und Anfang des 20. Jahrhunderts, in: Bürgertum und Bürgerlichkeit zwischen Kaiserreich und Nationalsozialismus, hg. v. Werner Plumpe / Jörg Lesczenski, Mainz 2009, S. 107–119.

9.3. Webseiten

www.hanau.de: Ehrenbürger, URL: http://www.hanau.de/lih/portrait/preise/ehrenbuerger/ [4.10.2018].

www.hanau.de: Übersicht der Hanauer Oberbürgermeister, URL: http://www.hanau.de/rathaus/politik/obgm/004892/index.html [4.10.2018].

9.4. Bildnachweis

Historisches Museum Hanau: 14, 177, 231
Stadtarchiv Hanau: 18, 98, 99, 106–111, 115, 130, 139, 145, 152, 167, 170, 181, 183, 241, 243, 248, 261, 274, 281, 294, 308, 311
Familie Rybka-Gebeschus: 21, 26, 29, 31, 32, 35, 36, 38, 41, 42, 48, 52, 56, 61, 63, 68, 72, 81–83, 94, 97, 117, 119, 120, 122, 320, 323, 324 , 335
Gemeinfrei/Public Domain: 45, 47, 51, 55, 75, 91, 198
Höchster Geschichtsverein: 79, 85 links, 87, 89
Hoechst AG: 85 rechts
Medienzentrum Hanau / Bildarchiv: 101, 102, 105, 133, 134, 147, 149, 157, 159, 164, 169, 172, 174, 178, 187, 188, 190, 193, 204, 207, 211, 213, 215, 217, 219, 221, 222, 225, 232, 235, 240, 244, 251, 254, 257, 259, 265, 268, 271, 272, 276, 283, 285, 286, 289, 291, 293, 297, 314, 317, 327, 328
Landeskundliche Abteilung/Stadtbibliothek Hanau: 113
Markus Häfner: 201
Sammlung Jens Arndt: 245, 246
Bundesarchiv: 300, 303